»Das Buch erschien zu einer Zeit kultureller Umwälzungen in der Frage materiellen Erfolgs. Die Hippies wollten nichts davon wissen. Die Konservativen verstanden die Welt nicht mehr. Materieller Erfolg war der amerikanische Traum. Millionen europäischer Tagelöhner hatten sich ihr Leben lang danach gesehnt und waren nach Amerika gekommen, weil sie ihn hier zu finden hofften – in einer Welt, in der sie und ihre Nachkommen endlich genug zum Leben haben würden. Und nun warfen ihre verwöhnten Nachkommen ihnen diesen ganzen Traum vor die Füße, ließen kein gutes Haar daran. Was wollten Sie?
Dieses Buch bietet eine andere, ernsthaftere Alternative zum materiellen Erfolg an. Das heißt, es ist eigentlich weniger eine Alternative als vielmehr eine Ausweitung der Bedeutung von ›Erfolg‹ auf etwas Größeres als das bloße Bemühen, eine gute Stellung zu finden und sich nichts zuschulden kommen zu lassen. Und auch etwas Größeres als bloße Freiheit. Es setzt ein positives Ziel, auf das man hinarbeiten kann, das einen aber nicht einengt. Das, so scheint mir, ist der Hauptgrund für den Erfolg des Buches. Es traf sich, daß die ganze Kultur genau nach dem auf der Suche war, was dieses Buch anzubieten hat. In diesem Sinne ist es ein Kulturträger.« Robert M. Pirsig

Robert M. Pirsig, geb. 1928 in Minneapolis, Minnesota, studierte Chemie, Philosophie und Journalismus und schließlich auch östliche Philosophie an der Hindu-Universität in Benares. Sein erster Roman wurde ein internationaler Bestseller.

Robert M. Pirsig

Zen
und die Kunst
ein Motorrad zu warten

Ein Versuch über Werte

Mit einem Nachwort des Autors:
Zehn Jahre nach Erscheinen
der ersten Ausgabe

Aus dem Amerikanischen von
Rudolf Hermstein

Fischer
Taschenbuch
Verlag

Sonderausgabe
40 Jahre Fischer Taschenbücher
Veröffentlicht im Fischer Taschenbuch Verlag GmbH,
Frankfurt am Main, Januar 1992

Lizenzausgabe mit freundlicher Genehmigung des
S. Fischer Verlags GmbH, Frankfurt am Main
Titel der Amerikanischen Originalausgabe
›Zen and the Art of Motorcycle Maintenance‹
Erschienen 1974 im Verlag Bantam Press, New York

Umschlaggestaltung: Bartholl & Bartholl, Hamburg
Gesamtherstellung Clausen & Bosse, Leck
Printed in Germany
ISBN 3-596-11213-3

Meiner Familie

Vorbemerkung des Autors

Dieses Buch handelt von wahren Begebenheiten. Obwohl vieles aus rhetorischen Gründen verändert wurde, muß es im wesentlichen als Tatsachenbericht gelten. Jedoch sollte es in keiner Weise mit jenem umfassenden System faktischen Wissens in Verbindung gebracht werden, das der Praxis des orthodoxen Zen-Buddhismus zugrunde liegt. Auch von Motorrädern handelt es nicht in diesem faktischen Sinne.

Was aber gut ist, Phaidros,
und was nicht –
müssen wir danach erst andere fragen?

Teil I

1

Ohne die Hand vom linken Griff des Motorradlenkers zu nehmen, kann ich auf meiner Uhr sehen, daß es halb neun ist. Der Fahrtwind ist sogar bei sechzig Meilen pro Stunde warm und feucht. Ich frage mich, wie es erst am Nachmittag werden soll, wenn es schon um halb neun so schwül ist.

In den Wind mischen sich stechende Gerüche von den Sümpfen an der Straße. Wir sind in einem Teil der Central Plains, in dem dicht beieinander Tausende von Ententümpeln liegen, und fahren nordwestwärts, von Minneapolis nach den Dakotas. Auf der alten zweispurigen Betonstraße ist nicht mehr viel Verkehr, seit vor einigen Jahren parallel dazu eine vierspurige gebaut wurde. Wenn wir durch sumpfiges Gelände fahren, kühlt sich die Luft spürbar ab. Kaum liegt es hinter uns, erwärmt sie sich wieder.

Ich bin glücklich, wieder in dieses Land zu kommen. Es ist eine Art Nirgendwo, eine Gegend, die für nichts berühmt und gerade deshalb irgendwie anziehend ist. Spannungen lösen sich, wenn man auf so einer alten Straße fährt. Wir holpern über den ramponierten Beton, rechts und links ziehen Rohrkolben vorbei, ab und zu ein Stück Wiese, dann wieder Rohrkolben, Spartgras. Hier und da blinkt offenes Wasser, und wenn man genau hinschaut, kann man Wildenten am Rande der Rohrkolben sehen. Und Schildkröten ... Da, ein Sumpfhordenvogel.

Ich klatsche Chris aufs Knie und zeige in die Richtung.

»Was?« schreit er.

»Sumpfhordenvogel!«

Er sagt etwas, aber ich kann ihn nicht verstehen. »Was?« schreie ich zurück.

Er hält sich hinten an meinem Helm fest und schreit zu mir herauf: »Hab' ich schon *massenweise* gesehen, Dad!«

»Ach so«, schreie ich zurück. Dann nicke ich. Mit elf Jahren ist man von Sumpfhordenvögeln nicht sonderlich beeindruckt.

Dazu muß man erst älter werden. Für mich sind da überall Erinnerungen, die er nicht hat. Kalte Morgen, vor langer Zeit, das Spartgras hatte sich braun gefärbt, und die Rohrkolben schwankten im Nordwestwind. Der stechende Geruch kam damals von dem Schlamm, den wir mit unseren hüfthohen Wasserstiefeln aufwühlten, wenn wir vor Sonnenaufgang auf den Anstand gingen, um die Entenjagd zu eröffnen. Oder die Winter, wenn die Tümpel zugefroren und tot waren und ich über Eis und Schnee durch die abgestorbenen Rohrkolben wandern konnte und nichts sah als grauen Himmel und Totes und Kälte. Dann waren die Sumpfhordenvögel fort. Aber jetzt im Juli sind sie wieder da, alles ist quicklebendig, und jeder Fußbreit dieser Sümpfe zirpt und summt und schnarrt und zwitschert, eine Gemeinschaft von Millionen lebender Wesen, deren Dasein sich in einem friedvollen Kontinuum erfüllt.

Wenn man mit dem Motorrad Ferien macht, sieht man die Welt mit anderen Augen an. Im Auto sitzt man ja immer in einem Abteil, und weil man so daran gewöhnt ist, merkt man nicht, daß alles, was man durchs Autofenster sieht, auch wieder bloß Fernsehen ist. Man ist passiver Zuschauer, und alles zieht gleichförmig eingerahmt vorüber.

Auf dem Motorrad ist der Rahmen weg. Man ist mit allem ganz in Fühlung. Man ist mitten drin in der Szene, anstatt sie nur zu betrachten, und das Gefühl der Gegenwärtigkeit ist überwältigend. Der Beton, der da fünf Zoll unter den Füßen durchwischt, ist echt, derselbe Stoff, auf dem man geht, er ist wirklich da, so unscharf zwar, daß er sich nicht fixieren läßt, aber man kann jederzeit den Fuß darauf stellen und ihn berühren; man erlebt alles direkt, nichts ist auch nur einen Augenblick dem unmittelbaren Bewußtsein entzogen.

Chris und ich fahren mit Freunden, die ein Stück vor uns sind, nach Montana und vielleicht noch weiter. Wir haben bewußt keine festen Pläne gemacht, weil Fahren uns wichtiger ist als Ankommen. Wir machen einfach Ferien. Landstraßen zweiter Ordnung ziehen wir vor. Asphaltierte Bezirksstraßen stehen ganz oben, dann kommen Staatsstraßen, Autobahnen meiden wir, wo es geht. Wir wollen gut vorankommen, aber die Betonung liegt für uns mehr auf dem »gut« als auf dem »vorankommen«, und mit dieser Akzentverschiebung stellt sich ein ganz anderes Verhältnis zur Zeit ein. Gewundene Bergstraßen sind lang, wenn man nach Sekunden rechnet, aber sie machen viel mehr Spaß, wenn man sich mit dem Motorrad in die Kurve legt, statt daß es einen in irgendeinem Abteil von einer Seite auf die andere zieht. Straßen mit wenig Verkehr sind erfreulicher und außerdem sicherer, Straßen ohne Drive-in-Restaurants und Reklametafeln, Straßen, bei denen Wäldchen und Wiesen und Obstgärten und Rasenflächen fast bis an die Bankette heranreichen, wo einem im Vorüberfahren Kinder zuwinken, wo die Leute von der Veranda aufschauen, um zu sehen, wer da kommt, wo die Antworten, wenn man anhält, um nach dem Weg zu fragen oder andere Auskunft zu erbitten, meist länger ausfallen als erwartet, wo die Leute wissen wollen, woher man kommt und wie lange man schon unterwegs ist.

Es ist jetzt ein paar Jahre her, daß meine Frau und ich und unsere Freunde zum erstenmal auf den Gedanken kamen, diese Landstraßen zu benutzen. Wir nahmen sie ab und zu, um mal was Neues auszuprobieren oder als Abkürzung zu einer anderen Fernverkehrsstraße, und jedesmal war die Landschaft großartig und wir waren hinterher froh und entspannt. Das wiederholte sich viele Male, bevor uns endlich aufging, was wir eigentlich von Anfang an hätten merken müssen: Diese Landstraßen sind mit den großen Fernstraßen überhaupt nicht zu vergleichen. Der Lebensrhythmus der Leute, die an diesen Straßen wohnen, ist anders, ihre ganze Art ist anders. Sie sind nicht ständig irgendwohin unterwegs. Sie sind nicht zu beschäftigt, um höflich zu sein. Sie kennen sich aus im Hier und Jetzt der Dinge. Nur die anderen, die vor Jahren in die Städte gezogen sind, und ihre verlorenen Nachkommen, die haben es fast völlig vergessen. Für uns war es eine richtige Entdeckung.

Ich habe mich oft gefragt, warum wir erst so spät darauf kamen. Wir sahen es und sahen es doch nicht. Oder besser gesagt, wir waren darauf abgerichtet, es *nicht* zu sehen. Vielleicht weil man uns eingeredet hatte, das wirkliche Leben spiele sich in den Großstädten ab, und das da sei nichts weiter als langweilige Provinz. Es ist wirklich eigenartig. Da klopft die Wahrheit an die Tür, und man sagt ihr: »Geh, ich warte auf die Wahrheit«, und dann geht sie eben. Eigenartig.

Aber als wir es endlich wußten, konnte uns natürlich nichts mehr von diesen Straßen abbringen, an Wochenenden, an Feierabenden, in den Ferien. Wir sind richtige Landstraßen-Fans geworden mit unseren Motorrädern und haben dabei mit der Zeit manches gelernt.

Zum Beispiel haben wir gelernt, schon auf der Karte die richtigen Straßen ausfindig zu machen. Wenn die Linie sich schlängelt, ist das ein gutes Zeichen. Denn das bedeutet Berge. Wenn es sich aber um die mutmaßliche Hauptverbindung zwischen einer kleineren und einer großen Stadt handelt, dann ist das ein schlechtes Zeichen. Die besten Straßen sind immer diejenigen, die einen abgelegenen Flecken mit einem anderen verbinden und zu denen es eine Parallelstraße gibt, auf der man schneller ans Ziel kommt. Fährt man von einer größeren Stadt aus nach Nordosten, dann geht es nie lange geradeaus. Kaum ist man auf dem flachen Land, schwenkt die Route nach Norden, dann nach Osten, dann wieder nach Norden, und schon bald ist man auf einer kleinen Landstraße, die nur von den Einheimischen benutzt wird.

Vor allem aber muß man lernen, sich nicht zu verfahren. Da die Straßen nur von den Einheimischen benutzt werden, die sich sowieso auskennen, beschwert sich niemand, wenn die Kreuzungen nicht beschildert sind. Oft genug sind sie es nicht. Und wenn, dann höchstens mit einem kleinen Wegweiser, der unaufdringlich im hohen Gras am Straßenrand steht. Übersieht einer diesen Wegweiser im Gras, dann ist das sein Problem, nicht das der Einheimischen. Obendrein stellt man fest, daß die Autokarten es mit den kleinen Landstraßen oft nicht so genau nehmen. Und immer wieder mal passiert es einem, daß aus einer »Bezirksstraße« ein Fahrweg wird, dann ein schmaler Feldweg, der auf eine Weide führt und einfach aufhört; oder man landet auf dem Hinterhof einer Farm.

So orientieren wir uns hauptsächlich an der Himmelsrichtung und der zurückgelegten Strecke und versuchen im übrigen, jeden Hinweis zu deuten, der sich uns bietet. Ich habe in einer Tasche einen Kompaß für bedeckte Tage, an denen man sich nicht nach der Sonne richten kann, und die Karte habe ich in einer Spezialtasche auf dem Benzintank befestigt, so daß ich die seit der letzten Kreuzung zurückgelegte Strecke verfolgen kann und immer weiß, worauf ich achten muß. Mit diesen Hilfsmitteln und ohne den Zwang, zu bestimmter Zeit irgendwo »anzukommen«, geht es wunderbar, und wir haben Amerika beinahe ganz für uns allein.

An verlängerten Wochenenden fahren wir auf diesen Straßen oft meilenweit, ohne einem anderen Fahrzeug zu begegnen, und dann kreuzen wir eine Fernverkehrsstraße und betrachten uns die Autokolonnen, Stoßstange an Stoßstange bis zum Horizont. Drinnen mißmutige Gesichter. Auf dem Rücksitz schreiende Kinder. Dann wünsche ich mir immer, daß es eine Möglichkeit gäbe, ihnen etwas zu sagen, aber sie sind so mißmutig und haben es offenbar so furchtbar eilig, und außerdem ...

Ich habe diese Sümpfe schon tausendmal gesehen, aber sie sind jedesmal wieder neu. Es ist falsch, sie friedvoll zu nennen. Man könnte sie genausogut als grausam und sinnlos bezeichnen, denn das sind sie auch, aber ihre *Realität* läßt Halbheiten nicht zu. Da! Ein riesiger Schwarm Sumpfhordenvögel fliegt aus seiner Nistkolonie in den Rohrkolben auf, durch unser Geräusch aufgeschreckt. Wieder gebe ich Chris einen Klaps aufs Knie ... dann fällt mir ein, daß er das ja schon kennt.

»Was?« schreit er auch diesmal.

»Nichts.«

»*Sag* doch.«

»Ich wollte nur sehen, ob du noch da bist«, schreie ich, und dann wird kein Wort mehr gewechselt.

Wenn man nicht gerade gerne schreit, führt man auf dem Motorrad keine langen Gespräche. Lieber hält man die Augen offen und denkt über alles mögliche nach. Darüber, was man sieht und hört, über die Stimmung des Wetters und über Erinnerungen, über die Maschine und die Landschaft, durch die man fährt, denkt ausgiebig und in Ruhe über die Dinge nach, ohne Hast und ohne das Gefühl, Zeit zu verlieren.

Ich möchte gerne die vor uns liegende Zeit dazu nutzen, über manches zu sprechen, was mich schon länger beschäftigt. Wir haben es ja meistens so eilig, daß wir kaum einmal richtig zum Reden kommen. Die Folge davon ist ein tägliches seichtes Einerlei, eine endlose Monotonie, die uns nach Jahren verwundert fragen läßt, wo denn die ganze Zeit geblieben ist, und bedauern, daß sie unwiederbringlich dahin ist. Jetzt aber, da wir etwas Zeit haben und es auch wissen, möchte ich sie nützen und mit einiger Tiefe von Dingen reden, die mir wichtig scheinen.

Was ich mir vorstelle, ist eine Chautauqua – eine andere Bezeichnung fällt mir nicht ein – nach Art jener wandernden Sommerschulen, die einst mit ihren Zelten durch Amerika zogen, *dieses* Amerika, dasselbe, in dem wir uns jetzt befinden, und populäre Vorträge hielten, die erbauen und unterhalten, den Verstand schärfen und den Zuhörern Kultur und Aufklärung bringen sollten. Die Chautauquas mußten dem hektischeren Rundfunk, Film und Fernsehen weichen, und es scheint, daß dieser Wandel sich nicht nur zum Guten ausgewirkt hat. Vielleicht aufgrund dieser Veränderung fließt der Bewußtseinsstrom der Nation jetzt schneller und breiter, aber er ist wohl auch seichter geworden. Die alten Kanäle fassen ihn nicht mehr, und auf seiner Suche nach neuen richtet er an seinen Ufern zunehmend Chaos und Zerstörung an. In dieser Chautauqua möchte ich keine neuen Bewußtseinskanäle ausheben, sondern lediglich die alten ein bißchen vertiefen, die angefüllt sind mit dem Schlick schal gewordener Gedanken und zu oft wiederholter Plattheiten. »Was gibt es Neues?« ist eine ewig interessante, ins Breite gehende Frage, die aber, geht man allein ihr nach, nur zu einer endlosen Kette von Trivialitäten und Modeerscheinungen führt, dem Schlick von morgen. Ich möchte mich statt dessen mit der Frage »Was ist das Beste?« befassen, einer Frage, die in die Tiefe geht statt in die Breite und deren Antworten den Schlick flußabwärts schwemmen können. Es gab in der Geschichte der Menschen Zeitalter, in denen die Kanäle des Denkens zu tief eingegraben und Veränderungen daher unmöglich waren; in diesen Epochen geschah nie etwas Neues, und die Frage nach dem »Besten« wurde dogmatisch entschieden, aber so ist es heute nicht mehr. Jetzt, so scheint mir, reißt der Strom unseres kollektiven Bewußtseins seine eigenen Ufer fort, kennt seine große Richtung, seine Bestimmung nicht mehr, überflutet die Niederungen und isoliert die Höhen, besinnungslos nur dem ungelenkten Antrieb gehorchend, den die Trägheit seiner Masse ihm verleiht. Ein gewisses Vertiefen der Kanäle tut not.

Die anderen beiden, John Sutherland und seine Frau Sylvia, sind vor uns auf einen Rastplatz an der Straße ausgebogen. Zeit, sich zu strekken. Als ich neben ihnen anhalte, nimmt Sylvia gerade den Helm ab und schüttelt ihr loses Haar, während John seine BMW auf den Ständer hebt. Keiner sagt etwas. Wir waren schon so oft miteinander unterwegs, daß wir mit einem Blick erfassen, wie der andere sich fühlt. Im Moment sind wir einfach nur still und schauen uns um.

Die Picknick-Bänke sind zu so früher Stunde noch leer. Wir haben den ganzen Platz für uns. John geht über das Gras zu einer gußeisernen Pumpe und fängt an, sich Wasser zum Trinken hochzupumpen. Chris schlendert durch eine lichte Baumgruppe hinter einem grasbewachsenen Buckel zu einem Bach hinunter. Ich starre in die Gegend.

Nach einer Weile setzt sich Sylvia auf die Holzbank und streckt ihre Beine; langsam und ohne aufzuschauen hebt sie erst das eine, dann das andere hoch. Langes Schweigen schlägt ihr immer aufs Gemüt. Ich mache eine Bemerkung darüber. Sie schaut auf und senkt dann den Blick wieder.

»Es waren die vielen Leute in den Autos, die uns entgegenkamen«, sagt sie. »Der erste sah so traurig aus. Aber beim nächsten war es genau dasselbe und beim nächsten und beim nächsten, es war bei allen das gleiche.«

»Die sind zur Arbeit gefahren.«

Sie beobachtet genau, aber es war eigentlich nichts Ungewöhnliches daran. »Stell dir vor, zur *Arbeit*«, wiederhole ich. »Montagmorgen. Noch ganz verschlafen. Wer fährt schon am Montagmorgen grinsend zur Arbeit?«

»Es ist nur, weil sie mir so *verloren* vorkamen«, sagt sie. »Als ob sie alle tot wären. Wie ein Leichenzug.« Sie stellt die Füße wieder auf den Boden und läßt sie dort stehen.

Ich weiß, was sie sagen will, aber im Grunde genommen hat es weder Hand noch Fuß. Man arbeitet, um zu leben, und genau das tun sie. »Ich habe mir die Sümpfe angeschaut«, sage ich.

Nach einer Weile blickt sie auf und fragt: »Was hast du gesehen?«

»Einen ganzen Schwarm Sumpfhordenvögel. Sie flogen plötzlich auf, als wir vorbeifuhren.«

»Oh.«

»Es hat mir gut getan, sie wiederzusehen. Sie verknüpfen die Dinge, Gedanken und so. Du weißt, was ich meine?«

Sie denkt eine Weile nach, und dann lächelt sie, und die Bäume hinter ihr haben ein intensives Grün. Sie versteht eine Sprache, die nichts mit dem zu tun hat, was man sagt. Eine Tochter.

»Ja«, sagt sie. »Sie sind schön.«

»Achte mal auf sie«, sage ich.

»Mach' ich.«

John erscheint und kontrolliert das Gepäck auf der Maschine. Er zieht ein paar von den Stricken fester, öffnet die Satteltasche und kramt darin herum. Er nimmt mehrere Sachen heraus und legt sie auf die Erde. »Falls du mal ein Seil brauchst, wende dich vertrauensvoll an mich«, sagt er. »Mann, ich glaube, ich hab *fünfmal* soviel Zeug dabei, wie wir brauchen.«

»Bis jetzt kein Bedarf«, erwidere ich.

»Zündhölzer?« sagt er, indem er weiterkramt. »Sonnenmilch, Kämme, Schuhbänder ... *Schuhbänder?* Wozu brauchen wir Schuhbänder?«

»Fang nicht wieder damit an«, sagt Sylvia. Sie sehen sich ausdruckslos an und schauen dann beide zu mir her.

»Schuhbänder können immer mal reißen«, erkläre ich feierlich. Sie lächeln, aber sie lächeln sich nicht an.

Gleich darauf kommt Chris zurück, wir können weiter. Während er sich fertig macht und aufsteigt, fahren die anderen beiden los und Sylvia winkt. Wir sind wieder auf der Straße, und ich sehe ihnen nach, wie sie davonziehen.

Auf die Idee für die Chautauqua, die mir für diese Fahrt vorschwebt, haben die beiden mich vor vielen Monaten gebracht, und vielleicht – ich bin mir da nicht ganz sicher – vielleicht hängt das mit der Unterströmung von Disharmonie zusammen, die zwischen ihnen herrscht.

Ganz harmonisch geht's wohl in den wenigsten Ehen zu, aber in ihrem Fall ist es ernster. Wenigstens habe ich den Eindruck.

Es liegt nicht daran, daß sie charakterlich nicht zueinander passen; es ist etwas anderes, wofür man keinem von beiden die Schuld geben kann, wofür sie beide keine Lösung wissen und wofür wohl auch ich keine Lösung habe; ich mache mir nur so meine Gedanken.

Den Anstoß gab eine scheinbar belanglose Meinungsverschiedenheit zwischen John und mir über eine an sich unwichtige Frage: Inwieweit soll man sein Motorrad selbst warten? Für mich ist es selbstverständlich und durchaus normal, mich der kleinen Werkzeuggarnitur und der Betriebsanleitung zu bedienen, die man mit jedem Motorrad mitgeliefert bekommt, und die Maschine eigenhändig zu warten und zu pflegen. John hat da Bedenken. Ihm ist es lieber, wenn ein richtiger Mechaniker diese Arbeiten übernimmt und dafür sorgt, daß sie ordnungsgemäß ausgeführt werden. Keiner der beiden Standpunkte ist ungewöhnlich, und diese geringfügige Differenz hätte sich niemals so auswachsen können, würden wir nicht so oft Touren miteinander machen und in Gasthäusern an der Landstraße beim Bier sitzen und über alles reden, was uns gerade einfällt. Es fällt uns meistens das ein, woran wir in der halben oder dreiviertel Stunde seit unserer letzten Unterhaltung gedacht haben. Wenn es um die Straßen oder die Leute oder Erinnerungen von früher geht oder um etwas, was in der Zeitung steht, kommt ganz von selbst eine erfreuliche Unterhaltung in Gang. Aber immer wenn ich über die Leistung der Maschine nachgedacht habe und davon anfange, kommt gar nichts in Gang. Das Gespräch stockt. Keiner sagt mehr etwas, betretenes Schweigen. Es ist, als würden zwei alte Freunde, ein Katholik und ein Protestant, im besten Einvernehmen ein Bier miteinander trinken, und irgendwie käme einer auf das Thema Geburtenkontrolle. Eisiges Schweigen.

Wenn man so was erst einmal gemerkt hat, geht es einem damit natürlich wie mit einem Zahn, aus dem die Plombe herausgefallen ist. Man kann ihn einfach nicht mehr in Ruhe lassen. Man muß ihn ringsherum befühlen, mit der Zunge sondieren, ihn abklopfen und an ihn denken, nicht weil einem das Spaß macht, sondern weil es einen nun mal beschäftigt und man nicht mehr davon loskommt. Und je mehr ich das Thema Motorradwartung sondiere und abklopfe, um so ärgerlicher wird er, was natürlich mich wiederum reizt, immer weiter zu bohren und zu sondieren. Nicht daß ich es darauf anlegte, ihn zu ärgern; vielmehr scheint es, daß der Ärger nur ein Symptom für etwas Tieferes ist, etwas unter der Oberfläche, was man nicht auf den ersten Blick sieht.

Wenn man über Geburtenkontrolle redet, und es stellt sich heraus, daß die Standpunkte unvereinbar sind, dann geht es dabei nicht um die Frage, ob mehr oder weniger Babys auf die Welt kommen sollen. Das ist nur an der Oberfläche. Die tiefere Ursache ist ein Glaubenskonflikt – Glaube an empirische Sozialplanung auf der einen, Glaube an die Autorität Gottes, wie sie sich in den Lehren der katholischen Kirche offenbart, auf der anderen Seite. Man kann Beweise für den praktischen Nutzen der Geburtenkontrolle anführen, bis man schwarz wird, und erreicht trotzdem nichts, weil der andere einem die Voraussetzung nicht abnimmt, daß alles gesellschaftlich Nützliche von vornherein auch gut ist. Sein Begriff von gut und schlecht hat andere Quellen, die er genauso hoch oder noch höher einschätzt als den gesellschaftlichen Nutzen.

Genauso ist es mit John. Ich könnte ihm den praktischen Wert der Motorradwartung predigen, bis ich heiser wäre, und würde trotzdem nichts bei ihm ausrichten. Zwei Sätze über dieses Thema, und er kriegt ganz glasige Augen, fängt von etwas anderem an oder schaut einfach weg. Er will nichts davon hören.

Sylvia teilt darin seinen Standpunkt, ja sie vertritt ihn sogar noch entschiedener. »Das ist eine ganz andere Welt«, sagt sie, wenn sie nachdenklich gestimmt ist. Und sonst: »So was wie Dreck und Abfall.« Die beiden *wollen* es einfach nicht verstehen. Sie wollen nichts davon *hören*. Und je mehr ich darüber nachdenke, woran es liegt, daß ich Mechanikerarbeit mag und die beiden sie so verabscheuen, um so unbegreiflicher finde ich es. Es scheint, daß die eigentliche Ursache dieser zunächst belanglosen Meinungsverschiedenheit sehr, sehr tief sitzt.

Unfähigkeit scheidet von vornherein aus. Sie sind wahrhaftig intelligent genug. Beide könnten in anderthalb Stunden lernen, wie man ein Motorrad wartet, wenn sie nur mit Verstand und Energie an die Sache herangingen; und die ersparten Ausgaben, Scherereien und Wartezeiten würden sie reichlich für die Mühe entschädigen. Das *wissen* sie auch. Oder vielleicht doch nicht. Was weiß ich. Ich habe sie nie danach gefragt. Daß wir uns halbwegs vertragen, ist mir wichtiger.

Ich erinnere mich aber, daß mir einmal doch beinahe die Geduld ausgegangen wäre, an einem glühend heißen Tag vor einer Bar in Savage, Minnesota. Wir hatten etwa eine Stunde in der Bar gesessen, und als wir herauskamen, waren die Maschinen so heiß, daß man sich kaum draufsetzen konnte. Ich warte abfahrbereit mit laufendem Motor, aber Johns Maschine springt nicht an, obwohl er wie besessen den Kickstarter tritt. Es stinkt nach Benzin, als ob gleich um die Ecke eine Raffinerie wäre, und ich sage ihm das, weil ich glaube, das müßte reichen, um ihm klarzumachen, daß sein Motor abgesoffen ist.

»Ja, ich rieche es auch«, sagt er und kickt weiter. Er kickt und kickt und schluckt und kickt, und ich bin sprachlos. Schließlich ist er völlig außer Atem, der Schweiß läuft ihm übers ganze Gesicht, er kann nicht mehr. Ich schlage ihm deshalb vor, daß wir die Kerzen herausnehmen, um sie zu trocknen und die Zylinder auslüften zu lassen, und unterdessen noch auf ein Bier hineingehen.

»Um Himmels willen, nein! Bloß nicht diesen ganzen Zirkus!«

»Was für ein Zirkus?«

»Na, das Werkzeug auspacken und der ganze Zirkus. Überhaupt nicht einzusehen, warum sie nicht anspringt, eine nagelneue Maschine. Und ich halte mich genau an die Betriebsanleitung. Schau her, die Luftklappe ist zu, ganz nach Vorschrift.«

»Die Luftklappe ist *zu*?«

»Ja, so steht's doch in der Anleitung.«

»Aber doch nur, wenn der Motor *kalt* ist!«

»Entschuldige mal, wir waren mindestens eine halbe Stunde da drin«, sagt er.

Das wirft mich um. »Aber bei der Hitze heute, John«, sage ich. »In so kurzer Zeit kühlt der Motor nicht einmal ab, wenn es friert.«

Er kratzt sich am Kopf. »Na schön, aber warum schreiben sie das dann nicht in die Anleitung?« Er macht die Luftklappe auf, und beim zweiten Antreten läuft der Motor. »Ich glaube, das war's«, stellt er befriedigt fest.

Tags darauf waren wir in derselben Gegend unterwegs, und alles fing wieder von vorne an. Diesmal war ich fest entschlossen, kein Wort zu sagen, und als meine Frau mir zuredete, hinüberzugehen und ihm zu helfen, schüttelte ich den Kopf. Ich sagte ihr, solange er nicht von sich aus käme, würde ihn jedes Hilfsangebot nur kränken. Wir gingen deshalb ein Stück abseits, setzten uns in den Schatten und warteten.

Mir fiel auf, daß er zu Sylvia übertrieben höflich war, ein Zeichen, daß er eine Stinkwut hatte, während er unentwegt den Kickstarter trat, und sie sah flehentlich zu uns herüber. Ein Wort nur, eine einzige Frage, und ich wäre hingegangen, um die Diagnose zu stellen. Aber nein. Es muß eine geschlagene Viertelstunde gedauert haben, bis er den Motor endlich zum Laufen brachte.

Später tranken wir wieder Bier drüben am Minnetonka-See, und alle am Tisch redeten, nur er war still, und es war ihm anzusehen, daß sich ihm diesmal inwendig alles verknotet hatte. Nach so langer Zeit. Wohl um die Knoten zu lösen, sagte er schließlich: »Weißt du ..., wenn das Ding so wie vorhin durchaus nicht anspringen will, dann ... könnte ich platzen vor Wut. So was treibt mich glatt zur Raserei.« Das schien ihn zu erleichtern, und er fuhr fort: »Die hatten ja auch nur diese *eine* Maschine, verstehst du? Diesen *Ausschuß*. Sie überlegten hin und her, was sie damit anfangen sollten, ans Werk zurückschicken oder verschrotten oder was sonst ... und im allerletzten Moment kam dann ich daher. Mit tausendachthundert Dollar in der Tasche. Und schon waren sie ihre Sorgen los.«

Ich betete ihm wieder mal die ganze Litanei herunter, daß er die Maschine doch selber warten sollte, und er gab sich ehrlich Mühe, mir zuzuhören. Manchmal gibt er sich wirklich Mühe. Aber dann war es plötzlich wieder aus, er ging an die Bar und bestellte noch eine Runde für uns alle, und das Thema war gestorben.

Er ist nicht stur, nicht engstirnig, nicht faul, nicht dumm. Es gab keine einfache Erklärung. Deshalb blieb es in der Schwebe, wie ein Rätsel, bei dem man irgendwann aufsteckt, weil es keinen Zweck hat, sich ewig im Kreise zu drehen und nach einer Lösung zu suchen, die es gar nicht gibt.

Ich habe mich auch gefragt, ob nicht vielleicht mein eigener Standpunkt der ungewöhnliche war, aber auch diese Möglichkeit schied aus. Die meisten Motorradfahrer, die längere Touren machen, warten ihre Maschinen selbst. Autofahrer machen im allgemeinen nichts am Motor, aber es gibt ja in jedem größeren Ort eine Autowerkstatt mit teuren Hebebühnen, Spezialwerkzeug und Diagnosegeräten, die der durchschnittliche Autobesitzer sich nicht leisten kann. Außerdem ist der Motor beim Auto komplizierter und schwerer zugänglich als beim Motorrad, weshalb die Abstinenz in diesem Fall gerechtfertigt ist. Aber ich möchte wetten, daß sich für Johns Maschine, eine BMW R 60, von hier bis Salt Lake City kein Mechaniker findet. Es brauchen ihm bloß die Unterbrecherkontakte oder die Zündkerzen zu verschmoren und er ist geliefert. Ich *weiß*, daß er keinen Reservesatz Unterbrecherkontakte dabei hat. Er weiß nicht mal, was Unterbrecherkontakte sind. Ich möchte wissen, was er macht, wenn die Maschine ihn im Westen von South Dakota oder Montana im Stich läßt. Vielleicht verkauft er sie dann den Indianern. Aber was er im Augenblick macht, weiß ich genau. Er gibt sich die größte Mühe, nur ja keinen Gedanken darauf zu verschwenden. Die BMW ist berühmt dafür, daß sie unterwegs keine Scherereien macht, und darauf verläßt er sich.

Ich dachte erst, daß sich diese Einstellung der beiden auf Motorräder beschränkte, aber mit der Zeit wurde mir klar, daß es um mehr ging ... Als ich eines Morgens in ihrer Küche wartete, weil sie noch nicht fertig waren, merkte ich, daß der Wasserhahn über der Spüle tropfte, und mir fiel ein, daß er auch das letzte Mal schon getropft hatte, ja daß er schon immer getropft hatte, solange ich zurückdenken konnte. Als ich John darauf ansprach, erklärte er mir, er habe versucht, die Dichtung auszuwechseln, aber es sei nicht gegangen. Weiter nichts. Damit war die Sache für ihn offenbar erledigt. Wenn man einen tropfenden Wasserhahn reparieren will, und es geht nicht, dann ist man eben vom Schicksal dazu verdammt, mit einem tropfenden Wasserhahn zu leben.

Ich fragte mich im stillen, ob es ihnen nicht auf die Nerven ging, dieses ewige tripp-tripp-tripp, Woche für Woche, jahrein, jahraus, aber nichts deutete darauf hin, daß es sie aufregte oder auch nur störte; ich kam deshalb zu dem Schluß, daß Dinge wie tropfende Wasserhähne ihnen nichts ausmachten. Solche Leute gibt's ja.

Was mich von dieser Meinung abbrachte, weiß ich nicht mehr ... Intuition, ein plötzliches Begreifen, oder vielleicht Sylvias fast unmerklich veränderte Stimmung, immer wenn das Tropfen besonders laut war und sie etwas sagen wollte. Sie hat eine sehr leise Stimme. Eines Tages, als sie gerade sprach und das Tropfen übertönen mußte und dann auch noch die Kinder hereinplatzten und sie aus dem Konzept brachten, verlor sie die Beherrschung. Bestimmt hätte sie die Kinder längst nicht so grob angefahren, wenn nicht außerdem noch der Wasserhahn getropft hätte, während sie etwas sagen wollte. Erst als beides zusammenkam, das Tropfen und die lauten Kinder, fuhr sie aus der Haut. Was mich dabei so empörte, war, daß sie *nicht* dem tropfenden Wasserhahn die Schuld gab und daß sie es *ganz bewußt* nicht tat. Es stimmte überhaupt nicht, daß das Tropfen sie nicht störte! Sie *unterdrückte* den Ärger darüber, obwohl dieser gottverdammte tropfende Wasserhahn sie schier zur Verzweiflung trieb! Aus irgendeinem Grund konnte sie nicht zugeben, wie sehr ihr das zu schaffen machte.

Wie kommt einer dazu, seinen Ärger über einen tropfenden Wasserhahn zu unterdrücken, fragte ich mich.

Doch dann sah ich den Zusammenhang mit der Motorradwartung, und eine dieser Glühbirnen ging über meinem Kopf an, und ich dachte: Ahhhhhh!

Es ist gar nicht die Motorradwartung und auch nicht der Wasserhahn. Die ganze Technik können sie nicht ausstehen. Und da fügte sich eins ins andere, und ich wußte, jetzt hab' ich's. Sylvias gereizte Reaktion, als ein Bekannter das Programmieren von Computern als

»kreativ« bezeichnete. Auf keinem ihrer Bilder, ob Zeichnung, Gemälde oder Photo, auch nur *ein* technischer Gegenstand. Natürlich regt sie sich nicht über den Wasserhahn auf, dachte ich. Man unterdrückt immer momentanen Ärger über etwas, was man aus tiefster Seele und ein für allemal haßt. Natürlich schaltet John beim Thema Motorradwartung jedesmal ab, selbst wenn ihn das teuer zu stehen kommt. Das ist ja Technik. Und bestimmt, ja natürlich, na klar. Es ist ganz einfach, man muß nur drauf kommen. Um vor der Technik aufs Land hinaus zu fliehen, in die frische Luft und die Sonne, deswegen vor allem machen sie Motorradfahrten. Und wenn ich sie ihnen gerade dann und dort wieder in Erinnerung bringe, wo sie sich endgültig vor ihr sicher glauben, dann sind sie furchtbar verschnupft. Das ist der Grund, weshalb das Gespräch jedesmal stockt und die Stimmung frostig wird, sobald das Thema zur Sprache kommt.

Auch sonst paßt noch manches in dieses Bild. Ab und zu einmal sprechen sie in möglichst wenigen, gequälten Worten über »es« oder »das alles«, etwa in einem Satz wie: »Man kann dem einfach nicht entgehen.« Wenn ich sie fragte, was sie damit meinen, würden sie vielleicht antworten: »Na eben den ganzen Kram« oder: »Den ganzen Betrieb« oder gar: »Das System«. Sylvia sagte einmal, um sich zu rechtfertigen: »*Dir* macht das ja alles nichts aus, du kommst glänzend damit zurecht.« Ich fühlte mich damals so geschmeichelt, daß ich mich genierte, zu fragen, was sie mit diesem »das« meinte, und so tappte ich weiter im dunkeln. Ich dachte, es sei etwas Geheimnisvolleres als die Technik. Jetzt weiß ich aber, daß mit »es« vor allem, wenn auch nicht ausschließlich, die Technik gemeint ist. Aber so kann man es eigentlich auch wieder nicht sagen. »Es« ist so etwas wie eine Kraft, die die Technik entstehen ließ, etwas Undefiniertes, aber Unmenschliches, Mechanisches, Lebloses, ein blindwütiges Monstrum, eine Todeskraft. Etwas Entsetzliches, wovor sie davonlaufen, dem sie aber, und das wissen sie, nie entkommen werden. Das sind viel zu große Worte, aber weniger pathetisch ausgedrückt, weniger genau definiert ist es das schon. Irgendwo gibt es Menschen, die damit umzugehen wissen, die es beherrschen und verwalten, aber das sind Techniker, und die sprechen eine inhumane Sprache, wenn sie von ihrer Arbeit reden. Es dreht sich alles um Teile und Funktionen höchst sonderbarer Apparate, aus denen man nie schlau wird, sooft man sie auch erklärt bekommt. Und diese Apparate, diese Monstren der Techniker, fressen unaufhaltsam ihr Land auf, verschmutzen ihre Luft und ihre Seen, und es gibt keine Möglichkeit, sich dagegen zu wehren, und kaum eine, davor zu fliehen.

Es braucht nicht viel, damit einer zu dieser Einstellung kommt. Man gehe nur durch ein ausgesprochenes Industriegebiet in einer Großstadt, da hat man sie überall vor sich, die Technik. Als erstes sieht man auf hohe Stacheldrahtzäune, verschlossene Tore, Schilder mit einer Aufschrift wie *BETRETEN VERBOTEN*, und dahinter, durch die verrußte Luft, häßliche, absonderliche Formen, Gebilde aus Metall und Ziegelstein, deren Zweck man nicht kennt und deren Herren man nie zu sehen bekommt. Wozu das alles gut ist, weiß man nicht, keiner sagt einem, warum es überhaupt da ist, und so kann man sich nur befremdet fühlen, entfremdet, als einer, der da nichts verloren hat. Die das besitzen und darüber Bescheid wissen, wollen einen nicht dahaben. Die ganze Technik hat einen zum Fremden im eigenen Land gemacht. Ihre bloße Gestalt, ihr Aussehen, ihre Rätselhaftigkeit besagen: »Raus hier.« Man weiß, daß es irgendwo eine Erklärung für all das gibt und daß es ohne Zweifel auf irgendeine indirekte Art der Menschheit dient, aber das sieht man nicht. Was man sieht, sind die Schilder *BETRETEN VERBOTEN, KEIN ZUTRITT*; nichts, was den Menschen dient, statt dessen nur »verzwergte« Menschen – »Menschlein« – Ameisen gleich, die diesen absonderlichen, unbegreiflichen Gebilden dienen. Und man denkt sich, selbst wenn ich dazugehörte, selbst wenn ich kein Fremder wäre, wäre ich auch nur so eine Ameise im Dienst der Gebilde. So kommt es, daß man schließlich Feindseligkeit empfindet, und ich glaube, das ist es, was letztlich hinter der ansonsten unerklärlichen Einstellung von John und Sylvia steckt. Alles, was mit Ventilen und Wellen und Schraubenschlüsseln zu tun hat, ist ein Teil *dieser* dem Menschen entfremdeten Welt, an die sie am liebsten gar nicht denken. Sie wollen sich nicht hineinziehen lassen.

Wenn dem so ist, dann stehen sie nicht allein da. Es ist gar keine Frage, daß sie darin ihrem natürlichen Empfinden folgen und nicht etwa irgend jemanden nachahmen. Aber auch viele andere folgen ihrem natürlichen Empfinden und ahmen niemanden nach, und die natürlichen Empfindungen sehr vieler Menschen sind sich in diesem Punkt auffallend ähnlich; betrachtet man sie deshalb als Kollektiv, wie es Journalisten tun, dann drängt sich die Illusion einer Massenbewegung auf, einer technikfeindlichen Massenbewegung, einer regelrechten technikfeindlichen politischen Linken, die scheinbar aus dem Nichts auftaucht, sich drohend erhebt und sagt: »Macht Schluß mit der Technik. Geht damit woanders hin. Wir wollen sie hier nicht haben.« Noch wird sie im Zaum gehalten durch das dünne Netz einer Logik, die besagt, daß es ohne Fabriken keine Arbeitsplätze und keinen Lebensstandard gäbe. Aber es gibt menschliche Kräfte, die stärker sind als Logik, und wenn sie in ihrem Haß auf die Technik stark genug werden, kann dieses Netz zerreißen.

Man hat Klischees und Schablonen wie »Beatnik« und »Hippie« für die Feinde der Technik, die Systemgegner, erfunden und wird weiter welche erfinden. Aber man macht nicht Massenmenschen aus Individuen, indem man sie kurzerhand in eine Schablone preßt. John und Sylvia sind keine Massenmenschen, so wenig wie die meisten anderen, die ihren Weg gehen. Vielmehr scheint es, daß sie sich gegen das Dasein als Massenmensch auflehnen. Sie glauben, daß die Technik eine Menge mit den Kräften zu tun hat, die Massenmenschen aus ihnen machen wollen, und sie mögen sie nicht. Einstweilen ist es meist noch passiver Widerstand, Flucht aufs Land sooft es geht und dergleichen, aber es ist nicht gesagt, daß er immer so passiv bleibt.

Ich bin nicht ihrer Meinung, was die Motorradwartung angeht, aber nicht weil ich kein Verständnis für ihre Einstellung zur Technik hätte. Ich meine nur, daß ihre Flucht vor der Technik, ihr Haß auf sie, selbstzerstörerisch ist. Der Buddha, die Gottheit, wohnt in den Schaltungen eines Digitalrechners oder den Zahnrädern eines Motorradgetriebes genauso bequem wie auf einem Berggipfel oder im Kelch einer Blüte. Wer das nicht wahrhaben will, erniedrigt den Buddha – und damit sich selbst. Das ist es, worüber ich in dieser Chautauqua sprechen möchte.

Wir sind jetzt aus den Sümpfen heraus, aber es ist immer noch so diesig, daß man direkt zur gelben Sonnenscheibe hinaufschauen kann, als ob Rauch oder Smog am Himmel hinge. Aber wir sind jetzt in einer grünen Landschaft. Die Farmhäuser sind sauber und weiß und frisch. Es gibt hier weder Rauch noch Smog.

2

Die Straße zieht sich und will kein Ende nehmen ... Wir machen Pausen, um zu rasten und Mittag zu essen, wechseln belanglose Worte und stellen uns auf die lange Fahrt ein. Die einsetzende Nachmittagsmüdigkeit dämpft die Aufregung des ersten Tages, und wir kommen zügig vorwärts, nicht schnell, nicht langsam.

Wir haben Seitenwind aus Südwest bekommen, und das Motorrad legt sich scheinbar ganz von selbst in die Böen, um ihrem Druck zu begegnen. Seit einer Weile geht von dieser Straße ein ungutes Gefühl aus, ein banges Unbehagen, als würden wir beobachtet oder als folgte uns jemand. Aber vor uns ist nirgends ein Auto zu sehen, und im Spiegel sind nur weit hinten John und Sylvia.

Wir sind noch nicht in den Dakotas, aber an den großen Feldern sieht man, daß es nicht mehr weit ist. Manche von ihnen sind blau von Flachsblüten, und langgezogene Wellenbewegungen gehen darüber hin wie über die Oberfläche des Ozeans. Die Hügel greifen weiter aus und beherrschen jetzt alles andere, bis auf den Himmel, der höher geworden zu sein scheint. Ferne Farmhäuser sind so klein, daß wir sie kaum sehen. Das Land tut sich auf.

Es gibt keine bestimmte Stelle, keine scharfe Grenze, wo die Central Plains aufhören und die Great Plains anfangen. Gerade solch ein allmählicher Übergang wird einem unversehens bewußt, so wie wenn man aus einem Küstenhafen ausläuft, irgendwann bemerkt, daß die kabbelige See einer weit ausholenden Dünung gewichen ist, sich umdreht und sieht, daß das Land außer Sicht ist. Die Bäume sind seltener geworden, und plötzlich weiß ich, daß es keine bodenständigen Arten mehr sind. Man hat sie hierher gebracht und an den Häusern und in Reihen zwischen den Feldern angepflanzt, um den Wind zu brechen. Aber wo sie nicht angepflanzt wurden, ist kein Unterholz, kein Jungholzwuchs – nur Gras; ein paar Wildblumen auch und Sträucher, aber hauptsächlich Gras. Das ist jetzt Grasland. Wir sind in der Prärie.

Ich habe das Gefühl, keiner von uns kann sich wirklich vorstellen, wie diese vier Julitage in der Prärie sein werden. Erinnerungen an Autofahrten durch die Prärien wissen nur von Flachheit und großer Leere, so weit das Auge reicht, von grenzenloser Monotonie und Langeweile, während man Stunde um Stunde fährt, nirgendwo hinkommt und sich fragt, wie lange das noch so weitergehen soll, ohne eine Biegung der Straße, ohne jede Abwechslung in der Ebene, die nach allen Richtungen bis an das Horizont reicht.

John hatte befürchtet, Sylvia würden die Strapazen einer solchen Fahrt zuviel werden, und zunächst vorgehabt, sie mit dem Flugzeug nach Billings, Montana, vorauszuschicken, aber Sylvia und ich hatten ihm das gemeinsam ausgeredet. Mein Argument war, daß physische Strapazen einem nur dann etwas ausmachen, wenn man nicht in der richtigen Stimmung ist. Dann kommt einem jede Unbequemlichkeit gerade recht als Vorwand für die eigene schlechte Laune. Ist man dagegen in der richtigen Stimmung, dann können einem physische Unannehmlichkeiten nicht viel anhaben. Und wenn ich an Sylvias Stimmungen und Gefühle dachte, konnte ich mir nicht vorstellen, daß sie klagen würde.

Mit dem Flugzeug in den Rocky Mountains anzukommen, hätte außerdem bedeutet, sie in *einem* Zusammenhang zu sehen, nämlich als hübsche Kulisse. Nach tagelanger anstrengender Fahrt über die Prärien würde man sie dagegen anders sehen, als ein Ziel, ein gelobtes Land. Wären nun John und ich und Chris mit diesem Gefühl angekommen und Sylvia hätte die Berge nur »nett« und »hübsch« gefunden, dann hätte es mehr Unstimmigkeiten zwischen uns gegeben, als die Hitze und die Monotonie der Dakotas uns bescheren konnten. Und überhaupt, ich unterhalte mich gern mit ihr, und ich denke auch an mich.

Wenn ich diese Felder betrachte, stelle ich mir vor, daß ich zu ihr sage: »Siehst du? . . . Siehst du?«, und ich glaube, daß sie es wirklich sieht. Ich hoffe, sie wird später an diesen Prärien etwas sehen und wahrnehmen, worüber ich nicht mehr mit anderen reden mag; etwas, das hier existiert, weil alles andere nicht existiert, das bemerkbar wird, weil alles andere fehlt. Sie scheint manchmal so niedergedrückt von der Monotonie und Langeweile ihres Stadtlebens, daß ich mir dachte, sie würde vielleicht in diesem endlosen Gras und Wind etwas sehen, das sich zuweilen einstellt, wenn Monotonie und Langeweile bejaht werden. Es ist da, aber ich habe keine Namen dafür.

Jetzt sehe ich am Horizont etwas, von dem ich nicht glaube, daß die anderen es sehen. Weit hinten im Südwesten – man sieht es nur vom Gipfel dieses Hügels aus – hat der Himmel einen dunklen Rand. Aufkommendes Unwetter. Vielleicht war es das, was mich beunruhigt hat. Weil ich mich dem Gedanken daran bewußt verschlossen habe, obwohl ich die ganze Zeit wußte, daß es bei der Luftfeuchtigkeit und dem Wind mehr als wahrscheinlich war. Zu dumm, daß uns das ausgerechnet am ersten Tag passieren muß, aber wie ich schon sagte, auf dem Motorrad ist man mitten drin in der Szene, anstatt sie nur zu betrachten, und Unwetter gehören ganz entschieden dazu.

Wenn es nur Gewitterwolken oder vereinzelte Böen sind, kann man versuchen, sie zu umfahren, aber das da ist etwas anderes. Dieser lange, dunkle Streifen ohne vorausgehende Zirruswolken ist eine Kaltfront. Kaltfronten sind ungemütlich, und wenn sie von Südwesten kommen, sind sie am ungemütlichsten. Oft bringen sie Tornados mit sich. Wenn sie aufziehen, verkriecht man sich am besten in ein Loch und wartet, bis sie über einen weg sind. Sie sind bald vorbei, und in der kühlen Luft hinter ihnen läßt es sich gut fahren.

Warmfronten sind die schlimmsten. Sie können Tage dauern. Ich muß daran denken, wie Chris und ich vor ein paar Jahren in Kanada unterwegs waren; wir schafften ungefähr 130 Meilen und gerieten dann in eine Warmfront, vor der man uns umsonst eindringlich gewarnt hatte, weil wir ahnungslos waren. Die ganze Geschichte war irgendwie blöd und deprimierend.

Wir hatten ein leichtes Motorrad mit sechseinhalb PS, das mit viel zuviel Gepäck und viel zuwenig gesundem Menschenverstand beladen war. Die Maschine brachte es bei Vollgas und mäßigem Gegenwind nur auf etwa fünfundvierzig Meilen pro Stunde. Es war keine Tourenmaschine. Wir erreichten am ersten Abend einen großen See in den North Woods und zelteten im strömenden Regen, der die ganze Nacht über anhielt. Ich vergaß, einen Graben um das Zelt zu ziehen, und gegen zwei Uhr morgens drang am Boden so viel Wasser ein, daß beide Schlafsäcke klitschnaß wurden. Am Morgen waren wir durchnäßt und deprimiert und unausgeschlafen, aber ich dachte, der Regen würde schon nachlassen, wenn wir nur erst ein Stück gefahren wären. Aber nichts dergleichen. Um zehn war der Himmel so schwarz, daß alle Autos mit eingeschalteten Scheinwerfern fuhren. Und dann fing es erst richtig zu schütten an.

Wir hatten die Ponchos an, die uns in der Nacht als Zelt gedient hatten. Jetzt blähten sie sich wie Segel und bremsten uns trotz Vollgas auf dreißig Meilen pro Stunde ab. Auf der Straße stand das Wasser im Handumdrehen zwei Zoll hoch. Blitze zuckten ringsum krachend herab. Ich sehe noch das entgeisterte Gesicht einer Frau, die uns aus einem überholenden Auto heraus anstarrte und sich offenbar fragte, was um Himmels willen wir bei dem Wetter auf einem Motorrad machten. Ich hätte es ihr bestimmt auch nicht sagen können.

Wir fielen auf fünfundzwanzig ab, dann auf zwanzig. Fehlzündungen traten auf, und mit stotterndem, spuckendem und knallendem Motor erreichten wir im Schrittempo gerade noch eine verlotterte alte Tankstelle an einem abgeholzten Waldstück.

Ich hatte mich damals genau wie John noch kaum mit Motorradwartung befaßt. Ich weiß noch, wie ich, den Poncho über dem Kopf, damit es nicht in den Tank regnete, die Maschine zwischen den Beinen hin und her schwenkte. Ich meinte zu sehen, wie drinnen das Benzin schwappte. Ich kontrollierte die Kerzen, die Unterbrecherkontakte und den Vergaser und trat den Kickstarter, bis ich nicht mehr konnte.

Wir gingen hinein – es war eine Tankstelle mit Stehausschank und Restaurant – und aßen angebrannte Steaks. Dann ging ich wieder hinaus und versuchte es noch einmal. Chris stellte am laufenden Band Fragen und ging mir allmählich auf die Nerven, weil er nicht begriff, wie ernst unsere Lage war. Schließlich sah ich ein, daß es keinen Zweck hatte, und gab mich geschlagen, und mein Ärger über ihn verflüchtigte sich. Ich brachte ihm so schonend wie möglich bei, daß alles aus sei. Wir würden in diesen Ferien nirgendwohin mit dem Motorrad fahren. Chris schlug vor, nachzusehen, ob noch Benzin im Tank sei, aber das hatte ich ja schon getan, oder einen Mechaniker zu suchen. Aber es gab keine Mechaniker. Nur abgeholzte Kiefern und Gebüsch und Regen.

Ich setzte mich mit ihm am Straßenrand ins Gras und starrte in die Bäume und ins Unterholz. Ich beantwortete Chris geduldig all seine Fragen, und mit der Zeit wurden es immer weniger. Und dann hatte er endlich begriffen, daß unsere Fahrt wirklich zu Ende war, und fing zu weinen an. Er war damals acht, glaube ich.

Wir fuhren per Anhalter in unsere Stadt zurück, mieteten einen Anhänger für unser Auto, holten das Motorrad bei der Tankstelle ab, transportierten es nach Hause und fuhren dann noch mal in die Ferien, diesmal mit dem Auto. Aber es war nicht dasselbe. Und wir hatten eigentlich nicht viel Spaß auf dieser Fahrt.

Zwei Wochen nach dem Ferienende baute ich eines Abends nach der Arbeit den Vergaser aus, um nach dem Fehler zu suchen, aber ich fand auch diesmal nichts. Ich wollte den Vergaser von dem Fett säubern, bevor ich ihn wieder einbaute, und machte den Absperrhahn am Tank auf, um ein bißchen Benzin ausfließen zu lassen. Aber es kam keins. Der Tank war leer. Ich konnte es nicht fassen. Ich kann es noch immer kaum fassen.

Ich habe mich in Gedanken hundertmal für diesen Blödsinn geohrfeigt, und ich glaube kaum, daß ich jemals ganz und endgültig darüber hinwegkommen werde. Was ich damals umherschwappen sah, war offensichtlich das Benzin im Reservetank, den ich noch nie gebraucht hatte. Ich sah erst gar nicht richtig nach, weil ich von vornherein annahm, der Regen sei schuld am Versagen des Motors. Ich wußte damals noch nicht, wie dumm solche voreiligen Schlüsse sind. Jetzt fahren wir eine Maschine mit achtundzwanzig PS, und ich nehme ihre Wartung sehr ernst.

Ganz plötzlich überholt mich John und bedeutet mir mit nach unten gekehrter Handfläche, daß ich anhalten soll. Wir bremsen und suchen nach einer Stelle, wo wir auf der mit Kies aufgeschütteten Bankette anhalten können. Der Rand der Betonfahrbahn ist scharf, der Kies locker, und mir ist gar nicht wohl bei diesem Manöver.

Chris fragt: »Warum hältst du?«

»Ich glaube, wir hätten da hinten abbiegen müssen«, sagt John.

Ich schaue zurück und sehe nichts. »Ich habe kein Schild gesehen«, sage ich.

John schüttelte den Kopf. »Groß wie ein Scheunentor.«

»Im Ernst?«

Er und Sylvia nicken einträchtig.

Er beugt sich herüber, studiert meine Karte und zeigt mir die Abzweigung, die noch vor einer Autobahn-Überführung lag. »Diese Autobahn haben wir schon überquert«, sagt er. Ich sehe, daß er recht hat. Peinlich. »Was nun, umkehren oder weiterfahren?« frage ich.

Er überlegt. »Na ja, eigentlich witzlos, wieder zurückzufahren. Also meinetwegen. Fahren wir weiter. Irgendwie kommen wir schon hin.«

Und während ich jetzt hinter ihm herfahre, denke ich: Wie konnte mir so etwas passieren? Ich habe die Autobahn kaum wahrgenommen. Und gerade eben habe ich vergessen, sie auf das Unwetter hinzuweisen. Ich mache mir langsam Sorgen.

Die Wolkenbank des Unwetters ist jetzt größer, aber es zieht nicht so schnell auf, wie ich dachte. Das ist weniger schön. Wenn sie schnell näherkommen, sind sie auch schnell wieder vorbei. Wenn sie so lange brauchen wie dieses da, dann sitzt man womöglich eine ganze Weile fest.

Ich ziehe mit den Zähnen einen Handschuh aus, lange hinunter und befühle die Aluminiumverkleidung des Motors. Die Temperatur ist in Ordnung. Zu warm, um die Hand draufzulassen, aber nicht so heiß, daß ich mich verbrenne. Da fehlt also nichts.

Bei so einem luftgekühlten Motor kann extreme Überhitzung einen »Kolbenfresser« verursachen. Bei dieser Maschine ist das schon mal passiert ... genauer gesagt dreimal. Ab und zu prüfe ich die Temperatur, genau wie ich einen Patienten untersuchen würde, der einen Herzanfall hinter sich hat, auch wenn er augenscheinlich geheilt ist.

Bei einem Kolbenfresser dehnen sich die Kolben infolge zu starker Erwärmung aus, werden zu groß für die Zylinder, fressen sich an den Zylinderwänden fest oder verschmelzen gar mit ihnen und blockieren dadurch den Motor und das Hinterrad, so daß das ganze Motorrad ins Schleudern kommt. Als sich bei dieser Maschine zum erstenmal die Kolben festfraßen, warf es mich nach vorne, so daß mein Kopf über dem Vorderrad war und mein Sozius beinahe über mir hing. Ungefähr bei Tempo dreißig kamen sie wieder frei und die Maschine lief wieder, aber ich fuhr an den Rand und hielt an, um nachzusehen, was los war. Meinem Beifahrer fiel nichts Besseres ein als: »Wozu hast du denn *das* jetzt gemacht?«

Ich zuckte die Achseln, denn ich wunderte mich genauso wie er, und stand nur da, während die Autos vorbeizischten, und starrte vor mich hin. Der Motor war so heiß, daß die Luft um ihn herum flimmerte und wir die Hitze spürten, die er ausstrahlte. Als ich ihn mit einem nassen Finger antippte, zischte es wie bei einem heißen Bügeleisen. Wir fuhren langsam nach Hause, und die Maschine machte ein neues Geräusch, ein Schlagen, das bedeutete, daß die Kolben nicht mehr paßten und der Motor überholt werden mußte.

Ich brachte die Maschine in die Werkstatt, weil ich das ganze nicht für wichtig genug hielt, um mich selber damit abzugeben, mich mit all den komplizierten Details vertraut zu machen und womöglich Ersatzteile und Spezialwerkzeug zu bestellen; wozu all der zeitraubende Aufwand, sagte ich mir, wo es doch andere für mich in kürzerer Zeit erledigen können – ungefähr Johns Einstellung also.

Die Werkstatt bot ein anderes Bild, als ich es von früher her in Erinnerung hatte. Die Mechaniker, ehedem lauter alte Hasen, sahen jetzt wie Kinder aus. Ein Radio plärrte, sie alberten herum und schwatzten und schienen mich gar nicht zu sehen. Als schließlich doch einer herüberkam, hörte er sich das Kolbengeräusch kaum an und konstatierte gleich: »Klarer Fall. Die Ventile.«

Die Ventile? In dem Moment hätte ich wissen müssen, was mir bevorstand.

Zwei Wochen danach bezahlte ich die Rechnung über 140 Dollar, dann fuhr ich die Maschine behutsam mit verschiedenen niedrigen Geschwindigkeiten ein und drehte nach tausend Meilen zum erstenmal wieder voll auf. Etwa bei fünfundsiebzig blockierte sie wieder, bei dreißig kam sie wieder frei, genau wie beim ersten Mal. Als ich sie wieder in die Werkstatt brachte, warfen sie mir erst vor, ich hätte sie nicht richtig eingefahren, aber nach endlosem Hin und Her erklärten sie sich bereit, noch einmal nachzusehen. Sie überholten die Maschine wieder und machten selbst eine Probefahrt mit hoher Geschwindigkeit.

Diesmal blockierte sie bei *ihnen*.

Nach der dritten Überholung zwei Monate später erneuerten sie die Zylinder, bauten überdimensionierte Vergaser-Hauptdüsen ein, verlegten den Zündzeitpunkt, damit der Motor möglichst kühl blieb, und sagten mir: »Fahren Sie sie nicht zu schnell.«

Sie war über und über mit Fett verschmiert und sprang nicht an. Ich stellte fest, daß die Kerzen nicht angeschlossen waren, schloß sie an und startete, aber jetzt hörte man wirklich die Ventile. Sie hatten sie nicht eingestellt. Ich sagte es ihnen, das Jüngelchen kam mit einem falsch eingestellten Rollgabelschlüssel an und hatte damit im Nu die beiden Aluminiumblech-Ventildeckel ruiniert.

»Hoffentlich haben wir noch welche davon auf Lager«, sagte er.

Ich nickte.

Er holte einen Hammer und einen Kaltmeißel und fing an, die Deckel abzuschlagen. Der Meißel durchschlug den Aluminiumdeckel, und es war abzusehen, daß er ihn direkt in den Zylinderkopf treiben würde. Beim nächsten Schlag verfehlte er gar den Meißel und traf mit dem Hammer den Zylinderkopf, wobei Stücke aus zwei Kühlrippen herausbrachen.

»Hören Sie auf«, sagte ich höflich; ich kam mir vor wie in einem bösen Traum. »Geben Sie mir nur zwei neue Ventildeckel, und ich nehme die Maschine mit, wie sie ist.«

Ich machte, daß ich fortkam, fuhr mit rasselnden Ventilen und ölverschmierter Maschine die Straße hinunter, und dann fiel mir bei Geschwindigkeiten über zwanzig ein starkes Vibrieren auf. Am Rinnstein stellte ich fest, daß zwei der vier Motor-Aufhängungsschrauben fehlten und die dritte keine Mutter hatte. Der ganze Motor hing an einer einzigen Schraube. Die Arretierungsschraube des Nockenwellenkettenspanners fehlte ebenfalls, es wäre also ohnehin unmöglich gewesen, die Ventile einzustellen. Ein Alptraum.

Ich habe John noch nie gefragt, was er davon halten würde, seine BMW diesen Leuten anzuvertrauen. Vielleicht sollte ich es mal tun.

Ich fand die Ursache der Kolbenfresser ein paar Wochen später; bis dahin hätte es jederzeit wieder passieren können. Es war eine kleine Nadel für fünfundzwanzig Cent im Schmiersystem, die gekappt worden war und bei hohen Geschwindigkeiten kein Öl mehr in den Zylinderkopf gelangen ließ.

Die Frage nach dem *Warum* hat mich seither immer wieder beschäftigt und viel zu meinem Wunsch beigetragen, diese Chautauqua zu halten. Warum diese Pfuscherei? Das waren doch keine Leute, die vor der Technik davonlaufen wie John und Sylvia. Das waren die Techniker selbst. Sie nahmen sich eine Arbeit vor, und was dabei herauskam, hätte auch ein Schimpanse zustande gebracht. Keinerlei persönliches Interesse. Es gab keinen einleuchtenden Grund dafür. Ich versuchte, mich in diese Werkstatt zurückzuversetzen, an diesen Ort eines Alptraums, um mich vielleicht doch an etwas zu erinnern, was der Grund hätte sein können.

Das Radio war ein Anhaltspunkt. Man kann genaugenommen nicht angestrengt über eine Sache nachdenken, an der man gerade arbeitet, und gleichzeitig Radio hören. Aber vielleicht sahen sie in ihrer Arbeit keinen Anlaß zu angestrengtem Nachdenken, sondern nur eine Gelegenheit, mit einem Schraubenschlüssel herumzuspielen. Mit einem Schraubenschlüssel herumzuspielen und dabei Radio zu hören, macht natürlich mehr Spaß.

Auch ihr Tempo war ein Anhaltspunkt. Sie warfen in ihrer Hast die Sachen hierhin und dorthin und wußten zum Schluß nicht mehr, wo sie sie hingeworfen hatten. Auf die Art ist mehr zu verdienen – glaubt man jedenfalls, solange man sich nicht die Zeit nimmt, sich klarzumachen, daß es so meist länger dauert und nicht so gut wird.

Aber den wichtigsten Hinweis gab wohl ihr ganzes Gehabe. Das ist schwer zu beschreiben. Gutmütig, freundlich, lässig – und unbeteiligt. Sie wirkten wie Zuschauer. Man hatte den Eindruck, sie wären selber gerade erst hereingeschlendert gekommen, und jemand hätte ihnen einen Schraubenschlüssel in die Hand gedrückt. Keine Spur von Identifikation mit ihrer Arbeit. Keiner schien zu sagen: »Ich bin Mechaniker.« Man wußte, sie würden um fünf Uhr nachmittags, oder wann sonst ihre acht Stunden um waren, abschalten und keinen Gedanken mehr auf ihre Arbeit verschwenden. Sie gaben sich sogar schon *bei* der Arbeit Mühe, nicht an ihre Arbeit zu denken. Auf ihre Art erreichten sie dasselbe wie John und Sylvia, nämlich mit der Technik zu leben, ohne etwas mit ihr zu tun zu haben. Oder besser gesagt, sie hatten damit zu tun, aber ihr eigentliches Selbst blieb draußen, unberührt, distanziert. Sie hatten damit zu tun, aber es lag ihnen nichts daran, es fehlte ihnen die Liebe zur Sache.

Nicht nur fanden diese Mechaniker die gekappte Nadel nicht, einer von ihnen hatte sie auch überhaupt erst gekappt, indem er den Kurbelgehäusedeckel nicht richtig montierte. Mir fiel ein, daß der Vorbesitzer mir gesagt hatte, ein Mechaniker habe ihn darauf aufmerksam gemacht, daß der Deckel schwer anzubringen sei. Das war der Grund. Im Werkstatthandbuch wurde ausdrücklich auf diesen Umstand hingewiesen, aber wahrscheinlich hatte es der Mechaniker wie andere auch zu eilig gehabt, oder es war ihm egal gewesen.

Bei der Arbeit dachte ich über dieselbe Lieblosigkeit in den Digitalrechner-Handbüchern nach, die ich redigierte. Mit dem Schreiben und Redigieren technischer Handbücher verdiene ich in den restlichen elf Monaten des Jahres meinen Lebensunterhalt, und ich wußte, daß sie voller Fehler, Unklarheiten und Auslassungen steckten und so total konfus waren, daß man sie sechsmal lesen mußte, um einigermaßen klarzukommen. Aber zum ersten Mal bemerkte ich jetzt die Übereinstimmung zwischen diesen Handbüchern und der Zuschauer-Einstellung, die ich in der Werkstatt erlebt hatte. Das waren Zuschauer-Handbücher. Es lag in ihrer ganzen Machart. Aus jeder Zeile spricht die Auffassung: »Hier ist die Maschine, zeitlich und räumlich von allem anderen im Universum getrennt. Sie hat keine Beziehung zu Ihnen, Sie haben keine Beziehung zu ihr, außer daß Sie bestimmte Schalter betätigen, die Spannungen konstant halten, mögliche Fehlerquellen kontrollieren müssen ...« und so weiter. Die Mechaniker unterschieden sich in ihrer Einstellung zur Maschine im Grunde genommen nicht von der Einstellung zur Maschine, die in den Handbüchern zum Ausdruck kam, oder von der Einstellung, die ich gehabt hatte, als ich ihnen die Maschine brachte. Wir waren alle nur Zuschauer. Und ich kam darauf, daß es überhaupt kein Handbuch gibt, das sich damit befaßt, worauf es bei der Motorradwartung wirklich ankommt, mit dem allerwichtigsten Aspekt. Daß man mit Liebe zur Sache an seine Arbeit herangeht, wird entweder für nebensächlich gehalten oder als selbstverständlich vorausgesetzt.

Ich denke, wir sollten das auf dieser Fahrt beachten, es ein wenig erforschen, um zu sehen, ob wir in dieser sonderbaren Trennung dessen, was der Mensch ist, von dem, was der Mensch tut, nicht den einen oder anderen Hinweis darauf finden, was zum Teufel in diesem zwanzigsten Jahrhundert schiefgelaufen ist. Ich will nichts überstürzen. Das ist an sich schon eine verderbliche Einstellung des zwanzigsten Jahrhunderts. Wenn man etwas überstürzen will, heißt das, daß einem nichts mehr daran liegt und man zu anderen Dingen übergehen möchte. Ich möchte mich lieber langsam heranarbeiten, aber sorgsam und gründlich, mit derselben Einstellung, wie ich sie hatte, unmittelbar bevor ich diese gekappte Nadel fand. Nur diese Einstellung hat mich sie finden lassen, nichts anderes.

Ich sehe auf einmal, daß sich das Land hier zu einer euklidischen Ebene verflacht hat. Weit und breit kein Hügel, kein Buckel. Das heißt, wir haben das Red River Valley erreicht. Bald werden wir in den Dakotas sein.

3

Als das Red River Valley hinter uns liegt, sind die Wetterwolken ganz nahe, fast schon über uns.

John und ich haben in Breckenridge beratschlagt und uns geeinigt, so lange weiterzufahren, bis es nicht mehr geht.

Es dürfte jetzt bald soweit sein. Die Sonne ist weg, es weht ein kalter Wind, und eine Wand in abgestuftem Grau ragt um uns auf.

Sie kommt einem ungeheuer groß vor, erdrückend. Die Prärie hier ist ungeheuer groß, aber die Größe der unheilvollen grauen Masse über ihr, die sich jeden Augenblick herabzusenken droht, macht einem Angst. Wir fahren nur noch mit ihrer Duldung. Wann und wo sie niedergehen wird, das ist unserem Einfluß entzogen. Wir können nur zusehen, wie sie näher und näher rückt.

Dort wo das dunkelste Grau die Erde berührt hat, ist ein Ort, den man vorhin noch sah, ein paar kleine Gebäude und ein Wasserturm, verschwunden. Wir werden jetzt bald mitten drin sein. Vor uns nirgends eine Ortschaft, wir werden drauflosfahren müssen.

Ich setze mich neben John und bedeute ihm mit einer Geste: »Schneller!« Er nickt und dreht auf. Ich warte, bis er einen kleinen Vorsprung hat, und beschleunige dann auf sein Tempo. Die Maschine zieht wunderbar – siebzig . . . achtzig . . . fünfundachtzig . . . jetzt bekommen wir den Fahrtwind richtig zu spüren, und ich senke den Kopf, um den Widerstand zu verringern . . . neunzig. Der Tachozeiger pendelt, aber der Tourenzähler zeigt konstant neuntausend an . . . etwa 95 Meilen pro Stunde . . . und wir halten das Tempo . . . es geht dahin. Zu schnell jetzt, um den Straßenrand zu fixieren . . . Ich lange nach vorn und schalte zur Sicherheit den Scheinwerfer ein. Aber das wäre sowieso notwendig. Es wird sehr dunkel.

Wir fliegen über das flache Land, kein Auto zu sehen, kaum ein Baum, aber die Straße ist gut und sauber, und die Maschine hat jetzt einen »satten« hochtourigen Ton, der anzeigt, daß sie in ihrem Element ist. Es wird immer noch dunkler.

Ein Blitz und *KRACH!* Der Donnerschlag gleich hinterher. Ich bin zusammengefahren, und Chris hat den Kopf an meinen Rücken gelegt. Ein paar Regentropfen als Vorwarnung . . . bei dem Tempo sind sie wie Nadelstiche. Ein zweites Blitz-*KRACH*, alles leuchtet auf . . . und dann im grellen Licht des nächsten Blitzes dieses Farmhaus . . . diese Windmühle . . . oh, mein Gott, *er* ist hier gewesen! . . . Gas weg . . . das ist *seine* Straße . . . ein Zaun und Bäume . . . und die Geschwindigkeit fällt auf siebzig, dann sechzig, dann fündundfünfzig, aber die halte ich jetzt.

»Warum fährst du so langsam?« schreit Chris.

»Zu schnell!«

»Nein!«

Ich nicke: doch.

Das Haus und der Wasserturm sind vorbei, und dann taucht ein schmaler Entwässerungsgraben auf und eine Seitenstraße, die sich schnurgerade bis zum Horizont hinzieht. Ja ... ich glaube, wir sind hier richtig. Genau richtig.

»Sie hängen uns doch ab«, ruft Chris. »Gib Gas!«

Ich drehe den Kopf von einer Seite auf die andere.

»Warum nicht?« schreit er.

»Zu gefährlich!«

»Sie sind weg!«

»Die werden schon warten.«

»Gib Gas!«

»Nein.« Ich schüttele den Kopf. Ich habe so ein Gefühl. Auf dem Motorrad kann man sich auf sie verlassen, und wir bleiben auf fünfundfünfzig.

Vor uns fängt es schon zu regnen an, aber ich sehe die Lichter einer Stadt ... Ich wußte, daß sie da sein würde.

Am Ortseingang stehen John und Sylvia unter dem ersten Baum an der Straße und warten auf uns.

»Was war denn los?«

»Bin langsamer gefahren.«

»Das haben wir gemerkt. Was passiert?«

»Nein. Sehn wir zu, daß wir aus dem Regen kommen.«

John sagt, am anderen Ende sei ein Motel, aber ich entgegne, daß wir ein besseres finden, wenn wir bei einer Pappelreihe rechts abbiegen und dann noch ein paar Häuserblocks weit fahren.

Wir biegen bei den Pappeln ab, und ein paar Blocks weiter taucht ein kleines Motel auf. Im Büro sieht sich John um und meint: »Das ist tatsächlich gut. Warst du denn hier schon mal?«

»Ich kann mich nicht erinnern«, sage ich.

»Aber wieso hast du es dann gewußt?«

»Intuition.«

Er sieht Sylvia an und schüttelt den Kopf.

Sylvia hat mich schon die ganze Zeit schweigend beobachtet. Sie merkt, daß meine Hände zittern, als ich uns eintrage. »Du bist ja ganz blaß«, sagt sie. »Hat dich das Gewitter so mitgenommen?«

»Nein.«

»Du siehst aus, als hättest du ein Gespenst gesehen.«

John und Chris sehen mich an, und ich wende mich ab und gehe zur

Tür. Es gießt immer noch, aber wir rennen durch den Regen zu den Zimmern hinüber. Unsere Sachen sind gut verpackt, wir lassen sie auf den Motorrädern, bis das Unwetter vorbei ist.

Als der Regen aufgehört hat, wird der Himmel ein bißchen heller. Aber wenn ich aus dem Hof des Motels an den Pappeln vorbeischaue, sehe ich, daß schon eine andere Dunkelheit ansteht, die der Nacht. Wir gehen in den Ort, essen zu Abend, und als wir zurückkommen, spüre ich die Strapazen des Tages in allen Gliedern. Wir sitzen, fast regungslos, in den Metallrohrstühlen des Motelhofes und leeren langsam einen halben Liter Whisky, den John mit irgendwas zum Mixen aus dem Kühlschrank des Motels besorgt hat. Trinkt sich in kleinen Schlucken sehr angenehm. Ein kühler Nachtwind raschelt in den Blättern der Pappeln an der Straße.

Chris möchte wissen, was wir jetzt machen. Der Junge ist nicht unterzukriegen. Die neue, ungewohnte Umgebung des Motels regt ihn auf, und er möchte, daß wir Lieder singen, wie er es vom Ferienlager her kennt.

»Wir sind nicht so gut im Liedersingen«, sagt John.

»Dann erzählen wir uns eben Geschichten«, schlägt Chris vor. Er denkt eine Weile nach. »Wißt ihr keine guten Gespenstergeschichten? In unserer Hütte haben alle Jungen in der Nacht Gespenstergeschichten erzählt.«

»Erzähl *du* uns eine«, fordert John ihn auf.

Das läßt er sich nicht zweimal sagen. Diese Geschichten machen einem ja irgendwie Spaß. Manche davon habe ich nicht mehr gehört, seit ich in seinem Alter war. Ich sage ihm das, und er möchte ein paar von meinen Geschichten hören, aber ich kriege keine mehr zusammen.

Nach einer Weile fragt er: »Glaubst du an Gespenster?«

»Nein«, sage ich.

»Warum nicht?«

»Weil sie un-wis-sen-schaft-lich sind.«

Die Art, wie ich das sage, entlockt John ein Lächeln. »Sie bestehen nicht aus Materie«, fahre ich fort, »und haben keine Energie, und deshalb existieren sie nach den Gesetzen der Wissenschaft nicht, außer in den Köpfen der Leute.«

Der Whisky, die Müdigkeit und der Wind in den Bäumen vermischen sich allmählich in meinem Bewußtsein. »Natürlich«, fahre ich fort, »bestehen auch die Gesetze der Wissenschaft nicht aus Materie, auch sie haben keine Energie, und deshalb existieren sie ebenfalls nur in den Köpfen der Leute. Es ist am besten, wenn man sich in diesen Dingen streng an die Wissenschaft hält und weder an Gespenster noch an die Gesetze der Wissenschaft glaubt. Dann kann einem nichts passieren. Es bleibt einem dann zwar nicht mehr viel, woran man noch glauben könnte, aber auch das ist wissenschaftlich.«

»Ich hab' keine Ahnung, wovon du redest«, sagt Chris.

»Ich versuche auch nur, witzig zu sein.«

Chris kann es nicht leiden, wenn ich so rede, aber ich glaube nicht, daß es ihm was schadet.

»Einer von den Jungen im YMCA-Lager sagt, er glaubt an Gespenster.«

»Der wollte dich bloß verkohlen.«

»Nein, eben nicht. Er hat gesagt, wenn jemand nicht richtig begraben wurde, dann kommt er als Geist wieder und erscheint den Menschen. Er glaubt wirklich dran.«

»Er wollte dich nur verkohlen«, wiederhole ich.

»Wie heißt er denn?« fragt ihn Sylvia.

»Tom White Bear.«

John und ich wechseln Blicke, weil wir denselben Gedanken haben.

»Ach so, ein *Indianer*«, sagt er.

Ich muß lachen. »Ich glaube, ich muß mich da ein bißchen berichtigen«, sage ich. »Ich dachte an europäische Gespenster.«

»Sind die denn anders?«

John schüttet sich aus vor Lachen. »Eins zu null für ihn«, sagt er.

Ich überlege eine Weile und sage dann: »Na ja, die Indianer haben manchmal ihre eigene Art, die Dinge zu sehen, und ich will nicht behaupten, daß die immer falsch ist. Wissenschaft spielt in der Überlieferung der Indianer keine Rolle.«

»Tom White Bear hat gesagt, seine Mutter und sein Vater hätten ihm gesagt, daß er den ganzen Quatsch nicht glauben soll. Aber seine Großmutter flüstert ihm immer zu, daß es doch wahr ist, und deshalb glaubt er daran, sagt er.«

Er sieht mich bittend an. Manchmal will er etwas wirklich wissen. Als guter Vater sollte man nicht immer nur blödeln. »Ja, es ist schon was dran«, lenke ich ein, »ich glaube auch an Gespenster.«

Jetzt sehen mich John und Sylvia komisch an. Ich merke, daß ich mir da etwas eingebrockt habe, und hole zu einer längeren Erklärung aus.

»Es ist gar kein Wunder«, sage ich, »daß wir heute die Europäer, die an Gespenster glaubten, oder die Indianer, die an Gespenster glaubten, für unwissend halten. Der wissenschaftliche Standpunkt hat alle anderen Standpunkte so vollkommen verdrängt, daß sie einem alle primitiv vorkommen, und wenn deshalb heute einer von Geistern oder Gespenstern redet, ist er gleich einfältig oder nicht ganz bei Trost. Es ist fast unmöglich geworden, sich eine Welt vorzustellen, in der es wirklich Geister geben könnte.«

John nickt zustimmend, und ich fahre fort.

»Meine Meinung ist, daß der Verstand des modernen Menschen gar nicht so überragend ist. Die Intelligenzquotienten haben sich gar nicht so sehr geändert. Die Indianer und die Leute im Mittelalter waren genauso intelligent wie wir, aber der Zusammenhang, in dem sich ihr Denken abspielte, war ganz anders. In diesem Denk*zusammenhang* sind Geister und Gespenster genauso real wie Atome, Teilchen, Photonen und Quanten für einen modernen Menschen. In *diesem* Sinne glaube ich an Gespenster. Auch der moderne Mensch hat nämlich seine Geister und Gespenster.«

»Zum Beispiel?«

»Na, die Gesetze der Physik und der Logik ... Die Zahlensysteme ... das Prinzip der algebraischen Substitution. Das sind Gespenster. Bloß glauben wir so fest an sie, daß sie uns als real erscheinen.«

»Für mich sind sie real«, sagt John.

»Ich versteh' das nicht«, sagt Chris.

Also weiter. »Zum Beispiel nehmen wir doch als selbstverständlich an, daß die Gravitation und das Gravitationsgesetz auch schon vor Isaac Newton existiert haben. Die Idee, daß es bis zum siebzehnten Jahrhundert keine Gravitation gegeben hat, würde uns verrückt vorkommen.«

»Natürlich.«

»Seit wann besteht also dieses Gesetz? Hat es immer existiert?«

John runzelt die Stirn, er überlegt, worauf ich hinaus will.

»Ich will damit sagen«, fahre ich fort, »wir sind überzeugt, daß vor der Entstehung der Erde, bevor sich die Sonne und die Sterne bildeten, bevor überhaupt irgend etwas entstand, das Gravitationsgesetz schon existierte.«

»Sicher.«

»Einfach so, obwohl es keine Masse, keine Energie hatte, obwohl es in niemandes Kopf war, weil es niemanden gab, obwohl es nicht im Weltraum war, weil es auch noch keinen Weltraum gab – trotz alledem hat dieses Gravitationsgesetz schon existiert?«

Jetzt ist John sich anscheinend nicht mehr so sicher.

»Wenn dieses Gravitationsgesetz damals schon existierte«, sage ich, »dann weiß ich ehrlich gesagt nicht, was ein Ding tun muß, um *nicht* zu existieren. Mir scheint, das Gravitationsgesetz hat jede Probe auf Nichtexistenz bestanden, die es gibt. Man kann sich kein einziges Attribut der Nichtexistenz ausdenken, das diesem Gravitationsgesetz gefehlt hätte. Oder auch nur ein einziges wissenschaftlich definiertes Attribut der Existenz, das es gehabt hätte. Und trotzdem läßt einen der ›gesunde Menschenverstand‹ glauben, daß es existierte.«

John sagt: »Ich glaube, da müßte ich erst drüber nachdenken.«

»Na gut, aber ich kann dir jetzt schon sagen, wenn du lange genug darüber nachdenkst, wirst du dich ewig im Kreis drehen, immer und immer und immer wieder, bis du dann schließlich zur einzig möglichen, rationalen, vernünftigen Schlußfolgerung kommst. Das Gravitationsgesetz und die Gravitation selbst waren vor Isaac Newton *nicht existent*. Eine andere plausible Schlußfolgerung gibt es nicht.«

»Und *das bedeutet*«, sage ich, ehe er mir ins Wort fallen kann, »und das *bedeutet*, daß das Gravitationsgesetz *nirgends* existiert außer in den Köpfen der Leute! Es ist ein Gespenst! Wir sind alle ungeheuer arrogant und anmaßend, wenn es darum geht, anderer Leute Gespenster zur Strecke zu bringen, aber genauso unwissend und barbarisch und abergläubisch, was unsere eigenen betrifft.«

»Aber warum glaubt dann jeder an das Gravitationsgesetz?«

»Massenhypnose. In einer sehr orthodoxen Erscheinungsform als ›Schulunterricht‹ bekannt.«

»Du meinst, der Lehrer hypnotisiert die Kinder und erreicht damit, daß sie an das Gravitationsgesetz glauben?«

»Sicher.«

»Das ist doch absurd.«

»Hast du schon mal was von der Wichtigkeit des Blickkontakts im Klassenzimmer gehört? Jeder Pädagoge hebt sie hervor. Keiner erklärt sie.«

John schüttelt den Kopf und schenkt mir wieder ein. Er hält sich die Hand vor den Mund und sagt in einem gespielten Beiseite zu Sylvia:

»Und dabei macht er sonst immer einen ganz normalen Eindruck.«

»Das war das einzig Normale«, kontere ich, »was ich seit Wochen von mir gegeben habe. Die übrige Zeit stelle ich mich so verrückt, wie es im zwanzigsten Jahrhundert üblich ist, genau wie ihr. Ich möchte nicht auffallen.

Aber euch zuliebe sage ich es *noch* mal. Wir glauben, daß die körperlosen Worte Sir Isaac Newtons die Jahrmilliarden, bis er geboren wurde, mitten im Nirgendwo saßen und daß er diese Worte auf magische Weise *entdeckt* hat. Sie waren immer schon da, auch als sie sich noch auf gar nichts bezogen. Nach und nach entstand dann die Welt, und dann bezogen sie sich auf *sie*. Diese Worte hätten demnach sogar die Welt geformt. Und das, John, ist lächerlich.

Das Problem, der Widerspruch, der den Wissenschaftlern so zu schaffen macht, ist der *Geist*. Der Geist hat weder Materie noch Energie, aber sie kommen nicht daran vorbei, daß er alles beherrscht, was sie tun. Logik existiert im Geist. Zahlen existieren nur im Geist. Ich rege mich gar nicht auf, wenn Wissenschaftler sagen, Gespenster existieren im Geist. Aber an dem *nur* stoße ich mich. Auch Wissenschaft existiert *nur* im Geist, bloß wird sie dadurch nicht schlechter. So wenig wie die Gespenster.«

Sie sehen mich nur an, also fahre ich fort: »Die Naturgesetze sind menschliche *Erfindungen*, genau wie die Gespenster. Der ganze Zauber ist eine menschliche Erfindung, einschließlich der Idee, daß er *keine* menschliche Erfindung sei. Die Welt existiert außerhalb der menschlichen Vorstellung überhaupt nicht. Sie ist selbst durch und durch ein Gespenst, ein Geist, und in der Antike wurde sie auch als ein Geist angesehen, die ganze verwünschte Welt, in der wir leben. Und von Geistern wird sie regiert. Wir sehen, was wir sehen, weil die Geister es uns *zeigen*, die Geister von Moses und Christus und Buddha und Platon und Descartes und Rousseau und Jefferson und Lincoln und so weiter und so fort. Isaac Newton ist ein sehr guter Geist. Einer der besten. Unser gesunder Menschenverstand ist nichts weiter als die Stimmen von tausend und abertausend solcher Geister aus der Vergangenheit. Geister noch und noch. Geister, die ihren Platz unter den Lebenden finden wollen.«

John ist offenbar zu tief in Gedanken, um etwas zu sagen, aber Sylvia hat es gepackt. »Wo nimmst du das bloß alles her?« fragt sie.

Ich will ihr schon antworten, aber dann lasse ich es doch. Ich habe das Gefühl, daß ich es sowieso schon bis an die Grenze getrieben habe, vielleicht sogar darüber hinaus, und es ist Zeit, daß ich aufhöre.

Nach einer Weile sagt John: »Es wird uns gut tun, wieder mal die Berge zu sehen.«

»Bestimmt«, pflichte ich ihm bei. »Darauf stoßen wir noch mal an.«

Wir trinken aus und gehen auf die Zimmer.

Ich sorge dafür, daß Chris sich die Zähne putzt, und lasse es im übrigen bei seinem Versprechen bewenden, daß er sich am Morgen duschen wird. Ich berufe mich auf das Recht des Älteren und nehme das Bett am Fenster. Als das Licht aus ist, sagt er: »Erzähl mir jetzt eine Gespenstergeschichte.«

»Ich habe doch eben eine erzählt, da draußen.«

»Ich meine doch eine *echte* Gespenstergeschichte.«

»Eine echtere Gespenstergeschichte wirst du nie zu hören bekommen.«

»Du weißt schon, was ich meine. Die andere Sorte.«

Ich denke nach, ob mir ein paar von den bekannteren einfallen. »Als Kind habe ich so viele gekannt, Chris, aber ich habe sie alle vergessen«, sage ich. »Wir wollen jetzt schlafen. Morgen müssen wir alle früh raus.«

Bis auf den Wind, der durch den Fliegendraht vor dem Motelfenster hereinkommt, ist alles still. Der Gedanke an all den Wind, der über die Weiten der Prärie bis zu uns herüberweht, hat etwas Beruhigendes, er lullt mich ein.

Der Wind erhebt sich und legt sich wieder, erhebt sich und seufzt, und legt sich wieder . . . von so weit her.

»Hast du mal ein Gespenst gekannt?« fragt mich Chris.

Ich schlafe schon fast. »Chris«, sage ich, »ich habe mal einen gekannt, der hat sein Leben lang nichts anderes getan, als einem Gespenst nachzujagen, und er hat damit bloß seine Zeit vertan. Also schlaf jetzt.«

Ich hätte es nicht sagen sollen, aber jetzt ist es schon raus.

»Hat er es gefunden?«

»Ja, er hat es gefunden, Chris.«

Ich wollte wirklich, Chris würde auf den Wind horchen und nicht andauernd Fragen stellen.

»Und was hat er dann gemacht?«

»Er hat es fürchterlich verdroschen.«

»Und dann?«

»Dann wurde er selber zum Gespenst.« Ich habe mir eingebildet, das würde ihn schläfrig machen, aber weit gefehlt, es macht mich bloß munter.

»Wie heißt er?«

»Du kennst ihn nicht.«

»Aber wie *heißt* er?«

»Das ist doch gleich.«

»Na gut, aber sag's mir trotzdem.«

»Weil es sowieso gleich ist, Chris: Er heißt Phaidros. Du kennst den Namen nicht.«

»Hast du den vorhin im Gewitter auf dem Motorrad gesehen?«

»Wie kommst du denn *da*rauf?«

»Die Sylvia hat doch gemeint, du hättest ein Gespenst gesehen.«

»Das ist nur so eine Redensart.«

»Dad?«

»Das ist aber jetzt die letzte Frage, sonst reißt mir die Geduld.«

»Ich wollte nur sagen, du redest gar nicht so wie die andern Leute.«

»Ja, Chris, ich weiß«, antworte ich. »Das ist ein Problem. Und jetzt schlaf.«

»Gute Nacht, Dad.«

»Gute Nacht.«

Eine halbe Stunde später atmet er ruhig im Schlaf, der Wind läßt noch immer nicht nach, und ich bin hellwach. Das da draußen vor dem Fenster im Dunkeln – dieser kalte Wind, der über die Straße weg in die Bäume fährt, die im Mondlicht aufschimmernden Blätter – kein Zweifel, Phaidros hat das alles gesehen. Was er hier gemacht hat, ist mir ein Rätsel. Warum er hier durchkam, werde ich wohl nie mehr erfahren. Aber er war hiergewesen, er hat uns auf diese seltsame Straße geführt, war die ganze Zeit bei uns. Ich werde ihn nicht los.

Ich wollte, ich könnte behaupten, daß ich nicht weiß, warum er hier ist, aber so sehr es mir widersteht, ich muß jetzt zugeben, daß ich es doch weiß. Diese Ideen, alles, was ich über Wissenschaft und Gespenster gesagt habe, ja sogar die Gedanken heute nachmittag über die Liebe zur Sache und die Technik – es sind nicht meine eigenen. Ich habe im Grunde genommen seit Jahren keine neuen Ideen gehabt. Ich habe sie ihm gestohlen. Und er hat zugesehen. Und deswegen ist er hier.

Nach diesem Geständnis wird er mich jetzt hoffentlich etwas schlafen lassen.

Armer Chris. »Wißt ihr keine Gespenstergeschichten?« hat er gefragt. Ich hätte ihm eine erzählen können, aber mich schaudert, wenn ich nur daran denke.

Ich muß jetzt wirklich schlafen.

4

Jeder Chautauqua sollte als Gedächtnisstütze eine Liste nützlicher Dinge beigegeben werden, die man an einem sicheren Ort verwahren kann, um sie irgendwann wieder hervorzuholen, wenn man um die rechte Eingebung verlegen ist. Einzelheiten. Und jetzt, während die anderen immer noch schnarchen und diese herrliche Morgensonne verschlafen ... na ja ... halt um mir die Zeit zu vertreiben ...

Was ich hier habe, ist meine Liste der nützlichen Dinge, die Sie auf Ihre nächste Motorradtour durch die Dakotas mitnehmen sollten.

Ich bin schon seit dem ersten Morgengrauen wach. Chris schläft noch tief und fest in dem anderen Bett. Ich wollte mich noch einmal umdrehen und weiterschlafen, aber ich hörte einen Hahn krähen, und dann fiel mir ein, daß wir Ferien haben und zum Schlafen kein Grund ist. Ich höre durch die Trennwand des Motels, wie John da drinnen sägt ... es sei denn, es ist Sylvia ... aber nein, das ist zu laut. Die reinste Kettensäge, hört sich an wie ...

Ich bekam es eines Tages so satt, auf Fahrten wie dieser immer wieder etwas zu vergessen, daß ich mir diese Liste machte; ich hebe sie zu Hause in einem Ordner auf und hake die einzelnen Posten ab, bevor ich losfahre.

Die meisten Gegenstände sind alltäglich und bedürfen keiner Erläuterung. Manche sind speziell für Motorradfahrer interessant und bedürfen einiger Erläuterung. Und manche sind wirklich ausgefallen und bedürfen ausführlicher Erläuterung. Die Liste ist in vier Teile gegliedert: Kleidung, Persönliches, Koch- und Campingausrüstung und Motorradkram.

Der erste Teil, Kleidung, ist bei mir einfach:

1. Zwei Garnituren Unterwäsche.
2. Lange Unterwäsche.

3. Je ein Hemd und eine Hose zum Wechseln für jeden von uns. Ich nehme Drillichzeug aus ausrangierten Heeresbeständen. Diese Sachen sind billig und strapazierfähig und werden nicht so schnell schmutzig. Ursprünglich hatte ich auch einen Posten mit der Bezeichnung »Ausgehanzug«, aber John kritzelte mit Blei »Smoking« dahinter. Ich dachte nur an etwas, das man auch außerhalb einer Tankstelle tragen könnte.
4. Ein Pullover und eine Jacke für jeden.
5. Handschuhe. Ungefütterte Lederhandschuhe sind am besten, weil sie vor Sonnenbrand schützen, Schweiß aufsaugen und die Hände kühl halten. Wenn man nur ein bis zwei Stunden fährt, sind solche Kleinigkeiten nicht von Bedeutung, aber wenn man Tag für Tag den ganzen Tag lang unterwegs ist, werden sie verdammt wichtig.
6. Motorradstiefel.
7. Regenausrüstung.
8. Helm und Sonnenschutz.
9. Visier. Mir verursacht es Platzangst, deshalb nehme ich es nur im Regen, der einen sonst bei hoher Geschwindigkeit wie mit Nadeln ins Gesicht sticht.
10. Schutzbrille. Windschutzscheiben mag ich nicht, weil sie einen ebenfalls einschließen. Ich habe eine englische Brille mit Gläsern aus Verbundglas. Sonnenbrillen schützen die Augen nicht vor dem Wind. Plastikgläser bekommen Kratzer und verzerren die Sicht.

Die nächste Liste enthält Persönliches:

Kämme. Brieftasche. Taschenmesser. Notizbuch. Kugelschreiber. Zigaretten und Zündhölzer. Taschenlampe. Seife und Plastik-Seifenschachtel. Zahnbürsten und Zahnpasta. Schere. Kopfschmerztabletten. Insektenmittel. Deodorant (nach einem heißen Tag auf dem Motorrad braucht es einem der beste Freund nicht mehr zu sagen. Rechtzeitig benutzen). Heftpflaster. Toilettenpapier. Waschlappen (kann in einer Plastikschachtel untergebracht werden, damit das andere Zeug nicht feucht wird). Handtuch.

Bücher. Ich kenne sonst keinen Motorradfahrer, der Bücher mitnimmt. Sie nehmen viel Platz weg, aber ich habe trotzdem drei dabei, mit eingelegten Zetteln für Notizen. Und zwar:

a) Das Werkstatthandbuch für dieses Motorrad.

b) Ein allgemeines Reparatur-Handbuch, in dem all die technischen Details stehen, die ich nie im Kopf behalten könnte. Es handelt sich um *Chilton's Motorcycle Troubleshooting Guide,* verfaßt von Ocee Rich und vertrieben von Sears, Roebuck.

c) Ein Exemplar von Thoreaus *Walden* ... ein Buch, das Chris noch nicht gehört hat und das man hundertmal lesen kann, ohne es überdrüssig zu werden. Ich versuche es immer mit einem Buch, das viel zu hoch für ihn ist, und lese es ihm als Grundlage für Fragen und Antworten vor, anstatt hintereinander weg. Ich lese einen Satz oder zwei, warte sein übliches Trommelfeuer von Fragen ab, beantworte sie und lese dann wieder einen bis zwei Sätze. Klassiker lesen sich gut auf die Art. Sie müssen auf die Art geschrieben sein. Wir haben schon manchmal einen ganzen Abend so mit Lesen und Reden verbracht, um dann festzustellen, daß wir nur zwei oder drei Seiten geschafft hatten. Es ist eine Form des Lesens, wie sie vor einem Jahrhundert praktiziert wurde ... als die Chautauquas noch populär waren. Wenn man es noch nicht ausprobiert hat, macht man sich keine Vorstellung davon, wie schön es ist, auf diese Art zu lesen.

Ich sehe, daß Chris völlig entspannt schläft, keine Spur von seiner üblichen Verkrampftheit. Ich glaube, ich wecke ihn lieber noch nicht.

Die Campingausrüstung:

1. Zwei Schlafsäcke.
2. Zwei Ponchos sowie eine Zeltbahn als Boden. Sie ergeben miteinander ein Zelt und schützen außerdem während der Fahrt das Gepäck vor dem Regen.
3. Seil.
4. Landkarten (U.S. Geodetic Survey Maps) von einer Gegend, wo wir eine Wanderung machen wollen.
5. Machete.
6. Kompaß.
7. Feldflasche. Die konnte ich nirgends finden, als wir abfuhren. Ich nehme an, die Kinder haben sie irgendwo liegengelassen.
8. Zwei Kochgeschirre aus alten Heeresbeständen, mit Messer, Gabel und Löffel.
9. Ein zerlegbarer Sterno-Kocher mit einer mittelgroßen Dose Sterno. Das war ein Probekauf. Ich habe ihn noch nicht benützt. Bei Regen oder oberhalb der Baumgrenze ist Brennholz ein Problem.

10. Ein paar Aluminiumdosen mit Schraubdeckel. Für Schmalz, Salz, Butter, Mehl, Zucker. Die hat man uns vor Jahren in einem Bergsteigergeschäft verkauft.
11. Brillo, zum Töpfeputzen.
12. Zwei Rucksäcke mit Aluminiumrahmen.

Motorradkram. Eine Standard-Werkzeuggarnitur wird mit dem Motorrad mitgeliefert und ist unter dem Sitz verstaut. Als Ergänzung kommen dazu: Ein großer Rollgabelschlüssel. Ein Schlosserhammer. Ein Kaltmeißel. Ein Durchschlag. Ein Paar Reifen-Montiereisen. Flickzeug. Eine Fahrradpumpe. Eine Dose Molybdändisulfid-Spray für die Kette. (Dieses Schmiermittel dringt unwahrscheinlich gut ins Innere jeder Rolle ein, worauf es nämlich ankommt, und die überragende Schmierfähigkeit von Molybdändisulfid ist allgemein bekannt. Sobald es jedoch eingezogen ist, sollte es mit dem guten alten SAE-30 Motorenöl ergänzt werden.) Schlagschrauber. Kontaktfeile. Fühlerlehre. Prüflampe.

Außerdem folgende Ersatzteile:

Kerzen. Bowdenzüge für Gas, Kupplung und Bremse. Unterbrecherkontakte, Sicherungen, Ersatzbirnen für Scheinwerfer und Rücklicht, Kettenschloß mit Klammer, Splinte, Packdraht. Ersatzkette (ich habe eine alte Kette, die fast schon hinüber war, als ich sie auswechselte, aber sie tut's noch bis zur nächsten Werkstatt, falls die jetzige reißt).

Das wär's in etwa. Keine Schuhbänder.

Es wäre wahrscheinlich ganz normal, sich jetzt zu fragen, wie groß der Anhänger ist, in dem ich das alles transportiere. Aber die Sachen brauchen wirklich nicht so viel Platz, wie es sich anhört.

Womöglich verschlafen diese Typen noch den ganzen Tag, wenn ich nichts unternehme. Der Himmel draußen funkelt vor Bläue, es ist wirklich eine Schande.

Ich gehe schließlich hinüber und rüttle Chris. Seine Augen klappen auf, und im nächsten Moment sitzt er aufrecht im Bett und blickt verständnislos um sich.

»Zeit zum Duschen«, sage ich.

Ich gehe hinaus ins Freie. Die Luft ist erfrischend. Das heißt – ja tatsächlich! –, es ist richtig *kalt* draußen. Ich klopfe bei den Sutherlands an die Tür.

»Jjjaa«, kommt Johns verschlafene Stimme durch die Tür. »Mhmm. Jjjaa.«

Es ist wie im *Herbst*. Die Motorräder sind ganz naß vom Tau. Kein Regen heute. Aber eine *Kälte!* Es kann höchstens ein paar Grad über Null haben.

Um die Wartezeit zu überbrücken, kontrolliere ich den Ölstand im Motor, die Reifen, die Schrauben und die Kettenspannung. Ein bißchen schlaff; ich hole also das Werkzeug hervor und spanne sie nach. Allmählich werde ich wirklich ungeduldig.

Ich sorge dafür, daß Chris sich warm anzieht, wir packen und fahren los, und es ist wahrhaftig kalt. Binnen Minuten hat der Wind trotz der dicken Kleidung die ganze Wärme fortgeblasen, und ich schlottere richtiggehend. Verdammt frisch.

Es müßte wärmer werden, wenn die Sonne höher kommt. Eine halbe Stunde noch, und wir sind in Ellendale und frühstücken. Auf diesen geraden Straßen müßten wir es heute auf einen guten Schnitt bringen.

Phantastisches Fahren, wenn es nicht so verdammt kalt wäre. Schräg einfallende Morgensonne läßt auf den Feldern glänzen, was beinahe wie Reif aussieht, aber es ist wohl nur der Tau, der so glitzert, und ein bißchen Nebel. Die vielen langen Schatten lassen das Land weniger flach erscheinen als gestern. Wir haben alles für uns allein. Sieht aus, als wäre außer uns noch niemand auf den Beinen. Auf meiner Uhr ist es halb sieben. Der alte Handschuh über ihr sieht wie bereift aus, aber das kommt wohl nur, weil sie gestern abend so naß geworden sind. Gute alte vergammelte Handschuhe. Sie sind jetzt so steif von der Kälte, daß ich kaum die Hand grademachen kann.

Ich habe gestern über die Einstellung zu Dingen gesprochen, an denen einem etwas liegt. Mir liegt etwas an diesen Handschuhen. Ich lächle sie an, wie sie so neben mir durch den Wind fliegen, weil sie mich seit so vielen Jahren begleiten und so alt und müde und verrottet sind, daß sie schon rührend komisch wirken. Sie sind durchtränkt mit Öl und Schweiß und Dreck und zerquetschten Insekten, und wenn ich sie heute flach auf einen Tisch lege, dann wollen sie nicht flach liegenbleiben, auch wenn sie nicht kalt sind. Sie haben ihr eigenes Gedächtnis. Sie haben nur drei Dollar gekostet und sind so oft genäht worden, daß es langsam unmöglich wird, sie noch einmal zu flicken, aber mir ist keine Zeit und Mühe zu schade, es trotzdem zu tun, denn ich kann mich nicht mit dem Gedanken befreunden, sie durch ein neues Paar zu ersetzen. Das ist unpraktisch, aber bei Handschuhen wie bei allem anderen kommt es nicht nur auf praktische Überlegungen an.

Das Motorrad selbst weckt ähnliche Gefühle. Mit über 27 000 Meilen auf dem Buckel ist es fast schon ein Veteran, ein Oldtimer, obwohl man jede Menge noch ältere herumfahren sieht. Aber im Lauf der Jahre, und ich glaube, die meisten Motorradfahrer würden das bestätigen, entdeckt man an einer bestimmten Maschine Eigenschaften, die nur bei dieser einen Maschine und keiner anderen zu finden sind. Ein Freund von mir, der genau dieselbe Maschine hat wie ich, dieselbe Marke, dasselbe Modell und sogar dasselbe Baujahr, brachte sie einmal zum Reparieren rüber, und als ich hinterher eine Probefahrt machte, konnte ich kaum glauben, daß sie vor Jahren aus demselben Werk gekommen war. Man merkte, daß sie vor langer Zeit ihre eigenen charakteristischen Fahreigenschaften, ihren eigenen Klang angenommen hatte, alles ganz anders als bei meiner Maschine. Auch nicht schlechter, aber anders.

Ich glaube, man könnte da von Charakter sprechen. Jede Maschine hat ihren persönlichen, einmaligen Charakter, den man wahrscheinlich als die intuitive Summe all dessen definieren könnte, was man über sie weiß und empfindet. Dieser Charakter verändert sich laufend, meistens zum Schlechteren, manchmal aber auch ganz unverhofft zum Besseren, und dieser Charakter ist der eigentliche Gegenstand der Motorradwartung. Die Neuen sind zunächst gutaussehende Fremde, und je nachdem, wie man sie behandelt, entarten sie entweder in kürzester Zeit zu notorischen Versagern oder sogar Krüppeln, oder sie verwandeln sich in gesunde, gutmütige, treue Freunde. Meine scheint sich trotz der mörderischen Behandlung, die sie in den Händen dieser sogenannten Mechaniker erfuhr, erholt zu haben und hat seither immer seltener eine Reparatur nötig gehabt.

Da ist es! Ellendale!

Ein Wasserturm, Baumgruppen und dazwischen Häuser in der Morgensonne. Ich hatte mich gerade an das Schlottern gewöhnt, das fast während der ganzen Fahrt nicht aufgehört hat. Die Uhr zeigt Viertel nach sieben.

Ein paar Minuten darauf parken wir vor ein paar alten Ziegelbauten. Ich wende mich John und Sylvia zu, die hinter uns gehalten haben. »War das kalt!« sage ich.

Sie starren mich bloß fischäugig an.

»Zieht einem alles zusammen, was?« sage ich. Keine Antwort.

Ich warte, bis sie richtig abgestiegen sind, und dann sehe ich, daß John Anstalten macht, das ganze Gepäck loszuschnüren. Er kriegt den Knoten nicht auf. Er läßt es bleiben, und wir gehen alle zusammen in das Restaurant.

Ich probiere es noch mal. Ich gehe vor ihnen rückwärts auf das Restaurant zu, leicht überdreht von der Fahrt, ringe die Hände und lache. »Sylvia! Sprich doch mit mir!« Nicht mal ein Lächeln.

Es scheint, sie haben wirklich gefroren.

Sie bestellen ihr Frühstück, ohne aufzuschauen.

Als wir fertig sind, frage ich endlich: »Was nun?«

John sagt langsam und mit Überlegung: »Wir rühren uns hier nicht weg, bevor es nicht wärmer geworden ist.« Er hat einen Sheriff-bei-Sonnenuntergang-Ton in der Stimme, also ist es wohl sinnlos, ihm zu widersprechen.

So bleiben denn John und Sylvia und Chris im geheizten Foyer des Hotels zurück, das sich an das Restaurant anschließt, während ich draußen ein paar Schritte laufe.

Ich vermute, sie sind irgendwie sauer auf mich, weil ich sie so früh aus dem Bett gejagt habe, um bei der Kälte durch die Gegend zu fahren. Wenn man so die ganze Zeit zusammen ist, ist es wohl unvermeidlich, daß auch geringfügige Unterschiede im Temperament sich bemerkbar machen. Jetzt, wo ich darüber nachdenke, wird mir klar, daß ich früher mit den beiden nie vor ein oder zwei Uhr nachmittags mit dem Motorrad unterwegs war, obwohl ich immer am liebsten in den frühen Morgen- und Vormittagsstunden fahre.

Die Stadt ist sauber und frisch und anders als die, in der wir heute früh aufgewacht sind. Ein paar Leute sind auf der Straße und machen Läden auf und sagen »Guten Morgen« und unterhalten sich und tauschen Bemerkungen darüber aus, wie kalt es ist. Zwei Thermometer auf der Schattenseite der Straße zeigen fünf und sieben Grad an. Eines in der Sonne steht auf 18 Grad.

Ein paar Häuserblocks weiter mündet die Hauptstraße in einen Fahrweg, dessen zwei harte, lehmige Spuren über ein Feld zu einem Schuppen voller landwirtschaftlicher Maschinen führen und sich in einem anderen Feld verlaufen. Ich gehe die Straße zurück, finde eine kalte Bank und starre das Motorrad an. Nichts zu tun.

Schön, es war kalt, aber *so* kalt auch wieder nicht. Wie überstehen John und Sylvia bloß die Winter in Minnesota? frage ich mich. Die Inkonsequenz, die da zum Vorschein kommt, ist fast zu eklatant, als daß man darüber noch ein Wort verlieren müßte. Wenn sie einerseits Unannehmlichkeiten und andererseits die Technik nicht ertragen können, werden sie sich zu einem Kompromiß bequemen müssen. Sie sind von der Technik abhängig und verteufeln sie gleichzeitig. Ich bin sicher, daß sie das auch wissen und daß genau dies zu ihrem Unbehagen an der ganzen Situation beiträgt. Sie tragen keine logische These vor, sie stellen einfach fest, wie es ist. Aber jetzt kommen drei Farmer in die Stadt; in einem nagelneuen Lieferwagen biegen sie um die Ecke. Ich wette, bei denen ist es genau umgekehrt. Sie zeigen stolz diesen Lieferwagen und ihren Traktor und die neue Waschmaschine her. Sie haben das Werkzeug, um sie zu richten, falls sie mal kaputtgehen, und verstehen auch damit umzugehen. Sie wissen, was sie an der Technik haben. Dabei sind sie diejenigen, die *am wenigsten* auf sie angewiesen sind. Wenn es morgen keinerlei Technik mehr gäbe, diese Leute würden sich über Wasser halten. Es wäre hart, aber sie würden durchkommen. John und Sylvia und Chris und ich wären in einer Woche tot. Diese Verteufelung der Technik ist die pure Undankbarkeit, weiter nichts.

Aber das führt in eine Sackgasse. Wenn jemand undankbar ist und man sagt ihm, daß er undankbar ist, schön, dann hat man ihm mal richtig die Meinung gesagt. Aber erreicht hat man gar nichts.

Eine halbe Stunde später steht das Thermometer an der Hoteltür auf zwölf Grad. Ich finde die anderen im leeren Speisesaal des Hotels, sie wirken unruhig. Aber ihrem Gesichtsausdruck nach zu schließen hat sich ihre Stimmung gebessert, und John meint optimistisch: »Ich ziehe mir jetzt alles an, was ich habe, und dann können wir meinetwegen weiter.«

Er geht zu den Maschinen hinaus, und als er wiederkommt, sagt er: »Es ist mir weiß Gott zuwider, den ganzen Krempel auszupacken, aber noch so eine Fahrt wie vorhin kann ich mir nicht zumuten.« In der Herrentoilette ist es eiskalt, sagt er, und da niemand sonst im Speisesaal ist, geht er von unserem Tisch aus nach hinten und stellt sich dort hinter einen anderen Tisch; ich sitze an unserem Tisch und unterhalte mich mit Sylvia, und als ich hinüberschaue, steht John in einer hellblauen Garnitur Unterwäsche da, mit langen Ärmeln und langen

Beinen. Er grinst von einem Ohr zum anderen über seinen lächerlichen Aufzug. Ich starre einen Moment lang auf seine Brille, die auf dem Tisch liegt, und sage dann zu Sylvia:

»Also weißt du, eben saßen wir doch noch hier und unterhielten uns mit Clark Kent ... schau, da liegt noch seine Brille ... und jetzt auf einmal ... Lois, meinst du ...?«

John heult »SUPERMEMME!«

Er gleitet wie ein Schlittschuhläufer über das versiegelte Parkett, macht einen Handstandüberschlag und gleitet wieder zurück. Er hebt einen Arm über den Kopf und geht in die Hocke, als wollte er sich in die Luft schnellen. »Ich bin bereit, ich komme!« Er schüttelt traurig den Kopf. »Mann, tut mir wirklich leid, die hübsche Decke durchstoßen zu müssen, aber mein Röntgenblick zeigt mir, daß jemand in Schwierigkeiten ist.« Chris kichert.

»Wir werden gleich alle miteinander in Schwierigkeiten sein, wenn du dir nicht bald was anziehst«, sagt Sylvia.

John lacht. »Ein Exhibitionist, wie? ›Der Unhold von Ellendale!‹« Er stakt noch ein bißchen herum und fängt dann an, sich die Kleider über die Unterwäsche zu ziehen. Er sagt: »Oh nein, das würden sie nicht tun. Supermemme und die Polizei haben ein Abkommen geschlossen. Die wissen schon, wer hier für Gesetz und Ordnung und Gerechtigkeit und Anstand und Fairneß gegen jedermann eintritt.«

Als wir aus der Stadt hinausfahren, ist es immer noch frisch, aber längst nicht mehr so wie vorhin. Wir fahren durch ein paar Städtchen, und allmählich, fast unmerklich, erwärmt uns die Sonne, und damit erwärmt sich auch meine Stimmung. Das Müdigkeitsgefühl verfliegt völlig, und der Wind und die Sonne sind jetzt angenehm, lassen Wirklichkeit entstehen. Es geschieht etwas, nur weil die warme Sonne und die Straße und die grünen Präriefluren und der böige Wind zusammenkommen. Und bald schon ist alles nur noch wundervolle Wärme und Wind und Geschwindigkeit und Sonne, die leere Straße entlang. Die letzte Morgenkühle taut in der warmen Luft. Wind und noch mehr Sonne und noch mehr glatte Straße.

So grün dieser Sommer und so frisch.

Weiß und goldene Gänseblumen wachsen im Gras an einem alten Drahtzaun, dahinter eine Wiese mit ein paar Kühen und weit hinten ein leichter Anstieg im Gelände und obenauf etwas Goldenes. Schwer zu sagen, was es ist. Aber wozu auch.

Als die Straße leicht ansteigt, wird das Dröhnen des Motors tiefer. Wir erreichen die Anhöhe, neues Land breitet sich vor uns, die Straße senkt sich und die Maschine bekommt wieder einen helleren Klang. Prärie. Heiter in sich ruhend, distanziert.

Nachher, als wir anhalten, hat Sylvia vom Fahrtwind Tränen in den Augen, sie streckt die Arme aus und sagt: »Wie schön es hier ist. So leer.«

Ich zeige Chris, wie er seine Jacke auf der Erde ausbreiten und sich aus einem Reservehemd ein Kopfkissen machen kann. Er ist überhaupt nicht müde, aber ich sage ihm trotzdem, daß er sich hinlegen soll, ein bißchen Ausruhen kann nicht schaden. Ich mache meine Jacke auf, um mehr Wärme in mich aufzunehmen. John holt seine Kamera heraus.

Nach einer Weile sagt er: »Das ist unheimlich schwer zu photographieren. Man brauchte ein Objektiv mit einem Bildwinkel von dreihundertsechzig Grad oder so was. Man sieht es, und dann schaut man auf die Mattscheibe, und es ist rein gar nichts mehr. Sobald man es einrahmt, ist es weg.«

Ich sage: »Deshalb sieht man es wohl auch aus dem Auto heraus nicht.«

Sylvia sagt: »Einmal, ich war damals ungefähr zehn, haben wir genauso wie jetzt an der Straße gehalten, und ich habe einen halben Film verknipst. Als die Bilder zurückkamen, habe ich geheult. Es war überhaupt nichts drauf.«

»Wann fahren wir weiter?« erkundigt sich Chris.

»Wieso hast du's denn so eilig?« frage ich ihn.

»Ich will eben weiter.«

»Wir verpassen schon nichts. Besser als hier wird es bestimmt nicht.«

Er sieht schweigend zu Boden und runzelt die Stirn. »Zelten wir heute nacht?« fragt er. Die Sutherlands sehen mich erschrocken an.

»Zelten wir?« wiederholt er.

»Das können wir uns nachher immer noch überlegen«, antworte ich.

»Wieso nachher?«

»Weil ich es jetzt noch nicht weiß.«

»Warum weißt du es nicht?«

»Mein Gott, ich weiß es eben nicht.«

John zuckt zustimmend die Achseln.

»Das Gelände hier ist nicht gerade ideal zum Zelten«, sage ich. »Es gibt hier keine Bäume und kein Wasser.« Aber dann sage ich plötzlich doch: »Also schön, heute nacht wird gezeltet.« Wir hatten schon darüber gesprochen.

Und so rollen wir die leere Straße hinab. Ich will diese Prärien nicht besitzen oder sie photographieren oder sie verändern, ich will nicht einmal stehenbleiben oder weiterfahren. Wir rollen nur die leere Straße hinab.

5

Die Flachheit der Prärie verschwindet, und die Erde beginnt tiefe Wellen zu schlagen. Die Zäune werden seltener, und das Grün ist blasser geworden . . . alles Zeichen, daß wir uns den High Plains nähern.

In Hague machen wir halt, um zu tanken, und fragen, ob man zwischen Bismarck und Mobridge irgendwo über den Missouri kommt. Der Tankwart weiß keinen Übergang. Es ist heiß geworden, und John und Sylvia gehen wohin, um sich ihrer langen Unterwäsche zu entledigen. Die Maschine bekommt einen Ölwechsel, und die Kette wird geschmiert. Chris sieht mir bei jedem Handgriff zu, aber er wirkt unruhig. Kein gutes Zeichen.

»Mir tun die Augen weh«, sagt er.

»Wovon?«

»Vom Wind.«

»Wir wollen mal sehen, ob wir irgendwo eine Brille bekommen.«

Wir gehen alle miteinander in eine Imbißstube und bestellen Kaffee und Brötchen. Alles ist anders, nur wir nicht füreinander, und deshalb sehen wir uns um, anstatt uns zu unterhalten, schnappen Fetzen aus den Gesprächen von Leuten auf, die sich gegenseitig kennen und zu *uns* herschauen, weil *wir* neu sind. Hernach, ein Stück die Straße runter, treibe ich ein Thermometer auf, das in eine der Satteltaschen kommen soll, und eine Plastikbrille für Chris.

Der Mann in dem Laden weiß auch keine Abkürzung über den Missouri. John und ich studieren die Karte. Ich hatte mir gedacht, wir würden auf dem 90 Meilen langen Abschnitt vielleicht eine nichtöffentliche Fähre, eine Fußgängerbrücke oder so etwas finden, aber anscheinend gibt es hier nichts dergleichen, weil kaum jemand auf die andere Seite will. Es ist alles Indianerreservat. Wir beschließen, nach Süden zu fahren und in Mobridge den Fluß zu überqueren.

Die Straße nach Süden ist eine Katastrophe. Rissiger, schmaler, holpriger Beton, dazu starker Gegenwind, die Sonne von vorn und große Sattelschlepper, die uns entgegenkommen. Auf dieser Berg- und-Talbahn geraten sie abwärts in Schwung und werden bergauf wieder langsam; da man außerdem immer nur bis zur nächsten Kuppe sieht, ist das Überholen nervenaufreibend. Der erste hat mich richtig erschreckt, weil ich nicht auf ihn gefaßt war. Aber jetzt nehme ich jedesmal die Maschine fester zwischen die Knie, bis wir vorbei sind. Keine Gefahr. Nur eine Stoßwelle erfaßt einen. Sie ist wärmer und trockener.

In Herreid verschwindet John, um was zu trinken; Sylvia und Chris und ich suchen uns derweil ein schattiges Plätzchen in einem Park und versuchen uns auszuruhen. Aber es ist nichts mit der Ruhe. Eine Veränderung ist eingetreten, und ich weiß nicht so recht, was es eigentlich ist. Die Straßen in dieser Stadt sind breiter, viel breiter als nötig, und Staub hängt als bleicher Dunst in der Luft. Die leeren Grundstücke hier und da zwischen den Häusern sind mit Unkraut überwachsen. Die Geräteschuppen aus Blech und der Wasserturm gleichen denen in den vorigen Städten, sind aber weiter verteilt. Alles wirkt heruntergekommener und mechanischer und irgendwie wahllos in die Gegend gesetzt. Allmählich wird mir klar, woran es liegt. Hier ist keiner mehr darauf bedacht, Platz zu sparen. Grund und Boden ist hier nicht mehr viel wert. Wir sind in einer Stadt des Westens.

Nach dem aus Hacksteaks und Malzmilch bestehenden Mittagessen in einem A & W-Restaurant in Mobridge fahren wir im dichten Verkehr eine Hauptstraße entlang, und dann sehen wir ihn, am Fuß eines Hügels, den Missouri. Eigenartig, all das bewegte Wasser, gesäumt von grasbewachsenen Hügeln, die fast gar keins bekommen. Ich drehe mich nach Chris um, aber ihn scheint das nicht weiter zu interessieren.

Wir rollen den Hügel hinunter, rumpeln auf die Brücke und sehn uns im Hinüberfahren durch die rhythmisch vorbeiziehenden Träger den Fluß an. Dann sind wir drüben.

Wir klettern eine endlose Steigung hinauf in ein anderes Land.

Die Zäune sind jetzt endgültig verschwunden. Kein Strauch, kein

Baum. Die Hügel sind so langgestreckt, daß Johns Motorrad weit vorne wie eine Ameise aussieht, die über die grünen Hänge krabbelt. Oberhalb der Hänge, hoch droben auf den steilen Gipfeln, schauen nackte Felsspitzen heraus.

Alles ist hier von Natur aus sauber und aufgeräumt. Wäre es verlassenes Land, dann würde es zerfressen und schäbig aussehen, Trümmer alter Betonfundamente, bemaltes Blech und Draht würden herumliegen, Unkraut hätte sich breitgemacht, wo die Grasnarbe zerstört worden wäre bei dem Versuch, irgendein kleines Geschäft aufzumachen. Nichts von alledem hier. Das Land hier wird nicht in Ordnung gehalten, es wurde erst gar nicht in Unordnung gebracht. Ein Reservat.

Hinter diesen Felsen gibt es keinen freundlichen Motorradmechaniker, und ich frage mich, ob wir darauf vorbereitet sind. Wenn jetzt irgendwas kaputtgeht, sind wir wirklich aufgeschmissen.

Ich prüfe mit der Hand die Temperatur des Motors. Er ist beruhigend kühl. Ich ziehe die Kupplung und lasse die Maschine eine Sekunde lang rollen, um den Leerlauf zu hören. Irgend etwas hört sich komisch an, und ich mache es noch mal. Es dauert eine Zeit, bis ich darauf komme, daß es gar nicht der Motor ist. Von dem Steilhang vor uns kommt mit einer kleinen Verzögerung das Echo des Motorengeräusches, wenn ich das Gas wegnehme. Eigenartig. Ich mache es noch zwei- oder dreimal. Chris will wissen, was los ist, und ich führe ihm das Echo vor. Kein Kommentar.

Dieser alte Motor macht ein Kleingeld-Geräusch. Als würden drinnen lauter Münzen herumfliegen. Hört sich schrecklich an, ist aber bloß das normale Ventilklingeln. Wenn man sich einmal an diesen Klang gewöhnt hat und mit ihm rechnet, fällt einem automatisch jede Veränderung auf. Hört man nichts Ungewöhnliches, ist alles in Ordnung.

Ich habe versucht, John für diesen Klang zu interessieren, aber es war hoffnungslos. Alles, was er hörte, war Krach, und alles, was er sah, waren die Maschine und ich mit meinem ölverschmierten Werkzeug in den Händen, sonst nichts. Auf die Art ging's also nicht.

Er hatte im Grunde genommen nicht begriffen, was da vorging, und interessierte sich nicht genug dafür, um zu versuchen, es herauszufinden. Ihn interessiert weniger, was die Dinge *bedeuten*, als was sie *sind*. Es ist ziemlich wichtig, daß er die Dinge so sieht. Ich habe lange gebraucht, diesen Unterschied zu erkennen, und es ist wichtig für die Chautauqua, daß ich diesen Unterschied klarmache.

Seine Weigerung, über irgendwelche technischen Fragen auch nur nachzudenken, irritierte mich dermaßen, daß ich mir fortwährend den Kopf zerbrach, wie ich ihm die ganze Sache nahebringen könnte, aber ich wußte nicht, wo anfangen.

Ich dachte mir, ich würde warten, bis an *seiner* Maschine etwas kaputtging, ihm dann helfen, es zu reparieren, und ihn auf *diese* Weise herumkriegen, aber diese Chance verpatzte ich mir selbst, weil mir *seine* Art, die Dinge zu sehen, noch nicht bewußt war.

Seine Lenkstange saß nicht mehr ganz fest. Es sei nicht schlimm, sagte er, sie rutsche nur durch, wenn man sie stark belaste. Ich riet ihm davon ab, mit seinem Rollgabelschlüssel an die Muttern zu gehen. Dadurch würde wahrscheinlich der Chrom Schrammen kriegen, und kleine Rostflecke wären die Folge. Er sah ein, daß wir besser meine metrischen Steckschlüssel nehmen würden.

Als er seine Maschine herüberbrachte, holte ich die Schlüssel heraus, stellte dann aber fest, daß es nichts nützen würde, die Muttern fester anzuziehen, weil die Enden der Halteklammern schon aneinanderstießen.

»Da wirst du was unterlegen müssen«, sagte ich.

»Und wie geht das?«

»Du brauchst einen schmalen Streifen dünnes Blech. Den legst du einfach unter die Klammer da um den Lenker; dadurch wird das Rohr dicker, und die Klammer läßt sich wieder ganz festziehen. Man nimmt solche Unterlegstücke bei allen Arten von Maschinen zum Ausgleichen.

»Aha«, sagte er. Sein Interesse war geweckt. »Also gut. Und wo bekomme ich das Ding?«

»Ich hab' was hier«, sagte ich und hielt ihm freudestrahlend eine alte Bierdose hin.

Im ersten Moment begriff er nicht. Dann fragte er ungläubig: »*Was*, die *Dose*?«

»Klar«, sagte ich, »das beste Unterlegmaterial, das du dir denken kannst.«

Ich fand das eine ausgesprochen gute Idee. Er sparte sich damit eine Fahrt weiß Gott wohin, um Unterlegmaterial zu kaufen, sparte Zeit, sparte Geld.

Aber zu meiner Überraschung hielt er von dieser Idee überhaupt nichts. Er wurde sogar verdammt überheblich. Er brachte auf einmal alle möglichen Ausflüchte und Entschuldigungen vor, und ehe sie noch recht begriffen hatte, was eigentlich mit ihm los war, hatten wir uns geeinigt, den Lenker nun doch nicht festzumachen.

Soviel ich weiß, ist der Lenker immer noch nicht festgemacht. Und ich glaube heute, daß er damals regelrecht beleidigt war. Ich hatte ihm zugemutet, seine neue Achtzehnhundert-Dollar-BMW, den Stolz eines halben Jahrhunderts deutscher Mechanikerkunst, mit einem Stück Blech von einer alten *Bierdose* zu reparieren!

Du meine Güte!

Seitdem haben wir nur noch sehr selten über Fragen der Motorradwartung gesprochen. Überhaupt nicht mehr, um genau zu sein.

Man geht noch einen Schritt weiter, und auf einmal ist man verärgert, ohne zu wissen warum.

Ich muß noch dazusagen, daß Bierdosen-Aluminium weich und schmiegsam ist, wie Metall es nur sein kann. Für den Zweck ideal. Aluminium oxydiert nicht bei feuchtem Wetter – oder, genauer gesagt, es ist immer mit einer feinen Oxydschicht überzogen, die jeder weiteren Oxydation vorbeugt. Also auch in der Hinsicht ideal.

Mit anderen Worten: Jeder *echte* deutsche Mechaniker mit einem halben Jahrhundert handwerklicher Erfahrung hinter sich wäre zu dem Schluß gekommen, daß diese besondere Lösung für dieses besondere technische Problem *ideal* sei.

Eine Zeitlang glaubte ich zu wissen, wie ich es hätte anstellen *sollen.* Ich hätte unbemerkt an die Werkbank gehen, ein Unterlegstück aus der Bierdose schneiden, den Aufdruck entfernen und dann zurückkommen und ihm sagen sollen, wir hätten Glück, das sei das letzte Stück, das ich noch hätte, eigens aus Deutschland importiert. Das hätte gewirkt. Ein Spezial-Unterlegstück aus dem Privatbesitz von Baron Alfried Krupp, der es weit unter Selbstkostenpreis habe verkaufen müssen. Dann hätte er sich darum gerissen.

Die Vorstellung von dem Unterlegstück aus Krupps Privatbesitz machte mir eine Zeitlang Spaß, aber dann wurde sie fade, und ich sah ein, daß ich mich damit nur an ihm rächen wollte. An ihre Stelle trat jenes alte Gefühl, von dem ich schon gesprochen habe, das Gefühl, daß es um mehr geht als das oberflächlich Sichtbare. Wenn man diesen geringfügigen Differenzen lange genug auf der Spur bleibt, führen sie manchmal zu gewaltigen Offenbarungen. Ich hatte aber nur so eine Ahnung, daß es sich hier um etwas Größeres handelte, als ich wahrhaben wollte, und dachte nicht weiter darüber nach, sondern verfiel statt dessen in meine alte Gewohnheit, nach Ursachen und Wirkungen zu forschen, um herauszubekommen, woran es lag, daß es so aussichtslos schien, Johns Ansicht über dieses wunderschöne Unterlegstück mit meiner eigenen in Einklang zu bringen. Das passiert einem bei der Arbeit an Maschinen immer wieder, daß man einfach nicht mehr weiter weiß. Man sitzt da und starrt vor sich hin und denkt nach, sucht planlos nach neuen Anhaltspunkten, geht weg und kommt wieder, und nach einer gewissen Zeit beginnen sich bisher unbemerkte Faktoren abzuzeichnen.

Was sich zunächst nur schemenhaft und dann in deutlicherem Umriß abzeichnete, war die Erklärung, daß ich dieses Unterlegstück von einem intellektuellen, rationalen Standpunkt aus gesehen hatte, für den einzig die wissenschaftlichen Eigenschaften des Metalls maßgebend waren. John ging unbefangen und intuitiv an die Sache heran, auf die lässige Tour. Mir ging es um die zugrundeliegende, die innere Form. Für ihn gab es nur die äußere Erscheinung. Ich sah, was das Unterlegmaterial *bedeutete*. Er sah, was das Unterlegmaterial *war*. So kam ich hinter den Unterschied. Und wenn man nur sieht, was in diesem Fall das Unterlegmaterial *ist*, dann ist das deprimierend. Wem wäre schon wohl bei dem Gedanken, daß eine herrliche Präzisionsmaschine mit einem Stück Blech vom Abfallhaufen repariert werden soll?

Ich vergaß, glaube ich, zu erwähnen, daß John Musiker ist, Schlagzeuger. Er spielt mit verschiedenen Gruppen in der ganzen Stadt und lebt gar nicht schlecht davon. Ich vermute, er denkt über alles andere genauso wie über die Arbeit am Schlagzeug – das heißt, er *denkt* genaugenommen überhaupt nicht darüber nach. Er tut es einfach. Er »hat's«. Auf das Ansinnen, sein Motorrad mit einer Bierdose zu reparieren, reagierte er genauso, wie er reagieren würde, wenn in der Gruppe, mit der er spielt, einer im Rhythmus nachhängen würde. Es tat einen dumpfen Schlag, und die Sache war für ihn gestorben. Er spielt da nicht mit.

Zuerst schien mir dieser Unterschied ziemlich geringfügig, aber dann wuchs er ... und wuchs ... und wuchs ... bis mir endlich klarwurde, warum ich ihn nicht bemerkt hatte. Manche Dinge bemerkt man nicht, weil sie so klein sind, daß man sie übersieht. Aber manche sieht man nicht, weil sie so *groß* sind. Wir schauten beide auf dasselbe, sahen dasselbe, sprachen über dasselbe und dachten an dasselbe, nur schaute, sah, sprach und dachte er aus einer ganz anderen *Welt* heraus.

Eigentlich liegt ihm durchaus etwas an der Technik. Es ist nur, daß er in seiner anderen Welt nie damit klarkommt, alles durcheinanderbringt; daher seine tiefe Abneigung. Für ihn kommt da einfach kein Swing rein. Er meint, er müßte ohne jede rationale Überlegung Swing reinbekommen und stümpert und stümpert und stümpert, und wenn er dann oft genug mit seiner Stümperei alles verpatzt hat, geht er her und verdammt in Bausch und Bogen alles, was mit Schrauben und Muttern zu tun hat. Er will oder kann nicht glauben, daß es irgendwas gibt, wo man auf die lässige Tour nichts ausrichtet.

Das ist die Welt, in der er lebt. Die lässige Welt. Ich bin natürlich furchtbar spießig und pingelig, weil ich andauernd über dieses technische Zeug rede. Alles dreht sich um Teile und Beziehungen und Analysen und Synthesen und Berechnungen, und dabei ist es eigentlich gar nicht *da*. Es ist woanders; es ist nur scheinbar hier, in Wirklichkeit aber Lichtjahre entfernt. *Das* ist der springende Punkt. Er hat diese andere Art, die Dinge zu sehen, die, wie ich glaube, einem Großteil der kulturellen Veränderungen der sechziger Jahre zugrunde lag und immer noch dabei ist, unser ganzes Weltbild zu verschieben. Der Generationskonflikt beruht darauf. Die Wörter »beat« und »hip« wuchsen auf diesem Boden. Jetzt stellt sich heraus, daß diese andere Art, die Dinge zu sehen, keine Modeerscheinung ist, die nach ein, zwei Jahren verschwunden sein wird. Sie wird bleiben, weil sie Ausdruck eines sehr ernstgemeinten und ernstzunehmenden Lebensgefühls ist, das sich *scheinbar* nicht, in Wahrheit aber durchaus mit Vernunft und Ordnung und Verantwortung vereinbaren läßt. Jetzt kommen wir der Sache näher.

Meine Beine sind so steif geworden, daß sie mir wehtun. Ich strecke sie abwechselnd nach der Seite weg und drehe den Fuß so weit nach links und rechts, wie es geht, um die Muskeln zu lockern. Das hilft, aber dann ermüden die anderen Muskeln, die das Bein ausgestreckt halten müssen.

Womit wir es hier zu tun haben, ist der Konflikt zwischen zwei verschiedenen *Realitätsauffassungen*. Die Welt, wie man sie vor Augen hat, genau hier und genau jetzt, ist *Realität*, ganz gleich, was die Wissenschaftler dazu sagen. So sieht es John. Aber die Welt, wie sie sich in ihren wissenschaftlichen Entdeckungen offenbart, ist ebenfalls Realität, ganz gleich, wie sie nach außen hin erscheint, und die Leute mit Johns Anschauung werden schon ein bißchen mehr tun müssen, als diese andere Welt einfach zu ignorieren, wenn sie bei ihrer Realitätsauffassung bleiben wollen. John wird das spätestens merken, wenn ihm seine Unterbrecherkontakte verschmoren.

Das ist der eigentliche Grund, weshalb er an dem Tag, als seine Maschine nicht anspringen wollte, so außer sich geriet. Das war ein *Einbruch in seine Realität*. Es riß ein hübsches kleines Loch mitten in seine ganze lässige Art, die Dinge zu sehen, und er wollte es nicht wahrhaben, weil er dadurch seinen ganzen Lebensstil bedroht sah. In gewisser Weise rief es bei ihm dieselbe Art von Unwillen hervor, wie ihn Wissenschaftler manchmal vor der modernen Kunst empfinden oder zumindest empfanden. Die paßte auch nicht zu *ihrem* Lebensstil.

Wir haben es hier tatsächlich mit *zwei* Realitäten zu tun, derjenigen der unmittelbaren künstlerischen Erscheinung und derjenigen der zugrundeliegenden, inneren wissenschaftlichen Erklärung, und sie passen nicht zusammen und vertragen sich nicht und haben im Grunde genommen nicht viel miteinander gemeinsam. Eine Situation also, die es in sich hat. Man könnte beinahe sagen, daß hier ein kleines Problem liegt.

Irgendwo an der langen, verödeten Straße sehen wir einen einsamen Lebensmittelladen. Drinnen, im Hinterzimmer, stehen ein paar Kisten herum; wir setzen uns darauf und trinken Dosenbier.

Die Müdigkeit und die Rückenschmerzen machen mir jetzt zu schaffen. Ich schiebe meine Kiste an einen Pfosten, um mich anlehnen zu können.

Chris' Gesichtsausdruck sagt mir, daß er in einer schlimmen Verfassung ist. Es war ein langer, schwerer Tag. Daheim in Minnesota habe ich Sylvia gesagt, daß unsere Stimmung wahrscheinlich am zweiten oder dritten Tag auf einen Tiefpunkt sinken würde, und jetzt ist es soweit. Minnesota – wie lange ist das eigentlich her?

Eine Frau, schwer betrunken, will Bier kaufen für einen Mann, den sie draußen im Auto hat. Sie weiß nicht, welche Sorte sie nehmen soll, und die Frau des Besitzers, die sie bedient, wird böse. Sie kann sich immer noch nicht entscheiden, aber dann sieht sie uns und kommt im Zickzack herübergetorkelt und fragt, ob uns die Motorräder gehören. Wir nicken. Dann will sie auf einem fahren. Ich drehe mich weg und überlasse das John.

Er wimmelt sie geschickt ab, aber sie kommt immer wieder und bietet ihm sogar einen Dollar an, wenn er sie ein Stück fährt. Ich mache ein paar Witze, aber sie sind nicht lustig und drücken die Stimmung nur noch mehr. Wir gehen hinaus, zurück in die braunen Hügel und die Hitze.

Als wir Lemmon erreichen, sind wir alle zum Umfallen müde. In einer Imbißstube hören wir, daß es im Süden einen Zeltplatz gibt. John möchte auf einem richtigen Campingplatz mitten in Lemmon zelten, eine Bemerkung, die sich komisch anhört und Chris zutiefst ärgert.

Ich bin jetzt müde wie schon lange nicht mehr. Die andern genauso. Aber wir schleppen uns durch einen Supermarkt, suchen uns an Eßbarem zusammen, was uns gerade einfällt, und verstauen alles mit einiger Mühe auf den Motorrädern. Die Sonne steht so tief, daß uns das Licht im Stich lassen wird. Spätestens in einer Stunde ist es dunkel. Es sieht aus, als würden wir heute überhaupt nicht mehr weiterkommen. Haben wir zuviel Zeit, frage ich mich, oder was?

»Komm schon, Chris, wir fahren«, sage ich.

»Warum schreist du *mich* an? *Ich* bin ja fertig.«

Wir fahren, erschöpft wie wir sind, aus Lemmon hinaus und dann scheinbar noch eine Ewigkeit auf einer Bezirksstraße, aber so lange kann es nicht sein, denn die Sonne steht immer noch über dem Horizont. Der Zeltplatz liegt verlassen da. Das ist gut. Aber wir haben höchstens noch eine halbe Stunde Sonne und keine Reserven mehr. Das wird jetzt das Schlimmste.

Ich gebe mir Mühe, möglichst schnell die Sachen abzuladen, aber ich bin vor Erschöpfung so stumpfsinnig, daß ich einfach alles an die Straße lege, die über das Gelände führt, ohne mir klarzumachen, was für ein schlechter Platz das ist. Dann merke ich, daß es da zu windig ist. Das ist Wind der High Plains. Wir sind hier in einer Halbwüste, alles ist versengt und trocken, bis auf einen großen See weiter unten, eine Art Stausee. Der Wind kommt vom Horizont über den See und fällt in heftigen Stößen über uns her. Es ist schon empfindlich kühl. Etwa zwanzig Meter von der Straße stehen ein paar verkrüppelte Kiefern, und ich bitte Chris, die Sachen hinüberzutragen.

Er tut es nicht. Er schlendert davon, zum Stausee hinunter. Ich trage alles selber hinüber.

Im Hin- und Hergehen sehe ich, daß Sylvia sich redlich Mühe gibt, alles zum Kochen herzurichten, aber sie ist genauso müde wie ich.

Die Sonne geht unter.

John hat Holz gesammelt, aber es ist zu dick, und der Wind ist so böig, daß es uns kaum gelingen wird, damit Feuer zu machen. Wir müssen Späne machen. Ich gehe wieder zu den Krüppelkiefern hinüber, suche im Dämmerlicht überall nach der Machete, aber es ist unter den Bäumen schon so dunkel, daß ich sie nicht finden kann. Ich brauche die Taschenlampe. Also suche ich jetzt nach ihr, aber auch dafür ist es zu dunkel.

Ich gehe wieder zurück, trete die Maschine an und fahre zu den Kiefern hinüber, um die Sachen mit dem Scheinwerfer anzuleuchten und die Taschenlampe zu suchen. Ich gehe die Ausrüstung Stück für Stück durch, um die Taschenlampe zu finden. Es dauert lange, bis mir einfällt, daß ich ja nicht die Taschenlampe brauche, sondern die Machete, und die habe ich längst gesehen. Als ich zurückkomme, hat John inzwischen ein Feuer zustande gebracht. Mit der Machete zerhacke ich ein paar größere Stücke Holz.

Chris kommt wieder. *Er* hat die Taschenlampe!

»Wann essen wir denn endlich?« beschwert er sich.

»Wir machen so schnell wir können«, sage ich ihm. »Laß die Taschenlampe da.«

Er trollt sich wieder. Die Taschenlampe nimmt er mit.

Der Wind bläst so stark ins Feuer, daß die Flammen nicht hoch genug reichen, um die Steaks zu braten. Wir versuchen, aus großen Steinen von der Straße einen Windschutz zu improvisieren, aber es ist so finster, daß man nichts mehr sieht. Wir holen beide Motorräder und beleuchten die Szene kreuzweise mit den Scheinwerfern. Eigenartiges Licht. Vom Feuer auffliegende Aschestäubchen blitzen darin leuchtend weiß auf, dann trägt sie der Wind davon.

»WUMM!« Hinter uns eine laute Explosion. Dann höre ich Chris kichern.

Sylvia ist wütend.

»Ich hab' ein paar Knallfrösche gefunden«, sagt Chris.

Ich schlucke rechtzeitig meinen Ärger hinunter und sage ganz ruhig: »Wir essen jetzt.«

»Ich brauche ein paar Zündhölzer«, sagt er.

»Setz dich hin und iß.«

»Gib mir erst ein paar Zündhölzer.«

»Setz dich hin und iß.«

Er setzt sich hin, und ich versuche, das Steak mit dem Messer von meinem Kochgeschirr zu schneiden, aber das Fleisch ist zu zäh, und ich nehme deshalb lieber ein Jagdmesser. Der Motorradscheinwerfer leuchtet mich direkt an, so daß das Messer, wenn ich damit in das Kochgeschirr fahre, im tiefen Schatten ist und ich nicht sehen kann, was ich damit mache.

Chris sagt, er kann sein Steak auch nicht schneiden, und ich reiche ihm mein Messer hinüber. Er beugt sich vor, um es zu nehmen, und kippt dabei sein ganzes Essen auf die Plane.

Keiner sagt etwas.

Ich ärgere mich nicht, weil er sein Essen verschüttet hat, ich ärgere mich, weil jetzt die Plane für den Rest der Fahrt fettig ist.

»Ist noch was da?« erkundigt er sich.

»Du kannst das ruhig noch essen«, sage ich. »Es ist ja nur auf die Plane gefallen.«

»Ist mir zu schmutzig«, sagt er.

»Na schön, aber sonst ist nichts mehr da.«

Eine Welle der Niedergeschlagenheit überkommt mich. Ich möchte jetzt nur noch schlafen. Aber er hat eine Wut, und ich habe das Gefühl, er wird uns gleich eine seiner hübschen kleinen Szenen machen. Ich brauche nicht lange zu warten.

»Das schmeckt mir nicht«, sagt er.

»Ja, das kann ich mir denken, Chris.«

»Überhaupt paßt mir das *alles* hier nicht. Das ganze Camping kann mir gestohlen bleiben.«

»Es war *deine* Idee«, sagt Sylvia. »*Du* wolltest doch zelten.«

Das hätte sie nicht sagen dürfen, aber wie soll sie das wissen. Wenn man auf seinen ersten Köder anbeißt, wirft er noch einen aus, und dann noch einen, bis man ihm schließlich eine runterhaut, und darauf hat er es im Grunde abgesehen.

»Ist *mir* doch egal«, sagt er.

»Das sollte es aber nicht«, sagt sie.

»Ist mir aber egal.«

Es kann jeden Augenblick zur Explosion kommen. Sylvia und John sehen mich an, aber ich greife nicht ein. Ich finde es bedauerlich, aber im Moment kann ich nichts tun. Jeder Wortwechsel würde alles nur noch schlimmer machen.

»Ich hab' keinen Hunger«, sagt Chris.

Keiner antwortet ihm.

»Mir tut der Magen weh«, sagt er.

Die Explosion ist abgewendet, als Chris aufsteht und in die Dunkelheit davongeht.

Wir essen fertig. Ich helfe Sylvia abwaschen, und dann sitzen wir eine Weile herum. Wir machen die Scheinwerfer aus, um die Batterien zu schonen und weil ihr Licht ohnehin häßlich ist. Der Wind hat ein bißchen nachgelassen, und das Feuer gibt etwas Licht. Nach einer Weile haben sich meine Augen daran gewöhnt. Durch das Essen und den Ärger bin ich nicht mehr ganz so schläfrig. Chris kommt nicht wieder.

»Meinst du, er macht das bloß, um sich *abzureagieren*?« fragt Sylvia.

»Ja, wahrscheinlich«, sage ich, »obwohl ich das Wort nicht leiden kann.« Ich überlege und sage dann: »Ich hab' was gegen diesen pseudopsychologischen Jargon. Sagen wir doch lieber, er ist ein richtiges Scheusal.«

John lacht ein bißchen.

»Auf alle Fälle«, sage ich, »war es ein gutes Abendessen. Tut mir leid, daß er sich so aufführen mußte.«

»Mach dir deswegen keine Gedanken«, sagt John. »Mir tut nur leid, daß er jetzt nichts im Magen hat.«

»Das bringt ihn nicht um.«

»Hast du keine Angst, daß er sich da draußen verläuft?«

»Nein. Er wird schon rufen, wenn er nicht mehr zurückfindet.«

Jetzt, da er weg ist und wir nichts zu tun haben, wird mir der Raum, der uns auf allen Seiten umgibt, erst so richtig bewußt. Kein Laut ist zu hören. Einsame Prärie.

Sylvia sagt: »Glaubst du, er hat wirklich Magenschmerzen?«

»Ja«, sage ich, ein bißchen dogmatisch. Es wäre mir lieber, wir würden nicht mehr über das Thema reden, aber sie haben ein Recht auf eine genauere Erklärung. Wahrscheinlich haben sie gemerkt, daß mehr dahintersteckt, als sie bis jetzt mitbekommen haben. »Ja, ich bin ganz sicher, daß er welche hat«, sage ich schließlich. »Er ist deswegen schon ein halbes Dutzend mal untersucht worden. Einmal war es so schlimm, daß wir schon an Blinddarmentzündung dachten ... Ich weiß es noch gut, wir waren auf einer Ferientour oben im Norden. Ich hatte gerade ein Angebot für ein technisches Großprojekt im Wert von fünf Millionen Dollar bearbeitet und war von der Schufterei völlig erledigt. Das ist eine ganz andere Welt. Keine Zeit und keine Geduld und sechshundert Seiten Fachtext, die innerhalb einer Woche raus müssen; ich war an einem Punkt angelangt, daß ich imstande gewesen wäre, drei verschiedene Leute umzubringen, und wir hielten es für das beste, uns für eine Weile in die Wälder zu schlagen.

Ich kann mich nicht mehr genau erinnern, in welcher Gegend wir überhaupt waren. Mir schwirrte der Kopf von technischen Daten, und dann auch noch Chris, der vor Schmerzen schrie. Wir konnten ihn nicht anrühren, und schließlich wurde mir klar, daß ich ihn auf dem schnellsten Weg in ein Krankenhaus bringen mußte; ich hab' total vergessen, wo das war, aber sie haben jedenfalls nichts gefunden.«

»Nichts?«

»Nein. Aber es ist noch ein paarmal wiedergekommen.«

»Haben sie denn überhaupt keinen Verdacht?« fragt Sylvia.

»Dieses Frühjahr haben sie es als die ersten Anzeichen von Geisteskrankheit diagnostiziert.«

»Was?« sagt John.

Es ist jetzt zu dunkel, um Sylvia oder John oder auch nur die Umrisse der Berge zu sehen. Ich horche auf ferne Geräusche, aber ich höre nichts. Ich weiß nicht, was antworten, und sage deshalb nichts.

Wenn ich meine Augen anstrenge, sehe ich über uns die Sterne, aber das Feuer vor uns läßt sie verblassen. Die Nacht umsteht uns dicht und finster. Meine Zigarette ist bis an die Finger heruntergebrannt, und ich drücke sie aus.

»Das hab' ich nicht gewußt«, sagt Sylvias Stimme. Keine Spur mehr von Ärger. »Wir haben uns schon gefragt, warum du ihn mitgenommen hast und nicht deine Frau«, sagt sie. »Ich bin froh, daß du es uns gesagt hast.«

John schiebt ein paar von den unverbrannten Holzstückchen ins Feuer.

»Was meinst du ist die Ursache?« fragt mich Sylvia.

John räuspert sich, wahrscheinlich um sie zu bremsen, aber ich antworte: »Ich weiß nicht. Ursachen und Wirkungen scheinen hier nicht zu passen. Ursachen und Wirkungen sind Denkergebnisse. Ich würde meinen, Geisteskrankheit kommt vor dem Denken.« Das haben sie bestimmt nicht verstanden. Ich verstehe es selber kaum, bin aber zu müde, um es zu durchdenken, und lasse es dabei bewenden.

»Was sagen die Psychiater?« fragt John.

»Nichts. Ich habe die Behandlung abgebrochen.«

»Abgebrochen?«

»Ja.«

»Hältst du das für gut?«

»Ich weiß nicht. Ich könnte keine rationale Begründung dafür geben, warum ich glaube, daß es *nicht* gut ist. Ich weiß nur, daß sich in mir etwas dagegen sträubt. Ich denke darüber nach und halte mir all die guten Gründe dafür vor Augen, nehme mir vor, einen Termin zu vereinbaren, und suche sogar die Telefonnummer heraus, aber dann sträubt sich etwas in mir, und es ist, als würde eine Tür zugeschlagen.«

»Ich finde das nicht richtig.«

»Da bist du nicht der einzige. Ich werde wohl auch irgendwann meinen Widerstand aufgeben müssen.«

»Aber *warum* bist du dagegen?« fragt Sylvia.

»Ich *weiß* nicht, warum ... es ist nur, daß ... ich weiß nicht ... diese Leute sind ... nicht vom selben Schlag, *they're not kin«* ... Komisches Wort, denke ich bei mir, *kin*. Not of *kin* ... hört sich an wie Hillbilly-Sprache ... nicht von derselben Art, not of a *kind* ... dieselbe Wurzel ... ebenso *kind*ness, Freundlichkeit ... sie können nicht wirklich *kind* zu ihm sein, sie sind ja nicht *his kin* ... Genau das Gefühl habe ich.

Ein altes Wort, aus so alter Zeit, daß man es kaum noch hört. Wie es sich gewandelt hat im Lauf der Jahrhunderte. Heute kann jeder »*kind*« sein. Und man erwartet es auch von jedem. Nur daß es vor langer Zeit etwas war, wo man hineingeboren wurde, so daß man gar nicht anders konnte. Heute ist es in der Hälfte aller Fälle gespielt, wie die Freundlichkeit der Lehrer am ersten Schultag. Aber was wissen im Grunde genommen die von *kindness*, die nicht *kin* sind?

Das Wort läßt mich nicht mehr los ... *mein Kind* – da ist es in einer anderen Sprache. *Meine Kinder* ... »Wer reitet so spät durch Nacht und Wind? Es ist der Vater mit seinem Kind.«

Berührt mich sonderbar.

»Woran denkst du?« fragt Sylvia.

»An ein altes Gedicht, von Goethe. Es muß seine zweihundert Jahre alt sein. Ich hab's mal auswendiglernen müssen, schon lange her. Ich weiß nicht, wieso es mir gerade jetzt wieder einfällt, außer ...« Das sonderbare Gefühl kommt wieder.

»Wovon handelt es?« will Sylvia wissen.

Ich versuche, mich zu erinnern. »Ein Mann reitet in der Nacht einen Strand entlang, durch den Wind. Es ist ein Vater, mit seinem Sohn, den er fest im Arm hält. Er fragt seinen Sohn, warum er so blaß sei, und der Sohn antwortet: ›Vater, siehst du den Geist nicht?‹ Um den Jungen zu beruhigen, sagt ihm der Vater, was er da sehe, sei nur eine Nebelbank am Strand, und was er höre, nur das Rascheln der Blätter im Wind, aber der Sohn bleibt dabei, daß es der Geist ist, und der Vater reitet immer schneller durch die Nacht.«

»Und wie geht es aus?«

»Mit der Niederlage des Vaters ... das Kind stirbt. Der Geist hat gesiegt.«

Der Wind bläst Licht aus der glimmenden Asche, und ich sehe, daß Sylvia mich erschrocken anschaut.

»Aber das hier ist ein anderes Land und eine andere Zeit«, sage ich. »Hier steht am Ende das Leben, haben Geister keine Bedeutung. Daran glaube ich. Ich glaube auch an das alles hier«, sage ich und schaue auf die dunkle Prärie, »obwohl ich mir noch nicht sicher bin, was das alles zu bedeuten hat ... Überhaupt gibt es in letzter Zeit nicht viel, dessen ich mir sicher bin. Vielleicht rede ich deshalb soviel.«

Das Feuer ist fast ganz heruntergebrannt. Wir rauchen die letzte Zigarette. Chris treibt sich irgendwo im Dunkeln herum, aber ich denke nicht daran, ihm nachzulaufen. John schweigt mit Bedacht, Sylvia sagt auch nichts, und auf einmal sind wir alle drei voneinander getrennt, jeder für sich in seinem privaten Universum, und jede Verständigung zwischen uns hat aufgehört. Wir löschen das Feuer und gehen hinüber zu den Schlafsäcken unter den Kiefern.

Ich stelle fest, daß dieses eine geschützte Plätzchen unter den Krüppelkiefern, wo ich die Schlafsäcke ausgerollt habe, auch Tausenden von Moskitos, die von dem Stausee heraufkommen, als Zuflucht vor dem Wind dient. Das Mückenschutzmittel hält sie überhaupt nicht ab. Ich verkrieche mich in meinem Schlafsack und lasse nur ein kleines

Luftloch offen. Ich schlafe schon fast, als Chris endlich wiederkommt.

»Da drüben ist ein riesiger Sandhaufen«, sagt er, und die Kiefernnadeln knistern unter seinen Füßen.

»Ja«, sage ich. »Leg dich schlafen.«

»Du solltest ihn dir anschauen. Kommst du morgen mit rüber und siehst ihn dir an?«

»Dafür wird keine Zeit sein.«

»Kann ich dort morgen noch spielen?«

»Ja.«

Er rumort noch eine Ewigkeit herum, bis er sich ausgezogen hat und in den Schlafsack kriecht. Endlich ist er drin. Dann rollt er sich herum. Dann ist er still, und dann rollt er sich wieder ein bißchen herum. Dann sagt er: »Dad?«

»Ja?«

»Wie war das, als du noch ein Junge warst?«

»*Schlaf* jetzt, Chris!« Irgendwann ist der Punkt erreicht, wo man einfach nicht mehr zuhören kann.

Später höre ich ihn einmal laut aufschniefen, also hat er geweint, und obwohl ich todmüde bin, kann ich nicht schlafen. Ein paar tröstende Worte hätten da vielleicht geholfen. Er hatte versucht, freundlich zu sein. Aber aus irgendeinem Grunde fand ich die Worte nicht. Worte des Trostes sind mehr für Fremde, für Krankenhäuser – *not kin.* Derlei Trostpflästerchen sind nicht, was er braucht oder was not tut ... Ich weiß nicht, was er braucht oder was not tut.

Langsam steigt ein voller Mond über den Horizont hinter den Kiefern herauf, und an seinem langsamen, geduldigen Lauf über den Himmel messe ich Stunde um Stunde des Halbschlafs. Übermüdung. Der Mond und seltsame Träume und Geräusche von Moskitos und zusammenhanglose Erinnerungsfetzen geraten durcheinander und vermischen sich in einer unwirklichen, verlorenen Landschaft, in der der Mond scheint, und doch ist da eine Nebelbank und ich reite auf einem Pferd und Chris ist bei mir und das Pferd setzt über einen Bach, der durch den Sand zum Meer hinabfließt, das irgendwo drüben liegt. Und dann löst sich das auf ... Und dann kommt es wieder.

Und aus dem Nebel taucht schemenhaft eine Gestalt auf. Sie verschwindet, wenn ich sie direkt ansehe, erscheint aber wieder am Rande meines Gesichtsfeldes, wenn ich wegschaue. Gleich werde ich etwas zu ihr sagen, sie anrufen, ihr zunicken, aber dann tue ich es doch nicht, weil ich weiß, daß ich ihr durch die leiseste Geste, das geringste Zeichen des Erkennens eine Realität verschaffen würde, die sie nicht haben darf. Aber obwohl ich mir nichts anmerken lasse, ist es eine Gestalt, die ich erkenne. Es ist Phaidros.

Böser Geist. Wahnsinniger. Aus einer Welt ohne Leben und Tod.

Die Gestalt verblaßt, und ich muß aufkommende Panik niederhalten ... fest ... aber nicht krampfhaft ... einfach warten, bis es vorbeigeht ... nicht daran glauben, nicht daran zweifeln ... aber langsam zieht mir ein Kribbeln an den Haarwurzeln den Hinterkopf herauf ... er ruft Chris, ist es das? ... Ja? ...

6

Auf meiner Uhr ist es neun. Und es ist schon zu heiß zum Schlafen. Außerhalb des Schlafsacks steht die Sonne schon hoch am Himmel. Die Luft ringsum ist klar und trocken.

Mit verquollenen Augen und arthritischen Gelenken stehe ich von der Erde auf.

Mein Mund ist jetzt schon trocken und rissig, Gesicht und Hände sind von Moskitos zerstochen. Ein leichter Sonnenbrand von gestern früh schmerzt.

Wo die Kiefern aufhören, sind versengtes Gras und Erdklumpen und Sand so hell, daß man kaum hinsehen kann. Die Hitze, die Stille, die kahlen Hügel und der blanke Himmel vermitteln ein Gefühl von Weite und großer Raumtiefe.

Keine Spur Feuchtigkeit in der Luft. Das wird ein heißer Tag heute.

Ich trete aus dem Schatten der Kiefern auf einen kahlen Sandfleck im spärlichen Gras hinaus. Lange Zeit stehe ich und schaue, ganz in Gedanken ...

Ich habe beschlossen, daß mit der heutigen Chautauqua die Erkundung von Phaidros' Welt beginnen soll. Ursprünglich war beabsichtigt, nur einige seiner Ideen, die Technik und menschlichen Werte betreffend, neu zu formulieren und seine Person aus dem Spiel zu lassen, aber die Gedanken und Erinnerungen der letzten Nacht haben gezeigt, daß das nicht der richtige Weg wäre. Ihn jetzt auszusparen, das hieße, vor etwas davonzulaufen, wovor man nicht davonlaufen sollte.

Im ersten Morgengrauen fiel mir wieder ein, was Chris von der Großmutter seines indianischen Freundes erzählt hatte, und da wurde mir etwas klar. Sie sagte, daß Geister erscheinen, wenn jemand nicht richtig begraben wurde. Das stimmt. Er wurde tatsächlich nicht richtig begraben, und eben dies ist die Wurzel des Übels.

Als ich mich später einmal umdrehe, sehe ich, daß John aufgestanden ist und verständnislos zu mir hersieht. Er ist noch nicht richtig wach und läuft ziellos im Kreis, um seinen Kopf klarzubekommen. Bald ist auch Sylvia auf den Beinen; ihr linkes Auge ist ganz geschwollen. Ich frage sie, was damit los ist. Sie sagt, es sei von den Moskitostichen. Ich fange an, die Sachen aufzusammeln, um das Motorrad wieder zu beladen. John tut dasselbe.

Als nächstes machen wir ein Feuer an, und Sylvia öffnet unterdes Packungen mit Speck und Eiern und Brot fürs Frühstück.

Als das Essen fertig ist, gehe ich zu Chris hinüber und wecke ihn. Er will nicht aufstehen. Ich sage es ihm noch einmal. Er sagt nein. Ich packe seinen Schlafsack am unteren Ende, reiße ihn mit einem gewaltigen Tischtuch-Ruck weg, und er liegt im Freien und blinzelt in die Kiefernnadeln. Es dauert eine Weile, bis er begreift, was ihm geschehen ist, und ich rolle inzwischen schon den Schlafsack zusammen.

Er kommt mit gekränkter Miene zum Frühstücken, ißt einen Happen und sagt, er ist nicht hungrig, der Magen tut ihm weh. Ich zeige auf den See unter uns, der so eigenartig wirkt mitten in dieser Halbwüste, aber er läßt keinerlei Interesse erkennen. Er wiederholt seine Klage. Ich gehe nicht darauf ein, und auch John und Sylvia tun, als hätten sie nichts gehört. Ich bin froh, daß ich ihnen gesagt habe, wie es um ihn steht. Es hätte sonst zu ernsten Reibereien kommen können.

Wir essen schweigend unser Frühstück, und ich bin sonderbar ruhig. Vielleicht hat der Entschluß über Phaidros etwas damit zu tun. Aber wir sind auch schätzungsweise dreißig Meter über dem Stausee und sehen über ihn hinweg in eine Landschaft von der Weiträumigkeit des Westens. Kahle Hügel, weit und breit keine lebende Seele, kein Laut; und solche Gegenden haben etwas an sich, das die Stimmung ein wenig hebt und einen denken läßt, daß es von nun an wahrscheinlich wieder besser geht.

Während ich die letzten Sachen auf den Gepäckträger packe, sehe ich zu meiner Überraschung, daß der Hinterreifen stark abgefahren ist. Die dauernde hohe Geschwindigkeit, das hohe Ladegewicht und die Hitze auf der Straße gestern müssen schuld daran sein. Außerdem hängt die Kette durch; ich nehme das Werkzeug heraus, um sie zu spannen, und dann stöhne ich.

»Was ist denn?« erkundigt sich John.

»An der Ketteneinstellschraube ist das Gewinde überdreht.«

Ich drehe die Schraube heraus und besehe mir das Gewinde. »Ich bin selber schuld, weil ich mal versucht habe, die Kettenspannung zu verstellen, ohne die Achsmutter zu lösen. Der Schraube fehlt nichts.« Ich zeige sie ihm. »Sieht aus, als ob das Innengewinde im Rahmen überdreht ist.«

John starrt lange das Rad an. »Meinst du, du schaffst es noch bis in die nächste Stadt?«

»Aber ja, natürlich. Man kann ewig damit fahren. Es ist nur schwieriger, die Kettenspannung einzustellen.«

Er sieht aufmerksam zu, wie ich die hintere Achsmutter gerade so weit löse, daß sie noch dicht anliegt, sie mit seitlichen Hammerschlägen nach hinten klopfe, bis die Kettenspannung stimmt, und dann, damit die Achse nicht während der Fahrt wieder nach vorne rutscht, die Mutter mit aller Kraft festziehe und den Splint wieder anbringe. Im Gegensatz zu den Achsmuttern am Auto wirkt sich diese nicht auf das Lagerspiel aus.

»Woher hast du jetzt gewußt, was man da macht?« fragt er.

»Man muß es sich eben zusammenreimen.«

»Ich wüßte nicht, wo ich anfangen sollte«, meint er.

Genau da liegt das Problem, denke ich, wo man anfangen soll. Um an ihn heranzukommen, muß man immer weiter ausholen, und je weiter man ausholt, um so klarer wird einem, daß man noch viel weiter ausholen muß, bis sich das vermeintlich geringfügige Kommunikationsproblem zu einer größeren philosophischen Untersuchung auswächst. Daher auch die Chautauqua, vermute ich.

Ich packe das Werkzeug wieder ein, schließe die Deckel und denke mir dabei, daß es bei ihm allerdings der Mühe wert wäre, an ihn heranzukommen.

Als wir wieder auf der Straße sind, kühlt die trockene Luft das bißchen Schweiß von der Arbeit an der Kette, und eine Zeitlang fühle ich mich wohl. Doch kaum ist der Schweiß getrocknet, wird mir heiß. Bestimmt hat es schon an die 30 Grad.

Es ist kein Verkehr auf dieser Straße, und wir kommen ungehindert voran. Ein Reisetag.

Ich möchte jetzt damit beginnen, einer gewissen Verpflichtung nachzukommen, und zwar durch die Mitteilung, daß es einmal jemanden gab – er ist jetzt nicht mehr unter uns –, der etwas zu sagen hatte und es sagte, dem aber niemand glaubte und den niemand wirklich verstand. Vergessen. Aus Gründen, die noch zutage treten werden, hätte ich ihn lieber nicht aus der Versenkung hervorgeholt, aber ich habe keine andere Wahl, als seinen Fall noch einmal aufzurollen.

Ich kenne nicht seine ganze Geschichte. Niemand wird sie je kennen, außer Phaidros selbst, und er kann nicht mehr sprechen. Aber aus seinen Aufzeichnungen, aus dem, was andere gesagt haben, und aus meinen eigenen bruchstückhaften Erinnerungen müßte sich annähernd rekonstruieren lassen, worum es ihm gegangen ist. Da die Grundgedanken für diese Chautauqua von ihm entlehnt wurden, wird es keine wirkliche Abweichung geben, sondern nur eine Erweiterung, durch die vielleicht die Chautauqua eher verständlich wird, als wenn sie nur auf rein abstrakte Weise vorgetragen würde. Der Zweck dieser Erweiterung ist nicht, für ihn einzutreten, und schon gar nicht, ihn zu feiern. Der Zweck ist, ihn zu begraben – ein für allemal.

Neulich in Minnesota, als wir durch die Sümpfe fuhren, habe ich ein bißchen über die »Gebilde« der Technik gesprochen, über die »Todeskraft«, der die Sutherlands offenbar entfliehen wollen. Jetzt möchte ich die entgegengesetzte Richtung wie die Sutherlands einschlagen, zu dieser Kraft *hin* und mitten in ihr Zentrum. Dabei werden wir uns in Phaidros' Welt begeben, die einzige Welt, die er je kannte, eine Welt, in der alle Anschauung der inneren Form gilt.

Die Welt der inneren Form ist ein ungewöhnlicher Diskussionsgegenstand, weil sie im Grunde genommen selbst eine Diskussions*weise* ist. Man diskutiert Dinge im Hinblick auf ihr unmittelbares Äußeres, oder man diskutiert sie im Hinblick auf ihre innere Form; versucht man, diese Diskussionsweisen zu diskutieren, verstrickt man sich in ein – Standortproblem, so könnte man es nennen. Man braucht einen Standort außerhalb dieser Diskussionsweisen, von dem aus man diskutieren kann.

Bisher habe ich seine Welt der inneren Form oder zumindest den Aspekt von ihr, den man als Technik bezeichnet, von außen her diskutiert. Jetzt halte ich es für angebracht, über diese Welt der inneren Form aus ihrer eigenen Sicht zu sprechen. Ich möchte über die innere Form der Welt der inneren Form selbst sprechen.

Dazu ist es zuallererst nötig, eine Zweiteilung vorzunehmen, aber bevor ich mich ihrer guten Gewissens bedienen kann, müßte ich eigentlich weiter ausholen und erklären, was *sie* ist und bedeutet, und das ist eine lange Geschichte für sich. Bestandteil dieses Ausholproblems. Im Augenblick möchte ich deshalb die Zweiteilung nur anwenden und sie später erklären. Ich möchte die menschliche Anschauung in zwei Arten gliedern – in die klassische Anschauung und die romantische Anschauung. An letzten Wahrheiten gemessen ist eine solche Zweiteilung wenig sinnvoll, aber sie ist durchaus legitim, wenn man auf die klassische Art und Weise eine Welt der inneren Form zu entdecken oder zu schaffen versucht. Die Begriffe *klasssich* und *romantisch*, wie Phaidros sie gebrauchte, bedeuten dies:

Einer klassischen Anschauung stellt sich die Welt primär als innere Form dar. Einer romantischen Anschauung stellt sie sich primär als unmittelbar wahrnehmbare äußere Erscheinung dar. Würde man einem Romantiker eine Maschine oder eine technische Zeichnung oder einen elektronischen Schaltplan zeigen, würde er höchstwahrscheinlich nicht viel Interessantes darin sehen. Es hat für ihn keine Anziehungskraft, weil die Realität, die er sieht, Oberfläche ist. Langweilige, komplizierte Ansammlungen von Namen, Linien und Zahlen. Nichts Interessantes. Würde man jedoch dieselbe Blaupause oder denselben Schaltplan einem klassischen Menschen zeigen oder ihm dieselbe Beschreibung geben, sähe er sich wahrscheinlich die Sache an und wäre dann davon fasziniert, weil er sehen würde, daß hinter den Linien und Formen und Symbolen eine ungeheure Fülle innerer Form liegt.

Die romantische Anschauungsweise ist vorwiegend durch Inspiration und Phantasie bedingt, kreativ und intuitiv. Gefühle sind wichtiger als Fakten. »Kunst« als Gegensatz zu »Wissenschaft« ist oft romantisch. Ihr liegen nicht die Vernunft oder bestimmte Gesetze zugrunde. Ihr liegen Gefühl, Intuition und ästhetisches Bewußtsein zugrunde. In den nordeuropäischen Kulturen wird die romantische Anschauungsweise für gewöhnlich mit dem Weiblichen in Verbindung gebracht, doch ist dies gewiß keine notwendige Assoziation.

Die klassische Anschauungsweise beruht hingegen auf der Vernunft und auf Gesetzen – die ihrerseits innere Formen von Denken und Verhalten darstellen. In den europäischen Kulturen ist sie vorwiegend eine männliche Anschauungsweise, und Gebiete wie Wissenschaft, Recht und Medizin sind vor allem deshalb für Frauen uninteressant. Motorradfahren ist romantisch, Motorradwartung hingegen rein klassisch. Der Dreck, das Fett und die erforderliche Meisterung der inneren Form geben ihr einen so negativen romantischen Wert, daß Frauen sich nie daranwagen.

Obwohl äußere Häßlichkeit oft die klassische Anschauungsweise begleitet, ist sie nicht typisch oder wesentlich für sie. Es gibt eine klassische Ästhetik, die Romantikern oft verschlossen bleibt, weil sie so subtil ist. Der klassische Stil ist direkt, schmucklos, gefühlsfrei, ökonomisch und von ausgewogenen Proportionen. Er will nicht das Gefühl ansprechen, sondern Ordnung ins Chaos bringen und das Unbekannte bekannt machen. Er ist kein ästhetisch freier und natürlicher Stil. Er ist in ästhetischer Hinsicht beschränkt. Alles ist unter Kontrolle. Sein Wert bemißt sich nach der Geschicklichkeit, mit der diese Kontrolle aufrechterhalten wird.

Einem Romantiker kommt die klassische Betrachtungsweise oft stupide und häßlich vor, genau wie die Wartung technischer Gegenstände selbst. Alles dreht sich nur um Teile und Einzelteile und Bestandteile und Beziehungen. Nichts läßt sich restlos klären, bevor es nicht zehnmal durch einen Computer gelaufen ist. Alles muß gemessen und bewiesen werden. Bedrückend. Schwer. Endlos grau. Die Todeskraft.

Innerhalb der klassischen Anschauungsweise tritt jedoch manchmal auch der Romantiker in Erscheinung. Frivol, irrational, erratisch, unzuverlässig, vorwiegend auf Lustgewinn aus. Seicht. Ohne Substanz. Oft ein Parasit, der seine eigene Bürde nicht tragen kann oder will. Eine rechte Last für die Gesellschaft. Mittlerweile müßte eigentlich halbwegs klargeworden sein, wie die Fronten verlaufen.

Das ist die Quelle des Übels. Die Leute sind mit ihrem Denken und Fühlen im allgemeinen ganz der einen oder der anderen Anschauungsweise verhaftet und deshalb immer geneigt, mißzuverstehen und zu unterschätzen, was es mit der anderen Anschauungsweise auf sich hat. Aber keiner ist bereit, von der Wahrheit, wie er sie sieht, abzulassen, und soviel ich weiß, ist es noch keinem Menschen gelungen, diese beiden Wahrheiten oder Anschauungen wirklich in Einklang zu bringen. Es gibt keinen Punkt, an dem diese beiden Auffassungen von der Wirklichkeit zusammenfielen.

So mußten wir in neuerer Zeit erleben, wie sich eine gewaltige Kluft auftat zwischen einer klassischen Kultur und einer romantischen Gegenkultur – zwei Welten, die sich zusehends einander entfremden und einander befehden, wobei jedermann sich fragt, ob es immer so bleiben wird mit diesem in zwei Lager gespaltenen Haus. Das wünscht sich im Grunde keiner – was immer auch seine Gegner im anderen Lager glauben mögen.

Das ist der Kontext, in dem bedeutungsvoll wird, was Phaidros dachte und sagte. Aber *niemand* hörte ihm seinerzeit zu, man hielt ihn anfangs nur für exzentrisch, dann für lästig, dann für leicht verrückt und endlich für regelrecht wahnsinnig. Es kann kaum bezweifelt werden, daß er wahnsinnig war, aber aus manchen seiner Aufzeichnungen von damals geht hervor, daß diese feindselige Einstellung ihm gegenüber ihn überhaupt erst in den Wahnsinn trieb. Ungewöhnliches Verhalten pflegt bei anderen Befremden hervorzurufen, das wiederum das ungewöhnliche Verhalten und damit in einem beschleunigten Kreislauf die befremdeten Reaktionen verstärkt, bis sich alles zu einem dramatischen Höhepunkt zuspitzt. In Phaidros' Fall war das die gerichtlich angeordnete polizeiliche Festnahme und die dauernde Isolierung von der menschlichen Gesellschaft.

Ich sehe, daß wir die Abzweigung nach links auf die US 12 erreicht haben und John an einer Tankstelle hält. Ich biege ebenfalls aus und halte neben ihm.

Das Thermometer an der Tür der Tankstelle steht auf 33 Grad. »Das wird wieder ein Schlauch heute«, sage ich.

Als die Tanks voll sind, gehen wir über die Straße in ein Restaurant, um Kaffee zu trinken. Chris hat natürlich Hunger.

Ich sage ihm, das hätte ich kommen sehen. Und ich sage ihm, daß er entweder mit uns allen oder überhaupt nicht essen wird. Ohne mich aufzuregen. Ganz sachlich. Er nimmt es mir übel, aber er weiß jetzt, woran er ist.

Ich fange einen flüchtigen Blick der Erleichterung von Sylvia auf. Sie hatte wohl schon befürchtet, das würde jetzt ewig so weitergehen.

Als wir unseren Kaffee getrunken haben und wieder herauskommen, ist die Hitze so mörderisch, daß wir schleunigst aufsteigen und losfahren. Wieder die momentane Kühle, die bald verschwindet. In der Sonne sind das versengte Gras und der Sand so hell, daß ich die Augen zukneifen muß, um nicht geblendet zu werden. Diese US 12 ist eine alte, schlechte Straße. Der rissige Beton ist mit Teer bekleckert und holprig. Schilder kündigen Umleitungen an. Beiderseits der Straße stehen vereinzelte ramponierte Hütten und Schuppen und Verkaufsbuden, die sich im Laufe der Jahre angesammelt haben. Der Verkehr ist jetzt dicht. Da kann ich genausogut über Phaidros' rationale, analytische, klassische Welt nachdenken.

Seine Art der Rationalität hat dem Menschen seit der Antike dazu gedient, der Langeweile und Trübsal seiner unmittelbaren Umgebung zu entfliehen. Was sie so schwer erkennbar macht, ist die Tatsache, daß, während sie früher dazu benutzt wurde, dem allem zu entfliehen, diese Flucht so restlos glückte, daß sie, die Rationalität, heute dieses »das alles« ist, dem die Romantiker zu entfliehen versuchen. Schuld daran, daß seine Welt sich so schwer ins Auge fassen läßt, ist nicht ihre Fremdheit, sondern ihre Üblichkeit. Auch Vertrautheit kann blind machen.

Seine Art, die Dinge zu sehen, ergibt eine Art der Beschreibung, die man als »analytisch« bezeichnen könnte. Das ist ein anderer Ausdruck für den klassischen Standort, von dem aus man die Dinge im Hinblick auf ihre innere Form diskutiert. Er war ein durch und durch klassischer Mensch. Und um eine umfassendere Vorstellung davon zu vermitteln, worum es sich hierbei handelt, möchte ich jetzt diese analytische Vorgehensweise auf sie selbst anwenden – also die Analyse selbst analysieren. Dazu möchte ich zuerst ein ausführliches Beispiel für diese Methode bringen und sie dann zum Zweck der Analyse zergliedern. Das Motorrad ist dafür ein idealer Gegenstand, denn das Motorrad selbst wurde von klassischen Geistern erfunden. Also dann:

Ein Motorrad kann für Zwecke der klassischen rationalen Analyse nach den Baugruppen, aus denen es besteht, und nach seinen Funktionen unterteilt werden.

Teilt man es nach den Baugruppen auf, aus denen es besteht, kann man zunächst die grundlegende Unterscheidung zwischen Triebwerk und Fahrwerk treffen.

Das Triebwerk besteht aus dem Motor und dem Kraftübertragungssystem. Den Motor wollen wir uns als erstes ansehen.

Der Motor besteht aus einem Gehäuse, in dem ein Krafterzeugungssystem, eine Treibstoff-Luft-Anlage, eine Zündanlage, ein Rückkopplungssystem und ein Schmiersystem untergebracht sind.

Das Krafterzeugungssystem besteht aus Zylindern, Kolben, Pleuelstangen, einer Kurbelwelle und einer Schwungmasse.

Die Treibstoff-Luft-Anlage, die einen Bestandteil des Motors bildet, besteht aus einem Benzintank mit Filter, einem Luftfilter, einem Vergaser, Ventilen und Auspuffrohren.

Die Zündanlage besteht aus einem Wechselstromgenerator, einem Gleichrichter, einer Batterie, einer Zündspule und Zündkerzen.

Das Rückkopplungssystem besteht aus einer Steuerkette, einer Nockenwelle, Kipphebeln und einem Verteiler.

Das Schmiersystem besteht aus einer Ölpumpe und Kanälen, durch die das Öl im ganzen Motorblock verteilt wird.

Das Kraftübertragungssystem, das dem Motor angeschlossen ist, besteht aus einer Kupplung, einem Getriebe und einer Kette.

Das Fahrwerk, das das Triebwerk trägt, besteht aus einem Rahmen mit Fußrasten, Sattel und Schutzblechen, einer Lenkvorrichtung, vorderen und hinteren Stoßdämpfern, Rädern, Bedienungshebeln und Bowdenzügen, einem Scheinwerfer und Leuchten sowie einem Tachometer und einem Kilometerzähler.

Das ist ein Motorrad, wenn man es in seine Bestandteile zerlegt betrachtet. Um zu erfahren, wofür die Teile da sind, muß man es nach seinen Funktionen aufteilen:

Man kann bei einem Motorrad normale Lauffunktionen und spezielle, vom Fahrer gesteuerte Funktionen unterscheiden.

Die normalen Lauffunktionen lassen sich aufteilen in Funktionen während des Ansaughubes, Funktionen während des Verdichtungshubes, Funktionen während des Arbeitshubes und Funktionen während des Ausstoßhubes.

Und so weiter. Ich könnte jetzt dazu übergehen, welche Funktionen in der richtigen Reihenfolge während jedes der vier Hübe ablaufen, dann weiter zu den vom Fahrer gesteuerten Funktionen, und das Ganze wäre dann eine sehr kurzgefaßte Beschreibung der inneren Form eines Motorrads. Sie wäre extrem kurz und lückenhaft, wie es Beschreibungen dieser Art so an sich haben. Fast über jedes der erwähnten Einzelteile könnte man sich endlos verbreiten. Ich habe schon ein ganzes technisches Fachbuch nur über Unterbrecherkontakte gelesen, das sind kleine, aber äußerst wichtige Bestandteile des Verteilers. Es gibt außer dem hier beschriebenen Einzylinder-Ottomotor auch noch andere Motorentypen: Zweitaktmotoren, Mehrzylindermotoren, Dieselmotoren, Wankelmotoren – aber dieses Beispiel genügt.

Diese Beschreibung würde das »Was« des Motorrads – seine Bestandteile – und das »Wie« des Motors – seine Funktionen – umfassen. Sie müßte dringend durch eine »Wo«-Analyse in Form einer Illustration ergänzt werden, ebenso durch eine »Warum«-Analyse in Form der technischen Prinzipien, die zu dieser bestimmten Zusammenstellung von Teilen führten. Aber die Absicht ist hier nicht, das Motorrad erschöpfend zu analysieren. Die Absicht ist, einen Anfang zu machen, ein Beispiel zu geben für eine Art und Weise, die Dinge zu betrachten, die ihrerseits zum Gegenstand einer Analyse gemacht werden soll.

Diese Beschreibung hört sich beim erstenmal bestimmt nicht ungewöhnlich an. Sie klingt wie ein Text aus einem Lehrbuch für Anfänger oder vielleicht wie die erste Lektion eines berufskundlichen Kurses. Das Ungewöhnliche an ihr wird sichtbar, wenn sie aufhört, Art und Weise der Erörterung zu sein und zum Gegenstand der Erörterung gemacht wird. Dann läßt sich einiges aufzeigen.

Das erste, was einem an dieser Beschreibung auffällt, ist so augenfällig, daß man absichtlich darüber hinwegsehen muß, weil es sonst jede andere Wahrnehmung blockiert. Es ist dies: Sie ist stinklangweilig. Blabla, blabla, blabla, bla, Vergaser, Übersetzung, Verdichtung, blablabla, Kolben, Kerzen, Ansaughub, blabla, blabla und so weiter und so fort. Das ist das romantische Gesicht der klassischen Methode. Langweilig, plump und häßlich. Nur wenige Romantiker gelangen über dieses Stadium hinaus.

Wenn es aber gelingt, diesem ersten Eindruck zu widerstehen, werden einem andere Dinge klar, die zunächst unbemerkt blieben.

Das erste ist, daß man eine solche Beschreibung des Motorrads fast mit Sicherheit nicht versteht, wenn man nicht schon vorher wußte, wie so ein Ding funktioniert. Die unmittelbaren oberflächlichen Eindrücke, die für das erste, grundlegende Verständnis wesentlich sind, haben sich verflüchtigt. Zurück bleibt nur die innere Form.

Das zweite ist, daß der Beobachter fehlt. In der Beschreibung wird verschwiegen, daß man, um einen Kolben zu sehen, erst den Zylinderkopf abnehmen muß. »Sie« tauchen nirgendwo auf. Selbst der Fahrer ist so etwas wie ein individualitätsloser Roboter, der die Maschine auf völlig mechanische Art und Weise »bedient«. Es kommen in dieser Beschreibung keine echten Personen vor, keine Subjekte. Lediglich Objekte, die unabhängig von jeglichem Beobachter existieren.

Das dritte ist, daß die Wörter »*gut*« und »*schlecht*« mit all ihren Synonymen völlig fehlen. Werturteile werden nirgends geäußert, nur Fakten festgestellt.

Das vierte ist, daß hier ein Messer geführt wird. Ein tödlich scharfes; ein intellektuelles Skalpell von solcher Behendigkeit und Schärfe, daß man bisweilen gar nicht wahrnimmt, wie es sich bewegt. Man erliegt der Illusion, daß all diese Teile einfach da sind und so, wie sie existieren, benannt werden. Aber sie können auch ganz anders benannt und ganz anders klassifiziert werden, je nachdem, wie das Messer geführt wird.

Beispielsweise verdankt der Rückkopplungsmechanismus, der Nockenwelle und Steuerkette und Kipphebel und Verteiler umfaßt, seine Existenz nur einem ungewöhnlichen Schnitt mit diesem analytischen Messer. Würde man in ein Geschäft für Motorrad-Ersatzteile gehen und nach einem Rückkopplungssystem fragen, dann würden die Leute dort nicht wissen, wovon zum Teufel man redet. Sie teilen es nicht so auf. Keine zwei Hersteller teilen es jemals auf genau die gleiche Art auf, und jeder Mechaniker kennt das Problem, daß man ein bestimmtes Teil nirgends auftreiben kann, weil der Hersteller es als Teil von etwas anderem ansieht.

Man muß dieses Messer als das sehen, was es ist, und darf sich nicht zu der Annahme verleiten lassen, daß Motorräder oder irgendwelche anderen Dinge nur deshalb so sind, wie sie sind, weil das Messer zufällig diese Einschnitte gemacht hat. Man muß sich auf das Messer selbst konzentrieren. Später werde ich zu zeigen versuchen, wie die Fähigkeit, dieses Messer schöpferisch und wirksam zu handhaben, zur Überwindung der Spaltung zwischen dem Klassischen und dem Romantischen führen kann.

Phaidros verstand es meisterlich, dieses Messer zu führen, und bediente sich seiner mit Geschick und einem Gefühl der Macht. Mit einem einzigen Streich analytischen Denkens spaltete er die ganze Welt in Teile seiner eigenen Wahl, spaltete die Teile und spaltete die Bruchstücke der Teile, immer feiner und feiner und feiner, bis er sie auf das reduziert hatte, was sie nach seiner Vorstellung sein sollte. Sogar der spezifische Gebrauch der Begriffe »*klassisch*« und »*romantisch*« ist ein Beispiel für seine Fertigkeit im Umgang mit diesem Messer.

Aber wenn es außer dieser analytischen Begabung nichts von ihm zu berichten gäbe, würde ich liebend gerne meinen Mund über ihn halten. Daß es so wichtig ist, nicht den Mund über ihn zu halten, liegt daran, daß er diese Begabung auf so bizarre und doch sinnvolle Weise nutzte. Keiner hat das jemals erkannt, nicht einmal er selbst, glaube ich, und es kann sein, daß ich mir da nur etwas einbilde, aber das Messer, das er führte, war weniger das eines Mörders als das eines mittelmäßigen Chirurgen. Vielleicht ist da gar kein Unterschied. Aber er sah, daß da etwas Krankes und Schmerzhaftes vor sich ging, und fing an, tief hineinzuschneiden, tiefer und immer tiefer, um an die Wurzel zu gelangen. Er war hinter etwas Bestimmtem her. Das ist wichtig. Er war hinter etwas her, und er gebrauchte das Messer, weil es sein einziges Instrument war. Aber er mutete sich so viel zu und ging schließlich so weit, daß er selbst sein eigenes Opfer wurde.

7

Die Hitze ist jetzt überall. Ich kann sie nicht mehr ignorieren. Die Luft ist wie Hochofenwind, so heiß, daß sich meine Augen unter der Schutzbrille kühl anfühlen im Vergleich zum übrigen Gesicht. Meine Hände sind kühl, aber die Handschuhe haben auf der Oberseite große schwarze Schweißflecken, umsäumt von weißen Streifen eingetrockneten Salzes.

Vor uns auf der Straße hackt eine Krähe auf einem Stück Aas herum und flattert träge auf, als wir herankommen. Es sieht nach einer Eidechse aus, was da auf der Straße klebt, trocken und mit dem Teer verbacken.

Am Horizont werden leicht flimmernd Gebäude erkennbar. Ich sehe auf die Karte hinunter und stelle fest, daß es Bowman sein müßte. Ich denke an Eiswasser und Klimaanlage.

Die Straße und die Bürgersteige in Bowman sind wie leergefegt, obwohl jede Menge geparkte Autos herumstehen. Alles in den Häusern. Wir fahren mit den Maschinen auf einen schrägen Parkplatz mit einer engen Kurve am andern Ende, in der wir sie so abstellen, daß sie für nachher gleich richtig zur Straße hin stehen. Ein einsamer ältlicher Mann mit einem breitkrempigen Hut sieht uns zu, wie wir die Motorräder aufbocken und Helme und Brillen abnehmen.

»Ganz schön heiß heute, was?« fragt er. Seine Miene ist ausdruckslos.

John schüttelt den Kopf und sagt: »Uff!«

Das Gesicht im Schatten des Hutes bringt fast ein Lächeln zustande.

»Wieviel Grad hat's eigentlich?« fragt John.

»Neununddreißig«, sagt der Mann. »Ist aber schon eine Weile her, daß ich nachgesehen habe. Wird wohl noch über vierzig steigen.«

Er fragt uns, ob wir von weit her kommen, wir sagen es ihm, und er nickt vage anerkennend. »Eine hübsche Strecke«, meint er. Dann will er was über die Maschinen wissen.

Das Bier und die Klimatisierung winken, aber wir können uns nicht losreißen. Wir stehen einfach da in der Sonne bei neununddreißig Grad und unterhalten uns mit diesem Mann. Er habe auf einer Ranch gearbeitet, erzählt er, bis er in Rente ging; Viehzüchter gebe es hier ziemlich viele, und vor Jahren habe er ein Henderson-Motorrad gehabt. Es gefällt mir, daß er bei neununddreißig Grad in der prallen Sonne von seiner Henderson erzählen will. Wir unterhalten uns ein bißchen über die Maschine, während John und Sylvia und Chris zusehends ungeduldiger werden, und als wir uns schließlich verabschieden, sagt er, es habe ihn gefreut, uns kennengelernt zu haben. Sein Gesicht ist immer noch ausdruckslos, aber wir spüren, daß er es ernst gemeint hat. Langsam, mit Würde, entfernt er sich in der glühenden Sonne.

Im Restaurant will ich noch etwas dazu sagen, aber keiner ist interessiert. John und Sylvia sind völlig geschafft. Sie sitzen bloß regungslos da und genießen die klimatisierte Luft. Die Kellnerin kommt, um die Bestellung entgegenzunehmen, und das reißt sie ein bißchen aus ihrer Lethargie, aber sie haben sich noch nicht entschieden, und die Kellnerin geht wieder.

»Ich glaube, ich möchte hier nicht mehr weg«, sagt Sylvia.

Ich sehe den alten Mann draußen wieder vor mir, mit seinem breitkrempigen Hut. »Stell dir vor, wie das hier war, als es noch keine Klimaanlagen gab«, sage ich.

»Das tue ich«, sagt sie.

»Bei den aufgeweichten Straßen und mit meinem schlechten Hinterreifen dürften wir eigentlich nicht schneller als sechzig fahren«, sage ich.

Kein Kommentar von ihnen.

Chris ist im Gegensatz zu ihnen offenbar wieder ganz auf dem Posten; er ist hellwach und beobachtet alles. Als das Essen kommt, schlingt er es hinunter und verlangt nach mehr, bevor wir auch nur zur Hälfte fertig sind. Er kriegt es, und wir warten, bis er fertig ist.

Meilen später, und die Hitze ist einfach mörderisch. Sonnengläser und Schutzbrille richten gegen dieses Gleißen nichts mehr aus. Man brauchte schon eine Schweißerbrille.

Die High Plains zerfallen zu ausgewachsenen, von Abflußrinnen durchzogenen Bergen. Ringsum ist alles hell weißlich-gelb. Kein bißchen Grün. Bloß vereinzelt Grasbüschel und Steine und Sand. Das Schwarz der Fahrbahn tut den Augen wohl, deshalb halte ich den Kopf gesenkt und sehe zu, wie es unscharf unter meinen Füßen durchwischt. Dabei fällt mir auf, daß das linke Auspuffrohr so stark blau angelaufen ist wie noch nie. Ich spucke auf die Handschuhfinger, berühre es und sehe, wie es dampft. Gefällt mir gar nicht.

Es kommt jetzt darauf an, sich einfach damit abzufinden und nicht innerlich dagegen anzukämpfen . . . geistige Disziplin . . .

Ich sollte jetzt über Phaidros' Messer sprechen. Das wird manches von dem, worüber wir geredet haben, verständlicher machen.

Die Handhabung dieses Messers, das Zerlegen der Welt in Teile und der Aufbau dieser Struktur, ist etwas, was jeder von uns tut. Wir wissen in jedem Augenblick, daß Millionen Dinge uns umgeben – diese sich wandelnden Formen, diese gleißenden Berge, das Geräusch der Maschine, das Ziehen des Gasgriffes, jeder Stein und jeder Grashalm, jeder Zaunpfahl und jeder Schuttbrocken am Straßenrand –, wissen, daß sie da sind, ohne sie wirklich bewußt wahrzunehmen, es sei denn, sie sind irgendwie ungewöhnlich oder erinnern an etwas, für dessen Wahrnehmung wir besonders empfänglich sind. Wir könnten unmöglich all diese Dinge bewußt wahrnehmen und im Gedächtnis behalten, weil unser Kopf dann so mit unnützen Einzelheiten vollgestopft wäre, daß wir keinen klaren Gedanken mehr fassen könnten. Aus dieser Vielfalt an Dingen, von deren Existenz wir wissen, müssen wir eine Auswahl treffen, und was wir auswählen und Bewußtsein nennen, ist nie dasselbe wie die Dinge selbst, denn durch das Auswählen werden sie verändert. Wir nehmen eine Handvoll Sand aus der endlos weiten Landschaft, die uns umgibt, und nennen diese Handvoll Sand »Welt«.

Sobald wir dieses bißchen Sand haben, die Welt, deren wir uns bewußt sind, unterwerfen wir es einem Prozeß der unterscheidenden Aufgliederung. Das ist das Messer. Wir unterteilen den Sand. Dies und das. Hier und da. Schwarz und weiß. Jetzt und dann. Die unterscheidende Aufgliederung ist die Zerlegung des bewußten Universums in Teile.

Die Handvoll Sand erscheint uns zunächst homogen, aber je länger wir sie ansehen, um so mehr Unterschiede stellen wir fest. Jedes Sandkorn ist anders. Keine zwei gleichen sich völlig. Manche ähneln sich in einer Hinsicht, manche in einer anderen, und aufgrund dieser Ähnlichkeiten und Unähnlichkeiten können wir die Sandkörner auf verschiedene Häufchen verteilen. Farbschattierungen auf verschiedene Häufchen – Größen auf verschiedene Häufchen – Kornformen auf verschiedene Häufchen – Untertypen von Kornformen auf verschiedene Häufchen – Grade der Durchsichtigkeit auf verschiedene Häufchen – und so weiter und so fort. Man würde meinen, der Prozeß der Unterteilung und Klassifizierung müßte irgendwo ein Ende nehmen, aber das ist nicht der Fall. Er geht ewig weiter.

Die klassische Anschauungsweise befaßt sich mit den Häufchen und den Merkmalen, nach denen sie eingeteilt und zueinander in Beziehung gesetzt werden. Die romantische Anschauungsweise richtet sich auf die Handvoll Sand, bevor das Sortieren beginnt. Beide Arten, die Welt zu sehen, haben ihre Berechtigung, aber sie schließen einander aus.

Was wir dringend brauchen, ist eine Art, die Welt zu sehen, die keiner dieser beiden Anschauungen Gewalt antut und sie miteinander vereint. Eine solche Anschauungsweise wird *weder* das Sandsortieren *noch* die Betrachtung unsortierten Sandes als solche verwerfen. Eine solche Anschauungsweise wird vielmehr bemüht sein, das Augenmerk auf die endlos weite Landschaft zu richten, der wir den Sand entnehmen. Das ist es, was Phaidros, der mittelmäßige Chirurg, tun wollte.

Um zu verstehen, was er tun wollte, muß man sehen, daß ein *Teil* der Landschaft, ein *nicht aus ihr wegzudenkender* Teil, der unbedingt verstanden werden *muß*, eine Gestalt ist, die mitten in der Landschaft steht und Sand in Häufchen sortiert. Die Landschaft sehen, ohne diese Gestalt zu sehen, heißt die Landschaft überhaupt nicht sehen. Den Teil des Buddha abzulehnen, der sich der Analyse von Motorrädern widmet, heißt den Buddha ganz verfehlen.

Es ist eine immerwährende klassische Frage, welcher Teil des Motorrads, welches Sandkorn in welchem Häufchen denn nun der Buddha sei. Diese Frage zu stellen, bedeutet offensichtlich, in die falsche Richtung zu schauen, denn der Buddha ist überall. Aber genauso offensichtlich bedeutet diese Frage, daß man in die *richtige* Richtung schaut, denn der Buddha ist überall. Über den Buddha, der unabhängig von allem analytischen Denken existiert, ist viel gesagt worden – manche würden sagen, *zu* viel, und jeden Versuch, noch mehr darüber zu sagen, für fragwürdig halten. Doch über den Buddha, der im analytischen Denken selbst existiert und *diesem analytischen Denken seine Richtung gibt*, ist so gut wie nichts gesagt worden, und dafür gibt es historische Gründe. Aber Geschichte ereignet sich immer noch, und es kann wohl nicht schaden und vielleicht sogar ein wenig nützen, wenn wir unser historisches Erbe um einige Erörterungen auf diesem Gebiet bereichern.

Wenn analytisches Denken, das Messer, auf Erfahrung angewandt wird, geht dabei immer etwas zugrunde. Das ist auch recht gut bekannt, zumindest in der Kunst. Mir fällt ein, wie es Mark Twain erging, der, nachdem er das analytische Wissen erworben hatte, das man braucht, um Mississippi-Schiffer zu werden, auf einmal feststellen mußte, daß der Fluß seine Schönheit verloren hatte. Irgend etwas geht *immer* zugrunde. Aber – und dies ist in der Kunst weniger gut bekannt – es wird auch immer etwas Neues geschaffen. Und anstatt immer nur bei dem zu verweilen, was zugrunde geht, muß man auch sehen, was neu entsteht, und den Prozeß als eine Art Tod-Geburt-Kontinuität betrachten, die weder gut noch schlecht, sondern einfach *gegeben* ist.

Wir kommen durch einen Ort namens Marmarth, aber John hält nicht einmal für eine kurze Pause an, und so fahren wir weiter. Noch mehr Hochofenhitze, zerklüftetes, wüstenähnliches Gelände, und wir überschreiten die Grenze nach Montana. Ein Schild am Straßenrand weist darauf hin.

Sylvia streckt die Arme aus und bewegt sie wie Vogelschwingen, und ich drücke als Antwort auf die Hupe, aber als ich das Schild sehe, erfüllen mich alles andere als frohe Gefühle. Mir verursacht diese Information eine innere Spannung, für die sie keinen Grund haben. Sie können nicht wissen, daß wir jetzt in dem Staat sind, in dem *er* gelebt hat.

Alles, was bisher über die klassische und die romantische Anschauungsweise gesagt wurde, muß als sonderbar umständliche Art erscheinen, ihn zu beschreiben, aber um an Phaidros heranzukommen, muß man diesen umständlichen Weg gehen. Auf seine äußere Erscheinung oder die statistischen Daten seines Lebens einzugehen, hieße nur, sich in irreführenden Oberflächlichkeiten zu verlieren. Und wollte man geradewegs auf ihn zugehen, wäre die Katastrophe beinahe unvermeidlich.

Er war wahnsinnig. Und wenn man einen Wahnsinnigen direkt ansieht, dann sieht man nichts weiter als die Spiegelung des eigenen Wissens um seinen Wahnsinn, und das heißt, daß man ihn überhaupt nicht sieht. Um ihn zu sehen, muß man sehen, was er sah, und wenn man versucht, die Visionen eines Wahnsinnigen zu sehen, ist ein Umweg der einzige, der zum Ziel führt. Andernfalls verstellen einem die eigenen Meinungen den Weg. Soviel ich sehe, führt nur *ein* gangbarer Weg zu ihm, und wir haben es noch weit.

Ich habe mich nicht um ihrer selbst willen auf die ganze Geschichte mit den Analysen und Definitionen und Hierarchien eingelassen, sondern um die Grundlagen für das Verständnis der Richtung zu schaffen, in die Phaidros ging.

Ich habe Chris neulich nachts gesagt, Phaidros sei sein Leben lang einem Geist nachgejagt. Das stimmt. Der Geist, hinter dem er her war, war der Geist, der aller Technik, aller modernen Wissenschaft, allem westlichen Denken zugrunde liegt. Es war der Geist der Rationalität selbst. Ich habe Chris gesagt, daß er den Geist schließlich fand und ihn, als er ihn gefunden hatte, fürchterlich verdrosch. Die Dinge, die ich an den Tag zu bringen hoffe, während wir unseren Weg gehen, sind einige der Dinge, die er entdeckte. Die Zeiten sind jetzt so, daß auch andere endlich hinter den Wert dieser Dinge kommen. Damals wollte niemand den Geist sehen, dem Phaidros nachjagte, aber jetzt glaube ich, daß immer mehr Leute ihn sehen oder in schlimmen Augenblicken eine Andeutung von ihm wahrnehmen, einen Geist, der sich Rationalität nennt, aber nach außen hin als Zusammenhanglosigkeit und Sinnlosigkeit in Erscheinung tritt, woher es kommt, daß die allernormalsten alltäglichen Handlungen als leicht verrückt erscheinen – wegen ihrer Belanglosigkeit für alles andere. Das ist der Geist der normalen alltäglichen Anschauungen, der erklärt, daß der letzte Zweck des Lebens, der darin besteht, am Leben zu bleiben, zwar unmöglich zu erreichen ist, daß er aber dennoch der letzte Sinn des Lebens sei, weshalb denn große Geister sich bemühen, Krankheiten zu heilen, damit Menschen länger leben, aber nur Verrückte nach dem Warum fragen. Man lebt länger, um länger zu leben. Einen anderen Sinn gibt es nicht. Das ist es, was dieser Geist besagt.

In Baker, wo wir anhalten, zeigen die Thermometer 42 Grad im Schatten. Als ich die Handschuhe ausziehe, ist das Metall des Benzintanks so heiß, daß ich es nicht anfassen kann. Der Motor gibt wegen der Überhitzung ominöse Zwitschergeräusche von sich. Sehr bedenklich. Auch der Hinterreifen ist stark abgefahren, und ich fühle mit der Hand, daß er fast so heiß ist wie der Tank.

»Wir werden langsamer fahren müssen«, sage ich.

»Was?«

»Ich glaube, ich fahre besser nicht über fünfzig«, sage ich.

John sieht Sylvia an, und sie sieht ihn an. Sie haben schon über meine Langsamkeit gesprochen. Sie wirken beide, als ob sie jetzt endgültig die Nase voll hätten.

»Wir wollen so schnell wie möglich hinkommen«, sagt John, und sie gehen beide auf ein Restaurant zu.

Auch die Kette hat sich heiß und trocken gelaufen. Ich krame in der rechten Satteltasche nach einer Dose Sprüh-Schmiermittel, finde sie, lasse die Maschine an und sprühe die laufende Kette ein. Sie ist immer noch so heiß, daß das Lösungsmittel fast augenblicklich verdunstet. Dann spritze ich ein bißchen Öl auf, lasse den Motor noch eine Minute laufen und stelle ihn dann ab. Chris wartet geduldig, dann kommt er mit in das Restaurant.

»Sagtest du nicht, der absolute Tiefpunkt würde am zweiten Tag kommen«, fragt Sylvia, als wir uns der Nische nähern, in der sie sitzen.

»Am zweiten oder dritten«, erwidere ich.

»Oder vierten oder fünften?«

»Schon möglich.«

Sie und John sehen sich wieder an, mit demselben Ausdruck wie vorhin. Er besagt offenbar: »Drei sind schon einer zuviel.« Wahrscheinlich würden sie am liebsten schnell vorausfahren und in irgendeiner Stadt auf mich warten. Ich würde das selbst vorschlagen, nur werden sie, falls sie viel schneller fahren, nicht in einer Stadt auf mich warten. Sondern unterwegs am Straßenrand.

»Ich begreife nicht, wie die Leute es hier aushalten«, sagt Sylvia.

»Wieso, das ist nun mal eine strapaziöse Gegend hier«, erwidere ich ein bißchen gereizt. »Die wissen das schon, bevor sie hierher ziehen, und finden sich damit ab.«

Dann sage ich noch: »Wenn einer sich beklagt, macht er es den anderen damit nur um so schwerer. Die Leute hier haben *Ausdauer*. Sie lassen sich nicht so leicht unterkriegen.«

John und Sylvia sagen nicht viel, und John trinkt rasch sein Coke aus und verzieht sich in eine Bar, um einen zu kippen. Ich gehe hinaus und kontrolliere wieder das Gepäck auf der Maschine, stelle fest, daß der neue Packen sich ein bißchen gesetzt hat, ziehe die Seile straff und binde sie wieder fest.

Chris zeigt auf ein Thermometer in der prallen Sonne, und wir sehen, daß es über die Skala hinausgeklettert ist, die bei 50 Grad aufhört.

Wir sind noch gar nicht aus der Stadt, und ich schwitze schon wieder. Die kühlende Wirkung des Trockenwerdens hält kaum eine halbe Minute an.

Die Hitze verschlingt uns regelrecht. Trotz der dunklen Sonnengläser muß ich die Augen eng zusammenkneifen. Ringsum nur brennender Sand und blasser Himmel, eine solche Helligkeit, daß man nicht weiß, wo man hinschauen soll. Alles ist in Weißglut. Ein wahres Inferno.

John ist vor uns und dreht immer mehr auf. Ich sehe, daß es keinen Sinn hat, mithalten zu wollen, und gehe auf fünfundfünfzig herunter. Man muß schon beinahe scharf darauf sein, Scherereien zu bekommen, um bei dieser Hitze den Reifen fünfundachtzig Meilen pro Stunde zuzumuten. Eine Panne auf dieser Strecke hätte uns gerade noch gefehlt.

Ich glaube, sie haben das vorhin als Zurechtweisung aufgefaßt, aber so war es nicht gemeint. Mir setzt die Hitze genauso zu wie ihnen, aber es hat doch keinen Sinn, andauernd darüber zu reden. Den ganzen Tag, während ich über Phaidros nachgedacht und gesprochen habe, müssen sie sich gedacht haben, wie unerfreulich das doch alles ist. Und das macht sie erst so richtig fertig. Das Denken.

Einiges läßt sich über Phaidros als Individuum sagen:

Er war in Logik bewandert, dem klassischen System-des-Systems, das die Regeln und Verfahren systematischen Denkens beschreibt, mittels derer analytische Kenntnisse gegliedert und zueinander in Beziehung gebracht werden können. Er war darin so gewandt, daß sein Stanford-Binet-IQ, mit dem vor allem die Fähigkeit zu analytischen Manipulationen bewertet wird, auf 170 beziffert wurde, ein Wert, den nur einer unter fünfzigtausend erreicht.

Er war systematisch, aber zu behaupten, er habe gedacht und gehandelt wie eine Maschine, hieße die Art und Weise seines Denkens mißverstehen. Es war nicht wie die synchronisierte Bewegung von Kolben und Rädern und Zahnrädern, massiv und koordiniert. Mir drängt sich eher die Vorstellung von einem Laserstrahl auf; ein einzelner bleistiftdünner Lichtstab von so gewaltiger Energie in so extremer Konzentration, daß man ihn auf den Mond richten und seinen Reflex auf der Erde beobachten kann. Phaidros versuchte nicht, sein Licht zur allgemeinen Erhellung leuchten zu lassen. Er suchte sich ein bestimmtes, weit entferntes Ziel aus, visierte es an und traf es. Das war alles. Die allgemeine Erhellung dieses Ziels, das er traf, bleibt jetzt offenbar mir überlassen.

Seiner Intelligenz entsprechend lebte er in extremer Isolation. Nichts deutet darauf hin, daß er gute Freunde gehabt hätte. Er reiste allein. Immer. Selbst im Beisein anderer war er ganz allein. Die Leute spürten das zuweilen, fühlten sich zurückgestoßen und mochten ihn deshalb nicht, aber ihre Abneigung machte ihm nichts aus.

Seine Frau und seine Kinder haben wohl am meisten gelitten. Seine Frau sagt, daß diejenigen, die versuchten, die Mauer seiner Zurückhaltung zu überwinden, vor einem Nichts gestanden hätten. Mein Eindruck ist, daß sie sich nach einer Art Zuneigung verzehrten, die er ihnen stets vorenthielt.

Keiner hat ihn je wirklich gekannt. Er wollte es offenbar so, und so war es. Vielleicht war seine Einsamkeit die Folge seiner Intelligenz.

Vielleicht war sie die Ursache. Aber stets war beides zusammen. Eine unheimliche solitäre Intelligenz.

Aber das kommt auch noch nicht hin, denn dies und die Vorstellung eines Laserstrahls lassen den Eindruck entstehen, er sei völlig kalt und gefühllos gewesen, und das war er nicht. Die Jagd nach dem, was ich den Geist der Rationalität genannt habe, betrieb er geradezu fanatisch.

Ein Fragment tritt jetzt besonders lebhaft hervor, eine Szene in den Bergen, wo die Sonne seit einer halben Stunde hinter dem Berg war und ein frühes Zwielicht die Bäume und sogar die Felsen in fast geschwärzte Schattierungen von Blau und Grau und Braun verwandelt hatte. Phaidros war dort seit drei Tagen ohne Essen gewesen. Sein Proviant war zur Neige gegangen, aber er war tief in Gedanken und sah manches, was er bisher nicht gesehen hatte, und wollte noch nicht weg. Er wußte, daß es nicht weit bis zur nächsten Straße war, und er versäumte nichts.

Im Dämmerlicht sah er, wie sich auf dem Pfad weit hinten etwas bewegte, und dann glaubte er ein hundeähnliches Tier auszumachen, das sich auf dem Pfad näherte, ein sehr großer Schäferhund hätte es sein können oder vielleicht eher ein Eskimohund, und er fragte sich, wie zu dieser späten Stunde ein Hund an diesen abgelegenen Ort kam. Er konnte Hunde nicht leiden, aber dieses Tier bewegte sich auf eine Art und Weise, die solche Gefühle nicht aufkommen ließ. Es schien ihn zu beobachten, *ihn* zu taxieren. Phaidros sah dem Tier lange Zeit unverwandt in die Augen, und für einen Moment empfand er etwas wie ein Erkennen. Dann verschwand der Hund wieder.

Erst viel später wurde ihm klar, daß es ein Timberwolf gewesen war, und das Erlebnis blieb ihm lange Zeit in Erinnerung. Ich glaube, es blieb ihm deshalb in Erinnerung, weil er so etwas wie ein Bild von sich selbst gesehen hatte.

Ein Photo kann ein physisches Bild zeigen, in dem die Zeit statisch ist, und ein Spiegel kann ein physisches Bild zeigen, in dem die Zeit dynamisch ist, aber ich glaube, was er auf dem Berg sah, war ein Bild ganz anderer Art, das nicht physisch war und überhaupt nicht in der Zeit existierte. Dennoch war es ein Bild, und das ist der Grund für sein Gefühl des Erkennens. Ich sehe es jetzt deutlich vor mir, weil es mir letzte Nacht als das Gesicht von Phaidros selbst erschien.

Wie dieser Timberwolf auf dem Berg besaß er eine Art von animalischem Mut. Er ging seinen eigenen Weg mit einer Unbekümmertheit um die Folgen, die den Leuten manchmal unbegreiflich vorkam und die mir, nun, da ich davon höre, ebenfalls unbegreiflich vorkommt. Er wich nicht oft nach rechts oder links ab. Das habe ich herausgefunden. Aber dieser Mut erwuchs ihm nicht aus irgendeiner idealistischen Selbstaufopferungsidee, sondern nur aus der Intensität seiner Jagd, und es war nichts Edles daran.

Ich glaube, er machte deshalb Jagd auf den Geist der Rationalität, weil er an ihm *Rache* nehmen wollte, weil er spürte, wie sehr er selbst durch ihn geformt war. Er wollte sich von seinem eigenen Bild befreien. Er wollte es zerstören, weil der Geist war, was *er* war, und er wollte loskommen von der Knechtschaft seiner eigenen Identität. Auf eine seltsame Art wurde ihm diese Freiheit zuteil.

Dieser Bericht über ihn muß unirdisch klingen, aber sein unirdischster Teil kommt erst noch. Es ist meine eigene Beziehung zu ihm. Das wurde bis jetzt unterdrückt und verschleiert, aber es muß trotzdem ans Tageslicht.

Ich erfuhr zum erstenmal von seiner Existenz, indem ich vor vielen Jahren Rückschlüsse aus einer Reihe sonderbarer Ereignisse zog. Eines Freitags war ich zur Arbeit gefahren und hatte ziemlich viel weggeschafft vor dem Wochenende und war glücklich darüber, und am Abend desselben Tages fuhr ich zu einer Party, auf der ich mich zu lange und zu laut mit allen unterhielt und *viel* zuviel trank, weshalb ich anschließend in ein Hinterzimmer ging, um mich eine Weile hinzulegen.

Als ich aufwachte, sah ich, daß ich die ganze Nacht geschlafen hatte, denn es war heller Tag, und ich dachte: »Mein Gott, ich weiß nicht einmal, wie die Gastgeber heißen!« und fragte mich, in was für eine peinliche Lage mich das wohl gebracht hatte. Das Zimmer sah anders aus als das, in dem ich mich hingelegt hatte, aber es war ja dunkel gewesen, als ich hereinkam, und außerdem mußte ich sowieso stockbetrunken gewesen sein.

Ich stand auf und stellte fest, daß meine Kleider vertauscht worden waren. Das waren nicht die Sachen, die ich am Abend zuvor angehabt hatte. Ich ging aus dem Zimmer, aber zu meiner Überraschung führte die Tür nicht in andere Räume eines Wohnhauses, sondern auf einen langen Korridor.

Als ich den Korridor entlangging, hatte ich den Eindruck, daß mich alle interessiert ansahen. Dreimal hintereinander hielt mich ein wildfremder Mensch an und fragte mich, wie ich mich fühlte. Ich dachte, sie spielten auf meinen Schwips an, und erwiderte, daß ich nicht einmal einen Kater hätte, worauf einer von ihnen zu lachen anfing, jedoch gleich wieder verstummte.

In einem Raum am Ende des Korridors sah ich einen Tisch, an dem eine gewisse Aktivität herrschte. Ich setzte mich nicht weit davon auf einen Stuhl, in der Hoffnung, unbemerkt zu bleiben, bis ich mir alles zusammengereimt hatte. Aber gleich kam eine weißgekleidete Frau auf mich zu und fragte mich, ob ich ihren Namen wüßte. Ich las ihn von dem Schildchen ab, das an ihrer Bluse steckte. Das entging ihr, und sie schien höchst überrascht und hastete davon.

Als sie wiederkam, war ein Mann bei ihr, und der sah mich aufmerksam an. Er setzte sich neben mich und fragte mich, ob ich seinen Namen wüßte. Ich sagte ihn ihm und war genauso verblüfft wie er, daß ich ihn kannte.

»Dafür ist es eigentlich noch viel zu früh«, sagte er.

»Ich bin hier offensichtlich in einem Krankenhaus«, sagte ich.

Sie bestätigten es.

»Wie bin ich hier reingekommen?« erkundigte ich mich und dachte an die feuchtfröhliche Party. Der Mann sagte nichts, und die Frau sah auf den Boden. Sie erklärten mir nur sehr wenig.

Ich brauchte über eine Woche, um aus den Fakten, die mich umgaben, zu folgern, daß alles vor meinem Aufwachen ein Traum und alles danach Wirklichkeit war. Es gab keine andere Grundlage für diese Unterscheidung als den wachsenden Berg neuer Erlebnisse, die gegen die Erfahrung des Betrunkenen zu sprechen schienen. Kleinigkeiten tauchten auf, wie die verschlossene Tür, an deren Außenseite ich mich nicht erinnern konnte. Und ein Blatt Papier vom Nachlaßgericht, auf dem mir mitgeteilt wurde, daß irgend jemand wegen Geistesgestörtheit in eine Heilanstalt eingewiesen worden war. Meinten sie *mich* damit?

Man erklärte mir schließlich: »Sie haben jetzt eine neue Persönlichkeit.« Aber diese Mitteilung erklärte gar nichts. Ich war ratloser denn je, denn ich hatte keinen Schimmer von irgendeiner »alten« Persönlichkeit. Wenn sie gesagt hätten: »Sie *sind* jetzt eine neue Persönlichkeit«, wäre es viel klarer gewesen. Das hätte gepaßt. Sie hatten den Fehler gemacht, Persönlichkeit als eine Art Besitz anzusehen, wie die Kleider, die man trägt. Aber was bleibt denn, wenn man die Persönlichkeit ausklammert? Ein paar Knochen und etwas Fleisch. Eine Liste juristischer Daten vielleicht, aber bestimmt keine Person. Die Knochen und das Fleisch und die juristischen Daten sind die Gewänder, die die Persönlichkeit trägt, und nicht umgekehrt.

Aber wer war die *alte* Persönlichkeit, die sie gekannt hatten und für deren Fortsetzung sie mich hielten?

Das war meine erste aufkeimende Ahnung von Phaidros' Existenz, vor vielen Jahren. In den Tagen und Wochen und Jahren, die seitdem vergangen sind, habe ich noch viel mehr erfahren.

Er war tot. Vernichtet auf Anordnung des Gerichts, die dadurch ausgeführt wurde, daß man Wechselstrom von hoher Spannung durch sein Gehirn schickte. Rund 800 Milliampere waren bei achtundzwanzig aufeinanderfolgenden Behandlungen jeweils für eine Dauer von 0,5 bis 1,5 Sekunden angelegt worden, ein Verfahren, dessen technische Bezeichnung »Annihilation ECS« lautet. Eine ganze Persönlichkeit war restlos ausgelöscht worden, in einem technisch makellosen Akt, der seither stets für unsere Beziehung maßgebend gewesen ist. Ich habe ihn nie gekannt. Werde ihn nie kennen.

Und dennoch decken sich plötzlich seltsame Fetzen seiner Erinnerung mit dieser Straße und den Wüstenfelsen und dem weißglühenden Sand ringsum, eine bizarre Übereinstimmung zeigt sich, und da weiß ich, daß er dies alles gesehen hat. Er war hier, denn sonst würde ich es nicht kennen. Er mußte hier gewesen sein. Indem ich diese plötzliche Kongruenz der Bilder wahrnehme und indem ich mich an irgendeinen merkwürdigen Gedankensplitter erinnere, von dessen Ursprung ich keine Ahnung habe, bin ich wie ein Seher, ein spiritistisches Medium, das Botschaften aus einer anderen Welt empfängt. Genauso ist es. Ich sehe die Dinge mit meinen eigenen Augen, und ich sehe sie auch mit seinen Augen. Sie haben einmal ihm gehört.

Diese AUGEN! Das ist das Furchtbare daran. Diese behandschuhten Hände, die ich jetzt ansehe, während sie das Motorrad lenken, haben einmal *ihm* gehört! Und wenn man weiß, was für ein Gefühl das ist, dann weiß man, was wirkliche Angst ist – die Angst, die aus der Gewißheit kommt, daß man nirgendwohin fliehen kann.

Wir fahren in einen nicht sehr tief eingeschnittenen Canyon. Noch ein Weilchen, und wir erreichen den Rastplatz, auf den ich schon gewartet habe. Ein paar Bänke, ein kleines Gebäude und ein paar winzige grüne Bäume, zu denen Wasserschläuche hinlaufen. Du lieber Gott, John steht an der Ausfahrt auf der anderen Seite und will anscheinend gleich wieder losfahren.

Ich kümmere mich nicht um ihn und halte vor dem Gebäude. Chris springt herunter, und wir heben die Maschine auf den Ständer. Hitze steigt vom Motor auf, als ob er in Brand geraten sei, und um ihn herum flimmert die Luft so stark, daß alles verzerrt wird. Aus dem Augenwinkel sehe ich, daß das andere Motorrad zurückkommt. Als sie da sind, starren sie mich beide finster an.

Sylvia sagt: »Wir sind wirklich . . . sauer!«

Ich zucke die Achseln und gehe an den Trinkwasserbrunnen.

John sagt: »Wo ist denn jetzt die Ausdauer, die du uns so gepriesen hast?«

Ich schaue ihn eine Sekunde lang an und sehe, daß er tatsächlich wütend ist. »Ich hab' mir schon gedacht, daß ihr das zu ernst nehmen würdet«, sage ich, und dann wende ich mich ab. Ich trinke das Wasser, und es ist alkalisch, wie Seifenwasser. Ich trinke es trotzdem.

John geht in das Gebäude, um sein Hemd naß zu machen. Ich kontrolliere den Ölstand. Der Öleinfülldeckel ist so heiß, daß er mir durch den Handschuh hindurch die Finger verbrennt. Der Motor hat nicht viel Öl verloren. Das Profil des Hinterreifens ist noch etwas niedriger geworden, aber es reicht immer noch. Die Kette ist straff genug, aber ein bißchen trocken, also sicherheitshalber noch mal ölen. Die wichtigen Schrauben sitzen alle fest genug.

John kommt vor Wasser triefend herüber und sagt: »Fahr du jetzt voraus, wir bleiben hinter dir.«

»Ich werde aber nicht schnell fahren«, sage ich.

»Schon gut«, meint er. »Wir werden schon hinkommen.«

So fahre ich also voraus, und wir gehen es langsam an. Die Straße durch den Canyon wird nicht, wie ich erwartet habe, gerade, um durch ähnliches Gelände zu führen wie in den letzten Stunden, sondern beginnt sich aufwärts zu winden. Eine Überraschung.

Die Straße schlängelt sich ein bißchen, dann macht sie eine große Kehre und führt eine Zeitlang in die entgegengesetzte Richtung, dann schwenkt sie wieder auf den alten Kurs. Wir fahren schräg in enge Teufelsspalten hinein, dann wieder bergan, und jedesmal gewinnen wir ein bißchen an Höhe.

Ein paar Sträucher tauchen auf. Dann kleine Bäume. Die Straße führt noch höher hinauf; das erste Gras, dann umzäunte Wiesen.

Über uns taucht eine kleine Wolke auf. Vielleicht Regen! Vielleicht. Wiesen brauchen Regen. Und auf diesen hier wachsen sogar Blumen. Eigenartig, diese Verwandlung. Nichts auf der Karte wies darauf hin. Und auch die Erinnerung ist nicht mehr präsent. Phaidros hatte offenbar nicht diesen Weg genommen. Aber es gab keine andere Straße. Eigenartig. Sie steigt immer noch an.

Die Sonne neigt sich der Wolke zu, die jetzt nach unten gewachsen ist, so daß sie den Horizont über uns berührt, an dem Bäume stehen, Kiefern, und ein kalter Wind streicht herab und bringt Harzgeruch von den Bäumen mit. Die Blumen auf den Wiesen schwanken im Wind, das Motorrad legt sich leicht schräg, und auf einmal ist es angenehm kühl.

Ich sehe mich nach Chris um, und er lächelt. Ich lächle auch.

Dann prasselt der Regen hart auf die Straße, und ein Schwall Erdgeruch steigt auf von dem Staub, der allzu lange warten mußte, und der Staub neben der Straße wird fleckig von den ersten Regentropfen.

Das ist alles so neu. Und wir haben ihn so nötig, einen neuen Regen. Meine Kleider werden naß, die Schutzbrille ist voller Spritzer, allmählich wird mir kalt, ein köstliches Gefühl. Die Wolke schiebt sich unter der Sonne durch, und der Kiefernwald mit den kleinen Wiesen strahlt wieder und glitzert, wo sich das Sonnenlicht in den kleinen Tropfen vom Regen fängt.

Als wir den Scheitel der kleinen Steigung erreichen, sind wir wieder trocken, aber jetzt ist uns nicht mehr zu warm; wir schauen in ein riesiges Tal und auf einen Fluß hinab.

»Ich glaube, wir sind da«, sagt John.

Sylvia und Chris laufen über die Wiese, durch die Blumen unter den Kiefern, durch die ich weit weg und tief drunten den Talausgang sehen kann.

Ich bin jetzt ein Pionier, der in ein gelobtes Land schaut.

Teil II

8

Es ist ungefähr zehn Uhr morgens, und ich sitze neben der Maschine auf einem kühlen, schattigen Bürgersteig hinter einem Hotel, das wir in Miles City, Montana, gefunden haben. Sylvia ist mit Chris in einer Münzwäscherei, um für uns alle die Wäsche zu waschen. John ist losgezogen, um sich einen Schirm für seinen Helm zu kaufen. Er meinte, er hätte einen in einem Motorradgeschäft gesehen, als wir gestern in die Stadt kamen. Und ich bin dabei, den Motor ein bißchen zu überholen.

Ich bin wieder in Form. Wir sind am Nachmittag angekommen und haben eine Menge Schlaf nachgeholt. Es war gut, schon hier haltzumachen. Wir waren so stumpf vor Erschöpfung, daß wir gar nicht merkten, wie müde wir waren. Als John nach Zimmern fragte, wußte er nicht mal mehr meinen Namen. Das Mädchen am Empfang wollte wissen, ob uns diese »irren Feuerstühle« draußen vor dem Fenster gehörten, und wir lachten beide so laut los, daß sie sich fragte, ob sie etwas Falsches gesagt hätte. Es war aber bloß sinnloses Gelächter vor lauter Müdigkeit. Wir waren nur zu froh, sie zur Abwechslung mal stehenlassen und zu Fuß gehen zu können.

Und baden. In einer wunderschönen alten emaillierten gußeisernen Wanne, die auf ihren Löwenfüßen mitten auf einem Marmorfußboden kauerte und nur auf uns wartete. Das Wasser war so weich, daß ich dachte, ich würde die Seife überhaupt nicht mehr runterkriegen. Danach gingen wir die Hauptstraßen auf und ab und fühlten uns wie eine Familie ...

Ich habe diese Maschine schon so oft gewartet, daß es ein richtiges Ritual geworden ist. Ich brauche nicht mehr groß nachzudenken, was ich alles machen muß. Ich schaue fast nur noch, ob irgendwas Ungewöhnliches festzustellen ist. Der Motor hat ein Geräusch angenommen, das sich nach einer losen Ventil-Einstellschraube anhört, aber es könnte auch was Ernsteres sein; ich will deshalb jetzt das Ventilspiel nachstellen und sehen, ob es davon weggeht. Das Ventilspiel muß man bei kaltem Motor einstellen, und das heißt, daß man am Morgen an der Stelle an der Maschine arbeitet, wo man sie am Abend zuvor abgestellt hat, und das ist der Grund, warum ich mich auf einem schattigen Bürgersteig hinter einem Hotel in Miles City, Montana, befinde. Im Moment ist die Luft noch kühl hier im Schatten, und es bleibt auch noch ungefähr eine Stunde so, bis die Sonne um die Baumäste herumkommt, gerade richtig, um an einem Motorrad zu arbeiten. Man tut gut daran, die Maschine nicht in der prallen Sonne zu warten oder gegen Abend, wenn der Kopf nicht mehr ganz klar ist, denn wenn man es auch schon hundertmal gemacht hat, sollte man doch ganz dasein und die Augen offenhalten.

Es ist nicht jedermann klar, was für ein durch und durch rationaler Vorgang das ist, das Warten eines Motorrads. Die Leute meinen, daß da ein besonderes »Talent« oder »technisches Fingerspitzengefühl« am Werk sei. Sie haben recht, nur äußert sich dieses Talent in einem fast rein rationalen Vorgang, und die meisten Schwierigkeiten gehen auf etwas zurück, was früher die Radiobastler einen »Kurzen zwischen den Kopfhörern« nannten, das Unvermögen, den Kopf richtig zu gebrauchen. Ein Motorrad funktioniert in vollkommener Übereinstimmung mit den Gesetzen des rationalen Denkens, und eine Studie über die Kunst der Motorradwartung ist eigentlich eine Miniaturstudie über die Kunst der Rationalität selbst. Ich sagte gestern, daß es der Geist der Rationalität gewesen ist, dem Phaidros nachjagte, und daß er darüber wahnsinnig wurde, aber wenn man das weiter ausführen will, muß man sich an handfeste Beispiele von Rationalität halten, um sich nicht in allgemeinen Redensarten zu verlieren, die niemand sonst versteht. Aussagen über die Rationalität können sehr konfus werden, wenn man nicht auch die Dinge einschließt, mit denen es die Rationalität zu tun hat.

Wir sind jetzt an der Schranke zwischen dem Klassischen und dem Romantischen, wo wir auf der einen Seite ein Motorrad sehen, wie es unmittelbar wahrgenommen wird – und das ist eine wichtige Art, es zu sehen –, und wo wir es auf der anderen Seite allmählich wie ein Mechaniker im Hinblick auf seine innere Form sehen können – und auch das ist eine wichtige Art, die Dinge zu sehen. Das Werkzeug zum Beispiel – dieser Schraubenschlüssel – besitzt eine gewisse romantische Schönheit, aber sein Zweck ist stets rein klassisch. Er ist so konstruiert, daß man damit die innere Form der Maschine verändern kann.

Das Porzellan im Innern der ersten Kerze ist sehr dunkel. Das ist in klassischer wie romantischer Hinsicht häßlich, denn es bedeutet, daß der Zylinder zuviel Benzin und nicht genug Luft bekommt. Die Kohlenstoffmoleküle im Benzin finden nicht genug Sauerstoff, mit dem sie sich verbinden können, und deshalb setzen sie sich als Belag an der Kerze an. Als wir gestern in die Stadt kamen, war der Leerlauf ein bißchen unrund, und das ist ebenfalls ein Symptom für diese Störung.

Bloß um zu sehen, ob vielleicht nur der eine Zylinder ein zu fettes Gemisch bekommt, prüfe ich auch den andern. Es ist bei beiden dasselbe. Ich hole ein Taschenmesser hervor, hebe ein Stöckchen auf, das im Rinnstein liegt, und spitze es am einen Ende zu, um die Kerzen zu säubern, wobei ich überlege, was der Grund für das zu fette Gemisch sein könnte. Mit Pleuelstangen oder Ventilen hat das nichts zu tun. Und Vergaser verstellen sich kaum von alleine. Die Hauptdüsen sind überdimensioniert, was bei hohen Geschwindigkeiten zu einem zu fetten Gemisch führt, aber die Kerzen waren mit *denselben* Düsen schon mal sehr viel sauberer. Ein Rätsel. Ständig ist man von ihnen umgeben. Aber wollte man versuchen, sie alle zu lösen, würde man die Maschine nie hinkriegen. Da sich nicht gleich eine plausible Erklärung anbietet, lasse ich die Frage erst mal offen.

Die Einstellschraube des ersten Ventils ist in Ordnung, braucht nicht nachgestellt zu werden, also nehme ich mir die nächste vor. Immer noch jede Menge Zeit, bis die Sonne hinter diesen Bäumen vorkommt ... Mir ist immer wie in der Kirche, wenn ich das mache ... Die Fühlerlehre ist so etwas wie ein Heiligenbild, und ich vollziehe mit ihr ein religiöses Ritual. Sie ist ein Teil eines Satzes mit der Bezeichnung »Feinmeßgeräte«, was in klassischem Sinne eine tiefe Bedeutung hat.

Bei einem Motorrad wird diese Präzision nicht aus irgendwelchen romantischen oder perfektionistischen Gründen gepflegt. Es ist nur so, daß die enormen Kräfte von Hitze und Explosionsdruck im Innern des Motors nur mit der Art von Präzision zu bändigen sind, die solche Meßgeräte ermöglichen. Bei jeder Zündung treibt die

Explosion eine Pleuelstange mit einem Oberflächendruck von mehreren Tonnen pro Quadratzentimeter auf die Kurbelwelle. Wenn der Sitz der Pleuelstange auf der Kurbelwelle präzise ist, wird die Explosionskraft gleichmäßig übertragen, und das Metall hält dem Druck stand. Ist jedoch zwischen Pleuelstange und Kurbelwelle auch nur ein paar hundertstel Millimeter Spiel, kommt der Schub plötzlich wie ein Hammerschlag, und das Lager und die Oberfläche der Kurbelwelle verschleißen in kürzester Zeit, was dann zu einem Geräusch führt, das sich anfangs ganz ähnlich wie ein Ventilklingeln anhört. Das ist der Grund, warum ich das jetzt überprüfe. Wenn es wirklich eine lockere Pleuelstange ist und ich fahre in die Berge, ohne den Motor vorher überholen zu lassen, dann wird das Geräusch bald immer lauter, bis die Pleuelstange bricht, in die mit hoher Drehzahl rotierende Kurbelwelle kracht und den Motor zerstört. Manchmal durchschlagen abgebrochene Pleuelstangen sogar den Boden des Kurbelgehäuses, und das ganze Öl läuft aus. Dann kann man nur noch zu Fuß gehen.

Das alles läßt sich aber verhindern durch jene nach Hundertsteln von Millimetern ermittelte Genauigkeit, wie sie durch die Verwendung von Feinmeßgeräten möglich wird, und das ist ihre klassische Schönheit – nicht was man sieht, sondern was sie bedeuten –, ihre Leistungsfähigkeit in bezug auf die Beherrschung der inneren Form.

Auch das zweite Ventil ist in Ordnung. Ich gehe auf die Straßenseite der Maschine hinüber und nehme mir den anderen Zylinder vor.

Feinmeßgeräte sind dazu konstruiert, eine *Idee* – Maßgenauigkeit – zu verwirklichen, deren vollkommene Realisierung letztlich unmöglich ist. Es gibt kein vollkommen geformtes Teil eines Motorrads, es wird nie eines geben, aber wenn man sich der Vollkommenheit so weit nähert, wie es diese Instrumente erlauben, dann geschehen bemerkenswerte Dinge, und man durchmißt wie im Fluge die Landschaft, von einer Kraft getrieben, die man als magisch bezeichnen könnte, wäre sie nicht in jeder Hinsicht so völlig rational. Das Wissen um diese rationale, intellektuelle *Idee* ist es, worauf es ankommt. John betrachtet das Motorrad und sieht Stahl in verschiedenen Formen und hat negative Gefühle im Zusammenhang mit diesen stählernen Gebilden und schaltet ab. Ich betrachte jetzt auch diese stählernen Gebilde, und ich sehe *Ideen.* Er glaubt, ich arbeite an *Teilen.* Ich arbeite an *Begriffen.*

Ich sprach gestern von diesen Begriffen, als ich sagte, daß man ein Motorrad nach seinen Bestandteilen und nach seinen Funktionen aufteilen kann. Damit hatte ich gleichzeitig ein Kästchendiagramm mit der folgenden Anordnung geschaffen:

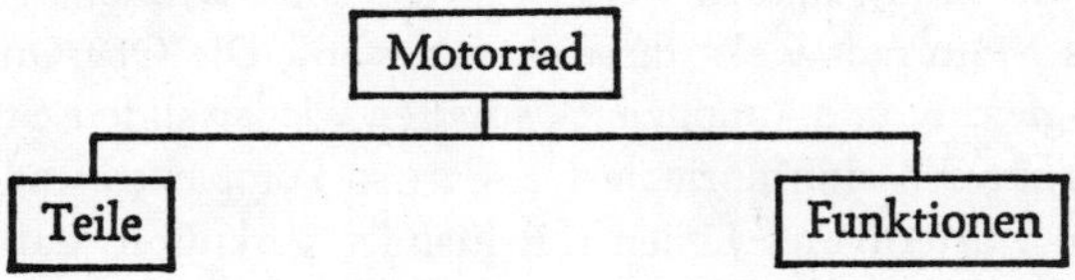

Und als ich sagte, daß man die Teile weiter in Triebwerk und Fahrwerk unterteilen könne, waren es im selben Moment schon mehr solcher kleiner Kästchen geworden:

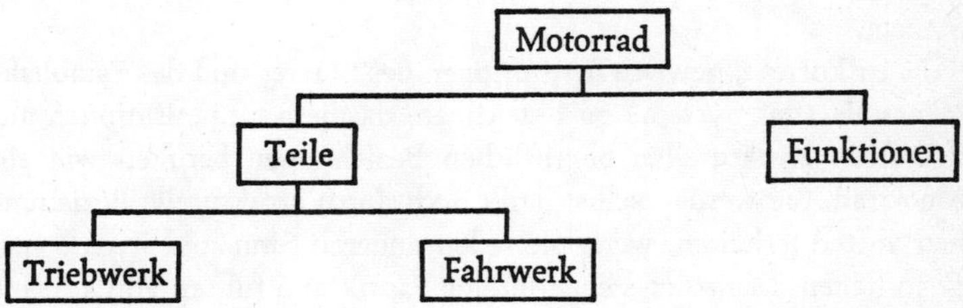

Und jedesmal, wenn ich eine weitere Unterteilung vornahm, tauchten noch mehr Kästchen auf, die diesen Unterteilungen entsprachen, bis ich eine riesige Kästchenpyramide hatte. Indem ich das Motorrad in immer kleinere Stücke aufteilte, baute ich gleichzeitig eine Struktur auf.

Diese Struktur von Begriffen wird formal als Hierarchie bezeichnet und ist seit altersher eine Grundstruktur allen westlichen Wissens. Königreiche, Imperien, Kirchen, Armeen, sie alle wurden und werden in Hierarchien gegliedert. Moderne Unternehmen sind ebenfalls so strukturiert. Inhaltsverzeichnisse sind so strukturiert, Montageanleitungen, Computer-Software, alles wissenschaftliche und technische Wissen ist so strukturiert – und dies mit solcher Gründlichkeit, daß auf Gebieten wie der Biologie die Hierarchie Stamm – Ordnung – Familie – Gattung – Art fast eine heilige Kuh ist.

Das Kästchen »Motorrad« *enthält* die Kästchen »Teile« und »Funktionen«. Das Kästchen »Teile« *enthält* die Kästchen »Triebwerk« und »Fahrwerk« und so weiter. Es gibt noch viele andere Arten von Strukturen; sie entstehen, wenn man andere Operatoren wie beispielsweise »verursacht« anwendet, die zu langen Kettenstrukturen nach dem Muster von »A verursacht B, welches C verursacht, welches D verursacht« und so weiter führen. Eine funktionale Beschreibung des Motorrads weist diese Struktur auf. Die Operatoren »existiert«, »gleicht« und »impliziert« schaffen wieder andere Strukturen. Diese Strukturen sind normalerweise in so komplexen und weitverzweigten Mustern und Linien miteinander verknüpft, daß der einzelne im Lauf seines ganzen Lebens nie mehr als einen kleinen Teil von ihnen zu begreifen vermag. Der Sammelname für diese vielfältig miteinander verknüpften Strukturen, die Gattung, der die Hierarchie des Enthaltenseins und die Struktur der Kausalität nur als Arten angehören, ist *System*. Das Motorrad ist ein System. Ein *echtes* System.

Es ist korrekt, gewisse Institutionen des Staates und des Establishments als »das System« zu bezeichnen, da diese Organisationen auf denselben strukturellen begrifflichen Beziehungen beruhen wie ein Motorrad. Sie werden selbst dann noch durch strukturelle Beziehungen aufrechterhalten, wenn sie jeden anderen Sinn und Zweck verloren haben. Menschen gehen in eine Fabrik und führen von acht bis fünf ohne zu fragen eine völlig sinnlose Arbeit aus, weil die Struktur es so verlangt. Es gibt keinen Schurken, keinen »fiesen Typ«, der will, daß sie ein sinnloses Leben führen, es liegt nur daran, daß die Struktur, das System es verlangt und keiner bereit ist, sich der ungeheuren Aufgabe zu unterziehen, die Struktur zu verändern, bloß weil sie sinnlos ist.

Reißt man aber eine Fabrik ein oder revoltiert gegen eine Regierung oder unterläßt es, ein Motorrad zu reparieren, nur weil es sich dabei um ein System handelt, heißt das, Wirkungen anstelle von Ursachen anzugreifen; und solange nur die Wirkungen angegriffen werden, ist keine Veränderung möglich. Das wahre System, das eigentliche System ist der derzeitige Aufbau unseres systematischen Denkens selbst, die Rationalität selbst, und wenn man eine Fabrik niederreißt, jedoch die Rationalität, die sie hervorgebracht hat, stehen läßt, dann wird die Rationalität einfach eine neue Fabrik hervorbringen. Wenn eine Revolution eine systematische Regierung vernichtet, die systematischen Denkmuster, die diese Regierung hervorbrachten, jedoch unangetastet läßt, dann werden sich diese Denkmuster in der nachfolgenden Regierung wiederholen. Es wird so viel über das System geredet. Und so wenig begriffen.

Dies und nicht mehr ist das Motorrad, ein in Stahl ausgeführtes Begriffssystem. Es ist kein Teil an ihm, keine Form, die nicht in jemandes Kopf entstanden wäre ... die Einstellschraube des dritten Ventils ist ebenfalls in Ordnung. Nun noch die letzte. Wehe, wenn die es auch nicht ist ... Ich habe festgestellt, daß es Leuten, die noch nie mit Stahl gearbeitet haben, schwerfällt, das einzusehen – daß das Motorrad vor allem ein geistiges Phänomen ist. Sie assoziieren Metall mit bestimmten Formen – Rohre, Stangen, Träger, Werkzeuge, Teile –, die alle irgendwo festgemacht und unveränderlich sind, und sehen darin etwas vorwiegend Physisches. Für einen, der Metall maschinell bearbeitet oder gießt oder schmiedet oder schweißt, hat dagegen »Stahl« überhaupt keine Form. Stahl kann jede Form annehmen, die man will, wenn man geschickt genug ist, und jede Form *bis auf* die, die man will, wenn einem dieses Geschick fehlt. Geformte Teile, wie diese Einstellschraube, sind das, was man *erreicht*, was man aus dem Stahl macht. Stahl hat nicht mehr Form als dieser Dreckklumpen da auf dem Motor. Die Formen sind alle in jemandes Kopf entstanden. Das muß man unbedingt sehen. Und der *Stahl?* Teufel noch mal, sogar der Stahl ist in jemandes Kopf entstanden. Es gibt in der Natur keinen Stahl. Jeder Bronzezeitmensch hätte einem das sagen können. In der Natur ist lediglich das *Potential* für den Stahl angelegt. Weiter nichts. Aber was ist »Potential«? Auch das gibt es nur in jemandes Kopf! ... Geister.

Genau das hat Phaidros im Grunde gemeint, als er sagte, daß alles nur im Geist existiere. Es hört sich verrückt an, wenn man sich einfach hinstellt und es sagt, ohne sich auf etwas Bestimmtes wie einen Motor zu beziehen. Wenn man es dagegen mit etwas Spezifischem und Konkretem verbindet, dann hört es sich schon nicht mehr so verrückt an, und es wird einem klar, daß er vielleicht etwas Wesentliches gesagt haben könnte.

Die Einstellschraube des vierten Ventils ist tatsächlich zu locker, was ich gehofft habe. Ich stelle sie nach. Ich prüfe die Zündeinstellung und stelle fest, daß sie noch stimmt und die Kontakte keine Krater aufweisen; ich mache deshalb nichts daran, schraube die Ventildeckel wieder auf, setze die Zündkerzen ein und lasse den Motor an.

Das Ventilgeräusch ist weg, aber das will nicht viel besagen, solange das Öl noch kalt ist. Ich lasse den Motor eine Weile leerlaufen, während ich das Werkzeug verstaue, dann steige ich auf und fahre zu einem Motorradgeschäft, das uns gestern abend ein anderer Motorradfahrer auf der Straße genannt hat und in dem ich vielleicht einen Ketteneinsteller und einen neuen Fußrastengummi bekomme. Chris muß nervöse Füße haben. Seine Fußrasten nutzen sich so schnell ab.

Ich fahre zwei Häuserblocks, und immer noch kein Ventilklingeln. Allmählich hört es sich gut an, ich glaube, das Geräusch ist weg. Trotzdem werde ich nichts Genaues wissen, ehe wir nicht ungefähr dreißig Meilen gefahren sind. Bis dahin aber, und in diesem Augenblick, scheint die Sonne, die Luft ist kühl, mein Kopf ist klar, ein ganzer Tag liegt vor uns, wir sind schon fast in den Bergen – ein Tag, an dem man sich freuen kann, am Leben zu sein. Es liegt an der dünneren Luft. Man fühlt sich immer so, wenn man höher hinaufkommt.

Die Höhe! Deshalb ist das Gemisch zu fett. Bestimmt ist das der Grund. Wir sind hier 750 Meter hoch. Ich werde doch besser auf Standard-Düsen übergehen. Der Einbau dauert nur ein paar Minuten. Und den Leerlauf ein bißchen magerer einstellen. Wir werden noch viel höher hinaufkommen.

Unter ein paar schattigen Bäumen finde ich Bill's Cycle Shop, aber keinen Bill. Ein Passant meint, er sei »vielleicht irgendwohin fischen gegangen«, dabei ist der Laden sperrangelweit offen. Wir sind wirklich im Westen. Kein Mensch würde einen solchen Laden in Chicago oder New York offenlassen.

Drinnen sehe ich, daß Bill ein Mechaniker mit photographischem Gedächtnis ist. Alles liegt überall herum. Schraubenschlüssel, Schraubenzieher, alte Teile, alte Motorräder, neue Teile, neue Motorräder, Prospekte, Schläuche, in einem so wüsten Durcheinander, daß die Werkbänke unter all dem Kram verschwinden. Ich könnte unter solchen Bedingungen nicht arbeiten, aber das liegt nur daran, daß ich kein Mechaniker mit photographischem Gedächtnis bin. Bill kann sich wahrscheinlich umdrehen und findet auf Anhieb in diesem Drunter und Drüber jedes Werkzeug, ohne lange überlegen zu müssen, wo es ist. Ich kenne solche Mechaniker. Macht einen kribbelig, ihnen zuzusehen, aber sie tun ihre Arbeit genausogut und manchmal sogar schneller. Aber wehe, man verschiebt ein einziges Werkzeug auch nur eine Handbreit, dann finden sie es tagelang nicht mehr.

Bill erscheint mit einem Grinsen im Gesicht. Natürlich hat er ein paar Düsen für meine Maschine und weiß auch genau, wo sie sind. Ich muß mich aber noch eine Sekunde gedulden. Er muß vorher noch hinterm Haus einen Handel über ein paar Harley-Teile perfekt machen. Ich gehe mit ihm in einen Schuppen hinterm Haus und sehe, daß er dabei ist, eine komplette Harley-Maschine in gebrauchten Teilen zu verkaufen, bis auf den Rahmen, den hat der Kunde schon. Er nimmt für alles zusammen 125 Dollar. Nichts zu sagen gegen den Preis.

Auf dem Rückweg sage ich: »Der versteht was von Motorrädern, bis er *das* alles zusammengebaut hat.«

Bill lacht. »Und auf die Art lernt sich's am besten.«

Er hat die Düsen und den Gummi für die Fußraste, aber keinen Ketteneinsteller. Ich befestige den Gummi, baue die Düsen ein, stelle den Leerlauf nach und fahre zum Hotel zurück.

Sylvia und John und Chris kommen gerade mit ihren Sachen die Treppe herunter, als ich hineingehe. An ihren Gesichtern sehe ich, daß sie dieselbe gute Laune haben wie ich. Wir fahren die Hauptstraße hinunter, suchen uns ein Restaurant und bestellen Steaks zum Mittagessen.

»Ein herrliches Städtchen«, sagte John, »einfach herrlich. Ich hätte nicht geglaubt, daß es sowas überhaupt noch gibt. Ich habe mir den ganzen Vormittag alles angesehen. Die haben hier Viehzüchterbars, langschäftige Stiefel, Gürtelschnallen aus Silberdollars, Levis, Stetsons und was sonst noch dazugehört ... und alles *echt*. Nicht etwa das übliche Zeug von der Handelskammer ... In der Kneipe da drüben haben die sich heute früh mit mir unterhalten, als hätte ich mein Leben lang hier gewohnt.«

Wir bestellen eine Runde Bier. Ich sehe an einem Hufeisen-Schild an der Wand, daß man hier Olympia-Bier trinkt, und bestelle es.

»Die müssen gedacht haben, daß ich von einer Ranch komme oder sowas«, erzählt John weiter. »Und der Alte, der in einer Tour von seinen mißratenen Söhnen quasselte, die sehen sollten, wo sie bleiben, von *ihm* jedenfalls hätten sie nichts zu erwarten. Ein herrlicher

Typ. Die Ranch würden einmal die Mädchen bekommen, weil die verdammten Kerle jeden Cent, den sie in die Finger kriegen, in Suzie's Bar versaufen.« Er kann nicht mehr vor Lachen. »Und sowas hätte man nun großgezogen, und in dem Ton weiter. Ich hatte gedacht, das alles sei vor dreißig Jahren verschwunden, aber hier gibt es das noch.«

Die Kellnerin bringt die Steaks, und wir machen uns darüber her. Die Arbeit an der Maschine hat mich hungrig gemacht.

»Noch was, das wird dich interessieren«, sagt John. »In der Kneipe haben sie von Bozeman gesprochen, wo wir hinwollen. Es hieß, der Gouverneur von Montana hätte eine Liste von fünfzig radikalen Professoren am College von Bozeman gehabt, die er entlassen wollte. Dann sei er bei einem Flugzeugabsturz ums Leben gekommen.«

»Das ist aber schon lange her«, erwidere ich. Diese Steaks sind wirklich phantastisch.

»Ich wußte gar nicht, daß es in diesem Staat so viel Radikale gibt.«

»In diesem Staat gibt es *alle* Sorten Leute«, sage ich. »Aber das damals war von den Rechten inszeniert.«

John nimmt sich noch etwas Salz. Er sagt: »Ein Kolumnist von einer Washingtoner Zeitung kam hier durch und hat gestern in seinem Blatt darüber geschrieben, deswegen haben alle davon geredet. Der Präsident des Colleges hat es bestätigt.«

»Haben sie die Liste abgedruckt?«

»Ich weiß nicht. Hast du denn welche von ihnen gekannt?«

»Wenn es fünfzig Namen waren«, sage ich, »muß meiner auch dabeigewesen sein.«

Sie sehen mich beide leicht überrascht an. Eigentlich weiß ich nicht viel darüber. Es war natürlich *er,* und mit einem leichten Gefühl der Unaufrichtigkeit wegen dieses Umstands erkläre ich, daß ein »Radikaler« in der County Gallantin in Montana nicht ganz dasselbe ist wie das, was man andernorts darunter versteht.

»Das war ein College«, sage ich ihnen, »von dem doch tatsächlich die Frau des Präsidenten der Vereinigten Staaten verwiesen wurde, weil sie ›zu eigenwillige Ansichten‹ hatte.«

»Wer war das?«

»Eleanor Roosevelt.«

»Mein Gott«, lacht John, »*Zustände* müssen das gewesen sein.« Sie wollen noch mehr hören, aber ich weiß nichts. Dann fällt mir doch noch etwas ein: »In einer solchen Situation findet ein *echter* Radikaler eigentlich ideale Bedingungen. Er kann sich praktisch alles leisten, weil seine Gegner sich längst unmöglich gemacht haben. Ganz gleich, was er sagt, er hebt sich immer vorteilhaft von ihnen ab.«

Als wir aus der Stadt hinausfahren, kommen wir an einem Park vorbei, der mir schon am Abend zuvor aufgefallen ist und eine Erinnerung wachgerufen hat. An einen Blick hinauf in die Bäume. Er hatte eines Nachts auf dem Weg nach Bozeman auf einer Bank in diesem Park geschlafen. Deswegen habe ich gestern den Wald nicht wiedererkannt. Er war bei Nacht diese Strecke gefahren, auf dem Weg zum College von Bozeman.

9

Wir folgen jetzt dem Yellowstone-Tal quer durch Montana. Es wechselt ab zwischen westlichem Wermutgestrüpp und mittelwestlichen Maisfeldern, je nachdem, ob es vom Fluß bewässert ist oder nicht. Manchmal fahren wir Anhöhen hinauf, die uns aus dem bewässerten Gebiet herausbringen, aber meist bleiben wir am Fluß. Wir kommen an einem Gedenkstein vorbei, auf dem etwas über Lewis und Clark steht. Einer der beiden kam auf einem Abstecher von der Nordwest-Passage hier herauf.

Klingt hübsch. Paßt zur Chautauqua. Wir sind gewissermaßen auch auf einer Nordwest-Passage. Wir fahren immer noch durch Felder und Wüstenstriche, und der Tag nimmt seinen Lauf.

Ich möchte jetzt weiter dem Geist nachspüren, dem Phaidros auf der Spur war – der Rationalität selbst, diesem schwer faßbaren, komplexen, klassischen Geist der inneren Form.

Heute morgen habe ich über Hierarchien des Denkens gesprochen – das System. Jetzt möchte ich über Methoden sprechen, sich in diesen Hierarchien zurechtzufinden – die Logik.

Zwei Arten von Logik werden angewandt, die induktive und die deduktive. Induktive Schlüsse beginnen mit Beobachtungen an der Maschine und führen zu allgemeinen Aussagen. Wenn zum Beispiel das Motorrad durch ein Schlagloch fährt und der Motor fehlzündet und dann durch ein Schlagloch fährt und der Motor fehlzündet und dann durch ein Schlagloch fährt und der Motor fehlzündet und dann eine lange glatte Strecke fährt, ohne daß eine Fehlzündung auftritt, und dann durch ein viertes Schlagloch fährt und der Motor wieder fehlzündet, dann kann man den logischen Schluß ziehen, daß die Fehlzündungen durch die Schlaglöcher verursacht werden. Das ist Induktion: das Schließen von besonderen Erfahrungen auf allgemeine Wahrheiten.

Bei deduktiven Schlüssen ist es umgekehrt. Sie beginnen mit allgemeinem Wissen und sagen eine besondere Beobachtung voraus. Wenn zum Beispiel der Mechaniker aus seiner theoretischen Beschäftigung mit der Hierarchie der Fakten beim Motorrad weiß, daß das Signalhorn des Motorrads ausschließlich mit Strom von der Batterie betrieben wird, dann kann er den logischen Schluß ziehen, daß das Horn nicht funktioniert, wenn die Batterie leer ist. Das ist Deduktion.

Zu Lösungen für Probleme, die so kompliziert sind, daß gesunder Menschenverstand sie nicht bewältigt, gelangt man mittels langer Stränge gemischt induktiver und deduktiver Schlüsse, die zwischen der beobachteten Maschine und der geistigen Hierarchie der Maschine, wie man sie in den Handbüchern findet, hin und hergeführt werden. Das genaue Programm für dieses Verweben wird als wissenschaftliche Methode formalisiert.

Mir ist aber noch kein Motorradwartungsproblem begegnet, das so komplex gewesen wäre, daß es wirklich die volle Anwendung der formalen wissenschaftlichen Methode verlangt hätte. Reparaturprobleme sind nicht so verwickelt. Wenn ich an die formale wissenschaftliche Methode denke, drängt sich mir manchmal das Bild eines gewaltigen Ungetüms auf, eines riesigen Bulldozers – langsam, umständlich, ungeschlacht, mühselig, aber unaufhaltsam. Sie braucht doppelt soviel, fünfmal soviel, zuweilen ein dutzendmal soviel Zeit wie die informelle Mechaniker-Methode, aber man weiß, daß man am Schluß *dahinterkommt*. Es gibt in der Motorradwartung kein Problem der Fehlereinkreisung, das dieser Methode standhalten würde. Wenn sich eins als besonders hartnäckig erweist, wenn man alles versucht, sich das Hirn zermartert hat und alles nichts nützt, wenn man einsieht, daß die Natur sich diesmal wirklich vorgenommen hat, Schwierigkeiten zu machen, dann sagt man: »Na schön, Natur, im *Guten* geht es also nicht«, und läßt die formale wissenschaftliche Methode anlaufen.

Dafür hat man ein Laborjournal. Alles wird darin notiert, systematisch, so daß man jederzeit weiß, wo man ist, wo man war, wohin man geht und wohin man will. Bei wissenschaftlicher Arbeit und in der Elektronik ist das notwendig, weil die Probleme sonst so vielschichtig werden, daß man die Übersicht verliert, konfus wird, vergißt, was man weiß und was man nicht weiß, und schließlich aufgeben muß. Bei der Motorradwartung sind die Dinge nicht derart verwikkelt, aber wenn Konfusion sich auszubreiten beginnt, tut man gut daran, sie einzudämmen, indem man alles ganz formal und exakt macht. Manchmal reicht es schon, die Probleme schriftlich zu fixieren, um sie zu durchschauen.

Die logischen Aussagen, die in das Notizbuch eingetragen werden, fallen unter sechs Kategorien: (1) Formulierung des Problems, (2) Hypothesen über die Ursache des Problems, (3) Experimente zur Überprüfung jeder dieser Hypothesen, (4) vorhergesagte Resultate der Experimente, (5) beobachtete Resultate der Experimente und (6) Schlußfolgerungen aus den Resultaten der Experimente. Das unterscheidet sich nicht von der formalen Anordnung in den Laborjournalen, wie sie an vielen Universitäten und Höheren Schulen geführt werden, nur geht es hier nicht mehr bloß darum, die Leute zu beschäftigen. Es geht jetzt darum, präzise Leitlinien für Gedankengänge zu schaffen, die andernfalls ihr Ziel verfehlen.

Der eigentliche Zweck der wissenschaftlichen Methode ist es, sich zu vergewissern, ob die Natur einen nicht zu der falschen Annahme verleitet hat, man wüßte etwas, was man in Wirklichkeit nicht weiß. Es gibt keinen einzigen Mechaniker oder Wissenschaftler oder Techniker, der darunter nicht schon so gelitten hätte, daß er nicht instinktiv davor auf der Hut wäre. Das ist der Hauptgrund, warum so viele wissenschaftliche und technische Texte so langweilig und vorsichtig klingen. Wenn man leichtsinnig wird oder wissenschaftliche Informationen romantisch verbrämt und da und dort einen Schnörkel anbringt, macht einen die Natur bald zum vollendeten Narren. Das gelingt ihr ohnehin oft genug, auch wenn man sie nicht geradezu herausfordert. Man muß äußerst vorsichtig und streng logisch sein im Umgang mit der Natur: ein einziger logischer Schnitzer, und ein ganzes wissenschaftliches Gebäude stürzt in sich zusammen. Ein einziger falscher deduktiver Schluß über die Maschine, und man sitzt auf unabsehbare Zeit fest.

In Teil (1) der formalen wissenschaftlichen Methode, der Formulierung des Problems, besteht die Kunst vor allem darin, daß man unter keinen Umständen mehr behauptet, als man mit Sicherheit weiß. Es ist viel besser, man schreibt »Löse das Problem: Warum funktioniert das Motorrad nicht«, was einfältig klingt, aber korrekt ist, als daß man »Löse das Problem: Was ist an der elektrischen Ausrüstung kaputt?« einträgt, wenn man nicht absolut sicher weiß, daß der Fehler in der elektrischen Ausrüstung steckt. Richtig wäre: »Löse das Problem: Was ist an dem Motorrad kaputt« und *dann* als ersten Eintrag in Teil (2) »Hypothese Nummer eins: Die Störung liegt in der elektrischen Ausrüstung.« Man stellt möglichst viele vernünftige Hypothesen auf und konstruiert dann Experimente, um sie zu testen und festzustellen, welche richtig und welche falsch sind.

Diese Vorsicht bei der Formulierung der Ausgangsfragen bewahrt einen davor, eine grundfalsche Richtung einzuschlagen, die einen Wochen zusätzlicher Arbeit kosten oder sogar endgültig in eine Sackgasse führen kann. Wissenschaftliche Fragen haben aus diesem Grund häufig den äußeren Anschein von Dummheit. Man stellt sie aber, um dumme Fehler im weiteren Verlauf zu vermeiden.

Teil (3), jener Teil der formalen wissenschaftlichen Methode, den man als das Experiment bezeichnet, wird von Romantikern oft mit der ganzen Wissenschaft gleichgesetzt, weil er der einzige Teil ist, der visuell deutlich in Erscheinung tritt. Sie sehen jede Menge Reagenzgläser und bizarre Apparaturen und Leute, die geschäftig herumlaufen und Entdeckungen machen. Sie sehen das Experiment nicht als Teil eines größeren intellektuellen Prozesses, und deshalb verwechseln sie Experimente oft mit Versuchsvorführungen, die genauso aussehen. Ein Mann, der mit Frankenstein-Apparaturen für fünfzigtausend Dollar einem staunenden Publikum effektvolle naturwissenschaftliche Versuche vorführt, betätigt sich damit nicht wissenschaftlich, sofern er schon im voraus weiß, welche Ergebnisse seine Bemühungen zeitigen werden. Ein Motorradmechaniker hingegen, der das Horn betätigt, um festzustellen, ob die Batterie funktioniert, führt, wenn auch informell, ein echtes wissenschaftliches Experiment durch. Er testet eine Hypothese, indem er die Frage an die Natur richtet. Der Wissenschaftler auf dem Fernsehschirm, der bekümmert konstatiert, »Das Experiment ist fehlgeschlagen, das von uns erhoffte Resultat ist ausgeblieben«, sollte sich einen fähigeren Manuskriptschreiber suchen. Ein Experiment ist niemals bloß deshalb ein Fehlschlag, weil es nicht zu vorhergesagten Resultaten führt. Ein Experiment ist erst dann ein Fehlschlag, wenn es nichts über die Richtigkeit der aufgestellten Hypothese aussagt, wenn die Daten, die es erbringt, weder in der einen noch in der anderen Richtung etwas beweisen.

Die Kunst besteht in diesem Stadium darin, daß man Experimente anwendet, die nur die in Frage stehende Hypothese testen, nicht mehr, nicht weniger. Wenn das Horn funktioniert und der Mechaniker daraus den Schluß zieht, daß die ganze elektrische Ausrüstung in Ordnung sei, ist er entschieden auf dem Holzweg. Er hat eine unlogische Schlußfolgerung gezogen. Das tönende Signalhorn sagt ihm nur, daß Batterie und Horn funktionieren. Um ein Experiment richtig zu gestalten, muß er sein Denken strikt auf den unmittelbaren Zusammenhang zwischen Ursachen und Wirkungen richten. Das ist uns aus der Hierarchie bekannt. Das Horn bringt das Motorrad nicht zum Laufen. Die Batterie ebensowenig, außer in einem sehr indirekten Sinn. Die Stelle, an der die elektrische Ausrüstung *direkt* die Zündung des Motors verursacht, liegt an den Zündkerzen, und wenn man nicht an dieser Stelle testet, wo die elektrische Ausrüstung ihre Leistung erbringt, erfährt man nie mit Gewißheit, ob die Störung elektrischer Natur ist oder nicht.

Um den Test richtig durchzuführen, schraubt der Mechaniker die Kerze heraus und hält sie an den Motorblock, so daß der Schaft der Kerze geerdet ist, betätigt den Anlasser und achtet darauf, ob zwischen den Elektroden ein blauer Funke überspringt. Wenn kein Funke kommt, kann er daraus zweierlei schließen: a) Es besteht eine elektrische Störung, oder b) sein Experiment ist nachlässig. Wenn er schon Erfahrung hat, wird er es noch ein paarmal probieren, die Anschlüsse überprüfen und alles tun, was ihm nur einfällt, um einen Zündfunken zu bekommen. Wenn aber alles nichts nützt, dann folgert er schließlich, daß *a)* zutrifft, daß die Störung in der elektrischen Ausrüstung liegt, und das Experiment ist zu Ende. Er hat bewiesen, daß seine Hypothese richtig ist.

Bei der letzten Kategorie, den Schlußfolgerungen, besteht die Kunst darin, daß man nicht mehr aussagt, als das Experiment bewiesen hat. Er hat nicht bewiesen, daß das Motorrad wieder läuft, wenn er die elektrische Störung behoben hat. Es können auch noch andere Sachen kaputt sein. Aber er weiß jetzt gewiß, daß das Motorrad nicht läuft, bevor nicht die elektrische Ausrüstung in Ordnung ist, und er notiert die nächste formale Frage: »Löse das Problem: Was ist an der elektrischen Ausrüstung kaputt?«

Er stellt nun Hypothesen dafür auf und testet sie. Indem er die richtigen Fragen stellt und die richtigen Tests wählt und die richtigen Schlußfolgerungen zieht, arbeitet sich der Mechaniker Stufe um Stufe die Motorrad-Hierarchie hinab, bis er die exakte spezifische Ursache oder die Ursachen des Motor-Versagens gefunden hat, und dann verändert er sie, so daß sie kein Versagen mehr verursachen.

Ein ungeübter Beobachter wird nur die physische Arbeit sehen und oft den Eindruck bekommen, daß der Mechaniker vor allem physische Arbeit leistet. In Wirklichkeit ist die physische Arbeit die geringste und leichteste seiner Aufgaben. Bei weitem der größte Teil seiner Arbeit besteht in sorgfältigem Beobachten und präzisem Denken. Das ist der Grund, weshalb einem Mechaniker manchmal so wortkarg und in sich gekehrt vorkommen, wenn sie Tests durchführen. Sie mögen es dann nicht, wenn man sie anredet, weil sie sich auf geistige Bilder konzentrieren, auf Hierarchien, und eigentlich weder den Störenfried noch das Motorrad sehen. Mit dem Experiment versuchen sie, ihr Wissen von der Hierarchie des defekten Motorrads zu erweitern und diese mit der korrekten Hierarchie zu vergleichen, die sie im Kopf haben. Sie betrachten die innere Form.

Ein Auto mit Wohnwagen, das uns entgegenkommt, überholt und hat Schwierigkeiten, wieder in seine Spur einzuscheren. Ich blende meinen Scheinwerfer auf, damit er uns auch bestimmt sieht. Er sieht uns, aber er schafft es nicht, den Wagen wieder nach rechts zu ziehen. Die Bankette ist schmal und holprig. Sie würde uns abwerfen. Ich bremse, hupe, blinke. Um Gottes willen, er dreht durch und kommt direkt auf uns zu! Ich halte mich so scharf rechts wie möglich. Da KOMMT er! Im allerletzten Moment zieht er wieder hinüber und verfehlt uns nur um Haaresbreite.

Ein Pappkarton flattert und rollt weit vorne über die Straße, und wir sehen ihm lange zu, bevor wir hinkommen. Offenbar hat ihn jemand von einem Lastwagen verloren.

Jetzt beginnt der Schreck zu wirken. Mit einem Auto hätte es einen

Frontalzusammenstoß gegeben. Oder wir wären im Straßengraben gelandet.

Wir halten in einem Städtchen, das mitten in Iowa liegen könnte. Der Mais steht überall hoch, und die Luft ist gesättigt mit dem Geruch von Kunstdünger. Wir parken die Motorräder und gehen in ein riesiges altes Restaurant mit hohen Wänden. Zum Bier bestelle ich diesmal alles, was sie an kleinen Imbissen dahaben, und so gibt's zum verspäteten Mittagessen Erdnüsse, Puffmais, Brezeln, Kartoffelchips, getrocknete Anchovis, noch eine andere Sorte Räucherfisch mit Unmengen feiner Gräten, Slim Jims, Long Johns, Pepperoni, Fritos, Beer Nuts, Schinkenpastete, Schweineschwartenchips und Sesamkekse mit einem Nebengeschmack, den ich nicht definieren kann.

Sylvia sagt: »Mir ist immer noch ganz schwach.«

Sie hat gedacht, der Pappkarton sei unser Motorrad, das sich da immer wieder und wieder auf der Straße überschlug.

10

Wieder draußen im Tal ist der Himmel immer noch von den Anhöhen an beiden Ufern begrenzt, aber sie sind jetzt näher zusammengerückt und näher bei uns als heute vormittag. Das Flußtal verengt sich, je mehr wir uns der Quelle nähern.

Wir haben auch in den Dingen, die ich erörtere, eine Art Ausgangspunkt erreicht, an dem man endlich anfangen kann, über Phaidros' Abkehr vom Hauptstrom rationalen Denkens auf seiner Suche nach dem Geist der Rationalität zu sprechen.

Es gab da eine Passage, die er so viele Male gelesen und sich vorgesagt hatte, daß sie vollständig erhalten ist. Ihr Anfang lautet:

> »Ein vielgestaltiger Bau ist er, der Tempel der Wissenschaft. Gar verschieden sind die darin wandelnden Menschen und die seelischen Kräfte, welche sie dem Tempel zugeführt haben.
>
> Gar mancher befaßt sich mit der Wissenschaft im freudigen Gefühl seiner überlegenen Geisteskraft; ihm ist die Wissenschaft der ihm gemäße Sport, der kraftvolles Erleben und Befriedigung des Ehrgeizes bringen soll; gar viele sind auch im Tempel zu finden, die

nur um utilitaristischer Ziele willen hier ihr Opfer an Gehirnschmalz darbringen. Käme nun ein Engel Gottes und vertriebe alle die Menschen aus dem Tempel, die zu diesen beiden Kategorien gehören, so würde er bedenklich geleert, aber es blieben doch noch Männer aus der Jetzt- und Vorzeit im Tempel drinnen... Gäbe es nur Menschen von der soeben vertriebenen Sorte, so hätte der Tempel nicht entstehen können, so wenig als ein Wald wachsen kann, der nur aus Schlingpflanzen besteht. Wenden wir aber unsere Blicke wieder denen zu, die vor dem Engel Gnade gefunden haben! Etwas sonderbare, verschlossene, einsame Kerle sind es zumeist, die einander trotz dieser Gemeinsamkeiten eigentlich weniger ähnlich sind als die aus der Schar Vertriebenen.

Was hat sie in den Tempel geführt? Die Antwort... kann gewiß nicht einheitlich ausfallen... eines der stärksten Motive, Flucht aus dem Alltagsleben mit seiner schmerzlichen Rauheit und trostlosen Öde, fort aus den Fesseln der ewig wechselnden eigenen Wünsche. Es treibt den feiner Besaiteten aus dem persönlichen Dasein heraus in die Hochgebirgslandschaft, wo der weite Blick durch die stille, reine Luft gleitet und sich ruhigen Linien anschmiegt, die für die Ewigkeit geschaffen scheinen.«

Die Passage stammt aus einer 1918 gehaltenen Ansprache eines jungen deutschen Wissenschaftlers namens Albert Einstein.

Als Phaidros das erste Jahr seines naturwissenschaftlichen Studiums hinter sich hatte, war er fünfzehn. Er studierte bereits Biochemie und hatte die Absicht, sich auf das Grenzgebiet zwischen der organischen und der anorganischen Welt zu spezialisieren, das man heute als Molekularbiologie bezeichnet. Er dachte dabei nicht an eine Laufbahn, die seinem persönlichen Fortkommen gedient hätte. Er war noch sehr jung, und er hatte da ein edles, idealistisches Ziel vor Augen.

»Der Gefühlszustand, der zu solchen Leistungen befähigt, ist dem des Religiösen oder Verliebten ähnlich; das tägliche Streben entspringt keinem Vorsatz oder Programm, sondern einem unmittelbaren Bedürfnis.«

Hätte sich Phaidros aus Ehrgeiz oder aus materiellen Gründen der Wissenschaft zugewandt, es wäre ihm vielleicht nie eingefallen, Fragen über das Wesen der wissenschaftlichen Hypothese als solche zu stellen. Aber er stellte sie, und die Antworten genügten ihm nicht.

Die Entstehung von Hypothesen ist die geheimnisvollste unter den Kategorien der wissenschaftlichen Methode. Woher sie kommen, niemand weiß es. Da sitzt einer irgendwo, ganz mit seinen eigenen Angelegenheiten beschäftigt, und plötzlich – Simsalabim! – versteht er etwas, was er vorher nicht verstanden hat. Ehe sie nicht getestet wurde, ist die Hypothese nicht Wahrheit. Denn die Tests sind nicht ihr Ursprung. Ihr Ursprung liegt anderswo.

Einstein hatte gesagt:

> »Der Mensch sucht irgendwie adäquaterweise ein vereinfachtes und übersichtliches Bild der Welt zu gestalten und so die Welt des Erlebten zu überwinden, indem er sie bis zu einem gewissen Grad durch dies Bild zu ersetzen strebt ... In dieses Bild und seine Gestaltung verlegt er den Schwerpunkt seines Gefühlslebens, um so Ruhe und Festigkeit zu suchen, die er im allzu engen Kreis des wirbelnden und persönlichen Erlebens nicht finden kann ... Höchste Aufgabe ist also das Aufsuchen jener allgemeinsten elementaren Gesetze, aus denen durch reine Deduktion das Weltbild zu gewinnen ist. Zu diesen elementaren Gesetzen führt kein logischer Weg, sondern nur die auf Einfühlung in die Erfahrung sich stützende Intuition ...«

Intuition? Einfühlung? Seltsame Wörter für den Ursprung wissenschaftlicher Erkenntnis.

Ein geringerer Wissenschaftler als Einstein hätte vielleicht gesagt: »Aber wissenschaftliche Erkenntnis kommt aus der *Natur*. Die *Natur* liefert die Hypothesen.« Einstein hingegen wußte, daß die Natur das eben nicht tut. Die Natur liefert nur Daten für Experimente.

Ein geringerer Geist hätte dann vielleicht gesagt: »Also gut, der *Mensch* liefert die Hypothesen.« Aber Einstein verneinte auch dies. »Keiner«, sagte er, »der sich in den Gegenstand wirklich vertieft hat, wird leugnen, daß die Welt der Wahrnehmungen das theoretische System praktisch eindeutig bestimmt, trotzdem kein logischer Weg von den Wahrnehmungen zu den Grundsätzen der Theorie führt.«

Phaidros' Abkehr vollzog sich, als er sich aufgrund seiner Laborerfahrung für die Hypothesen selber, für ihr Wesen, zu interessieren begann. Immer wieder hatte er bei seiner Arbeit im Labor festgestellt, daß gerade der Teil wissenschaftlicher Arbeit, den man für den schwierigsten halten könnte, nämlich das Aufstellen von Hypothesen, unwandelbar der leichteste war. Dadurch, daß man alles genau und klar formuliert niederschreiben mußte, flogen sie einem gewissermaßen von selbst zu. Wenn er Hypothese Nummer eins nach der experimentellen Methode überprüfte, tauchten jedesmal haufenweise andere Hypothesen auf, und wenn er diese überprüfte, tauchten wieder andere auf, und wenn er diese überprüfte, tauchten noch mehr auf, bis es zur schmerzlichen Gewißheit wurde, daß er endlos Hypothesen überprüfen und entweder ausschließen oder bestätigen konnte, ohne daß ihre Zahl abnahm. Im Gegenteil, sie nahm sogar stetig zu.

Zuerst fand er das amüsant. Er stellte ein Gesetz auf, das witzig sein sollte wie Parkinsons Gesetz, nämlich: »Die Zahl der rationalen Hypothesen, mit denen sich ein gegebenes Phänomen erklären läßt, ist unendlich.« Es schmeichelte ihm, daß er nie um Hypothesen verlegen war. Selbst wenn er sich bei seiner experimentellen Arbeit allem Anschein nach unwiderruflich festgefahren hatte, wußte er, daß er sich bloß hinzusetzen und lange genug nachzudenken brauchte, um unweigerlich doch wieder auf eine neue Hypothese zu stoßen. So war es jedesmal. Erst Monate, nachdem er das Gesetz formuliert hatte, kamen ihm die ersten Zweifel, ob es tatsächlich so witzig oder nützlich sei.

Wenn dieses Gesetz richtig ist, dann ist es nicht bloß ein kleiner Schönheitsfehler der wissenschaftlichen Denkweise. Es ist durch und durch nihilistisch. Es ist ein verheerender logischer Einwand gegen die Allgemeingültigkeit jeglicher wissenschaftlicher Methode!

Wenn der Sinn der wissenschaftlichen Methode darin besteht, eine Auswahl aus einer Vielzahl von Hypothesen zu treffen, und wenn die Zahl der Hypothesen schneller wächst, als die experimentelle Methode sie zu bewältigen vermag, dann liegt es auf der Hand, daß niemals alle Hypothesen überprüft werden können. Wenn aber nicht alle Hypothesen überprüft werden können, dann sind die Ergebnisse eines jeden Experiments nicht schlüssig, und die gesamte wissenschaftliche Methode verfehlt ihren Zweck, zu bewiesenen Erkenntnissen zu führen.

Dazu hatte Einstein gesagt: »Die Entwicklung hat gezeigt, daß von allen denkbaren Konstruktionen eine einzige jeweilen sich als unbedingt überlegen über alle anderen erwies«, und es dabei bewenden lassen. Für Phaidros war das eine unglaublich schwache Antwort. Das Wort »jeweilen« fand er geradezu erschütternd. Wollte Einstein wirklich sagen, die Wahrheit sei eine Funktion der Zeit? *Das* zu behaupten, hieße ja die fundamentalste Voraussetzung aller Wissenschaft aufheben!

Doch da war die Geschichte der Wissenschaft, eine einzige Folge immer wieder neuer, wechselnder Erklärungen alter Tatsachen. Die Zeitspannen der Gültigkeit schienen rein zufällig, er sah darin keine Gesetzmäßigkeit. Manche wissenschaftlichen Wahrheiten schienen Jahrhunderte zu überdauern, andere kaum ein Jahr. Wissenschaftliche Wahrheit war nicht Dogma, gut für die Ewigkeit, sondern etwas zeitlich Begrenztes, Quantitatives, das man wie alles andere studieren konnte.

Er studierte wissenschaftliche Wahrheiten, und was ihn dann noch mehr aus der Fassung brachte, war der augenscheinliche Grund für ihre Beziehung zur Zeit. Es hatte den Anschein, als sei die Lebensdauer wissenschaftlicher Wahrheiten umgekehrt proportional zur Intensität der wissenschaftlichen Tätigkeit. So haben die wissenschaftlichen Wahrheiten im zwanzigsten Jahrhundert eine viel kürzere Lebensdauer als im vorigen Jahrhundert, weil jetzt viel mehr wissenschaftliche Arbeit geleistet wird. Wenn sich im kommenden Jahrhundert die wissenschaftliche Arbeit verzehnfacht, kann man annehmen, daß die Lebensdauer einer wissenschaftlichen Wahrheit sich auf ein Zehntel des heutigen Betrags verringert. Was die Lebensdauer einer existierenden wissenschaftlichen Wahrheit verkürzt, ist die Anzahl der Hypothesen, die vorgebracht werden, um an ihre Stelle zu treten; je mehr Hypothesen, um so kürzer die Lebensdauer der Wahrheit. Und was in den letzten Jahrzehnten die Zahl der Hypothesen ansteigen läßt, ist offenbar nichts anderes als die wissenschaftliche Methode selbst. Je genauer man hinsieht, um so mehr sieht man. Anstatt eine einzige Wahrheit aus einer großen Zahl auszuwählen, vergrößert man diese Zahl noch. Logisch gesehen bedeutet dies, daß man, indem man der unwandelbaren Wahrheit durch Anwendung der wissenschaftlichen Methode näherzukommen trachtet, sich ihr in Wahrheit überhaupt nicht nähert. Man *entfernt* sich von ihr! Eben diese

Anwendung der wissenschaftlichen Methode bewirkt, daß sie sich wandelt!

Was Phaidros auf persönlicher Ebene beobachtete, war ein für die Wissenschaftsgeschichte zutiefst kennzeichnendes Phänomen, das seit Jahren immer wieder verdrängt wird. Die vorhergesagten Ergebnisse wissenschaftlichen Forschens und die tatsächlichen Ergebnisse wissenschaftlichen Forschens sind hier einander diametral entgegengesetzt, aber niemand scheint dieser Tatsache große Beachtung zu schenken. Sinn und Zweck der wissenschaftlichen Methode ist es, eine einzige Wahrheit aus vielen hypothetischen Wahrheiten auszuwählen. Darum vor allem anderen ist es der Wissenschaft zu tun. Aber historisch gesehen hat die Wissenschaft genau das Gegenteil getan. Indem sie neue Fakten, Daten, Theorien und Hypothesen in sprunghaft steigender Zahl hervorbringt, führt die Wissenschaft selbst die Menschheit von einzelnen, absoluten Wahrheiten zu vielfachen, unbestimmten, relativen Wahrheiten. Hauptverursacher des sozialen Chaos, der Unbestimmtheit des Denkens und der Werte, die durch das rationale Wissen beseitigt werden sollen, ist niemand anderer als die Wissenschaft selbst. Und was Phaidros in der Isolation seiner Laborarbeit vor Jahren erkannte, ist jetzt überall in der technisierten Welt von heute zu sehen. Durch die Wissenschaft verursachtes wissenschaftsfeindliches Chaos.

Es ist jetzt möglich, ein wenig Rückschau zu halten, um zu sehen, warum es so wichtig ist, über diese Person im Zusammenhang mit all dem zu sprechen, was bisher über die Kluft zwischen klassischer und romantischer Wirklichkeit und über ihre Unvereinbarkeit gesagt wurde. Im Gegensatz zum Heer der Romantiker, die über die chaotischen Veränderungen beunruhigt sind, die Wissenschaft und Technik dem menschlichen Geist aufzwingen, konnte Phaidros mit seinem wissenschaftlich geschulten Verstand mehr tun als verzweifelt die Hände zu ringen oder davonzulaufen oder die ganze Situation in Bausch und Bogen zu verdammen, ohne irgendwelche Lösungen vorzuschlagen.

Wie schon erwähnt, schlug er am Ende tatsächlich eine Anzahl Lösungen vor, aber das Problem reichte so tief, war so weitläufig und vielschichtig, daß keiner wirklich begriff, wie ernst und schwerwiegend es war, und daß alles, was er sagte, nicht oder falsch verstanden wurde.

Die Ursache unserer gegenwärtigen sozialen Krisen, würde er gesagt haben, ist ein genetischer Defekt in der Natur der Rationalität. Und solange dieser genetische Defekt nicht beseitigt ist, werden die Krisen andauern. Unsere gegenwärtigen rationalen Denkweisen bringen die Gesellschaft nicht weiter, einer besseren Welt entgegen. Sie entfernen sie immer mehr von dieser besseren Welt. Seit der Renaissance sind diese Denkweisen in Gebrauch. Solange das Bedürfnis nach Nahrung, Kleidung und Unterkunft im Vordergrund steht, werden sie auch künftig Anwendung finden. Aber nun, da für große Teile der Menschheit diese Bedürfnisse nicht mehr alle anderen überwiegen, ist die ganze Struktur der Rationalität, wie sie aus alter Zeit auf uns gekommen ist, nicht mehr angemessen. Man beginnt sie so zu sehen, wie sie wirklich ist – emotional hohl, ästhetisch bedeutungslos und geistig leer. Das ist ihr heutiger Zustand, und daran wird sich auch auf sehr lange Sicht nichts ändern.

Ich sehe eine fortdauernde böse soziale Krise auf uns zukommen, die keiner in ihrer ganzen Tragweite übersieht, ganz zu schweigen von Vorschlägen zu ihrer Bewältigung. Ich sehe Leute wie John und Sylvia, wie sie verloren und ratlos dahinleben, der ganzen rationalen Struktur des Zivilisationslebens entfremdet, wie sie nach Lösungen außerhalb dieser Struktur suchen, aber keine finden, die ihnen auf die Dauer genügen würde. Und dann sehe ich Phaidros mit seinen einsamen, isolierten Abstraktionen im Labor vor mir – mit derselben Krise befaßt, aber von einer anderen Seite her kommend, in die entgegengesetzte Richtung gehend –, und was ich hier versuche, ist, das alles zusammenzusetzen. Es ist so ungeheuer viel – das ist der Grund, warum es manchmal den Anschein hat, daß ich abschweife.

Keiner, mit dem Phaidros sprach, schien das Phänomen ernstzunehmen, das ihn so verwirrte. Offenbar sagten sie sich alle: »Wir wissen, daß die wissenschaftliche Methode sinnvoll ist, warum also sollten wir sie in Frage stellen?«

Phaidros verstand diese Haltung nicht, wußte nicht, was er dagegen tun sollte, und weil er nicht aus persönlichen, materiellen Gründen Student der Naturwissenschaften war, warf ihn das völlig aus der Bahn. Es war, als hätte er die heiter-erhabene Gebirgslandschaft betrachtet, die Einstein beschrieben hatte, und es hätte sich plötzlich eine Spalte zwischen den Bergen aufgetan, eine klaffende Lücke aus purem Nichts. Und um diese Lücke zu erklären, mußte er sich nach und nach das schmerzliche Eingeständnis abringen, daß diese Berge, die ihm wie für die Ewigkeit gemacht erschienen waren, womöglich doch etwas anderes waren ... vielleicht gar nur Produkte seiner eigenen Einbildung. Das warf ihn aus der Bahn.

Und so wurde Phaidros, der als Fünfzehnjähriger schon ein Jahr naturwissenschaftliches Studium hinter sich gebracht hatte, im Alter von siebzehn Jahren wegen unzureichender Leistungen von der Universität gewiesen. Mangelnde persönliche Reife und Vernachlässigung der Studien wurden offiziell als Gründe genannt.

Niemand hätte etwas dagegen tun, die Entscheidung verhindern oder rückgängig machen können. Um ihn zu behalten, hätte die Universität das allgemeine Niveau ihrer Anforderungen drastisch senken müssen.

In einem Zustand dumpfer Apathie ließ Phaidros sich seitwärts treiben, mal hierhin, mal dorthin, und beschrieb dabei einen weitgespannten geistigen Bogen, aber schließlich kehrte er doch auf einer Route, der wir jetzt folgen wollen, zur Universität zurück. Morgen will ich versuchen, ein Stück auf dieser Route voranzukommen.

In Laurel, wo man die Berge schon sieht, machen wir endlich halt für die Nacht. Der Abendwind ist jetzt kühl. Er kommt von den Schneefeldern herab. Obwohl die Sonne schon vor einer Stunde hinter die Berge gegangen sein muß, ist es noch schön hell vom Licht des Himmels über der Kette.

Sylvia und John und Chris und ich gehen in der einfallenden Dämmerung die lange Hauptstraße entlang und spüren die Nähe der Berge, obwohl wir von anderen Dingen reden. Ich fühle mich glücklich hier, und doch auch ein bißchen traurig, daß wir nun da sind. Manchmal ist es ein wenig besser zu reisen als anzukommen.

11

Beim Aufwachen frage ich mich, ob es die Erinnerung ist, die mir sagt, daß die Berge nahe sind, oder etwas, das in der Luft liegt. Wir sind in einem schönen holzverkleideten Zimmer eines Hotels. Die Sonne scheint durch die Jalousie auf das dunkle Holz, aber selbst durch die geschlossene Jalousie spüre ich, daß Berge in der Nähe sind. Bergluft erfüllt dieses Zimmer. Sie ist kühl und feucht und beinahe würzig. Jeder tiefe Atemzug macht mich bereit für den nächsten, und mit jedem tiefen Atemzug werde ich lebendiger, bis ich aus dem Bett springe, die Jalousie hochziehe und all das Sonnenlicht hereinlasse – strahlend, kühl, hell, scharf und klar.

Am liebsten würde ich zu Chris ans Bett gehen und ihn rütteln, damit er aufwacht und das alles sieht, aber aus Nachsicht oder vielleicht auch Respekt lasse ich ihn noch eine Weile schlafen und gehe mit Rasierer und Seife zu dem Gemeinschaftswaschraum am anderen Ende eines langen Ganges mit demselben dunklen Holz und lauter quietschenden Dielen. Im Waschraum dampft das warme Wasser und rumort in der Leitung, zu heiß zum Rasieren, aber schön warm, als ich kaltes dazumische.

Durch das Fenster neben dem Spiegel sehe ich, daß nach hinten hinaus ein Balkon angebaut ist, und als ich fertig bin, gehe ich hinaus. Er ist auf einer Höhe mit den Wipfeln der Bäume um das Hotel, denen die Morgenluft genauso willkommen ist wie mir. Die Zweige und Blätter regen sich mit jedem Hauch, als hätten sie die ganze Zeit nur darauf gewartet.

Chris ist auch bald auf, und Sylvia kommt aus ihrem Zimmer und sagt, sie und John hätten schon gefrühstückt und er sei irgendwo draußen, einen Spaziergang machen, aber sie will bei Chris und mir bleiben und mit uns mitgehen zum Frühstücken.

Wir sind in alles verliebt an diesem Morgen und sprechen auf dem ganzen Weg zum Restaurant von erfreulichen Dingen, eine sonnige, morgenfrische Straße entlang. Die Eier und die Pfannkuchen und der Kaffee schmecken himmlisch. Sylvia und Chris unterhalten sich vertraulich über die Schule und seine Freunde und seine persönlichen Dinge, ich höre zu und schaue durch das große Restaurantfenster auf die Ladenfront über der Straße. Was für ein Unterschied zu der einsamen Nacht in South Dakota. Jenseits dieser Häuser sind Berge und Schneefelder.

Sylvia sagt, John hätte mit jemandem in der Stadt über eine andere Route nach Bozeman gesprochen, südlich durch den Yellowstone-Park.

»Südlich?« frage ich. »Also über Red Lodge?«

»Ja, kann sein.«

Mir kommt eine Erinnerung an Schneefelder im Juni. »Die Straße führt aber weit über die Baumgrenze hinauf.«

»Ist das schlimm?«

»Es wird halt kalt werden.« Mitten in den Schneefeldern meiner Erinnerung tauchen die Motorräder auf und wir, die wir auf ihnen sitzen. »Aber natürlich phantastisch.«

Wir treffen John, und die Sache ist abgemacht. Bald darauf haben wir eine Eisenbahn-Unterführung passiert und fahren auf einer kurvenreichen Teerstraße durch die Felder den Bergen entgegen. Das ist eine Straße, die Phaidros regelmäßig benutzte, und überall scheinen für kurze Augenblicke seine Erinnerungen durch. Die hohe, dunkle Absaroka Range ragt direkt vor uns auf.

Wir fahren an einem Fluß entlang, seiner Quelle entgegen. Er führt Wasser, das wahrscheinlich noch vor kaum einer Stunde Schnee war. Fluß und Straße führen durch grüne und steinige Felder, jedes ein bißchen höher als das vorige. Alles ist so intensiv in diesem Sonnenlicht. Dunkle Schatten, helles Licht. Tiefblauer Himmel. Die Sonne ist hell und sehr warm, wo sie scheint, aber dort, wo Bäume die Straße beschatten, ist es plötzlich kalt.

Wir spielen Fangen mit einem kleinen blauen Porsche; wir tippen auf die Hupe, wenn wir ihn überholen, er tippt auf die Hupe, wenn er uns überholt, und so geht das ein paarmal hin und her, während wir durch dunkle Espengehölze und helle Lichtungen mit grünem Gras und Bergsträuchern fahren. Das alles ist in Erinnerung geblieben.

Auf dieser Straße fuhr er immer in die Berge, um dann drei oder vier oder fünf Tage mit dem Rucksack zu wandern; dann kam er zurück, füllte seinen Proviant auf und ging wieder in die Berge, die er beinahe physisch brauchte. Die Kette seiner Abstraktionen wurde so lang und so verschlungen, daß er die ruhige, weite Umgebung hier haben mußte, damit sie ihm nicht entglitt. Es war, als ob Stunden theoretischer Konstruktionen bei der geringsten Ablenkung durch andere Gedanken oder andere Pflichten zunichte gemacht worden wären. Es war nicht wie das Denken der anderen, auch damals schon, vor seinem Wahnsinn. Es bewegte sich auf einer Ebene, wo alles sich verschiebt und verändert, wo institutionelle Werte und Wahrheiten nicht mehr existieren und nur noch die eigene geistige Kraft einen vorwärts bringt. Sein frühes Scheitern hatte ihn für sein Gefühl jeder

Verpflichtung enthoben, in institutionellen Bahnen zu denken, und seine Gedanken waren schon unabhängig in einem Ausmaß, wie es nur wenigen vertraut ist. Er fand, daß Institutionen wie Schulen, Kirchen, Regierungen und politische Organisationen jeder Art dazu neigten, das Denken auf andere Ziele als die Wahrheit zu lenken, in Bahnen, die der Erhaltung ihrer eigenen Funktionen und der Kontrolle über die Menschen im Dienst dieser Funktionen förderlich waren. Er kam dahin, in seinem frühen Scheitern einen vorteilhaften Einschnitt zu sehen, eine glückliche Fügung, die ihn davor bewahrt hatte, in eine ihm gestellte Falle zu laufen, und er war von da an sehr auf der Hut vor den Fallstricken institutioneller Wahrheiten. Allerdings war es nicht so, daß er von Anfang an so gedacht, die Dinge so gesehen hätte, das kam erst viel später.

Anfangs waren die Wahrheiten, denen Phaidros nachging, laterale Wahrheiten; nicht mehr die frontalen Wahrheiten der Wissenschaft, diejenigen, auf die die Disziplin abzielte, sondern die Art Wahrheit, die man seitwärts sieht, aus dem Augenwinkel. Wenn einem im Labor alles hoffnungslos durcheinander gerät, wenn alles schiefgeht oder unsicher oder durch unerwartete Resultate so auf den Kopf gestellt ist, daß man sich überhaupt nicht mehr auskennt, beginnt man, seitwärts zu sehen, *lateral*. Das ist ein Wort, das er später verwendete, um ein Anwachsen von Wissen zu beschreiben, das sich nicht vorwärts bewegt wie ein fliegender Pfeil, sondern sich seitwärts ausbreitet wie ein im Flug sich vergrößernder Pfeil oder wie bei dem Bogenschützen, der entdeckt, daß, obwohl er ins Schwarze getroffen und den Preis errungen hat, sein Kopf auf einem Kissen ruht und die Sonne zum Fenster hereinscheint. Laterales Wissen ist Wissen aus einer ganz unverhofften Richtung, aus einer Richtung, die man nicht einmal als Richtung erkannt hat, bis das Wissen sich einem aufdrängt. Laterale Wahrheiten sind Hinweise auf die Unrichtigkeit der Axiome und Postulate des Systems, nach dem man bislang versucht hat, der Wahrheit auf die Spur zu kommen.

Alles deutet darauf hin, daß er sich einfach treiben ließ. Und er ließ sich tatsächlich treiben. Sich treiben lassen, driften – das tut man nämlich, wenn man nach lateraler Wahrheit ausschaut. Er konnte sich zur Aufdeckung ihrer Ursache an keine bekannte Verfahrensweise halten, denn der Fehler lag ja schon und gerade in diesen Verfahrensweisen. So driftete er eben. Mehr konnte er nicht tun.

Die Drift trug ihn in die Armee, und die schickte ihn nach Korea. Von seinen Erinnerungen ist ein Fragment erhalten, das Bild einer Mauer, die vom Bug eines Schiffes aus gesehen strahlend wie ein Tor zum Himmel aus den Nebelschwaden eines Hafens leuchtete. Dieses Fragment muß ihm sehr viel bedeutet, ihn oft beschäftigt haben, denn obwohl es nirgendwo sonst hineinpaßt, ist es intensiv, so intensiv, daß sogar ich selbst immer wieder darauf zurückkomme. Es scheint, daß es etwas sehr Wichtiges symbolisiert, einen Wendepunkt.

Seine Briefe aus Korea sind von Grund auf verschieden von seinen früheren Schriften, was ebenfalls auf diesen Wendepunkt hindeutet. Sie bersten schier vor Gefühlsüberschwang. Er schreibt seitenweise über die winzigsten Einzelheiten der Dinge, die er sieht: Märkte, Läden mit Glasschiebetüren, Schieferdächer, Straßen, strohgedeckte Hütten, einfach alles. Mal voll stürmischer Begeisterung, mal niedergeschlagen, zuweilen zornig, dann wieder beinahe humorvoll, erweckt er den Eindruck eines Menschen oder überhaupt eines Wesens, das einem Käfig entflohen ist, von dem es nicht einmal wußte, daß er es umgab, und jetzt voller Ungestüm das Land durchstreift und alles, was es zu sehen gibt, mit den Augen verschlingt.

Später freundete er sich mit koreanischen Arbeitern an, die ein wenig Englisch sprachen, es aber noch besser lernen wollten, um sich als Dolmetscher zu qualifizieren. Er widmete sich ihnen nach Feierabend, und sie zeigten sich erkenntlich, indem sie ihn auf lange Wochenendausflüge in die Berge und in ihre Heimatdörfer mitnahmen, mit ihren Freunden bekannt machten und ihm die Lebens- und Denkweise einer anderen Kultur erklärten.

Er sitzt an einem Pfad auf einem schönen, dem Wind ausgesetzten Berghang mit Blick auf das Gelbe Meer. Der Reis auf der Terrasse unterhalb des Weges ist reif und braun. Seine Freunde schauen mit ihm auf die See hinab, und man sieht Inseln weit draußen vor der Küste. Sie essen den mitgebrachten Proviant und unterhalten sich miteinander und mit ihm, und es geht um Ideogramme und ihre Beziehung zur Welt. Er macht eine Bemerkung, wie erstaunlich es doch sei, daß sich das gesamte Universum mit den sechsundzwanzig Schriftzeichen beschreiben läßt, mit denen sie gearbeitet haben. Seine Freunde nicken und lächeln und essen aus ihren Konservenbüchsen und sagen freundlich nein.

Es verwirrt ihn, daß sie nickend bejahen und nein antworten, und er wiederholt deshalb seine Bemerkung. Wieder kommt das Nicken, das ja bedeutet, und die verneinende Antwort. Hier endet dieses Fragment, aber wie die Wand ist es eins, über das er oft nachdenkt.

Das letzte tief eingeprägte Fragment aus diesem Teil der Welt ist ein Schlafraum auf einem Truppentransporter. Er fährt zurück in die Heimat. Der Raum ist leer und unbenutzt. Er ist allein und liegt auf einem Segeltuch, das in einen Stahlrahmen gespannt ist, wie ein Trampolin. Jeweils fünf dieser Betten übereinander bilden eine Reihe, der Raum ist mit zahllosen solcher Reihen leerer Betten angefüllt.

Es ist der vorderste Raum des Schiffes, und das Segeltuch in den benachbarten Rahmen hebt und senkt sich, begleitet von einem Gefühl in seinem Magen, wie man es im Fahrstuhl bekommt. Er stellt Betrachtungen an über diese Dinge und ein dumpfes Dröhnen der Stahlplatten, die ihn rings umgeben, und er bemerkt, daß außer diesen Anzeichen nichts darauf hindeutet, daß der ganze Raum sich hoch in die Luft erhebt und dann wieder hinabtaucht, immer und immer wieder. Er überlegt, ob das der Grund ist, warum er sich nicht so recht auf sein Buch konzentrieren kann, aber nein, das Buch ist wirklich schwer zu lesen. Es ist ein Text über fernöstliche Philosophie, das schwierigste Buch, das er je gelesen hat. Er ist froh, daß er allein ist und sich langweilt in dem leeren Truppenschlafraum, sonst würde er sich da bestimmt nicht durcharbeiten.

In dem Buch steht, daß die menschliche Existenz eine theoretische Komponente aufweist, die vorwiegend westlich ist (und die entsprach Phaidros' Labor-Vergangenheit), und eine ästhetische Komponente, die stärker im Osten ausgeprägt ist (und die entsprach Phaidros' Vergangenheit in Korea), und daß diese beiden Komponenten allem Anschein nach unvereinbar sind. Die Ausdrücke »theoretisch« und »ästhetisch« entsprachen dem, was Phaidros später als die klassische und die romantische Realitätsauffassung bezeichnen sollte, und sie haben wahrscheinlich mehr dazu beigetragen, daß diese Begriffe in seinem Denken Gestalt annahmen, als ihm je bewußt wurde. Der Unterschied ist, daß die klassische Realität *vorwiegend* theoretisch ist, aber auch ihre eigene Ästhetik hat. Die romantische Realität ist *vorwiegend* ästhetisch, hat aber auch ihre Theorie. Die theoretisch-ästhetische Spaltung verläuft quer durch Bestandteile einer einzigen Welt. Die klassisch-romantische Spaltung scheidet zwei Welten. Das

Philosophiebuch – es trägt den Titel *The Meeting of East and West* und ist von F. S. C. Northrop – regt an, man solle dem »undifferenzierten ästhetischen Kontinuum«, aus dem die Theorie erwächst, größere Beachtung schenken.

Phaidros verstand das nicht, aber nach der Ankunft in Seattle und seiner Entlassung aus der Armee saß er volle zwei Wochen in seinem Hotelzimmer, aß riesige Washington-Äpfel und dachte nach, aß noch mehr Äpfel und dachte noch mehr nach, und das Ergebnis all dieser Fragmente und all dieses Nachdenkens war dann, daß er an die Universität zurückkehrte, um Philosophie zu studieren. Die laterale Drift war zu Ende. Er hatte jetzt ein festes Ziel vor Augen.

Ein jäher Schwall kalter Luft, mit Kieferngeruch gesättigt, erfaßt uns von der Seite, gleich darauf noch einer und noch einer, und als wir uns Red Lodge nähern, fange ich zu frösteln an.

In Red Lodge läuft die Straße dicht am Fuß des Berges entlang. Das dunkle, bedrohliche Massiv überragt sogar die Dächer der Häuser auf beiden Seiten der Hauptstraße. Wir parken die Motorräder und schnallen das Gepäck ab, um warme Kleidung hervorzuholen. An Skigeschäften vorbei gehen wir in ein Restaurant, in dem an den Wänden Großphotos von der Hochgebirgsroute hängen, die wir befahren werden. Sie windet sich höher und immer höher hinauf, eine der höchsten ausgebauten Straßen der Welt. Ich habe ein bißchen Angst davor, aber ich weiß, daß dieses Gefühl irrational ist, und versuche es loszuwerden, indem ich mit den anderen über die Straße spreche. Ein Absturz ist ausgeschlossen. Keine Gefahr für das Motorrad. Es ist nur, daß man sich an Orte erinnert, wo ein geworfener Stein tausend Meter tief fallen würde, bevor er aufschlägt, und daß sich aus irgendeinem Grunde eine Assoziation zwischen diesem Stein und dem Motorrad samt Fahrer einstellt.

Als wir unseren Kaffee getrunken haben, ziehen wir die dicken Sachen an, packen wieder und haben bald darauf die erste der vielen Spitzkehren erreicht, die sich die Flanke des Berges hochziehen.

Die asphaltierte Fahrbahn ist viel breiter und ungefährlicher, als die Erinnerung befürchten ließ. Mit einem Motorrad hat man eben viel mehr Platz. John und Sylvia nehmen vor uns die Haarnadelkurven, kommen dann oberhalb von uns zurück, die Gesichter uns zugewandt, und lächeln. Gleich darauf durchfahren auch wir die

Kurve und sehen die beiden wieder von hinten. Dann wieder eine Kehre für sie, und wir begegnen uns erneut auf verschiedenen Ebenen und lachen. Es ist so schwer, wenn man es sich vorstellt, und so leicht, wenn man es tut.

Ich sprach von Phaidros' lateraler Drift, die mit seiner Hinwendung zur Philosophie zu Ende war. Er sah in der Philosophie die höchste Stufe der gesamten Hierarchie des Wissens. Unter Philosophen ist diese Auffassung so verbreitet, daß sie fast ein Gemeinplatz ist, aber für ihn ist es eine Offenbarung. Er entdeckte, daß es sich bei der Naturwissenschaft, die er früher einmal mit der ganzen Welt des Wissens gleichgesetzt hatte, nur um einen Zweig der Philosophie handelt, die viel umfassender und viel allgemeiner ist. Die Fragen, die er im Zusammenhang mit der unendlichen Anzahl der Hypothesen gestellt hatte, waren für die Wissenschaft nicht interessant gewesen, weil es keine wissenschaftlichen Fragen waren. Die Wissenschaft kann nicht die wissenschaftliche Methode untersuchen, ohne in einen Teufelskreis zu geraten, der die Gültigkeit ihrer Aussage zunichte macht. Die Fragen, die er gestellt hatte, lagen auf einer Ebene, zu der die Wissenschaft nicht hinaufreicht. Und so fand Phaidros in der Philosophie die natürliche Fortsetzung der Frage, die ihn überhaupt zur Wissenschaft geführt hatte: Was bedeutet das alles? Was ist der Sinn von alledem?

An einer Ausweichstelle halten wir an, machen ein paar Erinnerungsphotos, um beweisen zu können, daß wir hier waren, und gehen dann zu einem Pfad hinüber, auf dem man bis an die Abbruchkante einer Felswand gelangt. Ein Motorrad auf der Straße fast senkrecht unter uns wäre von hier oben kaum zu erkennen. Wir ziehen uns noch wärmer an und fahren weiter bergauf.

Laubbäume sind hier überhaupt keine mehr. Nur noch kleine Kiefern. Und von denen sind viele verkrümmt und verkrüppelt.

Bald verschwinden auch die Krüppelkiefern völlig, und wir sind von Gebirgsmatten umgeben. Nirgends ist mehr ein Baum zu sehen, nur überall Gras mit leuchtenden rosa und blauen und weißen Punkten darin. Wildblumen, überall! Diese Blumen sowie Gräser und Moos und Flechten sind die einzigen Pflanzen, die hier noch aushalten. Wir sind jetzt im Hochgebirge, oberhalb der Baumgrenze.

Über die Schulter schaue ich ein letztes Mal in den Abgrund zurück. Es ist, als blickte man auf den Grund des Ozeans hinab. Die Menschen verbringen ihr ganzes Leben in den Niederungen, ohne auch nur zu ahnen, daß es diese Höhen gibt.

Die Straße schwenkt einwärts, weg von der Schlucht und in die Schneefelder hinein.

Der Motor hat wegen des Sauerstoffmangels eine Fehlzündung nach der anderen und droht jeden Moment auszusetzen, tut es aber nicht. Schon bald taucht der erste Altschnee auf, Schnee, wie er im zeitigen Frühjahr bei Tauwetter aussieht. Kleine Rinnsale laufen überall durch feuchten Moosboden und dann, etwas weiter unten, durch Gras, das erst ein paar Wochen alt ist, und schließlich durch die kleinen Wildblumen, die rosa und blauen und gelben und weißen, deren Blüten wie winzige Sonnen aus schwarzen Schatten strahlen. Überall das gleiche Schauspiel, wohin man auch blickt! Dünne bunte Lichtnadeln dringen aus einem Hintergrund von düsterem Dunkelgrün und Schwarz auf mich ein. Der Himmel ist jetzt dunkel, und es ist kalt geworden. Außer wo die Sonne hinscheint. Auf der Sonnenseite sind Arm und Bein und Jacke richtig heiß, aber auf der dunklen Seite, im tiefen Schatten, ist es sehr kalt.

Die Schneefelder werden kompakter und zeigen Steilkanten, wo die Schneepflüge gefahren sind. Diese Wände wachsen auf einen, zwei, vier Meter an. Wir fahren zwischen hohen Mauern, beinahe ein Tunnel aus Schnee. Dann taucht am Ende des Tunnels wieder dunkler Himmel auf, wir kommen heraus und sehen, daß wir oben sind.

Dahinter liegt ein anderes Land. Drunten Bergseen und Kiefern und Schneefelder. Über und hinter ihnen, so weit das Auge reicht, fernere schneebedeckte Gipfelketten. Das Hochgebirge. Wir halten und parken an einer Abzweigung, wo einige Touristen Bilder knipsen und die Landschaft oder einer den andern ansehen. Hinten an seinem Motorrad holt John die Kamera aus der Satteltasche. Ich hole aus meiner Maschine das Werkzeug und breite es auf dem Sitz aus, nehme den Schraubenzieher, lasse den Motor an und stelle mit dem Schraubenzieher die Vergaser nach, bis der unrunde Leerlauf sich nicht mehr sehr bedenklich, sondern nur noch ein bißchen bedenklich anhört. Erstaunlich, wie der Motor die ganze Fahrt hier herauf fehlzündete, stotterte, ruckelte, auf alle möglichen Arten ankündigte, daß er es nicht mehr lange machen würde, und trotz allem durchhielt. Ich hatte die Vergaser bewußt nicht nachgestellt, weil ich sehen wollte, wie sich eine Höhe von 3300 Metern auswirken würde. Ich habe sie jetzt so eingestellt, daß das Gemisch immer noch zu fett ist und der Leerlauf sich gerade noch ein bißchen unrund anhört, weil wir jetzt wieder etwas tiefer kommen, in den Yellowstone-Park hinunter, und wenn das Gemisch jetzt nicht etwas zu fett ist, wird es nachher zu mager, und das ist gefährlich, weil dann der Motor überhitzt wird.

Auf der Fahrt bergab kommen die Fehlzündungen anfangs immer noch recht häufig, während ich die Maschine im zweiten Gang abwärts quäle, aber dann wird es besser, als wir in tiefere Regionen kommen. Es gibt wieder Wald. Felsen, Seen und Bäume und die Straße, die uns in schönen Kurven und Windungen durch diese Landschaft führt.

Ich möchte jetzt über ein Hochgebirge in der Welt des Geistes sprechen, das, wenigstens bei mir, ähnliche Gefühle hervorruft, und ich möchte es das Hochland des Geistes nennen.

Wenn man sich das ganze menschliche Wissen, alle Erkenntnis, als ein riesiges hierarchisch gegliedertes Gebäude vorstellt, dann findet sich das Hochland des Geistes auf den obersten Stufen dieses Gebäudes in den allgemeinsten, den abstraktesten Überlegungen.

Nur wenige kommen hierher. Man darf sich kaum einen Nutzen davon versprechen, daß man dieses Land durchwandert, und doch hat es, genau wie das Hochgebirge der uns allseits umgebenden materiellen Welt, seine eigene karge Schönheit, die manchem eine Wanderung durch diese Regionen trotz aller Mühsal als lohnend erscheinen läßt.

Im Hochland des Geistes muß man sich anpassen an die dünnere Luft der Ungewißheit und an die gewaltigen Dimensionen der aufgeworfenen Fragen und an die Antworten, die auf diese Fragen gegeben werden. Seine Ausdehnung ist so gewaltig, es reicht so offensichtlich weit über unser Vorstellungsvermögen hinaus, daß man zögert, sich ihm auch nur zu nähern, aus Angst, man könnte sich verirren und nie mehr den Rückweg finden.

Was ist die Wahrheit, und wie erkennt man, ob man sie gefunden hat? ... Wie geht es zu, daß wir überhaupt etwas *erkennen?* Gibt es ein »Ich«, das erkennt, eine Seele, die weiß, oder besteht diese Seele nur aus Zellen, die die Sinne koordinieren? ... Verwandelt sich die Realität grundlegend, oder ist sie ein für allemal fixiert und beständig? ... Was ist gemeint, wenn man sagt, etwas *bedeutet* etwas?

Viele Pfade wurden seit Anbeginn der Zeit durch diese Gipfelregionen angelegt und gerieten wieder in Vergessenheit, und obwohl die Antworten, die von den Wanderungen auf diesen Pfaden mitgebracht wurden, Anspruch auf Dauer und Allgemeingültigkeit erhoben, hat jede Kultur andere Pfade beschritten, und wir haben auf immer dieselben Fragen viele verschiedene Antworten, die alle in ihrem jeweiligen Zusammenhang als wahr gelten können. Selbst innerhalb einer bestimmten Kultur werden laufend alte Pfade gesperrt und neue angelegt.

Es wird zuweilen behauptet, es gebe keinen wirklichen Fortschritt; eine Zivilisation, die Vernichtungskriege führt, die das Land und die Meere mit ständig wachsenden Abfallmengen verschmutzt, die dem einzelnen seine Würde nimmt, indem sie ihm ein reglementiertes, mechanisiertes Dasein aufzwingt, könne kaum als Fortschritt gegenüber der einfacheren Existenz der prähistorischen Jäger, Sammler und Ackerbauer angesehen werden. Doch trotz seiner romantischen Anziehungskraft hält dieses Argument nicht stand. Die primitiven Stämme duldeten viel weniger persönliche Freiheit als die moderne Gesellschaft. In alter Zeit wurden Kriege mit viel weniger moralischer Rechtfertigung geführt als heutzutage. Eine Technologie, die Abfälle produziert, kann auch Mittel und Wege zu deren Beseitigung finden – und findet sie –, ohne das ökologische Gleichgewicht zu zerstören. Und die Schulbuch-Darstellungen des primitiven Menschen unterschlagen zuweilen einige der Schattenseiten seines primitiven Lebens – den Schmerz, die Krankheit, die Hungersnot und den Zwang, sich abzurackern, um gerade nur sein Leben fristen zu können. Die Entwicklung von dieser Mühsal bloßen Vegetierens zur modernen Lebensweise kann man nüchternen Sinnes nur als Fortschritt bezeichnen, und bewirkt hat diesen Fortschritt zweifellos allein das rationale Denken.

Es läßt sich zurückverfolgen, wie die informellen und formellen Prozesse von Hypothese, Experiment und Schluß, Jahrhundert für Jahrhundert mit immer neuem Material wiederholt, die Denkhierarchien aufgebaut haben, die zur Ausschaltung der meisten Feinde des primitiven Menschen führten. Bis zu einem gewissen Grad beruht die romantische Ablehnung der Rationalität auf eben dieser Wirksamkeit der Rationalität für die Erlösung der Menschheit aus ihren primitiven Lebensumständen. Sie ist eine so starke, alles beherrschende Triebkraft des zivilisierten Menschen, daß sie fast alles andere verdrängt hat und heute den Menschen selbst beherrscht. Das ist die Wurzel des Übels.

Phaidros durchstreifte dieses Hochland, ziellos zunächst, jeden Pfad, jeden Steg erkundend, den schon einmal jemand gegangen war, und er sah, wenn er sich gelegentlich umblickte, daß er offenbar gewisse Fortschritte machte, sah aber vor sich nichts, was ihm gesagt hätte, welchen Weg er gehen sollte.

Durch das gewaltige Gebirge der Fragen nach Realität und Erkenntnis waren große Gestalten der Zivilisation gegangen, von denen einige, wie Sokrates und Aristoteles und Newton und Einstein, fast jedem geläufig, die meisten jedoch viel unbekannter waren. Namen, die er noch nie gehört hatte. Und er ließ sich fesseln von ihrem Denken und ihrer ganzen Art zu denken. Er ging gewissenhaft ihren Spuren nach, bis sie zu erkalten schienen, und ließ dann von ihnen ab. Seine Leistungen waren damals nach akademischen Maßstäben gerade noch ausreichend, aber das lag nicht daran, daß er nicht gearbeitet und nicht nachgedacht hätte. Er dachte zu angestrengt nach, und je angestrengter man in diesem Hochland des Geistes nachdenkt, um so langsamer kommt man voran. Phaidros las eher in wissenschaftlicher als in literarischer Manier, klopfte jeden Satz ab und notierte Zweifel und Fragen, die später zu klären waren, und ich bin in der glücklichen Lage, einen ganzen Koffer voll Bände mit diesen Anmerkungen zu besitzen.

Das Erstaunlichste an diesen Notizen ist, daß schon fast alles, was er später sagte, in ihnen enthalten ist. Es ist zum Verzweifeln, wie absolut unbewußt ihm damals die Bedeutung seiner eigenen Gedanken blieb. Es ist, als sähe man jemandem zu, der alle Teile eines Puzzlespiels, dessen Auflösung man kennt, eins nach dem andern in die Hand nimmt, und man möchte ihm sagen: »Schau her, das gehört *hierhin* und das *dahin*«, aber man kann es ihm nicht sagen. Und so geht er blindlings einen Pfad nach dem anderen, hebt ein Teil nach dem anderen auf, überlegt, was er mit ihnen anfangen soll, und man rauft sich die Haare, wenn er einen falschen Weg einschlägt, und ist erleichtert, wenn er wieder zurückkommt, auch wenn er selbst enttäuscht und entmutigt ist. »Kopf hoch«, möchte man ihm zurufen. »Nur immer weiter!«

Aber er ist ein so miserabler Student, daß er wohl nur dank der Nachsicht seiner Lehrer die Prüfungen besteht. An jeden Philosophen, den er liest, geht er mit Vorurteilen heran. Er mischt sich ständig ein und zwingt dem Stoff, den er studiert, seine eigenen Anschauungen auf. Nie ist er gerecht. Er ist immer voreingenommen. Er erwartet von jedem Philosophen, daß er in eine bestimmte Richtung geht, und gerät außer sich, wenn diese Erwartung enttäuscht wird.

Ein erhalten gebliebenes Erinnerungsfragment zeigt ihn, wie er bis drei oder vier Uhr morgens in einem Zimmer sitzt, vor sich Immanuel Kants berühmte *Kritik der reinen Vernunft*, die er studiert, wie ein Schachspieler die Eröffnungen der Meister studiert, den taktischen Aufbau an seinem eigenen Urteil und seinen eigenen Fähigkeiten messend, Ausschau haltend nach Widersprüchen und Ungereimtheiten.

Phaidros ist eine bizarre Erscheinung im Vergleich zu seiner Umgebung, den Menschen des amerikanischen Mittelwestens im zwanzigsten Jahrhundert, aber wenn man ihn Kant studieren sieht, wirkt er weniger sonderbar. Für diesen deutschen Philosophen des achtzehnten Jahrhunderts empfindet er eine Hochachtung, die nicht auf Übereinstimmung beruht, sondern auf der Bewunderung für Kants imponierende logische Absicherung seiner Position. Kant ist stets eminent methodisch, beharrlich, konsequent und gewissenhaft im Erklimmen jenes hohen schneebedeckten Berges der Auseinandersetzung mit der Frage, was innerhalb unserer Vorstellung liegt und was außerhalb. Es ist für moderne Bergsteiger einer der höchsten Gipfel überhaupt, und ich möchte nun dies Bild von Kant vergrößern und kurz skizzieren, wie er dachte und wie Phaidros über ihn dachte, um ein klareres Bild davon zu vermitteln, wie dieses Hochland des Geistes beschaffen ist, und auch um den Weg zum Verständnis von Phaidros' Denken zu ebnen.

Die Klärung des ganzen Problems der klassischen und romantischen Anschauungsweise durch Phaidros vollzog sich zuerst in diesem Hochland des Geistes, und wenn keine Klarheit herrscht über die Beziehung zwischen diesem Land und allem, was sonst existiert, werden Sinn und Bedeutung der unteren Schichten seines Denkens zwangsläufig unterschätzt oder mißverstanden.

Um Kant zu verstehen, muß man auch einiges über den schottischen Philosophen David Hume wissen. Hume hatte gesagt, daß es unter strikter Befolgung der Regeln logischer Induktion und Deduktion möglich sei, aus der Erfahrung bestimmte Schlüsse über die wahre Natur der Welt abzuleiten. Er stützt sich dabei auf Argumente, wie sie sich aus der Beantwortung der folgenden Frage ergeben würden: Angenommen, ein Kind wird geboren, das zu keinerlei sinnlicher Wahrnehmung fähig ist; es kann nicht sehen, nicht hören, nicht fühlen, nicht riechen, nicht schmecken – nichts. Es hat keine Möglichkeit, irgendwelche Sinneseindrücke von der Außenwelt zu empfangen. Und weiter angenommen, dieses Kind wird intravenös ernährt und anderweitig gepflegt und achtzehn Jahre lang in diesem Zustand am Leben erhalten. Die Frage lautet nun: Hat dieser Achtzehnjährige irgendeinen Gedanken im Kopf? Und, wenn ja, woher kommt er? Wie hat er ihn bekommen?

Hume hätte erwidert, daß der Achtzehnjährige zu keinerlei Gedanken fähig sei, und hätte sich mit dieser Antwort als *Empirist* ausgewiesen, als einer, der glaubt, daß alle Erkenntnis ausschließlich auf Sinneswahrnehmungen beruht. Bei der wissenschaftlichen Experimentalmethode handelt es sich um sorgfältig kontrollierten Empirismus. Der gesunde Menschenverstand ist heute ebenfalls empirisch, denn eine überwältigende Mehrheit würde Hume zustimmen, obwohl zu anderer Zeit und in bestimmten Kulturen vielleicht eine Mehrheit ihm widersprochen hätte.

Das erste Problem des Empirismus, wenn man den Empirismus anerkennen will, betrifft das Wesen der »Substanz«. Wenn sich all unsere Erkenntnisse von sinnlichen Wahrnehmungen herleiten, was ist dann eigentlich die Substanz, die diese Sinneseindrücke hervorruft? Versucht man sich vorzustellen, was diese Substanz ist, abgesehen von dem, was unsere Sinne wahrnehmen, so zeigt sich, daß man über ein absolutes Nichts nachdenkt.

Da alle Erkenntnis auf Sinneseindrücken beruht und da die Substanz selbst nicht sinnlich wahrnehmbar ist, ergibt sich logischerweise, daß sich die Substanz jeder Erkenntnis entzieht. Sie existiert nur in unserer Einbildung. Die Vorstellung, daß da etwas außerhalb unserer selbst ist, das die Eindrücke aussendet, die wir empfangen, gehört in dieselbe Gruppe scheinbar selbstverständlicher Wahrheiten wie die selbstverständliche Annahme von Kindern, die Erde sei flach und zwei Parallelen könnten sich nie berühren.

Wenn wir also davon ausgehen, daß uns all unser Wissen durch unsere Sinne vermittelt wird, müssen wir uns des weiteren die Frage stellen: Auf welchen sinnlichen Wahrnehmungen beruht unser Wissen von der Kausalität? Mit anderen Worten, welches ist die wissenschaftliche, empirische Grundlage der Kausalität selbst?

Humes Antwort lautet: »Es gibt keine.« Unsere Sinne vermitteln uns *keine* Anhaltspunkte für die Kausalität. Wie die Substanz ist sie nur etwas, das wir uns vorstellen, wenn eine Gegebenheit wiederholt auf eine andere folgt. Sie existiert nicht wirklich in der wahrnehmbaren Welt. Wenn man die Prämisse anerkennt, daß uns all unser Wissen nur durch unsere Sinne vermittelt wird, sagt Hume, so folgt daraus der logische Schluß, daß sowohl »Natur« als auch »Naturgesetze« Produkte unserer eigenen Vorstellung sind.

Man könnte die Theorie, daß die ganze Welt nur in unserer Vorstellung existiere, als abwegig verwerfen, wenn Hume sie nur einfach zur Diskussion gestellt hätte. In Wirklichkeit sicherte er sie so ab, daß sie unangreifbar schien.

Humes Folgerungen zu widerlegen, war notwendig, aber unglücklicherweise war er in einer solchen Weise zu ihnen gelangt, daß es scheinbar unmöglich war, sie zu widerlegen, ohne die ganze empirische Vernunft aufzugeben und sich auf irgendeinen mittelalterlichen Vorläufer der empirischen Vernunft zurückzuziehen. Das aber wollte Kant nicht tun. So war es in Kants eigenen Worten Hume, der ihn aus seinem »dogmatischen Schlummer riß« und ihn veranlaßte, eine Abhandlung zu schreiben, die heute als eines der bedeutendsten philosophischen Werke gilt, die je geschrieben wurden, die *Kritik der reinen Vernunft.*

Kant unternimmt den Versuch, den wissenschaftlichen Empirismus vor den Folgen seiner eigenen selbstzerstörerischen Logik zu bewahren. Er geht zunächst auf dem Weg, den Hume ihm vorgezeichnet hat. »Daß alle Erkenntnis mit der Erfahrung anfange, daran ist gar kein Zweifel«, sagt er, weicht dann aber gleich von diesem Weg ab, indem er es verneint, daß alle Teile der Erkenntnis der sinnlichen Wahrnehmung entspringen, in dem Augenblick, da die Sinneseindrücke empfangen werden. »Wenn aber gleich alle unsere Erkenntnis *mit* der Erfahrung anhebt, so entspringt sie darum doch nicht eben alle *aus* der Erfahrung.«

Das hört sich zunächst nach Haarspalterei an, aber es ist keine. Diese Unterscheidung erlaubt Kant, den Abgrund des Solipsismus zu umgehen, zu dem Humes Weg führt, und einen völlig anderen, neuen, eigenen Weg weiterzugehen.

Kant sagt, daß es Aspekte der Wirklichkeit gebe, die uns nicht direkt durch die Sinne vermittelt werden. Er nennt sie Erkenntnisse *a priori.*

Ein Beispiel für eine Erkenntnis a priori ist die Zeit. Man kann die Zeit nicht sehen. Man kann sie auch nicht hören, riechen, schmecken oder fühlen. Sie ist nicht in den empfangenen Sinneseindrücken enthalten. Die Zeit ist, wie Kant sich ausdrückt, eine Form der »Anschauung«, die der Verstand in dem Augenblick beisteuern muß, da die Sinne ihre Eindrücke empfangen.

Dasselbe gilt für den Raum. Würden wir nicht die Vorstellungen von Raum und Zeit auf die Eindrücke *anwenden,* die wir empfangen, so wäre die Welt unverständlich, ein kaleidoskopisches Durcheinander von Farben und Formen und Geräuschen und Gerüchen und Schmerz und Geschmacksempfindungen ohne Sinn und Bedeutung. Wir nehmen Gegenstände in einer bestimmten Weise wahr, weil wir a priori gegebene Anschauungen wie Raum und Zeit anwenden, aber wir erschaffen diese Gegenstände nicht aus unserer Vorstellung, wie Vertreter des reinen philosophischen Idealismus behaupten würden. Die Kategorien Raum und Zeit werden auf die Sinneseindrücke angewandt, während wir diese von den sie hervorrufenden Gegenständen empfangen. Die apriorischen Anschauungen wurzeln in der menschlichen Natur, sie werden also weder von dem wahrgenommenen Gegenstand verursacht, noch lassen sie ihn entstehen, sondern sie dienen als eine Art Raster dazu, eine Auswahl aus den Sinneseindrücken zu treffen, die wir aufnehmen. Wenn wir beispielsweise mit den Augen zwinkern, melden uns unsere Sinneseindrücke, daß die Welt verschwunden ist. Doch diese Mitteilung wird ausgesiebt und gelangt erst gar nicht in unser Bewußtsein, weil wir die apriorische Vorstellung haben, daß die Welt Kontinuität besitzt. Was wir als Realität ansehen, ist eine kontinuierliche Synthese von Elementen aus einer feststehenden Hierarchie von a priori gegebenen Anschauungen und den ständig wechselnden Sinneseindrücken.

Halten wir jetzt einmal inne und wenden wir einige von Kants Begriffen auf diese seltsame Maschine an, dieses Gebilde, das uns durch Zeit und Raum getragen hat. Und prüfen wir unsere Beziehung zu ihm, im Lichte dessen, was Kant uns lehrt.

Hume hat im Grunde genommen gesagt, daß alles, was ich über dieses Motorrad weiß, meinen Sinneseindrücken entspringt. Das muß so sein. Es gibt keine andere Möglichkeit. Wenn ich sage, es ist aus Metall und anderen Stoffen hergestellt, fragt er, Was ist Metall? Erwidere ich ihm, Metall sei hart und glänzend, fühle sich kalt an und lasse sich durch Schläge mit einem härteren Material verformen, ohne zu brechen, entgegnet Hume, dies seien alles Eindrücke des Gesichts-, Gehör- und Tastsinns. Substanz ist keine da. Sagen Sie mir doch, was Metall *abgesehen* von diesen Sinneseindrücken ist. Darauf weiß ich natürlich nichts mehr zu sagen.

Wenn es aber keine Substanz gibt, was können wir dann über die Sinneseindrücke aussagen, die wir empfangen? Wenn ich den Kopf nach links neige und auf die Griffe am Lenker und das Vorderrad und die Kartentasche und den Benzintank hinunterschaue, empfange ich ein bestimmtes Muster von Sinneseindrücken. Drehe ich den Kopf nach rechts, empfange ich ein leicht verändertes Muster von Sinneseindrücken. Die beiden Ansichten sind verschieden. Die Neigungen der Flächen und Krümmungen des Metalls ändern sich. Die Verteilung von Licht und Schatten ändert sich. Wenn es keine logische Grundlage für die Substanz gibt, dann gibt es auch keine logische Grundlage für den Schluß, daß der Gegenstand, der diese verschiedenen Muster von Sinneseindrücken hervorgerufen hat, ein und dasselbe Motorrad ist.

Jetzt stecken wir wirklich in einer intellektuellen Sackgasse. Es sieht so aus, als ob unser Verstand, der doch die Dinge durchschaubarer machen soll, sie in Wirklichkeit undurchschaubarer macht, und wenn sich der Verstand auf solche Weise selbst ad absurdum führt, muß etwas an der Struktur unserer Verstandestätigkeit selbst geändert werden.

Kant kommt uns zu Hilfe. Er sagt, die Tatsache, daß es kein unmittelbares Wahrnehmen eines »Motorrades« gibt, im Unterschied zu den Farb- und Formeindrücken, die ein Motorrad vermittelt, beweise keineswegs, daß kein Motorrad da sei. Wir haben in uns eine Vorstellung von einem apriorischen Motorrad, das Kontinuität in Zeit und Raum besitzt und sein Aussehen verändern kann, wenn man seinen Kopf bewegt, und dessen Existenz deshalb durch unsere wechselnden Sinneseindrücke nicht in Frage gestellt wird.

Humes Motorrad, dasjenige, das aller Vernunft widerspricht, erscheint dann, wenn unser hypothetischer Patient von vorhin, der noch nie einen Sinneseindruck empfangen hat, ganz plötzlich, nur eine Sekunde lang, sinnlichen Eindrücken von einem Motorrad ausgesetzt und dann gleich wieder seiner Sinne beraubt wird. Er würde jetzt, so glaube ich, ein Bild von einem Hume-Motorrad in sich haben, das ihm keinerlei Hinweise auf Begriffe wie die Kausalität geben würde.

Wir aber, sagt Kant, sind nicht wie dieser junge Mann. Wir haben eine sehr reale Vorstellung von einem Motorrad a priori, dessen Existenz zu bezweifeln wir keinen Grund haben und dessen Realität sich jederzeit verifizieren läßt.

Dieses Motorrad a priori wurde im Laufe vieler Jahre in unserer Vorstellung aus ungeheuren Mengen von Sinneseindrücken zusammengesetzt und ändert sich laufend mit dem Empfang neuer Sinneseindrücke. Manche der Veränderungen an diesem besonderen apriorischen Motorrad, das ich fahre, vollziehen sich sehr rasch und sind nur von kurzer Dauer, beispielsweise sein Verhältnis zur Straße.

Dieses überwache und korrigiere ich laufend, während wir den Windungen und Kurven der Straße folgen. Sobald diese Informationen keinen praktischen Wert mehr haben, vergesse ich sie wieder, weil ich ständig neue Eindrücke empfange, die ebenfalls verarbeitet sein wollen. Andere Veränderungen in diesem Motorrad a priori gehen langsamer vor sich: das Verschwinden von Benzin aus dem Tank. Das Verschwinden von Gummi von den Reifen. Das Lockerwerden von Schrauben und Muttern. Die Veränderung des Abstands zwischen Bremsbelägen und -trommeln. Andere Aspekte des Motorrads ändern sich so langsam, daß sie unveränderlich scheinen – die Lackierung, die Radlager, die Bowdenzüge –, doch auch sie ändern sich laufend. Und wenn man in wirklich großen Zeiträumen denkt, verändert sich sogar der Rahmen etwas, infolge der Stöße beim Fahren und der Temperaturschwankungen und der Ermüdungserscheinungen, die bei allen Metallen vorkommen.

Ein tolles Ding, so ein Motorrad a priori. Wenn man lange genug darüber nachdenkt, kommt man darauf, daß es das einzige ist, was zählt. Die Sinneseindrücke bestätigen es, aber die Sinneseindrücke *sind* es nicht. Das Motorrad, von dem ich a priori glaube, daß es außerhalb meiner selbst existiert, ist wie das Geld, von dem ich glaube, daß ich es auf der Bank habe. Würde ich in die Bank gehen und mein Geld sehen wollen, würde man mich leicht befremdet ansehen. Die Leute da haben »mein Geld« nicht in einer kleinen Schublade, die sie aufziehen könnten, um es mir zu zeigen. »Mein Geld« besteht tatsächlich nur in der teils magnetisierten, teils unmagnetisierten Eisenoxydauflage eines Computer-Magnetbandes. Aber ich bin damit zufrieden, weil ich darauf vertraue, daß die Bank, sobald ich die Dinge brauche, die man sich mit Geld beschaffen kann, durch ihr Verrechnungssystem dafür sorgen wird, daß ich sie bekomme. Ebenso bin ich davon überzeugt, daß meine Sinneseindrücke, obwohl sie mir noch nie einen Hinweis auf die Existenz einer »Substanz« geliefert haben, fähig sind, dieselben Wirkungen hervorzurufen, die man eigentlich der Substanz selbst zuschreibt, und daß sie sich stets mit dem apriorischen Motorrad meiner Vorstellungen decken werden. Ich sage bequemlichkeitshalber, daß ich Geld auf der Bank habe, und ich sage bequemlichkeitshalber, daß das Motorrad, auf dem ich fahre, aus Substanzen besteht. Im größten Teil seiner *Kritik der reinen Vernunft* befaßt sich Kant damit, wie dieses Wissen a priori erworben und wie es angewandt wird.

Kant nannte seine These, daß unsere a priori gegebenen Anschauungen von der sinnlichen Wahrnehmung unabhängig seien und sie einer Auslese unterzögen, eine »kopernikanische Wendung«. Er bezog sich dabei auf die Aussage des Kopernikus, daß die Erde sich um die Sonne drehe. Nichts änderte sich infolge dieser Wendung, und doch änderte sich alles. Oder, um es in den Begriffen Kants auszudrücken, die objektive Welt, die unsere Sinneseindrücke erzeugt, änderte sich nicht, wohl aber wurde unsere a priori bestehende Vorstellung von ihr ins Gegenteil verkehrt. Die Wirkung war ungeheuer. Die Übernahme des kopernikanischen Weltbildes ist es, was den modernen vom mittelalterlichen Menschen unterscheidet.

Kopernikus tat folgendes: Er nahm das vorhandene apriorische Weltbild, die Vorstellung, die Erde sei eine Scheibe und ruhe im Mittelpunkt der Welt, und setzte ihr ein alternatives apriorisches Weltbild entgegen, die Vorstellung, daß die Erde rund ist und sich um die Sonne dreht; und er zeigte, daß diese apriorischen Vorstellungen *beide* mit den vorhandenen sinnlichen Wahrnehmungen übereinstimmten.

Kant war der Meinung, er hätte das gleiche für die Metaphysik geleistet. Wenn man annimmt, daß unsere a priori gegebenen Anschauungen unabhängig davon sind, was wir sehen, und es sogar färben, so verkehrt man damit die alte aristotelische Vorstellung vom Menschen als einem passiven Beobachter, einer »leeren Tafel«, in ihr Gegenteil. Kant und seine nach Millionen zählenden Anhänger behaupten, daß diese Umkehrung uns viel besser verstehen läßt, wie die menschliche Erkenntnis beschaffen ist.

Ich habe dieses Beispiel einigermaßen ausführlich behandelt, teils um einen Ausschnitt aus diesem Hochland des Geistes aus der Nähe zu zeigen, aber mehr noch, um eine Grundlage zum Verständnis dessen zu schaffen, was Phaidros später tat. Auch er vollzog eine kopernikanische Wendung, und das Ergebnis war die Vereinigung der getrennten Welten der klassischen und der romantischen Anschauung. Und mir wiederum scheint, daß es als weitere Folge möglich ist, zu einer viel befriedigenderen Vorstellung davon zu gelangen, was es mit der Welt auf sich hat.

Kants Metaphysik begeisterte Phaidros zunächst, doch dann wurde sie ihm fade, ohne daß er genau wußte, warum. Er dachte darüber nach und kam zu dem Schluß, daß es vielleicht an seiner fernöstlichen Erfahrung liege. Er hatte das Gefühl gehabt, einem intellektuellen Gefängnis entflohen zu sein, und hier war nun wieder dasselbe Gefängnis. Er las Kants Ästhetik mit Enttäuschung und dann Verärgerung. Die über das »Schöne« geäußerten Gedanken waren in seinen Augen selbst häßlich, und diese Häßlichkeit war so tief und durchdringend, daß er nicht wußte, wie er es anfangen sollte, sie anzugreifen oder ihr auszuweichen. Sie schien ihm so gründlich in das ganze Gefüge von Kants Welt eingewoben, daß es kein Entrinnen vor ihr gab. Es war nicht nur einfach die Häßlichkeit des achtzehnten Jahrhunderts oder »technische« Häßlichkeit. Bei allen Philosophen, die er las, stieß er auf sie. Die ganze Universität, an der er studierte, roch nach dieser Häßlichkeit. Sie war überall, in den Hörsälen, in den Lehrbüchern. Sie steckte in ihm selbst, und er wußte nicht, wieso und warum. Die Vernunft selbst war häßlich, und es schien unmöglich, sich davon zu befreien.

12

In Cooke City wirken John und Sylvia glücklich, wie ich es bei ihnen seit Jahren nicht mehr erlebt habe, und wir vertilgen heißhungrig unsere mit warmem Rinderbraten belegten Sandwiches. Ich sehe und höre mit Freude, wie gut ihnen die Höhenluft bekommt, aber ich sage nicht viel, sondern widme mich ganz dem Essen.

Durch das Aussichtsfenster sieht man hohe alte Kiefern auf der anderen Straßenseite. Viele Autos fahren an ihnen vorbei, auf dem Weg in den Nationalpark. Wir sind jetzt wieder weit unterhalb der Baumgrenze. Es ist wärmer hier, aber der Himmel ist bedeckt, und ab und zu lassen tiefhängende Wolken Regen erwarten.

Ich nehme an, wenn ich Romanschriftsteller wäre und nicht Chautauqua-Redner, würde ich versuchen, John und Sylvia und Chris »als Charaktere aufzubauen«, in handlungsträchtigen Szenen, die zudem die »tiefere Bedeutung« von Zen und vielleicht Kunst und vielleicht sogar Motorradwartung erschließen würden. Das gäbe einen Roman, der sich sehen lassen könnte, aber irgendwie fühle ich mich dem nicht ganz gewachsen. Sie sind meine Freunde, keine Romanfiguren, und Sylvia hat selbst einmal gesagt: »Ich lasse mich nicht gern zum Objekt machen!« So lasse ich eben vieles, was wir voneinander wissen, einfach beiseite. Nichts Schlimmes, aber für die Chautauqua eigentlich nicht von Bedeutung. So sollte man es wohl mit Freunden halten.

Gleichzeitig macht aber wohl die Chautauqua auch begreiflich, warum ich ihnen immer so reserviert und geistesabwesend vorkommen muß. Gelegentlichen Fragen entnehme ich, daß sie schon gerne wüßten, was zum Teufel mich andauernd so sehr beschäftigt, aber wenn ich ausplaudern wollte, worüber ich tatsächlich gerade nachdenke, etwa über die apriorische Vorstellung von der Kontinuität eines Motorrades von einer Sekunde zur anderen, ohne es in den ganzen großen Zusammenhang der Chautauqua zu stellen, würden sie bloß erschrecken und sich fragen, ob mir was fehlt. Ich interessiere mich aber wirklich für diese Kontinuität und die Art, wie wir darüber sprechen und denken, und weil ich deshalb lieber nachdenke, als mich an den üblichen Tischgesprächen zu beteiligen, sieht es so aus, als wollte ich mich von ihnen absondern. Es ist schon ein Problem.

Es ist ein Problem unserer Zeit. Unser Wissen hat sich derart vermehrt, daß wir alle zu Spezialisten geworden sind, und die einzelnen

Spezialgebiete haben sich derart weit voneinander entfernt, daß jeder, der frei zwischen ihnen umherwandern möchte, auf Nähe zu seinen Mitmenschen fast ganz verzichten muß. Die Tischgespräche über Alltägliches sind auch ein Spezialgebiet.

Chris scheint meine Abwesenheit besser zu verstehen als sie, vielleicht weil er sich schon mehr daran gewöhnt hat und seine Beziehung zu mir so ist, daß er sich Gedanken machen muß. Manchmal sehe ich auf seinem Gesicht den Ausdruck von Besorgnis, oder zumindest Ängstlichkeit, und überlege, was der Grund sein könnte, und dann merke ich erst, daß ich verärgert oder wütend bin. Wenn ich diesen Ausdruck nicht gesehen hätte, wäre es mir womöglich gar nicht zum Bewußtsein gekommen. Dann wieder springt er ausgelassen herum, und ich frage mich, was der Grund ist, und stelle fest, daß ich guter Laune bin. Im Moment sehe ich, daß er ein bißchen nervös ist und auf eine Frage antwortet, die John anscheinend an mich gerichtet hat. Es geht um die Leute, bei denen wir morgen sein werden, die DeWeeses.

Ich habe die Frage nicht richtig mitbekommen, aber ich sage ergänzend: »Er ist Maler. Er gibt dort am College Kunstunterricht; abstrakter Impressionist.«

Sie fragen mich, wie ich ihn kennengelernt habe, und ich muß erwidern, daß ich mich nicht mehr daran erinnere, was ein bißchen ausweichend ist. Ich kann mich, was ihn angeht, an nichts außer an einzelne Fragmente erinnern. Er und seine Frau hatten offensichtlich gemeinsame Bekannte mit Phaidros, und auf diese Weise muß er sie kennengelernt haben.

Sie erkundigen sich, was ich denn als technischer Schriftsteller mit einem abstrakten Maler gemeinsam hätte, und ich muß wieder gestehen, daß ich es nicht weiß. Ich gehe die Fragmente der Reihe nach durch, um eine Antwort zu finden, aber es kommt keine.

Von der Persönlichkeit her waren sie zweifellos verschieden. Während Phaidros' Gesicht auf Photos von damals Entfremdung und Aggression erkennen läßt – ein Kollege aus der Fakultät hatte es einmal halb im Scherz einen »subversiven Gesichtsausdruck« genannt –, zeigen Photos von DeWeese aus derselben Zeit ein ziemlich passives, beinahe heiteres Gesicht, wenn man von einem leicht fragenden Ausdruck absieht.

Ich erinnere mich an einen Film über einen Spion im Ersten Weltkrieg, der mit Hilfe eines durchsichtigen Spiegels das Verhalten eines in Gefangenschaft geratenen deutschen Offiziers studierte (der ihm zum Verwechseln ähnlich sah). Er beobachtete ihn monatelang, bis er jede seiner Gesten und jede Nuance seiner Sprechweise nachmachen konnte. Dann gab er sich als der aus der Gefangenschaft entflohene Offizier aus, mit der Absicht, sich ins Oberkommando der Wehrmacht einzuschleichen. Ich kann mich noch genau an den spannenden Augenblick erinnern, als er zum erstenmal den alten Freunden des Offiziers gegenübertrat, um zu testen, ob sie seine Verkleidung durchschauen würden. Ähnliche Gefühle habe ich jetzt, wenn ich an DeWeese denke, der natürlich annimmt, ich sei der, den er früher gekannt hat.

Der leichte Nebel draußen hat sich auf den Motorrädern niedergeschlagen. Ich hole das Plastik-Visier aus der Satteltasche und befestige es an meinem Helm. Wir kommen jetzt bald in den Yellowstone-Park.

Die Straße vor uns liegt im Nebel. Anscheinend ist eine Wolke in das Tal gezogen, das eigentlich gar kein Tal ist, sondern eher ein Gebirgspaß.

Ich weiß nicht, wie gut DeWeese ihn gekannt hat und welche gemeinsamen Erinnerungen er von mir erwartet. Ich habe das schon mit anderen durchgemacht, und meistens ist es mir gelungen, peinliche Augenblicke zu überbrücken. Das Gute daran war, daß ich jedesmal neue Informationen über Phaidros bekam, die mir dann sehr halfen, seine Rolle zu spielen; aus diesen Begegnungen weiß ich das meiste, was ich hier über ihn berichte.

Meinen eigenen Erinnerungsfragmenten zufolge hielt Phaidros sehr viel von DeWeese, weil er ihn nicht verstand. Phaidros interessierte sich brennend für alles, was er nicht verstand, und DeWeeses Ansichten faszinierten ihn. Sie kamen ihm wirr und abwegig vor. Immer wieder geschah es, daß Phaidros etwas sagte, was er für recht witzig hielt, und DeWeese ihn verständnislos ansah oder aber ihn ernst nahm. Dann wieder konnte Phaidros etwas sagen, was sehr ernst gemeint war und ihm Sorgen machte, und DeWeese bog sich vor Lachen, als hätte er schon lange keinen so guten Witz mehr gehört.

Da ist zum Beispiel das Erinnerungsfragment von dem Eßzimmertisch, an dem sich das Kantenfurnier abgelöst hatte, so daß Phaidros es neu anleimen mußte. Um das Furnier festzuhalten, bis der Leim getrocknet war, umwickelte er die Tischplatte mit einer ganzen Rolle Bindfaden, in zahllosen Windungen, eine immer dicht neben der anderen.

DeWeese sah die Schnur und fragte, was das sein solle.

»Das ist meine neueste Plastik«, hatte Phaidros geantwortet. »Wie finden Sie sie?«

Anstatt zu lachen, musterte DeWeese ihn ganz erstaunt, sah sich lange den Tisch an und fragte dann: »Wo haben Sie denn *das* alles gelernt?«

Eine Sekunde lang dachte Phaidros, er sei auf den Scherz eingegangen, aber er meinte es tatsächlich ernst.

Ein andermal machte sich Phaidros Sorgen um einige seiner Studenten, deren Leistungen ungenügend waren. Auf dem Heimweg unter Bäumen hatte er sich DeWeese anvertraut, und der hatte ihn gefragt, warum er das denn alles so persönlich nehme.

»Das habe ich mich auch schon gefragt«, hatte Phaidros gesagt und ein bißchen ratlos hinzugefügt: »Ich könnte mir vorstellen, es liegt daran, daß jeder Lehrer dazu neigt, diejenigen Studenten besser zu benoten, die ihm selbst am ähnlichsten sind. Wenn man selbst einen guten Stil schreibt, hält man diese Fähigkeit auch bei den Studenten für sehr wichtig. Hat man eine Vorliebe für große Worte, dann bevorzugt man die Studenten, die auch gern große Worte machen.«

»Sicher«, hatte DeWeese geantwortet, »was ist daran so ungewöhnlich?«

»Bei mir ist da irgendwie der Wurm drin«, hatte Phaidros gesagt, »weil nämlich die Studenten, die mir die liebsten sind, mit denen ich mich wirklich geistesverwandt fühle, allesamt *hängenbleiben.*«

DeWeese hatte sich daraufhin vor Lachen ausgeschüttet, so daß Phaidros sich gekränkt fühlte. Er hatte darin eine Art wissenschaftliches Phänomen gesehen, das zu neuen Erkenntnissen führen konnte, und DeWeese hatte bloß gelacht.

Zuerst dachte er, DeWeese habe nur gelacht, weil er sich unfreiwillig selbst herabgesetzt hatte. Aber das stimmte nicht, denn es war gar nicht DeWeeses Art, sich über einen anderen lustig zu machen. Später begriff er dann, daß die absurde Wahrheit seiner Feststellung das Lachen ausgelöst hatte. Es sind *immer* die besten Studenten, die scheitern. *Jeder* gute Lehrer weiß das. Es war ein Lachen, das Spannungen löst, die durch unmögliche Situationen entstehen, und Phaidros hätte sich daran ein Beispiel nehmen sollen, denn er nahm zu der Zeit alles viel zu ernst.

Diese rätselhaften Reaktionen DeWeeses brachten Phaidros auf den Gedanken, DeWeese habe Zugang zu einem riesigen Gebiet geheimen Wissens. DeWeese schien ständig etwas zu *verbergen*. Er verheimlichte etwas vor ihm, und Phaidros kam nicht darauf, was es war.

Dann kommt ein sehr deutliches Fragment, der Tag, an dem er entdeckte, daß DeWeese offenbar auch *ihn* rätselhaft fand.

Ein Lichtschalter in DeWeeses Atelier war defekt, und er hatte Phaidros gefragt, ob er wüßte, was da kaputt sein könnte. Er hatte dabei ein leicht verlegenes, leicht verwirrtes Lächeln, wie das Lächeln eines Kunstmäzens, der mit einem Maler spricht. Der Mäzen geniert sich zuzugeben, wie wenig er weiß, aber er lächelt erwartungsvoll, bereit, sich belehren zu lassen. Anders als die Sutherlands mit ihrem *Haß* auf die Technik war DeWeese ihr so weit entrückt, daß er sich kaum von ihr bedroht fühlte. Mehr noch, er war sogar ein Technik-Fan, ein Mäzen der technischen Künste. Er verstand nichts davon, aber er hatte eine ausgeprägte Vorliebe dafür und freute sich immer, wenn er etwas dazulernen konnte.

Er bildete sich ein, der Fehler müsse im Kabel dicht bei der Glühbirne stecken, weil das Licht sofort ausging, wenn man den Schalter betätigte. Wenn es am Schalter gelegen hätte, dann hätte seiner Meinung nach etwas Zeit vergehen müssen, ehe der Defekt sich in der Glühbirne auswirkte. Phaidros ließ sich auf keine Diskussion darüber ein, sondern ging ins nächste Elektrogeschäft, kaufte einen Schalter und hatte ihn in wenigen Minuten installiert. Er funktionierte natürlich auf Anhieb, was DeWeese ganz aus der Fassung brachte. »Woher haben Sie gewußt, daß es am Schalter lag?« erkundigte er sich.

»Weil das Licht an- und ausging, wenn man an dem Schalter wakkelte.«

»Na schön – aber hätte es nicht auch im Draht wackeln können?«

»Nein.«

Phaidros' überlegenes Getue regte DeWeese so auf, daß er zu räsonnieren anfing. »Woher *wissen* Sie denn das alles?« fragte er gereizt.

»Das ist doch *selbstverständlich*.«

»Wieso wußte ich es dann nicht auch?«

»Man muß sich halt ein bißchen auskennen.«

»Also ist es doch nicht selbstverständlich, oder?«

DeWeese argumentierte immer aus dieser sonderbaren Perspektive, die es unmöglich machte, ihm eine Antwort zu geben. Diese Perspektive war es, die Phaidros den Gedanken eingab, DeWeese verheimliche ihm etwas. Erst unmittelbar vor seinem Weggang aus Bozeman glaubte er auf die ihm eigene analytische und methodische Weise herausgefunden zu haben, was es mit dieser Perspektive auf sich hatte.

Am Eingang zum Nationalpark halten wir an und bezahlen bei einem Mann, der einen Hut mit einer Smokey-Bear-Figur aufhat. Er gibt uns dafür eine Tageskarte. Vor uns sehe ich einen ältlichen Touristen, der uns filmt und dann lächelnd die Kamera absetzt. Aus seinen Shorts schauen weiße Beine heraus, die unten in normalen Socken und Straßenschuhen stecken. Seine wohlgefällig zuschauende Frau hat genau dieselben Beine. Ich winke ihnen zu, als wir an ihnen vorbeifahren, und sie winken zurück. Ein Augenblick, der für viele Jahre auf Film konserviert sein wird.

Phaidros verabscheute diesen Park, ohne genau zu wissen, warum – vielleicht weil er ihn nicht selbst entdeckt hatte, aber das ist unwahrscheinlich. Es muß etwas anderes gewesen sein. Es ärgerte ihn, daß die Wärter sich als Fremdenführer aufspielten. Noch mehr widerten ihn die Touristen an, die sich wie daheim im Zoo benahmen. Was für ein Kontrast zu dem Hochgebirge ringsumher. Der Park kam ihm vor wie ein riesiges Museum mit sorgsam auf naturgetreu getrimmten Ausstellungsstücken, die aber säuberlich mit Ketten umhegt sind, damit die Kinder sie nicht kaputtmachen. Die Leute kamen in den Park und waren auf einmal höflich und übertrieben freundlich zueinander, weil die Atmosphäre im Park sie dazu animierte. Obwohl er so lange nur hundert Meilen entfernt lebte, war er nur ein- oder zweimal dortgewesen.

Aber ich greife schon wieder vor. Es fehlt noch eine Spanne von rund zehn Jahren. Er ging nicht geradewegs von Immanuel Kant nach Bozeman, Montana. Innerhalb dieses Zeitraums von zehn Jahren lebte er lange in Indien und studierte fernöstliche Philosophie an der Hindu-Universität in Benares.

Soviel ich weiß, wurde er dort in keinerlei okkulte Geheimnisse eingeweiht. Es geschah überhaupt nicht viel, außer daß er mit allerlei Dingen in Berührung kam. Er hörte Philosophen, pilgerte zu religiösen Persönlichkeiten, nahm auf und dachte nach, nahm noch mehr auf und dachte noch mehr nach, aber das war ungefähr alles. Aus seinen Briefen geht nichts hervor als ein ungeheurer Wirrwarr von Widersprüchen und Ungereimtheiten und Divergenzen und Ausnahmen von jeder Regel, die er über die von ihm beobachteten Dinge aufstellte. Er war als empirischer Wissenschaftler nach Indien gekommen, und er verließ Indien als empirischer Wissenschaftler, kaum weiser als zuvor. Doch er war mit vielem in Berührung gekommen und hatte so etwas wie ein latentes Bild erworben, das später im Verein mit vielen anderen latenten Bildern auftauchte.

Es erscheint angebracht, einige dieser Latenzen hier kurz zu umreißen, weil sie später noch wichtig werden. Er erfuhr, daß es zwischen Hinduismus, Buddhismus und Taoismus nicht annähernd so gewichtige dogmatische Unterschiede gibt wie zwischen Christentum, Islam und Judentum. Es werden keine Glaubenskriege geführt, weil niemals Aussagen über die Wirklichkeit mit der Wirklichkeit selbst gleichgesetzt werden.

In allen fernöstlichen Religionen wird der Sanskrit-Formel *tat tvam asi*, »Du bist das«, große Bedeutung beigemessen; sie besagt, daß alles, was man zu sein glaubt, und alles, was man wahrzunehmen glaubt, ungeteilt ist. Sich dieser Ungeteiltheit voll bewußt werden, heißt Erleuchtung erlangen.

Logik setzt eine Trennung von Subjekt und Objekt voraus; deshalb ist Logik nicht letzte Wahrheit. Die Illusion der Getrenntheit von Subjekt und Objekt wird am besten dadurch überwunden, daß man körperliche Aktivität, geistige Aktivität und emotionale Aktivität ausschaltet. Dafür gibt es viele Übungen. Eine der wichtigsten ist das aus dem Sanskrit kommende *dhyana*, im Chinesischen falsch ausgesprochen als »Ch'an«, und im Japanischen wiederum falsch ausgesprochen als »Zen«. Phaidros befaßte sich nie mit Meditation, weil sie in seinen Augen keinen Sinn hatte. Während seiner ganzen Zeit in Indien war für ihn »Sinn« stets logische Folgerichtigkeit, und er sah keine Möglichkeit, von dieser Überzeugung abzugehen, ohne unaufrichtig zu sein. Ich glaube, das war ehrenhaft von ihm.

Eines Tages im Hörsaal aber, als sich der Philosophieprofessor scheinbar zum fünfzigsten Mal frohgemut über das illusorische Wesen der Welt ausließ, hob Phaidros die Hand und fragte kalt, ob man glaube, daß auch die Atombomben von Hiroshima und Nagasaki illusorisch seien. Der Professor lächelte und sagte ja. Damit war der Wortwechsel beendet.

Vor dem Hintergrund der traditionellen indischen Philosophie mag diese Antwort richtig gewesen sein, aber für Phaidros und für jeden anderen, der regelmäßig Zeitung liest und sich Gedanken über Dinge wie die Massenvernichtung von Menschen macht, war diese Antwort absolut unbefriedigend. Er ging aus dem Hörsaal, verließ Indien und gab auf.

Er kehrte in seinen Mittelwesten zurück, studierte Journalismus, heiratete, lebte in Nevada und Mexiko, übernahm Gelegenheitsarbeiten, arbeitete als Journalist, wissenschaftlicher Schriftsteller und Werbetexter für die Industrie. Er zeugte zwei Kinder, kaufte eine Farm, ein Reitpferd und zwei Autos, und mit den Jahren nahm auch sein Umfang allmählich zu. Die Jagd nach dem, was wir den Geist der Rationalität genannt haben, hatte er aufgegeben. Das ist sehr wichtig zu wissen. Er hatte aufgegeben.

Weil er aufgegeben hatte, war sein Leben an der Oberfläche angenehm. Er arbeitete viel, doch in vernünftigen Grenzen, es war gut mit ihm auszukommen, und abgesehen von einer gewissen inneren Leere, wie sie in einigen Kurzgeschichten aus dieser Zeit zum Ausdruck kommt, nahm sein Leben einen ganz normalen Verlauf.

Was ihn dann in diese Berge hinaufzog, ist nicht gewiß. Seine Frau weiß es offenbar nicht, aber ich könnte mir denken, daß es vielleicht ein Gefühl des Scheiterns war und die Hoffnung, dies würde ihn wieder auf die richtige Fährte bringen. Er war reifer geworden, so als hätte das Aufgeben seiner inneren Ziele ihn schneller altern lassen.

Wir verlassen den Park bei Gardiner, wo es nicht oft zu regnen scheint, denn die Bergflanken zeigen im Dämmerlicht nur Gras und Gestrüpp. Wir beschließen hier zu übernachten.

Der Ort liegt auf Hochufern beiderseits einer Brücke über einen Fluß, der über glatte und saubere Felsen dahinrauscht. Auf der anderen Seite der Brücke sind in dem Motel, in dem wir uns einquartieren, schon die Lichter an, aber selbst in dem künstlichen Licht, das aus den Fenstern kommt, fällt mir auf, daß jedes der Häuschen mit liebevoll bepflanzten Blumenbeeten umgeben ist, und ich achte darauf, daß ich nichts zertrete.

Auch sonst fällt mir an den Häuschen einiges auf, und ich mache Chris darauf aufmerksam. Die Fallfenster sind alle zweiteilig und mit Gegengewichten versehen. Die Türen schnappen ein, ohne zu klappern. Alle Gehrungen sind absolut perfekt. Dabei hat das Ganze nichts Verspieltes, es ist nur einfach sauber gearbeitet, und irgend etwas sagt mir, daß alles von ein und derselben Hand stammt.

Als wir aus dem Restaurant in das Motel zurückkommen, sitzt ein älteres Paar in dem kleinen Garten vor dem Büro und genießt den leichten Abendwind. Der Mann bestätigt mir, daß er die Häuschen alle selbst gebaut hat, und freut sich sichtlich, daß ich es bemerkt habe; seine Frau, der das nicht entgangen ist, fordert uns auf, uns zu ihnen zu setzen.

Wir unterhalten uns und lassen uns dabei Zeit. Dies ist der älteste Zugang zum Park. Er wurde schon benutzt, als es noch keine Autos gab. Sie erzählen von den Veränderungen, die im Laufe der Jahre eingetreten sind, und fügen dem, was wir rings um uns sehen, eine neue Dimension hinzu; nach und nach entsteht so ein schönes Bild – diese Stadt, dieses Ehepaar und die Jahre, die hier vergangen sind. Sylvia legt John die Hand auf den Arm. Ich achte auf das Rauschen des Wassers drunten im felsigen Flußbett und auf einen Duft, den der Wind herträgt. Die Frau, die alle Düfte kennt, sagt, das sei Geißblatt; wir sind eine Weile still, und ich werde angenehm müde. Chris schläft schon fast, als wir schließlich hineingehen.

13

John und Sylvia essen ihre Frühstücks-Pfannkuchen und trinken ihren Kaffee, immer noch in der Stimmung von gestern abend, aber ich kriege fast keinen Bissen runter.

Wir werden heute voraussichtlich das College erreichen, den Ort, an dem sich eine ungeheure Verschmelzung der Dinge vollzog, und ich bin jetzt schon voll innerer Unruhe.

Ich erinnere mich, daß ich einmal einen Bericht über archäologische Ausgrabungen im Nahen Osten gelesen habe, in dem die Gefühle des

Archäologen geschildert wurden, als er die vergessenen Gräber nach Tausenden von Jahren zum erstenmal öffnete. Ich komme mir jetzt auch wie ein Archäologe vor.

Das Wermutgestrüpp in dem Canyon hinunter nach Livingston ist wie das Wermutgestrüpp überall von hier bis Mexiko.

Das Licht der Morgensonne ist dasselbe wie gestern, nur etwas wärmer und weicher, weil wir jetzt wieder in tieferen Regionen sind.

Nichts Ungewöhnliches.

Es ist nur dieses archäologische Gefühl, daß sich hinter der trügerischen Stille der Umgebung so manches verbirgt. Ein von Gespenstern heimgesuchter Ort.

Ich möchte wirklich nicht hinfahren. Am liebsten würde ich auf der Stelle umkehren.

Aber es ist wohl nur die innere Unruhe.

Das stimmt mit einem der Erinnerungsfragmente überein; oft war am Morgen seine innere Unruhe so groß, daß er alles wieder hochbrachte, was er vor seiner ersten Stunde aß. Er hatte einen Horror davor, im Hörsaal vor die Studenten zu treten und zu reden. Es war ein absoluter Verstoß gegen seine ganze zurückgezogene, einzelgängerische Lebensweise, und was er dabei empfand, war heftiges Lampenfieber, nur daß es sich nicht als Lampenfieber äußerte, sondern als eine unheimliche *Intensität* in allem, was er tat. Studenten hatten seiner Frau gesagt, man hätte das Gefühl, die Luft sei elektrisch geladen. In dem Augenblick, da er den Hörsaal betrat, richteten sich aller Augen auf ihn und folgten ihm, während er nach vorne ging. Das Stimmengewirr sank auf ein leises Gemurmel ab, und man unterhielt sich auch weiter nur noch im Flüsterton, obwohl es oft noch mehrere Minuten bis zum Beginn des Kollegs waren. Und während der ganzen Stunde schweiften die Augen keinen Moment von ihm ab.

Man sprach viel über ihn, er wurde zur umstrittenen Figur. Die meisten Studenten mieden seine Stunden wie die Pest. Sie hatten zu viele Geschichten über ihn gehört.

Die Schule war, wie man es beschönigend nennen könnte, ein College mit reinem Lehrbetrieb. An einem solchen College unterrichtet man am laufenden Band, findet nie Zeit für Forschungsarbeit, für Kontemplation oder die Teilnahme an außerschulischen Veranstaltungen. Immer nur unterrichten und unterrichten, bis man ganz stumpfsinnig wird, seine Kreativität einbüßt und zu einem Automaten wird, der immer wieder dieselben stumpfsinnigen Sachen von sich gibt, vor endlosen Reihen unschuldiger Studenten, die nicht begreifen, warum man so stumpfsinnig ist, die Achtung vor einem verlieren und diese Nichtachtung in die Gesellschaft hinaustragen. Der Grund dafür, daß man immer bloß unterrichten und unterrichten und unterrichten muß, liegt darin, daß dies eine geschickte Art ist, möglichst wenig Geld für ein College auszugeben und dabei echte Hochschulbildung vorzutäuschen.

Trotzdem hatte er für das College einen Namen, der nicht sehr sinnvoll schien, ja in Anbetracht der tatsächlichen Zustände sogar ein bißchen lächerlich klang. Aber der Name hatte für ihn große Bedeutung, und er verwendete ihn weiter und hatte dann kurz vor seinem Ausscheiden das Gefühl, daß er ihn ein paar Leuten nachdrücklich genug eingehämmert hatte, um sicher sein zu können, daß er haftenblieb. Er nannte es eine »Kirche der Vernunft«, und er wäre den Leuten längst nicht so rätselhaft gewesen, wenn sie verstanden hätten, was er damit meinte.

Der Staat Montana erlebte zu der Zeit einen Ausbruch von Rechtsextremismus, ähnlich dem, der unmittelbar vor Präsident Kennedys Ermordung in Dallas, Texas, zu beobachten war. Einem im ganzen Lande bekannten Professor von der Universität von Montana in Missoula wurde die Genehmigung zu einem Vortrag am College mit der Begründung verweigert, dadurch würde »die Ordnung gefährdet«. Und den eigenen Professoren wurde mitgeteilt, daß alle beabsichtigten Äußerungen in der Öffentlichkeit vorher der Public-Relations-Stelle des Colleges zur Genehmigung vorgelegt werden müßten.

Die Anforderungen wurden herabgesetzt. Schon früher war der Schule per Gesetz untersagt worden, Studenten über einundzwanzig die Aufnahme zu verweigern, gleichgültig, ob sie einen High-school-Abschluß hatten oder nicht. Nun war ein weiteres Gesetz erlassen worden, demzufolge das College für jeden durchgefallenen Studenten eine Strafe von achttausend Dollar zu zahlen hatte, was auf die Anordnung hinauslief, so gut wie jeden Studenten das Examen bestehen zu lassen.

Der neugewählte Gouverneur betrieb aus persönlichen und politischen Gründen die Absetzung des College-Präsidenten. Der College-Präsident war nicht nur sein persönlicher Feind, er war auch Demokrat, und der Gouverneur war kein gewöhnlicher Republikaner. Sein Wahlkampfleiter war zugleich Staats-Koordinator für die John Birch Society. Es war dies der nämliche Gouverneur, der die Liste der fünfzig subversiven Lehrkräfte zusammenstellte, von der wir neulich hörten.

Als Teil dieses Feldzugs wurden dem College die Mittel gekürzt. Der College-Präsident hatte einen unverhältnismäßig hohen Anteil der Kürzungen auf die englische Abteilung abgewälzt, der Phaidros angehörte und deren Mitglieder sich stets sehr freimütig zu Fragen der akademischen Freiheit geäußert hatten.

Phaidros hatte aufgegeben und korrespondierte mit der zuständigen Anerkennungsbehörde, um herauszubekommen, ob man nicht von dort aus diese Verstöße gegen die Anerkennungsvorschriften verhindern könne. Zusätzlich zu dieser privaten Korrespondenz hatte er öffentlich eine Untersuchung der gesamten Situation des Colleges gefordert.

Bei diesem Stand der Ereignisse hatten ihn ein paar Studenten in einer seiner Vorlesungen vorwurfsvoll gefragt, ob seine Bestrebungen, dem College die Anerkennung entziehen zu lassen, darauf hinausliefen, daß er versuche, sie um ihre Bildungschancen zu bringen.

Phaidros verneinte.

Gereizt sagte daraufhin einer der Studenten, offenbar ein Parteigänger des Gouverneurs, die Staatsregierung werde schon zu verhindern wissen, daß der Schule die Anerkennung entzogen würde.

Phaidros fragte ihn, wie er sich das vorstelle.

Der Student erwiderte, man würde Polizei schicken, um es zu verhindern.

Phaidros dachte eine Weile darüber nach, und dann sah er, welch groteskes Mißverständnis über Sinn und Zweck der Anerkennung einer Hochschule hier waltete.

An diesem Abend schrieb er das Konzept für die tags darauf fällige Vorlesung, eine Rechtfertigung seines bisherigen Vorgehens. Das war die Vorlesung über die Kirche der Vernunft, die im Gegensatz zu seinen üblichen knappen Notizen sehr lang und sorgfältig ausgearbeitet war.

Sie beginnt mit der Erwähnung eines Zeitungsartikels über eine Kirche auf dem Lande, über deren Tür eine Leuchtreklame für eine Biermarke angebracht war. Das Gebäude war verkauft worden und diente jetzt als Lokal. Wie man sich vorstellen kann, kam an dieser Stelle Gelächter auf. Das College war für feuchtfröhlichen Partybetrieb bekannt, und der Vergleich wurde als Anspielung aufgefaßt. In dem Artikel hieß es, daß eine Reihe von Leuten sich bei den kirchlichen Behörden darüber beschwert hätte. Es war eine katholische Kirche gewesen, und die Priester, die man mit der Erwiderung der Kritik beauftragt hatte, waren von der ganzen Sache offenbar recht unangenehm berührt gewesen. Für ihn äußerte sich darin eine unglaublich falsche Auffassung davon, was eine Kirche wirklich ist. Glaubten diese Leute tatsächlich, daß Ziegelsteine und Bretter und Glas eine Kirche ausmachten? Oder die Form des Daches? Was sich hier als Frömmigkeit gebärde, sei in Wahrheit ein Beispiel für eben den Materialismus, den die Kirche bekämpfe. Das fragliche Gebäude sei kein geweihter Bezirk mehr gewesen. Es sei säkularisiert worden, und damit Schluß. Das Reklameschild hänge über einem Lokal und keiner Kirche, und diejenigen, die das nicht begriffen, ließen damit nur erkennen, wes Geistes Kinder sie seien.

Auch die Universität, sagte Phaidros, werde oft auf diese Weise mißverstanden, und deshalb sei es so schwer zu verstehen, was es mit dem Verlust der Anerkennung auf sich habe. Die wahre Universität sei kein materieller Gegenstand. Sie bestehe nicht aus einer Ansammlung von Gebäuden, für die man Polizeischutz anfordern könne. Wenn einem College die Anerkennung entzogen werde, so erklärte er, komme niemand, um es zu schließen. Es würden keine juristischen Sanktionen, keine Geldstrafen, keine Freiheitsstrafen verhängt. Der Lehrbetrieb werde nicht eingestellt. Alles gehe seinen gewohnten Gang. Die Studenten erhielten dieselbe Ausbildung, wie wenn dem College die Anerkennung nicht entzogen worden wäre. Das Ganze sei nichts weiter als die offizielle Bestätigung eines bereits bestehenden Zustands. Man könne es mit der Exkommunikation vergleichen. Im Grunde geschehe nämlich folgendes: Die *wahre* Universität, der kein Gesetzgeber Vorschriften machen könne und die man niemals mit irgendwelchen örtlich fixierten Gebäuden aus Ziegelsteinen und Brettern und Glas gleichsetzen dürfe, würde einfach erklären, dieses Gelände sei von nun an kein »geweihter Bezirk« mehr. Die wahre Universität würde von diesem Ort verschwinden, und übrigbleiben würden lediglich die Ziegelsteine und die Bücher und die materiellen Äußerlichkeiten.

Für die Studenten muß das alles recht sonderbar geklungen haben, und ich kann mir vorstellen, daß er lange wartete, damit es sich setzen könne, und daß er dann vielleicht auf die Frage wartete: Und was ist nach Ihrer Meinung die wahre Universität?

Seine Notizen zur Beantwortung dieser Frage besagen folgendes:

Die wahre Universität, so sagte er, hat keinen bestimmten Ort. Sie verfügt über keinen Besitz, zahlt keine Gehälter und nimmt keine Gebühren entgegen. Die wahre Universität ist eine geistige Haltung. Sie ist das große Erbe rationalen Denkens, das durch die Jahrhunderte auf uns gekommen und nicht an einen bestimmten Ort gebunden ist. Sie ist eine Geisteshaltung, die zu jeder Zeit von einer Gruppe von Menschen verkörpert und bewahrt wird, die traditionsgemäß den Titel »Professor« tragen, doch selbst dieser Titel ist kein Bestandteil der wahren Universität. Die wahre Universität ist nichts anderes als die Gesamtheit der sich fortwährend erneuernden menschlichen Vernunft.

Außer dieser Geisteshaltung, der »Vernunft«, gibt es aber noch eine juristische Körperschaft, die bedauerlicherweise denselben Namen trägt, jedoch etwas ganz anderes ist. Bei ihr handelt es sich um ein gemeinnütziges Unternehmen, eine staatliche Institution mit einer bestimmten Adresse. Sie verfügt über Besitz, ist in der Lage, Gehälter zu zahlen und Geldmittel entgegenzunehmen und dabei auf Druck seitens des Gesetzgebers zu reagieren.

Aber diese zweite Universität, die staatliche Institution, kann nicht lehren, trägt nicht zur Mehrung unseres Wissens bei und bewertet keine Ideen. Sie hat nichts mit der wahren Universität gemein. Sie ist lediglich ein Kirchengebäude, die Lokalität, der Ort, an dem günstige Bedingungen für die Existenz der wahren Kirche geschaffen wurden.

Konfusion sei regelmäßig die Folge, sagte er, wenn einer diesen Unterschied nicht sehe und glaube, Gewalt über die kirchlichen Gebäude schließe die Gewalt über die Kirche ein. Solche Leute sähen in Professoren Angestellte der zweiten Universität, die auf Anordnung die Vernunft preisgeben und ohne Widerrede Befehle entgegennehmen müßten wie die Angehörigen anderer Unternehmen.

Sie sehen die zweite Universität, aber die erste bleibt ihnen verborgen.

Ich weiß noch, wie ich das zum erstenmal las und mich über sein analytisches Geschick äußerte. Er vermied es, die Universität in Fachbereiche oder Abteilungen aufzuspalten und sich mit den Ergebnissen einer solchen Analyse auseinanderzusetzen. Er vermied auch die herkömmliche Aufteilung in Studenten, Lehrkörper und Verwaltung. Wenn man eine dieser beiden Aufteilungen vornimmt, hat man eine Unmenge trockener Fakten vor sich, die einem kaum etwas sagen, was man nicht auch dem offiziellen Jahresbericht entnehmen könnte. Aber Phaidros unterschied zwischen »Kirche« und »Ort«, und wenn man es so aufteilt, sieht man dieselbe langweilige und undurchschaubare Institution, wie sie im Jahresbericht beschrieben ist, auf einmal mit einer Klarheit, die vorher nicht da war. Aufgrund dieser Unterscheidung konnte er eine Anzahl verwirrender, doch ganz normaler Aspekte des Universitätslebens erklären.

Nach diesen Ausführungen kam er wieder auf den Vergleich mit der Kirche zurück. Die Bürger, die eine solche Kirche bauen und dafür Geld geben, stellen sich wahrscheinlich vor, daß sie das für die Allgemeinheit tun. Eine gute Predigt kann den Mitgliedern der Kirchengemeinde wieder für eine Woche den Kopf zurechtsetzen. Die Sonntagsschule trägt dazu bei, daß die Kinder zu anständigen Menschen heranwachsen. Der Geistliche, der die Predigt hält und die Sonntagsschule leitet, kennt diese praktischen Ziele und billigt sie normalerweise, aber er weiß auch, daß *sein* eigentliches Ziel nicht darin liegt, der Gemeinschaft zu dienen. Sein Hauptziel ist es immer, Gott zu dienen. Normalerweise führt das nicht zu Konflikten, aber gelegentlich unterläuft doch einmal einer, wenn die Treuhänder nicht mit den Predigten des Geistlichen einverstanden sind und mit der Kürzung der Mittel drohen. Das kommt vor.

Ein treuer Diener der Kirche muß sich in einer solchen Lage so verhalten, als hätte er die Drohungen nicht vernommen. Sein Hauptziel ist nicht, den Mitgliedern der Gemeinde zu dienen, sondern immer, Gott zu dienen.

Das Hauptziel der Kirche der Vernunft, sagte Phaidros, ist stets Sokrates' altes Ziel der Wahrheit in ihren beständig sich wandelnden Formen, wie sie sich im Prozeß der Rationalität offenbart. Alles andere muß sich dem unterordnen. Für gewöhnlich liegt dieses Ziel nicht im Widerstreit mit dem örtlichen Ziel, die Bürgerschaft zu belehren, aber zuweilen kommt es zu einem Konflikt, wie bei Sokrates selbst. Er entsteht, wenn Treuhänder und gesetzgebende Körperschaften, die für die »örtliche« Universität viel Zeit und Geld aufgewendet haben,

Standpunkte beziehen, die im Widerspruch zu den Vorlesungen oder öffentlichen Äußerungen der Professoren stehen. Dann können sie die College-Verwaltung erpressen, indem sie mit der Kürzung oder Sperrung der Mittel für den Fall drohen, daß die Professoren nicht sagen, was sie hören wollen. Auch das kommt vor.

Wahre Kirchenmänner müssen sich in einer solchen Lage so verhalten, als hätten sie die Drohungen nicht gehört. Ihr Hauptziel kann es nie sein, der Allgemeinheit zu dienen. Ihr Hauptziel ist es, durch Vernunft dem Ziel der Wahrheitsfindung zu dienen.

Das war es, was er mit seiner Kirche der Vernunft meinte. Es war keine Frage, daß es ihm damit sehr ernst war. Er galt als eine Art Unruhestifter, aber er wurde nie in einer Weise dafür gemaßregelt, die dem Ausmaß der von ihm gestifteten Unruhe entsprochen hätte. Was ihn vor dem Zorn seiner Umwelt bewahrte, war teils die Tatsache, daß er die Feinde des Colleges in keiner Weise unterstützte, teils aber auch die neidvolle Einsicht der anderen, daß er mit all seinem Unruhestiften einen Auftrag erfüllte, dem auch sie sich nicht entziehen konnten: den Auftrag auszusprechen, was die Vernunft gebietet.

Die Vorlesungsnotizen erklären beinahe vollständig, warum er sich so verhielt, lassen aber eines unerklärt – seine fanatische Intensität. Man kann ja an die Wahrheit, an die Fortschritte der Vernunft in der Entdeckung der Wahrheit und an die Notwendigkeit des Widerstandes gegen staatliche Eingriffe glauben, aber muß man deshalb gleich Tag für Tag bis an den Rand der Selbstzerstörung gehen?

Die psychologischen Erklärungen, die man mir gegeben hat, genügen mir nicht. Lampenfieber könnte niemals Monate hindurch eine solch übermenschliche Anspannung aller Kräfte aufrechterhalten. Nicht viel plausibler erscheint mir eine andere Erklärung, daß er nämlich versucht habe, sich für sein früheres Scheitern zu entschädigen. Nichts deutet darauf hin, daß er seine Entfernung von der Universität jemals als persönliches Versagen begriffen hätte; sie war ihm immer nur rätselhaft gewesen. Die Erklärung, auf die ich selbst gestoßen bin, ergibt sich aus der Diskrepanz zwischen seinem mangelnden Glauben an die wissenschaftliche Vernunft im Labor und dem fanatischen Glauben, der sich in der Vorlesung über die Kirche der Vernunft äußert. Ich dachte eines Tages über diese Diskrepanz nach, und auf einmal erkannte ich, daß es gar keine Diskrepanz war. Sein mangelnder Glaube an die Vernunft war *der Grund* dafür, daß er so fanatisch für sie eintrat.

Man verschreibt sich nie einer Sache, an der man nicht die geringsten Zweifel hat. Kein Mensch verkündet fanatisch, daß morgen die Sonne aufgehen wird. Man *weiß*, daß sie morgen aufgehen wird. Wenn Menschen sich mit Haut und Haaren politischen oder religiösen Überzeugungen oder irgendwelchen anderen Dogmen oder Zielen verschreiben, so stets deshalb, weil diese Dogmen oder Ziele zweifelhaft sind.

Die Militanz der Jesuiten, an die man sich bei ihm erinnert fühlt, ist ein gutes Beispiel. Historisch gesehen entspringt ihr fanatischer Eifer nicht der Stärke der katholischen Kirche, sondern ihrer Schwäche angesichts der Reformation. Sein *Mangel* an Vertrauen in die Vernunft machte Phaidros zu einem so fanatischen Lehrer. Das klingt schon plausibler. Und es trägt sehr viel dazu bei, plausibler zu machen, was später geschah.

Das ist wahrscheinlich der Grund, warum er sich mit so vielen schwachen Studenten auf den hinteren Bänken seiner Hörsäle so nahe verwandt fühlte. In ihrem verächtlichen Gesichtsausdruck spiegelten sich dieselben Gefühle, wie er sie gegenüber dem ganzen rationalen, intellektuellen Prozeß hatte. Der einzige Unterschied war, daß sie voller Verachtung waren, weil sie diesen Prozeß nicht verstanden. Er war voller Verachtung, weil er ihn verstand. Da sie ihn nicht verstanden, gab es für sie keinen anderen Ausweg, als zu versagen und zeit ihres Lebens mit Bitternis an diese Erfahrung zurückzudenken. Er hingegen fühlte sich fanatisch verpflichtet, etwas dagegen zu tun. Das war der Grund, warum er seine Vorlesung über die Kirche der Vernunft so sorgfältig vorbereitete. Er wollte ihnen sagen, daß man an die Vernunft glauben muß, weil es sonst nichts gibt. Aber es war ein Glaube, der ihm selbst fehlte.

Man muß sich dabei stets vor Augen halten, daß dies alles sich in den Fünfzigern und nicht in den Siebzigern abspielte. Die Beatniks und die ersten Hippies grollten damals zwar schon »dem System« und dem engstirnigen Rationalismus, auf den es sich stützte, aber noch kaum einer ahnte, wie sehr das ganze Gebäude in Mißkredit geraten würde. Ganz ähnlich Phaidros, der fanatisch eine Institution, die Kirche der Vernunft, verteidigte, die anzuzweifeln niemand einen Grund hatte, schon gar nicht in Bozeman, Montana. Ein vorreformatorischer Loyola. Ein Eiferer, der jedem versicherte, morgen werde die Sonne aufgehen, obwohl keiner sich deswegen Gedanken machte. Sie wunderten sich alle nur über *ihn*.

Jetzt aber, da das stürmischste Jahrzehnt des Jahrhunderts zwischen ihm und uns liegt, ein Jahrzehnt, in dem die Vernunft, das rationale Prinzip, Angriffen ausgesetzt war, wie man sie in den Fünfzigern nie für möglich gehalten hätte, können wir, glaube ich, in dieser auf seinen Entdeckungen beruhenden Chautauqua ein wenig besser erkennen, wovon er damals sprach ... eine Lösung für alles ... wenn es nur wirklich so wäre ... soviel davon ist verlorengegangen, daß man es nicht mehr wissen kann.

Vielleicht ist das der Grund, warum ich mir wie ein Archäologe vorkomme. Und so voller Unruhe bin. Mir sind nur diese Erinnerungsfragmente geblieben und Bruchstücke, die mir von anderen mitgeteilt werden, und ich frage mich ständig, während wir immer näher kommen, ob nicht manche Gräber besser ungeöffnet blieben.

Chris, der hinter mir sitzt, kommt mir plötzlich in den Sinn, und ich frage mich, wieviel er weiß, wieviel er behalten hat.

Wir kommen an eine Kreuzung mit der von Ost nach West führenden Autobahn, halten an und fahren auf ihr weiter. Jetzt müssen wir noch über einen kleineren Paß, und dann ist es nicht mehr weit bis Bozeman. Die Straße steigt jetzt an, es geht westwärts, und auf einmal freue ich mich auf das, was vor uns liegt.

14

Aus der Paßenge kommen wir in eine kleine grüne Ebene hinaus. Unmittelbar südlich sind mit Kiefern bewaldete Berge, auf deren Gipfeln noch der Schnee vom letzten Winter liegt. In allen anderen Richtungen tauchen niedrigere Berge auf, weiter weg, doch genauso klar und scharf. Diese Ansichtskartenlandschaft deckt sich vage mit der Erinnerung, aber nicht genau. Es muß damals diese Autobahn noch nicht gegeben haben.

Mir fällt wieder das Wort ein, daß Reisen besser ist als Ankommen, und ich muß darüber nachdenken. Wir sind gereist, und jetzt werden wir ankommen. Für mich beginnt immer eine Periode der Niedergeschlagenheit, wenn ich so ein vorläufiges Ziel erreiche und mich auf ein neues einstellen muß. In ein, zwei Tagen müssen John und Sylvia wieder zurück, und Chris und ich müssen uns überlegen, was wir als nächstes machen. Alles will neu organisiert sein.

Die Hauptstraße der Stadt kommt mir vage bekannt vor, aber jetzt habe ich das Gefühl, ein Tourist zu sein, und ich sehe, daß die Ladenschilder mir gelten, dem Touristen, und nicht den Leuten, die hier leben. Eine Kleinstadt ist das eigentlich nicht. Die Menschen bewegen sich zu schnell und zu unabhängig voneinander. Es ist eine dieser Städte mit einer Einwohnerzahl zwischen fünfzehn- und dreißigtausend, keine Kleinstadt mehr, noch keine Großstadt – eigentlich überhaupt nichts Rechtes.

Wir essen zu Mittag in einem Glas-und-Chrom-Restaurant, das überhaupt keine Erinnerung weckt. Es wurde wahrscheinlich erst nach seiner Zeit gebaut und weist denselben Mangel an Übereinstimmung mit sich selbst auf wie die Hauptstraße.

Im Telefonbuch suche ich nach DeWeeses Nummer, kann sie aber nicht finden. Ich wähle die Vermittlung, aber das Fräulein kennt den Teilnehmer nicht und kann mir die Nummer auch nicht sagen. Ich kann es nicht glauben! Gab es sie nur in seiner Einbildung? Die Auskunft verursacht im ersten Moment ein Gefühl der Panik, aber dann fällt mir ein, daß sie mir ja auf meinen Brief geantwortet haben, in dem ich unser Kommen ankündigte, und ich beruhige mich wieder. Imaginäre Leute sind keine Postkunden.

John schlägt vor, das College oder irgendwelche Bekannten anzurufen. Ich rauche eine Weile und trinke Kaffee, und als meine Aufregung sich gelegt hat, folge ich seinem Rat und lasse mir den Weg beschreiben. Nicht die Technik macht einem Angst. Was sie in den Beziehungen zwischen den Menschen anrichtet, zwischen Anrufern und Telefonistinnen zum Beispiel, das macht einem Angst.

Von der Stadt bis zu den Bergen auf der anderen Seite des Talbodens können es kaum zehn Meilen sein, und wir fahren jetzt diese Strecke auf Wegen durch sattgrüne hohe Luzernenfelder, die erntereif sind und so dicht, daß man kaum durchkäme. Die Felder dehnen sich seitwärts und ziehen sich sanft ansteigend bis an den Fuß der Berge, wo unvermittelt das dunklere Grün der Kiefern aufsteigt. Dort müssen die DeWeeses wohnen. Wo das Hellgrün und das Dunkelgrün sich treffen. Der Wind riecht hellgrün nach frisch gemähtem Heu und nach Vieh. An einer Stelle durchqueren wir einen Schwall kalter Luft, in dem der Heugeruch auf Kiefer wechselt, aber dann ist es gleich wieder warm. Sonnenschein und Wiesen und der bedrängend nahe Berg.

Genau da, wo die Kiefern anfangen, wird der Kies auf dem Fahrweg sehr tief. Wir schalten in den ersten Gang zurück und fahren nur noch mit fünfzehn Meilen pro Stunde, und ich spreize beide Beine ab, um die Maschine abzufangen, falls sie sich in den Kies wühlt und kippt. Nach einer scharfen Biegung sind wir auf einmal in den Kiefern und in einem sehr steilen, V-förmigen Canyon in dem Berg, und gleich neben der Straße steht ein großes graues Haus mit einer riesigen abstrakten Eisenplastik an einer Außenwand, und darunter sitzt auf einem schräg an die Hausmauer gekippten Stuhl im geselligen Kreis das leibhaftige Ebenbild von DeWeese, eine Dose Bier in der Hand, mit der er uns zuwinkt. Wie einem der Photos von früher entsprungen.

Ich habe solche Mühe, die Maschine aufrecht zu halten, daß ich keine Hand entbehren kann, und winke dafür mit einem Bein. DeWeeses leibhaftiges Ebenbild grinst freundlich, als wir vor dem Haus ankommen.

»Na also, Sie haben ja hergefunden«, sagt er. Entspanntes Lächeln. Freudestrahlende Augen.

»Es ist lange her«, sage ich. Auch ich freue mich, trotz des Befremdens darüber das Bild plötzlich gehen und reden zu sehen.

Wir steigen ab und entledigen uns unserer Helme und Handschuhe, und ich sehe, daß der Bretterboden der unverglasten Veranda, auf der er und seine Gäste sitzen, neu und noch nicht ganz fertig ist. Auf unserer Seite, wo DeWeese steht und zu uns herunterschaut, ist die Plattform nur knapp einen Meter über der Straße, aber das V des Canyons ist so spitz, daß auf der uns abgewandten Seite der Veranda der Boden vier bis fünf Meter tief abfällt. Der Gebirgsbach selbst fließt nochmal fünfzehn Meter weiter unten und vom Haus entfernt durch Bäume und hohes Gras, wo ein Pferd halb von den Bäumen verdeckt grast, ohne aufzuschauen. Wir müssen jetzt nach oben schauen, um den Himmel zu sehen. Um uns herum ist der dunkelgrüne Wald, den wir auf der Herfahrt betrachtet haben.

»*Schön* ist es hier!« sagt Sylvia.

DeWeeses leibhaftiges Ebenbild lächelt zu ihr herunter. »Danke«, sagt er, »freut mich, daß es Ihnen gefällt.« Sein Ton ist ganz hier und jetzt, völlig gelöst und unbefangen. Ich stelle fest, daß das einerseits zwar das authentische Ebenbild von DeWeese ist, andererseits aber auch ein nagelneuer Mensch, der sich fortlaufend erneuert hat und den ich erst wieder kennenlernen muß.

Wir steigen auf die Veranda hinauf. Zwischen den Brettern sind breite Fugen, wie bei einem Rost. Man kann durch sie hindurch den Boden sehen. Mit einem Tonfall und einem Lächeln, die »Ich weiß nicht, wie man sowas eigentlich macht« besagen, macht uns DeWeese mit seinen Gästen bekannt, aber die Namen gehen beim einen Ohr rein und beim andern raus. Namen kann ich mir nie behalten. Seine Gäste sind ein Kunstlehrer vom College, der eine Hornbrille aufhat, und seine Frau, die schüchtern lächelt. Sie müssen neu sein.

Wir unterhalten uns eine Weile, wobei hauptsächlich DeWeese den beiden erklärt, wer ich bin, und dann auf einmal, von dorther, wo die Plattform um die Hausecke läuft, taucht Gennie DeWeese mit einem Tablett Bierdosen auf. Sie ist ebenfalls Malerin und, wie ich gleich merke, von rascher Auffassungsgabe, und wir tauschen auch schon ein Lächeln über meine künstlerische Beschränkung aufs Wesentliche aus, als ich nämlich statt ihrer Hand eine Bierdose ergreife, während sie sagt: »Bekannte haben gerade ein paar Forellen fürs Abendessen vorbeigebracht. Ich freue mich sehr.« Ich suche nach einer passenden Antwort, aber es wird nur ein Nicken.

Wir setzen uns, ich in der Sonne, von wo aus man auf der Schattenseite der Veranda kaum Einzelheiten erkennt.

DeWeese schaut mich an, will anscheinend etwas über mein Äußeres sagen, das zweifellos stark von seiner Erinnerung abweicht, aber irgendwas hält ihn ab, und er dreht sich statt dessen zu John um und fragt ihn, wie die Fahrt war.

John sagt, es sei einfach herrlich gewesen, genau das, was er und Sylvia seit Jahren nötig gehabt hätten.

Sylvia stimmt ein. »Allein schon, daß man ständig draußen ist, dieser weite Raum«, sagt sie.

»Raum gibt es wirklich genug in Montana«, erwidert DeWeese mit einem Anflug von Wehmut. Er und John und der Kunstlehrer beginnen ein Kennenlerngespräch über die Unterschiede zwischen Montana und Minnesota.

Unten am Bach weidet friedlich das Pferd, und gleich hinter ihm glitzert das Wasser. Das Gespräch dreht sich jetzt um DeWeeses

Grundstück hier im Canyon und darum, wie lange er hier schon lebt und wie ihm der Kunstunterricht am College gefällt. John hat eine Begabung zu solch unverbindlicher Plauderei, die mir völlig abgeht. Ich höre deshalb lieber bloß zu.

Nach einer Weile wird es mir in der Sonne so heiß, daß ich meinen Pullover ausziehe und mir das Hemd aufknöpfe. Um außerdem nicht dauernd die Augen zusammenkneifen zu müssen, ziehe ich meine Sonnenbrille heraus und setze sie auf. So ist es besser, aber jetzt ist der Schatten so finster, daß ich kaum noch die Gesichter sehe und mir irgendwie optisch getrennt vorkomme von allem außer der Sonne und den sonnenbeschienenen Hängen des Canyons. Ich denke ans Auspacken, beschließe aber, vorerst nichts zu sagen. Sie wissen, daß wir über Nacht bleiben, aber sie lassen intuitiv eins nach dem andern geschehen. Erst entspannen wir uns, dann holen wir das Gepäck herauf. Wozu die Eile? Von dem Bier und der Sonne bekomme ich allmählich einen weichen Kopf, wie mit Watte gefüllt. Sehr angenehm.

Ich weiß nicht, wieviel Zeit vergangen ist, als ich höre, wie John etwas über »unseren Filmstar da« sagt, und mir wird klar, daß er mich und meine Sonnenbrille damit meint. Ich blinzle über den Brillenrand in den Schatten und sehe, daß DeWeese und John und der Kunstlehrer zu mir herlächeln. Anscheinend soll ich mich an ihrem Gespräch beteiligen, es geht um Fahrtprobleme.

»Sie wollen wissen, was passiert, wenn an der Maschine was kaputt geht«, sagt John.

Ich erzähle die ganze Geschichte von damals, als Chris und ich durch den Wolkenbruch fuhren und der Motor uns im Stich ließ. Eine gute Geschichte, aber, wie mir beim Erzählen klar wird, nicht sehr ergiebig als Antwort auf seine Frage. Die Schlußpointe mit dem leeren Tank bringt das erwartete Stöhnen.

»Und dabei hab' ich ihm noch gesagt, daß er nachsehen soll«, sagt Chris.

DeWeese und Gennie machen beide eine Bemerkung, wie groß Chris geworden sei. Das macht ihn verlegen, und er wird ein bißchen rot. Sie erkundigen sich nach seiner Mutter und seinem Bruder, und wir beantworten gemeinsam ihre Fragen, so gut wir können.

Mir wird die Hitze in der Sonne endgültig zuviel und ich rücke meinen Stuhl in den Schatten. Das weiche Gefühl im Kopf vergeht in der plötzlichen Kühle, und nach ein paar Minuten muß ich mir das

Hemd wieder zuknöpfen. Gennie sieht es und sagt: »Sobald die Sonne hinter den Berg geht, wird es richtig kalt.«

Der Abstand zwischen Sonne und Berg ist schon schmal. Ich schätze, daß wir höchstens noch eine halbe Stunde Sonne haben, obwohl es noch lange nicht Abend wird. John erkundigt sich, wie der Winter hier in den Bergen ist, und er und DeWeese und der Kunstlehrer sprechen darüber und über das Schneeschuhlaufen in den Bergen. Ich könnte hier ewig so sitzen.

Sylvia und Gennie und die Frau des Kunstlehrers unterhalten sich über das Haus, und Gennie bittet sie bald hinein.

Ich muß wieder an die Bemerkung denken, wie schnell Chris wächst, und plötzlich ist die Vorstellung von dem Grab wieder da. Über die Zeit, die er hier verbracht hat, bin ich nur aus zweiter Hand unterrichtet, aber ihnen kommt es so vor, als sei es erst gestern gewesen. Wir leben in völlig verschiedenen Zeitsystemen.

Die Unterhaltung geht dazu über, was es Neues gibt in der Kunst, in der Musik und am Theater, und ich staune, wie gut John da mithalten kann. Ich interessiere mich kaum dafür, was es auf diesen Gebieten Neues gibt, und das weiß er wahrscheinlich und spricht deshalb mit mir nie darüber. Es ist genau umgekehrt wie mit der Motorradwartung. Ich frage mich, ob ich jetzt auch so einen glasigen Blick habe wie er, wenn ich über Pleuelstangen und Kolben rede.

Was aber ihn und DeWeese wirklich verbindet, sind Chris und ich, und dieses Thema schafft eine sonderbar gereizte Stimmung, seit vorhin die Bemerkung mit dem Filmstar fiel. Johns nicht böse gemeinter Sarkasmus gegenüber seinem alten Zech- und Motorradkameraden stößt DeWeese ein bißchen ab und drängt ihn zu ehrerbietigen Äußerungen mir gegenüber. Das wiederum scheint John gleichsam automatisch zu neuen Sarkasmen zu reizen, und sie sind sich beide dieses Mechanismus bewußt, weshalb sie immer wieder von mir abkommen und auf ein harmloseres Thema übergehen, um bald darauf wieder bei mir zu landen; da aber diese Gereiztheit um sich greift, schwenken sie eilends wieder auf ein erfreulicheres Thema.

»Wie auch immer«, sagt John, »dieser Typ da hat uns jedenfalls auf der Fahrt hierher gesagt, wir müßten uns auf ein Tief gefaßt machen, und dieses ›Tief‹ haben wir immer noch nicht überwunden.«

Ich lache. Ich hatte nicht gedacht, daß er es so ernstnehmen würde. Auch DeWeese lächelt. Aber dann wendet sich John an mich und sagt:

»Mann, du mußt ja total *verrückt* gewesen sein, einfach *bescheuert*, hier wegzugehen. Wie das College ist, wäre mir völlig egal.«

Ich sehe, daß DeWeese ihn ansieht, fassungslos. Und dann ärgerlich. DeWeese schaut zu mir her und ich winke ab. Eine peinliche Situation ist entstanden, aber ich weiß keinen Ausweg. »Schön haben Sie's hier«, sage ich linkisch.

DeWeese sagt, um mir beizuspringen: »Wenn Sie längere Zeit hier wären, würden Sie es auch von einer anderen Seite kennenlernen.« Der Kunstlehrer nickt bestätigend.

Die peinliche Situation bewirkt, daß die Unterhaltung stockt. Es gibt keinen Ausweg aus dieser Sackgasse. Was John gesagt hat, war nicht taktlos. Er hat mehr Taktgefühl als jeder andere. Was er und ich wissen, DeWeese aber nicht weiß, ist, daß mit dem, den sie beide meinen, heute nicht mehr viel los ist. Halt auch einer dieser Männer mittleren Alters, die irgendwie zurechtkommen. Der sich vor allem um Chris sorgt, sonst aber kaum Interessen hat.

Was aber DeWeese und ich wissen und die Sutherlands nicht, ist, daß es einmal einen anderen gab, einen Mann, der einmal hier gelebt hat, der in schöpferischer Begeisterung für Ideen entbrannt war, von denen noch niemand je gehört hatte, doch dann geschah etwas Unerklärliches, Falsches, und DeWeese weiß nicht, wie und warum, so wenig wie ich selbst. Die peinliche Situation ist entstanden, weil DeWeese glaubt, dieser Mann sei jetzt hier anwesend. Und ich sehe keine Möglichkeit, ihn eines anderen zu belehren.

Für einen kurzen Augenblick blinkt die Sonne, hoch droben am Rand des Bergrückens, durch die Baumwipfel, und ein diffuser Lichtschein fällt auf die Veranda. Der Lichtschein weitet sich aus, erfaßt alles in einem letzten jähen Aufflammen, und plötzlich erfaßt er auch mich.

»Er hat zuviel gesehen«, sage ich, in Gedanken noch immer mit der peinlichen Situation beschäftigt, aber DeWeese schaut mich verwundert an, und John reagiert überhaupt nicht, und ich bemerke den Gedankensprung zu spät. In der Ferne klagt einsam ein Vogel.

Jetzt ist die Sonne auf einmal hinter den Berg gegangen, und der ganze Canyon liegt in flauen Schatten.

Ich denke bei mir, wie unnötig das war. So etwas sagt man nicht. Man verläßt das Krankenhaus in dem Bewußtsein, daß man es nie sagen wird.

Gennie kommt mit Sylvia wieder und meint, ob wir nicht auspakken wollen. Wir sind einverstanden, und sie zeigt uns unsere Zimmer. Ich sehe, daß auf meinem Bett eine dicke Steppdecke liegt, gegen die Nachtkälte. Ein schönes Zimmer.

Dreimal gehe ich zum Motorrad, dann ist alles auf den Zimmern. Dann gehe ich in Chris' Zimmer, um zu sehen, was wir von seinen Sachen auspacken müssen, aber er ist gut aufgelegt und spielt erwachsen und braucht meine Hilfe nicht.

Ich sehe ihn an. »Wie gefällt's dir hier?«

»Gut«, erwidert er, »aber es ist überhaupt nicht so, wie du es gestern abend beschrieben hast.«

»Wann?«

»Vor dem Einschlafen. In dem Motel.«

Ich weiß nicht, was er meint.

»Du hast gesagt, es wäre einsam hier.«

»Wie käme ich dazu, so was zu sagen?«

»Weiß *ich* doch nicht.« Meine Frage frustriert ihn, deshalb lasse ich ihn. Er muß geträumt haben.

Als wir hinunter in den Wohnraum kommen, rieche ich aus der Küche die Forellen, die gerade gebraten werden. Am einen Ende des Raums steht DeWeese über den Kamin gebeugt und hält ein Zündholz an das Zeitungspapier unter dem Anmachholz. Wir sehen ihm eine Weile zu.

»Wir benutzen diesen Kamin den ganzen Sommer über«, sagt er.

Ich erwidere: »Ich bin überrascht, daß es so kalt ist.«

Chris sagt, ihm sei auch kalt. Ich schicke ihn nochmal hinauf; er soll sich einen Pullover holen und meinen gleich mitbringen.

»Das ist der Abendwind«, sagt DeWeese. »Er kommt von den Bergen in den Canyon herab; und auf der Höhe ist es wirklich kalt.«

Das Feuer flackert plötzlich auf, geht aus und flackert dann wieder im ungleichmäßigen Zug. Es muß draußen windig sein, denke ich, und schaue durch die riesigen Fenster, die eine ganze Wand des Wohnraums einnehmen. Auf der anderen Seite sehe ich im Dämmerlicht die heftig schwankenden Bäume.

»Aber wem sage ich das«, meint DeWeese. »Sie wissen ja selbst, wie kalt es da oben ist. Sie waren ja die meiste Zeit dort oben.«

»Das weckt Erinnerungen«, sage ich.

Im Augenblick kommt mir nur ein einziges Fragment in den Sinn, von Nachtwinden rings um ein Lagerfeuer, kleiner als dieses hier, zum Schutz gegen den starken Wind dicht am Fels, weil es keine Bäume gibt. Um das Feuer sind als zusätzlicher Windschutz Kochgeräte und Rucksäcke aufgestellt sowie ein Kanister mit Wasser, das unter schmelzendem Schnee aufgefangen worden war. Man mußte das Wasser rechtzeitig auffangen, weil oberhalb der Baumgrenze der Schnee zu schmelzen aufhört, wenn die Sonne weg ist.

DeWeese sagt: »Sie haben sich sehr verändert.« Er sieht mich forschend an.

Sein Gesichtsausdruck scheint zu fragen, ob das ein unerwünschtes Thema ist oder nicht, und er kommt zu dem Schluß, daß es eins ist. »Aber das haben wir wohl alle«, setzt er hinzu.

Ich erwidere: »Ich bin ein ganz anderer Mensch«, und das scheint ihn ein bißchen zu beruhigen. Wenn er wüßte, was das wörtlich zu bedeuten hat, würde es ihn ganz schön *beunruhigen.* »Es ist viel geschehen«, sage ich, »und es sind da ein paar Dinge aufgetaucht, die nach einer Klärung verlangen, jedenfalls möchte ich sie geklärt haben, und das ist einer der Gründe, warum ich hier bin.«

Er schaut mich fragend an, aber der Kunstlehrer und seine Frau kommen an den Kamin und wir sprechen nicht weiter.

»Dem Wind nach zu schließen könnte es heute nacht Sturm geben«, meint der Kunstlehrer.

»Glaube ich nicht«, erwidert DeWeese.

Chris kommt mit den Pullovern und fragt, ob es oben in dem Canyon Geister gibt.

DeWeese sieht in belustigt an. »Das nicht, aber Wölfe«, sagt er.

Chris überlegt und fragt: »Was machen denn die?«

DeWeese antwortet ihm: »Sie machen den Ranchern Sorgen.« Er runzelt die Stirn. »Sie reißen die Kälbchen und die Lämmer.«

»Greifen sie auch Menschen an?«

»Das hab' ich noch nicht gehört«, sagt DeWeese, aber dann sieht er, daß Chris enttäuscht ist, und fährt fort: »Aber möglich ist es schon.«

Beim Abendessen gibt es zu den Bachforellen Weißwein aus der Gegend um Bay. Wir sitzen einzeln auf Stühlen und Sofas, die über den Wohnraum verteilt sind. Eine ganze Wand dieses Zimmers besteht nur aus Fenstern, durch die man den Blick auf den Canyon hätte, nur ist es jetzt dunkel draußen und in den Scheiben spiegelt sich das Kaminfeuer. Zum Glühen des Feuers gesellt sich ein inneres Glühen von dem Wein und dem Fisch, und bis auf anerkennendes Gemurmel sagt kaum einer was.

Sylvia macht John leise auf die großen Blumentöpfe und Vasen überall im Zimmer aufmerksam.

»Die sind mir auch schon aufgefallen«, sagt John. »Phantastisch.«

»Alles Arbeiten von Peter Voulkas«, sagt Sylvia.

»Im Ernst?«

»Ja. Er hat bei Herrn DeWeese studiert.«

»Um Himmels willen! Vorhin hätte ich beinahe eine umgerannt.«

DeWeese lacht.

Etwas später murmelt John etwas mehrmals vor sich hin, schaut auf und verkündet: »Das ist absolut Spitze ... der absolute Höhepunkt der ganzen Fahrt ... Jetzt können wir es wieder acht Jahre aushalten in der Colfax Avenue sechsundzwanzigneunundvierzig.«

»Laß uns doch davon nicht sprechen«, sagt Sylvia bekümmert.

John wirft mir einen Blick zu. »Also ich finde, wenn einer Freunde hat, bei denen man einen solchen Abend erlebt, dann kann er kein *ganz* so übler Kerl sein.« Er nickt ernsthaft. »Ich werde dir wohl alles abbitten müssen, was ich von dir gedacht habe.«

»Alles?« frage ich.

»*Einiges*, zumindest.«

DeWeese und der Kunstlehrer lächeln, und das peinliche Gefühl von vorhin legt sich teilweise.

Nach dem Essen kommen Jack und Wylla Barsness. Noch zwei leibhaftige Abbilder. Jack ist in den Grabfragmenten als ein guter Mensch verzeichnet, der schreibt und am College Englisch gibt. Nach ihnen kommt noch ein Bildhauer aus dem Norden Montanas, der sich seinen Unterhalt als Schäfer verdient. Der Art, wie DeWeese ihn vorstellt, entnehme ich, daß ich ihn nicht schon damals gekannt habe.

DeWeese erzählt, er bemühe sich, den Bildhauer zu überreden, als Lehrer ans College zu kommen; ich sage darauf: »Ich will versuchen, ihm das auszureden«, und setze mich neben ihn, aber die Unterhaltung ist sehr schleppend, denn er ist ungemein ernst und mißtrauisch, offenbar weil ich nicht auch Künstler bin. Er benimmt sich, als sei ich ein Kriminalbeamter, der ihm etwas anhängen will, und akzeptiert mich erst, als er erfährt, daß ich oft etwas schweiße. Die Motorradwartung öffnet einem manchmal Türen, wo man es am wenigsten erwartet. Er sagt, daß er zum Teil aus denselben Gründen schweißt wie ich. Wenn man erst mal weiß, wie es geht, vermittelt einem das Schweißen ein unheimliches Gefühl der Gewalt über das Metall. Man kann einfach alles damit machen. Er zeigt mir ein paar Photos von Sachen, die er geschweißt hat, wunderschöne Vögel und andere Tiere mit fließenden metallischen Oberflächenstrukturen, und ich kann mich nicht erinnern, schon mal was Ähnliches gesehen zu haben.

Später setze ich mich zu Jack und Wylla und unterhalte mich mit ihnen. Jack wird demnächst als Leiter der englischen Abteilung an ein College unten in Boise, Idaho, gehen. Über die Abteilung am hiesigen College äußert er sich zurückhaltend, aber im Grunde genommen negativ. Versteht sich, sonst würde er ja nicht weggehen. Ich glaube mich jetzt zu erinnern, daß er eigentlich eher ein Schriftsteller war, der Englisch gab, als ein systematischer Gelehrter, der Englisch gab. Seit jeher hatte es in der Abteilung diese Spaltung gegeben, die teilweise auch Phaidros auf seine abenteuerlichen, unerhörten Ideen brachte oder zumindest deren Entwicklung beschleunigte. Jack hatte zu Phaidros gehalten, weil er, ohne genau zu wissen, was Phaidros meinte, darin etwas sah, womit ein Schriftsteller besser arbeiten konnte als mit linguistischer Analyse. Es ist eine althergebrachte Spaltung. Wie die zwischen Kunst und Kunstgeschichte. Der eine macht es und der andere redet darüber, wie man's macht, und das Gerede darüber, wie man's macht, stimmt nie damit überein, wie man's wirklich macht.

DeWeese bringt mir die Anleitung für den Zusammenbau eines Gartengrills, die ich als professioneller Autor technischer Texte beurteilen soll. Er hat einen ganzen Nachmittag vergeblich versucht, das Ding zusammenzubauen, und möchte, daß ich die Anleitung in Grund und Boden verdamme.

Sie liest sich aber wie jede normale Gebrauchsanleitung, und ich finde nichts, was zu bemängeln wäre. Das mag ich natürlich nicht sagen, und deshalb suche ich fieberhaft nach einem Schönheitsfehler, bei dem ich einhaken könnte. Im Grunde genommen kann man natürlich nie sagen, ob eine bestimmte Gebrauchsanleitung in Ordnung ist, bevor man sie nicht anhand des Geräts oder Verfahrens geprüft hat, das sie beschreibt, aber ich finde immerhin eine Stelle, wo der Text so auf zwei Seiten verteilt ist, daß man ihn nicht mit der Abbildung vergleichen kann, ohne andauernd umzublättern – auf jeden Fall ein umständliches Verfahren. Ich lege mich schwer ins Zeug gegen derlei Unfug, und DeWeese feuert mich kräftig an. Chris nimmt mir die Anleitung aus der Hand, um zu sehen, was ich meine.

Aber während ich mich ins Zeug lege und Beispiele dafür aufzähle, was für üble Schnitzer entstehen können, wenn man einen Text nicht richtig mit der dazugehörigen Abbildung vergleicht, beschleicht mich eine Ahnung, daß das gar nicht der Grund ist, weshalb DeWeese die Anleitung so unverständlich fand. Was ihn abstieß, war vielmehr der Mangel an Glätte und Zusammenhang. Er ist unfähig, etwas zu verstehen, wenn es ihm in dem häßlichen, abgehackten, schauderhaften Stil präsentiert wird, der für technische Texte aller Art typisch ist. Die Wissenschaft arbeitet mit kleinen und kleinsten Teilen der Dinge und setzt den Zusammenhang als selbstverständlich voraus, und DeWeese arbeitet nur mit der Kontinuität der Dinge und setzt Teile und Teilchen voraus. Was er eigentlich verdammt sehen möchte, ist der Mangel an künstlerischer Kontinuität – was einen Techniker völlig kaltläßt. Dahinter steht eigentlich wieder die klassisch-romantische Spaltung, wie bei allem, was mit Technik zu tun hat.

Chris aber hat sich inzwischen die Anleitung vorgenommen und sie auf eine Art und Weise gefaltet, an die ich nicht gedacht habe, nämlich so, daß die Abbildung auf einmal genau neben dem Text steht, wie sich's gehört. Ich traue meinen Augen nicht, überzeuge mich selbst, kann es immer noch nicht fassen und komme mir unterdessen vor wie ein Männchen in einem Zeichentrickfilm, das eben über den Rand einer Klippe gelaufen ist, aber noch nicht fällt, weil es nicht gemerkt hat, in welch fataler Lage es sich befindet. Ich nicke, alles ist still, dann wird mir meine fatale Lage bewußt, und während ich Chris gönnerhaft auf die Schulter klopfe, bricht ein Gelächter los, das bis auf den Grund des Canyons hinunterschallt. Als das Lachen verebbt, sage ich: »Also jedenfalls . . .«, aber schon geht es wieder los.

»Ich wollte nur sagen«, fange ich nochmal an, als ich mich endlich durchsetzen kann, »daß ich zu Hause eine Anleitung habe, die ungeahnte Möglichkeiten zur Verbesserung technischer Texte erschließt. Sie beginnt mit den Worten: ›Die Montage japanischer Fahrräder erfordert großen Seelenfrieden.‹«

Erneutes Gelächter, aber Sylvia und Gennie und der Bildhauer sehen mich ernst und verstehend an.

»Das ist eine gute Anleitung«, sagt der Bildhauer. Auch Gennie nickt.

»Deswegen habe ich sie auch aufgehoben«, sage ich. »Zuerst hab' ich lachen müssen, weil ich mich an die Fahrräder erinnerte, die ich selbst zusammengebaut habe, und natürlich wegen des unfreiwilligen Seitenhiebs auf die Qualität japanischer Produkte. Aber in diesem Satz steckt viel Weisheit.«

John sieht mich besorgt an, ich sehe ihn mit gleicher Besorgnis an. Wir müssen beide lachen. Er sagt: »Der Herr Professor wird das jetzt näher erläutern.«

»Seelenfrieden ist genaugenommen überhaupt nichts Oberflächliches«, erläutere ich. »Es ist das einzige, was zählt. Was ihn fördert, ist gute Mechanikerarbeit; was ihn stört, ist schlechte Mechanikerarbeit. Was wir als die Brauchbarkeit einer Maschine bezeichnen, ist nur eine Objektivierung dieses Seelenfriedens. Der letzte Prüfstein ist immer unsere eigene Gemütsruhe. Wenn man die nicht hat, wenn man beginnt, und sie sich nicht während der Arbeit bewahrt, dann läuft man Gefahr, seine eigenen persönlichen Probleme buchstäblich in die Maschine einzubauen.«

Sie sehen mich nur schweigend an, nachdenklich.

»Das ist eine recht unkonventionelle Vorstellung«, sage ich, »aber konventionelle Vernunft bestätigt sie. Der materielle Gegenstand der Beobachtung, das Fahrrad oder der Grill, kann nicht richtig oder falsch sein. Moleküle sind Moleküle. Sie haben keine ethischen Grundsätze, an die sie sich halten können, außer denen, die die Menschen ihnen geben. Der Prüfstein für die Maschine ist die Zufriedenheit, die sie einem verschafft. Einen anderen Test gibt es nicht. Wenn die Maschine Seelenruhe bewirkt, ist sie richtig. Wenn sie einen unruhig macht, ist sie so lange falsch, bis entweder sie geändert wird oder unsere Geisteshaltung sich ändert. Der Prüfstein für die Maschine ist immer die eigene Geisteshaltung. Einen anderen Test gibt es nicht.«

»Und was«, fragt DeWeese, »wenn die Maschine falsch ist und ich trotzdem ruhig bleibe?«

Gelächter.

Ich antworte: »Das ist ein Widerspruch in sich. Wenn sie Ihnen wirklich gleichgültig ist, können Sie gar nicht *wissen*, daß sie falsch ist. Der Gedanke kommt ihnen gar nicht. Wenn man etwas als falsch bezeichnet, gibt man damit zu erkennen, daß es einem nicht gleichgültig ist.«

Ich fahre fort: »Viel häufiger kommt es vor, daß man Unruhe empfindet, obwohl sie richtig ist, und ich glaube, mit dem Fall haben wir es hier zu tun. Aber wenn sie einem Unruhe verursacht, ist sie eben *nicht* richtig. Das heißt, sie ist nicht gründlich genug durchgeprüft. In der Industrie ist jede Maschine, die nicht durchgeprüft wurde, »außer Betrieb« und kann nicht benutzt werden, obwohl sie vielleicht einwandfrei funktionieren würde. Mit Ihrem Ärger über den Grill ist es genauso. Sie haben die wichtigste Anforderung, nämlich Seelenfrieden zu erlangen, nicht erfüllt, weil Sie das Gefühl haben, daß diese Anleitung zu kompliziert ist und Sie sie vielleicht nicht ganz verstanden haben.«

DeWeese fragt: »Na gut, aber was würden Sie daran ändern, damit ich diesen Seelenfrieden erlangen könnte?«

»Dazu müßte ich sie mir erst mal viel genauer ansehen. Das Ganze reicht sehr tief. Diese Anleitung für den Gartengrill befaßt sich vom Anfang bis zum Ende ausschließlich mit dem Gerät. Die Betrachtungsweise, die mir vorschwebt, ist nicht so eng begrenzt. Das Ärgerliche an dieser Sorte Anleitungen ist, daß die Verfasser einen glauben machen wollen, es gebe nur eine einzige Art, diesen Grill zusammenzubauen – *ihre* Art. Und diese stillschweigende Voraussetzung unterdrückt jede Kreativität. In Wirklichkeit kann man den Grill auf hundert verschiedene Arten zusammenbauen, und wenn die Anleitung einen zwingt, nach einer ganz bestimmten Methode vorzugehen, ohne einem das ganze Problem zu zeigen, fällt es einem schwer, ihr zu folgen, ohne dabei Fehler zu machen. Man verliert das Gefühl für die Arbeit. Aber nicht nur das, es ist auch sehr unwahrscheinlich, daß die beschriebene Art und Weise die beste ist.«

»Aber diese Anleitungen sind doch von *Fachleuten*«, wendet John ein.

»*Ich* bin auch Fachmann«, sage ich, »und ich *weiß*, wie solche Anleitungen zustande kommen. Man geht mit einem Tonbandgerät ans Fließband, und der Vorarbeiter schickt einen zu dem Mann, den er am leichtesten entbehren kann, dem größten Pfuscher, den er unter seinen Leuten hat, und was der einem sagt – das kommt in die Anleitung. Sein Kollege neben ihm hätte einem vielleicht etwas ganz anderes und wahrscheinlich Besseres erzählt, aber der ist zu beschäftigt.«

Sie schauen mich alle verwundert an.

»Ich hätte es mir denken können«, meint DeWeese.

»Es liegt an der ganzen Einstellung«, sage ich. »Kein Texter kann sich dem entziehen. Die Technik geht davon aus, daß es immer eine einzige richtige Methode gibt, aber das ist nie der Fall. Wenn man aber voraussetzt, daß es diese einzig richtige Methode gibt, dann beginnt und endet die Anleitung natürlich mit dem Grill. Hat man dagegen die Wahl zwischen unendlich vielen möglichen Arten des Zusammenbaus, dann muß man seine eigene Beziehung zu der Maschine einerseits und die zur übrigen Welt andererseits berücksichtigen, weil die Wahl zwischen vielen Möglichkeiten, das, worin die *Kunst* der Arbeit besteht, von unserem Verstand und unserer Geisteshaltung genauso abhängt wie vom Material der Maschine. Das ist der Grund, warum man den Seelenfrieden braucht.

Das ist nicht so abwegig, wie es scheint«, fahre ich fort. »Schaut euch nur mal bei Gelegenheit einen unerfahrenen oder nicht sehr tüchtigen Arbeiter an und vergleicht seinen Gesichtsausdruck mit dem eines Handwerkers, der bekanntermaßen hervorragende Arbeit leistet, und ihr werdet sofort den Unterschied sehen. Der Handwerker schaut nicht ein einziges Mal in irgendeine Anleitung. Er trifft bei der Arbeit laufend Entscheidungen. Deshalb ist er in seine Arbeit versunken und achtet genau darauf, was er tut, obwohl er sich das nicht ausdrücklich vornimmt. Zwischen seinen Bewegungen und der Maschine waltet eine Art Harmonie. Er hält sich nicht an irgendwelche schriftliche Anweisungen, weil die Natur des Materials, an dem er arbeitet, seine Gedanken und Bewegungen bestimmt, die gleichzeitig die Natur des bearbeiteten Materials verändern. Das Material und seine Gedanken erfahren gleichzeitig und fortlaufend Veränderungen, bis er innerlich zur Ruhe kommt, im selben Augenblick, da das Material den richtigen Zustand erreicht.«

»Hört sich an, als ob von Kunst die Rede wäre«, sagt der Kunstlehrer.

»Es *ist* Kunst«, erwidere ich. »Diese Trennung von Kunst und Technik ist völlig unnatürlich. Nur ist sie schon so alt, daß man Archäologe sein muß, um festzustellen, wo die beiden sich getrennt haben. Die Grillmontage ist tatsächlich ein längst vergessener Zweig der Bildhauerkunst, sie wurde nur durch jahrhundertelange intelektuelle Fehlentwicklungen so gründlich von ihren Wurzeln abgeschnitten, daß es uns heute lächerlich vorkommt, das eine mit dem anderen in Verbindung zu bringen.«

Sie wissen nicht recht, ob ich mir nur einen Jux mache oder nicht.

»Sie meinen also«, erkundigt sich DeWeese, »daß ich eigentlich eine Plastik schuf, als ich diesen Grill zusammenbaute?«

»Ja, sicher.«

Er denkt darüber nach, und sein Lächeln wird immer breiter. »Ja, wenn ich das gewußt hätte«, sagt er. Gelächter.

Chris sagt, er habe keine Ahnung, wovon ich rede.

»Mach dir nichts draus, Chris«, sagt Jack Barsness. »Wir auch nicht.« Noch mehr Gelächter.

»Ich glaube, ich bleibe doch lieber bei meiner normalen Plastik«, sagt der Bildhauer.

»Und ich bei meiner Malerei«, sagt DeWeese.

»Und ich bei meinem Schlagzeug«, sagt John.

Chris fragt mich: »Und wobei bleibst du?«

»Bei meinem Leisten, Chris, bei meinem Leisten.«

Alles lacht, und meine Schulmeisterei ist mir verziehen. Wenn man eine Chautauqua im Kopf hat, tut man sich sehr schwer, nicht unschuldige Leute damit zu behelligen.

Die Unterhaltung wird in Grüppchen fortgesetzt, und bis die Party zu Ende ist, spreche ich mit Jack und Wylla darüber, wie sich die englische Abteilung entwickelt hat.

Aber nach der Party, die Gäste sind weg und die Sutherlands und Chris schon im Bett, kommt DeWeese noch einmal auf meinen Vortrag zurück. »Sehr interessant«, meint er ernsthaft, »was Sie da über die Montageanleitung für den Grill gesagt haben.«

Gennie sagt, ebenfalls ernsthaft: »Man hatte den Eindruck, daß Sie schon lange darüber nachgedacht haben.«

»Die Grundideen beschäftigen mich seit zwanzig Jahren.«

Hinter dem Stuhl, der vor mir steht, fliegen Funken den Kaminschacht hinauf, im Sog des Windes, der jetzt stärker geworden ist.

Mehr zu mir selbst gewandt, spreche ich weiter: »Man schaut, wohin man geht und wo man ist, und nie kennt man sich aus, aber dann schaut man zurück auf den Weg, den man gekommen ist, und ein Grundmuster beginnt sich abzuzeichnen. Und wenn man von dieser Grundlage aus weiterbaut, dann wird vielleicht was daraus.

Alles, was ich da so über Technik und Kunst von mir gebe, ist Teil eines Musters, das sich anscheinend aus meinem Leben entwickelt hat. Es bedeutet das Überschreiten von ›etwas‹, worüber meiner Meinung nach auch viele andere hinausgelangen möchten.«

»Und was ist das?«

»Es ist nicht nur der Gegensatz zwischen Kunst und Technik. Es ist eine Art Unverträglichkeit von Verstand und Gefühl. Der Fehler an der Technik ist, daß sie keine echten Beziehungen zu Dingen des Geistes und des Herzens hat. Deshalb wird sie gleichsam aus Versehen zum Urheber sinnloser, häßlicher Dinge und wird deshalb verabscheut. Früher hat man das kaum beachtet, weil man zu sehr damit beschäftigt war, alle Menschen mit Nahrung, Kleidung und Unterkunft zu versorgen, und das hat die Technik ermöglicht.

Nun aber, da für diese Bedürfnisse gesorgt ist, fällt die Häßlichkeit immer mehr ins Auge, und die Menschen fragen sich, ob wir wohl immer geistig und ästhetisch werden leiden müssen, um materielle Bedürfnisse zu befriedigen. In den letzten Jahren ist fast eine nationale Krise daraus geworden – Kampagnen gegen die Umweltverschmutzung, technikfeindliche Kommunen und Lebensweisen und was noch alles.«

DeWeese und Gennie ist das natürlich seit langem geläufig, also weiter: »Was sich aus dem Muster meines eigenen Lebens ergibt, ist die Überzeugung, daß diesen Problemen mit unseren derzeitigen Denkweisen nicht beizukommen ist und daß darin die Ursache der Krise zu sehen ist. Sie ist nicht mit rationalen Mitteln zu überwinden, weil die Rationalität selbst die Wurzel des Übels ist. Überwinden kann man sie höchstens auf ganz persönlicher Ebene, indem man der herkömmlichen Rationalität den Rücken kehrt und sich nur auf seine Gefühle verläßt. So halten es John und Sylvia und Millionen anderer Menschen. Aber das ist wohl auch nicht der richtige Weg. Mit anderen Worten, ich glaube, daß das Problem nicht dadurch zu lösen ist, daß man sich von der Rationalität abwendet, sondern nur dadurch, daß man die Rationalität dergestalt ausweitet, daß sie zu einer Lösung führen kann.«

»Ich fürchte, ich weiß nicht, was Sie damit meinen«, sagt Gennie.

»Na ja, es ist schon eine ziemlich vertrackte Operation. Man könnte sie mit der Klemme vergleichen, in der Sir Isaac Newton steckte, als er das Problem der augenblicklichen Veränderungen lösen wollte. Zu seiner Zeit war es undenkbar, daß sich etwas in einer Zeitspanne von der Dimension Null verändern könne. Dennoch ist es beinahe mathematisch notwendig, mit anderen Nullgrößen, beispielsweise Punkten in Raum und Zeit, zu arbeiten, die damals keineswegs als undenkbar galten, obwohl da eigentlich kein Unterschied besteht. Newton sagte also im Grunde genommen folgendes: ›Wir wollen *annehmen*, daß es so etwas wie augenblickliche Veränderung gibt, und sehen, ob es uns gelingt zu bestimmen, was sie in verschiedenen Anwendungen bedeutet.‹ Das Ergebnis dieser Annahme ist ein Zweig der Mathematik, den heute jeder Ingenieur braucht – die Infinitesimalrechnung. Newton *erfand* eine neue Form rationalen Denkens. Er erweiterte die Vernunft, um auch mit unendlich kleinen Veränderungen arbeiten zu können, und ich glaube, daß wir heute eine ähnliche Ausweitung der Vernunft brauchen, um mit der Häßlichkeit der Technik fertigzuwerden. Das Dumme ist, daß die Ausweitung an den Wurzeln vorgenommen werden muß, nicht an den Ästen; das macht die Sache so schwer durchschaubar.

Wir leben in einer Zeit, in der alles drunter und drüber geht, und ich glaube, dieses Drunter und Drüber ist auf die Unzulänglichkeit der alten Denkweisen bei der Bewältigung neuer Erfahrungen zurückzuführen. Ich habe einmal gehört, echtes Lernen sei erst dann möglich, wenn man sich völlig festgefahren hat und nicht mehr das schon vorhandene Wissen an den Ästen erweitern kann, sondern gezwungen ist, innezuhalten und sich eine Zeitlang seitwärts treiben zu lassen, bis man auf etwas stößt, das einem erlaubt, die Wurzeln des schon vorhandenen Wissens auszuweiten. Das hat jeder schon mal erlebt. Ich glaube, daß es auch einer ganzen Kultur so gehen kann, wenn eine Ausweitung an den Wurzeln not tut.

Man blickt auf die letzten drei Jahrtausende zurück und glaubt in der Rückschau klare Muster und Ketten von Ursachen und Wirkungen zu erkennen, die die Welt zu dem gemacht haben, was sie heute ist. Aber wenn man bis zu den Quellen zurückgeht, zum Schrifttum einer jeden Epoche selber, dann stellt man fest, daß diese Ursachen zu der Zeit, als sie vermeintlich am Werk waren, nie in Erscheinung traten. In Zeiten einer ›Wurzel-Ausweitung‹ haben die Dinge immer so chaotisch und sinnlos gewirkt wie heute. Die ganze Renaissance ist ja wohl eine Folge des durch Kolumbus' Entdeckung einer neuen Welt hervorgerufenen Gefühls gewesen, daß alles auf den Kopf gestellt worden sei. Die Menschen wurden einfach aufgerüttelt. Überall finden sich noch die Spuren der Verwirrung, die damals herrschte. Das Weltbild der Bibel, das die Erde als Scheibe sah, enthielt keinerlei Hinweise auf diese Entdeckung. Dennoch konnte man sie nicht von der

Hand weisen. Um die neue Erkenntnis zu verarbeiten, konnten die Menschen nur eins tun: das ganze mittelalterliche Weltbild aufgeben und sich mit dem Gedanken vertraut machen, daß der Bereich der Vernunft erweitert worden war.

Kolumbus ist eine so klischeehafte Schulbuchfigur geworden, daß wir ihn uns kaum noch als Menschen aus Fleisch und Blut vorstellen können. Aber wenn wir einmal den ernsthaften Versuch machen, unsere heutige Kenntnis von den Folgen seiner Reise zu vergessen und uns in seine Lage versetzen, dann kann uns die Einsicht dämmern, daß unsere heutige Monderkundung sich gegen das, was er durchmachte, wie ein Kinderspiel ausnimmt. Die Monderkundung erfordert keine Ausweitung des Denkens an den Wurzeln. Wir haben keinen Grund zu der Annahme, daß die vorhandenen Denkweisen dafür nicht ausreichen könnten. Es handelt sich hier wirklich nur um eine Fortsetzung dessen, was Kolumbus tat. Wahrhaft neues Forschen, das sich uns genauso darstellen würde, wie die Welt sich Kolumbus darstellte, müßte in eine ganz neue Richtung führen.«

»Nämlich wohin?«

»In Bereiche jenseits der Vernunft. Ich glaube, unser heutiges rationales Denken ist der Vorstellung des Mittelalters vergleichbar, daß die Erde eine Scheibe sei. Wenn man sich zu weit an den Rand vorwagt, stürzt man angeblich ab – in den Wahnsinn. Und davor fürchten sich die Menschen sehr. Ich glaube, diese Furcht vor dem Wahnsinn ist mit der einstmals verbreiteten Furcht zu vergleichen, vom Rande der Welt abzustürzen. Oder mit der Furcht vor Ketzern. Es gibt da wirklich auffällige Parallelen.

Was aber geschieht, ist, daß unsere alte flache Erde der konventionellen Vernunft sich zunehmend als unzulänglich für die Deutung unserer Erfahrungen erweist, daher das weitverbreitete Gefühl, daß alles auf den Kopf gestellt ist. Die Folge ist, daß sich immer mehr Menschen auf irrationale Gebiete des Denkens begeben – Okkultismus, Mystizismus, Bewußtseinsveränderungen durch Drogen und ähnliches –, weil sie merken, daß die klassische Vernunft nicht hinreicht, Erfahrungen zu erklären, von denen sie wissen, daß sie real sind.«

»Was verstehen Sie denn unter *klassischer* Vernunft?«

»Analytische Vernunft, dialektische Vernunft. Vernunft, die an den Universitäten zuweilen als die einzige Form menschlicher Erkenntnis angesehen wird. *Sie* sind im Grunde immer ohne diese Art von Vernunft ausgekommen. In bezug auf die abstrakte Kunst hat sie schon immer versagt. Gegenstandslose Kunst ist eine der aus den Wurzeln kommenden Erfahrungen, von denen ich spreche. Manche Leute lehnen sie immer noch ab, weil sie ›sinnlos‹ sei. Aber der Fehler liegt in Wirklichkeit nicht in der Kunst, sondern in der Vorstellung davon, was ›sinnvoll‹ sei, in der klassischen Vernunft, die für diesen Gegenstand untauglich ist. Die Leute halten Ausschau nach Erweiterungen an den Ästen der Vernunft, die auch auf die neueren Entwicklungen in der Kunst anwendbar wären, aber die Antworten sind nicht in den Ästen, sondern nur an den Wurzeln zu finden.«

Der Wind, der von den Bergen herabkommt, steigert sich jählings zu einer heftigen Sturmböe. »Die alten Griechen«, fahre ich fort, »die Erfinder der klassischen Vernunft, hüteten sich, ausschließlich sie zur Vorhersage der Zukunft heranzuziehen. Sie horchten auf den Wind und sagten danach die Zukunft voraus. Das hört sich heute wahnsinnig an. Aber sollen wir annehmen, daß die Erfinder der Vernunft wahnsinnig waren?«

DeWeese blinzelt. »Wie konnten sie denn aus dem Wind die Zukunft vorhersagen?«

»Ich weiß nicht, vielleicht genauso, wie ein Maler die Zukunft seines Bildes vorhersagen kann, indem er die Leinwand anstarrt. Unser ganzes System des Wissens baut auf ihren Resultaten auf. Die Methoden, die zu diesen Resultaten führten, müssen wir erst noch verstehen lernen.«

Ich überlege eine Weile und sage dann: »Als ich das letzte Mal hier war, habe ich da viel über die Kirche der Vernunft geredet?«

»Ja, davon haben Sie oft gesprochen.«

»Und habe ich auch mal einen Mann namens Phaidros erwähnt?«

»Nein.«

»Wer war das?« erkundigt sich Gennie.

»Ein alter Grieche . . . ein Rhetoriker . . . Er war dabei, als die Vernunft erfunden wurde.«

»Ich glaube, darüber haben Sie nie gesprochen.«

»Dann kam das erst später. Die Rhetoriker im alten Griechenland waren die ersten Lehrer in der Geschichte des Abendlandes. Platon verleumdete sie aus persönlichen Gründen in allen seinen Werken, und da fast alles, was wir über sie wissen, von Platon stammt, sind sie insofern einmalig, als sie in allen geschichtlichen Epochen verdammt wurden und niemals einen Fürsprecher fanden. Die Kirche der Vernunft, von der ich sprach, wurde auf ihren Gräbern errichtet. Sie ruht heute noch auf ihren Gräbern. Und wenn man tief in ihre Fundamente hinuntergräbt, stößt man auf Geister.«

Ich sehe auf die Uhr. Es ist schon nach zwei. »Aber das ist eine lange Geschichte«, sage ich.

»Sie sollten das alles aufschreiben«, sagt Gennie.

Ich nicke. »Ich denke an eine Serie von Vorträgen oder Essays – eine Art Chautauqua. Ich habe mich auf der Fahrt hierher ständig damit beschäftigt . . . wahrscheinlich sieht es deshalb so aus, als verstünde ich wer weiß wieviel von dem Kram. Aber es ist unglaublich schwierig. So als wollte man zu Fuß diese Berge durchqueren.

Das Dumme ist, daß Essays sich immer so anhören müssen, als spräche Gott für die Ewigkeit, obwohl es nie so ist. Die Leute müßten begreifen, daß es nie was anderes ist als ein bestimmter Mensch, der von einem bestimmten zeitlichen und räumlichen Standort aus spricht, aus bestimmten Verhältnissen heraus. Nie, niemals ist es etwas anderes, aber man kann das in einem Essay nicht zum Ausdruck bringen.«

»Sie sollten es trotzdem versuchen«, sagt Gennie. »Ohne Anspruch auf Vollkommenheit.«

»Wahrscheinlich haben Sie recht«, erwidere ich.

»Gibt es da Berührungspunkte mit Ihren Vorlesungen über ›Qualität‹?« fragt DeWeese.

»Es ist das unmittelbare Resultat«, sage ich.

Mir fällt etwas ein, und ich sehe DeWeese an. »Hatten Sie mir damals nicht geraten, damit aufzuhören?«

»Ich sagte, was Sie sich da vorgenommen hatten, sei noch niemandem gelungen.«

»Glauben Sie, daß es überhaupt möglich ist?«

»Ich weiß nicht. Wer kann das wissen?« Aus seinem Gesicht spricht echte Besorgnis. »Viele hören heute besser zu als damals. Vor allem die Jungen. Sie hören wirklich zu. Sie hören nicht nur, *daß* da einer was sagt, sondern auf *das, was* man sagt. Ein gewaltiger Unterschied.«

Der Wind von den Schneefeldern pfeift lange Zeit durchs ganze Haus. Sein Heulen wird immer lauter und zuversichtlicher, als hoffte er, das ganze Haus, uns alle, ins Nichts wegfegen zu können, so daß der Canyon in dem Zustand zurückbliebe, in dem er einmal war, aber dann legt er sich wieder, gibt sich geschlagen. Dann ist er doch wieder da, erst mit einer Finte auf der anderen, dann mit einem heftigen Stoß auf unserer Seite.

»Ich höre auf den Wind«, sage ich.

Und dann: »Ich überlege, ob ich nicht, wenn die Sutherlands fort sind, mit Chris ein bißchen dort oben herumklettern sollte, wo der Wind herkommt. Ich glaube, es ist an der Zeit, daß er die Gegend besser kennenlernt.«

»Sie können gleich von hier losgehen«, sagt DeWeese, »den Canyon hinauf. Da kommt fünfundsiebzig Meilen weit keine Straße.«

»Dann werden wir hier losmarschieren«, sage ich.

Oben im Zimmer freue ich mich wieder über die Steppdecke. Ich werde sie brauchen, denn es ist ziemlich kalt geworden. Ich ziehe mich schnell aus, verkrieche mich tief unter die Decke, wo es warm ist, herrlich warm, und denke noch lange an Schnee und Wind und Christoph Kolumbus.

15

Die nächsten zwei Tage faulenzen wir, John und Sylvia und Chris und ich, unterhalten uns viel und fahren einmal zu einer alten Bergbaustadt hinauf und wieder zurück, und dann müssen John und Sylvia die Heimfahrt antreten. Wir fahren jetzt aus dem Canyon nach Bozeman, zum letzten Mal alle zusammen.

Sylvia hat sich nun schon zum drittenmal nach uns umgesehen, offenbar um festzustellen, ob bei uns alles in Ordnung ist. Sie war diese letzten zwei Tage ziemlich einsilbig. Gestern habe ich einen Blick von ihr aufgefangen, der mir besorgt, ja beinahe angstvoll vorkam. Sie macht sich zuviel Sorgen um Chris und mich.

In einer Kneipe in Bozeman trinken wir zum Abschied noch mal zusammen ein Bier, und ich bespreche mit John die Route für die Rückfahrt. Dann wechseln wir belanglose Worte, wie schön es doch gewesen ist und daß wir uns bald wiedersehen, und es ist sehr traurig, daß wir auf einmal so miteinander reden müssen – wie flüchtige Bekannte.

Draußen auf der Straße wendet sich Sylvia noch einmal mir und Chris zu, zögert einen Moment und sagt dann: »Es wird schon gutgehen mit euch beiden. Überhaupt kein Grund zur Sorge.«

»Natürlich«, sage ich.

Wieder dieser angstvolle Blick.

John hat schon die Maschine angetreten und wartet auf sie. »Ich glaube dir«, sage ich.

Sie dreht sich um, steigt auf und hält mit John Ausschau nach einer Lücke in dem dichten Verkehr. »Bis bald«, sage ich.

Sie schaut noch einmal zu uns her, diesmal ohne Ausdruck. John sieht seine Gelegenheit und gibt Gas. Sylvia winkt, wie in einem Film. Chris und ich winken auch. Ihr Motorrad verschwindet in der Schlange der Autos aus anderen Staaten, und ich schaue noch lange zu, wie sie vorüberfahren.

Ich sehe Chris an, und er sieht mich an. Er sagt nichts.

Wir sitzen erst noch eine Weile auf einer Parkbank mit einem Schild NUR FÜR SENIOREN, kaufen uns dann was zu essen und fahren zu einer Tankstelle, wo wir den Reifen wechseln und den Ketteneinsteller erneuern lassen. Das Teil paßt nicht gleich und muß noch bearbeitet werden, also warten wir und laufen ein Stückchen, weg von der Hauptstraße. Wir kommen an eine Kirche und setzen uns davor auf den Rasen. Chris legt sich ins Gras und zieht sich die Jacke übers Gesicht.

»Müde?« frage ich ihn.

»Nein.«

Zwischen uns und den Bergen im Norden, von denen man gerade einen Streifen sieht, flimmern Hitzewellen in der Luft. Ein Insekt mit durchsichtigen Flügeln landet aus der Hitze auf einem Grashalm bei Chris' Fuß. Ich sehe zu, wie es seine Flügel streckt, und werde von Minute zu Minute schläfriger. Ich lege mich hin, um zu schlafen, aber es geht nicht. Statt dessen überkommt mich Unruhe. Ich stehe auf.

»Komm, gehn wir noch ein bißchen«, sage ich.

»Wohin?«

»Zu der Schule.«

»Gut.«

Wir gehen unter schattenspendenden Bäumen auf sehr gepflegten

Bürgersteigen an sehr gepflegten Häusern entlang. Die Alleen warten mit vielen kleinen unerwarteten Erinnerungen auf. Starken Erinnerungen. Er ist viele Male durch diese Straßen gegangen. Vorlesungen. Er bereitete auf diese peripatetische Art seine Vorlesungen vor, benutzte die Straßen als seine Akademie.

Das Fach, das zu unterrichten man ihn an diesen Ort geholt hatte, war Rhetorik, die Kunst, gut zu schreiben. Er sollte Fortgeschrittenenkurse im Schreiben technischer Texte abhalten und ein paar Stunden Englisch im ersten Semester geben.

»Erkennst du diese Straße wieder?« frage ich Chris.

Er sieht sich um und sagt: »Hier sind wir immer mit dem Auto langgefahren und haben dich gesucht, wenn wir dich abholen wollten.« Er zeigt über die Straße. »An das Haus da mit dem komischen Dach kann ich mich noch erinnern ... Wer dich als erster sah, bekam ein Fünfcentstück. Und dann haben wir gehalten und dich hinten einsteigen lassen, und du hast kein Wort mit uns geredet.«

»Weil ich soviel nachdenken mußte.«

»Das hat Mama auch immer gesagt.«

Er dachte wirklich viel nach. Die erdrückende Stundenzahl war schon schlimm genug, aber viel schlimmer für ihn war die Tatsache, daß er in seiner präzisen analytischen Art erkannt hatte, daß sein Fach ohne Zweifel das unpräziseste, unanalytischste, formloseste Gebiet in der ganzen Kirche der Vernunft war. Deshalb dachte er soviel nach. Für einen methodischen, im Labor geschulten Verstand ist Rhetorik ein hoffnungsloser Fall. Ein riesiges Sargassomeer abgestandener Logik.

Von einem Lehrer, der im ersten Semester Rhetorik gibt, erwartet man, daß er einen kleinen Essay oder eine Kurzgeschichte vorliest, den Studenten erklärt, wie der Autor gewisse kleine Kniffe angewendet hat, um gewisse kleine Effekte zu erzielen, und sie dann einen kleinen Essay oder eine Kurzgeschichte nach demselben Muster schreiben läßt, um zu sehen, ob sie dieselben kleinen Tricks beherrschen. Er exerzierte das immer wieder durch, aber es kam nie etwas dabei heraus. Die Studenten brachten als Resultat dieser kalkulierten Nachäfferei nie etwas zu Papier, das den Vorbildern, die er ihnen gegeben hatte, auch nur im entferntesten geähnelt hätte. Meistens wurde ihr Stil sogar schlechter. Es war, als sei jede Regel, die er herauszuarbeiten und mit ihnen zu lernen sich redlich bemühte, so voller Ausnahmen und Widersprüche und Vorbehalte und Unklarheiten, daß er sich wünschte, nie etwas von der Regel gehört zu haben.

Es war jedesmal das gleiche: Einer der Studenten wollte wissen, wie die Regel auf einen bestimmten Fall anzuwenden sei. Phaidros stand dann vor der Wahl, sich entweder eine Erklärung aus den Fingern zu saugen, an die er selbst nicht glaubte, oder den altruistischen Weg zu gehen und zu sagen, was er wirklich dachte. Und was er wirklich dachte, war, daß die Regel nachträglich in den Text hineingedeutet worden war, als er schon fertig vorlag. Sie war *post festum* fabriziert worden, im nachhinein, und nicht vorher. Und er kam zu der Überzeugung, daß alle Schriftsteller, deren Werke die Studenten nachahmen sollten, ohne Regeln schrieben, einfach hinsetzten, was sich richtig anhörte, und nachher den Text noch einmal durchsahen und Korrekturen anbrachten, wo er sich nicht ganz richtig anhörte. Es gab zwar auch welche, die offensichtlich mit Vorbedacht schrieben, denn danach sahen ihre Produkte aus. Aber so hätten nach seiner Meinung Texte auch nicht aussehen dürfen. Sie hatten, wie Gertrude Stein einmal sagte, etwas Sirupartiges, aber sie waren nicht flüssig. Aber wie soll man etwas lehren, das ohne vorherige Überlegung entsteht? Das war eine scheinbar unerfüllbare Forderung. Er nahm sich deshalb meistens einfach den Text vor, sprach darüber ohne Vorbedacht und hoffte, die Studenten würden schon etwas davon haben. Es war alles andere als befriedigend.

Da ist es. Die Unruhe meldet sich wieder, dasselbe Gefühl in der Magengegend, während wir darauf zugehen.

»Kannst du dich an dieses Gebäude erinnern?«

»Da bist du doch damals Lehrer gewesen ... warum gehen wir da hin?«

»Ich weiß nicht. Ich wollte es nur mal wieder sehen.«

Es sind anscheinend nicht viel Leute auf dem Gelände. Ist ja auch nicht anders zu erwarten in den Sommermonaten. Riesige, eigenartige Giebel über alten, dunkelbraunen Ziegeln. Eigentlich ein schönes Gebäude. Das einzige, das wirklich hierher zu gehören scheint. Die alte steinerne Treppe zum Portal. Von Millionen Füßen rund ausgetretene Stufen.

»Warum gehn wir denn da rein?«

»Pst. Sag jetzt nichts mehr.«

Ich öffne die große schwere Außentür und gehe hinein. Drinnen noch mehr Treppen, abgenutzt und hölzern. Sie knarren bei jedem Schritt und riechen nach hundert Jahren Kehren und Bohnern. In der Mitte der Treppe bleibe ich stehen und horche. Totenstille.

Chris flüstert mir zu: »Warum sind wir denn hier?«

Ich schüttle nur den Kopf. Draußen höre ich ein Auto vorbeifahren.

Chris flüstert mir zu: »Ich will hier nicht bleiben. Es ist so unheimlich hier.«

»Dann geh raus«, sage ich.

»Aber du mußt mitkommen.«

»Nachher.«

»Nein, jetzt gleich.« Er schaut mich an und sieht, daß ich hierbleiben werde. Sein Blick ist so angsterfüllt, daß ich mir's beinahe schon anders überlege, aber da ändert sich auf einmal sein Ausdruck, er macht kehrt und rennt die Treppe hinunter und zur Tür hinaus, bevor ich ihm nachlaufen kann.

Die große schwere Tür unten fällt zu, und ich bin jetzt ganz allein hier. Ich horche nach einem Geräusch ... Von wem? ... Von *ihm?* ... Lange Zeit horche ich so ...

Die Dielen quietschen schauerlich, begleitet von dem schauerlichen Gedanken, daß *er* es ist. An diesem Ort ist er Wirklichkeit, und ich bin der Geist. Ich sehe seine Hand einen Moment lang auf einem Türknopf ruhen, dann den Knopf langsam drehen, dann die Tür zu dem Hörsaal aufstoßen.

Der Raum gähnt wartend, genau wie in der Erinnerung, als wäre er jetzt hier. Er *ist* jetzt hier. Er nimmt alles wahr, was ich sehe. Alles springt mich an, vibriert vor Erinnerungen.

Die langen dunkelgrünen Tafeln auf beiden Seiten haben einen neuen Anstrich nötig, die Farbe blättert ab, genau wie damals. Die Kreide, nie Kreide in der Schale, bis auf ein paar kümmerliche Stummel, immer noch dasselbe. Hinter der Tafel sind die Fenster, und darin die Berge, die er betrachtete, nachdenklich, an den Tagen, wo die Studenten schrieben. Er setzte sich immer mit einem Kreidestummel in einer Hand an die Heizung und starrte durchs Fenster zu den Bergen hinüber, ab und zu unterbrochen von einer Frage: »Sollen wir ... ?« Und dann drehte er sich immer um und gab Antwort, was auch immer gefragt worden war, und in solchen Momenten war da eine Einheit, wie er sie nie zuvor gekannt hatte. Dies war ein Ort, wo er *angenommen* wurde – als er selbst. Nicht als das, was er hätte sein können oder sein sollte, sondern als er selbst. Ein durch und durch aufnahmebereiter, auf Hören eingestellter Ort. Ihm gab er alles. Das war nicht ein einziger Raum, das waren tausend Räume, immer wieder anders, sich ständig wandelnd mit den Stürmen und dem Schnee und den Wolkenbildern auf den Bergen, mit jeder Klasse, sogar mit jedem Studenten. Keine Stunde glich je einer anderen, und er wußte nie, was die nächste bringen würde ...

Mein Zeitgefühl ist mir abhanden gekommen, als ich auf dem Gang Schritte knarren höre. Sie werden lauter, verstummen an der Tür zu diesem Hörsaal. Der Knopf dreht sich. Die Tür geht auf. Eine Frau schaut herein.

Ihr Gesicht ist aggressiv, als wollte sie hier jemanden ertappen. Sie mag Ende Zwanzig sein, ist nicht besonders hübsch. »Mir war doch so, als hätte ich jemanden gesehen«, sagt sie. »Ich dachte ...« Sie scheint verwirrt.

Sie kommt ganz herein und auf mich zu. Sie sieht mich genauer an. Jetzt verschwindet der aggressive Ausdruck, geht langsam in Verwunderung über. Sie sieht mich fassungslos an.

»O mein Gott«, sagt sie. »*Sie?*«

Ich kann mich überhaupt nicht an sie erinnern. Nichts.

Sie nennt meinen Namen, und ich nicke, ja, ich bin's.

»Sie sind wieder da.«

Ich schüttle den Kopf. »Nur für ein paar Minuten.«

Sie sieht mich unverwandt an, bis ich verlegen werde. Jetzt merkt sie es und fragt: »Darf ich mich einen Moment setzen?« Die schüchterne Art, in der sie das sagt, läßt vermuten, daß sie Studentin bei ihm war.

Sie setzt sich auf einen Stuhl in der ersten Reihe. Ihre Hand, an der kein Ehering steckt, zittert. Ich *bin* ein Geist.

Jetzt wird sie selbst verlegen. »Wie lange bleiben Sie hier? ... Nein, ich frage nur ...«

Ich komme ihr zu Hilfe: »Ich bin für ein paar Tage bei Bob DeWeese und fahre dann weiter nach Westen. Ich war zufällig in der Stadt und hatte ein bißchen Zeit, und da dachte ich, ich könnte mal sehen, was das College so macht.«

»Oh«, sagt sie, »das ist nett ... Es hat sich verändert ... wir haben uns alle verändert ... so viel hat sich verändert, seit Sie weg sind ...«

Wieder eine Verlegenheitspause.

»Es hieß, Sie seien sehr krank gewesen ...«

»Ja«, sage ich.

Wieder das unbehagliche Schweigen. Daß sie nicht weiterfragt, heißt wahrscheinlich, daß sie Bescheid weiß. Sie zögert noch eine Weile, sucht nach einer passenden Bemerkung. Das wird immer unerträglicher.

»Wo unterrichten Sie jetzt?« fragt sie schließlich.

»Ich unterrichte nicht mehr«, sage ich. »Ich habe aufgehört.«

Sie sieht mich ungläubig an. *»Aufgehört?«* Sie zieht die Stirn in Falten und sieht mich wieder an, wie um sich zu vergewissern, daß sie wirklich den vor sich hat, den sie meint. »Das gibt's doch nicht.«

»Doch, das gibt's.«

Sie schüttelt den Kopf, will es nicht glauben. »Aber doch nicht bei *Ihnen!«*

»Doch.«

»Aber warum?«

»Das habe ich hinter mir. Ich mache jetzt was andres.«

Ich überlege die ganze Zeit, wer sie ist, und sie wirkt genauso ratlos. »Aber das ist doch ...« Der Satz bricht ab. Sie setzt noch einmal an. »Sie sind ja völlig ...«, aber auch dieser Satz bleibt unvollendet.

Das nächste Wort wäre »verrückt«. Aber sie hat sich beide Male noch rechtzeitig gefangen. Sie merkt etwas, beißt sich auf die Lippe und blickt gekränkt. Ich würde etwas sagen, wenn ich könnte, aber ich weiß nicht, wo anfangen.

Ich will ihr schon sagen, daß ich sie nicht wiedererkannt habe, aber da steht sie auf und sagt: »Ich muß jetzt gehen.« Ich glaube, sie sieht mir an, daß ich sie nicht mehr kenne.

Sie geht zur Tür, sagt rasch und obenhin auf Wiedersehen, und als die Tür sich geschlossen hat, entfernen sich ihre Schritte schnell, fast im Lauftempo, den Gang entlang.

Die Außentür des Gebäudes fällt zu, und der Hörsaal ist wieder so still wie zuvor, bis auf eine leichte psychische Wirbelströmung, die sie zurückgelassen hat. Der Raum hat sich dadurch völlig verändert. Er enthält jetzt nur noch den Nachklang ihrer Gegenwart, und das, was ich hier wiedersehen wollte, ist verschwunden.

Auch gut, denke ich, und stehe wieder auf. Ich bin froh, daß ich noch einmal in diesem Raum war, aber ich glaube nicht, daß ich jemals das Bedürfnis haben werde, ihn noch einmal wiederzusehen. Lieber repariere ich Motorräder, eins wartet ohnehin auf mich.

Auf dem Weg nach draußen mache ich noch eine Tür auf, wie unter einem Zwang. Und an der Wand dieses Raumes sehe ich etwas, das mir ein kaltes Prickeln in der Nackengegend verursacht.

Es ist ein Gemälde. Es war mir nicht mehr in Erinnerung gewesen, aber jetzt weiß ich, daß er es *gekauft* und hier aufgehängt hatte. Und plötzlich weiß ich auch wieder, daß es kein Gemälde ist, sondern eine Reproduktion eines Gemäldes, die er aus New York hatte kommen lassen und über die DeWeese die Nase gerümpft hatte, weil es eine Reproduktion war und weil Reproduktionen *von* Kunstwerken gemacht werden und nicht selber Kunst sind, ein Unterschied, den er damals nicht wahrhaben wollte. Aber der Druck, Feiningers »Kirche der Minderheiten«, hatte für ihn eine Anziehungskraft, die insofern für die Kunst belanglos war, als das Sujet, eine Art gotische Kathedrale, konstruiert aus halb abstrakten Linien und Flächen und Farben und Schatten, seine Vision von der Kirche der Vernunft zu verkörpern schien, und deshalb hatte er das Bild hier aufgehängt. Das alles ist jetzt plötzlich wieder da. Das war sein Büro. Eine *Entdeckung. Das* ist der Raum, den ich gesucht habe!

Ich gehe hinein, und eine Lawine von Erinnerungen, ausgelöst durch den Anstoß von dem Bild, stürzt auf mich ein. Das Licht auf der Reproduktion kommt von einem armseligen Fensterchen in der anstoßenden Wand, durch das er in das Tal und darüber hinweg auf die Madison Range blickte und zusah, wie die Unwetter herannahten, und während ich jetzt durch dieses Fenster in dieses Tal hinausschaue, weiß ich plötzlich ... es war hier, wo alles begann, der ganze Wahnsinn, genau *hier!* Das ist genau die Stelle!

Und diese Tür, die in Sarahs Büro führt. Sarah! Jetzt stürzt es auf mich ein! Mit ihrem Wassertopf kam sie immer hier durch, auf dem Weg vom Korridor in ihr Büro, trippelte von der einen Tür zur andern und sagte: »Ich hoffe, Sie bringen Ihren Studenten Qualität bei.« Und das im beiläufig leiernden Tonfall einer Dame im letzten Jahr vor der Pensionierung, die dabei ist, ihre Zimmerpflanzen zu gießen. Das war der Moment, in dem alles anfing. Das war der Kristallisationskeim.

Kristallisationskeim. Ein starkes Erinnerungsfragment stellt sich ein. Das Labor. Organische Chemie. Er arbeitete gerade mit einer stark übersättigten Lösung, als etwas ganz Ähnliches geschah.

Eine übersättigte Lösung ist eine Lösung, deren Sättigungspunkt, also der Punkt, an dem normalerweise kein weiterer Stoff mehr gelöst wird, überschritten ist. Das kann vorkommen, weil der Sättigungspunkt mit der Temperatur der Lösung ansteigt. Wenn man den Stoff bei hoher Temperatur auflöst und die Lösung dann abkühlt, kristallisiert der Stoff manchmal nicht aus, weil die Moleküle nicht wissen, wie sie es anstellen sollen. Sie brauchen etwas, das ihnen auf die Sprünge hilft, einen Kristallisationskeim, ein Staubkörnchen oder auch nur eine Erschütterung, etwa durch ein Kratzen oder Klopfen an dem Glas.

Er wollte an den Wasserhahn gehen, um die Lösung zu kühlen, aber er kam nicht so weit. Im Gehen sah er, wie vor seinen Augen ein Stern aus kristallinem Material in der Lösung erschien und dann ganz plötzlich und strahlend wuchs, bis er das ganze Gefäß ausfüllte. Er *sah* ihn wachsen. Wo eben noch klare Flüssigkeit gewesen war, war jetzt eine so feste Masse, daß er den Behälter hätte stürzen können, und nichts wäre herausgekommen.

Nur den einen Satz, »Ich hoffe, Sie bringen Ihren Studenten Qualität bei«, hatte jemand zu ihm gesagt, und innerhalb weniger Monate, so rasch wachsend, daß man beinahe *sehen* konnte, wie sie wuchs, entstand wie durch Zauberhand eine überwältigende, komplizierte, hochstrukturierte Gedankenmasse.

Ich weiß nicht, was er ihr antwortete, als sie das zu ihm sagte. Wahrscheinlich gar nichts. Sie mußte täglich viele Male hinter seinem Stuhl vorbei, immer wenn sie aus ihrem Büro kam oder hineinwollte. Manchmal blieb sie stehen, um sich mit ein paar Worten für die Störung zu entschuldigen, oder auch, um ihm irgendeine Neuigkeit mitzuteilen, und er hatte sich längst daran gewöhnt, es gehörte zur täglichen Routine im Büro. Ich weiß aber, daß sie noch ein zweites Mal kam und fragte: »Lehren Sie dieses Quartal auch wirklich Qualität?«, und er nickte und drehte sich eine Sekunde nach ihr um und sagte: »Ganz bestimmt!«, und sie trippelte weiter. Er arbeitete gerade eine Vorlesung aus und war darüber tief deprimiert.

Das Deprimierende war, daß es sich bei dem Text um einen der rationalsten Texte handelte, die es überhaupt zum Thema Rhetorik gab, und er ihn trotzdem nicht in Ordnung fand. Dabei hatte er sogar Zugang zu den Autoren, denn es waren Kollegen von ihm. Er hatte sie gefragt und ihnen zugehört und mit ihnen geredet und war mit ihren Antworten in einem rationalen Sinne einverstanden gewesen, hatte sie aber aus irgendeinem Grunde doch als unbefriedigend empfunden.

Der Text begann mit der Prämisse, daß Rhetorik, falls man sie überhaupt an der Universität lehren wollte, als ein Zweig der Vernunft und nicht als mystische Kunst gelehrt werden müsse. Deshalb, so hoben die Verfasser hervor, sei die Beherrschung der rationalen Grundlagen der Kommunikation für das Verständnis der Rhetorik sehr wichtig. Die Grundzüge der Logik wurden dargelegt, die Grundzüge der Reiz-Reaktions-Psychologie wurden skizziert, und von dieser Grundlage aus wurde erklärt, wie man einen Aufsatz aufbaut.

Im ersten Jahr seiner Lehrtätigkeit war Phaidros mit diesem Rahmen einigermaßen zufrieden gewesen. Er fand, daß etwas daran nicht stimmte, daß aber diese Unstimmigkeit nicht in der Anwendung der Vernunft auf die Rhetorik lag. Die Unstimmigkeit lag in dem alten Geist seiner Träume – im rationalen Denken selber. Er war eben der Meinung, daß kein Autor jemals nach diesem schematischen, durchnumerierten, objektiven, methodischen Rezept schreiben lernte. Aber mehr hatte die Rationalität nicht zu bieten, und man konnte nichts daran ändern, ohne irrational zu werden. Und wenn er in dieser Kirche der Vernunft einen klaren Auftrag zu erfüllen hatte, so den, rational zu sein, und deshalb mußte er es dabei bewenden lassen.

Als Sarah ein paar Tage danach wieder durch sein Zimmer trippelte, blieb sie stehen und sagte: »Ich bin ja so *froh*, daß Sie in diesem Quartal *Qualität* lehren. Wer tut das denn heutzutage noch?«

»Na, *ich*«, sagte er. »Mir liegt sogar sehr viel daran.«

»Recht so«, sagte sie und trippelte weiter.

Er widmete sich wieder seinem Vorlesungskonzept, aber nach einer Weile mußte er wieder an ihre sonderbare Bemerkung denken. Was zum Teufel meinte sie damit? *Qualität? Natürlich* lehrte er Qualität. Wie alle andern auch. Er arbeitete weiter an seiner Vorlesung.

Noch etwas deprimierte ihn: der rein formalistische Teil des Rhetorikunterrichts, der angeblich abgeschafft war, in Wirklichkeit aber immer noch eine Rolle spielte. Das ganze schulmeisterliche Getue, bei dem andauernd nur von Regeln und Fehlern die Rede war. *Fehlerlose* Rechtschreibung, *fehlerlose* Interpunktion, *fehlerlose* Grammatik. Hunderte kleinkarierter Regeln für kleinkarierte Leute. Kein Mensch konnte all das Zeug im Kopf behalten und sich dabei darauf konzentrieren, *was* er schreiben wollte. Das waren alles nur Vorschriften für gutes Benehmen bei Tisch, die in keiner Weise auf Mitgefühl oder Anstand oder Menschenfreundlichkeit beruhten, sondern eigentlich nur dem egoistischen Wunsch entsprungen waren, als Mitglied der besseren Gesellschaft anerkannt zu werden. Feine Leute hatten feine Tischmanieren und sprachen und schrieben nach der Grammatik. Man wies sich damit als Angehöriger der Oberschicht aus.

In Montana hatte es diese Wirkung nicht. Hier blamierte man sich bloß damit und galt als typischer Krümelkacker von der Ostküste. In seiner Abteilung wurden gewisse Mindestanforderungen in Grammatik und Formenlehre gestellt, aber wie die anderen Lehrkräfte vermied er es geflissentlich, diese Anforderungen anders als mit dem Hinweis auf die »Vorschrift« zu verteidigen.

Schon bald lenkte ihn der Gedanke an Sarahs Bemerkung erneut ab. *Qualität?* Irgend etwas an der Frage irritierte ihn, ärgerte ihn beinahe. Er dachte darüber nach, dachte noch mehr darüber nach, sah aus dem Fenster, dachte noch ein bißchen darüber nach. *Qualität?*

Vier Stunden später saß er immer noch dort, mit den Füßen auf dem Fensterbrett, und starrte in den dunkel gewordenen Himmel hinaus. Das Telefon klingelte, seine Frau war dran und wollte wissen, was los sei. Er versprach, gleich heimzukommen, aber dann vergaß er das und alles andere. Erst um drei Uhr morgens gestand er sich müde ein, daß er keine Ahnung hatte, was Qualität ist, nahm seine Aktentasche und machte sich auf den Heimweg.

Die meisten hätten an diesem Punkt die ganze Frage wieder vergessen oder sie einfach in der Schwebe gelassen, weil solches Grübeln zu nichts führt und man schließlich noch was anderes zu tun hat. Er aber war so verzweifelt über seine Unfähigkeit, zu lehren, woran er glaubte, daß er sich den Teufel darum scherte, was er sonst noch hätte tun müssen, und als er am Morgen erwachte, starrte ihm schon wieder die Qualität ins Gesicht. Er hatte nur drei Stunden geschlafen und war so müde, daß er wußte, er würde an diesem Tag eine Vorlesung nicht durchstehen; außerdem hatte er das Konzept sowieso nicht fertig, und so schrieb er nur an die Tafel: »Schreiben Sie einen Aufsatz von 350 Worten über das Thema ›Was ist *Qualität* in Gedanke und Ausdruck?‹« Dann setzte er sich an die Heizung, während sie schrieben, und dachte selbst über Qualität nach.

Am Schluß der Stunde war offenbar niemand fertig, deshalb erlaubte er den Studenten, ihre Aufsätze mitzunehmen und sie zu Hause fertigzuschreiben. Diese Klasse hatte die nächsten zwei Tage keine Stunde bei ihm, es blieb ihm also Zeit, noch ein bißchen über die Frage nachzudenken. In dieser Zwischenzeit traf er in den Pausen einige der Studenten auf dem Gang, aber wenn er ihnen zunickte, warfen sie ihm wütende und ängstliche Blicke zu. Er dachte sich, daß sie wohl dieselben Schwierigkeiten hatten wie er.

Qualität ... man weiß, was es ist, und weiß es doch nicht. Aber das ist ein Widerspruch in sich. Aber manche Dinge *sind* nun mal besser als andere, das heißt, sie haben mehr Qualität. Will man aber definieren, was Qualität an sich ist, abgesehen von den Dingen, die sie besitzen, dann löst sich alles in Wohlgefallen auf. Es bleibt nichts übrig, worüber man sprechen könnte. Wenn man aber nicht zu sagen weiß, was Qualität ist, woher weiß man dann, was sie ist, oder auch nur, ob es sie überhaupt gibt? Wenn keiner weiß, was sie ist, dann sagt einem der gesunde Menschenverstand, daß es sie gar nicht gibt. Aber der gesunde Menschenverstand sagt einem auch, *daß* es sie gibt. Worauf gründete sich sonst die Benotung? Warum würden die Leute sonst für manche Dinge Unsummen bezahlen und andere in die Mülltonne werfen? Offensichtlich sind manche Dinge besser als andere ... aber worin besteht dieses »Bessersein«? ... So dreht man sich endlos im Kreise und findet nirgends einen Anhaltspunkt. Was zum Teufel ist Qualität? Was *ist* sie?

Teil III

16

Chris und ich haben uns noch einmal richtig ausgeschlafen und heute früh sorgfältig die Rucksäcke gepackt, und jetzt steigen wir schon seit ungefähr einer Stunde den Berg hinauf. Der Wald hier auf dem Grund des Canyons besteht hauptsächlich aus Kiefern, mit ein paar eingestreuten Espen und belaubten Sträuchern. Steile Canyon-Wände ragen auf beiden Seiten hoch über uns auf. Hin und wieder führt der Weg auf einen besonnten, grasbewachsenen Fleck am Ufer des Baches hinaus, aber stets kehrt er bald wieder in den tiefen Kiefernschatten zurück. Der Boden, auf dem wir gehen, ist mit einem weichen, federnden Teppich von Kiefernnadeln bedeckt. Es ist sehr still hier.

Berge wie diese und Wanderer in den Bergen und Ereignisse, die ihnen dort begegnen, finden sich nicht nur im Zen-Schrifttum, sondern in den Geschichten jeder großen Religion. Der physische Berg als Allegorie für den spirituellen, der zwischen jeder Seele und ihrem Ziel steht, ist ein naheliegendes, einleuchtendes Sinnbild. Wie die im Tal hinter uns, haben die meisten Menschen ihr Leben lang die spirituellen Berge vor Augen und setzen doch nie einen Fuß darauf, sondern begnügen sich damit, anderen zuzuhören, die oben gewesen sind, und ersparen sich so die Mühen. Manche gehen in Begleitung erfahrener Führer in die Berge, die den besten und gefahrlosesten Weg kennen, auf dem sie ans Ziel kommen können. Wieder andere, unerfahren und mißtrauisch, versuchen lieber, selbst ihren Weg zu finden. Die meisten von ihnen müssen unterwegs aufgeben, aber es gibt auch welche, die es durch schiere Willenskraft und mit Glück und Gnade doch schaffen. Einmal oben angelangt, erkennen sie deutlicher als jeder der anderen, daß es nicht nur einen oder nur eine begrenzte Anzahl von Wegen gibt. Es gibt so viele Routen, wie es einzelne Seelen gibt.

Ich möchte jetzt von Phaidros' Forschen nach dem Sinn des Begriffs

Qualität sprechen, eine Suche, die ihn, wie er meinte, in die Berge des Geistes führte. Soweit ich es rekonstruieren kann, gab es zwei deutlich getrennte Phasen.

In der ersten Phase unternahm er keinen Versuch einer strengen, systematischen Definition dessen, was er meinte. Das war eine glückliche, befriedigende und schöpferische Phase. Sie hielt fast so lange an, wie er an der Schule in dem Tal hinter uns unterrichtete.

Die zweite Phase ergab sich als Folge normaler intellektueller Kritik an diesem definitionslosen Zustand. In dieser Phase machte er systematische, streng logische Aussagen darüber, was Qualität sei, und errichtete ein riesiges hierarchisches Gedankengebäude, um sie zu stützen. Er mußte buchstäblich Himmel und Erde aus den Angeln heben, um zu diesem systematischen Verständnis zu gelangen, und als er fertig war, war er überzeugt, eine Erklärung für alles Seiende und unser Bewußtsein davon gefunden zu haben, die jeder anderen überlegen war.

Vielleicht war es wirklich eine neue Route; auf jeden Fall hätten wir eine solche Route dringend nötig. Im Laufe von über drei Jahrhunderten sind die alten, viel begangenen Wege unserer Hemisphäre ständig unterspült und nahezu abgetragen worden durch die von der wissenschaftlichen Wahrheit bewirkte natürliche Erosion und Veränderung der Gestalt des Berges. Die ersten Bergsteiger legten Pfade durch sicheres Gelände an, die alle als zugänglich empfanden, heute aber sind die Routen der westlichen Welt nahezu unbegehbar geworden – infolge ihrer dogmatischen Starrheit angesichts einer sich wandelnden Welt. Wer den buchstabengetreuen Sinn der Worte von Jesus oder Moses anzweifelt, muß darauf gefaßt sein, sich von den meisten Leuten Feindseligkeit einzuhandeln, aber Tatsache ist doch, daß Jesus oder Moses, würden sie heute unerkannt unter uns erscheinen, mit derselben Botschaft, die sie vor so vielen Jahren verkündeten, Gefahr liefen, für nicht ganz richtig im Kopf gehalten zu werden. Das liegt nicht daran, daß Jesus und Moses die Unwahrheit gesagt hätten oder daß die moderne Gesellschaft sich im Irrtum befindet, sondern einfach daran, daß die Route, die sie anderen aufgezeigt hatten, belanglos und unverständlich geworden ist. »Im Himmel droben« zu sagen, wird sinnlos, wenn raumfahrtgewohntes Bewußtsein fragt: Wo ist denn das, »oben«? Aber die Tatsache, daß die alten Routen infolge sprachlicher Starrheit mehr und mehr ihren jedermann zugänglichen Sinn eingebüßt haben und fast ungangbar geworden sind, bedeutet nicht, daß der Berg nicht mehr da wäre. Er ist da und wird da bleiben, solange es Bewußtsein gibt.

Phaidros' zweite metaphysische Phase war ein totales Desaster. Ehe die Elektroden an seinem Kopf befestigt wurden, hatte er schon alles Reale verloren: Geld, Eigentum, Kinder; selbst seine bürgerlichen Rechte waren ihm per Gerichtsbeschluß aberkannt worden. Geblieben war ihm nur der eine verrückte einsame Traum von der Qualität, die Landkarte einer Route über den Berg, der er alles geopfert hatte. Dann, nachdem man die Elektroden befestigt hatte, verlor er auch dies.

Ich werde nie alles wissen, was er damals im Kopf hatte, niemand wird es je wissen. Erhalten sind nur noch Fragmente: Trümmer, verstreute Notizen, die man zusammenstückeln kann, die aber weite Gebiete unerklärt lassen.

Als ich zum erstenmal auf diese Trümmer stieß, kam ich mir vor wie ein Bauer auf dem Felde, nicht weit von einer Stadt wie etwa Athen, der dann und wann, ohne sich groß zu wundern, beim Pflügen Scherben zutage fördert, die mit seltsamen Zeichen bedeckt sind. Ich wußte, daß es Teile eines größeren Entwurfs waren, den es einmal gegeben hatte, der aber weit über meine Fassungskraft hinaus ging. Anfangs wich ich Ihnen bewußt aus, kümmerte mich nicht um sie, weil ich wußte, daß diese Scherben Unglück gebracht hatten und ich mich vor solchem Unglück hüten mußte. Aber auch damals sah ich schon, daß sie Teile eines gewaltigen Gedankengebäudes gewesen waren, und sie sprachen auf eine merkwürdige Art meine Neugier an.

Später dann, als ich mich schon besser gefeit glaubte gegen das Leiden, das ihn befallen hatte, begann ich mich reger für diese Trümmer zu interessieren und registrierte die Fragmente, wenn auch planlos, ohne einen Gedanken an Ordnung und Form, in der Reihenfolge, wie ich sie vorfand. Viele dieser amorphen Äußerungen habe ich von Freunden. Es sind inzwischen Tausende, und obwohl nur ein geringer Teil von ihnen in diese Chautauqua paßt, beruht diese Chautauqua eindeutig auf ihnen.

Wahrscheinlich bin ich weit von dem entfernt, was er dachte. Bei dem Versuch, ein ganzes System aus Fragmenten zu rekonstruieren, müssen mir unweigerlich Fehler und Ungereimtheiten unterlaufen, für die ich um eine gewisse Nachsicht bitten muß. In vielen Fällen sind die Fragmente mehrdeutig; man könnte verschiedene Schlüsse aus ihnen ziehen. Wenn also etwas nicht stimmt, dann spricht die Wahrscheinlichkeit dafür, daß der Fehler nicht in dem liegt, was er gedacht hat, sondern in meiner Rekonstruktion, und man kann später eine bessere Rekonstruktion finden.

Ein schwirrendes Geräusch, und ein Rebhuhn verschwindet in den Bäumen.

»Hast du das gesehen?« fragt Chris.

»Ja«, antworte ich.

»Was war das?«

»Ein Rebhuhn.«

»Woher weißt du das?«

»Die schaukeln im Flug so hin und her«, sage ich. Ich bin mir nicht sicher, aber es klingt richtig. »Außerdem halten sie sich dicht über dem Boden.«

»Aha«, sagt Chris, und wir steigen weiter. Die schräg durch die Kiefernwipfel einfallenden Sonnenstrahlen rufen einen Kathedraleneffekt hervor.

Heute möchte ich mir nun die erste Phase seiner Reise in die Qualität vornehmen, die nichtmetaphysische Phase, und die wird angenehm sein. Es ist schön, eine Reise angenehm zu beginnen, auch wenn man weiß, daß sie nicht so enden wird. Anhand der Notizen, die er sich über seinen Unterricht machte, möchte ich rekonstruieren, wie Qualität zu einem Arbeitsbegriff in seinem Rhetorikunterricht wurde. Seine zweite Phase, die metaphysische, war verschwommen und spekulativ, aber diese erste Phase, in der er einfach Rhetorik lehrte, war allem Anschein nach solide und pragmatisch und verdient es, ganz für sich beurteilt zu werden, unabhängig von der zweiten Phase.

Er hatte tiefgreifende Neuerungen eingeführt. Er hatte oft Schwierigkeiten mit Studenten, die nichts zu sagen wußten. Anfangs dachte er, es sei nur Faulheit, aber dann zeigte sich, daß es etwas anderes war. Es fiel ihnen einfach nichts ein, was sie hätten hinschreiben können.

Eine Studentin, ein Mädchen mit dicken Brillengläsern, wollte einen Aufsatz von fünfhundert Worten über die Vereinigten Staaten schreiben. Wie immer bei solchen Ankündigungen hatte er ein flaues Gefühl und schlug ihr ohne Spott vor, sich auf Bozeman zu beschränken.

Als der Ablieferungstag gekommen war, hatte sie den Aufsatz nicht und war todunglücklich darüber. Sie hatte es immer wieder versucht, aber es war ihr einfach nichts eingefallen.

Er hatte schon mit ihren früheren Lehrern über sie gesprochen, und die hatten denselben Eindruck von ihr gehabt wie er. Sie war sehr gewissenhaft, diszipliniert und fleißig, aber völlig unbegabt. Nicht die leiseste Spur von Kreativität. Ihre Augen hinter den dicken Brillengläsern waren die Augen eines Kulis. Sie machte ihm nichts vor, sie wußte wirklich nicht, was sie schreiben sollte, und fand es schrecklich, daß sie nicht in der Lage war zu tun, was man von ihr erwartete.

Er war ratlos. Jetzt wußte *er* nicht, was er sagen sollte. Eine Pause trat ein, und dann kam eine bemerkenswerte Antwort: »Grenzen Sie es auf die *Hauptstraße* von Bozeman ein.« Es war eine plötzliche Einsicht.

Sie nickte pflichteifrig und ging hinaus. Aber kurz vor der nächsten Stunde kam sie wieder, völlig niedergeschlagen und in Tränen aufgelöst, und es war ihr anzusehen, daß der Kummer sie schon lange plagte. Sie wußte immer noch nicht, was sie schreiben sollte, und sah nicht ein, wieso sie, da sie doch über *ganz* Bozeman nichts zu schreiben wußte, in der Lage sein sollte, über eine bestimmte Straße zu schreiben.

Er war wütend. »Sie machen eben die *Augen* nicht auf!« sagte er. Er dachte daran, wie er selbst von der Universität geflogen war, weil er *zuviel* zu sagen gehabt hatte. Für jede Tatsache gibt es eine *unendliche* Anzahl von Hypothesen. Je genauer man *hinsieht*, um so mehr *sieht* man. Diese Studentin sah wirklich nicht hin, aber aus irgendeinem Grunde begriff sie das nicht.

Ärgerlich sagte er ihr: »Grenzen Sie es auf die *Fassade* eines *einzigen* Gebäudes auf der Hauptstraße von Bozeman ein. Meinetwegen des Opernhauses. Fangen Sie mit dem ersten Ziegelstein oben links an.«

Ihre Augen wurden groß hinter den dicken Brillengläsern.

Mit einem verwirrten Ausdruck im Gesicht kam sie in die nächste Stunde und überreichte ihm einen fünftausend Worte langen Aufsatz über die Fassade des Opernhauses auf der Hauptstraße von

Bozeman, Montana. »Ich saß in der Imbißstube gegenüber«, berichtete sie, »und fing an, etwas über den ersten Ziegelstein zu schreiben, dann etwas über den zweiten, und beim dritten lief es dann auf einmal ganz von selbst und ich konnte gar nicht mehr aufhören. Die andern dachten, ich wäre verrückt geworden, und zogen mich andauernd auf, aber der Aufsatz ist fertig. Ich versteh' das nicht.«

Er verstand es so wenig wie sie, aber auf langen Spaziergängen durch die Straßen der Stadt dachte er darüber nach und kam zu dem Schluß, daß sie offenbar eine ganz ähnliche Blockade gehabt hatte wie er an seinem ersten Unterrichtstag. Sie war blockiert, weil sie versuchte, mit eigenen Worten Dinge zu wiederholen, die sie schon einmal gehört hatte, genau wie er am ersten Tag versucht hatte, Dinge zu wiederholen, die er sich vorher schon zurechtgelegt hatte. Sie wußte nicht, was sie über Bozeman schreiben sollte, weil sie sich an nichts erinnern konnte, was einer Wiederholung wert gewesen wäre. Sie kam sonderbarerweise gar nicht auf den Gedanken, daß sie sich beim Schreiben selbst umschauen, mit eigenen Augen sehen konnte, ohne sich darum zu kümmern, was andere vor ihr gesagt hatten. Die Eingrenzung auf den einen Ziegelstein beseitigte die Blockade, weil da endlich offenkundig wurde, daß sie nur etwas schreiben konnte, was sie mit eigenen Augen gesehen hatte.

Er experimentierte weiter. In einer Klasse ließ er die Studenten eine Stunde lang über die Rückseite des eigenen Daumens schreiben. Anfangs warfen sie ihm komische Blicke zu, aber sie kamen alle damit zurecht, und keiner beklagte sich, daß er nicht wüßte, was er schreiben sollte.

In einer anderen Klasse ließ er die Studenten statt des Daumens eine Münze beschreiben, und sie schrieben alle die ganze Stunde lang. Dieselbe Erfahrung machte er in anderen Klassen. Einer fragte einmal: »Müssen wir beide Seiten beschreiben?« Wenn sie sich erst mal mit dem Gedanken vertraut gemacht hatten, daß sie selber direkt hinsehen konnten, merkten sie auch, daß sie unbegrenzt viel schreiben konnten. Solche Aufgaben hoben auch das Selbstbewußtsein, weil das, was sie schrieben, zwar scheinbar trivial, immerhin aber eine eigene Leistung war und kein bloßes Nachplappern fremder Gedanken. Klassen, in denen er diesen Aufsatz über die Münze schreiben ließ, waren regelmäßig weniger aufsässig und beteiligten sich aktiver am Unterricht.

Aufgrund seiner Experimente kam er zu dem Schluß, daß das Nachahmen eine wirklich schädliche Angewohnheit sei, die man beseitigen mußte, bevor der eigentliche Rhetorikunterricht beginnen konnte. Der Nachahmungsdrang schien von außen aufgesetzt. Kleine Kinder hatten ihn nicht. Er entwickelte sich erst später, möglicherweise sogar als Folge des Schulunterrichts.

Das hörte sich richtig an, und je länger er darüber nachdachte, um so richtiger hörte es sich an. In der Schule wird man zum Nachahmen angehalten. Ahmt man nicht nach, was der Lehrer für gut hält, bekommt man schlechte Noten. Hier am College spielte sich das natürlich auf einer etwas höheren Ebene ab; man mußte den Lehrer so nachahmen, daß er den Eindruck bekam, man ahme ihn nicht nach, sondern verarbeite den Lehrstoff zu eigenständigen Leistungen. Dafür gab es die besten Noten. Für eine wirklich originelle Arbeit konnte man dagegen alles kriegen – von A bis F*. Selbständiges Denken wurde einem meistenteils sehr bald verleidet.

Als er darüber mit einem Psychologieprofessor sprach, der nebenan wohnte, einem außergewöhnlich verständnisvollen Lehrer, sagte dieser: »Genau. Schaffen Sie alle Noten und akademischen Grade ab, und Sie bekommen echte Hochschulbildung.«

Phaidros dachte über diese Äußerung nach, und als ihn Wochen später eine überdurchschnittlich begabte Studentin nach einem Thema für ihren Semestervortrag fragte, beschäftigte ihn die Frage immer noch, und er stellte sie ihr als Thema. Sie wollte es erst nicht nehmen, aber dann war sie doch einverstanden.

Schon nach einer Woche diskutierte sie mit allen darüber, und nach zwei Wochen hatte sie einen ausgezeichneten Vortrag ausgearbeitet. Die Klasse, vor der sie ihn hielt, hatte jedoch nicht den Vorteil gehabt, sich zwei Wochen lang mit dem Thema zu beschäftigen, und stand dem Gedanken der Abschaffung der Noten und Grade ausgesprochen feindselig gegenüber. Dadurch ließ sich die Studentin aber in keiner Weise beirren. Sie verfocht ihren Standpunkt mit geradezu religiösem Eifer. Sie bat ihre Kommilitonen, ihr doch *zuzuhören*, zu begreifen, daß sie wirklich *recht* habe. »Ich sage das nicht *ihm* zuliebe«, beteuerte sie mit einem Blick auf Phaidros. »Ich sage es für *euch*.«

* Notenstufen in Amerika: A (beste Note), B, C, D und F (für »failed« = »durchgefallen«). (Anm. d. Übers.)

Ihr beschwörender Tonfall und ihr religiöser Eifer beeindruckten ihn sehr, nicht weniger die Tatsache, daß sie bei der Aufnahmeprüfung am College besser als 99 Prozent ihrer Klasse abgeschnitten hatte. Als er im nächsten Quartal »überzeugendes Schreiben« gab, wählte er dieses Thema als »Demonstrationsobjekt«, ein Stück überzeugendes Schreiben, das er selbst Tag für Tag erarbeitete, vor der Klasse und mit ihrer Hilfe.

Er hatte sich für diese Methode entschieden, um nicht über die Grundregeln des Aufsatzschreibens reden zu müssen, gegen die er samt und sonders ein tiefes Mißtrauen hegte. Er dachte sich, daß er den Klassen, indem er sie mit seinen eigenen Sätzen im Augenblick der Formulierung samt allen Zweifeln und Stockungen und Widersprüchen konfrontierte, ein wahrheitsgetreueres Bild davon vermitteln könne, worum es beim Schreiben eigentlich ging, als wenn er die ganze Zeit nur an fertigen Arbeiten der Studenten herumgemäkelt oder ihnen das fertige Werk eines großen Meisters als leuchtendes Vorbild hingestellt hätte. Als Gegenstand hatte er diesmal also die These gewählt, daß alle Benotungen und akademischen Grade und Titel abgeschafft werden sollten, und um sich ein nicht nur theoretisches Interesse der Studenten zu sichern, vergab er in diesem Quartal keine Noten.

Über dem Bergrücken ist jetzt der Schnee zu sehen. Zu Fuß sind es aber noch viele Tage bis dort hinauf. Die Felsen darunter sind für normales Bergsteigen zu steil, vor allem mit unseren schweren Rucksäcken, und Chris ist für regelrechtes Klettern am Seil noch viel zu jung. Wir müssen über den bewaldeten Berg, dem wir uns jetzt nähern, dann in einen zweiten Canyon hinab, diesen bis ans Ende durchwandern und dann in schräger Linie wieder aufsteigen. Bis an die Schneegrenze drei Tage, wenn wir sehr gut gehen, sonst vier. Wenn wir in neun Tagen nicht zurück sind, wird DeWeese uns suchen.

Wir bleiben stehen, um zu rasten, setzen uns hin und lehnen uns an einen Baum, damit uns die Rucksäcke nicht hintüber ziehen. Nach einer Weile lange ich über meine Schulter nach hinten, ziehe die Machete unter der Rucksackklappe hervor und gebe sie Chris.

»Siehst du die Espen da drüben? Die so gerade gewachsen sind?

Am Rand?« Ich zeige hinüber. »Die schneidest du jetzt ungefähr einen Fuß über dem Boden ab.«

»Wozu?«

»Wir brauchen sie nachher als Bergstöcke und Zeltstangen.«

Chris nimmt die Machete, will aufstehen, bleibt dann aber doch sitzen. »Mach du das lieber«, sagt er.

Also nehme ich die Machete, gehe hinüber und schneide die Stöcke. Sie lassen sich beide sauber mit einem Hieb abtrennen, bis auf den letzten Streifen Rinde, den ich mit dem Haken am Rücken des Messers durchtrenne. Droben im Fels braucht man die Stöcke, um Balance zu halten; die Kiefern da oben taugen nicht zu Bergstöcken, und das sind hier so ziemlich die letzten Espen. Allerdings beunruhigt es mich ein bißchen, daß Chris sich weigert, solche Aufgaben zu übernehmen. Kein gutes Zeichen, wenn man in den Bergen ist.

Eine kurze Rast, und weiter geht's. Es wird eine Weile dauern, bis wir uns an die schweren Rucksäcke gewöhnt haben. Man reagiert zunächst negativ auf ein solches Gewicht. Aber mit der Zeit wird es uns nicht mehr so schwerfallen ...

Phaidros' Plädoyer für die Abschaffung der Noten und Grade stieß anfangs bei fast allen Studenten auf Verwunderung oder Ablehnung, weil es auf den ersten Blick so aussah, als würde dadurch das ganze Universitätssystem aus den Angeln gehoben. Eine Studentin traf den Nagel auf den Kopf, als sie mit entwaffnender Offenheit erklärte: »Sie könnten natürlich nie die Noten und die akademischen Titel abschaffen. Deswegen sind wir ja schließlich hier.«

Sie hatte völlig recht. Wenn es immer so hingestellt wird, als gingen die meisten Studenten vor allem wegen der Bildung auf die Universität und nicht nur wegen des Titels, so ist das ein Stück Heuchelei, über dessen Aufdeckung niemand sonderlich glücklich wäre. Manchmal kommen zwar Studenten, denen es tatsächlich um die Bildung an sich geht, aber durch die Routine und den ganzen unpersönlichen Betrieb werden sie bald zu einer weniger idealistischen Einstellung bekehrt.

Phaidros argumentierte, daß dieser Heuchelei durch die Abschaffung von Noten und Titeln der Boden entzogen würde. Anstatt sich aber in allgemeinen Ausführungen zu ergehen, wählte er als Demonstrationsobjekt die Laufbahn eines imaginären Studenten, der als mehr oder weniger typisch für Phaidros' tatsächliche Leidenschaft gelten konnte, eines Studenten, der ganz auf den Erwerb eines Titels aus war und sich nicht etwa in erster Linie das Wissen aneignen wollte, das ein solcher Titel angeblich verbürgte.

Ein solcher Student, so Phaidros' Hypothese, würde in die ersten Stunden gehen, seine erste Hausarbeit bekommen und sie wahrscheinlich aus alter Gewohnheit auch machen. Er würde vielleicht auch noch die zweite und dritte Stunde mitmachen. Schließlich würde sich aber der Reiz des Neuen verlieren, und da sein akademisches Leben ja nicht sein ganzes Leben ist, würde der Druck anderer Verpflichtungen oder Wünsche Umstände schaffen, unter denen es ihm einfach unmöglich wäre, eine Arbeit abzuliefern.

Da es keine Noten und Grade gebe, würde er dafür nicht bestraft werden. Dem weiteren Unterricht würde er jedoch wegen seiner Lükken nur noch unter Schwierigkeiten folgen können, und diese Schwierigkeiten wiederum könnten sein Interesse so weit erlahmen lassen, daß er die nächste Hausaufgabe, die ihm schon recht schwerfallen würde, auch nicht mehr machen würde. Aber auch dafür würde man ihn nicht bestrafen.

Mit der Zeit würde er im Unterricht immer weniger verstehen und es immer schwieriger finden, sich auf den Stoff zu konzentrieren. Schließlich würde er feststellen, daß er nicht viel vom Unterricht profitierte, und angesichts des ständigen Drucks außerschulischer Verpflichtungen würde er nichts mehr lernen, deswegen Schuldgefühle bekommen und überhaupt nicht mehr in die Stunden gehen. Wiederum würde man ihn nicht bestrafen.

Aber was wäre geschehen? Der Student hätte sich, im besten allseitigen Einvernehmen, selbst von der Universität entfernt. Um so besser! Was hätte man sich anderes wünschen können? Er war ja ohnehin nicht wegen der Bildung gekommen und hatte eigentlich nichts an der Universität verloren. Es war viel Geld und Mühe gespart worden, und er würde nicht sein Leben lang mit dem Stigma des Versagers herumzulaufen brauchen. Es waren keine Brücken hinter ihm abgebrochen worden.

Das größte Problem des Studenten war eine Sklavenmentalität, die man ihm mit jahrelanger Zuckerbrot-und-Peitsche-Benotung eingeimpft hatte, eine Maultiermentalität, die sich in der Einstellung äußerte: »Wenn mir niemand die Peitsche gibt, arbeite ich nicht.« Es gab ihm niemand die Peitsche. Er arbeitete nicht. Und der Karren der Zivilisation, für den er als Zugtier ausgebildet werden sollte, mußte nun eben ohne ihn ein bißchen langsamer dahinrattern.

Aber das ist nur dann tragisch, wenn man davon ausgeht, daß der Karren der Zivilisation, »das System«, von Maultieren gezogen wird. Das ist ein verbreiteter, beruflich bedingter, »ortsgebundener« Standpunkt, aber nicht die »kirchliche« Einstellung.

Die kirchliche Einstellung besagt, daß der Zivilisation, »dem System«, der »Gesellschaft« oder wie immer man es nennen will, nicht mit Maultieren, sondern mit freien Menschen am besten gedient ist. Der Zweck der Abschaffung der Noten und Titel ist nicht, Maultiere zu bestrafen oder sie loszuwerden, sondern eine Umwelt zu schaffen, in der aus diesem Maultier ein freier Mensch werden kann.

Der hypothetische Student, immer noch ein Maultier, würde sich eine Zeitlang treiben lassen. Er würde eine andere Ausbildung bekommen, nicht weniger wertvoll als die, die er abgebrochen hat, und zwar in der »harten Schule des Lebens«, wie man früher gesagt hätte. Anstatt als geachtetes Maultier Geld und Zeit zu vergeuden, würde er jetzt eine Arbeit als weniger geachtetes Maultier annehmen müssen, vielleicht als Mechaniker. In Wahrheit würde er jetzt mehr Achtung verdienen als zuvor, denn jetzt würde er einen Beitrag zu einer Veränderung leisten. Vielleicht wird er sein Leben lang dabei bleiben. Vielleicht hat er die ihm gemäße Stufe gefunden. Aber sicher ist das nicht.

Mit der Zeit – sei es nach sechs Monaten, sei es nach fünf Jahren – könnte sich leicht eine Veränderung anbahnen. Er würde von Tag zu Tag unzufriedener werden mit seiner stumpfsinnigen Routinearbeit. Seine schöpferische Intelligenz, die am College durch zuviel Theorie und zu viele Noten erstickt worden war, würde jetzt durch die Langeweile in der Werkstatt wieder geweckt. Tausende von Arbeitsstunden mit frustrierenden mechanischen Problemen hätten sein Interesse für Maschinenkonstruktion gesteigert. Er würde jetzt selbst gerne Maschinen konstruieren. Er würde auf den Gedanken kommen, daß er auch für eine bessere Stelle taugte. Er würde versuchen, ein paar Maschinen zu verbessern, damit Erfolg haben, nach weiteren Erfolgen streben, sich aber behindert fühlen, weil ihm das theoretische Wissen fehlen würde. Während er sich früher blöd vorkam, weil er sich beim besten Willen nicht für theoretisches Wissen interessierte, würde er jetzt entdecken, daß es eine Art theoretisches Wissen gibt, vor dem er große Achtung empfindet, nämlich die Ingenieurswissenschaften.

So würde er also an unsere notenlose und titellose Schule zurückkehren, aber mit einem Unterschied. Er wäre jetzt nicht mehr durch den Wunsch motiviert, einen Titel zu erwerben. Seine Motivation wäre jetzt der Wissenserwerb. Er würde keinen äußeren Anstoß zum Lernen mehr brauchen. Sein Antrieb käme jetzt von innen. Er wäre ein freier Mensch. Es wäre keine Peitsche mehr nötig, um ihn auf Trab zu bringen. Im Gegenteil, sollte der Eifer seiner Lehrer erlahmen, würde er *sie* durch unnachsichtige Fragen auf Trab bringen. Er wäre jetzt hier, um etwas zu lernen, würde dafür bezahlen, daß man ihm etwas beibringt, und auch darauf schauen, daß er etwas für sein Geld bekäme.

Motivation dieser Art, wenn sie einmal Platz greift, ist eine unbändige Kraft, und in der notenlosen, titellosen Institution, wo sich unser Freund jetzt befände, würde er sich nicht mit der üblichen technischen Ausbildung begnügen. Physik und Mathematik würden in seine Interessensphäre einbezogen werden, weil er sehen würde, daß er sie braucht. Metallurgie und Elektrotechnik dürften auch nicht vernachlässigt werden. Und in dem intellektuellen Reifungsprozeß, den solcherlei Studien auslösen, würde er wahrscheinlich auch Vorstöße in andere theoretische Gebiete unternehmen, die nicht mehr direkt mit Maschinen zu tun hätten, sondern Teil eines neuen, übergeordneten Ziels wären. Dieses übergeordnete Ziel wäre nicht die Imitation einer Ausbildung an den heutigen Universitäten, in der alles beschönigt und verdeckt wird durch Noten und Titel, die den Eindruck erwecken, daß etwas geschieht, obwohl sich in Wirklichkeit beinahe nichts tut. Es wäre nicht Imitation, sondern das Echte.

Auf solche Weise verfocht Phaidros seine unpopuläre These, und er arbeitete das ganze Quartal daran, baute sie aus und baute sie um, trat für sie ein, verteidigte sie. Während des ganzen Quartals bekamen die Studenten ihre Arbeiten zwar mit Anmerkungen versehen, aber unbenotet zurück, doch wurden die Noten in ein Buch eingetragen.

Wie ich schon sagte, stieß er anfangs auf fast einhellige Ablehnung. Die meisten dachten offenbar, sie wären da an einen idealistischen Spinner geraten, der sich einbildete, durch die Abschaffung der Noten wären sie glücklicher und würden deshalb härter arbeiten, obwohl doch sonnenklar war, daß ohne Noten alle bloß faulenzen würden. Viele der Studenten, die in den vorangegangenen Quartalen überwiegend mit A benotet worden waren, äußerten zunächst Verachtung und Ärger, besannen sich dann aber auf ihre Selbstdisziplin und arbeiteten trotzdem mit. Die B-Studenten und die besseren C-Studenten machten anfangs die Aufgaben nicht oder lieferten schlampige Arbeiten ab. Viele der schlechteren C-Studenten und der D-Studenten kamen erst gar nicht zum Unterricht. In dieser Zeit fragte ihn einmal ein anderer Lehrer, was er denn gegen diese Gleichgültigkeit zu tun gedenke.

»Warten, bis es ihnen zu dumm wird«, sagte er.

Das Ausbleiben disziplinarischer Maßnahmen verwirrte die Studenten zunächst und machte sie dann mißtrauisch. Manche fingen an, sarkastische Fragen zu stellen. Sie bekamen freundliche Antworten, und der Unterricht nahm seinen gewohnten Gang, nur daß es eben keine Noten gab.

Dann bahnte sich der Umschwung an, auf den er gehofft hatte. In der dritten und vierten Woche wurden einige der A-Studenten allmählich nervös, lieferten ausgezeichnete Arbeiten ab und versuchten ihn nach der Stunde auszuhorchen, wie sie abgeschnitten hätten. Die B- und die besseren C-Studenten merkten das und machten wieder etwas eifriger mit, so daß ihre Arbeiten sich wieder einem normalen Niveau annäherten. Die schlechteren C-, die D- und die voraussichtlichen F-Studenten kamen wieder in die Stunden, um zu sehen, wie es weiterging.

Als über die Hälfte des Quartals um war, zeichnete sich ein mit noch größerer Spannung erwartetes Phänomen ab. Die A-Studenten verloren ihre Nervosität und nahmen aktiven Anteil am gesamten Unterricht, und zwar mit einer Liebenswürdigkeit, wie sie bei normalen, benoteten Klassen selten war. Jetzt gerieten die B- und C-Studenten in Panik und lieferten auf einmal Arbeiten ab, über denen sie offensichtlich stundenlang gesessen hatten. Die D- und F-Studenten lieferten befriedigende Arbeiten ab.

In den letzten Wochen des Quartals, einer Zeit, in der für gewöhnlich jeder schon seine Durchschnittsnote kennt und nur noch gelangweilt herumsitzt, verzeichnete Phaidros einen Grad an aktiver Teilnahme, der bei anderen Lehrern Aufsehen erregte. Die B- und C-Studenten beteiligten sich jetzt auch an der liebenswürdigen, jedermann offenstehenden Diskussion der A-Studenten, bei der man oft den Eindruck hatte, es handle sich um eine gelungene Party. Nur die D- und F-Studenten saßen stocksteif da, offenbar in einem Zustand ohnmächtiger innerer Panik.

Wie es zu dieser entspannten, liebenswürdigen Atmosphäre gekommen war, erklärten ihm später einmal zwei Studenten: »Wir, das heißt, eine ganze Menge von uns haben uns mal nach dem Unterricht zusammengesetzt, um zu beraten, wie wir uns gegen dieses System behaupten könnten. Wir waren uns einig, daß es das Beste sei, davon auszugehen, daß man am Ende durchfällt, trotzdem aber möglichst intensiv zu arbeiten. Nur so konnte man nämlich einigermaßen ruhig bleiben. Andernfalls hätte einen die ganze Sache verrückt gemacht!«

Außerdem sagten die beiden, daß es gar nicht mehr so schlimm sei, wenn man sich erst mal daran gewöhnt hätte, man interessiere sich mehr für den Lehrstoff; sie betonten aber mehrmals, daß es gar nicht leicht sei, sich daran zu gewöhnen.

Am Ende des Quartals wurden die Studenten aufgefordert, einen Aufsatz zu schreiben und darin das System zu beurteilen. Keiner von ihnen wußte zu dem Zeitpunkt, welche Abschlußnote er bekommen würde. Vierundfünfzig Prozent waren dagegen. Siebenunddreißig Prozent fanden es gut. Neun Prozent waren unentschieden.

Wenn man jede Stimme gleich bewertete, war das System sehr unbeliebt. Die Mehrheit der Studenten sprach sich unmißverständlich für die Bekanntgabe der Einzelnoten aus. Als aber Phaidros die Antworten nach den Noten in seinem Buch sortierte – und die Noten stimmten damit überein, was man aufgrund der Leistungen in den vorangegangenen Quartalen und der Aufnahmeprüfungen erwarten konnte –, ergab sich ein ganz anderes Bild. Die A-Studenten waren mit einer Mehrheit von 2 zu 1 für das System. Die B- und C-Studenten waren zur Hälfte dafür und zur Hälfte dagegen. Und die D- und F-Studenten waren *einstimmig* dagegen!

Dieses überraschende Ergebnis bestätigte eine Vermutung, die er schon lange hegte: daß die begabteren, ernsthafteren Studenten am wenigsten auf Benotung aus waren, möglicherweise deshalb, weil sie sich mehr für den Lehrstoff interessierten, während die unbegabten oder faulen Studenten den größten Wert auf Benotung legten, wahrscheinlich weil sie an den Noten ablesen konnten, ob sie noch einmal davonkommen würden.

Wie DeWeese gesagt hat, kann man von hier aus genau in südlicher Richtung fünfundsiebzig Meilen durch Wald und Schnee gehen, ohne auf eine Straße zu stoßen, obwohl es weiter östlich und westlich schon Straßen gibt. Ich habe es so eingerichtet, daß wir, falls es uns am Ende des zweiten Tages schlecht geht, nicht weit von einer Straße sind, auf der wir schnell wieder zurückfahren können. Chris weiß nichts davon, und es würde seinen im YMCA-Camp erworbenen Abenteuersinn verletzen, wenn ich es ihm sagte, aber wenn man erst mal öfter im Hochgebirge gewesen ist, läßt der YMCA-Abenteuergeist nach, und der greifbarere Nutzen der Risikominderung tritt mehr in den Vordergrund. Die Berge können gefährlich sein. Ein einziger Fehltritt unter einer Million, ein verstauchter Knöchel, und man merkt, wie fern der Zivilisation man tatsächlich ist.

Offenbar geht nur selten jemand diesen Canyon so weit hinauf. Nach einer weiteren Gehstunde sehen wir, daß der Weg sich praktisch verliert.

Phaidros hielt, wie seinen Notizen zu entnehmen ist, die Geheimhaltung der Noten für eine gute Sache, maß ihr aber keinen wissenschaftlichen Wert bei. In einem echten Experiment hält man alle denkbaren Ursachen bis auf eine einzige konstant und stellt dann fest, welche Wirkungen die Veränderung dieser einen Ursache zeitigt. Im Hörsaal ist das unmöglich. Das Wissen der Studenten, die Einstellung der Studenten, die Einstellung des Lehrers, das alles verändert sich aufgrund aller möglichen Ursachen, die nicht kontrollierbar und meist noch nicht einmal erkennbar sind. Hinzu kommt, daß der Beobachter in diesem Fall selbst eine der Ursachen ist und nie seine Wirkungen beurteilen kann, ohne seine Wirkungen zu verändern. Deshalb versuchte Phaidros gar nicht, irgendwelche strengen Schlußfolgerungen aus alledem zu ziehen, sondern machte einfach weiter, wie er es für richtig hielt.

Daß er davon allmählich zur Erforschung der Qualität überging, lag an einem unseligen Aspekt der Benotung, der durch das Zurückhalten der Noten sichtbar geworden war. Noten vertuschen nämlich die Unfähigkeit eines Lehrers, seinen Schülern etwas beizubringen. Ein schlechter Lehrer kann ein ganzes Quartal lang Vorlesungen halten, ohne daß im Gedächtnis seiner Studenten irgend etwas Behaltenswertes haftenbliebe, kann dann für eine belanglose Prüfungsarbeit Noten in der üblichen Häufung geben und damit den Eindruck erwecken, daß manche etwas gelernt haben und andere nicht. Wenn aber die Noten abgeschafft werden, müssen sich die Studenten jeden Tag aufs neue fragen, was sie *tatsächlich* lernen. Beunruhigende Fragen wie: Was wird gelehrt? Was ist das Ziel? Wie werden die Vorlesungen und Hausaufgaben diesem Ziel gerecht? tauchen auf. Durch die Abschaffung der Noten entsteht ein riesiges und furchteinflößendes Vakuum.

Was wollte er denn nun wirklich erreichen? Diese Frage beschäftigte ihn immer dringlicher. Die Antwort, die er für richtig gehalten hatte, als er begann, verlor immer mehr ihren Sinn. Er hatte gewollt, daß seine Studenten schöpferisch würden, indem sie sich ihr eigenes Urteil darüber bildeten, was gutes Schreiben sei, anstatt dauernd nur ihn zu fragen. Der eigentliche Zweck der Geheimhaltung der Noten war gewesen, sie zu zwingen, in ihr Inneres zu schauen, weil sie nur dort jemals eine wirklich richtige Auskunft finden würden.

Aber jetzt hatte es keinen Sinn mehr. Wenn sie schon wußten, was gut und schlecht ist, hatten sie von vornherein keinen Grund, überhaupt an den Vorlesungen teilzunehmen. Daß sie als Studenten zu ihm kamen, beruhte auf der Annahme, daß sie *nicht* wußten, was gut oder schlecht ist. Es war seine Aufgabe als Lehrer – ihnen zu sagen, was gut und was schlecht ist. Das ganze Konzept individuellen schöpferischen Ausdrucks im Hörsaal widersprach tatsächlich der Grundidee der Universität.

Für viele der Studenten wurde durch die Geheimhaltung der Noten eine kafkaeske Situation geschaffen: Sie merkten, daß sie bestraft werden würden, wenn sie es unterließen, etwas Bestimmtes zu tun, daß ihnen aber niemand sagte, was sie denn eigentlich tun sollten. Sie schauten in ihr Inneres und sahen nichts und schauten Phaidros an und sahen nichts und saßen nur hilflos da und wußten nicht, was sie tun sollten. Das Vakuum war mörderisch. Eine Studentin erlitt einen Nervenzusammenbruch. Man kann nicht die Noten geheimhalten und die Hände in den Schoß legen und ein Vakuum der Ziellosigkeit schaffen. Man muß der Klasse ein Ziel setzen, auf das sie hinarbeiten kann, um dieses Vakuum auszufüllen. Und das tat er nicht.

Er konnte nicht. Er sah keinen gangbaren Weg, ihnen zu sagen, worauf sie hinarbeiten sollten, ohne wieder in den alten Trott autoritären, didaktischen Unterrichtens zu fallen. Aber wie könnte man das geheime innere Ziel jedes schöpferischen einzelnen an die Tafel schreiben?

Im nächsten Quartal gab er die ganze Sache auf und kehrte zur normalen Benotung zurück, entmutigt, verwirrt, mit dem Gefühl, daß er recht hatte, daß aber alles irgendwie falsch gelaufen war. Wenn in einer Klasse hin und wieder einmal Spontaneität und Individualität und wirklich gute, originelle Arbeit vorkamen, so geschah das trotz und nicht etwa wegen des Unterrichts. Das war einleuchtend. Er war bereit zu resignieren. Feindseligen Studenten öde Konformität beibringen, das war es nicht, was ihm vorschwebte.

Er hörte, daß am Reed College in Oregon die Noten bis zum Abschlußexamen geheimgehalten wurden, und in den Sommerferien fuhr er hin, bekam aber die Auskunft, daß die Lehrerschaft geteilter Meinung über den Wert der Geheimhaltung der Noten sei und daß niemand besonders glücklich über das System sei. Im weiteren Verlauf des Sommers wurde seine Stimmung niedergeschlagen und träge. Er zeltete viel mit seiner Frau in diesen Bergen. Sie fragte ihn, warum er die ganze Zeit so schweigsam sei, aber er konnte es ihr auch nicht sagen. Er konnte einfach nicht weiter. Wartete. Auf den fehlenden Kristallisationskeim im Denken, der mit einemmal alles in eine feste Gestalt bringen sollte.

17

Schlechte Aussichten für Chris. Eine Zeitlang war er mir weit voraus, aber jetzt sitzt er unter einem Baum und ruht sich aus. Er sieht mich nicht an, und daran erkenne ich, daß es schlimm um ihn steht.

Ich setze mich neben ihn, und sein Ausdruck ist abwesend. Sein Gesicht ist ein bißchen gerötet, und ich sehe ihm an, daß er am Ende seiner Kräfte ist. Wir sitzen da und lauschen dem Wind in den Kiefern.

Ich weiß, daß er schließlich wieder aufstehen und weitergehen wird, aber *er* weiß es nicht und denkt lieber nicht an den Fall, den seine Angst ihm als möglich vorgaukelt: daß er es vielleicht gar nicht schafft, den Berg zu ersteigen. Mir fällt etwas ein, was Phaidros über diese Berge geschrieben hatte, und ich erzähle es Chris.

»Vor Jahren«, beginne ich, »war ich mit deiner Mutter gar nicht weit von hier an der Baumgrenze, und wir hatten unser Zelt an einem See aufgeschlagen, der auf einer Seite in Sumpf überging.«

Er schaut nicht auf, aber er hört zu.

»Gegen Tagesanbruch hörten wir Steine fallen und dachten uns, daß es ein Tier sein müsse, nur daß Tiere für gewöhnlich nicht solchen Lärm machen. Dann hörte ich ein quatschendes Geräusch in dem Sumpf, und wir waren vollends wach. Ich kroch vorsichtig aus dem Schlafsack, nahm unseren Revolver aus meiner Jacke und kauerte mich an einen Baum.«

Es ist mir gelungen, Chris von seinen eigenen Problemen abzulenken.

»Wieder hörte ich das Quatschen«, sage ich. »Ich dachte an Pferde mit irgendwelchen verrückten Sommerfrischlern, aber dafür war es noch viel zu früh. Noch ein *Quatsch!* Und ein lautes *Galuumf!* Das ist kein Pferd! Und noch ein *Galuumf!* Und noch ein GALUUMF! Und dann sah ich ihn in der fahlen Morgendämmerung durch den Morast direkt auf mich zukommen, den größten Elch, den ich je gesehen habe. Schaufeln so weit auseinander, wie ein erwachsener Mann groß ist. Nach dem Grizzly das gefährlichste Tier in den Bergen. Manche meinen sogar, das schlimmste überhaupt.«

Chris' Augen glänzen wieder.

GALUUMF! Ich spannte den Hahn des Revolvers und dachte mir dabei, daß eine achtunddreißiger Special nicht gerade viel gegen einen Elch ausrichten kann. GALUUMF! Er SAH mich nicht! GALUUMF! Ich konnte ihm nicht mehr ausweichen. Er stapfte direkt auf das Zelt zu, in dem deine Mutter lag. GALUUMF! Was für ein RIESE! GALUUMF! Noch *zehn Meter!* GALUUMF! Ich stehe auf und ziele auf ihn. GALUUMF! ... GALUUMF! ... GALUUMF! ... Er bleibt stehen, DREI METER VOR MIR, und sieht mich ... Kimme und Korn liegen genau zwischen seinen Augen ... Wir rühren uns beide nicht.«

Ich greife hinter mich in den Rucksack und hole ein Stück Käse heraus.

»Und dann?« fragt Chris.

»Laß mich erst mal ein Stück von dem Käse runterschneiden.«

Ich hole mein Jagdmesser heraus und halte den Käse am Einwickelpapier, damit ich ihn nicht mit den Fingern berühre. Ich schneide eine knapp fingerdicke Scheibe ab und halte sie ihm hin.

Er nimmt sie. »Und dann?«

Ich sehe ihn an, bis er hineinbeißt. »Der Elch sah mich lange an, mindestens fünf Sekunden lang. Dann sah er zu deiner Mutter hinüber. Dann sah er wieder zu mir her und auf den Revolver, den ich ihm praktisch schon an seine dicke runde Nase hielt. Und dann hat er gelächelt und ist langsam davongetrottet.«

»Ach«, sagt Chris. Er schaut enttäuscht drein.

»Normalerweise greifen sie bei einer solchen Begegnung an«, sage ich, »aber er hat sich wohl gedacht, was für ein schöner Morgen es doch ist und daß wir eher da waren, also wozu Stunk machen? Und deshalb hat er auch gelächelt.«

»Können die denn *lächeln?*«

»Nein, aber es hat so ausgesehen.«

Ich packe den Käse weg und erzähle weiter: »Am selben Tag klettern wir, von Felsblock zu Felsblock springend, einen Hang hinunter. Ich will gerade auf einem riesigen braunen Felsen landen, als der riesige braune Felsen auf einmal aufspringt und in den Wald rennt. Es war derselbe Elch ... ich kann mir denken, daß er an diesem Tag von uns die Nase gründlich voll hatte.«

Ich helfe Chris auf die Beine. »Du bist ein bißchen zu schnell gegangen«, sage ich. »Es wird jetzt steiler, und wir müssen langsamer tun. Wenn du zu schnell steigst, kommst du außer Puste, es wird dir schwindlig, du verlierst den Mut und meinst, du schaffst es nicht. Also geh jetzt mal ein bißchen langsamer.«

»Ich bleibe hinter dir«, sagt er.

»In Ordnung.«

Wir entfernen uns jetzt von dem Bach, dem wir gefolgt sind, und steigen im flachsten Winkel, den ich finden kann, die Seite des Canyons hinauf.

Berge sollte man mit möglichst wenig Anstrengung und ohne Ehrgeiz ersteigen. Unsere eigene Natur sollte das Tempo bestimmen. Wenn man unruhig wird, geht man schneller. Wenn man zu keuchen anfängt, geht man langsamer. Man steigt auf den Berg in einem Zustand, in dem sich Rastlosigkeit und Erschöpfung die Waage halten. Dann, wenn man nicht mehr in Gedanken vorauseilt, ist jeder Schritt nicht mehr bloß Mittel zum Zweck, sondern ein einmaliges Ereignis. *Dieses* Blatt ist gezähnt. *Dieser* Felsen scheint locker. Von *dieser* Stelle aus ist der Schnee nicht mehr so gut zu sehen, obwohl man ihm schon näher ist. Das sind Dinge, die man ohnehin wahrnehmen sollte. Nur auf irgendein zukünftiges Ziel hin zu leben, ist seicht. Die Flanken des Berges sind es, auf denen Leben gedeiht, nicht der Gipfel. *Hier* wächst etwas.

Das heißt, ohne den Gipfel gibt es natürlich auch keine Flanken. Der Gipfel ist es, der die Flanken festlegt. Und so steigen wir weiter ... wir haben noch viel vor uns ... nur keine Hast ... immer schön einen Fuß vor den andern gesetzt ... und zur Unterhaltung eine kleine Chautauqua ... Innere Betrachtungen anzustellen ist viel interessanter als Fernsehen, und es ist eine Schande, daß nicht mehr Menschen darauf umschalten. Sie denken wahrscheinlich, daß alles, was sie hören, unwichtig ist, aber das ist es nie.

Es ist ein großes Fragment erhalten über Phaidros' erste Stunde, nachdem er das Aufsatzthema »Was ist Qualität in Gedanke und Ausdruck?« gestellt hatte. Die Stimmung war explosiv. Fast alle waren anscheinend über diese Frage genauso frustriert und verärgert wie er.

»Woher sollen *wir* wissen, was Qualität ist?« sagten sie. »Das müßten *Sie* uns doch sagen.«

Da sagte er ihnen, daß er es auch nicht herausgebracht hätte und es wirklich gern wissen würde. Er habe das Thema gestellt, weil er gehofft habe, daß jemand auf eine gute Antwort kommen würde.

Das war der zündende Funke. Der aufgestaute Ärger entlud sich in ohrenbetäubendem Krawall. Bevor der Sturm sich legte, steckte ein anderer Lehrer besorgt und neugierig den Kopf zur Tür herein.

»Schon gut«, sagte Phaidros schließlich. »Wir sind ganz zufällig an eine echte Frage geraten, und von so einem Schock erholt man sich nur langsam.« Ein paar von ihnen sahen ihn interessiert an, und der Radau ebbte ab.

Er nutzte die Gelegenheit für einen kurzen Rückblick auf sein altes Thema, »Verfallserscheinungen in der Kirche der Vernunft«. Es sei ein Maßstab für das Ausmaß dieser Verfallserscheinungen, sagte er, daß die Studenten mit Empörung reagierten, wenn jemand sie dazu *benutze*, die Wahrheit zu suchen. Es werde von einem erwartet, daß man diese Wahrheitssuche *vortäusche*, daß man sie *nachahme*. Die Wahrheit tatsächlich zu *suchen*, sei eine verdammte Anmaßung.

Die Wahrheit sei, sagte er, daß er wirklich gern wüßte, was sie dachten, nicht um ihnen dafür Zensuren zu erteilen, sondern weil er es einfach wissen wollte.

Sie sahen ihn verwundert an.

»Ich habe die ganze Nacht drüber gesessen«, sagte einer.

»Ich hätte am liebsten geheult, so eine Wut hatte ich«, sagte ein Mädchen am Fenster.

»Sie hätten uns warnen sollen«, sagte ein dritter.

»Wie hätte ich Sie warnen können«, sagte er. »Ich hatte doch keine Ahnung, wie Sie reagieren würden.«

Einigen der Verwunderten begann es allmählich zu dämmern. Er wollte sie nicht zum besten haben. Er wollte es wirklich wissen.

Ein komischer Mensch.

Schließlich fragte jemand: »Was ist denn *Ihre* Meinung?«

»Ich *weiß* es nicht«, erwiderte er.

»Aber was *meinen* Sie?«

Er überlegte lange. »Ich meine, es gibt so etwas wie Qualität, aber sobald man versucht, es zu definieren, steht man da wie der Ochs vorm Scheunentor. Es geht einfach nicht.«

Beifälliges Gemurmel.

Er fuhr fort: »Warum das so ist, weiß ich auch nicht. Ich dachte mir, Ihre Aufsätze würden mich auf ein paar Ideen bringen. Kurz und gut, ich weiß es nicht.«

Diesmal blieb alles still.

In den folgenden Stunden an diesem Tag gab es ähnlichen Aufruhr, aber jeweils ein paar Studenten meldeten sich freiwillig mit gutgemeinten Antworten, denen er entnahm, daß die erste Stunde in der Mittagspause besprochen worden war.

Ein paar Tage danach formulierte er eine eigene Definition und schrieb sie an die Tafel, damit sie abgeschrieben und der Nachwelt überliefert werde. Sie lautete: »Qualität ist ein Merkmal von Gedanke und Ausdruck, das durch einen dem Denken entzogenen Prozeß erkannt wird. Da Definitionen ein Ergebnis streng formaler Denkakte sind, kann man Qualität nicht definieren.«

Die Tatsache, daß diese »Definition« eigentlich nur die Verweigerung einer Definition war, blieb unbemerkt. Die Studenten verfügten nicht über das formale Rüstzeug, um zu erkennen, daß diese Äußerung formal gesehen völlig irrational war. Wenn man etwas nicht definieren kann, hat man keine formale, rationale Kenntnis von seiner Existenz. Ebensowenig kann man dann einem anderen *wirklich* mitteilen, was es ist. Es besteht tatsächlich kein formaler Unterschied zwischen der Unfähigkeit zu definieren und Dummheit. Wenn ich sage »Qualität kann man nicht definieren«, sage ich damit formal gesehen: »Was Qualität angeht, bin ich dumm.«

Zum Glück wußten die Studenten das nicht. Hätten sie diese Einwände vorgebracht, dann hätte er sie damals nicht beantworten können.

Aber dann schrieb er unter die Definition an der Tafel: »Aber obgleich man Qualität nicht definieren kann, *wissen Sie, was Qualität ist!*«, und schon erhob sich wieder ein Proteststurm.

»Nein, wir wissen es nicht!«

»O doch!«

»*Nein*, wir wissen es *nicht!*«

»O doch«, sagte er, und hatte auch einiges Material parat, um es ihnen zu beweisen.

Er hatte zwei Aufsätze von Studenten mitgebracht. Der eine war ein weitschweifiges, unzusammenhängendes Elaborat mit interessanten Gedanken, die aber alle im Sande verliefen. Der andere war eine ausgezeichnete Arbeit von einem Studenten, der selbst nicht begriffen hatte, wieso sie ihm so gut gelungen war. Phaidros las beide vor und bat dann diejenigen um ein Handzeichen, die den ersten für den besseren hielten. Zwei Hände gingen hoch. Er fragte, wem der zweite besser gefalle. Diesmal waren es achtundzwanzig Hände.

»Was immer es sein mag«, sagte er, »das eben die überwältigende Mehrheit veranlaßt hat, für den zweiten Aufsatz zu stimmen, das meine ich mit Qualität. Sie wissen also doch, was Qualität ist.«

Langes gedankenvolles Schweigen trat ein, er unterbrach es nicht.

Er verstieß mit dieser Methode gegen alle Regeln der Vernunft, und er war sich dessen auch bewußt. Er unterrichtete nicht mehr, er indoktrinierte. Er hatte einen imaginären Gegenstand aufgebaut, ihn als undefinierbar definiert, den Studenten trotz ihrer Proteste gesagt, sie wüßten, was dieser Gegenstand sei, und dies mit einem Verfahren belegt, das logisch genauso verworren war wie der Begriff selbst. Er konnte das ungestraft tun, weil eine logische Widerlegung Kenntnisse erfordert hätte, die keiner der Studenten besaß. Er forderte sie an den folgenden Tagen immer wieder auf, ihn zu widerlegen, aber es meldete sich niemand. Er improvisierte weiter.

Zur Unterstützung seiner Behauptung, daß sie doch wüßten, was Qualität ist, ersann er ein Verfahren, das er dann wiederholt praktizierte: Er las vier Studentenaufsätze vor und bat die Studenten, sie nach ihrer Qualität einzustufen und diese Rangordnung auf einen Zettel zu schreiben. Er machte es ebenso. Er sammelte die Zettel ein, addierte die Bewertungen an der Tafel und errechnete die Durchschnittswerte für die ganze Klasse. Dann gab er seine eigene Bewertung bekannt, und die kam regelmäßig dem Klassendurchschnitt sehr nahe oder deckte sich sogar mit ihm. Kleinere Abweichungen gab es meist dann, wenn zwei der Aufsätze in ihrer Qualität dicht beieinander lagen.

Anfangs machten die Studenten bei diesem Experiment begeistert mit, aber mit der Zeit wurde es ihnen langweilig. Jedem war klar, was er unter Qualität verstand. Und sie wußten offenbar auch, was es war, und deshalb erlahmte ihr Interesse. Ihre Frage lautete jetzt: »Na schön, wir wissen, was Qualität ist. Aber wie erreichen wir sie?«

Nun endlich kamen die Standardtexte über Rhetorik zu ihrem Recht. Die darin auseinandergesetzten Prinzipien waren keine Regeln mehr, gegen die man sich auflehnen mußte, keine letzten Wahrheiten, sondern bloße Techniken, Kniffe, um das zu erreichen, was über den Techniken stand – Qualität. Was als Ketzerei gegen die traditionelle Rhetorik begonnen hatte, geriet jetzt zu einer tadellosen Einführung in eben dieses Gebiet.

Er nahm sich einzelne Aspekte der Qualität vor – Geschlossenheit, Lebendigkeit, Glaubwürdigkeit, Ökonomie, Feingefühl, Klarheit, Betonung, Flüssigkeit, Spannung, Brillanz, Genauigkeit, Ausgewogenheit, Tiefe und so weiter; ließ sie alle genauso vage definiert wie die Qualität, veranschaulichte sie aber mit derselben Vorlesetechnik im Unterricht. Er demonstrierte, wie der als Geschlossenheit bezeichnete Aspekt der Qualität, der Zusammenhalt einer Geschichte, sich durch eine Technik verbessern ließ, die man Gliederung nannte. Die Glaubwürdigkeit einer Beweisführung ließ sich durch eine andere Technik steigern, durch Fußnoten, in denen man sich auf eine Autorität berief. Gliederungen und Fußnoten gehören zum Grundlehrstoff im Aufsatzschreiben, aber jetzt erst bekamen sie als Instrument zur Steigerung der Qualität einen Sinn. Und wenn ein Student mit nichtssagenden Fußnoten oder einer schlampigen Gliederung ankam, woran zu sehen war, daß er sich kein bißchen Mühe gegeben hatte, konnte man ihm sagen, daß zwar sein Aufsatz zur Not als Pflichtübung hingehen mochte, bestimmt aber nicht dem Ziel der Qualität gerecht wurde und somit wertlos war.

Jetzt konnte er auf jene ewige Schülerfrage: »Wie soll ich das denn *machen?*«, die ihn früher schier zur Verzweiflung getrieben hatte, die Antwort geben: »Es spielt überhaupt keine Rolle, *wie* Sie es machen! Es muß nur gut werden.« Der zweifelnde Student mochte wohl in der Stunde fragen: »Aber woher sollen wir wissen, was gut ist?«, aber fast noch ehe er ausgeredet hatte, fiel ihm ein, daß er die Antwort ja schon wußte. Für gewöhnlich sagten ihm auch die anderen: »Das weiß man doch.« Wenn er dann erwiderte: »Nein, ich weiß es nicht«, sagte man ihm: »Doch, du weißt es auch. Er hat es bewiesen.« Der einzelne hatte gar keinen anderen Ausweg mehr, als selbständig Qualitätsurteile zu fällen. Und genau dies und nichts anderes lehrte ihn schreiben.

Bis jetzt hatte sich Phaidros durch das akademische System genötigt gesehen, zu sagen, was er wollte, obgleich er wußte, daß die Studenten dadurch gezwungen wurden, künstliche Formen zu übernehmen, die ihre eigene schöpferische Fähigkeit zerstörten. Die Studenten, die sich an seine Regeln hielten, wurden dann für ihre Unfähigkeit getadelt, etwas Schöpferisches zu leisten oder etwas zuwege zu bringen, worin ihre eigene Auffassung davon, was gut ist, zum Ausdruck kam.

Damit war es jetzt vorbei. Durch die Umkehrung der Grundregel, daß alles, was man lehren will, erst einmal definiert werden muß, hatte er sich aus der Klemme befreit. Er zeigte kein Prinzip auf, keine Regel für gutes Schreiben, keine Theorie – aber er wies trotzdem auf etwas hin, das sehr real war, dessen Realität sie nicht leugnen konnten. Das Vakuum, das durch die Geheimhaltung der Noten entstanden war, füllte sich auf einmal mit dem positiven Ziel der Qualität, und alles kam in schönste Ordnung. Sie konnten es gar nicht fassen, kamen zu ihm ins Büro und sagten: »Früher konnte ich Englisch nicht *ausstehen*. Jetzt verbringe ich mehr Zeit damit als mit jedem anderen Fach.« Nicht nur einer oder zwei. Viele. Die ganze Idee mit der Qualität war wundervoll. Sie funktionierte. Sie war das geheime, individuelle, innere Ziel jedes schöpferischen Individuums, endlich für alle sichtbar.

Ich schaue mich nach Chris um. Sein Gesicht wirkt abgespannt.

»Wie geht's dir?« frage ich ihn.

»Gut«, sagt er, aber es ist Trotz in seiner Stimme.

»Wir können jederzeit Schluß machen und zelten«, sage ich.

Er wirft mir einen bitterbösen Blick zu, und deshalb sage ich lieber nichts mehr. Bald darauf sehe ich, daß er mich überholt. Mit sichtlicher Anstrengung setzt er sich vor mich. Wir steigen weiter den Hang hinauf.

Phaidros kam mit seinem Qualitätskonzept nur deshalb so weit, weil er es bewußt unterließ, über den unmittelbaren Bereich des Hörsaals hinauszudenken. In diesem Stadium paßte auf ihn Cromwells Ausspruch: »Keiner gelangt je so hoch hinauf wie derjenige, der nicht weiß, wohin er will.« Er wußte nicht, wohin er wollte. Er wußte nur, daß sein Konzept funktionierte.

Mit der Zeit jedoch fragte er sich, *warum* es funktionierte, zumal er ja schon wußte, daß es irrational war. Wie war es möglich, daß eine irrationale Methode funktionierte, während rationale Methoden so schmählich versagten? Intuitiv ahnte er – und dieser Eindruck verstärkte sich laufend –, daß es nicht bloß ein simpler Trick war, auf den er da zufällig gestoßen war. Es reichte viel weiter. Wie weit, das wußte er nicht.

Das war der Beginn der Kristallisation, von der ich schon sprach. Andere stellten sich damals die Frage: »Warum hat er es bloß immer mit ›Qualität‹?« Aber sie sahen nur das Wort und seinen rhetorischen Kontext. Was sie nicht sahen, war Phaidros' zurückliegende Verzweiflung über abstrakte Grundfragen der Existenz, von denen er sich abgewandt hatte, weil er an ihnen gescheitert war.

Hätte irgendein anderer »Was ist Qualität?« gefragt, wäre es tatsächlich nur eine Frage wie jede andere gewesen. Aber wenn *er* sie stellte, aufgrund seiner Vergangenheit, breitete sie sich für ihn wellenartig nach allen Richtungen aus, nicht nach einem hierarchischen, sondern nach einem konzentrischen Muster. Im Mittelpunkt, als Auslöser der Wellen, war die Qualität. Während diese Wellen des Denkens sich ausbreiteten, war er sicherlich fest davon überzeugt, daß jede Welle irgendein Ufer vorhandener Denkmuster erreichen werde, so daß er gewissermaßen in einer verbindenden Beziehung zu diesen Denkstrukturen gestanden hätte. Aber das Ufer kam, wenn überhaupt, erst ganz am Schluß in Sicht. Für ihn gab es nichts als endlos sich ausbreitende Wellen der Kristallisation. Ich will jetzt versuchen, so gut ich kann, diese Wellen der Kristallisation zu verfolgen, die zweite Phase seiner Erforschung der Qualität.

Chris ist immer noch vor mir, aber seine Bewegungen wirken nur noch müde und verdrossen. Er stolpert andauernd, bleibt an Ästen hängen, anstatt sie zur Seite zu biegen.

Mir tut er ja leid. Schuld daran ist zum Teil auch das YMCA-Ferienlager, in dem er die letzten zwei Wochen vor unserer Abfahrt verbracht hat. Nach allem, was er mir erzählt hat, hatten die das als eine einzige große Selbstbestätigungsorgie aufgezogen. Nach dem Motto »zeigen, was für ein Kerl man ist«. Er mußte zunächst in eine rangniedere Gruppe, der anzugehören sich eigentlich, so bedeutete man ihm, jeder schämen müsse ... Erbsünde. Dann durfte er sich einer langen Reihe von Bewährungsproben unterziehen – schwimmen, Knoten knüpfen ... er hat mir mindestens ein Dutzend aufgezählt, aber ich habe das meiste wieder vergessen.

Die Kinder machten natürlich mit viel mehr Begeisterung mit, wenn man ihnen Ziele setzte, die der Selbstbestätigung dienten, aber letzten Endes wirkt solche Motivation destruktiv. Jedes Streben, dessen Endzweck Selbstverherrlichung ist, muß unweigerlich zur Katastrophe führen. Jetzt müssen wir dafür bezahlen. Wenn man versucht, einen Berg zu besteigen, um zu beweisen, was für ein toller Kerl man ist, schafft man es fast nie. Und wenn, dann ist es ein Pyrrhussieg. Damit der Sieg nicht verblaßt, muß man immer wieder auf andere Arten seine Tüchtigkeit beweisen, immer und immer und immer wieder, ständig bestrebt, einem falschen Idealbild gerecht zu werden, geplagt von der Angst, daß dieses Bild nicht wahr ist und jemand dahinterkommen könnte. Das hat noch nie zu etwas Gutem geführt.

Phaidros schrieb einen Brief aus Indien, über eine Wallfahrt zum heiligen Berg Kailas, dem Sitz Schiwas hoch droben im Himalaja, wo der Ganges entspringt, in Begleitung eines Heiligen und seiner Anhänger.

Er kam nicht bis auf den Berg. Nach drei Tagen gab er auf, am Ende seiner Kräfte, und die Pilger zogen ohne ihn weiter. Er schrieb, er hätte physische Kraft genug gehabt, aber physische Kraft allein reiche nicht aus. Auch die intellektuelle Motivation sei vorhanden gewesen, aber auch das sei nicht genug. Er glaube nicht, daß er anmaßend gewesen sei, aber er glaube, er habe die Pilgerfahrt unternommen, um *seine* Erfahrung zu bereichern, um *seinen* Gesichtskreis zu erweitern. Er habe versucht, den Berg und auch die Pilgerfahrt für seine eigenen Zwecke zu benutzen. Er habe sich selbst für den Mittelpunkt gehalten, nicht die Pilgerfahrt oder den Berg, und sei deshalb nicht reif gewesen dafür. Er äußerte die Vermutung, daß die anderen Pilger, diejenigen, die den Berg erreicht hatten, wahrscheinlich die Heiligkeit des Berges so intensiv spürten, daß für sie jeder Schritt ein Akt der Hingebung, ein Akt der Unterwerfung unter diese Heiligkeit war. Ihr eigener Geist sei von der Heiligkeit des Berges erfüllt worden und deshalb hätten sie viel mehr aushalten können als er, obgleich er körperlich kräftiger sei als sie.

Dem ungeübten Beobachter erscheinen vielleicht ichbezogenes Bergsteigen und ichloses Bergsteigen als ein und dasselbe. Obwohl grundverschieden, setzen beide Bergsteiger einen Fuß vor den andern. Beide atmen im selben Rhythmus ein und aus. Beide machen Rast, wenn sie müde sind. Beide gehen weiter, wenn sie sich ausgeruht haben. Aber welch ein Unterschied! Der ichbezogene Bergsteiger ist wie ein falsch eingestelltes Gerät. Er setzt seinen Fuß einen Augenblick zu früh oder zu spät auf. Er übersieht wahrscheinlich, wie schön das Sonnenlicht in den Bäumen spielt. Er geht immer noch weiter, wenn die Unsicherheit seiner Schritte schon anzeigt, daß er müde ist. Er macht zu wahllosen Zeiten Rast. Er schaut den Weg hinauf, um zu sehen, was ihn erwartet, auch wenn er es schon weiß, weil er eine Sekunde zuvor schon einmal hinaufgeschaut hat. Er geht zu schnell oder zu langsam für die herrschenden Bedingungen, und wenn er redet, spricht er unweigerlich von anderswo, von etwas anderem. Er ist hier und ist doch nicht hier. Er lehnt sich auf gegen das Hier, ist unzufrieden damit, möchte schon weiter oben sein, doch wenn er dann oben ist, ist er genauso unzufrieden, weil eben jetzt der Gipfel das »Hier« ist. Worauf er aus ist, was er haben will, umgibt ihn auf allen Seiten, aber das will er nicht, *weil* es ihn auf allen Seiten umgibt. Jeder Schritt ist eine Anstrengung, körperlich wie geistig-seelisch, weil er sich sein Ziel als äußerlich und weit weg vorstellt.

Das ist jetzt offenbar auch Chris' Problem.

18

Es gibt einen ganzen Zweig der Philosophie, der sich mit der Definition von Qualität befaßt: die Ästhetik. Ihre Frage »Was versteht man unter *schön?*« geht auf die Antike zurück. Phaidros aber hatte zur Zeit seines Philosophiestudiums vor diesem ganzen Wissenszweig heftigen Abscheu empfunden. Er war beinahe vorsätzlich in dem einzigen Kurs, den er darin belegt hatte, durchgefallen und hatte eine Anzahl Aufsätze verfaßt, in denen er den Lehrer und das Studienmaterial erbarmungslos angriff. Er haßte und verabscheute alles.

Es war kein bestimmter Ästhetiker, der diese Reaktion in ihm hervorrief. Es waren alle zusammen. Nicht irgendein bestimmter Standpunkt brachte ihn so in Harnisch, vielmehr die Auffassung, daß Qualität überhaupt irgendwelchen Standpunkten unterzuordnen sei. Der intellektuelle Prozeß machte sie sich zur Sklavin, prostituierte sie. Ich glaube, das war die Ursache seines Zorns.

Er schrieb in einer seiner Abhandlungen: »Diese Ästhetiker meinen, ihr Gegenstand sei so eine Art Pfefferminzbonbon, auf dem sie mit ihren wulstigen Lippen herumlutschen dürften; etwas zum Hinunterschlingen; etwas, das man unter genießerischen Bemerkungen Happen für Happen intellektuell mit dem Messer zerteilen, auf die Gabel spießen und auflöffeln kann; ich könnte kotzen. Das, worauf sie schmatzend herumlutschen, ist der stinkende Kadaver von etwas, was vor langer Zeit unter ihren Händen verendete.«

Nun aber, auf der ersten Stufe des Kristallisationsprozesses, wurde ihm klar: Wenn Qualität ihrer Definition nach undefiniert bleibt, ist das ganze Gebiet der Ästhetik mit einem Schlag ausgelöscht . . . ad absurdum geführt . . . kaputt. Durch seine Weigerung, Qualität zu definieren, hatte er sie gänzlich aus dem analytischen Prozeß herausgenommen. Wenn man Qualität nicht definieren kann, gibt es keine Möglichkeit mehr, sie irgendwelchen Verstandesregeln zu unterwerfen. Es ist ausgeschlossen, daß die Ästhetiker dann noch etwas zu sagen haben. Ihr ganzes Gebiet, die Definition von Qualität, ist dahin.

Dieser Gedanke elektrisierte ihn. Es war, wie wenn man ein Krebsheilmittel gefunden hätte. Keine Erklärungen mehr, was Kunst sei. Keine supergescheiten Fachleute und Kritiker mehr, die rational bestimmten, was diesem oder jenem Komponisten gelungen und was ihm mißlungen ist. Sie alle, jeder einzelne dieser Alleswisser, würden schließlich den Mund halten müssen. Das war nicht mehr nur eine interessante Idee. Es war ein Traum.

Ich glaube, daß anfangs niemand wirklich begriff, was er da vorhatte. Sie sahen einen Intellektuellen eine Theorie verkünden, die alle Merkmale einer rationalen Analyse einer bestimmten Lehrsituation aufwies. Sie sahen nicht, daß er sich ein Ziel gesetzt hatte, das all ihren gewohnten Zielen genau entgegengesetzt war. Er führte die rationale Analyse nicht fort. Er blockierte sie. Er wendete die Methode der Rationalität gegen sie selbst, wendete sie gegen seine eigene Natur, um für einen irrationalen Begriff einzutreten, ein undefiniertes Etwas namens Qualität.

Er schrieb: »(1) Jeder Lehrer, der englischen Aufsatz gibt, weiß, was Qualität ist. (Jeder Lehrer, der es nicht weiß, sollte das tunlichst für sich behalten, denn es wäre zweifellos ein Zeichen von Unfähigkeit.) (2) Jeder Lehrer, der meint, Qualität im schriftlichen Ausdruck könne und solle definiert werden, bevor man sie lehrt, kann und sollte hergehen, und sie definieren. (3) Alle diejenigen, die der Meinung sind, daß Qualität im schriftlichen Ausdruck zwar existiert, aber nicht definiert werden kann, daß aber Qualität dennoch gelehrt werden sollte, können von der folgenden Methode profitieren, die es erlaubt, reine Qualität im schriftlichen Ausdruck zu lehren, ohne sie zu definieren.«

Nach dieser Einleitung erläuterte er einige der Methoden, die er im Unterricht entwickelt hatte.

Ich glaube, er hoffte wirklich, es würde doch einmal jemand kommen, ihn herausfordern und den Versuch machen, Qualität zu definieren. Aber es kam keiner.

Immerhin rief die in Klammern gesetzte Bemerkung über das Unvermögen, Qualität zu definieren, als ein Zeichen von Unfähigkeit einiges Stirnrunzeln in der Abteilung hervor. Schließlich war er das jüngste Mitglied des Kollegiums und wohl doch noch nicht ganz der Mann, Maßstäbe für die Leistungen seiner älteren Kollegen zu setzen.

Das Recht, seine Meinung zu sagen, wurde ihm durchaus zugestanden, und es hatte sogar den Anschein, daß die übrige Lehrerschaft sein selbständiges Denken schätzte und ihm ein kirchengemäßes Wohlwollen entgegenbrachte. Aber im Gegensatz zu der Meinung vieler Gegner der akademischen Freiheit ist es nie die kirchengemäße Auffassung gewesen, daß es dem Lehrer freistehen solle, daherzureden, was ihm gerade in den Sinn kommt, ohne sich vor irgend jemand verantworten zu müssen. Die kirchengemäße Auffassung besagt nur, daß er sich vor dem Gott der Vernunft und nicht vor den Götzen politischer Macht verantworten muß. Die Tatsache, daß er andere vor den Kopf stieß, war ohne Belang für die Wahrheit oder Unwahrheit seiner Aussagen, und sie konnten ihn deswegen nicht moralisch verdammen. Sehr wohl aber hätten sie ihn moralisch verdammt, und zwar mit dem größten Vergnügen, wenn sie den geringsten Anhaltspunkt dafür gefunden hätten, daß er Unsinn verbreitete. Er durfte tun und lassen, was er wollte, solange er es mit rationalen Argumenten begründen konnte.

Aber wie um alles in der Welt soll man die Weigerung, etwas zu definieren, mit rationalen Argumenten begründen? Definitionen sind die *Grundlage* der Vernunft. Ohne sie kann man überhaupt nicht argumentieren. Er konnte sich den Angriff eine Zeitlang mit allerlei dialektischer Spiegelfechterei vom Halse halten, doch früher oder später mußte er mit etwas Handfesterem aufwarten. Sein Bemühen, etwas Handfesteres zu finden, führte ihn zu weiteren Kristallisationen über die traditionellen Grenzen der Rhetorik hinaus in den Bereich der Philosophie.

Chris dreht sich um und wirft mir einen gequälten Blick zu. Es wird jetzt nicht mehr lange dauern. Ich hatte das schon vor dem Abmarsch kommen sehen. Als DeWeese einem Nachbarn erzählte, ich sei ein erfahrener Bergsteiger, glühte Chris vor Bewunderung. In seinen Augen war das eine große Sache. Er dürfte jetzt bald am Ende sein, und dann können wir für heute Schluß machen.

Aha. Da haben wir's. Er ist hingefallen. Er steht nicht mehr auf. Es war ein verdächtig weicher Fall. Sah nicht so aus, als wäre er wirklich gestolpert. Jetzt sieht er mich wütend und gekränkt an, wartet auf einen Vorwurf. Ich tue ihm den Gefallen nicht. Ich setze mich neben ihn und sehe, daß er schon fast geschlagen ist.

»Also«, sage ich, »wir können hier bleiben oder weitergehen oder umkehren. Was ist dir lieber?«

»Ist mir egal«, sagt er, »ich weiß bloß nicht . . .«

»Was willst du bloß nicht?«

»*Es ist mir egal!*« sagt er, mißmutig.

»Wenn es dir egal ist, dann gehen wir eben weiter«, sage ich, und er sitzt in der Falle.

»Mir gefällt's hier nicht«, sagt er. »Das macht mir überhaupt keinen Spaß. Ich hab' gedacht, es würde Spaß machen.«

Der Ärger geht auch mit mir durch. »Das mag schon sein«, sage ich, »aber so deutlich brauchst du es mir auch wieder nicht zu sagen. Was denkst du dir eigentlich?«

Angst flackert plötzlich in seinen Augen auf, und er erhebt sich.

Wir gehen weiter.

Der Himmel über der anderen Wand des Canyon hat sich bezogen, und der Wind in den Kiefern um uns herum ist kühl geworden und verheißt nichts Gutes.

Wenigstens läßt es sich in der Kühle leichter gehen . . .

Ich sprach vorhin von der ersten Welle der Kristallisation außerhalb der Rhetorik, die sich aus Phaidros' Weigerung, Qualität zu definieren, ergab. Er mußte sich die Frage beantworten: Wenn du sie nicht definieren kannst, was läßt dich dann glauben, daß sie überhaupt existiert?

Seine Antwort war nicht neu, sie entstammte einer philosophischen Richtung, die sich *Realismus* nennt. »Ein Ding existiert«, sagte er, »wenn eine Welt ohne es nicht normal funktioniert. Wenn uns der Nachweis gelingt, daß eine Welt ohne Qualität nicht normal funktioniert, haben wir damit gezeigt, daß die Qualität existiert, ob sie nun definiert wird oder nicht.« Hierauf ging er daran, von einer Beschreibung der Welt, wie wir sie kennen, die Qualität zu subtrahieren.

Das erste Opfer einer solchen Subtraktion, sagte er, wären die schönen Künste. Wenn man in den Künsten nicht mehr zwischen gut und schlecht zu unterscheiden vermag, verschwinden sie. Es ist witzlos, ein Bild an die Wand zu hängen, wenn die nackte Wand genauso gut aussieht. Man kann auf Symphonien verzichten, wenn das Knistern von der Platte oder das Brummen des Plattenspielers sich genauso gut anhören.

Die Poesie würde verschwinden, weil sie nur selten einen Sinn gibt und keinen praktischen Wert hat. Und auch die Komödie würde interessanterweise verschwinden. Kein Mensch würde mehr über Witze lachen, denn der Unterschied zwischen Humor und Humorlosigkeit ist reinste Qualität.

Als nächstes ließ er den Sport verschwinden. Fußball, Baseball, alle sportlichen Wettbewerbe und Spiele würden verschwinden. Die erreichten Punktzahlen wären nicht länger Maßstäbe für etwas Sinnvolles, sondern bloß leere Statistiken, wie die Anzahl der Steine in einem Kieshaufen. Wer würde solche Wettkämpfe besuchen? Wer an ihnen teilnehmen?

Als nächstes subtrahierte er die Qualität vom Wirtschaftsgeschehen und sagte voraus, was für Konsequenzen das haben würde. Da Geschmacksqualität keine Bedeutung mehr hätte, würden die Supermärkte nur noch Grundnahrungsmittel wie Reis, Maismehl, Sojabohnen und Weizenmehl führen; daneben auch noch etwas Fleisch, gleich welcher Sorte, Milch zum Aufziehen von Säuglingen sowie Vitamin- und Mineralpräparate zur Verhinderung von Mangelerscheinungen. Alkoholische Getränke, Tee, Kaffee und Tabak würden verschwinden. Ebenso Filme, Tanzveranstaltungen, Theater und Partys. Wir würden nur noch mit öffentlichen Verkehrsmitteln fahren. Wir würden alle die gleichen billigen Schuhe tragen.

Ein sehr hoher Prozentsatz von uns wäre ohne Arbeit, aber das wäre wahrscheinlich nur vorübergehend, bis man uns für grundlegende qualitätslose Aufgaben heranzöge. Angewandte Naturwissenschaft und Technik würden drastisch verändert, aber reine Wissenschaft, Mathematik und Philosophie, speziell Logik, würden unverändert bleiben.

Phaidros fand besonders diesen letzten Aspekt äußerst interessant. Die rein intellektuellen Beschäftigungen wurden von der Subtraktion am wenigsten berührt. Wenn man die Qualität aufgäbe, bliebe nur die Rationalität unverändert. Das war seltsam. Wie sollte man sich das erklären?

Er wußte es nicht, aber eines wußte er: Indem er von einem Bild der Welt, wie wir sie kennen, die Qualität subtrahierte, hatte er einen Bedeutungsumfang dieses Begriffs aufgedeckt, von dem er selbst nichts geahnt hatte. Die Welt *kann* ohne Qualität funktionieren, aber das Leben wäre so öde, daß es kaum noch lebenswert wäre. Es wäre überhaupt nicht mehr lebenswert. Das Wort *wert* drückt Qualität aus. Das Leben wäre bloßes Existieren, ohne jeden Wert und ohne jeden Sinn und Zweck.

Er blickte auf die Wegstrecke zurück, die er mit diesem Gedankengang zurückgelegt hatte, und kam zu der Überzeugung, daß er den

Beweis erbracht hatte. Da die Welt offensichtlich nicht normal funktioniert, wenn die Qualität subtrahiert wird, existiert die Qualität, ob sie nun definiert wird oder nicht.

Nachdem er diese Vision einer qualitätslosen Welt heraufbeschworen hatte, entdeckte er daran schon bald Ähnlichkeiten mit einer Anzahl Gesellschaftsformen, von denen er gelesen hatte. Das antike Sparta fiel ihm ein, das kommunistische Rußland mit seinen Satelliten, Aldous Huxleys *Schöne neue Welt* und George Orwells *1984*. Er erinnerte sich auch an Menschen aus seinem eigenen Leben, die diese qualitätslose Welt gutgeheißen hätten. Es waren dieselben, die ihn dazu bringen wollten, sich das Rauchen abzugewöhnen. Sie wollten rationale Gründe für sein Rauchen hören, und als er keine hatte, taten sie sehr überlegen, als hätte er das Gesicht verloren oder sowas. Bei ihnen mußte man für alles Gründe und Pläne und Lösungen haben. Sie waren dieselbe Sorte Mensch wie er. Die Sorte, die er jetzt aufs Korn nahm. Und um diese qualitätslose Welt in den Griff zu bekommen, suchte er lange Zeit nach einem passenden Ausdruck, der diese Sorte Mensch charakterisierte.

Es war vor allem eine intellektuelle Grundhaltung, aber es war nicht eigentlich der Intellekt, der ausschlaggebend war. Es war eine gewisse Grundannahme, eine vorgefaßte Meinung, daß der Lauf der Welt durch Gesetze – Vernunft – bestimmt sei und daß der Fortschritt der Menschheit hauptsächlich durch die Entdeckung dieser Gesetze der Vernunft und ihre Anwendung zur Erfüllung ihrer eigenen Wünsche zu bewerkstelligen sei. Dieser Glaube war es, der alles zusammenhielt. Er besah sich eine Zeitlang mit zusammengekniffenen Augen dieses Bild einer qualitätslosen Welt, fügte ihm noch ein paar Details hinzu, dachte darüber nach, besah es sich dann wieder eine Weile und dachte noch ein bißchen nach, um schließlich an seinen Ausgangspunkt zurückzukehren.

Squareness.

Das war's. *Squareness.* Wenn man Qualität subtrahiert, bleibt jene rein intellektuelle, pedantische, spießige Grundhaltung übrig, die von der Beat-Generation schlicht als »*square*« bezeichnet wurde. Die totale Abwesenheit von Qualität ist die Essenz von *Squareness.*

Er mußte an ein paar befreundete Künstler denken, mit denen er einmal durch die Vereinigten Staaten gefahren war. Es waren Neger, und sie hatten sich ständig über eben die Qualitätslosigkeit beklagt, um die es ihm jetzt ging. *Square.* Das war ihr Ausdruck dafür. Schon lange bevor die Massenmedien den Ausdruck übernahmen und er sich daraufhin auch im Sprachgebrauch der Weißen einbürgerte, hatten sie all diesen intellektuellen Kram, den sie für sich grundsätzlich ablehnten, als *»square«* bezeichnet. Und es war grotesk gewesen, wie er und sie ständig aneinander vorbeigeredet hatten, weil er ein Musterexemplar eben dieser *squareness* gewesen war, von der sie andauernd sprachen. Je mehr er sich bemüht hatte, sie beim Wort zu nehmen, um so undeutlicher hatten sie sich ausgedrückt. Und jetzt, mit seinen Aussagen über Qualität, schien er genau dasselbe zu sagen und sich genauso undeutlich auszudrücken wie sie, obwohl das, worüber er sprach, so hart und klar und fest umrissen war wie nur irgendein rational definierter Gegenstand, mit dem er sich je befaßt hatte.

Qualität. Das war es, wovon sie andauernd geredet hatten. »Mann«, hatte einer von ihnen einmal gesagt, »jetzt halt aber mal gefälligst die Luft an und verschon uns mit deinen ewigen Sieben-Dollar-Fragen. Wenn du die ganze Zeit bloß fragst, was es *ist*, wirst du nie so weit kommen, daß du es *weißt.*« Seele. Qualität. Ein und dasselbe?

Die Wellen der Kristallisation rollten eine nach der anderen heran. Er sah zwei Welten, gleichzeitig. Auf der intellektuellen Seite, der *»squareness«*-Seite, erkannte er jetzt, daß Qualität ein Spaltbegriff war. Wie ihn jeder intellektuelle Analytiker sich wünscht. Man nimmt sein analytisches Messer, setzt die Spitze genau auf den Begriff Qualität, klopft einmal darauf, gar nicht fest, nur ganz leicht, und die ganze Welt teilt sich, zerfällt glatt in zwei Hälften – *hip* und *square*, romantisch und klassisch, humanistisch und technologisch –, und der Bruch ist sauber. Es gibt keine Scherben, keinen Abfall, keine Splitter, die ebensogut hier- wie dorthin passen würden. Man braucht für einen solchen Bruch nicht nur Geschick, sondern auch viel Glück. Es kommt vor, daß die besten Analytiker das Messer an der naheliegendsten Spaltlinie ansetzen und trotzdem nur einen Haufen Trümmer bekommen. Und da war nun die Qualität, ein feiner, kaum wahrnehmer Sprung, ein Haarriß der Unlogik in unserer Vorstellung vom Universum, und man brauchte nur anzutippen, und das ganze Universum zersprang in zwei Teile, so glatt, daß man es kaum glauben konnte. Er wünschte sich, daß Kant jetzt lebte. Kant hätte es zu schätzen gewußt. Dieser Meister der Diamantschneidekunst. Er hätte es verstanden. Qualität undefiniert lassen. Das war das Geheimnis.

Trotz der beginnenden Einsicht, daß er im Begriff stand, auf eine merkwürdige Art intellektuellen Selbstmord zu begehen, schrieb Phaidros: »Man kann ›*squareness*‹ knapp und dennoch umfassend als das Unvermögen definieren, Qualität wahrzunehmen, bevor sie nicht rational definiert, das heißt, bevor sie nicht in lauter Worte zerstückelt wird ... Wir haben bewiesen, daß Qualität, obgleich undefiniert, dennoch existiert. Ihr Vorhandensein erweist sich empirisch im Unterricht und läßt sich logisch demonstrieren, indem man zeigt, daß es eine Welt, wie wir sie kennen, ohne sie nicht geben könnte. Was dann noch der Betrachtung bedarf, Gegenstand der Analyse sein muß, ist nicht die Qualität, sondern sind vielmehr jene eigentümlichen, umgangssprachlich als ›*squareness*‹ bezeichneten Denkgewohnheiten, die uns manchmal den Blick auf die Qualität verstellen.«

So suchte er den Angriff abzuwehren, den Spieß umzudrehen. Der Gegenstand der Analyse, der Patient auf dem Operationstisch war nicht mehr die Qualität, sondern die Analyse selbst. Die Qualität war wohlauf und in bester Verfassung. Der Analyse hingegen schien ein Gebrechen anzuhaften, das sie hinderte, das Naheliegende zu sehen.

Ich schaue mich um und sehe, daß Chris weit zurückgeblieben ist. »Komm doch!« rufe ich ihm zu.

Er gibt keine Antwort.

»So komm doch!« rufe ich noch einmal.

Dann sehe ich, wie er sich zur Seite fallen läßt und auf dem grasbewachsenen Abhang sitzenbleibt. Ich setze meinen Rucksack ab und steige zu ihm hinab. Der Hang ist so steil, daß ich die Füße seitwärts einsetzen muß. Als ich bei ihm bin, weint er.

»Ich hab mir den Knöchel verknackst«, sagt er, ohne mich dabei anzusehen.

Wenn ein ichbezogener Bergsteiger ein Bild von sich aufrechterhalten will, ist es nur natürlich, daß er notfalls auch lügt, um ja dieses Bild nicht zu zerstören. Aber es widert einen an, und ich schäme mich, daß ich es soweit habe kommen lassen. Jetzt weichen seine Tränen sogar meine eigene Bereitschaft zum Weitergehen auf, und sein Gefühl, eine innere Niederlage erlitten zu haben, überträgt sich auf mich. Ich setze mich hin, versuche eine Zeitlang, mich damit abzufinden, nehme dann, noch bevor es mir gelungen ist, seinen Rucksack und sage: »Ich trage jetzt die Rucksäcke abwechselnd. Ich bringe den bis dort hinauf, wo meiner steht, und du bleibst dann dort und wartest, damit er nicht verlorengeht. Ich trage dann meinen ein Stück weiter hinauf und komme zurück, um deinen zu holen. Auf die Art kannst du dich oft ausruhen. Es dauert länger, aber wir kommen auch so hin.«

Aber ich hätte noch damit warten sollen. Meine Stimme hat immer noch einen angewiderten und gereizten Unterton, der ihm nicht entgeht und ihn beschämt. Er läßt sich seinen Ärger anmerken, sagt aber nichts, aus Angst, daß er seinen Rucksack doch wieder tragen muß, sondern zieht nur ein Gesicht und ignoriert mich, während ich die Rucksäcke abwechselnd den Berg hinaufschleppe. Anfangs geht es mir gegen den Strich, daß ich das tun muß, aber dann sage ich mir, daß es für mich so auch nicht mehr Arbeit ist als vorher. Es ist insofern mehr Arbeit, als dadurch der Weg zum Gipfel länger wird, aber der Gipfel ist ja nur das nominelle Ziel. Im Hinblick auf das eigentliche Ziel, gute Minuten einzubringen, eine nach der anderen, kommt es auf dasselbe hinaus: ja es ist sogar noch besser. Wir steigen langsam bergan, und der Ärger verfliegt.

Die nächste Stunde kommen wir langsam voran, ich immer abwechselnd erst mit dem einen, dann mit dem anderen Rucksack, bis wir eine Stelle erreichen, wo ein Rinnsal aus dem Boden sickert. Ich schicke Chris mit einem Tiegel nach Wasser, und er holt es. Als er wiederkommt, sagt er: »Wieso machen wir hier Rast? Gehn wir doch weiter.«

»Das ist wahrscheinlich für lange Zeit der letzte Bach, Chris, und außerdem bin ich müde.«

»Wieso bist du müde?«

Ob er es darauf anlegt, mich zur Weißglut zu bringen? Er ist auf dem besten Wege dazu.

»Ich bin müde, Chris, weil ich beide Rucksäcke schleppen muß. Wenn du's so eilig hast, dann nimm deinen und geh schon voraus. Ich komme dann nach.«

Er sieht mich mit neuerlich aufflackernder Angst an, dann setzt er sich. »Mir gefällt das nicht«, sagt er, den Tränen nahe. »Ich finde es *gräßlich!* Ich hätte erst gar nicht mitkommen sollen. Wieso machen wir das überhaupt?« Er weint wieder haltlos.

Ich antworte ihm: »So wie du dich anstellst, tut es mir auch schon leid. Iß jetzt lieber was zu Mittag.«

»Ich mag nichts. Mir tut der Magen weh.«

»Wie du möchtest.«

Er geht ein Stück beiseite, reißt einen Grashalm ab und steckt ihn in den Mund. Dann vergräbt er das Gesicht in den Hände. Ich mache mir was zu essen und schlafe ein bißchen.

Als ich aufwache, weint er immer noch. Keiner von uns beiden kann woanders hin. Es bleibt uns nichts übrig, als mit der bestehenden Situation fertig zu werden. Aber ich weiß nicht mal, was die bestehende Situation eigentlich ist.

»Chris«, sage ich schließlich.

Er antwortet nicht.

»Chris«, wiederhole ich.

Wieder keine Antwort. Endlich sagt er in aufsässigem Ton: »Ja?«

»Ich wollte sagen, Chris, daß du mir nichts zu beweisen brauchst. Verstehst du das?«

Jäh verzieht sich sein Gesicht in panischem Schrecken. Mit einem heftigen Ruck wendet er den Kopf ab.

Ich sage: »Du verstehst nicht, was ich damit meine, oder?«

Er hält den Kopf abgewandt und antwortet nicht. Der Wind ächzt in den Kiefern.

Ich weiß mir keinen Rat. Ich weiß einfach nicht, was es ist. Es ist nicht bloß YMCA-Egoismus, was ihn *derart* durcheinander bringt. Irgendeine Kleinigkeit paßt ihm nicht, und dann geht immer gleich die Welt unter. Wenn er etwas machen will und es gelingt ihm nicht auf Anhieb, geht er jedesmal hoch oder bricht in Tränen aus.

Ich lege mich ins Gras zurück und ruhe noch ein bißchen aus. Vielleicht sind wir deshalb beide so niedergeschlagen, weil wir keine Antworten haben. Ich will jetzt nicht weitergehen, weil es nicht so aussieht, als würden wir dort oben Antworten finden. Aber hinter uns sind auch keine. Also einfach seitwärts treiben lassen. So sieht es aus zwischen ihm und mir. Laterale Drift, auf irgendwas warten.

Später höre ich, wie er im Rucksack herumkramt. Ich drehe mich auf die andere Seite und sehe, daß er mich anstarrt. »Wo ist denn der Käse?« will er wissen. Der Ton ist immer noch aufsässig.

Aber ich denke nicht daran, klein beizugeben. »Sieh doch selber nach«, sage ich. »Bin ich vielleicht dein Diener?«

Er wühlt im Rucksack und findet etwas Käse und ein paar Cracker. Ich gebe ihm mein Jagdmesser, damit er den Käse aufstreichen kann. »Weißt du was, Chris, ich glaube, ich mache es jetzt so, daß ich alle schweren Sachen in meinen Rucksack und alles leichte Zeug in deinen packe. Dann brauche ich nicht andauernd hin und herzugehen.«

Er ist einverstanden, und seine Stimmung bessert sich. Es scheint, daß ich ihm damit ein Hindernis aus dem Weg geräumt habe.

Mein Rucksack muß jetzt gut vierzig Pfund wiegen, und nachdem wir eine Weile gestiegen sind, stellt sich mein Tempo auf ein Mittel von einem Atemzug pro Schritt ein.

Wir kommen an ein Steilstück, und es geht auf zwei Atemzüge pro Schritt herunter. An einer besonders schwierigen Stelle werden es vier Atemzüge pro Schritt. Riesenschritte, fast senkrecht hoch, dabei an Wurzeln und Ästen Halt suchen. Aber ich bin selber schuld, ich hätte eine Möglichkeit finden müssen, diese Stelle zu umgehen. Die Espenstöcke leisten jetzt gute Dienste, und Chris will wissen, wie man sie richtig handhabt. Die Rucksäcke machen einen kopflastig, und mit einem Stock kann man besser das Gleichgewicht halten. Man setzt einen Fuß vor, stützt den Stock auf, SCHWINGT sich dann an ihm nach oben, macht drei Atemzüge, setzt wieder einen Fuß vor, stützt den Stock auf und SCHWINGT sich ...

Ich weiß nicht, ob ich heute noch etwas Chautauqua in mir habe. Um diese Zeit am Nachmittag wird mir für gewöhnlich der Kopf ein bißchen schwer ... vielleicht kann ich wenigstens einen Überblick geben und es dann für heute gut sein lassen ...

Vor vielen Tagen, als wir gerade erst zu dieser seltsamen Fahrt aufgebrochen waren, sprach ich davon, daß John und Sylvia anscheinend von einer mysteriösen Todeskraft auf der Flucht sind, die sie hinter der Technik ahnen, und daß sie dies mit vielen anderen gemeinsam haben. Ich sprach auch davon, daß manche Leute, die mit Technik zu tun haben, ihr ebenfalls ausweichen. Einer der tieferen Gründe dafür war, daß sie alles von einem »lässigen« Standpunkt aus betrachteten und nur die unmittelbar sichtbare Oberfläche der Dinge wahrnahmen, während es mir vor allem um die innere Form ging. Ich nannte Johns Stil romantisch, meinen klassisch. Sein Standpunkt war im Jargon der sechziger Jahre *»hip«*, meiner *»square«*. Dann begaben wir uns in diese *»square«*-Welt, um zu sehen, was sie in Gang hielt. Daten, Klassifikationen, Hierarchien, Ursache und Wirkung und Analyse wurden erörtert, und irgendwann war von einer Handvoll Sand die Rede, der uns bewußten Welt, die wir der endlos weiten Landschaft entnehmen, die uns umgibt. Ich sagte, daß wir diese Handvoll Sand einem Prozeß der unterscheidenden Aufgliederung unterwerfen, sie in Häufchen aufteilen. Klassisches, »*square*«-Denken befaßt sich mit den einzelnen Sandhäufchen und dem Wesen der Sandkörnchen und den Prinzipien, nach denen sie sortiert und zueinander in Beziehung gesetzt werden.

Phaidros' Weigerung, die Qualität zu definieren, war, um bei diesem Vergleich zu bleiben, ein Versuch, die Vorherrschaft der klassischen, auf dem Sieben des Sandes beruhenden Anschauungsweise zu brechen und einen gemeinsamen Nenner für die klassische und die romantische Welt zu finden. Qualität, der Spaltbegriff für »*hip*« und »*square*«, schien dieser gemeinsame Nenner zu sein. Beide Welten gebrauchten diesen Begriff. Beide wußten, was er bedeutete. Es war nur so, daß die romantische ihn so nahm, wie er war, und die klassische versuchte, einen Satz intellektueller Bausteine für andere Zwecke aus ihm anzufertigen. Nun aber war die Definition blokkiert und der klassische Geist war gezwungen, die Qualität mit denselben Augen zu sehen, wie der Romantiker, unbeeinflußt durch Denkstrukturen.

Ich mache ungeheuer viel Aufhebens von alledem, von diesen Unterschieden zwischen klassisch und romantisch, aber Phaidros tat das nicht. Er interessierte sich im Grunde genommen gar nicht für eine wie auch immer beschaffene Überwindung der Unterschiede zwischen diesen beiden Welten. Er war hinter etwas anderem her – seinem Geist. Auf der Jagd nach diesem Geist stieß er auf umfassendere Bedeutungen der Qualität, die ihn unaufhaltsam weiterzogen, seinem Ende entgegen. Ich unterscheide mich insofern von ihm, als ich nicht daran denke, bis an dieses Ende zu gehen. Er kam hier nur durch, erschloß dieses Gebiet nur. Ich möchte hier bleiben und das Land bestellen und zusehen, ob es mir gelingt, etwas auf diesem Boden wachsen zu lassen.

Ich glaube, das Referens eines Begriffs, der die Welt in *hip* und *square*, romantisch und klassisch, technologisch und humanistisch aufspalten kann, ist etwas, das eine solchermaßen aufgespaltene Welt wieder zur Einheit zurückführen kann. Eine *richtige* Auffassung von Qualität dient nicht einfach nur »dem System«, noch überwindet sie es oder entzieht sich ihm gar. Eine *richtige* Auffassung von Qualität *fängt* das System *ein*, zähmt es und macht es dem eigenen, persönlichen Gebrauch *dienstbar*, wobei sie einem in jeder Hinsicht die Freiheit läßt, seiner eigenen inneren Bestimmung zu folgen.

Wir sind jetzt die eine Seite des Canyons so hoch hinaufgestiegen, daß wir über seine andere Seite zurück- und hinunterschauen können. Sie ist genauso steil wie unsere hier – eine dunkle Matte grünlich-schwarzer Kiefern, die sich bis zu einem hohen Bergrücken hinaufzieht. Wir können unseren Fortschritt messen, indem wir – in scheinbar horizontaler Linie – über diesen Bergrücken visieren.

Ich glaube, damit ist es für heute genug von dem Gerede über Qualität. Ich habe nichts gegen Qualität, es ist nur so, daß all das klassische Gerede darüber *keine* Qualität ist. Qualität ist nur der Brennpunkt, um den herum eine Menge intellektueller Einrichtungsgegenstände neu gruppiert werden.

Wir bleiben stehen, um zu verschnaufen, und schauen in die Ebene hinunter. Chris' Stimmung ist jetzt besser, aber ich muß leider feststellen, daß sich schon wieder diese Ichbezogenheit meldet.

»Schau, wie hoch wir schon sind«, sagt er.

»Wir müssen aber noch viel höher.«

Später stößt er laute Rufe aus, um sein Echo zu hören, und wirft Steine hinunter, um zu sehen, wo sie hinfallen. Er wird langsam übermütig, also erhöhe ich mein Tempo, bis ich ziemlich rasch atmen muß, etwa das Anderthalbfache unserer bisherigen Geschwindigkeit. Das ernüchtert ihn ein bißchen, und wir steigen weiter.

Gegen drei Uhr fühlen sich meine Beine allmählich weich wie Gummi an, ein Zeichen, daß es bald genug für heute ist. Ich bin nicht in allerbester Verfassung. Wenn man trotz des Gummigefühls noch weitergeht, überanstrengt man sich und hat am nächsten Tag einen furchtbaren Muskelkater.

Wir kommen an eine flache Stelle, wo ein großer runder Buckel aus der Bergflanke vorspringt. Ich sage Chris, daß wir für heute Schluß machen. Er ist einverstanden und offenbar guter Dinge; vielleicht bin ich mit ihm doch ein Stück weitergekommen.

Ich würde mich am liebsten ein Weilchen hinlegen, aber über dem Canyon haben sich Wolken zusammengezogen, und es sieht nach Regen aus. Sie füllen den ganzen Canyon aus, so daß wir nicht mehr auf den Grund sehen können und der Bergrücken auf der anderen Seite fast verschwunden ist.

Ich schnüre die Rucksäcke auf und hole die Zeltbahnen heraus, Armee-Ponchos, und knöpfe sie zusammen. Ich spanne ein Seil zwischen zwei Bäumen und werfe die Zeltbahnen darüber. Mit der Machete schneide ich ein paar Pflöcke von Büschen ab, klopfe sie in den Boden und ziehe mit der stumpfen Seite der Machete einen Graben um das Zelt, damit das Wasser abfließt, falls es stark regnen sollte. Wir haben gerade alles im Zelt verstaut, als die ersten Tropfen fallen.

Chris findet den Regen herrlich. Wir liegen rücklings auf unseren Schlafsäcken, sehen in den Regen hinaus und hören zu, wie er auf das Zelt prasselt. Der Wald ist feucht und neblig, und wir geraten ins Sinnieren, sehen zu, wie die Zweige der Sträucher zucken, wenn Regentropfen auftreffen, und zucken selbst ein bißchen zusammen, wenn der Donner kracht, aber wir sind froh, daß wir im Trocknen sitzen, während um uns herum alles naß ist.

Nach einer Weile krame ich in meinem Rucksack nach der Taschenbuchausgabe von Thoreau, finde sie auch und muß mich ein bißchen anstrengen, um bei dem grauen Licht Chris daraus vorzulesen. Ich glaube, ich habe schon erwähnt, daß wir das öfters mit anderen Büchern auch so machen, anspruchsvollen Büchern, die er normalerweise nicht verstehen würde. Es spielt sich so ab, daß ich einen Satz vorlese, er eine lange Reihe Fragen stellt, und ich sie ihm alle beantworte, bevor ich den nächsten Satz lese.

Genauso machen wir es jetzt eine Zeitlang mit Thoreau, aber nach einer halben Stunde muß ich mir überrascht und enttäuscht eingestehen, daß Thoreau uns nichts zu sagen hat. Chris ist unruhig, und ich bin's auch. Es ist die falsche Art Sprache für den Bergwald, in dem wir sind. Jedenfalls habe ich das Gefühl. Das Buch wirkt fade und unzugänglich, was ich von Thoreau nie gedacht hätte, aber es hat keinen Zweck, sich was vorzumachen. Er spricht aus einer anderen Situation, einer anderen Zeit heraus, ist eben erst dabei, die Übel der Technisierung zu entdecken, anstatt die Lösung dafür zu finden. Er spricht nicht zu uns. Widerstrebend lege ich das Buch aus der Hand, und wir sind beide still und nachdenklich. Es gibt nur Chris und mich und den Wald und den Regen. Kein Buch kann uns mehr leiten.

Die Tiegel, die wir draußen vor das Zelt gestellt haben, füllen sich langsam mit Regenwasser, und später, als wir genug davon haben, gießen wir alles zusammen in einen Topf, geben ein paar Brühwürfel für Hühnerbouillon hinein, und erhitzen es auf einem kleinen Sterno-Kocher. Sie schmeckt gut, wie alles, was man nach einer anstrengenden Tour in den Bergen ißt und trinkt.

Chris sagt: »Mit dir macht das Zelten mehr Spaß als mit den Sutherlands.«

»Die Umstände sind anders«, sage ich.

Als die Hühnerbrühe alle ist, mache ich eine Dose Schweinefleisch mit Bohnen auf und gebe den Inhalt in den Topf. Es dauert lange, bis es warm wird, aber wir haben ja Zeit.

»Das riecht aber gut«, sagt Chris.

Der Regen hat aufgehört, nur noch ab und zu platschen vereinzelt Tropfen auf das Zelt.

»Ich glaube, morgen scheint wieder die Sonne«, sage ich.

Wir reichen uns abwechselnd den Topf Schweinefleisch mit Bohnen, essen jeder von einer Seite.

»Dad, worüber denkst du denn die ganze Zeit nach? Die ganze Zeit denkst du nach.«

»Jaaaaa . . . über alles mögliche.«

»Über was zum Beispiel.«

»Na, über den Regen und über Mißgeschicke, die einem passieren können, und über alles, was mich so beschäftigt.«

»Und was ist das?«

»Na, zum Beispiel die Frage, wie es sein wird, wenn du mal größer bist.«

Das interessiert ihn. »Wie wird es denn sein?«

Aber in seinen Augen glimmt Egoismus, als er das fragt, und deshalb fällt die Antwort zurückhaltend aus. »Ich weiß es nicht«, sage ich, »deswegen denke ich ja drüber nach.«

»Meinst du, daß wir es morgen bis zum oberen Rand des Canyons schaffen?«

»Ja, bestimmt sogar, es ist nicht mehr weit.«

»Also noch am Vormittag?«

»Ich glaub' schon.«

Später dann schläft er, und ein feuchter Nachtwind kommt von der Höhe herab und läßt die Kiefern leise seufzend rauschen. Die Silhouetten der Baumwipfel schwanken leicht in dem Wind. Sie neigen sich nachgiebig und richten sich auf, neigen sich wieder mit einem Ächzen und richten sich wieder auf, rastlos, von Kräften bewegt, die nicht Teil ihrer Natur sind. Der Wind bringt die eine Zeltbahn zum Flattern. Ich stehe auf und pflocke sie fest, dann gehe ich eine Weile durch das feuchte, schwammige Gras und krieche schließlich wieder ins Zelt und warte auf den Schlaf.

19

Ein Gewirr sonnenbeschienener Kiefernnadeln neben meinem Gesicht bringt mir langsam zum Bewußtsein, wo ich bin, und hilft, einen Traum zu zerstreuen.

In dem Traum stand ich in einem weißgestrichenen Raum und blickte auf eine Glastür. Dahinter standen Chris, sein Bruder und seine Mutter. Chris winkte mir durch die Tür, und sein Bruder lächelte, aber seine Mutter hatte Tränen in den Augen. Dann sah ich, daß Chris' Lächeln starr und gezwungen war und er in Wirklichkeit schreckliche Angst hatte.

Ich ging auf die Tür zu, und sein Lächeln wurde freier. Er deutete mir, ich solle sie aufmachen. Ich wollte sie schon aufmachen, tat es dann aber doch nicht. Seine Angst kam wieder, aber ich drehte mich um und ging weg.

Das ist ein Traum, den ich schon oft hatte. Was er bedeutet, liegt auf der Hand, und das paßt auch zu einigen Gedanken der vergangenen Nacht. Er versucht, mit mir in Kontakt zu kommen, und hat Angst, daß es ihm nie gelingen wird. Die Dinge werden klarer hier oben.

Aus den Nadeln auf der Erde vor dem Zeltbahnzipfel steigt jetzt Dampf zur Sonne auf. Die Luft fühlt sich feucht und kühl an, und während Chris noch schläft, krieche ich vorsichtig aus dem Zelt, stehe auf und strecke mich.

Beine und Rücken sind steif, tun aber nicht weh. Ich mache ein paar Minuten Gymnastik, um sie zu lockern, und sprinte dann in die Kiefern hinunter. Jetzt geht es schon besser.

Der Kieferduft ist schwer und feucht heute morgen. Ich hocke mich hin und schaue auf die Morgennebel im Canyon hinunter.

Später gehe ich zum Zelt zurück, wo ein Geräusch mir sagt, daß Chris wach geworden ist, und als ich hineinschaue, sehe ich, wie er schweigend mit großen Augen um sich schaut. Er braucht immer seine Zeit, um ganz wach zu werden, und es wird noch fünf Minuten dauern, bis sein Verstand sich so warmgelaufen hat, daß er etwas sagen kann. Jetzt blinzelt er ins Licht.

»Guten Morgen«, sage ich.

Keine Antwort. Ein paar Tropfen fallen aus den Kiefern.

»Gut geschlafen?«

»Nein.«

»Das tut mir leid.«

»Wieso bist du schon so früh auf?« fragt er.

»So früh ist es gar nicht.«

»Wie spät?«

»Neun«, sage ich.

»Ich wette, wir sind nicht vor drei eingeschlafen.«

Drei? Wenn er so lange wachgelegen hat, wird er es heute büßen.

»*Ich* hab' jedenfalls geschlafen«, sage ich.

Er schaut mich sonderbar an. »*Du* hast mich doch wach gehalten.«

»*Ich?*«

»Du hast geredet.«

»Du meinst, im Schlaf?«

»Nein, über den *Berg*!«

Irgendwas stimmt hier nicht. »Ich weiß nichts von einem Berg, Chris.«

»Wenn ich's dir doch sage, du hast die ganze Nacht davon geredet. Du hast gesagt, vom Gipfel aus würden wir alles sehen. Du hast gesagt, wir würden uns dort treffen.«

Das muß er geträumt haben. »Wie können wir uns treffen, wenn ich sowieso schon bei dir bin?«

»Weiß *ich* doch nicht. *Du* hast es doch gesagt.« Er ist verstimmt. »Es hat sich angehört, als ob du betrunken wärst oder so was.«

Er schläft immer noch halb. Besser, ich lasse ihn erst mal richtig wach werden. Aber ich bin durstig, und eben ist mir eingefallen, daß ich den Kanister nicht mitgenommen habe, weil ich dachte, wir würden unterwegs genug Wasser finden. Ärgerlich. Jetzt kriegen wir kein Frühstück, ehe wir nicht über den Grat und auf der anderen Seite so weit hinuntergegangen sind, bis wir auf eine Quelle stoßen. »Wir sollten jetzt lieber zusammenpacken und losgehen«, sage ich, »wenn wir Wasser zum Frühstück haben wollen. Es ist schon warm draußen, am Nachmittag wird es wahrscheinlich heiß werden.«

Das Zelt ist mit ein paar Handgriffen abgebaut, und ich sehe mit Genugtuung, daß alles trocken geblieben ist. In einer halben Stunde ist alles gepackt. Bis auf das niedergedrückte Gras sieht die Stelle jetzt aus, als sei keiner hier gewesen.

Wir haben noch einen ordentlichen Aufstieg vor uns, aber auf dem Weg, den wir entdecken, geht es sich leichter als gestern. Wir sind jetzt schon auf dem gerundeten oberen Teil des Bergrückens, und hier ist der Hang nicht mehr ganz so steil. Es sieht so aus, als wären die Kiefern hier nie ausgeholzt worden. Die Sonne dringt nirgends bis auf den Waldboden durch, und es ist überhaupt kein Unterholz da. Nur dick mit Nadeln bestreuter, federnder Boden, offen und weit, ideal zum Wandern ...

Zeit für die Fortsetzung der Chautauqua, die zweite, metaphysische Welle der Kristallisation.

Diese kam aus Phaidros' abenteuerlich verschlungenen Gedankengängen zum Thema Qualität, als ihm die Mitglieder der englischen Abteilung in Bozeman, von ihm über ihre *squareness* aufgeklärt, eine durchaus vernünftige Frage vorlegten: »Ist Ihre undefinierte ›Qualität‹ in den Dingen vorhanden, die wir wahrnehmen?« fragten sie. »Oder ist sie subjektiv, mithin nur im Wahrnehmenden selbst vorhanden?« Es war eine einfache, durchaus normale Frage, und es hatte mit der Antwort keine Eile.

Ha. Von wegen keine Eile. Es war eine hinterhältige Fangfrage, eine Schlinge, ein Fallstrick, ein Tiefschlag – so einer, von dem man sich nie mehr erholt.

Wenn nämlich Qualität im Objekt vorhanden ist, muß man begründen, wieso sie dann nicht mit wissenschaftlichen Instrumenten nachzuweisen ist. Man muß entweder behaupten, sie sei doch mit wissenschaftlichen Instrumenten nachweisbar, oder sich an den Gedanken gewöhnen, daß sie deshalb nicht mit wissenschaftlichen Instrumenten nachzuweisen ist, weil der ganze Qualitätsbegriff, den man sich da zurechtgebastelt hat, gelinde gesagt ein Haufen Unsinn ist.

Im anderen Fall, wenn Qualität subjektiv, nur im Wahrnehmenden vorhanden ist, ist diese Qualität, von der man so viel Aufhebens macht, nichts weiter als ein phantasievoller Name für alles, was einem gerade gefällt.

Was der Lehrkörper der englischen Abteilung des Montana State College Phaidros da vorgelegt hatte, war eine seit der Antike bekannte logische Konstruktion, ein sogenanntes Dilemma. Man hat das *Dilemma* – griechisch für »zweifache Annahme« – mit dem vorderen Ende eines wütenden, angreifenden Stiers verglichen.

Falls er die Prämisse anerkannte, daß Qualität objektiv sei, wurde er von einem Horn des Dilemmas aufgespießt. Entschied er sich für die andere Prämisse, daß Qualität subjektiv sei, spießte ihn das andere Horn auf. Ob nun Qualität objektiv oder subjektiv war, er wurde in jedem Fall aufgespießt, egal, wie er antwortete.

Er bemerkte, daß einige Mitglieder des Lehrkörpers ihn gelegentlich mit einem wohlmeinenden Lächeln bedachten.

Phaidros aber war in Logik geschult und wußte, daß es für jedes Dilemma nicht nur zwei, sondern drei klassische Widerlegungen gibt; außerdem kannte er ein paar, die nicht so arg klassisch waren, also erwiderte er das Lächeln. Er konnte das linke Horn nehmen und die Theorie widerlegen, daß Objektivität wissenschaftliche Nachweisbarkeit voraussetze. Er konnte aber auch das rechte Horn nehmen und die Theorie widerlegen, daß Subjektivität gleichbedeutend sei mit »allem, was einem gerade gefällt«. Und schließlich konnte er sich zwischen die Hörner stellen und überhaupt die Alternative Subjektivität oder Objektivität leugnen. Wie man sich vorstellen kann, durchdachte er alle drei Möglichkeiten.

Außer diesen drei klassischen logischen Widerlegungen gibt es auch noch ein paar alogische, »rhetorische«. Als Rhetoriker hatte Phaidros auch die parat.

Man kann dem Stier Sand in die Augen streuen. Das hatte er schon mit seiner Äußerung getan, daß nicht zu wissen, was Qualität ist, ein Zeichen von Unfähigkeit sei. Es ist eine alte Regel der Logik, daß die geistigen Fähigkeiten des Sprechenden ohne Belang sind für die Wahrheit dessen, was er sagt, deshalb war das Gerede über Unfähigkeit reiner Sand. Der größte Narr, der auf der Erde herumläuft, kann sagen, daß die Sonne scheint, ohne daß sie sich deswegen verdunkelt. Bei Sokrates, diesem erklärten Gegner rhetorischer Argumentation, wäre Phaidros mit diesem Ausspruch nicht weit gekommen, denn der hätte ihm gesagt: »Gewiß, ich akzeptiere deine Prämisse, daß ich in der Frage der Qualität unfähig bin. Würdest du nun bitte einem unfähigen alten Mann erklären, was Qualität ist? Denn wie sollte ich sonst klüger werden?« Dann hätte er ihn eine Weile im eigenen Saft schmoren lassen, um ihm zu guter Letzt ein paar Fragen zu stellen, die bewiesen hätten, daß er auch nicht wußte, was Qualität ist, und somit nach seinen eigenen Maßstäben unfähig sei.

Man kann versuchen, den Stier in den Schlaf zu singen. Phaidros hätte den Fragestellern antworten können, die Lösung dieses Dilemmas übersteige seine bescheidenen analytischen Fähigkeiten, die Tatsache, daß er keine Lösung finden könne, sei aber kein logischer Beweis dafür, daß es keine Lösung gebe. Ob denn nicht sie mit ihrer größeren Erfahrung ihm helfen wollten, diese Lösung zu finden? Aber für solche Schlaflieder war es längst zu spät. Sie hätten einfach antworten können: »Nein, dafür sind wir viel zu *square.* Und bis Sie selbst eine Lösung gefunden haben, halten Sie sich freundlichst an den Lehrplan, damit wir uns nicht gezwungen sehen, Ihre verkorksten Studenten durchfallen zu lassen, wenn wir sie im nächsten Quartal bekommen.«

Eine dritte rhetorische Möglichkeit, sich aus dem Dilemma zu befreien, meiner Meinung nach die beste, hätte darin bestanden, *sich zu weigern, die Arena zu betreten.* Phaidros hätte einfach sagen können: »Der Versuch, Qualität als subjektiv oder objektiv zu klassifizieren, ist ein Versuch, sie zu definieren. Ich habe jedoch schon gesagt, daß sie *undefinierbar* ist.« Und dabei hätte er es bewenden lassen können. Ich glaube, DeWeese hat ihm seinerzeit sogar diesen Rat gegeben.

Warum er diesen Rat in den Wind schlug und sich dafür entschied, logisch und dialektisch auf die Frage zu antworten, anstatt den einfachen Ausweg des Mystizismus zu wählen, weiß ich nicht. Aber ich kann es mir denken. Ich glaube, daß er vor allem der Meinung war, daß die ganze Kirche der Vernunft unwiderruflich *in* der Arena der Logik war, daß einer, der sich logischer Disputation verweigerte, das Recht verwirkt habe, überhaupt an akademischen Erörterungen teilzunehmen. Der philosophische Mystizismus, die Überzeugung, daß die Wahrheit undefinierbar und nur mit nichtrationalen Mitteln erfaßbar sei, ist so alt wie die Menschheitsgeschichte selbst. Er ist die Grundlage der Zen-Praxis. Aber er ist kein akademisches Fach. Die Akademie, die Kirche der Vernunft, befaßt sich ausschließlich mit den Dingen, die *definierbar* sind, und wenn einer Mystiker sein will, gehört er in ein Kloster und nicht an eine Universität. Universitäten sind Stätten, an denen man den Dingen auf den Grund gehen sollte.

Ich glaube, der zweite Grund für seinen Entschluß, die Arena zu betreten, war ein egoistischer. Er wußte, daß er ein ziemlich gewitzter Logiker und Dialektiker war, war stolz darauf und sah in dem vorliegenden Dilemma eine Herausforderung, sein Geschick zu beweisen. Ich glaube heute, daß dieser egoistische Zug vielleicht den Anstoß zu all seinen Schwierigkeiten gab.

Ich sehe ungefähr hundert Meter vor und über uns einen Hirsch durch die Kiefern wechseln. Ich versuche, Chris auf ihn aufmerksam zu machen, aber bis er hinschaut, ist er verschwunden.

Das erste Horn von Phaidros' Dilemma war: Wenn Qualität im Objekt existiert, warum ist sie dann nicht mit wissenschaftlichen Instrumenten nachweisbar?

Dieses Horn war das bösartigere. Er wußte von Anfang an, wie tödlich es war. Wenn er sich als eine Art Superwissenschaftler ausgegeben hätte, der Qualität in Objekten sah, obwohl kein Wissenschaftler sie entdecken konnte, hätte alle Welt ihn für einen Irren oder einen Wirrkopf oder auch beides zugleich gehalten. In der Welt von heute haben Ideen, die mit wissenschaftlicher Erkenntnis unvereinbar sind, nichts verloren.

Er entsann sich Lockes Aussage, daß wir von keinem Objekt, weder wissenschaftlich noch auf andere Weise, Kenntnis erlangen können als allein durch seine Eigenschaften (»Qualitäten«). Diese unbestreitbare Wahrheit schien den Gedanken nahezulegen, daß die Wissenschaftler deshalb keine Qualität *in* Objekten entdecken können, weil Qualität *alles* ist, was sie entdecken. Das »Objekt« ist eine intellektuelle Konstruktion, die von den Eigenschaften, den »Qualitäten« *abgeleitet* ist. Falls diese Antwort stichhaltig war, brach sie zweifellos dem einen Horn des Dilemmas die Spitze ab, und eine Zeitlang war er ganz begeistert davon.

Aber sie erwies sich als falsch. Die Qualität, die er und die Studenten im Unterricht erkannt hatten, war etwas ganz anderes als »Qualitäten« wie Farbe, Hitze oder Härte, die man im Labor beobachtete. Solche physikalischen Eigenschaften waren alle mit Instrumenten meßbar. Seine Qualität – »Vortrefflichkeit«, »Wert«, »Güte« – war keine physikalische Eigenschaft und nicht meßbar. Er hatte sich vom Doppelsinn des Wortes *Qualität* irreführen lassen. Er fragte sich, woher dieser Doppelsinn kam, nahm sich vor, ein bißchen nach den historischen Wurzeln des Wortes *Qualität* zu graben, stellte es dann aber zurück. Das Horn des Dilemmas war immer noch da.

Er nahm sich das andere Horn des Dilemmas vor, das mehr Aussicht für eine Widerlegung zu bieten schien. Er dachte: Qualität ist also, was einem gerade gefällt. Daran stieß er sich. Die großen Künstler der Geschichte – Raffael, Beethoven, Michelangelo – hatten alle nur gemacht, was den Leuten gerade gefiel. Sie hatten kein anderes Ziel gehabt, als auf eine höhere Art die Sinne zu reizen. War es das? Es ärgerte ihn, und das Ärgerlichste daran war, daß er keinen direkten Weg sah, es logisch zu zergliedern. Also studierte er diese Aussage sorgfältig, durchdachte sie so gründlich, wie er die Sachen immer durchdachte, bevor er sie kritisierte.

Und dann sah er es. Er holte das Messer hervor und schnitt das eine Wort heraus, das ihm diesen Satz so ärgerlich machte. Es war das Wort »gerade«. Warum sollte Qualität das sein, was einem *gerade* gefällt? Was bedeutete »gerade« in diesem Fall? Als er so das Wort aussonderte und ganz für sich betrachtete, zeigte sich, daß »gerade« in diesem Fall nichts, aber auch gar nichts bedeutete. Es war ein rein abwertender Ausdruck, dessen logischer Beitrag zu dem Satz gleich Null war. Wenn man dieses eine Wort wegließ, lautete der Satz »Qualität ist, was einem gefällt« und enthielt damit eine ganz andere Aussage. Es war eine harmlose Binsenwahrheit daraus geworden.

Er fragte sich, warum er sich überhaupt so über diesen Satz geärgert hatte. Warum hatte er so lange gebraucht, zu verstehen, was wirklich damit gemeint war, nämlich: »Was dir gefällt, ist schlecht oder zumindest belanglos.« Was steckte hinter dieser überheblichen Annahme, daß das, was einem Freude macht, schlecht oder zumindest unwichtig im Vergleich mit anderen Dingen sei? Der Satz schien ihm die Quintessenz der *squareness* zu enthalten, gegen die er kämpfte. Kleinen Kindern sagte man, sie dürften nicht tun, was ihnen »gerade gefiel«, sondern ... sondern was? ... Natürlich! Was *anderen* gefiel! Und welchen anderen? Eltern, Lehrern, Aufsehern, Polizisten, Richtern, Beamten, Königen, Diktatoren. Allen, die Autorität verkörperten. Wenn man darauf abgerichtet wird, zu verachten, »was einem gerade gefällt«, dann wird man natürlich ein viel gehorsamerer Diener – ein *guter* Sklave. Wer beizeiten lernt, nicht zu tun, »was ihm gerade gefällt«, den hat das System lieb.

Aber angenommen, man *tut*, was einem gerade gefällt. Heißt das, daß man hingeht und sich Heroin spritzt, Banken ausraubt und alte Damen vergewaltigt? Derjenige, der einem den Rat gibt, nicht zu tun, »was einem gerade gefällt«, geht von eigenartigen Voraussetzungen darüber aus, was einem gefallen könnte. Er scheint nicht auf den Gedanken zu kommen, daß einer keine Banken ausraubt, weil er sich die Konsequenzen ausgemalt hat und zu dem Schluß gekommen ist, daß es ihm nicht gefallen würde, eine Bank auszurauben. Er übersieht, daß es überhaupt bloß Banken gibt, weil sie das tun, »was den Leuten gefällt«, nämlich Kredit geben. Phaidros begann sich zu fragen, wie es überhaupt zugegangen war, daß dieser Argwohn gegen alles, »was einem gefällt«, sich zu einem als selbstverständlich empfundenen Einwand entwickeln konnte.

Es wurde ihm bald klar, daß da mehr dahintersteckte, als er geahnt hatte. Wenn die Leute sagten »Tu nicht, was dir gerade gefällt«, meinen sie damit nicht nur »Füge dich der Autorität«. Sie meinten noch etwas anderes.

Dieses »andere« mündete in ein riesiges klassisches Gebiet wissenschaftlichen Glaubens, demzufolge »was einem gefällt« unwichtig ist, weil es aus lauter irrationalen Gefühlen besteht, die in einem selbst sind. Er studierte lange diese Lehre und teilte sie dann mit seinem Messer in zwei kleinere Gruppen auf, die er als »wissenschaftlichen Materialismus« und »klassischen Formalismus« bezeichnete. Er sagte, daß sich oft beide in ein und derselben Person vereint fänden, daß sie aber logisch getrennt zu betrachten seien.

Der wissenschaftliche Materialismus, der unter wissenschaftsgläubigen Laien weiter verbreitet ist als bei den Wissenschaftlern selbst, besagt, daß alles, was aus Materie oder Energie besteht und mit den Instrumenten der Wissenschaft meßbar ist, real ist. Alles andere ist irreal oder zumindest ohne Bedeutung. »Was einem gefällt« ist nicht meßbar und deshalb irreal. »Was einem gefällt« kann eine Tatsache sein oder auch nur eine Halluzination. Für das Gefallen ist diese Unterscheidung ohne Bedeutung. Der ganze Sinn und Zweck der wissenschaftlichen Methode ist es aber, gültige Unterscheidungen zwischen dem Unwahren und dem Wahren in der Natur zu treffen, die subjektiven, irrealen, imaginären Elemente aus der eigenen Arbeit auszuklammern, um ein objektives, wahres Bild der Realität zu erhalten. Wenn er gesagt hätte, Qualität sei subjektiv, hätte das für diese Leute geheißen, Qualität sei imaginär und könne deshalb bei jeder ernsthaften Betrachtung der Realität außer acht gelassen werden.

Auf der anderen Seite steht der klassische Formalismus, der besagt, daß alles, was nicht intellektuell verstehbar ist, überhaupt nicht zu verstehen ist. Qualität ist von dieser Warte aus unwichtig, weil sie in einem emotionalen Prozeß wahrgenommen wird, wobei die intellektuellen Elemente der Rationalität keine Rolle spielen.

Von diesen beiden Stützen des Wörtchens »gerade« ließ sich, so fand Phaidros, die erste, der wissenschaftliche Materialismus, weitaus am leichtesten umstoßen. Das, so hatten seine früheren Studien ihn gelehrt, war naive Wissenschaft. Diese Ansicht widerlegte er als erste, wofür er sich der *reductio ad absurdum* bediente. Diese Form der Beweisführung beruht auf dem logischen Grundsatz, daß, wenn die unausweichlichen Schlüsse aus einer Gruppe von Prämissen absurd sind, zumindest eine dieser Prämissen notwendigerweise ebenfalls absurd ist. Sehen wir uns einmal an, sagte er, was aus der Prämisse folgt, daß alles, was nicht aus Masse-Energie besteht, irreal oder unwichtig sei.

Als Einstieg wählte er die Zahl Null. Die Null, ursprünglich eine indische Zahl, wurde im Mittelalter von den Arabern in Europa eingeführt und war den Griechen und Römern der klassischen Zeit unbekannt. Wie war *das* möglich? fragte er sich. Hatte die Natur die Null so gut versteckt, daß alle Griechen und alle Römer zusammengenommen – also Millionen von Menschen – sie nicht finden konnten? Normalerweise denkt man, daß die Null doch so sichtbar und einleuchtend sei wie nur irgend etwas. Er wies nach, daß es absurd wäre, die Null aus irgendeiner Form von Masse-Energie ableiten zu wollen, und stellte dann die – rhetorische – Frage, ob man daraus schließen müsse, daß die Null »unwissenschaftlich« sei. Wenn ja, müsse man dann weiter folgern, daß Digitalrechner, die ja nur mit Einsen und Nullen arbeiten, bei wissenschaftlichen Programmen fortan nur noch mit Einsen arbeiten dürften? Das war offenkundig absurd.

Er nahm sich dann andere wissenschaftliche Begriffe vor, einen nach dem anderen, und wies nach, daß keiner unabhängig von subjektiven Erwägungen existieren könne. Zum Schluß kam er auf das Gravitationsgesetz, in dem Beispiel, das ich am ersten Abend unserer Fahrt John und Sylvia und Chris erläutert habe. Wenn alles Subjektive als unwichtig ausgeklammert wird, sagte er, dann muß man gleichzeitig die ganze Wissenschaft aufgeben.

Mit dieser Widerlegung des wissenschaftlichen Materialismus begab er sich jedoch scheinbar in das Lager der philosophischen Idealisten – Berkeley, Hume, Kant, Fichte, Schelling, Hegel, Bradley, Bosanquet –, gewiß lauter ernstzunehmende Leute, logisch bis aufs I-Tüpfelchen, aber in der Sprache des »gesunden Menschenverstandes« so schwer zu rechtfertigen, daß sie ihm bei seinem Plädoyer für die Qualität eher hinderlich als förderlich gewesen wären. Die These, daß die Welt reiner Geist sei, mochte eine vertretbare Position in logischer, bestimmt aber nicht in rhetorischer Sicht sein. Sie war für den Englischunterricht der unteren Semester viel zu umständlich und schwierig. Zu »weit hergeholt«.

Nun sah das ganze subjektive Horn des Dilemmas schon beinahe so wenig erfolgversprechend aus wie das objektive. Und die Argumente des klassischen Formalismus, dem er sich nun zuwandte, machten alles noch schlimmer. Sie liefen auf den sehr einleuchtenden Grundsatz hinaus, daß man nie seinen spontanen emotionalen Impulsen nachgeben solle, ohne sich den großen rationalen Zusammenhang zu vergegenwärtigen.

Kinder bekommen gesagt: »Gib nicht dein ganzes Taschengeld für Kaugummi aus (spontaner emotionaler Impuls), weil du dich hinterher ärgerst, daß du dir nichts anderes mehr kaufen kannst (großer Zusammenhang).« Erwachsenen sagt man: »Gewiß verbreitet diese Papierfabrik trotz modernster Anlagen einen fürchterlichen Gestank (spontaner emotionaler Impuls), aber ohne sie würde die Wirtschaft der ganzen Stadt zusammenbrechen (großer Zusammenhang).« Im Sinne unserer bewußten Zweiteilung heißt das: »Richte dich bei deinen Entscheidungen nicht nach dem romantischen Oberflächenreiz, ohne die klassische innere Form zu berücksichtigen.« Damit war er mehr oder weniger einverstanden.

Mit dem Einwand »Qualität ist, was einem gerade gefällt«, meinten die klassischen Formalisten, daß diese subjektive, undefinierte »Qualität«, die er lehrte, nichts weiter als romantischer Oberflächenreiz sei. Durch Abstimmungen im Hörsaal konnte man herausfinden, ob ein Aufsatz einen unmittelbar wahrnehmbaren Oberflächenreiz besaß, aber war das *Qualität?* War Qualität etwas, was man »eben sieht«, oder war sie vielleicht etwas Subtileres, das man nicht unmittelbar, sondern erst nach langer Zeit wahrnahm?

Je länger er sich mit diesem Argument befaßte, um so schlagkräftiger schien es ihm. Womöglich war dies das Argument, das seine ganze These zu Fall brachte.

Es erschien deshalb so bedrohlich, weil es scheinbar eine Frage beantwortete, die oft im Unterricht aufgetaucht war und die er immer etwas kasuistisch hatte beantworten müssen. Es war die Frage: Wenn jeder weiß, was Qualität ist, wieso gehen dann die Meinungen darüber so weit auseinander?

Seine kasuistische Antwort hatte gelautet, daß zwar reine *Qualität* für alle dasselbe sei, daß aber die *Objekte,* denen die Leute Qualität *nachsagten,* von Mensch zu Mensch variierten. Solange er Qualität undefiniert ließ, war kein Einwand dagegen möglich, aber er wußte, und wußte, daß die Studenten wußten, daß dieser Antwort der Ruch der Unaufrichtigkeit anhaftete. Die Frage war damit eigentlich nicht beantwortet.

Nun hatte er eine alternative Erklärung: Die Menschen waren sich über die Qualität uneins, weil manche nur nach ihren spontanen Emotionen urteilten, andere dagegen ihr umfassendes Wissen anwandten. Er wußte, daß bei jeder Abstimmung unter Englischlehrern die letzte These, die ihre Autorität stärkte, überwältigende Zustimmung gefunden hätte.

Aber diese These hatte verheerende Folgen. Statt einer einzigen, einheitlichen Qualität gab es jetzt offenbar zwei Qualitäten, die romantische der Studenten (»sieht man eben«) und die klassische der Lehrer (umfassendes Wissen). Die eine *hip,* die andere *square. Squareness* war nicht Abwesenheit von Qualität, sondern klassische Qualität. *Hipness* war nicht Qualität schlechthin, sondern lediglich romantische Qualität. Die Spaltung in *hip* und *square,* die er entdeckt hatte, war nicht überwunden, aber Qualität war jetzt nicht mehr ausschließlich auf der einen Seite, wie er bisher angenommen hatte. Vielmehr war die Qualität jetzt selbst in zwei Arten gespalten, eine auf jeder Seite der Spaltungslinie. Seine einfache, ordentliche, schöne, undefinierte Qualität fing an, kompliziert zu werden.

Mit Unbehagen sah er, wohin das führte. Der Spaltbegriff, der doch die klassische und die romantische Anschauungsweise versöhnen sollte, war jetzt selbst gespalten und konnte nichts mehr versöhnen. Er war in einen analytischen Fleischwolf geraten. Das Messer Subjektivität-und-Objektivität hatte die Qualität in zwei Teile geschnitten und sie als Arbeitsbegriff unbrauchbar gemacht. Wenn er sie retten wollte, konnte er nicht zulassen, daß sie unter dieses Messer kam.

Und in der Tat, die Qualität, die er meinte, *war* nicht klassische Qualität *oder* romantische Qualität. Sie griff über beide hinaus. Und bei Gott, sie war auch nicht entweder subjektiv oder objektiv, sie ging über *beide* dieser Kategorien hinaus. Genau besehen war es unfair, das Dilemma Subjektivität – Objektivität oder Geist – Materie auf die Qualität zu übertragen. Die Beziehung Geist–Materie war seit Jahrhunderten eine ungelöste philosophische Frage. Man wollte dieses Problem der Qualität bloß anhängen, um sie herabzuziehen. Wie sollte *er* wissen, ob Qualität Geist oder Materie war, wo doch noch nicht einmal Klarheit darüber herrschte, was Geist und was Materie sei.

Und so: Er verwarf das linke Horn. Qualität ist nicht objektiv, sagte er. Sie ist keine Eigenschaft der materiellen Welt.

Dann: Er verwarf das rechte Horn. Qualität ist nicht subjektiv, sagte er. Sie ist nicht nur eine Vorstellung des menschlichen Geistes.

Und schließlich: Phaidros nahm einen Weg, den seines Wissens in der Geschichte des westlichen Denkens noch keiner jemals gegangen war, stellte sich zwischen die beiden Hörner des Dilemmas Subjektivität – Objektivität und erklärte, Qualität sei weder ein Teil des Geistes noch ein Teil der Materie. Sie sei ein *Drittes* und von beiden unabhängig.

Wenn er nun durch die Korridore ging, die Treppen der Montana Hall auf und ab, konnte man hören, wie er leise, fast unhörbar vor sich hinsummte: »Heilig, heilig, heilig ... gesegnete Dreieinigkeit.«

Und ich meine, daß da eine schwache, ganz schwache Erinnerung ist, doch ich könnte mich auch irren, könnte es mir nur einbilden, die Erinnerung, daß er das ganze Denkgebäude jetzt einfach wochenlang so stehen ließ, ohne noch etwas daran zu machen.

Chris ruft: »Wann sind wir denn endlich oben?«

»Wahrscheinlich ist es noch ein ganzes Ende«, antworte ich.

»Wird man von da oben viel sehen?«

»Ich denk' schon. Paß mal auf, ob du blauen Himmel zwischen den Bäumen siehst. Solange wir den Himmel noch nicht sehen, ist es noch ein ganzes Ende. Das Licht wird durch die Bäume scheinen, kurz bevor wir oben sind.«

Von dem Regen gestern ist der weiche Nadelteppich noch so feucht, daß es sich gut darauf gehen läßt. Bei richtiger Trockenheit kann so ein abschüssiger Waldboden so glatt werden, daß man die Füße seitwärts mit den Kanten aufsetzen muß, um nicht abzurutschen.

Ich sage zu Chris: »Ist das nicht phantastisch, so ganz ohne Unterholz?«

»Wieso ist denn hier keins?« erkundigt er sich.

»Wahrscheinlich ist hier nie Holz geschlagen worden. Wenn ein Wald jahrhundertelang sich selbst überlassen bleibt, nehmen die Bäume dem Unterholz das ganze Licht weg.«

»Wie in einem Park«, sagt Chris. »Man sieht wirklich nach allen Seiten.« Seine Stimmung hat sich seit gestern wesentlich gebessert. Ich glaube, er wird sich von nun an recht tapfer halten. Diese Waldstille macht aus jedem einen ganz anderen Menschen.

Die Welt setzte sich nach Phaidros nun aus dreierlei zusammen: Geist, Materie und Qualität. Der Umstand, daß er diese drei Elemente nicht zueinander in Beziehung gesetzt hatte, störte ihn anfangs nicht weiter. Wenn die Beziehung zwischen Geist und Materie jahrhundertelang umstritten gewesen und immer noch nicht geklärt worden war, wie konnte man dann von ihm erwarten, daß er im Lauf von ein paar Wochen zu schlüssigen Aussagen über die Qualität kommen würde? Also ließ er die Frage auf sich beruhen. Sie kam in dieselbe geistige Abstellkammer, in der er auch alle anderen Fragen aufhob, auf die er im Moment keine Antwort wußte. Er wußte, daß er die Elemente seiner metaphysischen Dreieinigkeit, Subjekt, Objekt und Qualität, früher oder später zueinander in Beziehung setzen mußte, aber das eilte nicht. Er war so froh, den drohenden Hörnern entronnen zu sein, daß er sich endlich einmal Ruhe gönnte und diesen angenehmen Zustand auskostete, so lange es ging.

Schließlich nahm er sie aber doch genauer unter die Lupe. Obwohl logisch nichts gegen eine metaphysische Dreieinigkeit, eine dreiköpfige Realität, einzuwenden ist, sind solche Dreiheiten nicht besonders häufig oder beliebt. Der Metaphysiker sucht normalerweise entweder einen Monismus, wie beispielsweise Gott, der die Natur der Welt als Manifestation eines einzigen Dinges deutet, oder er sucht einen Dualismus, wie den von Geist und Materie, der sie als zwei Dinge deutet, oder er geht von einem Pluralismus aus, der sie als Manifestation einer unendlichen Zahl von Dingen deutet. Aber drei ist eine ungewohnte Zahl. Gleich will man wissen: Wieso ausgerechnet drei? Welche Beziehung herrscht zwischen ihnen? Und als sein Entspannungsbedürfnis nachließ, begann auch Phaidros sich zu fragen, wie diese Beziehung aussah.

Er bemerkte, daß man zwar Qualität normalerweise mit Objekten in Zusammenhang bringt, daß aber Qualitätsempfindungen auch unabhängig von jedem Objekt auftreten. Das hatte ihn überhaupt erst auf den Gedanken gebracht, daß Qualität ausschließlich subjektiv sein könnte. Aber subjektives Gefallen war auch nicht das, was er unter Qualität verstand. Qualität verringert die Subjektivität. Qualität läßt einen aus sich heraustreten, öffnet einem die Augen für die Umwelt. Qualität ist der Subjektivität *entgegengesetzt.*

Ich weiß nicht, wieviel Gedankenarbeit er aufwenden mußte, bis er das erkannte, aber schließlich sah er jedenfalls, daß Qualität nicht einseitig mit dem Subjekt oder dem Objekt in Beziehung gesetzt werden konnte, sondern *nur in der gegenseitigen Beziehung zwischen Subjekt und Objekt* zu finden war. Das ist der Punkt, an dem Subjekt und Objekt sich treffen.

Hier wurde es warm.

Qualität ist kein *Ding,* sie ist ein *Ereignis.*

Noch wärmer.

Sie ist das Ereignis, in dem das Subjekt das Objekt gewahrt.

Und weil es ohne Objekt kein Subjekt geben kann – weil die Objekte erst bewirken, daß das Subjekt sich seiner selbst bewußt wird – ist Qualität das Ereignis, in dem das Gewahrwerden sowohl von Subjekten als auch von Objekten möglich wird.

Heiß.

Jetzt wußte er, daß er auf dem richtigen Weg war.

Das bedeutet, Qualität ist nicht einfach nur das *Ergebnis* einer gegenseitigen Berührung von Subjekt und Objekt. Die Existenz von Subjekt und Objekt wird überhaupt erst von dem Qualitätsereignis *abgeleitet*. Das Qualitätsereignis ist die *Ursache* der Subjekte und Objekte, die dann fälschlich für die Ursache der Qualität gehalten werden!

Jetzt hatte er das ganze verdammte üble Dilemma an der Gurgel gepackt. Unter dem Dilemma hatte die ganze Zeit unbemerkt diese schnöde Annahme gesteckt, die logisch nicht zu rechtfertigen war, die Annahme, daß Qualität die *Wirkung* von Subjekten und Objekten sei. Sie war es *nicht!* Er zückte sein Messer.

»Die Sonne der Qualität«, schrieb er, »dreht sich nicht um die Subjekte und Objekte unserer Existenz. Sie erhellt sie nicht bloß passiv. Sie ist ihnen in keiner Weise untergeordnet. Sie hat sie *erschaffen*. Sie sind *ihr* untergeordnet!«

Und in dem Moment, als er das schrieb, wußte er, daß er einen Höhepunkt des Denkens erreicht hatte, nach dem er lange Zeit unbewußt gestrebt hatte.

»Blauer Himmel!« schreit Chris.

Da ist er ja, weit über uns, ein kleiner Flecken Blau hinter den Baumstämmen.

Wir gehen schneller, und die blauen Flecken hinter den Bäumen werden immer größer, und schon bald sehen wir, daß die Bäume spärlicher werden und eine Lichtung auf dem Gipfel freigeben. Als wir fünfzig Meter unter dem Gipfel sind, sage ich »Wer eher oben ist!« und lege alle Energiereserven, die ich mir aufgespart habe, in einen kraftvollen Endspurt.

Ich gebe mein Letztes, aber Chris holt auf. Er überholt mich und kichert dabei. Mit den schweren Rucksäcken und in dieser Höhe stellen wir keine neuen Rekorde auf, aber wir stürmen bergan, was das Zeug hält.

Chris ist schon oben, als ich gerade aus den letzten Bäumen herauskomme. Er hebt den Arm und ruft: »Sieger!«

Egoist.

Als ich oben ankomme, bin ich so außer Puste, daß ich kein Wort herausbringe. Wir lassen einfach die Rucksäcke von den Schultern gleiten und legen uns an ein paar Felsen. Der Boden hat eine dünne getrocknete Kruste, aber darunter ist er schlammig von dem Regen gestern abend. Unter uns, meilenweit weg, hinter den bewaldeten Hängen und den anschließenden Feldern ist das Gallatin Valley. In einer Ecke dieses Tals liegt Bozeman. Ein Grashüpfer schnellt sich von dem Felsen hoch und segelt über die Bäume davon und in die Tiefe.

»Wir haben's geschafft«, sagt Chris. Er strahlt richtig vor Freude. Ich keuche immer noch zu sehr, um ihm zu antworten. Ich ziehe mir die Stiefel aus und die Socken, die mit Schweiß durchtränkt sind, und lege sie zum Trocknen auf einen Stein. Nachdenklich sehe ich zu, wie der Dampf von ihnen zur Sonne aufsteigt.

20

Ich muß eingeschlafen sein. Die Sonne brennt heiß. Auf meiner Uhr ist es ein paar Minuten vor Mittag. Ich schaue über den Felsen, an dem ich lehne, und sehe Chris auf der anderen Seite fest schlafen. Hoch über ihm hört der Wald auf, und nackter grauer Fels geht in kleine Schneefelder über. Wir können über diesen Sattel hier direkt dort hinaufsteigen, aber in Gipfelnähe würde es gefährlich werden. Ich sehe eine Weile zum Gipfel des Berges hinauf. Wie war das noch, was ich angeblich letzte Nacht zu Chris gesagt habe? – »Wir sehen uns auf dem Gipfel« ... nein ... »Wir treffen uns auf dem Gipfel.«

Wie sollten wir uns auf dem Gipfel treffen, wo wir doch schon zusammen sind? Da stimmt doch was nicht. Angeblich habe ich neulich nachts noch etwas zu ihm gesagt – daß es sehr einsam hier ist. In Wirklichkeit bin ich ganz anderer Ansicht. Ich finde es hier kein bißchen einsam.

Das Geräusch eines herabfallenden Steins läßt mich auf die eine Flanke des Berges blicken. Nichts rührt sich. Alles still.

Nichts Besonderes. Solche kleinen Steinschläge hört man immer wieder mal in den Bergen.

Manchmal auch größere. Lawinen werden durch solche kleinen Steinschläge ausgelöst. Wenn man über oder neben ihnen ist, sind sie interessant anzusehen. Aber wenn sie über einem sind – da hilft dann nichts mehr. Man sieht sie nur noch auf sich zukommen.

Im Schlaf redet man ja das krauseste Zeug zusammen, aber ich sollte zu Chris gesagt haben, daß wir uns *treffen?* Und wieso hat er gedacht, ich sei wach? Irgendwas stimmt da nicht, und ich habe deswegen ein sehr ungutes Qualitätsgefühl, aber ich weiß nicht, was es ist. Erst kommt das Gefühl, dann macht man sich Gedanken über den Grund.

Ich höre, daß Chris sich bewegt, und sehe, daß er zu mir herschaut.

»Wo sind wir?« fragt er.

»Oben auf dem Sattel.«

»Oh«, sagt er. Er lächelt.

Ich packe das Mittagessen aus. Emmentaler, Pepperoni und Cracker. Ich schneide erst den Käse und dann die Pepperoni bedächtig in ordentliche Scheiben. Die Stille läßt einen jeden Handgriff richtig machen.

»Bauen wir uns doch hier eine Hütte«, sagt er.

»Ahhhhh«, stöhne ich, »und dann jeden Tag hier raufkeuchen?«

»Warum nicht«, frotzelt er, »ist doch nichts dabei.«

Gestern liegt für ihn schon lange zurück. Ich reiche ihm etwas Käse und ein paar Cracker.

»Worüber denkst du andauernd nach?« fragte er.

»Tausenderlei Dinge«, antworte ich.

»Was denn?«

»Das meiste davon würde dir sinnlos vorkommen.«

»Was denn zum Beispiel?«

»Zum Beispiel warum ich zu dir gesagt habe, wir würden uns auf dem Gipfel treffen.«

»Oh«, sagt er, und senkt den Blick.

»Du hast gesagt, es hätte sich angehört, als ob ich betrunken wäre«, sage ich.

»Nein, nicht betrunken«, sagt er, ohne aufzuschauen. Da er ständig meinem Blick ausweicht, kommen mir wieder Zweifel, ob er die Wahrheit sagt.

»Wie denn dann?«

Er antwortet nicht.

»Wie denn dann, Chris?«

»Eben anders.«

»Wie denn?«

»Ach, was weiß *ich*!« Er sieht mich an, und Angst huscht über sein

Gesicht. »So wie du vor langer Zeit geredet hast«, sagt er und schaut wieder zu Boden.

»Wann?«

»Als wir hier gewohnt haben.«

Ich setze eine unbewegte Miene auf, damit er keine Veränderung in meinem Gesichtsausdruck feststellt, stehe dann bedächtig auf, gehe hinüber und drehe methodisch die Socken auf dem Stein um. Sie sind schon längst trocken. Als ich mit ihnen zurückkomme, sehe ich, daß er mich immer noch im Auge behält. Beiläufig sage ich: »Ich wußte nicht, daß ich damals anders geredet habe.«

Er gibt darauf keine Antwort.

Ich ziehe die Socken an und schlüpfe in die Schuhe.

»Ich hab' Durst«, sagt Chris.

»Wir brauchen wahrscheinlich nicht allzuweit abzusteigen, um Wasser zu finden«, sage ich und stehe auf. Ich schaue eine Weile zum Schnee hinauf und sage dann: »Können wir?«

Er nickt, und wir nehmen die Rucksäcke um.

Während wir den Grat entlang auf den oberen Rand einer steilen Rinne zugehen, hören wir wieder Steinschlag klappern, aber diesmal viel lauter als vorhin. Ich schaue hinauf, um zu sehen, wo es ist. Wieder nichts.

»Was war das?« fragt Chris.

»Steinschlag.«

Wir stehen beide einen Moment lang still und horchen. Chris fragt: »Ist da oben jemand?«

»Nein. Ich glaube, es ist nur der schmelzende Schnee, der die Steine lockert. Wenn es im Frühsommer so heiß wird wie heute, hört man sehr oft kleine Steinschläge. Und manchmal auch große. Das gehört zur Verwitterung der Berge.«

»Ich wußte gar nicht, daß Berge sich verwittern.«

»*Verwittern*, ohne ›sich‹. Sie werden allmählich abgetragen und bekommen dabei eine rundere, glattere Form. Diese Berge hier sind noch kaum verwittert.«

Überall um uns her, nur über uns nicht, sind die Hänge jetzt mit dem schwärzlichen Grün des Waldes überzogen. In der Ferne sieht der Wald wie Samt aus.

Ich sage: »Wenn du dir diese Berge jetzt ansiehst, wirken sie so unveränderlich und friedlich, aber in Wirklichkeit verändern sie sich ständig, und die Veränderungen sind auch gar nicht immer friedlich. Unter uns, genau unter der Stelle, wo wir jetzt stehen, sind Kräfte, die den ganzen Berg sprengen können.«

»Gibt es das wirklich?«

»Was?«

»Daß sie den ganzen Berg sprengen?«

»Ja«, sage ich, und dann fällt mir etwas ein: »Nicht weit von hier liegen neunzehn Menschen unter Millionen Tonnen Gestein begraben. Alle Welt hat sich damals gewundert, daß es nur neunzehn waren.«

»Was war passiert?«

»Es waren Touristen aus dem Osten, die auf einem Zeltplatz übernachteten. In der Nacht brachen die unterirdischen Kräfte hervor, und als die Rettungsmannschaften am nächsten Morgen sahen, was geschehen war, schüttelten sie nur den Kopf. Sie fingen erst gar nicht an zu graben. Sie hätten sich fünfzig oder hundert Meter oder noch tiefer durch Gesteinsmassen graben müssen, um die Verschütteten zu finden, die man dann doch bloß wieder hätte begraben müssen. Deshalb ließen sie sie einfach da unten. Sie liegen immer noch da.«

»Woher wußten sie, daß es neunzehn waren?«

»Verwandte und Nachbarn aus ihren Heimatorten meldeten sie als vermißt.«

Chris starrt zum Gipfel des Berges vor uns hinauf. »Waren sie denn nicht gewarnt worden?«

»Ich weiß nicht.«

»Aber man sollte doch meinen, daß es da irgendeine Warnung gab.«

»Vielleicht gab es eine.«

Wir kommen an die Stelle, wo der Grat, auf dem wir gehen, sich am oberen Rand der Rinne einbuchtet. Ich sehe, daß wir durch diese Rinne absteigen können und weiter unten auch Wasser finden werden. Ich beginne schräg abzusteigen.

Über uns klappern schon wieder Steine. Auf einmal habe ich Angst.

»Chris«, sage ich.

»Ja?«

»Weißt du was?«

»Ja?«

»Ich halte es für besser, wenn wir diesmal auf den Gipfel verzichten und ihn uns für einen anderen Sommer aufheben.«

Er ist still. Dann sagt er: »Warum?«

»Ich habe kein gutes Gefühl dabei.«

Lange Zeit sagt er nichts mehr. Schließlich fragt er: »Wieso?«

»Na ja, ich stelle mir vor, wir könnten da oben in ein Unwetter oder einen Steinschlag oder sowas geraten, und dann hätten wir nichts zu lachen.«

Wieder keine Antwort. Ich schaue auf und sehe an seinem Gesicht, daß er schwer enttäuscht ist. Wahrscheinlich spürt er, daß ich etwas auslasse. »Wie wär's«, sage ich, »wenn du dir's erst noch eine Weile überlegst; wenn wir dann Wasser gefunden haben und Mittag essen, entscheiden wir uns endgültig.«

Wir steigen weiter ab. »Okay?« sage ich.

»Okay«, sagt er schließlich in unverbindlichem Tonfall.

Der Abstieg ist jetzt noch einfach, aber ich sehe, daß es bald steiler wird. Es ist hier immer noch offen und sonnig, aber bald sind wir wieder in den Bäumen.

Ich weiß nicht, was ich von dem ganzen sonderbaren Gerede in der Nacht halten soll, aber auf jeden Fall hat es nichts Gutes zu bedeuten. Für keinen von uns beiden. Wahrscheinlich sind die ganzen Strapazen, das Motorradfahren und Zelten und die Chautauqua und die vielen fremden Orte einfach ein bißchen zuviel für mich, und das äußert sich dann in der Nacht. Ich will so schnell wie möglich hier weg.

Ich glaube auch nicht, daß Chris sich dadurch an früher erinnert fühlt. Ich sehe neuerdings immer gleich Gespenster und schäme mich nicht, es zuzugeben. *Er* sah nie Gespenster. Nie. Das ist der Unterschied zwischen uns beiden. Das ist der Grund, warum ich am Leben bin und er nicht. Wenn er dort oben ist, als psychische Erscheinung, als Geist, als Doppelgänger, wenn er dort oben in Gott weiß welcher Gestalt auf uns wartet ... dann kann er lange warten. Sehr lange.

Diese verdammten Höhen werden einem mit der Zeit unheimlich. Ich will hinunter, weit hinunter; so weit es geht.

Ans Meer. Das klingt gut. Wo die Wellen langsam heranrollen, wo es ewig rauscht und man nirgends hinunterfallen kann. Weil man schon unten ist.

Jetzt kommen wir wieder in den Wald, die Bäume verstellen den Blick auf den Berggipfel, und ich bin erleichtert.

Ich glaube, auch in der Chautauqua sind wir lange genug Phaidros' Spuren gefolgt. Ich möchte jetzt seinen Pfad verlassen. Ich habe ihm allen schuldigen Respekt erwiesen für das, was er dachte und sagte und schrieb, und möchte jetzt auf eigene Faust ein paar von den Ideen weiterentwickeln, die er vernachlässigte. Der Titel dieser Chautauqua lautet »Zen und die Kunst, ein Motorrad zu warten«, nicht »Zen und die Kunst des Bergsteigens«, und auf Berggipfeln gibt es keine Motorräder und meiner Meinung nach auch sehr wenig Zen. Zen ist der *»Geist des Tales«* und nicht der Geist des Gipfels. Das einzige Zen, das man auf Berggipfeln findet, ist das Zen, das man selber raufgeschleppt hat. Machen wir, daß wir hier fortkommen.

»Schönes Gefühl, bergab laufen zu können, oder?« sage ich.

Keine Antwort.

Wir werden uns leider ein bißchen in die Haare kriegen.

Da steigt man auf einen Berg, und alles, was man davon hat, ist, daß einem eine großmächtige schwere Steintafel mit ein paar Vorschriften drauf überreicht wird.

Das ist ihm so ungefähr passiert.

Hielt sich für einen gottverdammten Messias.

Aber ohne *mich*, alter Freund. Die Arbeitszeit ist viel zu lang, und der Lohn ist *viel* zu niedrig. Bloß weg hier. Nichts wie weg ...

Nicht lange, und ich stampfe in einer Art Schweinsgalopp den Hang hinunter ... *ga-damp, ga-damp, ga-damp* ... bis ich Chris »WARTE DOCH!« schreien höre und ihn ein paar hundert Meter hinter mir zwischen den Bäumen sehe.

Also gehe ich langsamer, aber nach einer Weile merke ich, daß er mit Fleiß trödelt. Er ist enttäuscht, natürlich.

Ich glaube, ich sollte in der Chautauqua nur noch in großen Zügen und ohne eingehende Wertung beschreiben, in welcher Richtung Phaidros ging, und dann mit dem weitermachen, was mir selbst am Herzen liegt. Glauben Sie mir, wenn man die Welt nicht als den Dualismus Geist – Materie, sondern als die Trinität von Qualität, Geist und Materie sieht, dann erhalten die Kunst der Motorradwartung und andere Künste eine Dimension und eine Bedeutung, die sie vorher nie gehabt haben. Das Gespenst der Technologie, vor dem die Sutherlands davonlaufen, ist dann kein Übel mehr, sondern etwas ausgesprochen Vergnügliches. Und das zu zeigen, wird ebenfalls eine lange, vergnügliche Aufgabe werden.

Um aber erst einmal diesem Gespenst den Laufpaß zu geben, muß ich noch folgendes sagen:

Vielleicht wäre er in die Richtung gegangen, die ich jetzt einschlagen will, wenn diese zweite Welle der Kristallisation, die metaphysische Welle, letzten Endes dort ausgelaufen wäre, wo ich sie auslaufen lassen werde, nämlich in der Welt des Alltags. Ich finde, Metaphysik taugt nur etwas, wenn sie das tägliche Leben verbessert; andernfalls kann sie mir gestohlen bleiben. Aber zum Unglück für ihn lief sie nicht aus. Sie ging in eine dritte, mystische Welle der Kristallisation über, von der er sich nie mehr erholte.

Er hatte über die Beziehung der Qualität zu Geist und Materie nachgedacht und die Qualität als den Ursprung von Geist und Materie erkannt, als das Ereignis, in dem Geist und Materie geboren werden. Diese kopernikanische Umkehrung der Beziehung der Qualität zur objektiven Welt konnte mysteriös wirken, wenn sie nicht eingehend erklärt wurde, aber er wollte nicht, daß sie mysteriös wäre. Er meinte lediglich, daß es an der scharfen Vorderkante der Zeit, bevor ein Objekt erkennbar wird, eine Art nichtintellektuelles Bewußtsein geben müsse, das er als Qualitätsbewußtsein bezeichnete. Man kann sich erst bewußt sein, einen Baum gesehen zu haben, *nachdem* man ihn gesehen hat, und zwischen dem Augenblick des Sehens und dem Augenblick des Bewußtwerdens muß eine gewisse Zeitspanne verstreichen. Wir halten diese Zeitspanne manchmal für unwichtig. Aber diese Auffassung, daß die Zeitspanne unwichtig sei, ist durch nichts zu rechtfertigen – durch absolut gar nichts.

Die Vergangenheit existiert nur in unseren Erinnerungen, die Zukunft nur in unseren Plänen. Die Gegenwart ist unsere einzige Realität. Der Baum, dessen wir uns intellektuell bewußt werden, ist wegen der kleinen Zeitspanne stets in der Vergangenheit und deshalb stets irreal. *Jedes* verstandesmäßig erfaßte Objekt ist *jederzeit* in der Vergangenheit und deshalb *irreal.* Realität ist stets nur der Augenblick des Sehens, *bevor* die gedankliche Verarbeitung einsetzt. *Eine andere Realität gibt es nicht.* Diese präintellektuelle Realität glaubte Phaidros als Qualität identifiziert zu haben. Da alle intellektuell identifizierbaren Dinge aus dieser präintellektuellen Realität *hervorgehen* müssen, ist Qualität der *Urheber,* der *Ursprung* aller Subjekte und Objekte.

Er war der Meinung, daß Intellektuelle sich für gewöhnlich am schwersten tun, diese Qualität zu sehen, gerade weil sie so unbedenklich und eilfertig alles in intellektuelle Form bringen. Die geringsten Schwierigkeiten, diese Qualität zu sehen, haben kleine Kinder sowie ungebildete und kulturell zu kurz gekommene Menschen. Diese Menschen haben die geringste kulturell bedingte Neigung zur Überbetonung des Intellektuellen und besitzen die geringste formale Ausbildung, mit deren Hilfe sich eine solche Neigung in ihnen vertiefen ließe. Das, so fand er, ist der Grund, weshalb *squareness* eine so ausgesprochen intellektuelle Krankheit ist. Er war der Meinung, daß er durch das Fehlschlagen seines ersten Studiums gegen diese Krankheit immun geworden war oder zumindest die für sie charakteristischen Denkgewohnheiten abgelegt hatte. Von da an spürte er keinen Zwang mehr, sich mit der Intellektualität zu identifizieren, und konnte anti-intellektuelle Doktrinen wohlwollend prüfen.

Menschen, die als *square* gelten, sagte er, halten, da sie von vornherein für die Intellektualität eingenommen sind, die Qualität, die präintellektuelle Realität, im allgemeinen für unwichtig, für eine bloße ereignislose Übergangsphase zwischen objektiver Realität und ihrer Wahrnehmung durch das Subjekt. Weil sie von vornherein von ihrer Unwichtigkeit überzeugt sind, wollen sie gar nicht wissen, ob sie nicht doch in irgendeiner Weise von der intellektuellen Vorstellung abweicht, die sie sich von ihr machen.

Aber sie *weicht* davon ab, erklärte er. Sobald man einmal den Klang dieser Qualität vernimmt, diese koreanische Mauer sieht, diese nichtintellektuelle Realität in ihrer reinsten Form, möchte man all den Wortkram vergessen, der, wie man schließlich einzusehen beginnt, immer ganz woanders ist.

Gestützt auf diese neue zeitbezogene metaphysische Dreieinigkeit, konnte er jetzt jene leidige Spaltung in romantische und klassische Qualität, die ihn einmal zu vernichten gedroht hatte, ein für allemal als überwunden ansehen. Die andern konnten jetzt nicht mehr die Qualität auseinandernehmen. Im Gegenteil, er konnte sich hinsetzen und nach Belieben *sie* auseinandernehmen. Romantische Qualität korrelierte stets mit momentanen Eindrücken. Klassische Qualität setzte stets vielschichtige Erwägungen voraus, die sich über eine gewisse Zeit erstreckten. Romantische Qualität war die Gegenwart, das Hier und Jetzt der Dinge. Klassische Qualität hatte stets mit mehr als nur der Gegenwart zu tun. Die Beziehung der Gegenwart zur Vergangenheit und Zukunft wurde stets berücksichtigt. Wenn man davon ausging, daß Vergangenheit und Zukunft ganz in der Gegenwart enthalten sind, na wunderbar, dann lebte man eben nur für die Gegenwart. Und wenn das Motorrad im Augenblick funktioniert, wozu sich dann Sorgen machen? Sieht man aber die Gegenwart nur als einen Augenblick zwischen Vergangenheit und Zukunft, als einen flüchtigen Moment, dann steht es wirklich schlecht um die Qualität, wenn man Vergangenheit und Zukunft zugunsten der Gegenwart vernachlässigte. Das Motorrad mag im Moment funktionieren, aber wann wurde zum letztenmal der Ölstand gemessen? Umstandskrämerei vom romantischen, gesunder Menschenverstand vom klassischen Standpunkt aus.

Er hatte also jetzt zwei verschiedene Arten von Qualität, die aber nicht mehr die Qualität selbst spalteten. Es waren nur zwei verschiedene Zeitaspekte der Qualität, der eine kurz, der andere lang. Was man von ihm verlangt hatte, war eine metaphysische Hierarchie, die so aussah:

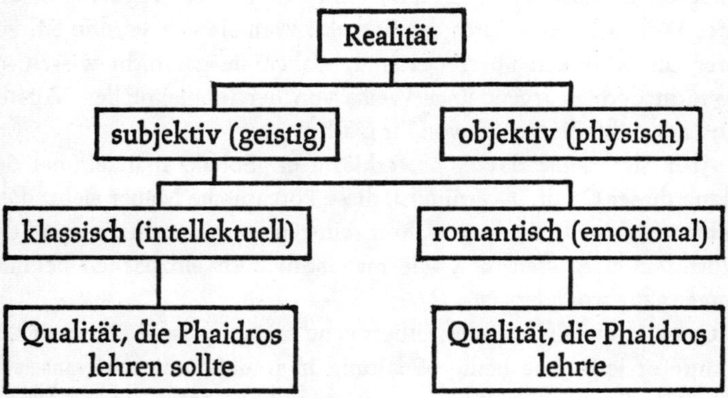

Was er ihnen statt dessen anbot, war eine metaphysische Hierarchie, die so aussah:

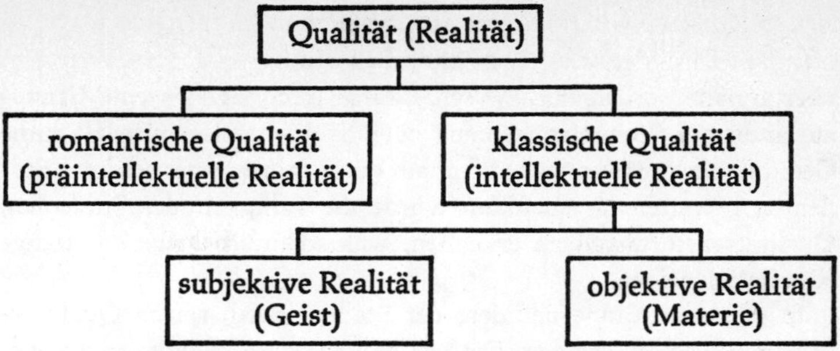

Die Qualität, die er lehrte, war nicht bloß ein Teil der Realität, sie war das Ganze.

Dann ging er daran, aus der Dreieinigkeit heraus die Frage zu beantworten: Warum versteht jeder etwas anderes unter Qualität? Das war die Frage, auf die er früher immer nur Scheinantworten gewußt hatte. Jetzt sagte er: »Qualität ist gestaltlos, formlos, unbeschreibbar. Gestalten und Formen sehen, heißt intellektuell vorgehen. Qualität ist von solchen Gestalten und Formen unabhängig. Die Namen, die Gestalten und Formen, die wir der Qualität geben, sind nur teilweise in der Qualität begründet. Sie sind außerdem auch in den *apriorischen* Bildern begründet, die sich in unserem Gedächtnis angesammelt haben. Wir sind ständig bestrebt, im Ereignis der Qualität Analogien zu unseren früheren Erfahrungen zu finden. Täten wir es nicht, wären wir unfähig zu handeln. Wir bauen unsere Sprache auf diesen Analogien auf. Wir bauen unsere ganze Kultur auf diesen Analogien auf.«

Der Grund, sagt er, warum jeder etwas anderes unter Qualität versteht, ist, daß jeder mit einem anderen Komplex von Analogien an sie herantritt. Er führte Beispiele aus der Sprachwissenschaft an, zeigte, daß die Hindi-Buchstaben *da*, da und *dha* für uns alle gleich lauten, weil wir über keine Analogien verfügen, die uns für die Unterschiede zwischen ihnen empfindlich machen würden. Umgekehrt können die meisten Hindi sprechenden Menschen nicht zwischen *da* und *the* unterscheiden, weil sie dafür nicht empfindlich sind. Es sei nichts Ungewöhnliches, sagte er, daß indische Dorfbewohner Gespenster sehen. Aber sie würden sich verdammt schwertun, das Gravitationsgesetz einzusehen.

Das erkläre, sagte er, warum eine ganze Klasse in der Bewertung der Qualität eines Aufsatzes zu annähernd gleichen Ergebnissen komme. Sie hätten alle einen ähnlichen Hintergrund und verfügten über annähernd dasselbe Wissen. Würde man dagegen eine Gruppe ausländischer Studenten nehmen oder beispielsweise mittelalterliche Gedichte oder sonst etwas außerhalb des Erfahrungsbereichs der Studenten bewerten lassen, dann würde die Fähigkeit der Studenten, Qualitätsabstufungen zu erkennen, wahrscheinlich keine so strenge Korrelation zeigen.

In gewissem Sinne definiere der Student durch seinen Qualitätsbegriff *sich selbst*, sagte er. Die Meinungen über Qualität gingen auseinander, nicht weil die Qualität mal so und mal so sei, sondern weil jeder Mensch andere Erfahrungen mitbringe. Er halte es für denkbar, daß zwei Menschen mit identischen apriorischen Analogien Qualität in jedem Einzelfall identisch bewerten würden. Es gebe aber keine Möglichkeit, dies nachzuprüfen, und so müsse es Spekulation bleiben.

Seinen Kollegen an der Schule schrieb er folgende Entgegnung:

»Jede philosophische Erklärung des Begriffs Qualität muß zugleich falsch und richtig sein, eben weil es eine philosophische Erklärung ist. Der Prozeß einer philosophischen Erklärung ist ein analytischer Prozeß, ein Prozeß, in dem etwas in Subjekte und Prädikate zerlegt wird. Was ich (wie jeder andere) unter *Qualität* verstehe, läßt sich nicht in Subjekte und Prädikate zerlegen. Das liegt nicht daran, daß Qualität so mysteriös wäre, sondern daran, daß Qualität so einfach unmittelbar und direkt ist.

Die einfachste intellektuelle Analogie zur reinen Qualität, die Menschen unseres Kulturkreises verstehen können, ist der Satz ›Qualität ist die Reaktion eines Organismus auf seine Umwelt‹. [Er hatte dieses Beispiel gewählt, weil die führenden Köpfe unter seinen Fragestellern die Welt offenbar in Begriffen der Reiz-Reaktions-Psychologie sahen.] Würde man eine Amöbe auf eine mit Wasser bedeckte Platte setzen und dann nicht weit von ihr einen Tropfen verdünnte Schwefelsäure in das Wasser geben, dann würde sie sich (glaube ich) vor der Schwefelsäure zurückziehen. Wenn die Amöbe sprechen könnte, würde sie, ohne etwas über Schwefelsäure zu wissen, wahrscheinlich sagen: ›Die Qualität dieser Umgebung läßt zu wünschen übrig.‹ Besäße sie ein Nervensystem, würde sie sehr viel komplexer reagieren, um mit der unzulänglichen Qualität ihrer Umgebung fertig zu werden. Sie würde nach Analogien suchen, also nach Bildern und

Symbolen aus ihrer bisherigen Erfahrung, um die unerfreuliche Beschaffenheit ihrer neuen Umgebung zu definieren und damit zu ›verstehen‹.

Wir fortgeschrittenen Organismen mit unserer hochkomplexen organischen Verfassung reagieren auf unsere Umwelt, indem wir viele wundervolle Analogien erfinden. Wir erfinden Erde und Himmel, Bäume, Steine und Ozeane, Götter, Musik, Kunst, Sprache, Philosophie, Technik, Zivilisation und Wissenschaft. Wir nennen diese Analogien Realität. Und sie *sind* Realität. Wir zwingen sie unseren Kindern im Namen der Wahrheit so lange auf, bis sie sie als Realität anerkennen. Wir stecken jeden, der diese Analogien nicht anerkennt, in die Irrenanstalt. Was uns aber treibt, diese Analogien zu erfinden, ist Qualität. Qualität ist der ständige, aus unserer Umgebung auf uns einwirkende Reiz, die Welt zu erschaffen, in der wir leben. Und zwar von A bis Z. Bis zum letzten Staubkörnchen.

Nun ist es aber offenkundig ein Ding der Unmöglichkeit, das, was uns veranlaßt hat, die Welt zu erschaffen, in diese Welt einzubeziehen. Deshalb kann man Qualität nicht definieren. Wenn wir es doch versuchen, definieren wir etwas, das weniger ist als Qualität.«

Mir ist dieses Fragment lebhafter in Erinnerung geblieben als die anderen, vermutlich deshalb, weil es das wichtigste von allen ist. Als er es niederschrieb, empfand er einen Augenblick lang Furcht und wollte schon die letzten Worte streichen: »Von A bis Z. Bis zum letzten Staubkörnchen.« Darin lag Wahnsinn. Ich glaube, er sah es selber. Aber er sah keinen logischen Grund, diese Worte zu streichen, und für Zaghaftigkeit war es jetzt zu spät. Er ignorierte die Warnung aus seinem Innern und ließ die Worte stehen.

Er legte den Bleistift aus der Hand, und dann fühlte er, wie etwas in ihm nachgab. Es war, als sei etwas in ihm überanstrengt worden und zerbrochen. Von da an war es zu spät.

Er begann einzusehen, daß er sich weit von seinem ursprünglichen Standort entfernt hatte. Er sprach nicht mehr von einer metaphysischen Dreieinigkeit, sondern von einem absoluten Monismus. Qualität war Ursprung und Substanz aller Dinge.

Eine ganze Flut neuer philosophischer Assoziationen stürzte auf ihn ein. Hegel hatte ähnlich gesprochen, mit seinem absoluten Geist. Der absolute Geist war auch unabhängig, sowohl von der Objektivität als auch von der Subjektivität.

Hegel jedoch hatte gesagt, der absolute Geist sei der Ursprung aller Dinge, dann aber die romantische Erfahrung aus dieser Gesamtheit der Dinge ausgeschlossen, deren Ursprung sie war. Hegels Absolutes war durch und durch klassisch, rational und ordentlich.

Das war die Qualität nicht.

Phaidros entsann sich, daß Hegel als Brücke zwischen der abendländischen und der östlichen Philosophie gegolten hatte. Der Vedanta der Hindus, der »Weg« der Taoisten, selbst der Buddha waren als absoluter Monismus ähnlich der Hegelschen Philosophie beschrieben worden. Phaidros bezweifelte damals jedoch, ob mystisches Eines und metaphysischer Monismus austauschbar seien, denn das mystische Eine untersteht keinen Regeln, wohl aber der metaphysische Monismus. Seine Qualität war eine metyphysische Wesenheit, keine mystische. Oder doch? Worin lag der Unterschied?

Er gab sich selbst die Antwort, daß der Unterschied in der Definition liege. Demnach war die Qualität mystisch. Nein. Im Grunde genommen war sie beides. Obwohl er sie sich bisher ausschließlich in philosophischen Begriffen als metaphysisch gedacht hatte, hatte er sich die ganze Zeit geweigert, sie zu definieren. Dadurch wurde sie auch mystisch. Ihre Undefinierbarkeit befreite sie von den Regeln der Metaphysik.

Einem plötzlichen Impuls folgend, trat Phaidros an sein Bücherregal und nahm ein schmales, blau kartoniertes Bändchen heraus. Er hatte dieses Buch vor Jahren eigenhändig abgeschrieben und selbst gebunden, weil nirgends ein käufliches Exemplar aufzutreiben war. Es war das 2400 Jahre alte *Tao-te-king* des Laotse. Er begann die Zeilen zu lesen, die er schon oft gelesen hatte, doch diesmal wollte er sehen, was dabei herauskam, wenn er einen bestimmten Austausch vornahm. Er begann zu lesen und gleichzeitig zu interpretieren.

Er las:

Die Qualität, über die ausgesagt werden kann, ist nicht die absolute Qualität.

Das hatte er gesagt.

Die Namen, die ihr gegeben werden können, sind keine absoluten Namen.

Sie ist der Ursprung des Himmels und der Erde.

Benannt ist sie die Mutter aller Dinge . . .

Genau.

Qualität (romantische Qualität) *und ihre Offenbarungen* (klassische Qualität) *sind in ihrem Wesen dasselbe; man gibt ihr verschiedene Namen* (Subjekte und Objekte), *wenn sie klassisch offenbar wird.*

Romantische Qualität und klassische Qualität zusammen können das »Weltgeheimnis« genannt werden.

Vom Geheimnis in das tiefere Geheimnis reichend, ist sie die Pforte des Geheimnisses allen Lebens.

Die Qualität ist ein Hohlgefäß.
Und ihr Gebrauch ist unerschöpflich!
Unauslotbar!
Wie der Urquell aller Dinge ...
Scheint sie dennoch dunkel wie tiefes Wasser zu verharren.
Ich weiß nicht, wessen Kind sie ist.
Ein Bildnis dessen, was früher als Gott vorhanden war.
... Beständig, beständig scheint sie zu verharren. Schöpfe
aus ihr, und sie dient dir mit Leichtigkeit ...

Man sieht sie an, doch sie kann nicht gesehen werden ... man hört sie an, doch sie kann nicht gehört werden ... man greift nach ihr, doch sie kann nicht berührt werden ... diese drei entziehen sich all unserem Forschen, fließen zusammen und werden eins.

Nicht durch ihr Aufgehen gibt sie Licht,
Nicht durch ihr Untergehen gibt sie Finsternis
Unaufhörlich, beständig
Kann sie nicht bestimmt werden
Und kehrt ins Reich des Nichts zurück
Deshalb heißt sie die Gestalt des Gestaltlosen
Das Bild der Nichtheit
Deshalb heißt sie das Entgleitende
Begegne ihr, und du siehst ihr Antlitz nicht
Folge ihr, und du siehst ihren Rücken nicht
Wer sich an der Qualität der Vorzeit festhält
Ist fähig, den Uranfang zu erkennen
Der die Beständigkeit der Qualität ist.

Phaidros las weiter, Zeile um Zeile, Vers um Vers, und sah, wie alles zusammenpaßte und in Einklang kam, wie eins sich fugenlos ins andere fügte. Genau. *Das* hatte er gemeint. *Das* hatte er die ganze

Zeit gesagt, nur hatte er es schlecht ausgedrückt, mechanistisch. An diesem Buch war nichts vage oder ungenau. Es war so präzise und bestimmt, wie man es sich nur wünschen konnte. Es war dasselbe, was er die ganze Zeit gesagt hatte, nur in einer anderen Sprache mit anderen Wurzeln und Ursprüngen. Aus einem anderen Tal sah er, was in *diesem* Tal war, nicht mehr wie eine von Fremden erzählte Geschichte, sondern als Teil des Tales, aus dem er stammte. Er sah es alles.

Er hatte den Code geknackt.

Er las weiter. Zeile um Zeile, Seite um Seite. Nicht *eine* Diskrepanz. Was er die ganze Zeit als Qualität bezeichnet hatte, war hier das Tao, die große zentrale Triebkraft aller Religionen, orientalischer wie abendländischer, vergangener und gegenwärtiger, aller Erkenntnis, aller Dinge.

Dann schaute sein inneres Auge auf und erblickte sein eigenes Bild und erkannte, wo er war und was er sah und . . . ich weiß nicht, was wirklich geschah . . . aber das Nachgeben und Abgleiten, das er schon früher empfunden hatte, diese innere Teilung seines Geistes, wurde unversehens schneller und immer schneller, wie die Steine, die auf dem Gipfel eines Berges ins Rollen kommen. Ohne daß er etwas dagegen tun konnte, schwoll diese plötzlich von irgendwoher aufgetauchte Bewußtseinsmasse in Sekundenschnelle zu einer unaufhaltsamen Lawine von Gedanken und Bewußtseinsinhalten an; in jedem weiteren Anschwellen riß die herabstürzende Masse das Vielhundertfache ihres eigenen Volumens mit sich, und diese Massen entwurzelten abermals das Vielhundertfache ihres eigenen Volumens und dann das Vielhundertfache davon, und so immer schneller, in immer breiter stürzendem Strom, bis nichts mehr da war, worauf er hätte stehen können.

Überhaupt nichts mehr.

Alles gab unter seinen Füßen nach.

21

»Du bist nicht besonders mutig, oder?« fragt mich Chris.

»Nein«, antworte ich und ziehe mir die Pelle einer Salamischeibe durch die Zähne, um die Wurstreste abzubekommen. »Aber du würdest dich wundern, wie schlau ich bin.«

Wir sind schon ein gutes Stück abgestiegen, und der Mischwald aus Kiefern und belaubten Büschen ist hier viel höher und dichter als auf derselben Höhe der anderen Seite des Canyons. Anscheinend bekommt dieser Canyon hier mehr Regen ab. In gierigen Schlucken stürze ich das Wasser hinunter, das Chris in einem Topf aus dem Bach hier geholt hat, dann sehe ich ihn an. Sein Gesichtsausdruck sagt mir, daß er sich mit meinem Vorschlag, auf den Gipfel zu verzichten, abgefunden hat und ich ihm keinen Vortrag zu halten und nicht mit ihm zu streiten brauche. Wir essen zum Nachtisch ein paar Bonbons aus einer Tüte, spülen sie mit noch einem Topf Wasser herunter und strecken uns auf der Erde aus, um ein bißchen zu ruhen. Quellwasser vom Berg schmeckt besser als jedes andere.

Nach einer Weile sagt Chris: »Ich kann jetzt wieder mehr tragen.«

»Bist du sicher?«

»Sicher bin ich sicher«, sagt er, ein bißchen überheblich.

Dankbar packe ich ein paar von den schwereren Sachen in seinen Rucksack, und wir nehmen die Rucksäcke wieder um, indem wir am Boden mühsam die Arme durch die Traggurte stecken und dann aufstehen. Ich spüre den Unterschied im Gewicht. Er kann auch rücksichtsvoll sein, wenn ihm danach ist.

Es hat den Anschein, daß wir von nun an nicht mehr so gut vorankommen werden. Dieser Hang ist offenbar schon einmal abgeholzt worden, und das Unterholz geht uns bis über den Kopf und ist so dicht, daß kaum ein Durchkommen ist. Wir werden außen herumgehen müssen.

Ich würde jetzt in der Chautauqua die intellektuellen Abstraktionen allgemeinster Art gerne beiseite lassen und mich lieber mit handfesten, praktischen, alltäglichen Dingen beschäftigen, aber ich weiß nicht recht, wie ich es anfangen soll.

Pioniere haben etwas an sich, worüber eigentlich nie gesprochen wird: Sie richten unweigerlich ein heilloses Durcheinander an, das liegt so in ihrer Natur. Sie bahnen sich rücksichtslos ihren Weg, stets nur ihr hehres, fernes Ziel vor Augen, und kümmern sich nicht um den Dreck und die Trümmer, die sie hinterlassen. Einem anderen fällt es dann zu, wieder Ordnung zu schaffen, und das ist keine sehr dankbare oder interessante Aufgabe. Man muß sich erst einmal eine Weile herabstimmen, ehe man sich darauf einlassen kann. Dann allerdings, wenn die Stimmung tief genug gesunken ist, fällt es einem gar nicht mehr so arg schwer.

Die Entdeckung einer metaphysischen Beziehung zwischen Qualität und dem Buddha auf einem Gipfel persönlicher Erfahrung ist ein recht spektakuläres Ereignis. Und ein ganz unwichtiges. Wäre das alles, worum es mir in dieser Chautauqua geht, könnte man mich getrost vergessen. Das Wichtige ist die Bedeutung einer solchen Entdeckung für alle Täler dieser Welt und all die langweiligen, trostlosen Jobs und eintönigen Jahre, die uns alle in diesen Tälern erwarten.

Sylvia wußte, wovon sie sprach, als sie am ersten Tag die vielen Menschen gesehen hatte, die uns entgegenkamen. Wie hatte sie es genannt? Einen »Leichenzug«. Die Aufgabe ist jetzt, wieder zu diesem Leichenzug zurückzukehren, aber mit einem weiteren Bewußtsein, als es jetzt dort unten herrscht.

Zunächst einmal muß ich sagen, daß ich nicht weiß, ob Phaidros recht hatte mit seiner Aussage, daß Qualität das Tao sei. Ich wüßte nicht, wie ich sie auf ihren Wahrheitsgehalt prüfen sollte, denn er tat ja nichts weiter, als eine mystische Wesenheit, so wie er sie verstand, mit einer anderen zu vergleichen. Sicherlich war er davon überzeugt, daß sie identisch waren, aber es ist denkbar, daß er nicht restlos begriffen hatte, was Qualität ist. Oder aber, und dies ist wahrscheinlicher, er hatte das Tao nicht begriffen. Bestimmt war er kein Weiser. Und jenes Buch ist voll von weisen Ratschlägen, die er lieber hätte beachten sollen.

Ich bin ferner der Meinung, daß all sein metaphysisches Bergsteigen nichts dazu beigetragen hat, unser Verständnis der Qualität oder unser Verständnis des Tao zu vertiefen. Aber auch gar nichts.

Das klingt so, als wollte ich alles, was er dachte und sagte, in Bausch und Bogen verwerfen, aber das liegt mir fern. Ich glaube, er hätte mir sogar selbst zugestimmt, weil nämlich jede Beschreibung der Qualität eine Art Definition ist und deshalb ihren Zweck verfehlen muß. Ich halte es sogar für möglich, daß er gesagt hätte, Aussagen, wie er sie gemacht hatte, die ihren Zweck nicht erfüllen, seien *noch schlimmer* als überhaupt keine, weil sie fälschlicherweise leicht für wahr genommen werden könnten und damit unserem Verständnis der Qualität nur im Wege stünden.

Nein, er hat nichts für die Qualität oder das Tao getan. Der Nutznießer war die Vernunft. Er hatte einen Weg gefunden, die Vernunft *auszuweiten,* so daß sie fortan auch Elemente einbeziehen konnte, die bislang nicht assimiliert werden konnten und deshalb als irrational galten. Ich glaube, die überwältigende Gegenwart dieser nach Assimilation schreienden irrationalen Elemente ist die Ursache des derzeitigen Mangels an Qualität, des chaotischen, zusammenhanglosen Geistes des zwanzigsten Jahrhunderts. Diesen Elementen will ich mich jetzt in möglichst geordneter Weise widmen.

Wir sind jetzt auf steilem, schlammigem Boden, in dem die Füße kaum Halt finden. Wir halten uns an Ästen und Büschen fest. Ich mache einen Schritt, suche nach der besten Möglichkeit für den nächsten, mache diesen Schritt und suche weiter.

Allmählich wird das Dickicht so undurchdringlich, daß uns nichts anderes übrigbleibt, als uns einen Weg freizuhacken. Ich setzte mich hin, damit Chris die Machete von meinem Rucksack losmachen kann. Er gibt sie mir, und ich bahne uns hackend und hauend einen Weg durch das Gestrüpp. Eine mühsame Art der Fortbewegung. Für jeden Schritt muß ich zwei oder drei Äste abhacken. Das kann noch eine ganze Weile so gehen.

Der erste Schritt nach unten von Phaidros' Aussage »Qualität ist der Buddha« ist die Aussage, daß eine solche Behauptung, falls sie stimmt, eine rationale Grundlage für die Vereinigung dreier Gebiete menschlicher Erfahrung schafft, die bislang getrennt waren. Diese drei Gebiete sind Religion, Kunst und Wissenschaft. Wenn es gelingt zu zeigen, daß Qualität der zentrale Begriff bei jedem der drei Gebiete ist und daß diese Qualität nicht von vielerlei Art, sondern nur von einer Art ist, so folgt daraus, daß es eine Grundlage gibt für die gegenseitige Umwandlung der drei voneinander getrennten Gebiete.

Die Beziehung zwischen der Qualität und dem Gebiet der Kunst haben wir durch die Auseinandersetzung mit Phaidros' Ansichten über Qualität in der Kunst der Rhetorik schon hinreichend ausgelotet. Ich glaube nicht, daß hier noch viel analytische Arbeit zu leisten ist. Kunst ist ein auf hohe Qualität gerichtetes Bemühen. Mehr braucht man darüber eigentlich nicht zu sagen. Oder, wenn man es etwas klangvoller liebt: Kunst ist die Gottheit, wie sie sich in den Werken der Menschen offenbart. Die von Phaidros ermittelte Beziehung macht klar, daß diese beiden Aussagen, die so sehr verschieden klingen, in Wirklichkeit identisch sind.

Auf dem Gebiet der Religion muß die rationale Beziehung der Qualität zur Gottheit genauer untersucht werden, und ich hoffe, ich kann das viel später noch tun. Vorläufig kann man über die Tatsache meditieren, daß unsere Wörter für Buddha und Qualität, *Gott und gut,* offenbar die gleiche Wurzel haben.

Auf das Gebiet der Wissenschaft will ich in der nächsten Zukunft die Aufmerksamkeit lenken, denn dies ist das Gebiet, für das die Beziehung am dringlichsten hergestellt werden muß. Die Redensart, die Wissenschaft und ihr Sproß, die Technik, seien »wertfrei«, will heißen »qualitätsfrei«, muß verschwinden. Diese »Wertfreiheit« nämlich liegt der vermeintlichen Todeskraft zugrunde, auf die zu Beginn der Chautauqua hingewiesen wurde. Morgen will ich damit beginnen.

Den Rest des Nachmittags klettern wir über grau verwitterte, umgestürzte Bäume in Spitzkehren den steilen Hang hinunter.

Wir kommen an eine Felswand, müssen an ihrem oberen Rand entlanggehen, um einen Weg nach unten zu finden, und kommen schließlich an ein enges Tal, durch das wir absteigen können. Allmählich wird eine Klamm draus, durch die ein Rinnsal fließt.

Sträucher und Felsblöcke und Schlamm und nasse Wurzeln riesiger Bäume füllen die Rinne aus. Dann hören wir von fern einen viel größeren Fluß rauschen.

Wir überqueren den Fluß an einem Seil, das wir zurücklassen, und stoßen auf der Straße am anderen Ufer auf ein paar Camper, die uns in ihrem Wagen in die Stadt mitnehmen.

Als wir in Bozeman ankommen, ist es schon spät am Abend und dunkel. Wir müßten die DeWeeses aufwecken und sie bitten, uns abzuholen, und gehen deshalb lieber in das größte Hotel in der Innenstadt. Ein paar Touristen, die in der Halle herumsitzen, starren uns an. Mit meiner alten Soldatenkluft, dem Bergstock, dem zwei Tage alten Bart und dem schwarzen Barett muß ich ihnen vorkommen wie ein kubanischer Revolutionär von Anno dazumal, mitten im schönsten Überfall.

Auf dem Zimmer setzen wir einfach alles auf dem Boden ab. In den Abfallkorb leere ich die Steinchen, die beim Durchwaten des Baches in der Klamm in meine Stiefel geraten sind, dann stelle ich die Stiefel an ein Fenster ohne Heizung, damit sie langsam trocknen können. Ohne ein Wort zu sagen, fallen wir erschöpft in die Betten.

22

Am nächsten Morgen verlassen wir frisch und ausgeruht das Hotel, verabschieden uns von den DeWeeses und fahren auf der fast leeren Straße aus Bozeman hinaus nach Norden. Die DeWeeses wollten uns noch dabehalten, aber der seltsam prickelnde Drang, weiter nach Westen zu fahren und mit meinen Gedanken weiterzukommen, gewann in mir die Oberhand. Ich möchte heute über einen Mann sprechen, von dem Phaidros nie gehört hatte, dessen Schriften ich aber zur Vorbereitung auf diese Chautauqua eingehend studiert habe. Im Gegensatz zu Phaidros war dieser Mann mit fünfunddreißig weltberühmt und mit achtundfünfzig eine legendäre Gestalt; Bertrand Russell bezeichnet ihn als den »nach allgemeiner Auffassung bedeutendsten Wissenschaftler seiner Generation«. Er war Astronom, Physiker, Mathematiker und Philosoph in einer Person. Er hieß Jules Henri Poincaré.

Es kam mir immer – und kommt mir eigentlich immer noch – undenkbar vor, daß Phaidros einem Gedankengang gefolgt sein sollte, den vor ihm noch niemand gefunden hatte. Irgendwann mußte irgendeiner das alles schon einmal gedacht haben, und Phaidros war ein so mittelmäßiger Gelehrter, daß es ihm ähnlich gesehen hätte, nur die Gemeinplätze irgendeines berühmten philosophischen Systems zu wiederholen, mit dem er sich aus purer Nachlässigkeit nie befaßt hatte.

So verbrachte ich über ein Jahr damit, die sehr lange und manchmal sehr ermüdende Geschichte der Philosophie nachzulesen und nach solchen Übereinstimmungen mit schon einmal gedachten Ideen zu suchen. Es war jedoch eine fesselnde Art, die Geschichte der Philosophie nachzulesen, und es geschah etwas, worauf ich mir bis zum heutigen Tag keinen Reim machen kann. Zwei philosophische Systeme, die gemeinhin geradezu als Gegenpole gelten, schienen *beide* zu ganz ähnlichen Aussagen zu kommen wie Phaidros, mit nur geringen Abweichungen. Immer wieder glaubte ich schon, ich hätte den Philosophen gefunden, den er wiederholt hatte, doch jeder von ihnen schlug aufgrund scheinbar belangloser Abweichungen schließlich doch eine ganz andere Richtung ein. Hegel zum Beispiel, den ich bereits erwähnt habe, verwarf die philosophischen Systeme der Inder als absolut unphilosophisch. Phaidros hingegen hatte sie offenbar assimiliert, oder sich von ihnen assimilieren *lassen.* Jedenfalls gab es da keine Widersprüche.

Schließlich kam ich zu Poincaré. Auch hier fand ich nur wenig Übereinstimmung, stieß dafür aber auf ein anderes Phänomen. Phaidros folgt einem langen und mühseligen Pfad in die höchsten Höhen der Abstraktion, scheint im Begriff, wieder herunterzukommen, und bleibt dann stehen. Poincaré beginnt mit den grundlegendsten wissenschaftlichen Wahrheiten, arbeitet sich zu denselben Abstraktionen hinauf und bleibt stehen. Jeder der beiden Wege endet *genau dort, wo der andere aufhört!* Zwischen ihnen waltet vollkommene Kontinuität. Wenn man im Schatten des Wahnsinns lebt, ist das Auftauchen eines anderen Geistes, der genauso denkt und spricht wie man selbst, beinahe so etwas wie ein freudiges Ereignis. Wie Robinson Crusoes Entdeckung der Fußspuren im Sand.

Poincaré lebte von 1854 bis 1912 und war Professor an der Sorbonne. Sein Bart und sein Kneifer erinnern an Henri Toulouse-Lautrec, der zur selben Zeit in Paris lebte und nur zehn Jahre jünger war.

Zu Poincarés Lebzeiten hatte eine alarmierende, tiefe, ihre Grundlagen bedrohende Krise der exakten Naturwissenschaften eingesetzt. Viele Jahre lang war die wissenschaftliche Erkenntnis über jeden Zweifel erhaben gewesen; die Logik der Wissenschaft war unfehlbar, und wenn sich die Wissenschaftler zuweilen irrten, führte man das nur darauf zurück, daß sie sich eben nicht an ihre Regeln gehalten hatten. Die großen Fragen waren alle beantwortet. Der Auftrag der Wissenschaft beschränkte sich jetzt darauf, diese Antworten immer weiter zu präzisieren und zu verfeinern. Gewiß gab es immer noch ungeklärte Phänomene wie die Radioaktivität, die Fortpflanzung des Lichts im »Äther« und das sonderbare Verhältnis der magnetischen zu den elektrischen Kräften; aber nach allem, was man bisher erreicht hatte, durfte man getrost darauf vertrauen, daß auch diese letzten Rätsel gelöst werden würden. Kaum einer hätte sich träumen lassen, daß es binnen weniger Jahrzehnte keinen absoluten Raum, keine absolute Zeit, keine absolute Substanz oder auch nur absolute Größen geben würde, daß die klassische Physik, von jeher Rückgrat der Wissenschaft, »relativiert« werden würde, daß die nüchternsten und angesehensten Astronomen der Menschheit erklären würden, sie brauchten nur lange genug durch ein Teleskop von entsprechender Stärke zu schauen, um ihren eigenen Hinterkopf zu sehen!

Die Grundlage dieser alles erschütternden Relativitätstheorie erkannten damals nur sehr wenige. Einer von ihnen war Poincaré, der bedeutendste Mathematiker seiner Zeit.

In seinem Buch *Wissenschaft und Hypothese* erläuterte Poincaré, daß die Ursachen der jetzigen Krise der Grundlagen der Wissenschaft sehr weit in die Vergangenheit zurückreichten. Lange Zeit habe man vergeblich versucht, sagte er, das Axiom zu beweisen, das als das fünfte Euklidische Postulat bekannt ist, und dieses Bemühen sei der Beginn der Krise gewesen. Dieses Euklidische Postulat oder »Parallelenaxiom«, das besagt, daß durch einen außerhalb einer Gerade liegenden Punkt zu dieser Geraden nur *eine* Parallele gezogen werden kann, lernen wir für gewöhnlich im Elementarunterricht in Geometrie. Es ist einer der Grundbausteine, auf dem die ganze Geometrie aufgebaut ist.

Alle anderen Axiome Euklids erschienen als so evident, daß sie nicht in Frage zu stellen waren, nicht jedoch dieses eine. Dennoch konnte man nicht auf es verzichten, ohne riesige Teilgebiete der Mathematik zu zerstören, aber niemand schien in der Lage zu sein, es auf irgendwelche elementaren Sätze zurückzuführen. Es sei wirklich unvorstellbar, sagte Poincaré, was man in dieser unerfüllbaren Hoffnung an Kräften verschwendet habe.

Zu Anfang des neunzehnten Jahrhunderts, fast zur gleichen Zeit, stellten dann endlich ein Ungar und ein Russe – Bolyai und Lobatschewskij – unwiderlegbar fest, daß ein Beweis dieses Euklidischen Postulats unmöglich ist. Wenn es möglich wäre, so argumentierten sie, das Euklidische Postulat auf andere, gesichertere Axiome zurückzuführen, würde sich dadurch auch ein anderer Effekt einstellen: eine Verneinung des Euklidischen Postulats müßte zu logischen Widersprüchen in der Geometrie führen. Also verneinten sie es.

Lobatschewskij geht von der Annahme aus, daß man durch einen Punkt zwei Parallelen zu einer gegebenen Gerade ziehen kann. Und er behält andererseits alle anderen Axiome Euklids bei. Aus diesen Hypothesen leitete er eine Reihe von Lehrsätzen ab, zwischen denen keinerlei Widerspruch besteht, und er konstruiert eine Geometrie, deren unfehlbare Logik in nichts der Euklidischen Geometrie nachsteht.

Da es nicht gelingt, Widersprüche zu entdecken, ist bewiesen, daß das Euklidische Postulat nicht auf einfachere Axiome zurückführbar ist.

Nicht der Beweis war indes so beunruhigend, sondern vielmehr sein rationales Nebenprodukt, das schon bald ihn und fast alles andere in der Mathematik überschatten sollte. Die Mathematik, der Eckstein wissenschaftlicher Gewißheit, war auf einmal ungewiß geworden.

Man hatte es jetzt mit *zwei* einander widersprechenden Visionen unantastbarer wissenschaftlicher Wahrheit zu tun, die beide Anspruch erheben konnten, für Menschen aller Zeitalter, ungeachtet ihrer persönlichen Neigungen, gültig zu sein.

Das war die Ursache der tiefen Krise, die die Selbstzufriedenheit der Wissenschaft jener Zeit zerschmetterte. *Wie sollen wir wissen, welche dieser Geometrien richtig ist?* Wenn es keine Kriterien für eine Unterscheidung zwischen beiden gibt, dann hat man eine totale Mathematik, die logische Widersprüche zuläßt. Aber eine Mathematik, die logische Widersprüche zuläßt, ist überhaupt keine Mathematik. Der Endeffekt der Nichteuklidischen Geometrie ist deshalb nichts weiter als der Hokuspokus eines Zauberers, an den man eben einfach glauben muß!

Und als die Tür einmal aufgestoßen war, konnte man schwerlich erwarten, daß die Zahl der widersprüchlichen Systeme unerschütterlicher wissenschaftlicher Wahrheit auf zwei beschränkt bleiben würde. Ein Deutscher namens Riemann legte ein weiteres unerschütterliches geometrisches System vor, für dessen Konstruktion er nicht nur das Euklidische Postulat, sondern auch das erste Axiom über Bord werfen mußte, das besagt, daß man durch zwei Punkte nur *eine* Gerade ziehen kann. Auch diese Geometrie ist frei von Widersprüchen in sich und steht nur in Widerspruch zur Lobatschewskijschen und zur Euklidischen Geometrie.

Gemäß der Relativitätstheorie beschreibt die Riemannsche Geometrie am besten die Welt, in der wir leben.

Bei Three Forks führt die Straße in einen engen Canyon in weißlichgelbem Fels, vorbei an ein paar Lewis-und-Clark-Höhlen. Westlich von Butte fahren wir eine langgezogene, starke Steigung hinauf, überqueren die Hauptwasserscheide und fahren in ein Tal hinab. Später kommen wir an dem hohen Schornstein der Schmelzhütte von Anaconda vorbei, fahren nach Anaconda hinein und finden ein gutes Restaurant, wo es Steaks und Kaffee gibt. Eine lange Steigung führt zu einem von Kiefernwäldern eingeschlossenen See hinauf, wo ein paar Fischer ein kleines Boot zu Wasser lassen. Dann windet sich die Straße wieder abwärts durch den Kiefernwald, und ich sehe am Stand der Sonne, daß es schon fast Mittag ist.

Wir fahren durch Philipsburg und weiter durch ein offenes Wiesental. Der Gegenwind ist hier böiger, und ich gehe auf fünfundfünfzig herunter, um ihn ein bißchen abzumildern. Wir fahren durch Maxville, und als wir Hall erreichen, haben wir dringend eine Ruhepause nötig.

Als wir einen Kirchhof gleich neben der Straße sehen, halten wir an. Der Wind ist ziemlich stark und empfindlich kühl geworden, aber die Sonne scheint warm, und wir legen im Windschatten der Kirche unsere Jacken und Helme ins Gras und machen Rast. Es ist sehr einsam und offen hier, aber schön. Wenn in der Ferne Berge oder auch nur Hügel sind, hat man immer viel Raum. Chris legt das Gesicht in seine Jacke und versucht zu schlafen.

Es ist alles so anders jetzt ohne die Sutherlands – so einsam. Mit Ihrer Erlaubnis werde ich deshalb jetzt einfach mit der Chautauqua weitermachen, bis das Gefühl der Einsamkeit sich legt.

Um das Problem der Wahrheit der Mathematik zu lösen, sagte Poincaré, müßten wir uns vor allem fragen: Welches ist die Natur der geometrischen Axiome? Sind es synthetische Urteile a priori, wie Kant sie nennt? Das heißt, sind sie ein fester Bestandteil des menschlichen Bewußtseins, unabhängig von der Erfahrung und nicht von ihr hervorgerufen? Poincaré war nicht dieser Meinung. Sie würden sich uns dann mit einer solchen Macht aufdrängen, daß wir die gegensätzliche Behauptung weder begreifen noch auf ihrer Grundlage ein theoretisches Gebäude errichten könnten. Es würde keine Nichteuklidische Geometrie geben.

Sollen wir nun daraus schließen, daß die geometrischen Axiome erfahrungsmäßige Wahrheiten sind? Auch das verneinte Poincaré. Dann nämlich müßten sie ständig revidiert werden, wenn Experimente neue Ergebnisse zeitigten. Und das stünde im Widerspruch zum Wesen der Geometrie.

Poincaré folgerte, daß die geometrischen Axiome *auf Übereinkunft beruhende Festsetzungen* sind, daß sich unsere Wahl unter sämtlichen möglichen Festsetzungen zwar an experimentellen Fakten *orientiert*, daß sie aber grundsätzlich *frei* bleibt und nur durch die Notwendigkeit begrenzt ist, jeden Widerspruch zu vermeiden. Auf diese Weise können die Postulate weiterhin ihre Gültigkeit behalten, selbst wenn die erfahrungsmäßigen Gesetze, die ihre Annahme bewirkt haben, nur annähernd richtig sein sollten. Mit anderen Worten: Die geometrischen Axiome sind nur verkleidete Definitionen.

Nachdem er so die Natur der geometrischen Axiome bestimmt hatte, wandte er sich der Frage zu: Ist die Euklidische Geometrie richtig, oder ist die Riemannsche Geometrie richtig?

Seine Antwort: Die Frage hat keinen Sinn.

Ebenso könnte man fragen, ob das metrische System richtig ist und die älteren Maßsysteme falsch sind, ob die kartesischen Koordinaten richtig sind und die Polarkoordinaten falsch. Eine Geometrie könne nicht richtiger sein als eine andere; sie könne nur *bequemer* sein. Geometrie ist nicht wahr, sie ist vorteilhaft.

Poincaré zeigte dann, daß auch unsere anderen wissenschaftlichen Begriffe, wie der Raum- und der Zeitbegriff, nur solche auf Übereinkunft beruhende Festsetzungen sind und daß es nicht *eine* bestimmte Methode gibt, diese Größen zu messen, die wahrer wäre als eine andere; das, was allgemein als richtig angenommen wird, ist nur das *Bequemste.*

Unsere Begriffe von Raum und Zeit sind auch Definitionen, die danach ausgewählt werden, wie brauchbar sie für den Umgang mit den Tatsachen sind.

Diese radikale Deutung unserer grundlegendsten wissenschaftlichen Begriffe ist jedoch noch nicht vollständig. Diese Erklärung mag uns dem Geheimnis des Wesens von Raum und Zeit nähergebracht haben, aber jetzt ruht die Last der Verantwortung für die Aufrechterhaltung der Ordnung des Universums auf den »Tatsachen«. Was sind Tatsachen?

Poincaré unterzog sie einer kritischen Prüfung. *Welche* Tatsachen soll man beobachten? fragte er. Es gibt ihrer unendlich viele. Die Wahrscheinlichkeit, daß eine nicht auswählende Beobachtung von Tatsachen eine Wissenschaft zuwege bringt, ist so gering wie die, daß ein Affe an einer Schreibmaschine das Vaterunser tippt.

Dasselbe gilt für die Hypothesen. *Welche* Hypothesen? Poincaré schrieb: »Wenn eine Erscheinung eine vollständig mechanische Erklärung zuläßt, so wird sie eine unendliche Anzahl anderer mechanischer Erklärungen gestatten, welche ebensogut von allen durch die Erfahrung geoffenbarten Einzelheiten Rechenschaft geben.« Das war die Behauptung, die Phaidros im Labor aufgestellt hatte; daraus war die Frage entstanden, die zu seiner Verweisung von der Universität führte.

Wenn der Gelehrte eine unbegrenzte Zeit zur Verfügung hätte, sagte Poincaré, so brauchte man ihm nur zu sagen: »Schaue, und schaue richtig«, aber da er nicht die Zeit hat, alles anzuschauen, und da es besser ist, gar nicht hinzusehen als schlecht hinzusehen, muß er eine Auswahl treffen.

Poincaré stellte mehrere Regeln auf: Es gibt eine Rangordnung der Tatsachen.

Eine Tatsache ist um so wertvoller, je einfacher sie ist. Diejenigen Tatsachen, die man mehrmals gebrauchen kann, sind besser als solche, die sich wahrscheinlich kaum noch einmal wiederholen werden. Die Biologen beispielsweise würden sehr in Verlegenheit kommen, wenn sie es nur mit Individuen und nicht auch mit Arten zu tun hätten und wenn nicht infolge von Vererbung die Kinder den Eltern ähnlich würden.

Welche Tatsachen wiederholen sich wahrscheinlich öfters? Die einfachen Tatsachen. Woran erkennt man sie? Wir müssen Tatsachen auswählen, die einfach zu sein *scheinen*. Entweder ist diese Einfachheit tatsächlich vorhanden, oder die Elemente sind so innig vermischt, daß sie nicht mehr unterscheidbar sind. Im ersteren Fall haben wir Aussicht, wiederholt auf diese einfache Tatsache zu stoßen, entweder in ihrer ganzen Einfachheit oder als Element eines komplizierten

Ganzen. Auch im zweiten Fall bestehen gute Aussichten für eine Wiederholung, weil die Natur solche Fälle nicht per Zufall konstruiert.

Wo finden wir die einfache Tatsache? Der Wissenschaftler sucht sie in zwei Extremen: im unendlich Großen und im unendlich Kleinen. Die Biologen beispielsweise wurden instinktiv dahin geführt, die Zelle für interessanter als das ganze Tier zu halten; und, so könnten wir Poincaré heute ergänzen, das Proteinmolekül für interessanter als die Zelle. Der Erfolg gab ihnen recht, denn es hat sich herausgestellt, daß Zellen und Moleküle verschiedener Organismen sich untereinander ähnlicher sind als die Organismen selbst.

Wie aber findet man nun die interessante Tatsache heraus, die sich immer von neuem wiederholt? Methode ist genau diese Auswahl von Fakten; man müßte sich also vorerst damit beschäftigen, eine Methode zu erfinden, und man hat viele erfunden, weil sich keine von selbst anbietet. Man muß mit den regelmäßigen Tatsachen beginnen, wenn aber das Gesetz erst einmal zweifelsfrei feststeht, sind die Tatsachen, die mit dem Gesetz übereinstimmen, bald nicht mehr interessant, weil sie uns nichts Neues mehr lehren. Dann wird die Ausnahme wichtig. Wir suchen nicht mehr nach Ähnlichkeiten, sondern nach Unterschieden, und wählen diejenigen Unterschiede aus, die am deutlichsten hervortreten und deshalb am lehrreichsten sind.

Wir suchen zuerst die Fälle aus, in denen dieses Gesetz voraussichtlich versagt; indem wir uns im Raum sehr weit entfernen und in der Zeit sehr weit zurückversetzen, werden wir unsere gewohnten Gesetze wahrscheinlich völlig umgestürzt finden, und diese großen Umwälzungen verhelfen uns dazu, die kleinen Veränderungen besser zu sehen, die sich in unserer unmittelbaren Nähe begeben. Worauf wir aber achten sollten, ist weniger die Ermittlung von Ähnlichkeiten und Unterschieden als das Herausfinden verborgener Gleichartigkeiten unter den scheinbaren Verschiedenheiten. Die einzelnen Gesetze scheinen zunächst miteinander nicht übereinzustimmen, aber wenn wir näher hinsehen, bemerken wir, daß sie im allgemeinen einander ähneln; sie sind dem Inhalt nach verschieden, aber sie ähneln sich formal in der Anordnung ihrer Teile. Wenn wir sie von dieser Seite aus betrachten, werden wir bemerken, wie sie sich erweitern und dehnen, um alles zu erfassen. Und darin liegt der Wert gewisser Tatsachen, daß sie sich zu einem Ganzen zusammenfügen und zeigen, daß dieses Ganze das getreue Abbild anderer bekannter Gesamtheiten ist.

Nein, so schloß Poincaré, der Wissenschaftler überläßt die Wahl der Tatsachen, die er beobachten soll, nicht dem bloßen Zufall. Er versucht, viel Erfahrung und viel Denken in ein schmales Bändchen zusammenzupressen, und darum enthält ein kleines Lehrbuch der Physik so viele wirklich ausgeführte Experimente und aber tausendmal mehr mögliche Experimente, deren Ergebnis man im voraus kennt.

Dann schilderte Poincaré, wie eine Tatsache entdeckt wird. Er hatte bereits in allgemeiner Form beschrieben, auf welche Weise Wissenschaftler auf Tatsachen und Theorien kommen, aber jetzt berichtete er speziell von seinen persönlichen Erfahrungen mit den mathematischen Funktionen, die seinen frühen Ruhm begründeten.

Seit vierzehn Tagen, schrieb er, hatte er sich abgemüht, zu beweisen, daß es keine derartigen Funktionen geben konnte. Täglich setzte er sich an seinen Schreibtisch, verbrachte dort ein oder zwei Stunden und probierte eine große Anzahl von Kombinationen durch, ohne zu einem Resultat zu kommen. Eines Abends dann trank er entgegen seiner Gewohnheit schwarzen Kaffee und konnte nicht einschlafen. Die Gedanken überstürzten sich förmlich. Er fühlte richtig, wie sie sich stießen und drängten, bis sich zwei von ihnen sozusagen aneinanderklammerten und eine feste Kombination bildeten. Am Morgen brauchte er nur noch das Ergebnis aufzuschreiben. Eine Welle der Kristallisation hatte stattgefunden.

Er schilderte, wie eine zweite Welle der Kristallisation, wobei er sich von Analogien mit bestehenden mathematischen Funktionen leiten ließ, zu den »Fuchsschen Theta-Reihen« führte, wie er sie später nannte. Er verließ Caen, wo er damals wohnte, um an einer geologischen Exkursion teilzunehmen. Die Wechselfälle der Reise ließen ihn seine mathematischen Arbeiten vergessen. Er wollte gerade in einen Omnibus steigen, als ihm in dem Moment, wo er den Fuß auf das Trittbrett setzte, plötzlich und ohne daß seine Gedanken irgendwie darauf vorbereitet waren, die Idee kam, daß die Transformationen, die er zur Definition der Fuchsschen Funktionen benutzt hatte, mit denen der Nichteuklidischen Geometrie identisch seien. Er hatte keine Zeit, das zu verifizieren, und beteiligte sich an der allgemeinen Konversation im Bus, aber er hatte trotzdem die volle Gewißheit von der

Richtigkeit seiner Idee. Nach Caen zurückgekehrt, verifizierte er dann das Resultat.

Eine ähnliche Entdeckung machte er eines Tages bei einem Spaziergang am Meer. Wieder kam ihm die Idee mit derselben charakteristischen Kürze, Plötzlichkeit und unmittelbaren Gewißheit. Die Lösung für eine andere wichtige Frage fand er auf einem Gang über einen Boulevard. Andere glorifizierten diesen Prozeß als das geheimnisvolle Walten der Genialität, aber Poincaré gab sich mit einer so platten Erklärung nicht zufrieden. Er versuchte, genauer zu ergründen, was in solchen Fällen geschah.

In der Mathematik, so sagte er, geht es wie überhaupt in der Wissenschaft nicht einfach nur um die Anwendung gegebener Regeln. Sie beruht nicht bloß darauf, möglichst viele Kombinationen nach gewissen feststehenden Gesetzen aufzustellen. Die so erhaltenen Kombinationen wären ungemein zahlreich, überflüssig und verwirrend. Die eigentliche Arbeit des mathematischen Entdeckers besteht darin, aus diesen Kombinationen eine solche Auswahl zu treffen, daß er die überflüssigen Kombinationen eliminiert oder sich vielmehr gar nicht die Mühe gibt, sie in Betracht zu ziehen. Die Regeln, nach denen eine solche Auswahl getroffen werden muß, sind ungemein fein und subtil, und es ist fast unmöglich, sie in präziser Form darzulegen; sie lassen sich eher erfühlen als formulieren.

Poincaré stellte nun die Hypothese auf, daß diese Auswahl vom »unbewußten Selbst« getroffen wird, ein Begriff, der sich völlig mit dem deckt, was Phaidros als »präintellektuelles Bewußtsein« bezeichnete. Das unbewußte Ich, meinte Poincaré, erfaßt eine große Anzahl Lösungen für ein Problem, aber nur die *interessanten* treten ins Bewußtsein. Das unbewußte Ich wählt mathematische Lösungen nach ihrer »mathematischen Schönheit« aus, nach der Harmonie der Zahlen und Formen, der geometrischen Eleganz. »Das ist ein wahrhaft ästhetisches Gefühl«, schrieb Poincaré, »das allen wirklichen Mathematikern bekannt ist, von dem aber die Laien so wenig wissen, daß sie oft in Versuchung kommen, darüber zu lachen.« Aber diese Harmonie, diese Schönheit ist es, die im Zentrum aller Dinge ist.

Poincaré machte deutlich, daß er nicht von romantischer Schönheit sprach, der Schönheit der Eigenschaften und Erscheinungen, die die Sinne berührt. Er meinte die klassische Schönheit, die von der harmonischen Ordnung der Teile herrührt, von einer reinen Intelligenz erfaßt werden kann und der romantischen Schönheit Struktur und Halt gibt, jene Schönheit, ohne die das Leben nur vage und vergänglich wäre, ein flüchtiger Traum, den man von seinen eigenen Träumen nicht unterscheiden könnte, weil es keine Grundlage für diese Unterscheidung gäbe. Das Suchen nach dieser eigentümlichen klassischen Schönheit, dieses Empfinden für die Harmonie der Welt, bringt uns dazu, *diejenigen Tatsachen auszuwählen, die am geeignetsten sind, diese Harmonie zu vervollständigen.* Nicht die Tatsachen, sondern die Beziehungen zwischen den Dingen schaffen jene universale Harmonie, die allein objektive Realität genannt werden kann.

Was die Objektivität der Welt, in der wir leben, gewährleistet, ist der Umstand, daß wir diese Welt mit anderen denkenden Wesen teilen. Durch die Verständigung mit anderen Menschen übernehmen wir von diesen fertige harmonische Denkmodelle. Wir wissen, daß diese Denkmodelle nicht unsere eigenen sind, gleichzeitig erkennen wir aber, wegen *ihrer Harmonie,* in ihnen das Wirken vernünftiger Wesen gleich uns. Und da diese Denkmodelle auf die Welt unserer Sinneswahrnehmungen zu passen scheinen, glauben wir folgern zu können, daß diese vernünftigen Wesen dasselbe gesehen haben wie wir; daher wissen wir, daß wir nicht geträumt haben. Diese Harmonie, diese *Qualität,* wenn man so will, ist die einzige Grundlage für die einzige Realität, von der wir je Kenntnis erlangen können.

Poincarés Zeitgenossen wollten nicht wahrhaben, daß eine solche Vorauswahl der Tatsachen getroffen wird, weil sie befürchteten, die wissenschaftliche Methode würde dadurch ihre Gültigkeit verlieren. Sie waren der Meinung, eine solche Vorauswahl der Tatsachen bedeute, daß Wahrheit sei, »was einem gerade gefällt«, und nannten seine Ideen konventionell. Sie verschlossen sich hartnäckig der Erkenntnis, daß auch ihr eigenes »Objektivitätsprinzip« keine der Beobachtung zugängliche Tatsache ist – und deshalb in eine Art Scheintod hätte versetzt werden müssen.

Sie fühlten sich zu dieser Haltung verpflichtet, weil sonst der gesamte philosophische Unterbau der Wissenschaften eingestürzt wäre. Poincaré wies keinen Ausweg aus dieser Verlegenheit. Er beschäftigte sich nicht eingehend genug mit den metaphysischen Konsequenzen seiner Theorie, um den Ausweg zu finden. Er unterließ es festzustellen, daß die Auswahl der Tatsachen, bevor man sie »beobachtet«, nur dann mit »was einem gerade gefällt« gleichzusetzen ist, *wenn man ein dualistisches metaphysisches System beibehält, das nur Subjekte und Objekte kennt!* Wird dagegen die Qualität als dritte metaphysische Größe ins Spiel gebracht, ist die Vorauswahl der Tatsachen nicht mehr willkürlich und launenhaft. Die Vorauswahl der Tatsachen beruht nicht auf dem subjektiven, launischen »was einem gerade gefällt«, sondern auf *Qualität,* also auf der Realität selbst. Damit ist der Ausweg aus der Verlegenheit gefunden.

Es war, als hätte Phaidros an einem Puzzle gearbeitet und aus Zeitmangel eine ganze Seite davon unfertig gelassen.

Poincaré hatte auch an einem Puzzle gearbeitet. Mit seiner Ansicht, daß der Wissenschaftler Fakten, Hypothesen und Axiome nach dem Gesichtspunkt der Harmonie auswähle, ließ er an seinem Puzzle ebenfalls auf einer Seite den unfertigen, unregelmäßig gelappten Rand stehen. In der wissenschaftlichen Welt den Eindruck zu hinterlassen, daß die Quelle aller wissenschaftlichen Realität lediglich eine subjektive, launische Harmonie ist, heißt Probleme der Erkenntnistheorie zu lösen und gleichzeitig einen unfertigen Rand an der Grenze zur Methaphysik stehenzulassen, der die Erkenntnistheorie unannehmbar macht.

Wir wissen aber aus Phaidros' Metaphysik, daß die Harmonie, die Poincaré meinte, *nicht subjektiv* ist. Sie ist der *Ursprung* der Subjekte und Objekte und existiert in einer vorgeordneten Beziehung zu ihnen. Sie ist *nicht* launenhaft, sie ist vielmehr die Kraft, die jeder Launenhaftigkeit *entgegenwirkt,* das ordnende Prinzip allen wissenschaftlichen und mathematischen Denkens, das Launenhaftigkeit *eliminiert* und ohne das kein wissenschaftliches Denken möglich ist. Was mir Tränen der Erkenntnis in die Augen trieb, war die Entdeckung, daß diese unfertigen Ränder genau ineinander paßten, in einer Art Harmonie, von der Phaidros und Poincaré beide gesprochen hatten, so daß eine geschlossene Denkstruktur entstand, die geeignet war, die getrennten Sprachen der Wissenschaft und der Kunst zu einer einzigen zu vereinen.

Rechts und links von uns sind die Berge steil geworden und bilden ein langes schmales Tal, durch das sich die Straße bis nach Missoula hineinschlängelt. Der Gegenwind hat mir arg zugesetzt, und ich bin jetzt wirklich müde. Chris gibt mir einen Klaps und zeigt zu einer hohen Felswand hinauf, die mit einem großen M bemalt ist. Ich nicke. Wir sind heute früh, außerhalb von Bozeman, schon einmal an so einem Buchstaben vorbeigekommen. Mir fällt ein, daß jedes Jahr die neu eingeschriebenen Schüler und Studenten jeder Schule dort hinaufsteigen und das M auffrischen.

An einer Tankstelle, wo wir halten, um zu tanken, fängt ein Mann, der zwei Appaloosa-Pferde in einem Anhänger hat, ein Gespräch mit mir an. Die meisten Pferdefreunde haben ja anscheinend was gegen Motorräder, aber für diesen hier gilt das nicht; er stellt mir eine Menge Fragen, und ich beantworte sie ihm. Chris fragt andauernd, ob wir nicht zu dem M hinauffahren können, aber ich sehe von hier aus, daß es eine steile, zerfurchte Geländestrecke ist. Mit unserer für gute Straßen gebauten Maschine und dem schweren Gepäck lasse ich mich lieber nicht auf solche Experimente ein. Wir vertreten uns ein bißchen die Beine und fahren dann ohne sonderliche Begeisterung weiter aus Missoula hinaus zum Lolo-Paß.

Die Erinnerung taucht auf, daß diese Straße noch vor gar nicht so langer Zeit bloß ein unbefestigter Fahrweg war, der sich in zahllosen Windungen um jeden Felsvorsprung herumschlängelte. Jetzt ist sie asphaltiert, und die Kurven sind sehr breit ausgebaut. Die vielen Autos, die bis Missoula in der gleichen Richtung wie wir unterwegs waren, sind offenbar nördlich nach Kalispell und Coeur D'Alene weitergefahren, denn hier ist kaum was los. Wir fahren nach Südwesten, haben jetzt Rückenwind und fühlen uns deshalb wieder besser. Die Straße beginnt sich in Kehren zum Paß hinaufzuwinden.

Alles, was an den Osten erinnert hat, ist jetzt verschwunden, zumindest in meiner Vorstellung. Den Regen bringt hier der Wind vom Pazifik mit, und alle Flüsse und Bäche hier führen ihm das Wasser wieder zu. In zwei oder drei Tagen müßten wir am Meer sein.

Auf dem Lolo-Paß ist ein Restaurant, und wir halten neben einer betagten Harley. Hinten ist ein selbergemachter Korb draufgeschnallt, und das Hodometer steht auf sechsunddreißigtausend Meilen. Ein echter Überlandfahrer.

Drinnen sättigen wir uns an Pizza und Milch und gehen gleich wieder, als wir aufgegessen haben. Es wird nicht mehr lange hell bleiben, und nach Einbruch der Dunkelheit einen Zeltplatz zu suchen, ist schwierig und unangenehm.

Als wir zu den Maschinen kommen, steht der Überlandfahrer mit seiner Frau da und sagt uns guten Tag. Er ist aus Missouri, und der entspannte Gesichtsausdruck seiner Frau sagt mir, daß sie eine schöne Fahrt hinter sich haben.

Der Mann fragt: »Haben Sie auch bei Missoula diesen scheußlichen Gegenwind gehabt?«

Ich nicke. »Er muß mindestens dreißig bis vierzig Meilen pro Stunde gehabt haben.«

»Mindestens«, sagt er.

Wir unterhalten uns eine Weile übers Zelten, und sie machen eine Bemerkung darüber, wie kalt es hier ist. Sie hätten sich daheim in Missouri nicht träumen lassen, daß es so kalt werden würde, trotz der Berge. Sie mußten sich Kleider und Decken kaufen.

»Heute nacht wird's aber wohl nicht allzu kalt werden«, sage ich. »Wir sind hier nur ungefähr tausendfünfhundert Meter hoch.«

Chris sagt: »Wir wollen irgendwo an der Straße zelten.«

»Auf einem der Zeltplätze?«

»Nein, ein bißchen abseits der Straße«, sage ich.

Sie haben anscheinend keine Lust, sich uns anzuschließen; nach einer Pause drücke ich deshalb den Anlasserknopf, und wir fahren winkend los.

Auf der Straße sind die Schatten der Bäume lang geworden. Nach fünf oder zehn Meilen zweigt eine Forststraße ab, und wir fahren sie hinauf.

Die Forststraße ist sandig, so daß ich herunterschalten und die Beine spreizen muß, damit wir nicht umkippen. Von der Hauptstraße gehen mehrere Seitenstraßen ab, aber ich bleibe auf der Hauptstraße, bis wir nach ungefähr einer Meile auf ein paar Bulldozer stoßen. Das heißt, daß hier noch Holz geschlagen wird. Wir drehen um und fahren eine der Seitenstraßen hinauf. Ungefähr nach einer halben Meile kommen wir an einen Baumstamm, der quer über die Straße gestürzt ist. Das ist gut. Es bedeutet, daß diese Straße nicht mehr gebraucht wird.

»Hier bleiben wir«, sage ich zu Chris, und er steigt ab. Wir sind auf einem Abhang, von wo aus man meilenweit nichts als dichte Wälder sieht.

Chris will unbedingt gleich die Gegend erkunden, aber ich bin so müde, daß ich nur noch ans Ausruhen denke. »Geh halt alleine«, sage ich.

»Nein, du mußt mitkommen.«

»Ich bin hundemüde, Chris. Morgen früh können wir ja ein bißchen herumlaufen.«

Ich schnüre das Gepäck los und rolle die Schlafsäcke auf dem Boden aus. Chris verzieht sich. Ich strecke mich aus, und die Müdigkeit strömt in meine Arme und Beine. Stiller, wunderschöner Wald ...

Nach einiger Zeit kommt Chris zurück und sagt, daß er Durchfall hat.

»Oh«, sage ich und stehe auf. »Mußt du die Unterwäsche wechseln?«

»Ja«, sagt er kleinlaut.

»Die sauberen Sachen sind in dem Sack, der vorne am Motorrad steht. Zieh dich um und nimm ein Stück Seife aus der Satteltasche und wir gehen an den Bach runter und waschen die alten Sachen aus.« Er schämt sich und ist froh, daß ihm jemand sagt, was er tun soll.

Die Straße ist so abschüssig, daß wir auf dem Weg zum Bach hinunter unwillkürlich fester auftreten. Chris zeigt mir ein paar Steine, die er gesammelt hat, während ich schlief. Der Kieferngeruch ist hier sehr stark. Es wird allmählich kühl, und die Sonne steht schon sehr tief. Die Stille und die Müdigkeit und das Sinken der Sonne deprimieren mich ein bißchen, aber ich behalte es für mich.

Als Chris seine Unterwäsche ganz sauber ausgewaschen und ausgewrungen hat, machen wir uns auf den Rückweg. Bei den ersten Schritten die Straße hinauf, habe ich auf einmal das bedrückende Gefühl, daß ich mein Leben lang diese Forststraße hinaufgelaufen bin.

»Dad?«

»Ja?« Ein kleiner Vogel fliegt vor uns von einem Baum auf.

»Was soll ich mal werden, wenn ich groß bin?«

Der Vogel fliegt über einen fernen Bergrücken davon. Ich weiß nicht, was ich sagen soll. »Ein ehrlicher Mensch«, sage ich schließlich.

»Ich mein' doch, von Beruf?«

»Was du willst.«

»Wieso wirst du denn gleich sauer, wenn ich dich so was frage?«

»Ich bin nicht sauer ... ich meine nur ... ich weiß nicht ... ich bin so müde, ich kann nicht mehr nachdenken ... Es spielt keine Rolle, was du mal wirst.«

Solche Straßen werden immer schmaler und hören dann irgendwo auf.

Ich merke, daß er nicht Schritt hält.

Die Sonne ist jetzt hinterm Horizont verschwunden und die Dämmerung fällt ein. Jeder für sich steigen wir die Forststraße wieder hinauf, und als wir beim Motorrad sind, steigen wir in die Schlafsäcke und schlafen ein, ohne daß noch ein Wort zwischen uns fällt.

23

Da ist sie, am Ende des Korridors: eine Glastür. Und dahinter stehen Chris und neben ihm auf der einen Seite sein jüngerer Bruder und auf der anderen seine Mutter. Chris hat die Hand an die Scheibe gelegt. Er erkennt mich und winkt. Ich winke zurück und gehe auf die Tür zu.

Wie still es hier ist. Wie ein Film, wenn der Ton ausgefallen ist.

Chris schaut zu seiner Mutter auf und lächelt. Sie lächelt zu ihm herab, aber ich sehe, daß sie nur mit Mühe ihren Kummer verbirgt. Sie ist über irgend etwas tief betrübt, aber sie möchte nicht, daß sie es merken.

Und jetzt sehe ich, was das für eine Glastür ist. Es ist die Tür eines Sarges – meines eigenen.

Nein, kein Sarg, ein Sarkophag. Ich bin in einem riesigen Gewölbe, tot, und sie erweisen mir die letzte Ehre.

Es ist nett von ihnen, daß sie das tun. Niemand könnte das von ihnen verlangen. Ich bin ihnen dankbar.

Jetzt gibt Chris mir ein Zeichen, daß ich die Glastür des Gewölbes aufmachen soll. Ich sehe, daß er mit mir sprechen möchte. Vielleicht soll ich ihm sagen, wie das ist, wenn man tot ist. Ich habe den Wunsch, es zu tun, es ihm zu sagen. Es ist lieb von ihm, daß er gekommen ist und mir winkt, und ich werde ihm sagen, daß es halb so schlimm ist. Nur sehr einsam ist man.

Ich will die Tür aufstoßen, aber eine dunkle Gestalt im Schatten neben der Tür bedeutet mir, daß ich die Tür nicht anfassen darf. Ein einzelner Finger wird an Lippen gelegt, die ich nicht sehen kann. Die Toten dürfen nicht reden.

Aber sie wollen, *daß ich mit ihnen rede. Sie* brauchen *mich noch! Das muß er doch sehen! Das Ganze muß ein Irrtum sein. Sieht er denn nicht, daß sie mich brauchen? Verzweifelt suche ich ihm klarzumachen, daß ich mit ihnen sprechen muß. Es ist noch nicht alles aus. Ich habe ihnen noch viel zu sagen. Aber die Gestalt im Schatten läßt nicht erkennen, ob sie mich überhaupt hört.*

»CHRIS!« schreie ich durch die Tür. »WIR SEHEN UNS WIEDER!!«

Die dunkle Gestalt kommt drohend auf mich zu, aber ich höre leise und fern Chris' Stimme: »Wo?« Er hat mich verstanden! *Und die dunkle Gestalt zieht erbost einen Vorhang über die Tür.*

Nicht auf dem Berg, denke ich. Der Berg ist nicht mehr da. »AUF DEM MEERESGRUND!!« schreie ich.

Und jetzt stehe ich ganz allein in den verlassenen Ruinen einer Stadt. Ruinen nach allen Seiten, so weit man sehen kann, und ich muß alleine in ihnen umherirren.

24

Die Sonne ist da.

Eine Zeitlang weiß ich nicht, wo ich bin.

Wir sind irgendwo im Wald an einer Straße.

Schlecht geträumt. Wieder diese Glastür.

Der Chrom des Motorrads blinkt neben mir, und dann sehe ich die Kiefern und muß an Idaho denken.

Die Tür und die schattenhafte Gestalt daneben waren nur Einbildung.

Wir sind an einer Forststraße, ja richtig ... ein klarer Tag ... glitzernde Luft. Mann! ... ist das schön. Wir fahren zum Meer.

Ich erinnere mich wieder an den Traum und die Worte »Wir sehen uns wieder auf dem Meeresgrund« und frage mich, was sie bedeuten könnten. Aber Kiefern und Sonnenschein sind stärker als jeder Traum, und das beunruhigende Gefühl verfliegt. Gute alte Wirklichkeit.

Ich krieche aus dem Schlafsack. Es ist kalt, und ich ziehe mich rasch an. Chris schläft. Ich mache einen Bogen um ihn, steige über einen umgestürzten Baumstamm und gehe den Forstweg hinauf. Um mich aufzuwärmen, falle ich in einen leichten Trab bergauf. Gut, gut,

gut, gut, im Rhythmus des Laufschritts. Ein paar Vögel fliegen aus dem Schatten des Berges ins Sonnenlicht auf, und ich schaue ihnen nach, bis sie außer Sicht sind. Gut, gut, gut, gut. Knirschender Kies auf der Straße. Gut, gut. Hellgelber Sand in der Sonne. Gut, gut, gut. Diese Straßen sind manchmal ein paar Meilen lang. Gut, gut, gut.

Dann geht mir aber doch der Atem aus. Die Straße ist jetzt höher, und ich kann meilenweit über den Wald schauen.

Gut.

Immer noch schwer atmend gehe ich flott wieder hinunter. Das Knirschen ist jetzt leiser. Wo die Kiefern abgeholzt sind, sehe ich Büsche und kleine Pflanzen.

Beim Motorrad angekommen, packe ich leise und rasch die Sachen. Mittlerweile ist mir jeder Handgriff so vertraut, daß ich kaum noch hinsehen muß. Schließlich brauche ich Chris' Schlafsack. Ich rolle ihn ein bißchen hin und her, nicht zu unsanft, und sage: »Aufstehn, die Sonne scheint!«

Er schaut sich verwirrt um. Er steigt aus dem Schlafsack, und während ich diesen einpacke, zieht er sich an, ohne wirklich zu wissen, was er tut.

»Zieh den Pullover und die Jacke an«, sage ich. »Auf der Fahrt wird es frisch werden.«

Er tut es und sitzt auf, und im ersten Gang fahren wir die Forststraße hinunter bis zur Hauptstraße. Bevor wir auf ihr weiterfahren, werfe ich einen letzten Blick hinauf. Hübsch. Ein hübsches Fleckchen Erde. Von hier aus schlängelt sich die Teerstraße immerzu abwärts.

Eine lange Chautauqua heute. Die ganze Fahrt habe ich auf diesen Augenblick gewartet.

Den zweiten Gang, dann den dritten. Nicht zu schnell in diese Kurve. Schön, die Sonne auf diesen Wäldern.

Wie ein Dunstschleier hat bisher ein unerledigtes Problem auf dieser Chautauqua gelegen; ich habe am ersten Tag über die Liebe zur Sache gesprochen, darüber, ob einem etwas an den Dingen liegt oder nicht, bis ich dann merkte, daß ich nichts Vernünftiges über die Liebe zur Sache sagen konnte, solange nicht auch Klarheit über ihre andere Seite herrschte, die Qualität. Ich glaube, es ist wichtig, daß ich jetzt eine Beziehung zwischen der Liebe zur Sache und der Qualität herstelle, indem ich zu zeigen versuche, daß Liebe zur Sache und Qualität der innere und äußere Aspekt ein und derselben Sache sind. Wer Qualität sieht und sie bei der Arbeit spürt, dem liegt etwas an den Dingen. Wem an den Dingen, die er sieht und tut, etwas liegt, der ist ein Mensch, der mit Sicherheit einige Merkmale von Qualität aufweist.

Wenn nun das Problem der Trostlosigkeit der Technik auf Lieblosigkeit, der Technologen wie der Technikgegner, beruht, und wenn Liebe zur Sache und Qualität der äußere und innere Aspekt ein und derselben Sache sind, so folgt daraus, daß die eigentliche Ursache der Trostlosigkeit der Technik im Unvermögen der Technologen wie der Technikgegner liegt, Qualität in der Technik wahrzunehmen. Phaidros' wahnsinnige Jagd nach der rationalen, analytischen und daher *technologischen* Bedeutung des Wortes »Qualität« war in Wirklichkeit die Suche nach einer Lösung für das ganze Problem der Trostlosigkeit der Technik. Jedenfalls habe ich diesen Eindruck.

Deshalb habe ich erst mal ausgeholt und von der Spaltung zwischen dem Klassischen und dem Romantischen gesprochen, die meiner Meinung nach hinter dem ganzen Humanismus-Technik-Problem steht. Dazu mußte ich wiederum noch weiter ausholen und mich auf das riesige Gebiet begeben, das die Verbindung zwischen Metaphysik und Alltagsleben herstellt – die formale Vernunft. So habe ich mich mit der formalen Vernunft bis zur Metaphysik und schließlich zur Qualität hinaufgearbeitet, um schließlich von der Qualität wieder zur Metaphysik und zur Wissenschaft herabzusteigen.

Jetzt gehen wir noch weiter hinunter, von der Wissenschaft zur Technik, und ich glaube wirklich, daß wir nun endlich dort sind, wo ich von Anfang an hin wollte.

Nur stehen uns jetzt ein paar Begriffe zur Verfügung, die uns die Dinge in einem ganz anderen Licht erscheinen lassen. Qualität ist der Buddha. Qualität ist wissenschaftliche Realität. Qualität ist das Ziel der Kunst. Wir müssen nur noch diese Begriffe in einen praktischen, handfesten Zusammenhang stellen, und dafür wüßte ich mir nichts Praktischeres und Handfesteres, als das, wovon ich ohnehin die ganze Zeit geredet habe – das Reparieren eines alten Motorrads.

Die Straße windet sich weiter durch den Canyon. Ringsumher kleine Lichtinseln von der Morgensonne. Das Motorrad schnurrt durch die kühle Luft und die Bergkiefern, und wir fahren an einem kleinen

Schild vorbei, auf dem steht, daß nach einer Meile ein Restaurant kommt, wo man frühstücken kann.

»Hast du Hunger?« schreie ich.

»Ja«, schreit Chris zurück.

Gleich darauf zeigt ein zweites Schild mit der Aufschrift CHALETS und einem Pfeil darunter nach links. Wir gehen mit der Geschwindigkeit herunter, biegen ab und fahren auf einem Waldweg bis zu ein paar Blockhütten unter Bäumen. Wir stellen die Maschine unter einen Baum, schalten die Zündung aus, drehen den Benzinhahn zu und gehen in das Restaurant. Polternd stapfen wir mit den Motorradstiefeln über die Holzdielen. Wir setzen uns an einen Tisch, auf dem eine Decke ist, und bestellen Eier, warme Pfannkuchen, Ahornsirup, Milch, Würstchen und Orangensaft. Der kalte Wind hat uns Appetit gemacht.

»Ich möchte Mama einen Brief schreiben«, sagt Chris.

Das höre ich gerne. Ich gehe zum Empfang und lasse mir etwas Briefpapier geben. Ich bringe es Chris und gebe ihm meinen Kugelschreiber. Die frische Morgenluft hat ihn auch unternehmungslustig gemacht. Er legt das Papier vor sich auf den Tisch, packt den Kugelschreiber mit entschlossenem Griff und konzentriert sich eine Weile auf das leere Papier.

Er schaut auf. »Welchen Tag haben wir heute?«

Ich sage es ihm. Er nickt und schreibt es hin.

Dann sehe ich ihn schreiben: »Liebe Mama!«

Dann starrt er eine Weile aufs Papier.

Dann schaut er auf. »Was soll ich denn schreiben?«

Ich fange zu grinsen an. Ich sollte ihn eine Stunde lang über eine Seite einer Münze schreiben lassen. Ich habe ihn mir schon manchmal als Studenten vorgestellt, aber nie als Studenten der Rhetorik.

Die warmen Pfannkuchen kommen uns dazwischen, und ich sage ihm, er soll den Brief beiseite legen, und ich werde ihm nachher helfen.

Als wir fertig sind, sitze ich rauchend da, habe ein bleiernes Gefühl von den Pfannkuchen und den Eiern und allem und sehe durchs Fenster, daß draußen der Boden unter den Kiefern in Schatten und Sonne gemustert ist.

Chris hat sich wieder den Brief vorgenommen. »Jetzt hilf mir«, sagt er.

»Okay«, sage ich. Und dann erkläre ich ihm, daß das Festsitzen, das Nicht-mehr-weiter-Wissen, das Mißgeschick ist, das einem am häufigsten von allen widerfährt. Normalerweise, erkläre ich, sitzt du fest, wenn du dir zuviel auf einmal vornimmst. Du darfst es nicht erzwingen wollen, daß die Worte sich einstellen. Dadurch verrennst du dich nur um so mehr. Sondern du mußt die Dinge auseinandersortieren und dann eins nach dem andern tun. Du denkst jetzt gleichzeitig darüber nach, was du schreiben willst und was du als *erstes* schreiben willst, und das schaffst du nicht. Also sortier erst mal alles. Mach dir einfach eine Liste von allem, was du sagen willst, egal in welcher Reihenfolge. In die richtige Reihenfolge können wir's dann immer noch bringen.

»Und was soll ich da zum Beispiel aufschreiben?«

»Ja, was willst du ihr denn erzählen?«

»Von unserer Fahrt.«

»Und was da?«

Er überlegt eine Weile. »Von dem Berg, auf dem wir gewesen sind.«

»Gut, schreib das auf«, sage ich.

Er tut es.

Dann sehe ich, wie er noch etwas aufschreibt und dann noch etwas, und ich rauche unterdessen zu Ende und trinke meinen Kaffee aus. Er schreibt drei Bogen voll, lauter Sachen, die er ihr schreiben will.

»Heb dir das auf«, sage ich ihm, »wir machen nachher weiter.«

»Das kriege ich ja nie alles in *einem* Brief unter«, meint er.

Er sieht mich lachen und runzelt die Stirn.

Ich sage: »Dann suchst du dir eben nur das Beste aus.« Und wir gehen hinaus und steigen wieder aufs Motorrad.

Auf der Straße den Canyon hinunter spüren wir jetzt den stetigen Höhenverlust am Druck in den Ohren. Es wird wärmer, und die Luft ist auch dicker. Es ist unser Abschied vom Bergland, in dem wir mehr oder weniger die ganze Zeit seit Miles City gewesen sind.

Festsitzen. Darüber will ich heute sprechen.

Wie Sie sich erinnern werden, habe ich neulich, als wir Miles City hinter uns hatten, davon gesprochen, wie man die formale wissenschaftliche Methode auf die Motorradreparatur anwenden kann, indem man die Kausalitätsketten studiert und sich der experimentellen

Methode bedient, um diese Ketten zu bestimmen. Damit wollte ich damals veranschaulichen, was man unter klassischer Rationalität versteht.

Jetzt möchte ich zeigen, daß dieses klassische Muster der Rationalität sich gewaltig verbessern und erweitern läßt und viel leistungsfähiger wird, wenn man die Rolle, die dabei die Qualität spielt, formal anerkennt. Vorher sollte ich aber wohl erst noch einige der negativen Aspekte herkömmlicher Motorradwartung besprechen, um zu zeigen, wo die Probleme liegen.

Das erste davon ist das Festsitzen, ein geistiges Festsitzen, das immer dann auftritt, wenn an dem Gegenstand, an dem man gerade arbeitet, physisch etwas festsitzt. Dasselbe Übel, an dem Chris eben gelitten hat. Beispielsweise kann eine Schraube in einem der Seitendeckel Ihres Motorrads festsitzen. Sie schauen im Werkstatthandbuch nach, um festzustellen, ob es einen besonderen Grund dafür gibt, daß diese Schraube sich nicht lösen läßt, aber da steht nur »Seitendeckel abnehmen«, in jenem bewundernswert lakonischen technischen Stil, der einem nie sagt, was man wissen will. Sie haben auch bei der bisherigen Arbeit nichts übersehen, was schuld daran sein könnte, daß die Schrauben des Deckels so fest sitzen.

Wenn Sie viel Erfahrung haben, werden Sie wahrscheinlich in dieser Lage ein Rostlösemittel und einen Schlagschrauber nehmen. Aber gesetzt den Fall, Sie sind unerfahren, klemmen die Klinge Ihres Schraubenziehers in einen verstellbaren Schraubenschlüssel und drehen aus Leibeskräften, ein Verfahren, mit dem Sie bisher immer Erfolg hatten, das aber diesmal nur dazu führt, daß der Schlitz der Schraube deformiert wird.

Sie waren in Gedanken schon viel weiter und haben überlegt, was Sie tun würden, wenn der Seitendeckel ab ist, und deshalb dauert es eine Zeit, bis Ihnen aufgeht, daß dieses lästige kleine Mißgeschick eines zerstörten Schraubenkopfes nicht bloß eine lästige Kleinigkeit ist. Sie sitzen fest. Können nicht mehr weiter. Aus und vorbei. Auf einmal ist es völlig unmöglich geworden, das Motorrad zu reparieren.

Das ist nicht etwa ein seltenes Ereignis in Wissenschaft oder Technik. Es ist das allerhäufigste. Man sitzt einfach *fest.* In der herkömmlichen Motorradwartung ist das der schlimmste aller Momente, so schlimm, daß man lieber gar nicht daran denkt, bevor er eintritt.

Ihr Werkstatthandbuch hilft Ihnen jetzt auch nicht weiter. Wissenschaftliche Vernunft ebensowenig. Sie brauchen kein wissenschaftliches Experiment anzustellen, um herauszufinden, wo der Fehler liegt. Sie wissen ja genau, wo der Fehler liegt. Was sie brauchen, ist eine Hypothese dafür, wie Sie die schlitzlose Schraube da rauskriegen, und die wissenschaftliche Methode liefert keine solchen Hypothesen. Sie funktioniert erst, wenn die Hypothesen schon vorliegen.

Das ist der Moment Null des Bewußtseins. Man sitzt fest. Keine Antwort. Alles aus. Fix und fertig. Es ist ein Tiefschlag fürs Selbstbewußtsein. Man verliert Zeit. Man ist unfähig. Man weiß nicht, was man tut. Man sollte sich über sich selbst schämen. Man sollte die Maschine zu einem *richtigen* Mechaniker bringen, der sich mit solchen Sachen auskennt.

Es ist ganz normal, wenn in solch einem Augenblick das Angst-Wut-Syndrom auftritt und man diesen Seitendeckel am liebsten mit Hammer und Meißel bearbeiten oder mit einem Vorschlaghammer abschlagen würde. Man überlegt, und je länger man überlegt, um so größer wird die Versuchung, die Maschine auf eine hohe Brücke zu schaffen und sie in den Fluß zu schmeißen. Es ist ja auch wirklich nicht einzusehen, daß man an so einem winzigen Schlitz in einer Schraube so restlos scheitern soll.

In Wirklichkeit steht man vor der großen Unbekannten, der Leere allen abendländischen Denkens. Man braucht irgendeine Idee, irgendwelche Hypothesen. Die herkömmliche wissenschaftliche Methode hat es leider nie so weit gebracht, daß sie einem sagen würde, wie man es anstellen soll, neue Hypothesen zu finden. Die herkömmliche wissenschaftliche Methode ist seit jeher überwiegend nach rückwärts gewandt. Sie ist brauchbar, wenn man wissen will, wo man gewesen ist. Sie ist brauchbar, wenn man die Wahrheit dessen überprüfen will, was man zu wissen glaubt, aber sie kann einem nicht sagen, *wohin* man gehen soll, es sei denn, man braucht nur in der bisherigen Richtung weiterzugehen. Kreativität, Originalität, Erfindungsreichtum, Intuition, Phantasie – mit anderen Worten: alles, was verhindern könnte, daß man immer wieder einmal »festsitzt« – liegen völlig außerhalb ihrer Reichweite.

Wir fahren weiter den Canyon hinunter, dessen steile Wände ab und zu von tief eingekerbten Tälern unterbrochen werden, aus denen breite Bäche fließen. Wir merken jetzt, wie der Fluß, von diesen

Bächen gespeist, zusehends breiter wird. Die Kurven sind hier weiter ausgezogen und die geraden Strecken länger. Ich schalte in den höchsten Gang.

Eine Weile später lichtet sich der Wald, und die einzelnen Bäume werden höher und dürrer. Es ist zu heiß für Jacke und Pullover, und ich halte auf einem Parkplatz, um sie auszuziehen.

Chris will einen Weg hinaufgehen, und ich lasse ihn und suche mir ein schattiges Plätzchen, wo ich mich hinsetzen und ausruhen kann. Ganz still jetzt und nachdenklich.

Auf einer Tafel ist ein Waldbrand beschrieben, der hier vor Jahren gewütet hat. Es heißt da, der Wald wachse allmählich wieder nach, aber es werde noch Jahre dauern, bis der ursprüngliche Bestand wieder erreicht ist.

Später höre ich am Knirschen von Kies, daß Chris wieder den Pfad herunterkommt. Er ist nicht sehr weit gegangen. Als er da ist, sagt er: »Komm, fahren wir wieder.« Wir binden das Gepäck fest, das ein bißchen verrutscht ist, und fahren wieder auf die Straße hinaus. Beim Sitzen ist mir warm geworden, und der Schweiß kühlt sich im Wind plötzlich ab.

Wir sitzen immer noch mit dieser Schraube fest, und wenn wir sie jemals wieder losbekommen wollen, müssen wir darauf verzichten, die Schraube weiterhin nach der traditionellen wissenschaftlichen Methode zu betrachten. Das führt nämlich zu nichts. Wir müssen vielmehr die traditionelle wissenschaftliche Methode im Licht dieser festsitzenden Schraube betrachten.

Wir haben diese Schraube bisher »objektiv« gesehen. Nach der Lehre von der »Objektivität«, die ein integraler Bestandteil der wissenschaftlichen Methode ist, spielt es für die Richtigkeit unseres Denkens keine Rolle, was uns an dieser Schraube gefällt oder nicht gefällt. Wir dürfen keine Werturteile über das fällen, was wir sehen. Wir müssen dafür sorgen, daß unser Geist eine leere Tafel bleibt, die die Natur für uns beschreibt, und dann unvoreingenommene Schlüsse aus den beobachteten Tatsachen ziehen.

Aber wenn wir wirklich versuchen, diese festsitzende Schraube unvoreingenommen zu betrachten, wird uns klar, daß die ganze Idee mit dem unvoreingenommenen Beobachten Unfug ist. Wo *sind* denn diese Tatsachen? Was sollen wir unvoreingenommen beobachten? Den deformierten Schlitz? Den festsitzenden Seitendeckel? Die Farbe der Lackierung? Den Tacho? Den Haltebügel? Wie Poincaré gesagt hätte, gibt es unendlich viele Tatsachen im Zusammenhang mit dem Motorrad, und es ist nicht so, daß die richtigen von alleine angetanzt kommen und sich uns vorstellen. Die richtigen Tatsachen, diejenigen, die wir wirklich brauchen, sind nicht nur passiv, sie sind auch verdammt schwer ausfindig zu machen, und wir können uns nicht einfach bequem zurechtsetzen und sie »beobachten«. Wir müssen uns schon näher damit einlassen und aktiv nach ihnen *suchen*, sonst sitzen wir da, bis wir schwarz werden. Poincaré hatte schon recht, es *muß* eine unbewußte Auswahl der Tatsachen geben, die wir beobachten wollen.

Was einen guten Mechaniker – oder Mathematiker – von einem schlechten unterscheidet, ist eben diese Fähigkeit, auf der Grundlage der Qualität die brauchbaren Tatsachen aus der Vielzahl der überflüssigen *auszusondern*. Es muß ihm *etwas daran liegen!* Das ist eine Fähigkeit, über die sich die traditionelle wissenschaftliche Methode ausschweigt. Es wäre längst an der Zeit, sich eingehender mit dieser qualitativen Vorauswahl der Tatsachen zu beschäftigen, die anscheinend von denselben Leuten, die so viel Aufhebens von den Tatsachen machen, nachdem sie »beobachtet« worden sind, bislang geflissentlich übersehen wurde. Dann wird man, glaube ich, feststellen, daß durch die förmliche Anerkennung der Rolle der Qualität im wissenschaftlichen Prozeß das empirische Prinzip keineswegs beeinträchtigt wird. Im Gegenteil, es würde erweitert, gestärkt und der wirklichen wissenschaftlichen Praxis viel nähergebracht.

Ich glaube, das Grundübel, das hinter dem Problem des Festsitzens steckt, ist die in der traditionellen Rationalität so überbetonte »Objektivität«, die Theorie, daß die Wirklichkeit in Subjekt und Objekt gespalten sei. Echte Wissenschaft verlangt gemäß dieser Theorie, daß diese Trennung strikt beachtet wird. »Du bist der Mechaniker. Dort ist das Motorrad. Ihr seid auf ewig voneinander getrennt. Du machst damit dies. Du machst damit jenes. Dies werden die Resultate sein.«

Diese auf ewig dualistische, auf die Subjekt-Objekt-Spaltung fixierte Art, an das Motorrad heranzugehen, kommt uns richtig vor, weil wir sie gewöhnt sind. Aber sie ist nicht richtig. Sie ist von jeher eine der Realität *aufgesetzte*, konstruierte Interpretation gewesen. Sie ist nie die Realität selbst gewesen. Wenn dieser Dualismus vorbehaltlos akzeptiert wird, bleibt eine gewisse ungeteilte Beziehung zwischen dem Mechaniker und dem Motorrad, ein handwerkliches Gefühl für die Arbeit, auf der Strecke. Wenn die traditionelle Rationalität die Welt in Subjekt und Objekt aufteilt, schließt sie die Qualität aus, aber wenn man wirklich festsitzt, erfährt man nur aus der Qualität und nicht aus irgendwelchen Subjekten oder Objekten, welchen Weg man einschlagen muß.

Es steht zu hoffen, daß wir durch die Wiederbesinnung auf die Qualität die technische Arbeit aus dem lieblosen Subjekt-Objekt-Dualismus herausführen und in die handwerksmäßige, persönlichen Einsatz fordernde Wirklichkeit zurückholen können, die uns die Tatsachen erkennen läßt, die wir brauchen, wenn wir festsitzen.

Ich stelle mir einen langen Güterzug vor, eine dieser aus 120 Waggons zusammengesetzten Transportschlangen, die ständig über die Prärien gleiten und Holz oder Agrarprodukte nach dem Osten und Autos oder andere Industriegüter nach dem Westen befördern. Ich will diesen Eisenbahnzug »Wissen« nennen und ihn in zwei Teile zerlegen: Klassisches Wissen und Romantisches Wissen.

Das klassische Wissen, das von der Kirche der Vernunft gelehrte Wissen, wäre in diesem Vergleich die Lokomotive mit allen Waggons. Alle zusammen, mit allem, was drin ist. Wenn man den Zug in Teile zerlegt, findet man nirgends Romantisches Wissen. Und wenn man nicht aufpaßt, kommt man leicht zu dem Schluß, daß dies schon der ganze Zug ist. Das heißt aber nicht, daß das Romantische Wissen nicht existent oder auch nur unwichtig wäre. Es heißt nur, daß die Definition des Zuges bis jetzt statisch und sinnlos ist. Das wollte ich zum Ausdruck bringen, als ich neulich in South Dakota von zwei selbständigen Dimensionen der Existenz sprach. Es sind zwei selbständige Arten, den Zug zu *sehen*.

Romantische Qualität ist in diesem Vergleich kein »Teil« des Zuges. Sie ist die Leitkante der Lok, eine zweidimensionale Fläche ohne große Bedeutung, es sei denn, man begreift, daß der Zug kein statisches Etwas ist. Ein Zug ist gar kein Zug, wenn er nirgendwo hinfahren kann. Als wir den Zug untersuchten und ihn in Teile zerlegten, haben wir ihn unbewußt angehalten, so daß der Gegenstand unserer Untersuchung gar kein Zug ist. Deswegen sitzen wir fest.

Der echte Zug des Wissens ist nichts Statisches, das man anhalten und in Teile zerlegen kann. Er ist immer in Fahrt. Auf einem

Gleis namens Qualität. Und die Lok und die 120 Güterwagen fahren nie woanders hin, als wo das Gleis der Qualität sie hinführt; und die romantische Qualität, die Leitkante der Lok, führt sie das Gleis entlang.

Romantische Realität ist die Schneide der Erfahrung. Sie ist die Leitkante des Wissenszuges, die den ganzen Zug auf dem Gleis hält. Das traditionelle Wissen ist nur die kollektive Erinnerung daran, wo diese Leitkante schon überall gewesen ist. An der Leitkante gibt es keine Subjekte, keine Objekte, nur das in die Ferne laufende Gleis der Qualität, und wenn man keine formale Möglichkeit hat, diese Qualität zu bewerten, keine Möglichkeit, sie zu erkennen, dann weiß der ganze Zug nicht, wohin er fahren soll. Dann herrscht nicht reine Vernunft – dann herrscht reine Konfusion. Die Leitkante ist die Stelle, wo sich alles entscheidet. Die Leitkante enthält all die unendlich zahlreichen Möglichkeiten der Zukunft. Sie enthält die gesamte Geschichte der Vergangenheit. Worin sollten sie sonst auch enthalten sein?

Die Vergangenheit kann sich nicht der Vergangenheit entsinnen. Die Zukunft kann nicht die Zukunft hervorbringen. Die Schneide eben dieses Augenblicks, des Hier und Jetzt, ist nie weniger als die Totalität alles Seienden.

Wert, die Leitkante der Realität, ist dann kein unbedeutender Ableger der Struktur mehr. Wert ist der Vorläufer der Struktur. Er ist das präintellektuelle Bewußtsein, das Struktur entstehen läßt. Unsere strukturierte Realität ist das Ergebnis einer wertenden Vorauswahl, und um strukturierte Realität wirklich zu verstehen, müssen wir die Wertquelle kennen, der sie entsprungen ist.

Das rationale Verständnis, das man von einem Motorrad hat, wandelt sich daher von Minute zu Minute, während man an der Maschine arbeitet und einsieht, daß ein neues und anderes rationales Verständnis einen höheren Qualitätsgehalt hat. Man klammert sich nicht mehr an abgestandene alte Ideen, weil man einen unmittelbaren rationalen Grund hat, sie zu verwerfen. Die Wirklichkeit ist nicht mehr statisch. Sie ist kein Komplex von Ideen mehr, die man entweder bekämpfen oder mit denen man sich abfinden muß. Sie besteht zum Teil aus Ideen, die wachsen sollen, wie man selbst wächst, wie wir alle wachsen, Jahrhundert um Jahrhundert. Mit Qualität als einem zentralen undefinierten Begriff ist die Realität ihrem innersten Wesen nach nicht statisch, sondern dynamisch. Und wenn man wirklich versteht, was dynamische Realität ist, fährt man sich nie mehr fest. Sie hat Formen, aber die Formen sind wandlungsfähig.

Um es konkreter auszudrücken: Wenn man eine Fabrik bauen, ein Motorrad richten oder eine Nation auf den rechten Weg bringen will, ohne sich festzufahren, so reicht klassisches, strukturiertes, dualistisches Subjekt-Objekt-Wissen, obwohl notwendig, nicht aus. Man muß Sinn für die Qualität der Arbeit haben. Man muß fühlen, was gut ist. *Das* bringt einen vorwärts. Dieses Gespür ist nicht einfach nur etwas, womit man auf die Welt kommt, obwohl man es von Geburt an besitzt. Man kann es auch pflegen und weiterentwickeln. Es ist nicht bloß »Intuition«, nicht bloß eine unerklärliche »Gabe«, ein »Talent«. Es ist das unmittelbare Ergebnis der Berührung mit der grundlegenden *Realität,* Qualität, die von der dualistischen Vernunft bislang gerne verheimlicht wurde.

Das alles hört sich, wenn man es so ausdrückt, so weit hergeholt und esoterisch an, daß man richtig erschrickt, wenn man entdeckt, daß es in Wahrheit die hausbackensten, handgreiflichsten Ansichten über die Wirklichkeit sind, die man überhaupt haben kann. Harry Truman, ausgerechnet der, fällt mir ein, wie er über das Regierungsprogramm seiner Administration folgendes sagte: »Wir werden es einfach damit probieren ... und wenn nichts Rechtes dabei herauskommt ... nun, dann werden wir eben etwas anderes probieren.« Das ist vielleicht kein wörtliches Zitat, aber dem Sinne nach stimmt es.

Die Realität der amerikanischen Regierung ist nicht statisch, sagte er, sondern *dynamisch.* Wenn wir nicht zufrieden sind, werden wir uns was Besseres suchen. Die amerikanische Regierung wird sich nicht an irgendeinen Komplex versponnener doktrinärer Ideen klammern.

Das Schlüsselwort ist »besser« – Qualität. Manche werden sagen, daß die innere Form der amerikanischen Regierung doch festgefahren sei, doch unfähig sei, sich in Richtung auf Qualität hin zu wandeln, aber dieses Argument hält nicht stand. Der springende Punkt ist, daß der Präsident und jedermann sonst, vom extremsten Linksradikalen bis zum extremsten Reaktionär, einhellig der Meinung sind, daß die Regierungspolitik sich auf Qualität zu wandeln *sollte,* wenn sie es auch vielleicht nicht tut. Phaidros' Vorstellung von der sich wandelnden Qualität als Realität, einer so übermächtigen Realität, daß ganze Regierungen sich wandeln müssen, um mit ihr Schritt zu halten, ist eine Vorstellung, an die wir von jeher alle stillschweigend geglaubt haben.

Und was Harry Truman sagte, unterschied sich im Grunde überhaupt nicht von der praktischen, pragmatischen Einstellung jedes Wissenschaftlers im Labor, jedes Ingenieurs und jedes Mechanikers, wenn er im Lauf seiner täglichen Arbeit nicht »objektiv« denkt.

Ich verkünde da unentwegt verstiegenste Theorien, aber irgendwo ist es doch immer wieder alltäglich und selbstverständlich, die reinste Volksweisheit. Diese Qualität, das Gefühl für die Arbeit, ist etwas, was man in jeder Werkstatt kennt.

Aber jetzt wollen wir endlich wieder auf unsere Schraube zurückkommen.

Versuchen wir es einmal mit einer Neubeurteilung der Situation, indem wir annehmen, daß Ihr Festsitzen, der Nullpunkt des Bewußtseins, nicht die schlimmste aller denkbaren Situationen, sondern die bestmögliche Situation ist, in der Sie sich befinden können. Schließlich und endlich ist es eben dieses Festsitzen, auf das die Zen-Buddhisten mit so viel Mühen absichtlich hinarbeiten – durch Koans, Atemübungen, Sitzen in der Stille und ähnliches. Ihr Geist ist leer, Sie haben »losgelassen«, nehmen die geistige Haltung des »steten Anfangens« ein. Sie sind ganz vorn an der Spitze des Wissenszuges, direkt auf dem Gleis der Realität. Nehmen Sie einmal an, daß dies nicht ein Augenblick ist, den Sie fürchten müssen, sondern den Sie pflegen sollten. Wenn Ihr Geist wirklich und zutiefst festsitzt, sind Sie vielleicht besser dran, als wenn er voller Ideen steckt.

Die Lösung für das Problem erscheint zunächst oft unwichtig oder gar nicht wünschenswert, aber der Zustand des Festsitzens bewirkt, daß sie mit der Zeit ihre wahre Bedeutung offenbart. Sie kam Ihnen nur deshalb unbedeutend vor, weil Ihre frühere starre Bewegung, die dazu führte, daß Sie festsitzen, sie als unbedeutend erscheinen ließ.

Erwägen Sie aber nun einmal die Tatsache, daß dieser Zustand des Festsitzens, ganz gleich, wie sehr Sie sich an ihn klammern, unweigerlich verschwinden wird. Ihr Geist wird sich ganz natürlich und frei auf eine Lösung zubewegen. Sie können das gar nicht verhindern, es sei denn, Sie sind ein wahrer Meister im Festsitzen. Die Angst vor dem Festsitzen ist unbegründet, denn je länger Sie festsitzen, um so deutlicher sehen Sie die Qualität-Realität, die Sie jedesmal wieder eine Lösung finden läßt. Der *eigentliche* Grund dafür, daß Sie festsitzen, liegt darin, daß Sie vor dem Festsitzen durch die Waggons Ihres Wissenszuges davongelaufen sind, auf der Suche nach einer Lösung, die nur an der Spitze des Zuges zu finden ist.

Man sollte das Festsitzen nicht zu vermeiden suchen. Es ist der psychische Vorläufer jedes echten Verstehens. Die ichlose Hinnahme des Festsitzens ist ein Schlüssel zum Verstehen jeglicher Qualität, in der Mechanikerarbeit ebenso wie in allen anderen Bereichen menschlichen Strebens. Dieses Erfassen der Qualität, wie es sich im Festsitzen offenbart, ist oft der Grund dafür, weshalb die Autodidakten unter den Mechanikern oft so sehr viel mehr zuwege bringen als regulär ausgebildete Leute, die alles gelernt haben, nur nicht, wie man mit einer neuen Situation fertig wird.

Schrauben sind normalerweise so billig und klein und simpel, daß man sie für unwichtig hält. Jetzt aber, wo das Qualitätsbewußtsein geschärft ist, wird einem klar, daß diese eine, bestimmte, besondere Schraube weder billig noch klein, noch unwichtig ist. In diesem Augenblick ist die Schraube genau den Kaufpreis des ganzen Motorrads wert, weil das Motorrad völlig wertlos ist, solange man die Schraube nicht herausbekommt. Hand in Hand mit dieser Neubewertung der Schraube geht die Bereitschaft, unser Wissen von ihr zu erweitern.

Ich würde meinen, daß diese Wissenserweiterung zu neuen Erkenntnissen darüber führen könnte, was die Schraube wirklich ist. Wenn Sie sich auf sie konzentrieren, über sie nachdenken, lange genug an ihr festsitzen, dann werden Sie, so meine ich, mit der Zeit einsehen, daß die Schraube immer weniger ein für eine Klasse typisches Objekt ist und immer mehr zu einem einmaligen Objekt wird. Und wenn Sie sich dann noch stärker konzentrieren, werden Sie die Schraube allmählich nicht einmal mehr als Objekt sehen, sondern als eine Gesamtheit von Funktionen. Das Festsitzen eliminiert nach und nach die herkömmlichen Denkmuster.

In der Vergangenheit, als Sie Subjekt und Objekt streng zu trennen gewohnt waren, wurde Ihr Denken darüber sehr starr. Sie bildeten eine Klasse mit der Bezeichnung »Schraube«, die unumstößlich schien und realer als die Realität, die Sie vor sich sahen. Und wenn Sie festsaßen, wußten Sie keinen Ausweg, weil Ihnen nichts Neues einfiel, weil Sie nichts Neues *sehen* konnten.

Jetzt, da es darum geht, diese Schraube herauszubekommen, interessieren Sie sich nicht dafür, was sie *ist*. Was sie *ist*, hat aufgehört, eine Denkkategorie zu sein, und ist zu einer fortwährenden direkten Erfahrung geworden. Sie ist nicht mehr in den Güterwaggons, sondern vorn an der Spitze des Zuges und zu einem Wandel fähig. Sie interessieren sich dafür, was die Schraube für eine *Funktion* hat und warum sie sie hat. Sie stellen funktionale Fragen. Und mit Ihren Fragen geht eine unbewußte Qualitätsauslese einher, die identisch ist mit der Qualitätsauslese, die Poincaré zu den Fuchsschen Gleichungen führte.

Wie Ihre Lösung dann tatsächlich aussieht, ist unwichtig, sofern sie nur Qualität aufweist. Gedanken über die Schraube als eine Kombination von Starrheit und Haftfähigkeit und über ihre spiralförmige Befestigung könnten ganz von selbst zu mechanischen Verfahren, die Verklemmung zu lösen, oder zur Anwendung eines Rostlösemittels führen. Das ist *ein* Qualitätsgleis. Ein anderes Gleis könnte dahin führen, daß Sie in eine Bibliothek gehen und einen Katalog von Mechanikerwerkzeugen durchblättern, in dem Sie vielleicht auf einen geeigneten Schraubenrausdreher stoßen. Oder einen Freund anrufen, der etwas von Mechanikerarbeit versteht. Oder die Schraube einfach herausbohren oder mit einem Schweißbrenner herausbrennen. Vielleicht würden Sie sogar aufgrund Ihrer meditativen Beschäftigung mit der Schraube ein Verfahren zur Herauslösung festsitzender Schrauben erfinden, das völlig neu und allen bekannten Verfahren überlegen und patentfähig ist und Sie in fünf Jahren zum Millionär macht. Man weiß nie, wohin das Qualitätsgleis führt. Die Lösungen sind alle einfach – wenn man sie gefunden hat. Aber sie sind nur dann einfach, wenn man sie schon kennt.

Der Highway 13 folgt einem anderen Arm unseres Flusses, aber jetzt führt er flußaufwärts, durch eine verschlafene Landschaft mit alten Städtchen, die um Sägewerke herum entstanden sind. Wenn man von einer Bundes- auf eine Staatsstraße wechselt, fühlt man sich öfter so in die Vergangenheit zurückversetzt. Hübsche Berge, ein hübscher Fluß, eine holprige, aber angenehm zu fahrende Teerstraße ... alte Häuser, alte Leute auf einer Veranda ... eigenartig, daß einem alte, veraltete Häuser und Fabriken, die Technik von vor fünfzig oder hundert Jahren, immer so viel besser gefallen als die neueren Bauten. Unkraut und Gras und Wildblumen wachsen, wo der Beton rissig geworden und abgebröckelt ist. Schnurgerade, rechtwinklige, senkrechte Linien krümmen sich nun oder hängen durch. Die gleichförmigen großen Farbflächen frisch aufgetragener Anstriche lockern sich auf in fleckiger, verwitterter Unordnung. Die Natur hat ihre eigene Nichteuklidische Geometrie, die der zielbewußten Objektivität dieser Gebäude eine Art von zufälliger Spontaneität verleiht, an der sich die Architekten ein Beispiel nehmen könnten.

Schon bald lassen wir den Fluß und die verschlafenen alten Häuser hinter uns und erreichen nach einer Steigung ein trockenes Plateau mit Wiesen. Die Straße wellt sich und wirft sich und schaukelt so stark, daß ich nicht schneller als fünfzig fahren kann. In dem Asphalt sind ein paar böse Schlaglöcher, und ich muß aufpassen, ob noch mehr kommen.

Wir sind es inzwischen gewohnt, lange Strecken zurückzulegen. Etappen, die uns in den Dakotas noch elend lang vorgekommen wären, machen uns jetzt nichts mehr aus. Auf dem Motorrad zu sitzen, erscheint uns jetzt schon als die natürlichere Art des Daseins. Wir sind in einer Gegend, die ich nicht kenne, einer Landschaft, die ich noch nie gesehen habe, aber ich fühle mich trotzdem nicht fremd hier.

Auf der höchsten Stelle des Plateaus, in Grangeville, Idaho, treten wir aus der Gluthitze in ein klimatisiertes Restaurant. Drinnen ist es sehr kühl. Während wir auf unsere Malzmilch warten, beobachte ich einen jungen Burschen an der Theke, der mit dem Mädchen, das neben ihm sitzt, Blicke tauscht. Sie ist hinreißend, und ich bin nicht der einzige andere, der das gemerkt hat. Die Bedienung hinter der Theke beobachtet die beiden ebenfalls und glaubt, niemand sähe, wie sie sich ärgert. Irgend so eine Dreiecksgeschichte. Immer wieder gehen wir unbemerkt durch kurze Augenblicke im Leben anderer Menschen.

Wieder draußen in der Hitze, und gleich hinter Grangeville sehen wir, daß das trockene Plateau, das eben noch wie eine Prärie aussah, jäh in einen riesigen Canyon abbricht. Ich sehe, daß sich unsere Straße in zahllosen Haarnadelkurven in eine Wüste hinabwinden wird, die nur aus nackter Erde und Gesteinsbrocken besteht. Ich gebe Chris einen Klaps aufs Knie und zeige hinunter, als wir in einer

Kurve sind, von der aus man alles überblickt, und ich höre ihn ausrufen: »Mann!«

Wo das Gefälle beginnt, schalte ich in den Dritten zurück und nehme das Gas weg. Mit schiebender Maschine und gelegentlichen Fehlzündungen geht's hinunter.

Als wir den Grund dieses Canyons, oder was immer es sein mag, erreicht haben, sind wir viele hundert Meter tiefer. Ich schaue noch einmal über die Schulter hinauf und sehe hoch droben ameisengleich die Autos. Jetzt müssen wir durch diese glühheiße Wüste, wohin die Straße auch führen mag.

25

Heute vormittag habe ich eine Lösung für das Problem des Festsitzens erörtert, dieses klassische Übel, dessen Wurzel die traditionelle Vernunft ist. Jetzt ist es Zeit, daß wir uns dem romantischen Gegenstück zuwenden, der Häßlichkeit der Technik, die ebenfalls auf das Konto der traditionellen Vernunft geht.

Die Straße hat nach vielen Windungen und dem Auf und Ab kahler Hügel einen schmalen Streifen Grün um die Stadt White Bird passiert und dann einen breiten, schnellfließenden Fluß erreicht, den Salmon, der von hohen Canyonwänden eingeschlossen ist. Die Hitze ist unerträglich hier, und die weißen Felswände gleißen in der prallen Sonne. Kurve reiht sich an Kurve auf dem Grund des engen Canyons, wir sind nervös wegen des schnellen Verkehrs, und die Gluthitze macht uns immer mehr zu schaffen.

Die Häßlichkeit, vor der die Sutherlands auf der Flucht waren, ist der Technik nicht von Natur aus eigen. Sie hatten nur diesen Eindruck, weil es so schwierig ist zu ergründen, was denn an der Technik so häßlich ist. Aber Technik ist einfach das Anfertigen von Sachen, und das Anfertigen von Sachen an sich kann nicht häßlich sein, denn sonst wäre kein Platz für Schönheit in der Kunst, die ebenfalls das Anfertigen von Sachen einschließt. Die griechische Wurzel des Wortes Technik, *techne*, hatte sogar die Bedeutung »Kunst«. Die alten Griechen trennten in ihrer Vorstellung Kunst nie von Handwerk und hatten deshalb für beides nur ein Wort.

Und die Häßlichkeit ist auch nicht in den Materialien der modernen Technologie angelegt – was bisweilen behauptet wird. In Massenproduktion hergestellte Kunststoffe und Synthetics sind nicht an sich schlecht. Sie wecken nur schlechte Assoziationen. Wenn einer den größten Teil seines Lebens hinter steinernen Gefängnismauern verbracht hat, wird er wahrscheinlich Stein als ein dem Wesen nach häßliches Material ansehen, obwohl Stein auch ein Material ist, aus dem Bildwerke geschaffen werden, und wenn einer im Gefängnis häßlicher Kunststoff-Technologie gelebt hat, die mit den Spielsachen seiner Kindheit begann und sich sein Leben lang in schundigen Massenartikeln fortsetzte, wird er dieses Material wahrscheinlich als dem Wesen nach häßlich ansehen. Aber die eigentliche Häßlichkeit der modernen Technik ist nicht in irgendwelchen Materialien oder Formen oder Akten oder Produkten zu finden. Das sind nur die Objekte, denen die schlechte Qualität scheinbar innewohnt. Unsere Gewohnheit, Subjekten oder Objekten Qualität beizumessen, ruft diesen Eindruck hervor.

Die eigentliche Häßlichkeit ist nicht das Resultat irgendwelcher Objekte der Technik. Und sie ist, wenn man Phaidros' Metaphysik folgen will, auch nicht das Resultat irgendwelcher Subjekte der Technik, der Menschen, die sie herstellen, oder der Menschen, die sich ihrer bedienen. Qualität, oder ihr Fehlen, ist weder im Subjekt noch im Objekt. Die eigentliche Häßlichkeit liegt in der Beziehung zwischen den Menschen, die die Technik hervorbringen, und den Dingen, die sie herstellen, was zu einer ähnlichen Beziehung zwischen den Menschen, die sich der Technik bedienen, und den Dingen, derer sie sich bedienen, führt.

Phaidros war überzeugt, daß es im Augenblick reiner Qualitätswahrnehmung, oder nicht einmal Wahrnehmung, im Augenblick reiner Qualität, weder Subjekt noch Objekt gibt. Es gibt nur einen Sinn für Qualität, aus dem dann die Wahrnehmung von Subjekten und Objekten hervorgeht. Im Augenblick reiner Qualität sind Subjekt und Objekt identisch. Das ist die Wahrheit des *tat tvam asi* der Upanishaden. Diese Identität ist die Grundlage handwerklichen Könnens in allen technischen Künsten. Und eben diese Identität ist in der modernen, dualistisch aufgefaßten Technologie verlorengegangen. Ihr

Schöpfer identifiziert sich nicht weiter mit ihr. Ihr Besitzer identifiziert sich nicht weiter mit ihr. Ihr Benutzer identifiziert sich nicht weiter mit ihr. Deshalb hat sie, nach Phaidros' Definition, keine Qualität.

Diese Mauer, die Phaidros in Korea sah, war ein Werk der Technologie. Sie war schön, aber nicht aufgrund meisterlicher intellektueller Planung oder wissenschaftlicher Überwachung des Baus, und auch nicht aufgrund zusätzlicher Aufwendungen zu ihrer »Stilisierung«. Sie war schön, weil die Menschen, die an ihr gearbeitet hatten, eine Art hatten, die Dinge zu sehen, die bewirkte, daß sie es unbewußt richtig machten. Sie distanzierten sich nicht in einer solchen Weise von der Arbeit, daß sie sie falsch gemacht hätten. Das ist der Kernpunkt der ganzen Lösung.

Man kann den Konflikt zwischen menschlichen Werten und technologischen Erfordernissen nicht lösen, indem man vor der Technologie davonläuft. Das ist unmöglich. Um den Konflikt zu lösen, muß man die Hindernisse dualistischen Denkens niederreißen, die jedem echten Verständnis des Wesens der Technologie im Wege stehen – man darf also nicht die Natur ausbeuten, sondern muß Natur und menschlichen Geist zu einer neuen Schöpfung verschmelzen, die über beides hinausgreift. Wenn dieses Hinausgreifen bei einem Ereignis wie dem ersten Flug über den Atlantik oder dem ersten Schritt auf dem Mond stattfindet, erhält die Öffentlichkeit so etwas wie eine Ahnung von der transzendenten Natur der Technologie. Aber dieses Hinausgreifen sollte auch im individuellen, persönlichen Bereich, in unserem eigenen Leben vorkommen, wenn auch auf weniger dramatische Art.

Die Wände des Canyons hier sind jetzt absolut senkrecht. An vielen Stellen mußte der Platz für die Straße aus dem Fels gesprengt werden. Ausweichrouten gibt es hier nicht. Man fährt immer dicht am Fluß entlang. Es kann sein, daß ich es mir nur einbilde, aber mir scheint, daß der Fluß schon schmaler ist als noch vor einer Stunde.

Solch ein persönliches »Transzendieren« von Konflikten mit der Technologie muß natürlich nicht unbedingt etwas mit Motorrädern zu tun haben. Es kann bei so einfachen Verrichtungen wie dem Schärfen eines Küchenmessers, dem Nähen eines Kleides oder dem Reparieren eines zerbrochenen Stuhls geschehen. Die zugrundeliegenden

Probleme sind immer dieselben. In jedem Fall gibt es eine schöne und eine häßliche Art, es zu tun, und um zu dieser qualitätsvollen, schönen Art, es zu tun, zu gelangen, braucht man sowohl die Fähigkeit zu erkennen, was »gut aussieht«, als auch die Fähigkeit, die grundlegenden Methoden zu verstehen, mit denen dieses »Gute« zu erreichen ist. Die klassische und die romantische Auffassung von Qualität müssen kombiniert werden.

Unsere Kultur ist so geartet, daß einer, der sich über die richtige Ausführung irgendeiner dieser Tätigkeiten unterrichten wollte, immer nur Anweisungen fände, die nur auf der einen, der klassischen Auffassung von Qualität beruhen. Er würde erfahren, wie er die Klinge halten muß, wenn er ein Messer schärft, oder wie er die Nähmaschine bedienen oder wie er den Klebstoff mischen und auftragen muß, alles mit der stillschweigenden Voraussetzung, daß bei Anwendung dieser grundlegenden Methoden das »Gute« sich ganz von selbst ergäbe. Die Fähigkeit, unmittelbar zu sehen, was »gut aussieht«, bliebe unerwähnt.

Das Ergebnis ist recht typisch für die moderne Technik, ein trostloser, fader äußerer Gesamteindruck, der so niederschmetternd ist, daß er »stilisiert« werden muß, um hingenommen zu werden. Und das macht für jeden, der für romantische Qualität empfänglich ist, alles nur noch schlimmer. Dieses Verfahren führt nicht nur zu niederschmetternden, trostlosen Ergebnissen, es ist auch unecht und verlogen. Nimmt man beides zusammen, erhält man eine recht treffende Beschreibung der modernen amerikanischen Technologie: stilisierte Autos und stilisierte Außenbordmotoren und stilisierte Schreibmaschinen und stilisierte Kleider. Stilisierte Kühlschränke voll stilisierter Lebensmittel in stilisierten Küchen in stilisierten Häusern. Stilisiertes Plastikspielzeug für stilisierte Kinder, die zu Weihnachten und an Geburtstagen mit dem Stil ihrer stilisierten Eltern harmonieren. Man muß selbst ganz schön stilisiert sein, um das nicht ab und zu gründlich satt zu bekommen. Der Stil ist es, der einem so auf die Nerven geht; technologische Häßlichkeit kaschiert mit romantischer Verlogenheit zur Erzielung von Schönheit und Profit von Leuten, die, obzwar stilbewußt, nicht wissen, wo sie anfangen sollen, weil ihnen nie einer gesagt hat, daß es auf dieser Welt so etwas wie Qualität gibt, und daß sie echt ist, nicht stilisiert. Qualität ist nichts, womit man Subjekte und Objekte behängen kann wie einen Christbaum mit

Rauschgold. Echte Qualität muß die Quelle der Subjekte und Objekte sein, der Tannenzapfen, aus dem der Christbaum wachsen muß.

Um zu *dieser* Qualität zu gelangen, braucht man ein etwas anderes Verfahren als die »Schritt 1, Schritt 2, Schritt 3«-Anweisungen, wie sie die dualistische Technologie begleiten, und damit will ich mich jetzt näher befassen.

Nach vielen Windungen des Canyons halten wir unter einem kleinen Klumpen aus Gestrüpp, Bäumchen und Felsbrocken an, um ein bißchen zu rasten. Das Gras unter den Bäumen ist versengt und braun und mit Picknick-Abfällen übersät.

Ich lasse mich im Schatten auf den Boden fallen, und nach einer Weile blinzle ich zum Himmel hinauf, den ich mir nicht mehr richtig angesehen habe, seit wir in diesem Canyon sind. Da oben ist er, hoch über den Wänden des Canyons, kühl und dunkelblau und sehr weit weg.

Chris geht nicht mal hinüber, um sich den Fluß anzusehen, was er normalerweise tun würde. Er ist genauso müde wie ich und froh, im spärlichen Schatten dieser Bäumchen sitzen zu können.

Nach einer Weile sagt er, da drüben, zwischen uns und dem Fluß, sei etwas, das wie eine alte gußeiserne Pumpe aussehe. Er zeigt hin, und ich sehe, was er meint. Er geht hinüber, und ich kann sehen, wie er sich Wasser in die Hand pumpt und es sich ins Gesicht spritzt. Ich gehe hinüber und pumpe für ihn, damit er beide Hände nehmen kann. Dann mache ich es genauso. Das Wasser fühlt sich kühl an auf Händen und Gesicht. Als wir fertig sind, gehen wir zum Motorrad zurück, sitzen auf und fahren weiter auf der Canyonstraße.

Aber nun wieder zu dieser Lösung. In dieser Chautauqua haben wir bisher das ganze Problem der technologischen Häßlichkeit immer nur negativ gesehen. Es wurde gesagt, daß romantische Einstellungen zur Qualität, wie sie die Sutherlands haben, von vornherein hoffnungslos sind. Von oberflächlichen Gefühlen allein läßt sich nicht leben. Man muß auch mit der inneren Form des Universums arbeiten, den Naturgesetzen, die, richtig verstanden, die Arbeit leichter und Krankheit seltener machen und Hungersnot fast ganz beseitigen können. Andererseits ist die auf reine dualistische Vernunft gegründete Technologie auch dafür verdammt worden, daß sie uns diese materiellen Vorteile beschert, indem sie die Welt in einen stilisierten Abfallhaufen verwandelt. Jetzt ist es an der Zeit, nicht mehr bloß zu verdammen, sondern Antworten anzubieten.

Die Antwort finden wir in Phaidros' Aussage, daß die klassische Anschauungsweise nicht mit romantischer Hübschheit *überdeckt* werden sollte; klassische und romantische Anschauung sollten auf einer Grundstufe vereint werden. In der Vergangenheit war das uns allen gemeinsame Universum der Vernunft stets darauf bedacht, der romantischen, irrationalen Welt des prähistorischen Menschen zu entkommen, sie zu verwerfen. Schon seit vorsokratischen Zeiten war es notwendig, die Leidenschaften, die Emotionen zu verwerfen, um den rationalen Geist frei zu machen für das Verständnis der Ordnung der Natur, die damals noch unbekannt war. Jetzt ist es an der Zeit, das Verständnis der Ordnung der Natur zu fördern, indem die Leidenschaften, denen man ursprünglich zu entkommen suchte, wieder einbezogen werden. Auch die Leidenschaften, die Emotionen, der affektive Bereich des menschlichen Bewußtseins, sind Teil der natürlichen Ordnung. Der zentrale Teil.

Im Augenblick ersticken wir in einer Flut wahlloser Datensammlerei in den Naturwissenschaften, weil es keinerlei rationalen Rahmen für ein Verständnis der wissenschaftlichen Kreativität gibt. Und wir ersticken außerdem in einer Flut bloßer stilistischer Experimente in der Kunst – einer verdünnten Kunst –, weil es sehr wenig Assimilation von innerer Form, sehr wenig Ausweitung in diese Bereiche gibt. Wir haben Künstler, die naturwissenschaftlich völlig unbewandert sind, und Wissenschaftler, die künstlerisch völlig unbewandert sind; beiden Gruppen fehlt jeder geistige Ernst, und das Resultat ist nicht nur betrüblich, sondern einfach entsetzlich. Die Vereinigung von Kunst und Technik ist längst überfällig.

Bei den DeWeeses fing ich an, über Seelenfrieden im Zusammenhang mit technischer Arbeit zu reden, mußte mich aber auslachen lassen, weil ich die Frage aus dem Kontext herausgelöst hatte, in dem sie sich mir ursprünglich gestellt hatte. Jetzt haben wir, glaube ich, den richtigen Kontext, um auf den Seelenfrieden zurückzukommen und uns näher anzusehen, was ich damit meinte.

Seelenfrieden ist keineswegs eine oberflächliche Erscheinung bei der technischen Arbeit. Von ihm hängt alles ab. Was ihn hervorbringt, ist gute Arbeit, und was ihn zerstört, schlechte. Die technischen Daten, die Meßinstrumente, die Qualitätskontrolle, die letzte Überprüfung, das alles sind *Mittel* zu dem Zweck, den Seelenfrieden derer zu sichern, die für die Arbeit verantwortlich sind. Was am Ende wirklich zählt, ist ihr Seelenfrieden und sonst nichts. Der Grund dafür ist, daß dieser Seelenfrieden eine Vorbedingung für die Wahrnehmung einer Qualität ist, die jenseits von romantischer Qualität und klassischer Qualität liegt und beide vereinigt, einer Qualität, die den Arbeitsvorgang ständig begleiten muß. Um zu erkennen, was gut aussieht und warum es gut aussieht, und um bei der Arbeit *eins zu sein mit dieser Güte*, muß man eine innere Ruhe, einen Seelenfrieden entwickeln, damit die Güte durchscheinen kann.

Ich sage *inneren* Seelenfrieden. Er hat keine unmittelbare Beziehung zu äußeren Umständen. Er kann in einen meditierenden Mönch, in einen Soldaten mitten im härtesten Fronteinsatz oder in einen Facharbeiter einziehen, der gerade den letzten tausendstel Millimeter von einem Werkstück abhebt. Er setzt Selbstvergessenheit voraus, die zu einer vollständigen Identifikation mit den gegebenen Umständen führt, und es gibt zahllose Schichten dieser Identifikation und zahllose Ebenen der Ruhe, die genauso tief und genauso schwer zu erlangen sind wie die vertrauteren Schichten der Aktivität. Die Berge der Leistung sind Qualität, die nur in einer Richtung entdeckt wird, und sie sind relativ bedeutungslos und oft unerreichbar, wenn man sie nicht mit den Tiefseegräben der – vom Selbstbewußtsein so sehr verschiedenen – Selbsterkenntnis zusammenbringt, die aus dem inneren Seelenfrieden entsteht.

Dieser innere Seelenfrieden findet sich auf drei Ebenen. Physische Ruhe scheint am leichtesten zu erreichen, obwohl es auch hier zahllose Schichten gibt, wie es die indischen Mystiker durch ihre Fähigkeit beweisen, tagelang lebendig begraben zu liegen. Geistige Ruhe, in der man keinerlei ziellos umherschweifende Gedanken mehr hat, scheint schon schwieriger, ist aber zu erreichen. Aber die Ruhe im Vitalen, das Freisein von Wertungen, wenn man keinerlei Wünschen mehr nachhängt, sondern einfach wunschlos sein Leben lebt, die scheint am schwierigsten zu erlangen.

Ich habe schon manchmal gedacht, dieser innere Seelenfrieden, diese Ruhe sei jener Art stiller Zufriedenheit zu vergleichen, wenn nicht sogar gleichzusetzen, die sich manchmal einstellt, wenn man angeln geht, und die viel zur Beliebtheit dieser Sportart beiträgt. Einfach mit der Leine im Wasser dazusitzen und sich nicht zu rühren und eigentlich an gar nichts zu denken, sich auch um nichts zu kümmern, das löst offenbar die inneren Spannungen und Frustrationen, die uns gehindert haben, die Probleme zu lösen, die wir noch nicht gelöst haben, und Häßlichkeit und Unbeholfenheit in unser Tun und Denken gebracht haben.

Man braucht natürlich nicht vorher zum Angeln zu gehen, um sein Motorrad richten zu können. Es reicht, wenn man eine Tasse Kaffee trinkt, einmal um den Block geht oder vielleicht auch nur für fünf Minuten die Arbeit unterbricht und still wird. Wenn man das tut, spürt man beinahe, wie man diesem inneren Seelenfrieden entgegenwächst, der einem alles offenbart. Das, was uns dieser inneren Ruhe und der Qualität, die in ihr aufscheint, den Rücken kehren läßt, ist schlecht. Das, was sich ihr zuwendet, ist gut. Die Formen des Abwendens und Hinwendens sind zahlreich, aber das Ziel ist immer dasselbe.

Ich glaube, wenn dieser Begriff des inneren Seelenfriedens in die technische Arbeit eingeführt und zu ihrem Zentrum gemacht wird, kann eine Verschmelzung von klassischer und romantischer Qualität auf einer grundlegenden Stufe in einem praktischen Arbeitszusammenhang selber stattfinden. Ich habe gesagt, daß man diese Verschmelzung bei einer bestimmten Sorte geübter Mechaniker und Maschinenarbeiter buchstäblich sehen kann und daß man sie in der Arbeit sieht, die sie leisten. Zu sagen, sie seien keine Künstler, heißt das Wesen der Kunst mißverstehen. Sie widmen sich ihrer Arbeit mit Geduld, Sorgfalt und Aufmerksamkeit, aber das ist noch nicht alles – sie haben eine Art von innerem Seelenfrieden, der nicht bewußt herbeigeführt wird, sondern einer Art Harmonie mit der Arbeit entspringt, in der es kein Führen und keine Gefolgschaft gibt. Das Material und die Gedanken des Handwerkers wandeln sich gemeinsam in einer Folge sanfter, gleichmäßiger Veränderungen, bis sein Geist just in dem Augenblick zur Ruhe kommt, da das Material die richtige Form hat.

Wir alle erleben solche Augenblicke, wenn wir etwas tun, was wir wirklich tun wollen. Es ist nur, daß wir die unselige Gewohnheit angenommen haben, diese Augenblicke von der Arbeit zu trennen. Der Mechaniker, von dem ich spreche, nimmt diese Trennung nicht vor. Man sagt von ihm, er »interessiere« sich für das, was er macht, er nehme »inneren Anteil« an seiner Arbeit. Was diese Anteilnahme bewirkt, ist, an der Schneide des Bewußtseins, das Fehlen jeglichen Gefühls einer Getrenntheit von Subjekt und Objekt. »Bei der Sache sein«, »sich vertiefen«, »in seiner Arbeit aufgehen« – es gibt eine ganze Menge alltäglicher Redewendungen für das, was ich mit diesem Nichtvorhandensein einer Subjekt-Objekt-Spaltung meine, weil eben das, was ich damit meine, der Volksweisheit, dem gesunden Menschenverstand, dem praktischen Denken jedes Handwerkers ganz selbstverständlich ist. Aber in der Sprache der Wissenschaft finden sich kaum Worte für diese Aufhebung der Subjekt-Objekt-Spaltung, weil der wissenschaftliche Geist sich selber von dieser Art der Erkenntnis ausgeschlossen hat, indem er sich der formalen dualistischen wissenschaftlichen Betrachtungsweise verschrieb.

Zen-Buddhisten sprechen von einer Meditationsübung, die als »einfach sitzen« bezeichnet wird und bei der das Bewußtsein nicht von dem Gedanken der Dualität von Ich und Objekt beherrscht wird. Ich spreche hier von einer Art der Motorradwartung, die man als »einfach richten« bezeichnen könnte und bei der das Bewußtsein nicht von dem Gedanken der Dualität von Ich und Objekt beherrscht wird. Wenn einer nicht von dem Gefühl des Getrenntseins vom Gegenstand seiner Arbeit beherrscht ist, dann kann man von ihm sagen, daß er mit *Liebe zur Sache* an seine Arbeit geht. Liebe zur Sache ist im Grunde genommen ein Gefühl der Identifikation mit dem, was man tut. Wer dieses Gefühl hat, der sieht auch die andere Seite der Liebe zur Sache, die Qualität selbst.

Was man also anstreben sollte, wenn man an einem Motorrad oder irgendeiner anderen Aufgabe arbeitet, ist die Pflege des Seelenfriedens, der einen nicht von seiner Umgebung trennt. Wenn das gelingt, dann ergibt sich alles andere von selbst. Seelenfrieden erschafft richtige Werte, richtige Werte erschaffen richtige Gedanken. Richtige Gedanken bewirken richtiges Handeln, und richtiges Handeln bringt eine Arbeit hervor, die für andere ein sichtbares, materielles Spiegelbild der heiteren Ruhe sein wird, die im Zentrum aller Dinge ist. Das war es, was es mit der Mauer in Korea auf sich hatte. Sie war ein materielles Spiegelbild einer spirituellen Realität.

Ich glaube, wenn wir die Welt reformieren und ihre Unwirtlichkeit überwinden wollen, dürfen wir nicht über Beziehungen politischer Art reden, die unvermeidlich dualistisch sind, voller Subjekte und Objekte und deren Beziehungen zueinander; und auch keine Programme aufstellen, in denen nur von Dingen die Rede ist, die andere tun sollen. Ich glaube, wer das tut, beginnt am falschen Ende, hält das Ende für den Anfang. Programme politischer Art sind wichtige *Endprodukte* sozialer Qualität, die nur wirksam sein können, wenn die zugrundeliegende Struktur sozialer Werte richtig ist. Die sozialen Werte sind nur dann richtig, wenn die individuellen Werte stimmen. Der Ort für die Verbesserung der Welt ist zunächst einmal das eigene Herz, der eigene Kopf und die eigenen Hände, und von da aus kann man sich nach außen vorarbeiten. Andere mögen darüber sprechen, wie man am Geschick der Menschheit weiterbauen kann. Ich möchte nur darüber sprechen, wie man ein Motorrad richtet. Ich glaube, was ich zu sagen habe, ist von bleibenderem Wert.

Eine Stadt namens Riggins taucht auf, wir sehen eine Menge Motels, und nachher biegt die Straße aus dem Canyon aus und folgt einem kleineren Flüßchen. Sieht so aus, als würde sie in Wälder hinaufführen.

So ist es auch, und schon bald wird die Straße von hohen, kühlen Kiefern beschattet. Hinweisschilder auf Ferienhotels tauchen auf. Wir kurven immer höher hinauf in eine unverhofft liebliche, kühle, grüne Wiesenlandschaft inmitten von Kiefernwäldern. In einem Ort namens New Meadows tanken wir wieder und erstehen zwei Dosen Öl, immer noch verwundert über den raschen Wechsel.

Aber als wir aus New Meadows hinausfahren, merke ich, wie schräg die Sonnenstrahlen schon einfallen, und meine Stimmung beginnt zu sinken. Zu einer anderen Tageszeit würden mich diese Bergwiesen mehr erfrischen, aber heute sind wir schon zu lange gefahren. Wir passieren Tamarack, und die Straße fällt wieder von grünen Wiesen in trockenes Sandland ab.

Ich glaube, das ist alles, was ich in der heutigen Chautauqua sagen wollte. Es war eine lange Rede, und vielleicht die wichtigste. Morgen möchte ich von Dingen sprechen, die einen zur Qualität hin und von ihr weg führen, über einige der Fallen und Probleme, mit denen man es so zu tun bekommt.

Sonderbare Gefühle weckt das orangene Sonnenlicht in dieser sandigen trockenen Landschaft so weit von zu Haus. Ich würde gern wissen, ob Chris es auch empfindet. Eine unerklärliche Traurigkeit, die sich jeden Nachmittag einstellt, wenn der neue Tag für immer vorbei ist und nichts mehr vor einem liegt als zunehmende Dunkelheit.

Das Licht verfärbt sich von Orange zu einem matten Bronzeton und zeigt immer noch, was es den ganzen Tag gezeigt hat, aber zeigt es jetzt ohne Begeisterung. Jenseits dieser trockenen Hügel, in diesen kleinen Häusern dort hinten, sind Menschen, die den ganzen Tag dort waren, ihrem Tagewerk nachgingen, und die jetzt, anders als wir, nichts Ungewöhnliches, keine Veränderung an dieser eigenartigen, dunkelnden Landschaft finden. Wenn wir ihnen früh bei Tage begegneten, würden sie sich vielleicht fragen, wer wir sind und wozu wir hier sind. Aber jetzt am Abend wäre ihnen unsere Anwesenheit nur lästig. Es ist Feierabend, Zeit für Abendbrot und Familie, Entspannung und innere Einkehr daheim. Unbeachtet fahren wir auf dieser leeren Straße durch dieses fremde Land, das ich noch nie gesehen habe, und jetzt wird ein lastendes Gefühl der Isolation und Einsamkeit übermächtig, und meine Lebensgeister sinken mit der Sonne.

Wir halten an einem verlassen daliegenden Schulhof, und unter einer riesigen Pappel wechsle ich das Motoröl. Chris ist gereizt und will wissen, warum wir so lange halten, vielleicht weiß er nicht, daß es nur die Tageszeit ist, die ihn gereizt macht; aber ich lasse ihn die Karte studieren, während ich das Öl wechsle, und als der Ölwechsel gemacht ist, sehen wir uns zusammen die Karte an und beschließen, im nächsten guten Restaurant zu Abend zu essen und auf dem ersten guten Campingplatz zu zelten. Das muntert ihn auf.

In einer Stadt mit dem Namen Cambridge essen wir zu Abend, und als wir fertig sind, ist es dunkel draußen. Wir fahren dem Scheinwerferstrahl nach eine Nebenstraße Richtung Oregon entlang, bis an ein kleines Schild mit der Aufschrift »CAMPING-PLATZ BROWNLEE«, der anscheinend abseits in einem kleinen Tal liegt. Auf einem Fahrweg unter Bäumen und an Unterholz vorbei erreichen wir den kleinen Zeltplatz. Sonst scheint niemand da zu sein. Als ich den Motor abstelle und wir das Gepäck abladen, höre ich in der Nähe einen Bach plätschern. Bis auf das und das Piepsen eines kleinen Vogels ist nichts zu hören.

»Hier gefällt's mir«, sagt Chris.

»Schön ruhig hier«, sage ich.

»Wo fahren wir morgen hin?«

»Nach Oregon hinein.« Ich gebe ihm die Taschenlampe, damit er mir beim Auspacken leuchtet.

»Bin ich da schon mal gewesen?«

»Schon möglich, ich weiß es nicht genau.«

Ich breite die Schlafsäcke aus und lege seinen auf den Picknicktisch. Das ist etwas Neues, und er findet es gut. Diese Nacht werde ich bestimmt gut schlafen. Nicht lange, und ich höre an seinen gleichmäßigen Atemzügen, daß er schon eingeschlafen ist.

Ich wollte, ich wüßte, was ich mit ihm reden soll. Oder was ich ihn fragen soll. Manchmal ist er mir so nahe, und doch hat diese Nähe nichts mit dem zu tun, was gefragt oder gesagt wird. Dann wieder scheint er weit weg zu sein und mich von einem erhöhten Punkt aus zu betrachten, den ich nicht sehen kann. Und manchmal ist er einfach nur kindisch, und dann ist überhaupt keine Beziehung zwischen uns.

Manchmal, wenn ich darüber nachdachte, habe ich schon gedacht, daß die Vorstellung, wir hätten Zugang zum Denken und Fühlen anderer Menschen, nur eine Illusion ist, nur eine Redensart, eine Annahme, die eine Art von Verständigung zwischen zwei einander grundfremden Wesen plausibel erscheinen lassen soll, und daß die Beziehung zwischen zwei Menschen letztlich nicht ergründbar ist. Der Versuch auszuloten, was in einem anderen vorgeht, führt zu einer Verzerrung dessen, was man sieht. Was mir vorschwebt, ist, glaube ich, eine Situation, in der alles unverzerrt zutage tritt, was immer es sein mag. Was ihn dazu bringt, all diese Fragen zu stellen, ich weiß es nicht.

26

Ein Kältegefühl weckt mich. Aus dem Schlafsack heraus sehe ich, daß der Himmel dunkelgrau ist. Ich ziehe den Kopf ein und schließe die Augen wieder.

Später sehe ich, daß das Grau des Himmels heller geworden ist, und es ist immer noch kalt. Ich kann den Hauch meines Atems sehen.

Der beunruhigende Gedanke, daß das Grau über mir von Regenwolken kommt, läßt mich wach werden, aber als ich genauer hinsehe, stelle ich fest, daß es nur das Morgengrauen ist. Es ist wohl noch zu kalt und zu früh, um loszufahren, also bleibe ich im Schlafsack. Aber mit dem Schlafen ist es vorbei.

Durch die Radspeichen des Motorrads sehe ich Chris' völlig verdrehten Schlafsack auf dem Picknicktisch. Er rührt sich nicht.

Das Motorrad ragt lautlos neben mir auf, startbereit, als hätte es die ganze Nacht gewartet wie ein stummer Wächter.

Silbergrau und chromfarben und schwarz – und staubig. Dreck aus Idaho und Montana und den Dakotas und Minnesota. Aus der Froschperspektive wirkt es sehr beeindruckend. Keine Schnörkel. Alles hat seine Funktion.

Ich glaube nicht, daß ich es jemals verkaufen werde. Warum auch. Motorräder sind nicht wie Autos, mit einer Karosserie, die in ein paar Jahren verrostet. Man braucht sie nur regelmäßig zu warten und zu überholen, und sie halten so lange wie man selbst. Wahrscheinlich länger. Qualität. Bis hierher hat es uns ohne Mucken getragen.

Das Sonnenlicht hat gerade die oberste Spitze des Berges hoch über dem Tal erreicht, in dem wir sind. Ein Nebelstreif hat sich über dem Bach gebildet. Das heißt, daß es wärmer werden wird.

Ich krieche aus dem Schlafsack, ziehe mir die Schuhe an, packe alles ein, was ich erreiche, ohne Chris wecken zu müssen, und gehe dann zu dem Picknicktisch hinüber und rüttle ihn.

Er reagiert nicht. Ich schaue mich um und sehe, daß nichts mehr zu tun ist, als ihn zu wecken; ich zögere erst noch, aber die scharfe Morgenluft hat mich so nervös und ungeduldig gemacht, daß ich auf einmal »AUFWACHEN!« schreie und er sich ruckartig aufsetzt, die Augen weit aufgerissen.

Um es wiedergutzumachen, sage ich den einleitenden Vierzeiler aus den *Rubaijat* von *Omar Chajjam* auf. Das da oben sieht nämlich aus wie ein Wüstenfelsen in Persien. Aber Chris weiß nicht, wovon zum Teufel ich rede. Er schaut zur Spitze des Felsens hinauf und sitzt dann einfach da und guckt mich aus zusammengekniffenen Augen an. Man muß in einer ganz bestimmten Laune sein, um schlechte Rezitationen von Poesie erträglich zu finden. Und für diese Art Gedichte gilt das im besonderen.

Bald darauf sind wir wieder auf der Straße, die sich windet und schlängelt. Wir kurven hinab in einen riesigen Canyon mit hohen weißen Felswänden auf beiden Seiten. Der Wind ist eisig. Eine Zeitlang liegt die Straße in der Sonne, die mich durch Jacke und Pullover hindurch zu wärmen scheint, aber bald darauf fahren wir wieder in den Schatten der Canyon-Wand, wo uns erneut eisiger Wind entgegenschlägt. Diese trockene Wüstenluft hält die Wärme nicht. Meine Lippen, die dem Wind direkt ausgesetzt sind, fühlen sich trocken und spröde an.

Nach einer Weile fahren wir über einen Damm und kommen aus dem Canyon in eine hochgelegene Halbwüste. Das ist jetzt Oregon. Die Straße läuft durch eine Landschaft, die mich an den Norden des indischen Rajasthan erinnert; es ist keine Wüste, denn es gibt reichlich Piniennuß- und Wacholderbäume und Gras, aber auch kein Ackerland, außer wo in einem Tal ein bißchen mehr Wasser ist.

Diese verrückten *Rubaijat* gehen mir nicht aus dem Kopf.

Draußen im Gras, das Sand und Saaten trennt,
wo weder Sklaven man noch Sultan kennt,
da streck dich hin mit mir am Wüstensaum –
und segne Mahmud, der sich Sultan nennt!

Das beschwört ein flüchtiges Bild von den Ruinen eines alten Mogulpalastes am Rande der Wüste herauf, wo er aus den Augenwinkeln einen wilden Rosenbusch sah ...

... *Hat doch der Mond, der uns die Rose bringt* ... Wie ging das noch? Ich weiß es nicht mehr. Ich *mag* das Gedicht nicht mal. Seit Beginn dieser Fahrt, vor allem aber seit Bozeman, fällt mir auf, daß diese Fragmente mir immer weniger als Teile *seiner* Erinnerung, immer mehr als meine eigenen vorkommen. Ich bin nicht sicher, was das bedeutet ... ich glaube ... ach was, ich weiß es nicht.

Ich glaube, es gibt ein Wort für diese Art von Halbwüste, aber es fällt mir nicht ein. Auf der Straße niemand außer uns, so weit man sieht.

Chris ruft mir zu, daß er wieder Durchfall hat. Wir fahren noch, bis ich unterhalb der Straße einen Bach sehe, biegen aus und halten. Er macht wieder ein ganz verlegenes Gesicht, aber ich sage ihm, daß wir es nicht eilig haben, packe saubere Unterwäsche und eine Rolle Klopapier und ein Stück Seife aus und ermahne ihn, daß er sich gut die Hände waschen soll, wenn er fertig ist.

Ich setze mich auf einen Omar-Chajjam-Stein, betrachte sinnend die Halbwüste und fühle mich nicht schlecht.

... *Hat doch der Mond, der uns die Rose bringt ... ah ...* jetzt fällt's mir wieder ein ...

Erblühn auch tausend Rosen übernacht –
wo blühn nun die, die gestern aufgewacht?
Hat doch der Mond, der uns die Rose bringt,
Djamschyd und Kaikobad den Tod gebracht.

... Und so weiter und so fort ...

Aber genug von Omar, widmen wir uns lieber der Chautauqua. Omars Lösung besteht darin, herumzusitzen und Wein zu süffeln und Trübsal zu blasen, weil die Zeit vergeht, und damit verglichen kann sich die Chautauqua durchaus sehen lassen, finde ich. Vor allem die heutige Lektion. Sie handelt vom »Mut«.

Ich sehe Chris den Abhang heraufkommen. Sein Gesichtsausdruck ist heiter.

Wenn ich »Mut« sage, meine ich nicht nur die Bedeutung »Entschlossenheit, Tapferkeit«, sondern vor allem die tiefere, ältere Bedeutung dieses Wortes, die sich mit »Kraft des Denkens, Empfindens, Wollens« umschreiben läßt. So verstanden kennzeichnet es genau, was geschieht, wenn jemand Fühlung mit Qualität bekommt. Er wird von Mut erfüllt.

Die Griechen hatten dafür das Wort *enthousiasmos*, von dem sich unser »Enthusiasmus« herleitet und dessen genaue Bedeutung »erfüllt von *theos*« – oder Gott oder Qualität – lautet. Sehen Sie, wie das paßt?

Einer, der erfüllt von Mut ist, sitzt nicht untätig herum und grübelt über die Dinge nach. Er ist an der Spitze seines Bewußtseinszuges und hält Ausschau nach dem, was weiter vorn auf dem Gleis ist, um ihm zu begegnen, wenn es da ist. Das ist Mut.

Chris kommt und sagt: »Jetzt geht's mir wieder besser.«

»Fein«, sage ich. Wir packen die Seife und das Klopapier weg und verstauen das Handtuch und die nasse Unterwäsche an einer Stelle, wo sie die anderen Sachen nicht naß machen kann, und dann steigen wir auf und fahren weiter.

Neuen Mut schöpft man, wenn man lange genug still ist, um das wahre Universum zu sehen und zu hören und zu fühlen, und nicht mehr bloß um die eigenen abgestandenen Ansichten darüber kreist. Aber dieser Mut ist nichts Ungewöhnliches, Ausgefallenes.

Man sieht ihn oft an Leuten, die von einem langen, geruhsamen Anglerurlaub zurückkehren. Oft glauben sie, sich rechtfertigen zu müssen, weil sie soviel Zeit »sinnlos« vergeudet haben und ihr Tun nicht »vernünftig« begründen können. Aber der heimgekehrte Angler verfügt im allgemeinen über einen erstaunlichen Vorrat an Mut, meist sogar eben die Dinge betreffend, die er noch vor ein paar Wochen bis an den Hals satt hatte. Er hat seine Zeit nicht vergeudet. Es scheint uns nur so von unserem beschränkten kulturbedingten Gesichtspunkt aus.

Wenn man ein Motorrad reparieren möchte, ist ein ordentlicher Vorrat an Mut das wichtigste und unentbehrlichste Werkzeug. Fehlt einem der, kann man genausogut das ganze andere Werkzeug gleich wieder wegpacken, weil es einem sowieso nichts nützen wird.

Mut ist der psychische Treibstoff, der alles in Gang hält. Hat man ihn nicht, wird man das Motorrad nie reparieren; da führt dann überhaupt kein Weg hin. *Hat* man ihn aber, und weiß man ihn sich zu bewahren, gibt es nichts auf der Welt, was *verhindern* könnte, daß das Motorrad repariert wird. Der Erfolg stellt sich dann zwangsläufig ein. Was man deshalb zu jeder Zeit im Auge behalten und sorgsamer bewahren muß als alles andere, ist der Mut.

Diese überragende Bedeutung des Mutes löst ein den Aufbau dieser Chautauqua betreffendes Problem. Das Problem bestand und besteht darin, wie wir von den Verallgemeinerungen wegkommen. Geht die Chautauqua im einzelnen auf die Reparatur einer ganz bestimmten Maschine ein, dann wird das aller Wahrscheinlichkeit nach nicht Ihr Fabrikat und Ihr Modell sein, und die Angaben sind dann für Sie nicht nur nutzlos, sondern sogar gefährlich, weil man nach denselben Angaben, nach denen sich *ein* Motorrad richten läßt, ein anderes sehr leicht ruinieren kann. Genaue Angaben objektiver Art muß man in einem Werkstatthandbuch für das betreffende Fabrikat und Modell suchen. Die verbleibenden Lücken füllt ein allgemeines Werkstatthandbuch.

Aber es gibt noch eine andere Sorte Einzelheiten, mit denen sich kein Werkstatthandbuch befaßt, die aber für alle Maschinen die gleichen sind und deshalb hier besprochen werden können. Es sind dies die Einzelheiten der Qualitätsbeziehung, der Mut-Beziehung, zwischen Maschine und Mechaniker, die genauso verwickelt ist wie die Maschine selbst. Beim Reparieren der Maschine kommen immer wieder Dinge vor, Dinge schlechter Qualität, von einem blutig geschlagenen Fingerknöchel bis zu einem aus Unachtsamkeit verpfuschten »unersetzlichen« Teil. Diese Dinge rauben einem den Mut, dämpfen den Enthusiasmus und können einen derart zur Verzweiflung treiben, daß man am liebsten alles hinschmeißen möchte. Ich nenne sie »Entmutigungen«.

Es gibt Hunderte verschiedener Arten von Entmutigungen, vielleicht Tausende, vielleicht Millionen. Ich kann nicht wissen, wie viele es gibt, die ich nicht kenne. Mir *scheint* zwar, daß ich schon jede erdenkliche Art von Entmutigung erlebt habe. Was mich aber davon abhält zu glauben, ich hätte sie schon alle kennengelernt, ist die Tatsache, daß mir jedesmal, wenn ich an meinem Motorrad arbeite, neue begegnen. Motorradwartung kann einen frustrieren. Wütend machen. Zur Weißglut bringen. Das macht sie so interessant.

Auf der Karte vor mir sehe ich, daß wir bald in Baker sein müssen. Wir fahren jetzt durch besseres Ackerland. Es regnet mehr hier.

Was mir jetzt vorschwebt, ist ein Katalog von »Entmutigungen, die ich erfahren habe«. Ich möchte ein neues akademisches Lehrfach begründen, Muttheorie, in dem es darum gehen würde, diese Entmutigungen zu sortieren, zu klassifizieren, in Hierarchien zu gliedern und zueinander in Beziehung zu setzen, zur Belehrung kommender Generationen und zu Nutz und Frommen der ganzen Menschheit.

247. Muttheorie – Seminar über affektive, kognitive und psychomotorische Blockaden in der Wahrnehmung von Qualitätsbeziehungen, 2stündig, MWF. Das möchte ich mal irgendwo in einem Vorlesungsverzeichnis sehen.

In der herkömmlichen Wartung wird Mut als etwas vorausgesetzt, das man von Natur aus mitbekommen oder durch eine gute Erziehung erworben hat. Ein fester Besitz. Da einem nirgends gesagt wird, wie man sich diesen Mut aneignet, könnte man auf den Gedanken kommen, jemand, der keinen Mut besitzt, sei ein hoffnungsloser Fall.

In der nichtdualistischen Wartung ist Mut kein fester Besitz. Er ist variabel, ein Vorrat an Zuversicht und Unternehmungsgeist, der anwachsen, aber auch zur Neige gehen kann. Da er das Resultat der Wahrnehmung von Qualität ist, kann man eine Entmutigung folglich als etwas definieren, das einem die Sicht auf Qualität nimmt und damit bewirkt, daß man die Lust an der Arbeit verliert. Daß diese Definition so weitgefaßt ist, weist schon darauf hin, daß wir es mit einem riesigen Gebiet zu tun haben und hier nur eine erste Einführung bringen können.

Soweit ich es überblicke, gibt es zwei Hauptarten von Entmutigungen. Bei der ersten Art wird man durch äußere Umstände aus dem Qualitätsgleis geworfen; diese will ich als »Rückschläge« bezeichnen. Bei der zweiten Art von Entmutigungen wird man durch Umstände aus dem Qualitätsgleis geworfen, die überwiegend in einem selbst liegen. Für diese weiß ich keinen Gattungsbegriff – »Blockaden« könnte man vielleicht sagen. Ich werde zuerst die von außen verursachten Rückschläge besprechen.

Wenn Sie zum erstenmal eine größere Arbeit ausführen, müssen Sie wohl den Zusammenbau-in-der-falschen-Reihenfolge-Rückschlag am meisten fürchten. Er tritt im allgemeinen zu einem Zeitpunkt ein, wo Sie denken, Sie hätten es beinahe geschafft. Nach tagelanger Arbeit haben Sie alles wieder zusammengebaut, nur: Wo kommt denn *die* her? Eine Pleuellagerbuchse?! Wie ist es möglich, daß Sie *die* vergessen haben? O mein Gott, jetzt muß alles noch mal auseinandergenommen werden! Sie hören förmlich, wie der Mut entweicht. Pfffffffft.

In einem solchen Fall bleibt Ihnen nichts übrig, als wieder von vorne anzufangen und den Motor noch einmal zu zerlegen . . . nach einer Ruhepause von etwa einem Monat, in der Sie sich an den Gedanken gewöhnen konnten.

Es gibt zwei Techniken, die ich anwende, um den Zusammenbau-in-der-falschen-Reihenfolge-Rückschlag zu vermeiden. Ich wende sie vor allem dann an, wenn ich mich an ein größeres Aggregat wage, über das ich noch nichts weiß.

Nebenbei sollte ich hier erwähnen, daß es eine Schule technischen Denkens gibt, die die Meinung vertritt, daß ich mich an ein größeres Aggregat, von dem ich nichts weiß, erst gar nicht heranwagen sollte. Ich müßte entweder entsprechend ausgebildet sein oder die Sache einem Spezialisten überlassen. Das ist eine auf den eigenen Vorteil bedachte, auf Elitedenken beruhende Einstellung, die meiner Meinung nach verschwinden müßte. Ein »Spezialist« hat die Kühlrippen an dieser Maschine abgebrochen. Ich habe Handbücher redigiert, die für die Ausbildung von Spezialisten bei IBM geschrieben wurden, und so toll ist das auch wieder nicht, was die wissen, wenn sie die Bücher durchgearbeitet haben. Sie tun sich beim ersten Mal natürlich schwerer, müssen vielleicht Lehrgeld zahlen, weil Sie aus Versehen das eine oder andere Teil beschädigen, und brauchen mit Sicherheit viel mehr Zeit, aber schon beim zweiten Mal haben Sie den Spezialisten viel voraus. Sie mit Ihrem Mut haben sich das nötige Wissen auf die harte Tour angeeignet, und Sie gehen mit einem ganzen Komplex guter Gefühle an die Sache ran, die der Spezialist wahrscheinlich nicht hat.

Wie auch immer, das erste Vorbeugungsmittel gegen die Zusammenbau-in-der-falschen-Reihenfolge-Entmutigung ist ein Notizbuch, in das ich die Reihenfolge der Arbeitsgänge bei der Demontage eintrage, ergänzt durch Anmerkungen über jede Besonderheit, die nachher beim Zusammenbau Schwierigkeiten machen könnte. Dieses Notizbuch wird mit der Zeit ganz schön mit Öl und Fett verschmiert und unansehnlich. Aber mir ist es schon mehrmals passiert, daß ein oder zwei Wörter darin, die mir nicht wichtig schienen, als ich sie hinschrieb, Schaden verhütet und mir Stunden unnötiger Arbeit erspart haben. Die Notizen sollten sich vor allem darauf beziehen, wo bei den einzelnen Teilen rechts und links und oben und unten ist, und bei elektrischen Leitungen Farbe und Lage angeben. Falls bestimmte Teile abgenutzt oder beschädigt aussehen, sollten Sie das jetzt aufschreiben, damit Sie alle Ersatzteile auf einmal kaufen können.

Das zweite Mittel gegen die Zusammenbau-in-der-falschen-Reihenfolge-Entmutigung sind auf dem Boden der Garage ausgebreitete Zeitungen, auf denen alle Teile von links nach rechts und von oben nach unten weggelegt werden, in der Reihenfolge, wie man eine Seite liest. Auf diese Weise erreichen Sie, daß Ihnen nachher beim Zusammenbau in umgekehrter Reihenfolge die kleinen Schrauben und Unterlegringe, die man so leicht übersieht, gerade dann auffallen, wenn Sie sie brauchen.

Trotz all dieser Vorkehrungen kann es immer mal vorkommen, daß man ein Aggregat in der falschen Reihenfolge zusammenbaut, und wenn Ihnen das passiert, müssen Sie auf Ihren Mutpegel achten. Hüten Sie sich vor dem Mut der Verzweiflung, der Sie dazu verleitet, durch überhastetes Arbeiten verlorene Zeit wettzumachen. Dabei passieren nur noch mehr Fehler. Sobald Sie erkannt haben, daß Sie das Ding noch einmal auseinandernehmen müssen, ist unwiderruflich die schon erwähnte längere Pause fällig.

Unterscheiden muß man hiervon den Zusammenbau, der deshalb nicht stimmte, weil Ihnen bestimmte Informationen fehlten. Oft wird der ganze Zusammenbau eine Angelegenheit, bei der nur Probieren weiterhilft. Man demontiert das Aggregat, verändert etwas, und baut es wieder zusammen, um zu sehen, ob die Veränderung richtig war. Wenn nicht, so ist das dennoch kein Rückschlag, weil die gewonnene Information ein echter Fortschritt ist.

Wenn Sie aber doch einen ganz gewöhnlichen dummen Schnitzer beim Zusammenbau gemacht haben, können Sie sich einen Rest von Mut bewahren, indem Sie sich vor Augen halten, daß Demontage und Zusammenbau beim zweiten Mal schon viel besser von der Hand gehen. Sie haben sich unbewußt alle möglichen Einzelheiten gemerkt, die Sie nun nicht mehr zu lernen brauchen.

Von Baker aus hat uns das Motorrad in hochgelegene Wälder hinaufgetragen. Die Straße führt über einen Paß und auf der anderen Seite immer noch im Wald bergab.

Je weiter wir den Berg hinunterfahren, um so mehr lichten sich die Bäume, bis wir schließlich wieder in einer Wüstenlandschaft sind.

Der nächste Rückschlag ist der mit der intermittierenden Störung. Das Vertrackte daran ist, daß die Störung genau dann verschwindet, wenn man sie beheben möchte. Wackelkontakte in der elektrischen Anlage sind die häufigste Erscheinungsform. Die Unterbrechung des Kontaktes tritt nur auf, solange das Motorrad Erschütterungen ausgesetzt ist. Wenn es steht, ist alles wieder in Ordnung. Es ist fast unmöglich, eine solche Störung zu beheben. Man kann höchstens versuchen, sie absichtlich herbeizuführen; gelingt das nicht, vergißt man am besten die ganze Geschichte.

Intermittierende Störungen werden zur Entmutigung, wenn sie einen zu der Illusion verleiten, man habe die Maschine wirklich repariert. Es empfiehlt sich bei jeder Reparatur, erst mal ein paar hundert Meilen zu fahren, bevor man diesen Schluß zieht. Es geht einem schon auf die Nerven, wenn solche Störungen immer wieder auftreten, aber man kann sich damit trösten, daß man auch nicht schlechter dran ist, als wenn man die Maschine in eine Werkstatt gebracht hätte. Man ist sogar besser dran. Solche Störungen sind viel entmutigender, wenn man die Maschine immer wieder in die Werkstatt bringt und trotzdem nie zufriedengestellt wird. An Ihrer eigenen Maschine können Sie die Störungen über einen langen Zeitraum studieren, was dem gewerblichen Mechaniker nicht möglich ist, und Sie können einfach die Werkzeuge mitnehmen, die Sie voraussichtlich brauchen werden, bis die intermittierende Störung wieder einmal auftritt, und wenn es soweit ist, absteigen und versuchen, sie zu beheben.

Wenn intermittierende Störungen immer wieder auftreten, sollten Sie versuchen, sie zu anderen Funktionen des Motorrads in Beziehung zu setzen. Kommen beispielsweise Fehlzündungen nur bei Erschütterungen, nur in Kurven oder nur beim Beschleunigen vor? Solche Zusammenhänge können Anhaltspunkte für Hypothesen über Ursache und Wirkung liefern. Bei manchen intermittierenden Störungen müssen Sie sich auf eine längere Fahndung gefaßt machen, aber so lästig das auch sein mag, die Maschine fünfmal in eine Werkstatt zu bringen, ist auf alle Fälle noch lästiger. Es würde mich reizen, jetzt mit einer detaillierten Abhandlung über »Intermittierende Störungen, die mir begegnet sind« zu beginnen und Schritt für Schritt zu beschreiben, wie sie behoben wurden. Aber damit würde es gehen wie mit jenen Anglergeschichten, die nur für den Angler selbst interessant sind, und der deshalb nicht so recht einsieht, warum alles gähnt. *Ihm* hat es Spaß gemacht.

Nach dem falschen Zusammenbau und der intermittierenden Störung ist die häufigste äußerlich verursachte Entmutigung wohl der Ersatzteile-Rückschlag. Auf diesem Gebiet kann einem, wenn man seine Maschine selber repariert, auf mancherlei Art mitgespielt werden. An die Notwendigkeit, Ersatzteile zu kaufen, denkt man beim Kauf einer Maschine zuletzt. Händler legen sich nicht gern viele Ersatzteile auf Lager. Großhändler sind langsam und leiden immer gerade im Frühjahr, wo alle Welt Motorradersatzteile kauft, unter Personalknappheit.

Die Preisgestaltung bei Ersatzteilen ist der zweite Teil dieser Entmutigung. Es ist ja eine bekannte Praktik der Industrie, die Erstausrüstung zu einem wettbewerbsfähigen Preis zu verkaufen, weil der Kunde jederzeit zur Konkurrenz gehen kann, dafür aber die Ersatzteile zu überteuern und damit alles wieder hereinzuholen. Für ein Ersatzteil wird nicht nur weit mehr verlangt, als es anteilmäßig beim Kauf einer neuen Maschine kostet, es wird Ihnen auch ein Sonderpreis berechnet, weil Sie kein gewerblicher Mechaniker sind. Diese schlaue Einrichtung erlaubt es dem Mechaniker, reich zu werden, indem er Teile einbaut, die gar nicht nötig wären.

Und noch eine Hürde. Das Ersatzteil paßt vielleicht nicht. Ersatzteilelisten können Fehler enthalten. Der Hersteller nimmt verwirrende Modelländerungen vor. Teile, bei denen die Toleranzgrenzen überschritten sind, schlüpfen manchmal gleich serienweise durch die Qualitätskontrolle in der Fabrik, weil die Endabnahme nicht funktioniert. Manche Einzelteile, die man zu kaufen bekommt, werden von Spezialfabriken hergestellt, denen die technischen Daten nicht zur Verfügung stehen, die sie für eine absolut genaue Fertigung brauchen würden. Manchmal kommen die Hersteller mit ihren eigenen Modelländerungen nicht mehr klar. Manchmal schreibt der Händler, bei dem man kauft, die falsche Bestellnummer auf. Manchmal machen Sie selbst falsche Angaben. In jedem Fall aber ist es sehr entmutigend, nach Hause zu fahren und dann feststellen zu müssen, daß ein neugekauftes Teil nicht das richtige ist.

Um sich Ersatzteil-Entmutigungen zu ersparen, arbeitet man mit einer Kombination verschiedener Techniken. Die wichtigste: Falls es in Ihrer Stadt mehrere Händler gibt, gehen Sie unbedingt zu dem, der den zuvorkommendsten Ersatzteilverkäufer hat. Freunden Sie sich mit diesem Mann an. Oft ist er selbst einmal Mechaniker gewesen und kann Ihnen nützliche Tips geben.

Achten Sie auf die Offerten von Händlern, die zu niedrigeren Preisen anbieten, und machen Sie einen Versuch mit ihnen. Bei manchen lohnt es sich wirklich. Hersteller und Versandhäuser haben die gängigeren Motorradersatzteile oft zu Preisen in ihrem Angebot, die weit unter denen der Motorradhändler liegen. Antriebsketten bezieht man beispielsweise direkt von Kettenfabriken sehr viel günstiger als im Motorradgeschäft.

Nehmen Sie grundsätzlich das ausgebaute Teil mit, um kein falsches Ersatzteil zu kaufen. Zum Nachmessen sollten Sie eine Mikrometerschraube oder eine Schublehre zur Hand haben.

Und schließlich können Sie, wenn Sie die Schwierigkeiten mit den Ersatzteilen genauso satt haben wie ich und die Ausgabe nicht scheuen, sich das faszinierende Hobby zulegen, Ihre eigenen Teile anzufertigen. Ich habe eine kleine 6 x 18-Zoll-Drehbank mit einem Fräsansatz sowie eine komplette Schweißausrüstung für solche Arbeiten, Elektro und Autogen. Mit der Schweißausrüstung können Sie abgenutzte Oberflächen mit besserem Material als dem ursprünglichen beschichten und anschließend mit Hartmetallwerkzeug wieder auf den Sollwert bringen. Sie machen sich keine Vorstellung, wie vielseitig eine solche aus Drehbank, Fräseinrichtung und Schweißgeräten bestehende Ausrüstung ist, bevor Sie nicht selbst damit gearbeitet haben. Falls Sie eine bestimmte Arbeit nicht direkt ausführen können, haben Sie auf jeden Fall die Möglichkeit, sich das dafür benötigte Spezialwerkzeug selbst herzustellen. Die Bearbeitung von Metallteilen ist allerdings ein sehr langwieriger Vorgang, und manche Teile, wie beispielsweise Kugellager, werden Sie sich nie selbst anfertigen können, aber Sie würden staunen, wie oft es möglich ist, die Konstruktion von Teilen so abzuändern, daß Sie sie doch mit Ihrer eigenen Ausrüstung anfertigen können, und die Arbeit ist längst nicht so langweilig und frustrierend wie das Warten darauf, daß irgendein grinsender Ersatzteilverkäufer das benötigte Teil bei der Fabrik bestellt. Und die Arbeit *macht* Ihnen Mut, anstatt ihn Ihnen zu nehmen. Ein Motorrad zu fahren, das selbstgebastelte Teile enthält, vermittelt einem ein Gefühl, wie man es auf einem mit ausschließlich im Laden gekauften Teilen wohl nie haben wird.

Wir sind im Sand und Wermutgestrüpp der Wüste, und der Motor fängt zu stottern an. Ich schalte auf Reserve und sehe mir die Karte an. Wir tanken in einer Stadt namens Unity, und weiter geht's die heiße schwarze Straße entlang durch das Gestrüpp.

Also das sind so die Rückschläge, mit denen man am häufigsten zu rechnen hat: Zusammenbau-in-der-falschen Reihenfolge, intermittierende Störung und Ärger mit den Ersatzteilen. Aber obwohl Rückschläge die häufigsten Entmutigungen sind, handelt es sich bei ihnen nur um die äußeren Ursachen dafür, daß einen der Mut verläßt. Sehen wir uns deshalb jetzt einmal die *inneren* Entmutigungen an, die gleichzeitig am Werk sind.

Wie aus dem Eintrag »Muttheorie« in unserem fiktiven Vorlesungsverzeichnis hervorging, kann man drei Haupttypen innerer Entmutigungen unterscheiden: diejenigen, die die affektive Wahrnehmung blockieren – »Wert-Entmutigungen« –, diejenigen, die die kognitive Wahrnehmung blockieren – »Wahrheits-Entmutigungen« – und diejenigen, die das psychomotorische Verhalten blockieren – »Muskel-Entmutigungen«. Die Wert-Entmutigungen bilden mit Abstand die größte und gefährlichste Gruppe.

Die verbreitetste und bösartigste aller Wert-Entmutigungen ist die Wertstarrheit. Damit ist das Unvermögen gemeint, neu zu bewerten, was man sieht, also seine bisherigen Wertvorstellungen zu revidieren. Bei der Motorradwartung *muß* man neu entdecken, was man tut. Starre Wertvorstellungen machen das unmöglich.

Die typische Situation ist, daß das Motorrad nicht läuft. Die Tatsachen sind da, aber man sieht sie nicht. Man hat sie vor Augen, aber sie haben noch nicht genug *Wert.* Das hatte Phaidros gemeint. Qualität, Wert, *schafft* die Subjekte und Objekte der Welt. Die Tatsachen existieren nicht, bevor der Wert sie nicht geschaffen hat. Wenn man starre Wertvorstellungen hat, kann man im Grunde keine neuen Tatsachen erkennen.

Das zeigt sich oft in einer voreiligen Diagnose, wenn man überzeugt ist, man wüßte, wo der Fehler liegt, und dann festsitzt, wenn sich das als Irrtum herausstellt. Dann muß man neue Anhaltspunkte finden, aber dazu muß man sich erst von seinen vorgefaßten Meinungen freimachen. Wenn man mit starren Wertvorstellungen geschlagen ist, erkennt man die richtige Antwort womöglich auch dann nicht, wenn man sie direkt vor der Nase hat, weil man einfach die Bedeutung der neuen Antwort nicht erfaßt.

Die Geburt einer neuen Tatsache ist immer ein wunderbares Erlebnis. Dualistisch nennt man das eine »Entdeckung«, weil man voraussetzt, daß die Tatsache unabhängig davon existiert, ob irgend jemand sie wahrnimmt. Wenn sie zum erstenmal auftaucht, hat sie immer zunächst einen geringen Wert. Je nach der Beweglichkeit der Wertvorstellungen des Beobachters und ihrer potentiellen Qualität nimmt dann der Wert der Tatsache mal langsamer, mal schneller zu, oder der Wert sinkt und die Tatsache verschwindet.

Die allermeisten Tatsachen, die Dinge, die wir in jeder Sekunde sehen und hören, und die Beziehungen zwischen ihnen und allem, was in unserem Gedächtnis gespeichert ist, haben keine Qualität, ja sogar negative Qualität. Wären sie alle gleichzeitig präsent, unser Bewußtsein würde in der Fülle sinnloser Daten ersticken, und wir könnten weder denken noch handeln. Deshalb treffen wir eine Vorauswahl aufgrund von Qualität, oder, um mit Phaidros zu sprechen, das Qualitätsgleis wählt die Dinge aus, derer wir uns bewußt werden, und es trifft diese Auswahl in einer solchen Weise, daß das, was wir sind, und das, was wir werden, möglichst weitgehend in Einklang gebracht wird.

Wenn Ihnen diese Art von Entmutigung widerfährt, müssen Sie vor allem langsamer treten; langsamer treten müssen Sie sowieso, ob Sie wollen oder nicht, der Unterschied liegt darin, daß Sie bewußt langsamer treten, noch einmal durchgehen, was Sie schon für erledigt hielten, um festzustellen, ob die Dinge, die Sie für wichtig hielten, wirklich so wichtig waren, und ... na ja ... einfach die Maschine *anstarren*. Dagegen ist nichts zu sagen. Einfach eine Zeitlang mit der Maschine leben, sie betrachten, wie man eine Angelschnur betrachtet, und Sie können sich darauf verlassen, über kurz oder lang werden Sie so sicher wie das Amen in der Kirche ein leichtes Rucken spüren, eine kleine bescheidene Tatsache, die schüchtern anfragt, ob Sie an ihr interessiert sind. Das ist das Prinzip, das dafür sorgt, daß die Welt nicht stehenbleibt. Man muß sich für sie interessieren.

Versuchen Sie zunächst, diese neue Tatsache weniger im Hinblick auf Ihr großes Problem als um ihrer selbst willen zu verstehen. Dieses Problem ist vielleicht gar nicht so groß wie Sie meinen. Und diese Tatsache ist vielleicht gar nicht so klein wie Sie meinen. Es ist vielleicht nicht *die* Tatsache, die Sie brauchen, aber Sie sollten sie jedenfalls erst dann verwerfen, wenn das zweifelsfrei feststeht. Wenn Sie sie nicht voreilig verwerfen, werden Sie oft entdecken, daß sie Verwandte hat, die ganz in Ihrer Nähe sind und Ihnen zusehen und abwarten, wie Sie reagieren. Unter den Verwandten kann genau die Tatsache sein, nach der Sie suchen.

Nach einer Weile werden Sie vielleicht feststellen, daß dieses gelegentliche Rucken an der Leine interessanter ist als Ihr ursprüngliches Vorhaben, das Motorrad zu richten. Wenn das eintritt, haben Sie so eine Art Höhepunkt erreicht. Sie sind jetzt nicht mehr bloß ein Motorrad-Mechaniker, sondern auch ein Motorrad-Wissenschaftler, und Sie haben die Entmutigung der Wertstarrheit völlig überwunden.

Die Straße ist wieder oben in den Kiefernwäldern, aber auf der Karte sehe ich, daß sich das bald ändern wird. Am Straßenrand stehen ein paar Hinweisschilder auf Ferienhotels, und darunter, als gehörten sie zu der Werbung, ein paar Kinder, die Kiefernzapfen auflesen. Sie winken, und dabei fallen dem kleinsten von ihnen alle seine Zapfen auf die Erde.

Ich möchte noch einmal auf den Vergleich mit dem Angeln nach Tatsachen zurückkommen. Ich stelle mir nämlich gerade vor, wie jemand ratlos und gereizt die Frage stellt: »Schön und gut, aber nach *welchen* Tatsachen angelt man? *So* einfach kann es doch nicht sein.«

Aber darauf wäre zu entgegnen, daß man gar nicht mehr angelt, wenn man weiß, nach welchen Tatsachen man angelt. Dann hat man sie schon am Haken. Ich will mal sehen, ob mir ein spezifisches Beispiel einfällt . . .

Ich könnte alle möglichen Beispiele aus der Motorradwartung anführen, aber ich kann mir kein anschaulicheres Beispiel für Wertstarrheit denken als die alte südindische Affenfalle, deren Funktionsprinzip die Wertstarrheit ist. Die Falle besteht aus einer ausgehöhlten Kokosnuß, die an einen Pfahl angebunden ist. In die Kokosnuß kommt eine Handvoll Reis, nach dem der Affe durch ein kleines Loch greifen kann. Das Loch ist groß genug, daß er die Hand hineinstecken kann, aber zu klein, um die Faust mit dem Reis wieder herauszuziehen. Der Affe greift hinein und ist auf einmal in der Falle gefangen – aber nur wegen seiner Wertstarrheit. Er ist außerstande, den Reis neu zu bewerten. Er vermag nicht zu erkennen, daß Freiheit ohne Reis mehr wert ist als Gefangenschaft mit Reis. Die Dorfbewohner kommen, um ihn zu packen und fortzuschleppen. Sie kommen näher . . . immer näher . . . jetzt! Welchen allgemeinen Rat – keinen spezifischen, sondern welchen *allgemeinen* Rat würden Sie dem bedauernswerten Affen in dieser Zwangslage geben?

Nun, ich glaube, Sie könnten ihm genau das sagen, was ich über die Wertstarrheit gesagt habe, nur vielleicht mit etwas mehr Dringlichkeit. Es gibt eine Tatsache, die der Affe kennen sollte: Wenn er die Faust aufmacht, ist er frei. Aber wie soll er hinter diese Tatsache kommen? Indem er die Wertstarrheit aufgibt, die den Reis höher einschätzt als die Freiheit. Wie soll er das anstellen? Nun, er müßte irgendwie versuchen, bewußt langsamer zu treten und noch einmal durchzugehen, was er schon für erledigt hielt, um festzustellen, ob die Dinge, die er für wichtig hielt, wirklich so wichtig sind und ... na eben aufhören, an der Kokosnuß zu zerren, und sie einfach nur eine Zeitlang anstarren. Und über kurz oder lang müßte er ein Rucken spüren, von einer kleinen Tatsache, die wissen will, ob er sich für sie interessiert. Er sollte versuchen, diese Tatsache weniger im Hinblick auf sein großes Problem zu verstehen als um ihrer selbst willen. Dieses Problem ist vielleicht gar nicht so groß, wie er denkt. Und auch die Tatsache ist vielleicht gar nicht so klein wie er denkt. Das sind in etwa die allgemeinen Informationen, die Sie ihm geben können.

In Prairie City liegen die Bergwälder wieder hinter uns; die Stadt liegt in einer trockenen Gegend und hat eine breite Hauptstraße, die schnurgerade mitten hindurch läuft und den Blick auf die Prärie freigibt. Wir wollen in ein Restaurant, aber es hat zu. Wir gehen über die breite Straße und probieren es bei einem anderen. Die Tür ist offen, wir setzen uns an einen Tisch und bestellen Malzmilch. Bis sie kommt, hole ich die Stoffsammlung für den Brief hervor, den Chris an seine Mutter schreiben wollte, und gebe sie ihm. Zu meiner Überraschung schreibt er drauflos, ohne viel Fragen zu stellen. Ich lehne mich zurück und lasse ihn machen.

Ich habe andauernd so ein Gefühl, daß auch die Tatsachen, nach denen ich im Zusammenhang mit Chris angle, zum Greifen nahe vor mir liegen und daß nur meine eigenen starren Wertvorstellungen mich hindern, sie zu sehen. Zuzeiten sieht es so aus, als ob wir uns auf parallelen Wegen anstatt miteinander bewegen, und ab und zu stoßen wir aufeinander.

Daheim bekommt er immer dann Scherereien, wenn er mich imitiert, wenn er versucht, anderen anzuschaffen, so wie ich ihm anschaffe, vor allem seinem jüngeren Bruder. Natürlich lassen sich die anderen nichts von ihm sagen, und er sieht nicht ein, warum das ihr gutes Recht ist, und das bringt ihn dann jedesmal ganz aus der Fassung.

Es liegt ihm anscheinend gar nichts daran, bei anderen beliebt zu sein. Er will nur bei mir beliebt sein. Ein ungesunder Zustand, alles in allem gesehen. Es wäre an der Zeit für ihn, mit dem langwierigen Prozeß der Loslösung zu beginnen. Diese Loslösung sollte sich so schmerzlos wie möglich vollziehen, aber sie muß vollzogen werden. Es ist an der Zeit, ihn auf seine eigenen Beine zu stellen. Je eher, desto besser.

Und nun, nachdem ich das alles gedacht habe, glaube ich nichts mehr davon. Ich weiß nicht, wo der Fehler liegt. Dieser andauernd wiederkehrende Traum hängt mir nach, weil ich mich seiner Bedeutung nicht entziehen kann: Ich stehe für immer auf der einen Seite einer Glastür, er auf der anderen, und ich mache sie nicht auf. Er möchte, daß ich sie öffne, und früher habe ich mich immer abgewandt. Aber jetzt ist da eine Gestalt, die früher nicht da war, und stellt sich mir in den Weg. Merkwürdig.

Nach einer Weile sagt Chris, daß er nicht mehr weiterschreiben mag. Wir stehen auf, ich zahle an der Theke, und wir gehen.

Wir fahren wieder, und ich will weiter über Entmutigungen sprechen.

Die nächste ist sehr wichtig. Es ist die innere Entmutigung durch Ichbezogenheit. Die Ichbezogenheit ist nicht ganz unabhängig von der Wertstarrheit, sondern eine ihrer vielen Ursachen.

Wenn Sie eine hohe Meinung von sich selbst haben, ist Ihre Fähigkeit, neue Tatsachen zu erkennen, herabgesetzt. Ihre Ichbezogenheit isoliert Sie von der Wirklichkeit der Qualität. Wenn die Tatsachen zeigen, daß Sie eindeutig Blödsinn gemacht haben, sind Sie weniger geneigt, es zu glauben. Und wenn falsche Informationen zu Ihren Gunsten sprechen, werden Sie wahrscheinlich dieses schmeichelhafte Bild Ihrer selbst für richtig halten. Bei jeder Reparaturarbeit an einer Maschine ist man übel dran, wenn man zu sehr ichbezogen ist. Man täuscht sich immer wieder, macht immer wieder Fehler, und ein Mechaniker, der sein übersteigertes Selbstbewußtsein aufrechtzuerhalten hat, ist schwer gehandikapt. Wenn Sie genügend Mechaniker kennen, um sie sich als Gruppe vorstellen zu können, und wenn Ihre Beobachtungen mit meinen übereinstimmen, dann werden Sie mir wahrscheinlich bestätigen, daß Mechaniker im allgemeinen recht bescheidene und ruhige Menschen sind. Es gibt Ausnahmen, aber wenn Sie nicht von Haus aus ruhig und bescheiden sind, werden Sie es in aller Regel durch die Arbeit. Und skeptisch. Aufmerksam, aber skeptisch. Aber nicht egoistisch. Es ist unmöglich, als Mechaniker einen guten Eindruck zu machen, wenn man sein Handwerk nicht wirklich versteht, es sei denn gegenüber einem, der keine Ahnung von Technik hat.

... Ich wollte gerade sagen, daß die Maschine nicht auf Ihre Persönlichkeit reagiert, aber in Wirklichkeit reagiert sie doch auf Ihre Persönlichkeit. Es ist nur so, daß sie auf Ihre *wirkliche* Persönlichkeit reagiert, diejenige, die tatsächlich hinter Ihren Gefühlen und Gedanken und Handlungen steht, und nicht auf irgendein falsches, aufgeblasenes Persönlichkeitsbild, das Ihre Ichbezogenheit Ihnen vielleicht vorgaukelt. Diese falschen Bilder werden so rasch und so vollständig abgebaut, daß Sie sehr bald mutlos sind, falls Ihr Mut auf Ichbezogenheit statt auf Qualität beruhte.

Wenn Bescheidenheit nicht Ihre Stärke ist, können Sie dieser Entmutigung trotzdem entgehen, wenn Sie wenigstens eine bescheidene Haltung vortäuschen. Wenn Sie einfach einmal annehmen, daß Sie nicht besonders viel los haben, dann steigt Ihr Mut, wenn die Tatsachen diese Annahme bestätigen. Auf diese Weise können Sie sich über Wasser halten, bis der Zeitpunkt kommt, wo die Tatsachen beweisen, daß diese Annahme *nicht* stimmt.

Ängstlichkeit, die nächste Entmutigung, ist in gewissem Sinn das Gegenteil der Ichbezogenheit. Vor lauter Angst, daß man alles falsch machen wird, tut man lieber erst gar nichts. Viel öfter als »Faulheit« ist dies der eigentliche Grund, weshalb einem die Arbeit nicht von der Hand geht. Diese Entmutigung der Ängstlichkeit, die aus Übermotivation entsteht, kann zu Fehlern aller Art und zu Übergenauigkeit führen. Man repariert Dinge, die überhaupt nicht reparaturbedürftig sind, und fahndet nach den Ursachen eingebildeter Störungen. Man zieht voreilig Schlüsse, die jeder Grundlage entbehren, und macht aus lauter Nervosität mehr kaputt als ganz. Wenn man dann merkt, was man falsch gemacht hat, bestärkt einen das noch in der schlechten Meinung, die man von sich hat. Das führt zu weiteren Fehlern, die wiederum zu neuer Selbstunterschätzung führen, ein Kreislauf, der sich selbst in Gang hält.

Die beste Art, diesen Kreislauf zu durchbrechen, besteht meiner Meinung nach darin, daß man seine Ängste und Befürchtungen durch

Lesen abreagiert. Lesen Sie jedes Buch und jede Zeitschrift über das Thema, die Sie sich beschaffen können. Ihre Ängstlichkeit wird Ihnen dabei helfen, und je mehr Sie lesen, um so ruhiger werden Sie. Sie sollten daran denken, daß es Ihnen um Seelenfrieden geht und nicht nur um eine reparierte Maschine.

Bevor Sie irgendeine Reparatur beginnen, können Sie alles, was Sie tun werden, auf kleine Zettel schreiben und diese in die richtige Reihenfolge bringen. Sie werden feststellen, daß Sie die Reihenfolge immer wieder ändern, da Ihnen immer wieder neue Ideen kommen. Die Zeit, die Sie dafür aufwenden, macht sich im allgemeinen mehr als bezahlt durch die Zeit, die Sie dann an der Maschine sparen, und bewahrt Sie außerdem vor Flüchtigkeitsfehlern.

Sie können Ihre Ängstlichkeit etwas verringern, indem Sie sich der Tatsache stellen, daß es auf der ganzen Welt keinen Mechaniker gibt, der nicht ab und zu pfuscht. Der Hauptunterschied zwischen Ihnen und den gewerblichen Mechanikern ist, daß Sie von deren Fehlern nie erfahren. Sie bezahlen sie nur, in Form zusätzlicher Kosten, die sich auf mehrere Rechnungen verteilen. Wenn Sie die Fehler selbst machen, haben Sie wenigstens den Vorteil, daß Sie aus ihnen lernen.

Langeweile ist die nächste Entmutigung, die mir einfällt. Sie ist das Gegenteil von Ängstlichkeit und tritt meist zusammen mit Ichbezogenheit auf. Langeweile bedeutet, daß Sie vom Qualitätsgleis abgekommen sind und die Dinge nicht mit neuen Augen sehen, daß Sie Ihre Haltung des »steten Anfangens« verloren haben und Ihr Motorrad in großer Gefahr ist. Langeweile heißt, daß Ihr Mutvorrat fast erschöpft ist und erst aufgefüllt werden muß, bevor Sie weitermachen.

Wenn Sie sich langweilen, gibt's nur eins: sofort *aufhören!* Gehen Sie ins Kino. Stellen Sie den Fernseher an. Lassen Sie den lieben Gott einen guten Mann sein. Tun Sie, was Sie wollen, nur machen Sie nichts mehr an der Maschine. Falls Sie nicht aufhören, passiert als nächstes der Große Fehler, und dann verbünden sich Langeweile und Großer Fehler gegen Sie und versetzen Ihnen einen Schlag, der Ihnen den letzten Mut austreibt, und dann sind Sie wirklich am Ende.

Mein bestes Mittel gegen Langeweile ist Schlafen. Man schläft sehr leicht ein, wenn man gelangweilt ist, aber es ist fast unmöglich, sich zu langweilen, wenn man sich richtig schön ausgeschlafen hat. Mein zweitbestes Mittel ist Kaffee. Ich habe meistens einen Topf voll bereitstehen, wenn ich an der Maschine arbeite. Wenn diese beiden Mittel versagen, kann das bedeuten, daß tiefersitzende Qualitätsprobleme Sie beschäftigen und von der Arbeit ablenken. Die Langeweile ist ein Signal dafür, daß Sie sich mit diesen Problemen beschäftigen sollten – das tun Sie ja ohnehin – und sie bereinigen sollten, bevor Sie an dem Motorrad weitermachen.

Am langweiligsten finde ich es, die Maschine zu putzen. Das ist in meinen Augen pure Zeitverschwendung. Sie wird sowieso gleich wieder dreckig, wenn man ein Stück damit fährt. John hielt seine BMW immer blitzblank. Sie sah wirklich gut aus, während meine immer ein bißchen vergammelt wirkt. Darin äußert sich eben die klassische Einstellung – innen hui und außen pfui.

Ein Mittel gegen Langeweile bei bestimmten Arbeiten, wie Schmieren und Ölwechsel und Einstellen, besteht darin, daß man eine Art Ritual daraus macht. Arbeiten, mit denen man nicht vertraut ist, und Arbeiten, mit denen man vertraut ist, haben jeweils ihre eigene Ästhetik. Ich habe einmal gehört, daß es zwei Arten von Schweißern gibt: Produktionsschweißer, die nicht viel von kniffligen Aufgaben halten und lieber immer wieder dieselbe Arbeit machen, und Instandsetzungsschweißer, die es schrecklich finden, zweimal dieselbe Arbeit machen zu müssen. Der Ratschlag lief darauf hinaus, daß man sich, bevor man einen Schweißer anstellt, vergewissern soll, zu welcher Gruppe er gehört, weil sie nicht austauschbar sind. Ich selbst gehöre zur zweiten Gruppe, und deshalb macht mir wahrscheinlich die Störungsbeseitigung mehr Spaß als den meisten anderen und ist mir das Putzen unangenehmer als den meisten anderen. Aber wenn es sein muß, kann ich beides tun, und das gilt für jeden. Ich putze das Motorrad, wie man zur Kirche geht – nicht in der Hoffnung, etwas Neues zu entdecken – obwohl ich immer die Augen offen halte –, sondern um die Bekanntschaft mit Altvertrautem aufzufrischen. Manchmal ist es schön, altvertraute Wege zu gehen.

Auch Zen hat etwas über Langeweile zu sagen. Seine wichtigste Übung, »einfach sitzen«, muß die langweiligste Beschäftigung von der Welt sein – es sei denn, es handelt sich dabei um die alte indische Übung des Lebendig-Begrabenseins. Man tut kaum etwas; man bewegt sich nicht, denkt nicht, sorgt sich um nichts. Was könnte langweiliger sein? Und doch liegt im Zentrum all dieser Langeweile genau das, was der Zen-Buddhismus uns lehren will. Was ist das? Was liegt unerkannt im Zentrum der Langeweile?

Ungeduld liegt nahe bei der Langeweile, entspringt aber stets ein und derselben Ursache: daß man die Zeit unterschätzt, die man für eine bestimmte Arbeit braucht. Man weiß nie ganz genau, was einem bevorsteht, und mit den wenigsten Arbeiten wird man so schnell fertig, wie man zunächst gemeint hat. Ungeduld ist die erste Reaktion auf einen Rückschlag und kann sich leicht in Ärger und Wut verwandeln, wenn man nicht auf der Hut ist.

Vor der Ungeduld schützt man sich am besten, indem man sich für jede Arbeit, vor allem aber für neue Arbeiten, die neue Techniken erfordern, unbegrenzt Zeit nimmt; indem man die normalerweise anzusetzende Zeit verdoppelt, falls die Umstände doch einen Zeitplan erfordern; und indem man den Umfang seines Vorhabens korrigiert. Die großen Ziele müssen in ihrer Bedeutung nach unten und die unmittelbaren Ziele nach oben hin korrigiert werden. Dazu ist Flexibilität der Werte notwendig, und die Wertverschiebung ist meist von einem gewissen Mutverlust begleitet, aber das ist ein Opfer, das man eben bringen muß. Es ist gar nichts gegen den Mutverlust, der eintritt, wenn ein durch Ungeduld verursachter Großer Fehler unterläuft.

Meine bevorzugte Korrekturübung besteht im Säubern von Muttern und Schrauben und Innengewinden. Ich habe einen geradezu neurotischen Widerwillen gegen mechanisch beschädigte oder mit Rost oder Dreck verklebte Gewinde, die dazu führen, daß sich die Muttern nur schwer drehen lassen, und wenn mir ein solches Gewinde unterkommt, stelle ich mit Gewindelehre und Schublehre die Maße fest, hole Gewindebohrer und Schneideisen hervor, schneide die Gewinde nach, prüfe sie und öle sie ein und habe gleich ein ganz anderes Verhältnis zur Geduld. Eine andere Übung ist das Säubern und Aufräumen herumliegender Werkzeuge, die man bei der Arbeit benutzt hat. Das ist eine gute Übung, denn eines der ersten Anzeichen für Ungeduld ist der Ärger darüber, daß man nicht alle Werkzeuge sofort griffbereit hat. Wenn Sie sich die Mühe machen, jedes Werkzeug säuberlich an seinen Platz zurückzulegen, haben Sie den doppelten Nutzen, daß Sie alles Werkzeug auf Anhieb finden und Ihre Ungeduld zügeln, ohne Zeit zu verlieren oder den Erfolg Ihrer Arbeit aufs Spiel zu setzen.

Wir haben Dayville erreicht, und mein verlängerter Rücken fühlt sich an, als hätte er sich in Beton verwandelt.

Soviel über Wert-Entmutigungen. Es gibt davon natürlich noch eine ganze Menge. Ich habe das Thema wirklich nur gestreift, um zu zeigen, was es da so gibt. Fast jeder Mechaniker könnte Ihnen stundenlang von Wert-Entmutigungen erzählen, die er erlebt hat und von denen ich nichts weiß. Sie werden unweigerlich auch selbst beinahe bei jeder Arbeit welche erleben. Man sollte wohl vor allem lernen, Entmutigungen zu erkennen, wenn sie einem widerfahren, und sich erst mit ihnen auseinandersetzen, ehe man mit der Maschine weitermacht.

Dayville hat riesige Schattenbäume an der Tankstelle, wo wir auf das Erscheinen des Tankwarts warten. Es kommt keiner, aber weil wir ganz steif sind und nicht gleich wieder aufsitzen wollen, vertreten wir uns die Beine im Schatten der Bäume. Große Bäume, die fast die ganze Straße überwölben. Eine Seltenheit in dieser wüstenähnlichen Gegend.

Der Tankwart läßt sich immer noch nicht blicken, aber sein Konkurrent von der Tankstelle auf der anderen Seite der nicht sehr großen Kreuzung hat uns beobachtet, kommt herüber und macht uns den Tank voll. »Ich weiß gar nicht, wo John hin ist«, sagt er.

Als John dann auftaucht, bedankt er sich bei seinem Kollegen und meint stolz: »Wir helfen uns immer gegenseitig aus.«

Ich frage ihn, ob man sich hier irgendwo ein bißchen ausruhen kann, und er sagt: »Sie können sich da drüben auf meinen Rasen legen«, und zeigt über die Straße auf sein Haus, vor dem ein paar sicherlich drei bis vier Fuß dicke Pappeln stehen.

Wir nehmen sein Angebot an und strecken uns im hohen grünen Gras aus, und ich sehe, daß das Gras und die Bäume aus einem Graben am Straßenrand bewässert werden, in dem klares Wasser fließt.

Wir müssen eine halbe Stunde geschlafen haben, als wir John neben uns auf einem Schaukelstuhl im grünen Gras sitzen sehen, im Gespräch mit einem Brandwächter, der auch auf einem Stuhl sitzt. Ich höre ihnen zu. Der Rhythmus ihrer Unterhaltung nimmt mich gefangen. Sie hat kein bestimmtes Ziel, soll nur die Zeit ausfüllen. Ich habe ein solches langsam und stetig dahinfließendes Gespräch nicht mehr gehört, seit in den dreißiger Jahren mein Großvater und mein Urgroßvater, meine Onkel und Großonkel sich immer so unterhielten: stundenlang in gleichbleibend behäbigem Tonfall, ohne anderen Sinn und Zweck, als die Zeit auszufüllen, wie das Schaukeln eines Stuhls.

John merkt, daß ich wach bin, und wir reden ein bißchen. Er sagt, das Wasser für Bäume und Garten komme aus dem »Chinesengraben«. »Ein Weißer würde Ihnen nie einen solchen Graben schaufeln«, sagt er. »Den hier haben sie vor achtzig Jahren angelegt, als man noch glaubte, daß man hier Gold finden würde. Einen solchen Graben würde man heutzutage nirgends mehr bekommen.« Deswegen, meint er, seien die Bäume so groß.

Wir sprechen noch ein bißchen darüber, wo wir herkommen und wohin wir fahren, und als wir uns verabschieden, sagt John, er habe sich gefreut, uns kennengelernt zu haben, und hoffe, daß wir uns ein bißchen ausgeruht hätten. Als wir unter den hohen Bäumen losfahren, winkt Chris, und er lächelt und winkt auch.

Die Wüstenstraße windet sich durch Felsenschluchten und Hügel. Das ist die trockenste Gegend, durch die wir bis jetzt gekommen sind.

Ich möchte jetzt über Wahrheits-Entmutigungen und Muskel-Entmutigungen sprechen und dann für heute mit der Chautauqua Schluß machen.

Wahrheits-Entmutigungen betreffen Daten, die wahrgenommen werden und sich in den Waggons des Zuges befinden. Für die Behandlung dieser Daten reichen in den meisten Fällen die konventionelle dualistische Logik und die wissenschaftliche Methode aus, von der ich neulich gesprochen habe, kurz hinter Miles City. Aber eine Entmutigung gibt es, für die das nicht gilt – die Wahrheits-Entmutigung der Ja-Nein-Logik.

Ja und nein . . . dies oder das . . . eins oder null. Auf dieser elementaren dualistischen Unterscheidung baut alles menschliche Wissen auf. Den Beweis dafür liefert das Gedächtnis des Computers, das all sein Wissen in Form von binären Informationen speichert. Es enthält Einsen und Nullen, sonst nichts.

Weil es uns ungewohnt ist, bleibt uns im allgemeinen verborgen, daß es noch einen dritten möglichen logischen Terminus gibt, der dem Ja und dem Nein ebenbürtig ist und unser Denken in einer unerwarteten Richtung zu erweitern vermag. Wir haben dafür nicht einmal einen Ausdruck, weshalb ich das japanische *Mu* verwenden muß.

Mu bedeutet »nichts«, aber jenseits von Ja und Nein. Wie »Qualität« weist es über den Prozeß dualistischer Unterscheidung hinaus. *Mu* sagt einfach »Keine Klasse; nicht eins, nicht null, nicht ja, nicht nein«. Es besagt, daß der Kontext der Frage so beschaffen ist, daß die Antwort »ja« oder »nein« ein Irrtum wäre und nicht gegeben werden darf. Es besagt: »Stell die Frage nicht.«

Mu ist immer dann angebracht, wenn der Kontext der Frage für die Wahrheit der Antwort zu eng wird. Als der Zen-Mönch Joshu gefragt wurde, ob auch ein Hund die Buddha-Natur habe, erwiderte er »*Mu*«, womit er sagen wollte, daß sowohl eine bejahende als auch eine verneinende Antwort falsch gewesen wäre. Die Buddha-Natur läßt sich nicht mit Ja- oder Nein-Fragen einfangen.

Daß *Mu* in der von der Wissenschaft untersuchten natürlichen Welt existiert, steht außer Frage. Es ist nur so, daß wir wie üblich auch hier durch unsere Kulturtradition darauf abgerichtet sind, es nicht zu sehen. Zum Beispiel wird immer wieder behauptet, Computer-Schaltkreise könnten nur zwei Zustände aufweisen, eine Spannung für »eins« und eine Spannung für »null«. Das ist lächerlich!

Jeder EDV-Techniker weiß, daß das nicht stimmt. Man braucht nur einmal zu versuchen, eine Spannung für eins oder null zu finden, wenn der Strom abgeschaltet ist! Dann sind die Schaltkreise in einem *Mu*-Zustand. Sie sind nicht auf eins und nicht auf null, sondern in einem unbestimmten Zustand, dessen Bedeutung sich nicht nach dem Eins-Null-Schema erklären läßt. Die vom Voltmeter abgelesenen Werte werden dann oft »erdfreie« Kenngrößen aufweisen, und das bedeutet, daß der Techniker gar nicht die Kenngrößen der Computer-Schaltkreise, sondern die des Voltmeters abliest. Die Erklärung dafür lautet, daß der stromlose Zustand Teil eines Kontextes ist, der größer ist als der Kontext, in dem Eins-Null-Zustände als universell gelten. Die Frage nach eins oder null wird nicht gestellt. Und es gibt neben dem stromlosen Zustand noch eine Menge anderer Computer-Zustände, in denen man aufgrund größerer Zusammenhänge als der Eins-Null-Universalität *Mu*-Antworten findet.

Der dualistische Geist neigt dazu, das Auftreten von *Mu*-Zuständen in der Natur als eine Art Schwindel oder als irrelevant abzutun, aber *Mu* findet sich überall in der wissenschaftlichen Forschung, und die Natur schwindelt nicht und ihre Antworten sind nie irrelevant. Es ist ein großer Fehler, eine Art Unaufrichtigkeit, die *Mu*-Antworten der Natur unter den Teppich zu kehren. Die Anerkennung und Würdigung dieser Antworten würde viel dazu beitragen, die logische Theorie näher an die experimentelle Praxis heranzubringen. Jeder Laborwissenschaftler weiß, daß die Ergebnisse seiner Experimente oft aus *Mu*-Antworten bestehen, obwohl die Experimente auf Ja- oder Nein-Antworten angelegt sind. In diesen Fällen nimmt er an, daß das Experiment nicht richtig aufgebaut war, schilt sich selbst für seine Dummheit und sieht in dem »nutzlosen« Experiment, das zu einer *Mu*-Antwort geführt hat, bestenfalls eine Art Leerlauf, der immerhin dazu beitragen könnte, Fehler in der Konstruktion künftiger Ja-Nein-Experimente zu vermeiden.

Diese Geringschätzung des Experiments, das die *Mu*-Antwort geliefert hat, ist nicht gerechtfertigt. Die *Mu*-Antwort ist in Wahrheit bedeutsam. Aus ihr erfährt der Wissenschaftler, daß der Kontext seiner Frage zu klein ist für die Antwort der Natur und daß er ihn erweitern muß. Das ist eine sehr bedeutsame Antwort! Sein Wissen um die Natur wird dadurch wesentlich erweitert, und das war ja der ursprüngliche Zweck seines Experiments. Es wäre nicht einmal weit hergeholt, zu behaupten, daß die Wissenschaft durch ihre *Mu*-Antworten mehr wächst als durch ihre Ja- oder Nein-Antworten. Ja oder nein bestätigt oder widerlegt eine Hypothese. *Mu* besagt, daß die Antwort jenseits der Hypothese liegt. *Mu* ist *das* »Phänomen«, das in erster Linie wissenschaftliches Forschen inspiriert! Es ist daran nichts Mysteriöses oder Esoterisches. Wir sind nur durch unsere Kultur so verbildet, daß wir es geringschätzen.

In der Motorradwartung ist die *Mu*-Antwort, die Ihnen die Maschine auf viele der diagnostischen Fragen gibt, die Sie ihr stellen, einer der Hauptgründe dafür, daß Sie den Mut verlieren. Das sollte nicht so sein! Wenn die Antwort, die Sie auf einen Test bekommen, unbestimmt ist, kann das zweierlei bedeuten: daß Ihre Testverfahren nicht das bewirken, was Sie sich vorgestellt haben, oder daß Ihre Auffassung vom Kontext der Frage einer Erweiterung bedarf. Überprüfen Sie Ihre Tests und studieren Sie die Frage von neuem. Halten Sie die *Mu*-Antworten nicht für unbrauchbar! Sie sind um kein Haar weniger wichtig als die Ja- oder Nein-Antworten. Sie sind sogar wichtiger. Es sind die Antworten, durch die Sie wachsen!

... Ich habe den Eindruck, das Motorrad läuft sich etwas heiß ... aber das liegt wohl nur an der Hitze und Trockenheit der Gegend, durch die wir fahren . . . ich will die Antwort darauf in einem *Mu*-Zustand lassen . . . bis es schlechter oder besser wird . . .

Wir halten und trinken jeder eine große Malzmilch mit Schokolade in der Stadt Mitchell, die sich in ein paar trockene Hügel schmiegt, die wir durch die Tafelglasfenster sehen können. Ein Lastwagen mit lauter Kindern hält draußen, und sie springen alle herunter und kommen mit Hallo in das Restaurant gestürmt, erobern es gewissermaßen. Sie sind eigentlich ganz manierlich, nur ein bißchen laut und aufgekratzt, aber man sieht, daß die Frau, die sie beaufsichtigt, nicht ganz mit ihrem Benehmen einverstanden ist.

Wieder trockene Wüste, nichts als Sand überall. Und wir fahren mitten hinein. Es ist schon spät am Nachmittag, und wir haben heute wirklich unser Soll erfüllt. Das dauernde Sitzen auf dem Motorrad macht mich richtig krank. Ich bin hundemüde jetzt. Chris genauso, vorhin im Restaurant. Auch ein bißchen verzagt, wie mir scheint. Ich glaube, daß er vielleicht . . . na ja . . . lassen wir das . . .

Die *Mu*-Erweiterung war alles, worauf ich im Augenblick im Zusammenhang mit Wahrheits-Entmutigungen zu sprechen kommen wollte. Also sind jetzt die psychomotorischen Entmutigungen an der Reihe. Das ist der Bereich der Erkenntnis, der am unmittelbarsten damit zusammenhängt, was mit der Maschine geschieht.

Mit Abstand die schlimmste Entmutigung sind hier ungeeignete Werkzeuge. Nichts ist so demoralisierend wie Ärger mit dem Werkzeug. Kaufen Sie sich das beste Werkzeug, das Sie sich leisten können, Sie werden es nie bereuen. Falls Sie Geld sparen möchten, sollten Sie die Verkaufs-Kleinanzeigen in der Zeitung studieren. Gutes Werkzeug nützt sich im allgemeinen nicht ab, und gutes Werkzeug aus zweiter Hand ist viel besser als neu gekauftes von minderer Qualität. Studieren Sie Werkzeug-Kataloge. Aus ihnen können Sie viel lernen.

Neben untauglichem Werkzeug ist ein schlechter Arbeitsplatz eine häufige Ursache von Entmutigungen. Achten Sie auf gute Beleuchtung. Es ist erstaunlich, wie viele Fehler man vermeiden kann, wenn das Licht ein bißchen heller ist.

Physische Unannehmlichkeiten müssen bis zu einem gewissen Grad in Kauf genommen werden, aber viele von ihnen, vor allem solche, die durch eine zu warme oder zu kalte Umgebung verursacht werden, können Ihr Urteil beträchtlich trüben, wenn Sie nicht aufpassen. Wenn Ihnen beispielsweise zu kalt ist, arbeiten Sie zu hastig und machen wahrscheinlich Fehler. Ist Ihnen zu warm, sinkt Ihre Ärgerschwelle ab. Vermeiden Sie es nach Möglichkeit, in unbequemer Körperhaltung zu arbeiten. Ein Schemel auf jeder Seite des Motorrads verlängert Ihre Geduld wesentlich und verringert die Gefahr, daß Sie die Teile, an denen Sie arbeiten, beschädigen.

Eine psychomotorische Entmutigung gibt es – muskuläre Unempfindlichkeit –, die oft zu ernsten Schäden führt. Sie beruht auf einem Mangel an Kinästhesie, auf der fehlenden Einsicht, daß sich trotz des robusten Äußeren des Motorrads im Innern des Motors empfindliche Präzisionsteile befinden, die durch muskuläre Unempfindlichkeit schnell beschädigt werden können. Es gibt so etwas wie ein »technisches Fingerspitzengefühl«, das jedem, der weiß, worin es besteht, ganz selbstverständlich, ansonsten aber schwer zu beschreiben ist; und wenn man einem, der es nicht hat, bei der Arbeit an der Maschine zusieht, leidet man meistens mit ihr.

Das technische Fingerspitzengefühl kommt aus einem tiefinneren kinästhetischen Gefühl für die Elastizität des Materials. Manche Materialien, zum Beispiel Keramik, besitzen sehr wenig, so daß man etwa beim Anbringen eines Porzellanisolators sehr darauf achtgeben muß, daß man nicht zuviel Druck anwendet. Andere Materialien, wie zum Beispiel Stahl, besitzen eine unglaublich hohe Elastizität, eine höhere als Gummi, aber in einem solchen Bereich, daß die Elastizität sich erst bemerkbar macht, wenn man mit sehr großen mechanischen Kräften arbeitet.

Bei Schrauben und Muttern ist man im Bereich großer mechanischer Kräfte, und Sie sollten wissen, daß in diesen Bereichen Metalle elastisch sind. Wenn man eine Schraube nur so weit anzieht, wie sie sich mit der Hand eindrehen läßt, wird Kontakt hergestellt, aber keine Elastizität beansprucht. Zieht man sie leicht mit dem Schlüssel an, wird die Oberflächen-Elastizität beansprucht. Und zieht man sie schließlich richtig fest, wird alle Elastizität beansprucht. Die Kraft, die nötig ist, um diese drei Stadien zu erreichen, ist bei jeder Schrauben- und Mutterngröße verschieden, und bei geschmierten Schrauben anders als bei Gegenmuttern. Die Kräfte sind jeweils anders bei Stahl und Gußeisen, Messing und Aluminium, Kunststoff und Keramik. Aber wer technisches Fingerspitzengefühl besitzt, spürt es, wenn bei einem Material die Belastungsgrenze erreicht ist, und hört auf. Wer es nicht hat, macht weiter und überdreht das Gewinde oder ruiniert das ganze Aggregat.

Das »technische Fingerspitzengefühl« bezieht sich nicht nur auf die Elastizität, sondern auch auf die Weichheit des Metalls. Im Innern eines Motorrads gibt es Oberflächen, die in manchen Fällen auf einen tausendstel Millimeter genau bearbeitet sind. Wenn man das betreffende Teil fallen läßt oder die Oberfläche verschmutzt oder verkratzt oder mit einem Hammer bearbeitet, ist es mit dieser Genauigkeit vorbei. Es ist wichtig zu wissen, daß das Metall *hinter* den Oberflächen normalerweise hohe Schlag- und Zugbelastungen aushält, daß aber die Oberflächen selbst sehr empfindlich sind. Beim Arbeiten an Präzisionsteilen, die festsitzen oder schwer zu handhaben sind, wird einer, der technisches Fingerspitzengefühl besitzt, jede Beschädigung der Oberflächen vermeiden und seine Werkzeuge nach Möglichkeit an den weniger empfindlichen Oberflächen desselben Teils ansetzen. Und wenn er die Oberflächen selbst bearbeiten muß, nimmt er dafür immer Werkzeug aus einem weicheren Material. Dafür gibt es Messinghämmer, Kunststoffhämmer, Holzhämmer, Gummihämmer und Bleihämmer. Benutzen Sie sie. Schraubstöcke kann man mit Backen aus Kunststoff oder Kupfer oder Blei versehen. Benutzen Sie auch die. Gehen Sie mit Präzisionsteilen behutsam um. Sie werden es nie bereuen. Wenn Sie dazu neigen, die Sachen unsanft zu behandeln, sollten Sie sich mehr Zeit nehmen und versuchen, etwas mehr Achtung vor der Leistung aufzubringen, die ein Präzisionsteil darstellt.

Die langen Schatten in dem dürren Land, durch das wir gefahren sind, haben mich melancholisch gemacht ...

Vielleicht ist es bloß das übliche Stimmungstief am Spätnachmittag, aber nachdem ich heute soviel über all diese Dinge gesagt habe, werde ich das Gefühl nicht los, daß ich irgendwie am Kern der Sache *vorbeigeredet* habe. So könnte einer fragen: »Wenn ich also diesen Entmutigungen entgehe, kann mir nichts mehr passieren?«

Die Antwort lautet natürlich nein, es kann Ihnen noch alles passieren. Sie müssen auch richtig leben. Ihre Art zu leben, schafft die Voraussetzungen dafür, daß Sie den Entmutigungen ausweichen und die richtigen Tatsachen sehen. Wollen Sie wissen, wie man ein vollkommenes Bild malt? Nichts leichter als das. Vervollkommnen Sie sich und malen Sie dann einfach. So machen es alle Experten. Das Malen eines Bildes oder das Reparieren eines Motorrads ist nicht von Ihrer übrigen Existenz zu trennen. Wenn Sie sechs Tage in der Woche, an denen Sie nicht an Ihrer Maschine arbeiten, ein schlampiger Denker sind, welche Vorkehrungen gegen Entmutigungen, welche Tricks könnten dann am siebten Tag plötzlich einen scharfsinnigen Denker aus Ihnen machen? Es hängt alles zusammen.

Wenn Sie aber sechs Tage in der Woche ein schlampiger Denker sind und sich am siebten wirklich Mühe geben, scharfsinnig zu denken, dann denken Sie vielleicht an den folgenden sechs Tagen nicht mehr ganz so schlampig wie an den vorhergehenden sechs. Ich glaube, worum es mir bei diesen »Entmutigungen« wirklich geht, sind Abkürzungen zum rechten Leben.

Das Motorrad, an dem man eigentlich arbeitet, ist man selbst. Die Maschine, die scheinbar »da draußen« ist, und die Person, die scheinbar »hier drinnen« ist, sind in Wirklichkeit nicht zwei getrennte Dinge. Miteinander wachsen sie in die Qualität hinein oder entfernen sich von ihr.

Als wir Prineville Junction erreicht haben, bleiben uns nur noch ein paar Stunden Tageslicht. Wir sind an der Kreuzung mit Highway 97, wo wir nach Süden abbiegen werden, und ich tanke an der Ecke, und dann bin ich so müde, daß ich hinter die Tankstelle gehe und mich mit den Füßen im Kies auf den gelb gestrichelten Beton-Randstein setze. Die letzten Strahlen der Sonne blinken mir, vom Laub der Bäume gebrochen, in die Augen, und Chris kommt und setzt sich neben mich; wir sagen kein einziges Wort, aber das ist die schlimmste Depression, seit wir unterwegs sind. Da rede ich die ganze Zeit über Entmutigungen, und unterdessen sinkt mein eigener Mut auf den Nullpunkt. Vielleicht ist es bloß die Müdigkeit. Wir brauchen etwas Schlaf.

Eine Weile sehe ich den Autos zu. Das hat etwas Einsames, wie sie so vorbeifahren. Nein, nicht einsam – es ist schlimmer. Nichts. Wie der Gesichtsausdruck des Tankwarts, als er mir den Tank füllte. Nichts. Ein nichtiger Randstein mit nichtigem Kies daneben, an einer nichtigen Kreuzung, unterwegs ins Nirgendwo.

Es ist auch etwas mit den Fahrern der Autos. Sie schauen genauso wie der Tankwart, starren stur geradeaus, eingesponnen in ihren ganz persönlichen, nur sie selbst betreffenden Traum. Das ist mir nicht mehr aufgefallen, seit . . . seit Sylvia es am ersten Tag erwähnt hatte. Sie sehen alle aus wie Teilnehmer an einem Leichenzug.

Ab und zu einmal schaut einer kurz zu uns her und dann gleich wieder mit leerem Gesichtsausdruck weg, wie um zu sagen, daß er sich nicht aufdrängen will, als sei es ihm peinlich, daß wir vielleicht gesehen haben, wie er zu uns herschaute. Mir fällt das jetzt wieder auf, weil wir so lange nichts damit zu tun gehabt haben. Auch die Fahrweise ist anders. Die Autos fahren anscheinend alle mit der in geschlossenen Orten zulässigen Höchstgeschwindigkeit, als wollten sie irgendwohin, als wäre das, was hier und jetzt ist, nur etwas, das man hinter sich bringen muß. Die Fahrer scheinen alle daran zu denken, wo sie sein möchten, und nicht daran, wo sie sind.

Jetzt weiß ich, was es ist! Wir sind an der Westküste! Wir sind wieder ganz und gar fremd! Leute, fast hätte ich die eine Entmutigung vergessen, die schlimmer ist als alle anderen. Der Leichenzug! An dem jeder teilnimmt, dieser überdrehte, beschissene, supermoderne, egoistische Lebensstil, der meint, daß ihm das Land gehört. Wir sind so lange nicht mehr damit in Berührung gekommen, daß ich ihn ganz vergessen hatte.

Wir fädeln uns in den Verkehrsstrom nach Süden ein, und ich spüre, wie die Gefahr dieser Überdrehtheit sich drohend nähert. Im Rückspiegel sehe ich, daß irgend so ein Idiot mir viel zu dicht auffährt und einfach nicht überholen will. Ich gehe auf fünfundsiebzig herauf, aber er hängt immer noch hinter mir. Mit fünfundneunzig hänge ich ihn endlich ab. Ich kann so was auf den Tod nicht ausstehen.

In Bend halten wir und essen zu Abend in einem modernen Restaurant, in dem die Menschen auch kommen und gehen, ohne sich anzusehen. Die Bedienung ist hervorragend, aber unpersönlich.

Weiter südlich kommen wir an einen Wald von struppigen Bäumen, der in lächerlich kleine Parzellen aufgeteilt ist. Anscheinend die Idee irgendeiner Erschließungsfirma. Auf einer der Parzellen weit abseits der Hauptstraße rollen wir unsere Schlafsäcke aus und stellen fest, daß unter den Kiefernnadeln eine bestimmt etliche Fuß dicke Schicht von weichem, schwammigem Staub ist. So etwas habe ich überhaupt noch nicht gesehen. Wir müssen aufpassen, daß wir die Nadeln nicht mit den Füßen wegschieben, weil sonst alles voller Staub wird.

Wir breiten die Zeltbahnen aus und legen die Schlafsäcke darauf.

So scheint es ganz gut zu gehen. Wir reden noch ein bißchen darüber, wo wir sind und wo wir noch hinfahren. Ich studiere die Karte im Zwielicht und dann noch ein bißchen mit der Taschenlampe. Wir sind heute 325 Meilen gefahren. Nicht schlecht. Chris ist anscheinend genauso müde wie ich und hat auch nur noch den einen Wunsch, endlich zu schlafen.

Teil IV

27

Warum kommst du nicht aus dem Schatten hervor? Wie siehst du eigentlich aus? Du hast vor irgend etwas Angst, oder? Was ist es, wovor du Angst hast?

Neben der Gestalt im Schatten ist die Glastür. Dahinter steht Chris und bedeutet mir, daß ich sie aufmachen soll. Er ist jetzt etwas älter, aber sein Gesicht hat noch immer den flehenden Ausdruck. »Was soll ich jetzt tun?« will er wissen. »Was soll ich als nächstes machen?« Er wartet auf meine Instruktionen.

Es ist Zeit zum Handeln.

Ich mustere die Gestalt im Schatten. Sie ist nicht so allmächtig, wie es einmal den Anschein hatte. »Wer bist du?« frage ich.

Keine Antwort.

»Mit welchem Recht ist diese Tür versperrt?«

Immer noch keine Antwort. Die Gestalt schweigt, aber sie möchte sich auch verkriechen. Sie hat Angst. Vor mir.

»Es gibt Schlimmeres, als sich im Schatten zu verstecken. Ist es das? Ist das der Grund, warum du nichts sagst?«

Die Gestalt scheint zu zittern, zurückzuweichen, als spürte sie, was ich vorhabe.

Ich warte noch, dann gehe ich auf sie zu. Abscheuliche, dunkle, böse Kreatur. Ich gehe weiter auf sie zu, sehe dabei aber nicht sie an, sondern die Glastür, damit sie meine Absicht nicht errät. Ich halte noch einmal inne, nehme all meinen Mut zusammen und stürze mich auf sie!

Meine Hände sinken in Weiches, wo der Hals sein müßte. Die Kreatur windet sich, und ich packe fester zu, so wie man eine Schlange hält. Nur immer fester zudrücken, dann wird es uns schon gelingen, sie ans Licht zu zerren. Da, jetzt haben wir sie. JETZT WERDEN WIR IHR GESICHT SEHEN!

»Dad!«

»Dad!« Höre ich Chris' Stimme durch die Tür?

Ja! Zum ersten Mal! »Dad! Dad!«

»Dad! Dad!« Chris zieht mich am Hemd. »Dad! Wach auf! Dad!« Er weint jetzt, schluchzt richtig. »Hör auf, Dad! Wach auf!«

Schon gut, Chris.«

»Dad! Wach auf!«

»Ich bin ja wach.« Ich kann im Licht der Morgendämmerung gerade sein Gesicht erkennen. Wir sind irgendwo im Freien unter Bäumen. Da steht ein Motorrad. Ich glaube, wir sind irgendwo in Oregon.

»Es ist nichts. Ich hab' nur einen Alptraum gehabt.«

Er hört nicht auf zu weinen, und ich sitze eine Zeitlang schweigend neben ihm. »Ist ja gut«, sage ich, aber er hört nicht auf. Er hat einen furchtbaren Schreck bekommen.

Genau wie ich.

»Was hast du denn geträumt?«

»Da war einer, dessen Gesicht ich sehen wollte.«

»Du hast geschrien, daß du mich umbringen willst.«

»Nein, nicht dich.«

»Wen denn dann?«

»Den in meinem Traum.«

»Und wer war das?«

»Ich weiß es nicht genau.«

Chris hört auf zu weinen, aber er zittert noch vor Kälte. »Hast du sein Gesicht gesehen?«

»Ja.«

»Wie hat es ausgesehen?«

»Es war mein eigenes Gesicht, Chris, und da hab' ich geschrien ... Es war bloß ein böser Traum.« Ich sage ihm, daß er zittert und daß er wieder in den Schlafsack kriechen soll.

Er tut es. »Es ist richtig kalt«, sagt er.

»Ja.« Im grauen Morgenlicht sehe ich die Atemwolken von uns beiden. Dann verkriecht er sich in seinem Schlafsack, und ich sehe nur noch meine eigenen.

Ich kann nicht mehr schlafen.

Das bin gar nicht ich, der da träumt.

Das ist Phaidros.

Er wacht auf.

Ein in sich selbst entzweiter Geist ... ich ... ich bin die unheimliche Gestalt im Schatten. Ich bin der Abscheuliche...

Ich habe immer gewußt, daß er wiederkommen würde ...

Alles hängt jetzt davon ab, daß ich mich darauf vorbereite ...

Der Himmel unter den Bäumen ist so grau und hoffnungsleer.

Armer Chris.

28

Die Verzweiflung nimmt jetzt zu.

Wie eine dieser Überblendungen im Kino, wo man weiß, daß man nicht in der wirklichen Welt ist, aber trotzdem den Eindruck hat.

Es ist ein kalter, schneeloser Novembertag. Der Wind bläst Dreck durch die Ritzen der Fenster eines alten Autos mit Ruß auf den Scheiben, und Chris, sechs Jahre alt, sitzt neben ihm, beide im Pullover, weil die Heizung nicht funktioniert, und durch die verdreckten Fenster des vom Wind geschüttelten Wagens sehen sie, daß sie auf einen grauen schneelosen Himmel zwischen Mauern grauer und gräulich-brauner Gebäude mit Backsteinfassaden und Glasscherben zwischen den Backsteinfassaden und Schutt auf den Straßen zufahren.

»Wo sind wir?« fragt Chris, und Phaidros antwortet: »Ich weiß es nicht«, und er weiß es wirklich nicht, weil von seinem Verstand fast nichts mehr übrig ist. Er hat sich verirrt, treibt ziellos durch die grauen Straßen.

»Wohin fahren wir?« fragt Phaidros.

»Zum Stockbetten-Geschäft.«

»Wo ist denn das?« fragt Phaidros.

»Weiß ich auch nicht«, sagt Chris. »Vielleicht kommen wir zufällig dran vorbei, wenn wir einfach immer weiterfahren.«

Und so fahren die beiden immer weiter durch die endlosen Straßen und halten Ausschau nach dem Stockbetten-Geschäft. Phaidros möchte am liebsten anhalten und seinen Kopf aufs Lenkrad legen und sich ausruhen. Der Ruß und das Grau sind ihm in die Augen gedrungen und haben sein Unterscheidungsvermögen fast völlig lahmgelegt. Ein Verkehrsschild ist wie das andere. Ein graubraunes Gebäude wie das andere. Immer weiter fahren sie, auf der Suche nach dem Stockbetten-Geschäft, aber Phaidros weiß, daß er das Stockbetten-Geschäft nie finden wird.

Chris merkt ganz allmählich, daß etwas nicht in Ordnung ist, daß der Mann, der das Auto lenkt, eigentlich gar nicht mehr lenkt, daß der Kapitän tot ist und das Auto ohne Führer, er weiß das nicht, er spürt es nur und sagt anhalten, und Phaidros hält an.

Hinter ihnen hupt einer, aber Phaidros rührt sich nicht. Noch einer hupt, dann noch welche, und Chris gerät in Panik und sagt »FAHR!« und Phaidros tritt langsam und unter Qualen das Kupplungspedal durch und legt den Gang ein. Langsam, wie im Traum, kriecht der Wagen im ersten Gang durch die Straßen.

»Wo sind wir zu Hause?« fragt Phaidros einen entsetzten Chris.

Chris weiß eine Adresse, aber nicht, wie man hinkommt, aber er meint, daß er den Weg schon findet, wenn er genug Leute fragt, und sagt deshalb »Halt den Wagen an« und steigt aus und fragt nach dem Weg und lotst einen wahnsinnig gewordenen Phaidros durch die endlosen Mauern aus Backstein und zerbrochenem Glas.

Stunden später kommen sie heim, und die Mutter ist außer sich, daß sie so spät kommen. Sie begreift nicht, warum sie das Stockbetten-Geschäft nicht gefunden haben. Chris sagt: »Wir haben überall gesucht«, aber dabei streift er Phaidros mit einem Blick, aus dem Angst spricht, entsetzliche Angst vor etwas Unbekanntem. Damit fing es für Chris an.

Es wird nicht noch einmal passieren . . .

Ich glaube, es wird das beste sein, nach San Francisco hinunter zu fahren, Chris in einen Bus nach Hause zu setzen, dann das Motorrad zu verkaufen und in ein Krankenhaus zu gehen . . . obwohl, das letzte kommt mir ziemlich sinnlos vor . . . ich weiß nicht, was ich tun werde.

Die Fahrt wird nicht ganz umsonst gewesen sein. Wenigstens wird er ein paar gute Erinnerungen an mich haben, während er heranwächst. Das lindert die Angst ein bißchen. Das ist ein Gedanke, an den ich mich halten kann. Daran werde ich mich halten.

Einstweilen aber die Fahrt fortsetzen, als sei alles in Ordnung, und hoffen, daß eine Besserung eintritt. Nur nichts wegwerfen. Nie, nie etwas wegwerfen.

Kalt draußen! Wie im Winter! Wo sind wir denn hier, daß es dermaßen kalt wird? Wir müssen ziemlich hoch sein. Ich schaue aus dem Schlafsack und sehe Reif auf dem Motorrad. Auf dem Chrom des Benzintanks glitzert er in der ersten Morgensonne. Auf dem schwarzen Rahmen hat er sich dort, wo die Sonnenstrahlen auftreffen, teilweise schon in Wassertröpfchen verwandelt, die bald zum Rad hinunterlaufen werden. Es ist zu kalt, um herumzuliegen.

Ich denke an den Staub unter den Kiefernnadeln und ziehe vorsichtig meine Stiefel an, um ihn nicht aufzuwirbeln. Am Motorrad packe ich alles aus, hole die lange Unterwäsche heraus und ziehe sie an, dann die Oberkleider, dann den Pullover, dann die Jacke. Ich friere immer noch.

Vorsichtig gehe ich über den Sand zu dem Fahrweg hinüber, auf dem wir gekommen sind, sprinte auf ihm vielleicht dreißig Meter durch die Kiefern, falle dann in einen gleichmäßigen Laufschritt und bleibe schließlich stehen. Jetzt geht's schon besser. Alles still. Auch auf dem Weg liegt stellenweise Reif, aber er schmilzt schon und hinterläßt dunkelbraune nasse Flecken, wo die ersten Sonnenstrahlen ihn treffen. Im Schatten ist er noch ganz weiß und wie Spitze und unberührt. Auch auf den Bäumen liegt er. Leise und langsam gehe ich auf dem Weg zurück, wie um den Sonnenaufgang nicht zu stören. Frühherbststimmung.

Chris schläft noch, aber wir können sowieso nicht losfahren, bevor es nicht wärmer wird. Eine gute Gelegenheit, das Motorrad zu warten. Ich nehme den Luftfilterdeckel ab und ziehe unter dem Luftfilter das abgeschabte und verdreckte Päckchen mit dem Bordwerkzeug heraus. Meine Hände sind steif von der Kälte, und die Handrücken sind runzlig. Aber die Runzeln kommen nicht von der Kälte. Mit vierzig ist das schon das beginnende Alter. Ich lege das Päckchen auf den Sitz und rolle es aus ... da sind sie ... wie wenn man alte Freunde wiedersieht.

Ich höre etwas von Chris, spähe über den Sitz und sehe, daß er sich rührt, aber noch nicht aufsteht. Er hat sich wohl nur im Schlaf bewegt. Nach einer Weile wird die Sonne wärmer, und meine Hände sind nicht mehr so steif.

Ich wollte noch ein bißchen Motorradkunde treiben und von den hunderterlei Dingen reden, die man so lernt, wenn man seine Maschine immer wieder selbst pflegt und repariert, und die das, was man tut, nicht nur praktisch, sondern auch ästhetisch bereichern. Aber das kommt mir jetzt trivial vor, obwohl ich das eigentlich nicht sagen sollte.

Ich möchte statt dessen eine andere Richtung einschlagen, um *seine* Geschichte abzuschließen. Ich habe sie nicht zu Ende erzählt, weil ich dachte, das würde nicht nötig sein. Aber jetzt finde ich, daß ich es doch noch tun sollte, in der Zeit, die mir noch bleibt.

Das Metall dieser Schraubenschlüssel ist so kalt, daß es den Händen weh tut. Aber es ist ein guter Schmerz. Er ist real, nicht imaginär, und er ist unbezweifelbar hier, in meiner Hand.

... Wenn man auf einem Weg geht und sieht, daß nach einer Seite ein Nebenweg in einem Winkel von, sagen wir, 30° abzweigt und daß etwas später ein zweiter Weg nach derselben Seite in einem größeren Winkel, vielleicht 45°, und dann noch einer im rechten Winkel abzweigt, dann wird einem langsam klar, daß dort drüben ein Ort sein muß, zu dem alle Wege hinführen, und daß eine Menge Leute es für der Mühe wert gehalten haben, dort hinzugehen, und man stellt sich die Frage, ob man nicht vielleicht auch diese Richtung einschlagen sollte.

Auf seiner Suche nach dem Sinn der Qualität sah Phaidros immer wieder kleine Seitenpfade, die alle nach derselben Seite auf einen bestimmten Punkt zuführten. Er hatte geglaubt, er wüßte schon, in welches Hauptgebiet diese Pfade führten, ins antike Griechenland, aber jetzt fragte er sich, ob er da nicht etwas übersehen hatte.

Er hatte von Sarah, die lange vorher mit ihrem Wassertopf durch sein Zimmer gegangen war und ihm die Idee mit der Qualität in den Kopf gesetzt hatte, wissen wollen, wo denn im Rahmen des Englischunterrichts Qualität als Lehrfach gegeben würde.

»Guter Gott, woher soll ich das wissen, ich bin keine Anglistin«, hatte sie gesagt. »Ich bin Altphilologin. Mein Fach ist Griechisch.«

»Spielt Qualität im Denken der Griechen eine Rolle?« hatte er gefragt.

»Das Denken der Griechen kreist überhaupt *nur* um Qualität«, hatte sie gesagt, und über diese Antwort hatte er nachgedacht. Manchmal meinte er in ihrer damenhaften Ausdrucksweise eine Unterströmung von Verschmitztheit wahrzunehmen, so als sagte sie wie das Delphische Orakel Dinge mit versteckter Bedeutung, aber sicher war er sich nie.

Die alten Griechen. Eigenartig, daß für sie Qualität alles gewesen sein sollte, während es heutzutage schon komisch klingt, wenn man nur behauptet, Qualität sei etwas Reales. Welche unbemerkten Veränderungen konnten da stattgefunden haben?

Ein zweiter Weg ins griechische Altertum wurde dadurch gewiesen, daß die ganze Frage »Was ist Qualität?« sich ganz plötzlich in Richtung auf die systematische Philosophie hin verschoben hatte. Er hatte gedacht, er sei mit diesem Gebiet fertig. Aber die »Qualität« hatte ihn wieder mitten hinein geführt.

Die systematische Philosophie ist etwas Griechisches. Die alten Griechen erfanden sie und prägten ihr auch gleich unauslöschlich den Stempel ihrer Eigenart auf. Whiteheads Ansicht, alle Philosophie sei nichts weiter als »Fußnoten zu Platon«, hat sehr viel für sich. Die Unklarheiten in der Frage, ob Qualität real sei, mußten irgendwann danach entstanden sein.

Ein dritter Pfad tauchte auf, als er beschloß, von Bozeman an eine andere Universität zu gehen, um den Dr. phil. zu machen, den er für die Fortsetzung seiner akademischen Lehrtätigkeit brauchte. Er wollte mit seinen Forschungen nach dem Sinn der Qualität weitermachen, die er in seinen Englischstunden begonnen hatte. Aber wo sollte er forschen? Und in welcher Disziplin?

Es lag auf der Hand, daß der Begriff »Qualität« in keiner Disziplin zu finden war, es sei denn in der philosophischen. Und er wußte aus seinen früheren Erfahrungen mit der Philosophie, daß weitere Studien in dieser Richtung wahrscheinlich keinerlei Aufschluß über einen offenbar mystischen Begriff aus dem Gebiet des Englischaufsatzes geben würden.

Immer deutlicher wurde ihm bewußt, daß sich ihm womöglich an keiner Universität die Möglichkeit bieten würde, Qualität in annähernd demselben Sinne zu studieren, in dem er den Begriff auffaßte. Qualität lag nicht nur außerhalb jeder akademischen Disziplin, sie lag auch außerhalb der Reichweite der Methoden der gesamten Kirche der Vernunft. Die Universität mußte erst noch gefunden werden, die eine Doktorarbeit annehmen würde, in der der Kandidat den zentralen Begriff undefiniert ließ.

Lange Zeit wälzte er Vorlesungsverzeichnisse, bis er endlich fand – oder doch gefunden zu haben glaubte –, wonach er gesucht hatte. Es *gab* eine Universität, die Universität Chicago, an der ein interdisziplinäres Seminar für »Ideenanalyse und Methodenuntersuchung« existierte. Verantwortlich waren ein Professor für Englisch, ein Professor für Philosophie, ein Professor für Chinesisch und der Seminarleiter, ein Professor für Altgriechisch! Das sah vielversprechend aus.

An der Maschine ist jetzt alles gemacht bis auf den Ölwechsel. Ich wecke Chris, und wir packen und fahren los. Er ist noch schläfrig, aber die kalte Luft auf der Straße macht ihn munter.

Die kieferngesäumte Straße steigt an, und es ist nicht viel Verkehr so früh am Morgen. Die Felsen zwischen den Kiefern sind dunkel und offenbar vulkanischen Ursprungs. Ich frage mich, ob das Vulkanstaub war, worauf wir geschlafen haben. Gibt es das überhaupt, Vulkanstaub? Chris sagt, daß er Hunger hat, und mir geht es genauso.

Wir halten in La Pine. Ich trage Chris auf, mir Eier mit Schinken zum Frühstück zu bestellen, während ich noch schnell das Öl wechsle.

An einer Tankstelle neben dem Restaurant kaufe ich einen halben Liter Öl, und auf einem mit Kies bestreuten Hof hinter dem Restaurant drehe ich die Ablaßschraube heraus, lasse das alte Öl ablaufen, ziehe die Ablaßschraube wieder fest und fülle das neue Öl ein; als ich fertig bin, glänzt das neue Öl auf dem Tauchstab in der Sonne fast so klar und farblos wie Wasser. Ahhhhh!

Ich packe den Schlüssel wieder ein, gehe in das Restaurant und sehe Chris und vor ihm auf dem Tisch mein Frühstück. Im Waschraum säubere ich mich noch schnell, und dann setze ich mich an den Tisch.

»Hab ich einen Hunger!« sagt er.

»Es war eine kalte Nacht«, sage ich. »Wir haben eine Menge Nahrung verbrannt, bloß um am Leben zu bleiben.«

Die Eier sind gut. Der Schinken ebenfalls. Chris spricht von meinem Traum und über den Schrecken, den ich ihm damit eingejagt habe, und damit ist die Sache erledigt. Es sieht aus, als wollte er mich etwas fragen, er tut es aber nicht, schaut eine Weile zum Fenster hinaus auf die Kiefern und rafft sich dann doch auf.

»Dad?«

»Ja?«

»Warum machen wir das?«

»Was?«

»Andauernd bloß fahren?«

»Na, um uns das Land anzuschauen ... Urlaub.«

Die Antwort genügt ihm anscheinend nicht. Aber offenbar kann er nicht ausdrücken, was ihm daran nicht gefällt.

Eine Welle der Verzweiflung kommt über mich, genau wie vorhin im Morgengrauen. Ich *lüge* ihn an. Das ist es, was ihn stört.

»Müssen wir denn andauernd bloß fahren und fahren?« fragt er.

»Klar. Was würdest du denn vorschlagen?«

Er weiß keine Antwort.

Ich auch nicht.

Auf der Straße fällt mir die Antwort ein, daß wir das Qualitätsvollste tun, was ich mir im Augenblick vorstellen kann, aber das würde ihm genausowenig genügen wie das, was ich ihm gesagt habe. Ich weiß nicht, was ich sonst hätte sagen können. Früher oder später, ehe wir uns ade sagen, wenn es denn dazu kommen soll, werden wir noch über einiges reden müssen. Damit, daß ich ihn so vor der Vergangenheit abschirme, richte ich vielleicht mehr Schaden als Nutzen an. Er muß über Phaidros Bescheid wissen, wenn da auch vieles ist, was er nie erfahren darf. Vor allem das Ende.

Als Phaidros an die Universität Chicago kam, lebte er bereits in einer Gedankenwelt, die von Ihrer oder meiner so verschieden war, daß es kaum zu beschreiben ist, selbst wenn ich mich noch an alles erinnerte. Ich weiß jedoch, daß er vom amtierenden Seminarleiter in Abwesenheit des regulären Seminarleiters aufgrund seiner Lehrtätigkeit und seiner offenkundigen Fähigkeit, ein vernünftiges Gespräch zu führen, angenommen wurde. Was er damals tatsächlich sagte, ist nicht erhalten. Danach wartete er mehrere Wochen auf die Rückkehr des Seminarleiters, in der Hoffnung, ein Stipendium zu bekommen, aber als der Seminarleiter dann endlich da war, fand eine Unterredung statt, die im wesentlichen aus einer Frage und keiner Antwort bestand.

Der Seminarleiter fragte: »Was ist Ihr substantielles Fachgebiet?«

Phaidros sagte: »Englischer Aufsatz.«

Der Seminarleiter belferte: »Das ist ein methodologisches Gebiet!« Und damit war die Unterredung praktisch beendet. Nachdem man noch ein paar belanglose Worte gewechselt hatte, kam Phaidros ins

Stottern, zögerte und entschuldigte sich, und dann fuhr er wieder in die Berge. Das war das Charakteristische für ihn, was schon einmal zu seiner Entfernung von der Universität geführt hatte. Er hatte sich in eine Frage verrannt und war nicht in der Lage gewesen, an irgend etwas anderes zu denken, während seine Klassen ohne ihn weitergingen. Diesmal jedoch hatte er den ganzen Sommer, um darüber nachzudenken, ob und warum sein Fachgebiet substantiell oder methodologisch sei, und er dachte auch wirklich den ganzen Sommer darüber nach.

In den Wäldern nahe der Baumgrenze aß er Schweizer Käse, schlief auf Betten aus Kiefernreisig, trank Wasser aus Gebirgsbächen und dachte über Qualität und substantielle und methodologische Fachgebiete nach.

Substanz verändert sich nicht. Methode ist nicht von Dauer. Substanz bezieht sich auf die Gestalt des Atoms. Methode darauf, was das Atom tut. Bei der Gestaltung technischer Texte trifft man auf eine ähnliche Unterscheidung, zwischen der Beschreibung der physischen und der Beschreibung der funktionalen Merkmale. Ein kompliziertes Aggregat beschreibt man am besten zunächst im Hinblick auf seine Substanzen: seine Unteraggregate und Teile. Als nächstes nimmt man sich dann seine Methode vor: seine Funktionen, in der Reihenfolge, wie sie tatsächlich ablaufen. Bringt man physische und funktionale Beschreibung, Substanz und Methode, durcheinander, kommt man bald selbst nicht mehr klar, und der Leser dann schon gar nicht.

Die Anwendung dieser Klassifikation auf ein ganzes Wissensgebiet wie den richtigen Umgang mit der englischen Sprache erschien ihm jedoch willkürlich und unpraktisch. Jede akademische Disziplin hat sowohl substantielle als auch methodologische Aspekte. Aber die Qualität hing, soweit er es überblickte, weder mit der Substanz noch mit der Methode zusammen. Qualität ist keine Substanz. Aber auch keine Methode. Sie ist außerhalb von beidem. Wenn einer nach der Senkblei- und Wasserwaagen-Methode ein Haus baut, tut er es, weil eine genau senkrechte Wand weniger einsturzgefährdet ist und deshalb mehr Qualität besitzt als eine schiefe. Qualität ist nicht Methode. Sie ist das Ziel, auf das die Methode gerichtet ist.

»Substanz« und »substantiell« entsprachen den Begriffen »Objekt« und »Objektivität«, die er verworfen hatte, um zu einer nichtdualistischen Qualitätsauffassung zu gelangen. Wenn alles in Substanz und

Methode oder aber in Subjekt und Objekt zerlegt wird, ist für Qualität überhaupt kein Raum mehr. Seine Doktorarbeit konnte nicht Teil eines substantiellen Fachgebietes sein, weil die Anerkennung der Spaltung in substantiell und methodologisch bedeutet hätte, die Existenz von Qualität zu leugnen. Wenn die Qualität bleiben sollte, mußten die Begriffe Substanz und Methode verschwinden. Das hätte eine Auseinandersetzung mit den Professoren bedeutet, wozu er nicht die geringste Lust hatte. Aber der Gedanke war ihm unerträglich, daß es diesen Leuten gleich mit der ersten Frage gelungen sein sollte, die Bedeutung dessen, was er zu sagen hatte, zunichte zu machen. Substantielles Fachgebiet? In welche Art von Prokrustesbett wollten die ihn wohl stecken, fragte er sich.

Er beschloß, sich näher über den Werdegang der Professoren des Seminars zu unterrichten, und grub zu diesem Zweck ein bißchen in der Bibliothek nach. Er hatte den Eindruck, daß dieses Seminar sich in ein völlig fremdartiges Denkmuster verstiegen hatte. Phaidros konnte sich nicht vorstellen, wie dieses Muster und das große Muster seines eigenen Denkens je in Einklang zu bringen wären.

Am meisten befremdete ihn die Darstellung der Ziele des Seminars. Die ganze Beschreibung der Seminararbeit bestand aus einer sonderbaren Ansammlung gewöhnlicher Worte, die auf höchst ungewöhnliche Art und Weise zusammengestellt waren, so daß die Beschreibung viel komplizierter klang, als es der Gegenstand war, den er erklärt haben wollte. Das sah nun gar nicht mehr so vielversprechend aus.

Er studierte alle Schriften des Seminarleiters, die er sich beschaffen konnte, und auch darin fand sich wieder dieses eigenartige Sprachmuster, das ihm schon an der verwirrenden Darstellung der Seminarziele aufgefallen war. Er fand diesen Stil vor allem deshalb so unbegreiflich, weil er bei der Unterredung mit dem Seminarleiter einen ganz anderen Eindruck von ihm gewonnen hatte. In dem kurzen Gespräch hatte der Seminarleiter ihn durch eine rasche Auffassungsgabe und ein ebenso rasches Temperament beeindruckt. Dennoch schrieb er einen so nebelhaften, undurchsichtigen Stil, wie er Phaidros fast noch nie untergekommen war. Er baute Schachtelsätze, in denen sich das Prädikat so weit vom Subjekt entfernte, daß es völlig außer Rufweite geriet. In Parenthese gesetzte Satzglieder waren unerklärlicherweise ihrerseits Teile anderer Parenthesen, und diese wiederum aus genauso unerfindlichen Gründen in Sätze hineingestellt, deren Zusammenhang mit den vorhergehenden Sätzen dem Leser unwiederbringlich entfallen war, lange bevor er ans Ende des Absatzes gelangte.

Am auffälligsten aber war der wundersame, schier unfaßbare Überfluß abstrakter Kategorien, die mit Spezialbedeutungen befrachtet schienen, die nirgends erläutert wurden und nur zu erahnen waren; sie folgten so dicht aufeinander, daß Phaidros bald einsehen mußte, daß er für immer außerstande sein würde, die Texte zu verstehen, ganz zu schweigen von einer kritischen Auseinandersetzung mit ihrem Inhalt.

Zuerst dachte Phaidros, es läge daran, daß das alles zu hoch für ihn sei. Die Aufsätze setzten ein gewisses Grundwissen voraus, das er nicht besaß. Dann aber kam er dahinter, daß manche Aufsätze für eine Leserschaft bestimmt waren, bei der man diese Kenntnisse auf keinen Fall voraussetzen konnte, womit diese Hypothese entkräftet war.

Seine zweite Hypothese war, daß es sich bei dem Seminarleiter um einen »Fachidioten« handeln müsse, einen Autor, der so restlos in seinem Fachgebiet aufgeht, daß er die Fähigkeit einbüßt, sich Außenstehenden verständlich zu machen. Wenn dem aber so war, warum hatte man dann für das Seminar eine so allgemeine, unspezielle Bezeichnung wie »Ideenanalyse und Methodenuntersuchung« gewählt? Außerdem war der Seminarleiter gar nicht der Typ eines Fachidioten. Also hielt auch diese Hypothese nicht stand.

Mit der Zeit ließ Phaidros davon ab, sich an den stilistischen Eigenarten des Seminarleiters den Kopf einzurennen und versuchte, mehr über die Entstehungsgeschichte des Seminars in Erfahrung zu bringen, in der Hoffnung, auf diesem Wege herauszubekommen, was es mit alledem auf sich hatte. Das stellte sich als der richtige Weg heraus. Er begann zu erkennen, wo sein Problem lag.

Die Aussagen des Seminarleiters waren vorsichtig und abgesichert – abgesichert durch gewaltige, labyrinthische Befestigungsanlagen von solcher Vielschichtigkeit und Massivität, daß es fast unmöglich war zu entdecken, was es denn eigentlich war, das er so vielfach absicherte. Die Unergründlichkeit von alledem war von derselben Art wie die Unergründlichkeit, vor der man steht, wenn man plötzlich in einen Raum kommt, in dem eben noch ein hitziger Streit im Gange war. Alles schweigt. Keiner sagt ein Wort.

Es ist ein kleines Fragment von Phaidros erhalten, wie er im steinernen Korridor eines Gebäudes steht, offenbar innerhalb der Mauern der Universität Chicago, und wie ein Kommissar am Ende eines Kriminalfilms an den stellvertretenden Seminarleiter die Worte richtet: »In Ihrer Beschreibung des Seminars haben Sie einen wichtigen Namen unterschlagen.«

»Ja?« sagt der stellvertretende Seminarleiter.

»Ja«, sagt Phaidros allwissend, ». . . Aristoteles . . .«

Der stellvertretende Seminarleiter ist einen Moment lang sprachlos, und dann lacht er, beinahe wie ein Missetäter, den man ertappt hat, der sich aber keine Gewissensbisse macht, lacht laut und lange.

»Ach, ich verstehe«, sagt er. »Sie wissen nicht . . . wissen nichts von . . .« Dann wird ihm klar, was er da sagen will, und er sagt lieber nichts mehr.

Wir kommen an die Abzweigung zum Crater-Lake-Nationalpark und fahren die gepflegte Straße hinauf – alles sauber, ordentlich und konserviert. Es sollte natürlich gar nicht anders sein, aber diese Art bekommt auch nicht den ersten Preis für Qualität. Sie macht ein Museum daraus. So sah es hier aus, bevor der weiße Mann kam – schöne Lavaströme, dürre Bäume und nirgends eine weggeworfene Bierdose –, aber jetzt, da der weiße Mann hier ist, wirkt es unecht. Vielleicht sollte die staatliche Verwaltung der Nationalparks mitten in all dieser Lava wenigstens einen einzigen Haufen Bierdosen aufschichten, dann würde die Geschichte gleich lebendiger wirken. Es stört, wenn überhaupt keine Bierdosen zu sehen sind.

Am See halten wir an und strecken uns und mischen uns unter die Touristen, die ihre Kameras und Kinder festhalten und »Geh nicht zu nahe ran!« schreien, sehen Autos und Wohnwagen mit Nummernschildern aus allen Staaten und sehen den Crater Lake mit dem Gefühl »Das ist er also«, genau wie auf den Bildern. Ich sehe mir die anderen Touristen an, die sich anscheinend auch alle ein bißchen deplaciert vorkommen. Ich würde nie sagen, daß es so etwas nicht geben sollte, ich finde nur, daß es alles so unwirklich ist und daß die Qualität des Sees verlorengeht, wenn man so mit dem Finger auf sie zeigt. Man braucht ja nur auf etwas zu zeigen, das Qualität hat, und schon verflüchtigt sich die Qualität. Qualität ist, was man aus dem Augenwinkel wahrnimmt, und so sehe ich den See unter mir an, spüre aber vor allem das eigenartig frostige, beinahe eisige Sonnenlicht hinter mir und den fast reglosen Wind.

»Warum sind wir denn hierher gefahren?« fragt mich Chris.

»Um den See zu sehen.«

Das gefällt ihm nicht. Er hört den falschen Ton heraus, zieht die Stirn in tiefe Falten und sucht nach der richtigen Frage, um seinen Gefühlen Ausdruck zu geben. »Das kann mir alles gestohlen bleiben«, sagt er.

Eine Touristin sieht ihn an, erst nur überrascht, dann vorwurfsvoll.

»Aber was sollen wir machen, Chris?« frage ich ihn. »Wir können nur immer weitermachen, bis wir herausfinden, was falsch ist, oder bis wir herausfinden, warum wir nicht wissen, was falsch ist. Verstehst du das?«

Er antwortet nicht. Die Frau tut, als hörte sie nicht zu, aber ihre Reglosigkeit verrät, daß sie es doch tut. Wir gehen zum Motorrad zurück, und ich überlege, was ich sagen könnte, aber es fällt mir nichts ein. Ich sehe, daß er ein bißchen weint, und er schaut weg, damit ich es nicht sehe.

Auf kurvenreicher Straße fahren wir aus dem Park hinaus bergab, in südlicher Richtung.

Ich sagte, der stellvertretende Leiter des Seminars über »Ideenanalyse und Methodenuntersuchung« sei sprachlos gewesen. Er war es deshalb, weil Phaidros nicht wußte, daß er sich am Schauplatz der wohl berühmtesten akademischen Kontroverse des Jahrhunderts befand, des, wie ein Universitätspräsident aus Kalifornien es ausgedrückt hatte, letzten Versuches in der Geschichte des amerikanischen Bildungswesens, den Kurs einer ganzen Universität zu ändern.

Phaidros' Lektüre förderte eine kurze Geschichte dieser berühmten Revolte gegen die empirische Erziehung zutage, die sich in den dreißiger Jahren ereignet hatte. Das Seminar »Ideenanalyse und Methodenuntersuchung« war ein Überbleibsel dieses Umsturzversuchs. Die Anführer der Revolte waren Robert Maynard Hutchins, der damals Präsident der Chicagoer Universität geworden war, Mortimer Adler, dessen Arbeit über die psychologischen Hintergründe des Evidenzgesetzes Berührungspunkte mit den Forschungen aufwies, die Hutchins an der Yale-Universität trieb, Scott Buchanan, ein Philosoph und Mathematiker, und – für Phaidros der wichtigste von allen – der

Seminarleiter, der damals als Spinozist und Kenner des Mittelalters an der Columbia-Universität lehrte.

Adler kam durch seine Untersuchungen über Evidenz, die durch seine Lektüre der abendländischen Klassiker befruchtet wurden, zu der Überzeugung, daß das Wissen der Menschheit in jüngerer Zeit nur geringe Fortschritte gemacht habe. Er griff immer wieder auf Thomas von Aquin zurück, der die Lehren des Platon und des Aristoteles und die christliche Lehre zu einer philosophisch-theologischen Synthese zusammengefaßt hatte. Das Werk des Thomas von Aquin und die Lehren der Griechen, wie er sie auslegte, waren für Adler der Schlußstein des abendländischen Kulturerbes. Deshalb dienten sie als Maßstab für jeden, dem es um die guten Bücher zu tun war.

Nach der aristotelischen Überlieferung in der Auslegung der mittelalterlichen Scholastiker gilt der Mensch als ein vernunftbegabtes Wesen, das fähig ist, das Gute im Leben anzustreben, zu definieren und zu erreichen. Als dieser »erste Grundsatz« über die Natur des Menschen vom Präsidenten der Universität Chicago anerkannt wurde, konnte das nicht ohne pädagogische Auswirkungen bleiben. Das berühmt gewordene Great Books Program der Universität Chicago, die Umstrukturierung der Universität nach aristotelischen Gesichtspunkten und die Einrichtung eines »College«, in dem fünfzehnjährige Studenten mit den großen Klassikern vertraut gemacht wurden, waren einige der Resultate.

Hutchins hatte den Gedanken verworfen, daß die Unterweisung in empirischer Wissenschaft zwangsläufig zu einer »guten« Ausbildung führen müsse. Wissenschaft ist »wertfrei«. Ihr Unvermögen, Qualität als Gegenstand ihres Forschens zu begreifen, macht es der Wissenschaft unmöglich, Wertmaßstäbe aufzustellen.

Adler und Hutchins ging es vor allem darum, wie das Leben sein »sollte«, um Werte, um Qualität und um die Grundlagen der Qualität in der theoretischen Philosophie. Sie waren also offenbar in dieselbe Richtung gegangen wie Phaidros, waren aber irgendwie an Aristoteles geraten und bei ihm stehengeblieben.

Es kam zum offenen Konflikt.

Selbst diejenigen, die bereit waren, Hutchins' Überbetonung der Qualität hinzunehmen, mochten die traditionelle aristotelische Definition der Werte nicht als oberste Instanz anerkennen. Sie beharrten darauf, daß es feste Werte nicht geben könne und daß eine ernstzunehmende moderne Philosophie nicht auf Ideen aufbauen dürfe, die aus Büchern der Antike und des Mittelalters stammten. Die ganze Geschichte erschien vielen von ihnen lediglich als ein neuer, prätentiöser Jargon von hinterhältigen Begriffen.

Phaidros wußte nicht so recht, was er von diesem Konflikt halten sollte. Aber das Ganze schien ihm doch sehr nahe an dem Gebiet zu liegen, auf dem er arbeiten wollte. Er war auch der Meinung, daß es keine festen Werte geben konnte, woraus aber keineswegs hervorging, daß man sich überhaupt nicht mit Wertfragen zu beschäftigen brauchte oder daß Werte nicht wirklich existierten. Er war der aristotelischen Tradition, soweit es die Definition von Werten anging, ebenfalls eher abgeneigt, aber er war nicht der Ansicht, daß man sich überhaupt nicht mit dieser Tradition auseinandersetzen sollte. Die Antwort auf all dies war irgendwie eng damit verzahnt, und er wollte noch mehr wissen.

Von den vier Männern, die solch einen Aufruhr verursacht hatten, war nur noch einer übrig, der Seminarleiter. Vielleicht wegen dieser Degradierung oder vielleicht auch aus anderen Gründen stand er bei den Leuten, mit denen Phaidros sprach, nicht im Ruf der Genialität. Keiner war bereit, ihm Genialität zu bescheinigen, und zwei äußerten sich sogar ausgesprochen abfällig; der eine, der Leiter eines wichtigen Departments der Universität, bezeichnete ihn als »Nervensäge«, und der andere, der an der Universität Chicago das Abschlußexamen in Philosophie gemacht hatte, erzählte ihm, der Seminarleiter sei dafür bekannt, daß er nur Studenten hochkommen ließ, die ihm in allem nach dem Munde redeten. Keiner von beiden war rachsüchtig veranlagt, und Phaidros hatte den Eindruck, daß sie die Wahrheit sagten. In dieser Meinung bestärkte ihn eine Auskunft, die man ihm im Büro des Departments gab. Er wollte sich mit zwei Absolventen des Seminars unterhalten, um sich ein besseres Bild davon machen zu können, was es damit überhaupt auf sich hatte, und erfuhr, daß das Seminar zeit seines Bestehens erst zweimal den Doktorgrad verliehen hatte. Er begann einzusehen, daß er, um der Realität der Qualität einen Platz an der Sonne zu sichern, nicht umhinkommen würde, zu kämpfen und den Leiter seines eigenen Seminars zu überwinden, dessen aristotelische Grundeinstellung ihm von Anfang an den Weg verlegte und der offenbar gegenüber abweichenden Meinungen äußerst intolerant war. Alles in allem ergab sich ein ziemlich düsteres Bild.

Da setzte er sich hin und schrieb an den Leiter des Seminars über »Ideenanalyse und Methodenuntersuchung« an der Universität Chicago einen Brief, den man nur als Aufforderung zum Hinauswurf bezeichnen kann, wie sie einer inszenieren mag, der es ablehnt, sich heimlich durch die Hintertür davonzuschleichen, und statt dessen einen derartigen Skandal provoziert, daß seine Gegner sich gezwungen sehen, ihn zur *Vordertür* hinauszuwerfen und damit der Provokation eine Bedeutung zu verleihen, die sie ursprünglich nicht hatte. Hinterher rappelt er sich auf der Straße auf und droht mit geballter Faust zur Tür hin, nachdem er sich überzeugt hat, daß sie auch wirklich geschlossen ist, klopft sich den Staub ab und sagt: »Wenigstens habe ich es versucht«; und auf diese Art besänftigt er sein Gewissen.

In seinem provozierenden Schreiben klärte Phaidros den Seminarleiter darüber auf, daß sein substantielles Fachgebiet nunmehr die Philosophie und nicht mehr der englische Aufsatz sei. Jedoch sei die Unterscheidung nach substantiellen und methodologischen Fächern ein Ausfluß der aristotelischen Dichotomie von Form und Substanz, mit der nichtdualistische Geister wenig im Sinn hätten, da beide identisch seien.

Er schrieb, er sei sich nicht sicher, aber die Doktorarbeit über Qualität werde ihm wahrscheinlich zu einer Streitschrift gegen Aristoteles geraten. Falls sich das bewahrheitete, hätte er sich ja den richtigen Ort ausgesucht, sie vorzulegen. Große Universitäten verführen nach hegelianischen Grundsätzen, und jede Hochschule, die keine Doktorarbeit annehmen könne, die ihren grundlegenden Lehrmeinungen widerspreche, sei in leerer Routine erstarrt. Auf seine Doktorarbeit, behauptete Phaidros, habe die Universität Chicago nur gewartet.

Er räumte ein, daß dieser Anspruch hochgegriffen sei und daß er im Grunde keine Werturteile fällen könne, weil niemand unparteiischer Richter in eigener Sache sein könne. Sollte aber einmal jemand anderer eine Doktorarbeit vorlegen, die nach Meinung ihres Verfassers eine bahnbrechende Vereinigung von östlicher und westlicher Philosophie, von religiösem Mystizismus und wissenschaftlichem Positivismus vollzöge, würde er eine epochale Leistung darin erblicken, eine Doktorarbeit, die der Universität einen riesigen Vorsprung einbrächte. In jedem Falle aber, schrieb er, werde in Chicago niemand wirklich anerkannt, bevor er nicht irgend jemanden erledigt habe. Und Aristoteles sei nun wirklich an der Reihe.

Einfach unmöglich.

Und auch nicht etwa nur eine Aufforderung zum Hinauswurf. Was noch deutlicher aus diesem Brief spricht, sind übersteigertes Selbstbewußtsein, Größenwahn und die totale Einbuße der Fähigkeit, die Wirkung seiner Worte auf andere abzuschätzen. Er hatte sich so in seiner eigenen Welt der Qualitätsmetaphysik abgekapselt, daß er nicht mehr über sie hinausdenken konnte, und da sich in dieser Welt sonst niemand auskannte, war er schon verloren.

Ich bin fast sicher, daß er damals an die Richtigkeit dessen glaubte, was er da vorbrachte, und daß es ihm gleichgültig war, ob die Art, in der er es vorbrachte, ungehörig war oder nicht. Es war so viel, daß er keine Zeit hatte, es gefälliger zu formulieren. Wenn die Universität Chicago auf die Ästhetik seiner Ausführungen sah anstatt auf den rationalen Inhalt, dann verfehlte sie ihre eigentliche Aufgabe als Universität.

Das war es. Er *glaubte* wirklich daran. Es war nicht bloß wieder so eine interessante Idee, die es mittels der bekannten rationalen Methoden zu prüfen galt. Es war eine Modifikation dieser Methoden selbst. Wenn man eine neue Idee in einer akademischen Umgebung vorzutragen hat, wird normalerweise von einem erwartet, daß man objektiv ist und kein persönliches Interesse an ihr hat. Aber diese Qualitätsidee zog eben diese Voraussetzung in Zweifel – die Voraussetzung von Objektivität und Uninteressiertheit. Das waren Gepflogenheiten, die sich nur für die dualistische Vernunft schickten. Dualistische Höchstleistungen sind durch Objektivität erreichbar, nicht aber schöpferische.

Er war des Glaubens, daß er eines der großen Rätsel des Universums gelöst, den gordischen Knoten dualistischen Denkens mit einem einzigen Wort, Qualität, durchgehauen habe, und er dachte nicht daran zuzulassen, daß irgend jemand dieses Wort wieder auf die Erde herunterholte. Und weil er so fest glaubte, merkte er nicht, wie größenwahnsinnig seine Worte in den Ohren der anderen klangen. Oder wenn er es merkte, dann war es ihm jedenfalls egal. Was er sagte, war größenwahnsinnig, aber angenommen, es war die *Wahrheit?* Wenn er unrecht hatte, konnte man die Sache auf sich beruhen lassen. Aber angenommen, er hatte recht! Was dann? Recht zu haben und alles aufzugeben, nur um sich den Launen seiner Lehrer zu fügen, das wäre ungeheuerlich gewesen!

Und so kümmerte er sich einfach nicht darum, wie er auf andere wirkte. Es war reinster Fanatismus. Er lebte damals allein in einem Universum, von jeder Verständigung abgeschnitten. Niemand verstand ihn. Und je mehr sich die Leute anmerken ließen, daß sie ihn nicht verstanden und ablehnten, was sie nicht verstanden, um so fanatischer und unliebenswerter wurde er.

Seine Aufforderung zum Hinauswurf wurde nicht anders als erwartet aufgenommen. Da sein substantielles Fachgebiet nunmehr Philosophie sei, solle er sich an das philosophische Department wenden statt an das Seminar.

Phaidros tat es pflichtschuldig, dann packten er und seine Angehörigen ihr ganzes Hab und Gut in ihr Auto und einen Anhänger, verabschiedeten sich von ihren Freunden und Bekannten und wollten losfahren. Genau in dem Augenblick, als er zum letztenmal die Haustür abschloß, kam der Postbote mit einem Brief. Er war von der Universität Chicago. Man teilte ihm mit, daß er abgelehnt war. Sonst nichts.

Offenbar hatte der Leiter des Seminars über »Ideenanalyse und Methodenuntersuchung« die Entscheidung beeinflußt.

Phaidros borgte sich von Nachbarn Briefpapier und schrieb dem Seminarleiter als Antwort, daß man seine Aufnahme nicht mehr ablehnen könne, da er bereits für das Seminar »Ideenanalyse und Methodenuntersuchung« eingeschrieben sei. Das war ein ziemlich formaljuristisches Manöver, aber Phaidros hatte mittlerweile eine gewisse kämpferische Schlauheit entwickelt. Dieses Hintertreppenverfahren, dieses eilige Abwimmeln durch die Philosophietür bedeutete offenbar, daß der Seminarleiter aus irgendeinem Grunde nicht in der Lage war, ihn zur Vordertür hinauszuwerfen, obwohl er den empörenden Brief vorweisen konnte, und das machte Phaidros zuversichtlich. Bitte keine Hintertüren. Man würde ihn entweder zur Vordertür oder überhaupt nicht hinauswerfen müssen. Vielleicht würden sie gar keine Möglichkeit haben. Um so besser. Er wollte nicht, daß seine Doktorarbeit aufgrund irgendwelcher Gefälligkeiten irgendwelcher Leute zustande kam.

Wir fahren das Ostufer des Klamath Lake entlang, auf einer dreispurigen Straße, die sehr an die zwanziger Jahre erinnert. Damals wurden all diese dreispurigen Straßen gebaut. Wir kehren zum Mittagessen in einem Gasthaus an der Straße ein, das auch aus dieser Zeit stammt. Holzbalken, die dringend neu gestrichen werden müßten, Bierreklame mit Neonbeleuchtung im Fenster, statt Rasen Kies mit Motorölflecken vor dem Eingang.

Drinnen hat der Toilettensitz einen Sprung, und das Waschbekken ist mit Fett verschmiert, aber auf dem Rückweg zu unserem Tisch sehe ich mir den Besitzer hinter der Theke noch einmal genauer an. Ein Gesicht aus den zwanziger Jahren. Unkompliziert, nicht unbeteiligt, nicht devot. Das ist sein Schloß. Wir sind seine Gäste. Und wenn uns seine Hacksteaks nicht gut genug sind, halten wir besser den Mund.

Als sie dann kommen, mit riesigen rohen Zwiebelringen garniert, erweisen sie sich als schmackhaft, und auch das Flaschenbier ist gut. Ein komplettes Mittagessen für wesentlich weniger Geld, als man in einem dieser vornehmtuenden Restaurants mit Plastikblumen in den Fenstern hinlegen müßte. Beim Essen sehe ich auf der Karte, daß wir weit hinten eine falsche Abzweigung genommen haben und auf einer anderen Route viel schneller ans Meer gekommen wären. Es ist heiß geworden, die typische schwüle Hitze der Westküste, die einen nach der trockenen Hitze der Western Desert unheimlich mitnimmt. Das ist alles bloß hierher versetzter Osten, alles miteinander, und ich will wirklich so rasch wie möglich ans Meer, wo es schön kühl ist.

Die ganze Fahrt am Südufer des Klamath Lake entlang denke ich daran. Drückende Schwüle und der Mief der zwanziger Jahre ... Das war auch die Stimmung damals im Sommer in Chicago.

Als Phaidros mit seiner Familie nach Chicago kam, bezogen sie eine Wohnung in der Nähe der Universität, und da er kein Stipendium hatte, nahm er eine ganztägige Beschäftigung als Dozent für Rhetorik an der Universität von Illinois an, die damals noch in der Chicagoer Innenstadt untergebracht war, auf dem in den See vorgeschobenen Navy Pier, wo es heiß war und stank.

Seine Hörerschaft war anders als die in Montana. Die Studenten mit den besten High-school-Abschlüssen gingen an andere Universitäten der Stadt, und die bei ihm saßen, waren durchweg nicht besser als C. Wenn ihre Arbeiten im Unterricht verglichen werden sollten, waren nur mit Mühe Qualitätsunterschiede auszumachen. Unter anderen Umständen hätte Phaidros sich wahrscheinlich etwas ausgedacht, um diese Schwierigkeit zu überwinden, aber so war das nur Brotarbeit, für die er keine schöpferischen Kräfte erübrigen konnte. Sein Interesse galt der anderen Universität.

Er stellte sich an der Universität Chicago zur Immatrikulation an, nannte dem Philosophieprofessor, der die Einschreibungen vornahm, seinen Namen, und bemerkte, wie sich die Augen des Professors leicht verengten. Ach ja, sagte er, der Vorsitzende habe darum gebeten, er solle das Kolleg über Ideen und Methoden belegen, das der Vorsitzende selbst abhalte, und man solle ihm den Vorlesungsplan für diesen Kurs aushändigen. Phaidros stellte fest, daß die angegebene Zeit sich mit seinem Stundenplan an der Universität von Illinois überschnitt, und belegte deshalb einen anderen Kurs, »Ideen und Methoden 251, Rhetorik«. Da Rhetorik ja sein Gebiet war, fühlte er sich hier etwas mehr zu Hause. Und Dozent war nicht der Vorsitzende. Dozent war der Philosophieprofessor, der ihn jetzt einschrieb. Die eben noch zusammengekniffenen Augen des Philosophieprofessors weiteten sich.

Phaidros kehrte zu seiner Lehrtätigkeit zurück und las nebenher viel zur Vorbereitung auf die erste Stunde. Er mußte unter allen Umständen so intensiv lernen wie noch nie, um sich mit der Gedankenwelt des klassischen Griechenland im allgemeinen und der *eines* griechischen Klassikers – des Aristoteles – im besonderen vertraut zu machen.

Von den vielen tausend Studenten, die an der Universität Chicago klassische Altertumswissenschaften studierten, hat sich bestimmt keiner mit solchem Elan auf den Stoff gestürzt wie Phaidros. Die Initiatoren des Great Books Program der Universität hatten vor allem gegen die moderne Auffassung gekämpft, daß das klassische Altertum einer Gesellschaft des zwanzigsten Jahrhunderts nichts Wesentliches zu sagen habe. Sicherlich hatten die meisten Studenten, die diese Kurse belegten, das Spiel mitgespielt und um der besseren Verständigung mit ihren Lehrern willen so getan, als akzeptierten sie die als selbstverständlich vorausgesetzte Annahme, daß die Alten etwas Wesentliches zu sagen hätten. Phaidros jedoch, der keinerlei Spiele spielte, *akzeptierte* diese Annahme nicht nur. Er war leidenschaftlich, ja fanatisch von ihr *überzeugt*. Er kam so weit, daß er die Philosophen der Antike regelrecht *haßte* und sie mit den ärgsten Schimpfwörtern schmähte, und zwar nicht weil sie bedeutungslos waren, sondern genau aus dem gegenteiligen Grunde. Je länger er sie studierte, um so mehr wuchs seine Gewißheit, daß dadurch, daß wir unbewußt ihre Theorien übernahmen, dieser Welt unsäglicher Schaden zugefügt worden war.

Am Südufer des Klamath Lake kommen wir durch ein vorstadtähnliches Siedlungsgebiet, dann biegen wir vom See nach Westen ab, der Küste zu. Die Straße führt jetzt durch Wälder aus Baumriesen, wie sie in den ausgedörrten Landstrichen, die wir hinter uns haben, nirgends wachsen. Hohe Douglasfichten säumen rechts und links die Straße. Wir können vom Motorrad aus an ihren Stämmen hochschauen, mehrere hundert Fuß senkrecht nach oben, während wir zwischen ihnen hindurchfahren. Chris möchte, daß wir anhalten, damit er unter ihnen herumgehen kann, und so halte ich an.

Während er seinen Spaziergang macht, lehne ich mich so vorsichtig wie möglich mit dem Rücken an ein großes Stück Schwarte von einer gefällten Douglasie, schaue in die Wipfel hinauf und versuche mich zu erinnern . . .

Was er damals im einzelnen lernte, weiß ich nicht mehr, aber aus nachfolgenden Ereignissen schließe ich, daß er eine ungeheure Fülle an Material aufgenommen haben muß. Dabei kam ihm sein fast eidetisches Gedächtnis zu Hilfe. Um zu verstehen, wie er dazu kam, die klassischen Griechen zu verdammen, müssen wir uns kurz mit der philosophischen Richtung, die den »Vorrang des Mythos über den Logos« behauptet, beschäftigen, die Kennern der griechischen Klassik geläufig ist und auf die meisten eine starke Faszination ausübt.

Der Begriff *Logos*, von dem unser Wort »Logik« stammt, meint die Gesamtheit unserer rationalen Welterkenntnis. *Mythos* ist die Gesamtheit der vor- und frühgeschichtlichen Mythen, die dem Logos vorausgingen. Der Mythos umfaßt nicht nur die griechischen Mythen, sondern auch das Alte Testament, die Hymnen des Veda und die frühen Legenden aller Kulturen, soweit sie zu unserer Weltanschauung beigetragen haben. Die These vom Vorrang des Mythos über den Logos besagt, daß unser heutiges Wissen in einem ähnlichen Verhältnis zu diesen Legenden steht wie ein Baum zu dem kleinen

Strauch, der er einmal war. Man kann tiefe Einsichten in den komplizierten Aufbau des Baumes gewinnen, wenn man die viel einfachere Gestalt des Strauches studiert. Es gibt keinen Unterschied im Wesen, nicht einmal einen Unterschied in der Identität, sondern nur einen Größenunterschied.

So kommt es, daß man in Kulturen, zu deren Vorfahren auch die alten Griechen gehören, stets eine klare Trennung von Subjekt und Objekt findet, weil die Grammatik des alten griechischen Mythos eine von Natur aus vorhandene deutliche Trennung von Subjekten und Prädikaten voraussetzte. In Kulturen wie der chinesischen, in denen Subjekt-Prädikat-Beziehungen nicht streng durch die Grammatik geregelt sind, beobachtet man dagegen ein damit korrespondierendes Fehlen einer starren Subjekt-Objekt-Philosophie. Man stellt fest, daß in der jüdisch-christlichen Kultur, in der das alttestamentarische »Wort« eine geheiligte Bedeutung hatte, die Menschen bereit sind, Wörtern Opfer zu bringen und nach ihnen zu leben und für sie zu sterben. In dieser Kultur kann ein Gericht einen Zeugen auffordern, »die Wahrheit« zu sagen, »die ganze Wahrheit und nichts als die Wahrheit, so wahr mir Gott helfe«, und davon ausgehen, daß die Wahrheit gesagt wird. Aber wenn man dieses Gericht nach Indien verpflanzt, wie es die Engländer getan haben, scheitert man an der Frage des Meineides, weil der indische Mythos anders ist und die Menschen nicht dasselbe Gefühl für die geheiligte Bedeutung der Worte haben. Ähnliche Schwierigkeiten hat man in Amerika mit Minderheiten, die einen anderen kulturellen Hintergrund haben. Es gibt zahllose Beispiele dafür, wie Unterschiede im Mythos zu unterschiedlichen Verhaltensweisen führen, und sie sind alle faszinierend.

Die These vom Vorrang des Mythos weist auf die Tatsache hin, daß jedes Kind bei der Geburt so unwissend wie ein Höhlenmensch ist. Was die Welt davor bewahrt, mit jeder Generation wieder auf die Stufe des Neandertalers zurückzufallen, ist der kontinuierlich fortdauernde Mythos, der zwar in Logos umgewandelt, aber immer noch Mythos ist, dieser gewaltige Organismus allgemeinen Wissens, der unsere Geistseelen zu einem Ganzen vereint, so wie die Zellen im menschlichen Körper ein Ganzes bilden. Zu meinen, man könne diesen Mythos nach Belieben annehmen oder ablehnen, heißt nicht zu begreifen, was der Mythos ist.

Es gibt nur *eine* Art Mensch, sagt Phaidros, die den Mythos, in dem sie lebt, ablehnt. Und einen solchen Menschen, der den Mythos ablehnt, sagte er, bezeichnet man als »wahnsinnig«. Sich außerhalb des Mythos zu stellen, heißt wahnsinnig zu werden ...

Mein Gott, darauf bin ich erst in diesem Augenblick gekommen. Das war mir bisher nicht bewußt.

Er wußte es! Er muß gewußt haben, daß es geschehen würde. Allmählich kommt Licht in die Angelegenheit.

Man hat all diese Fragmente, wie Teile eines Puzzles, und man kann sie zu großen Gruppen zusammensetzen, aber die Gruppen passen nicht zueinander, so oft man es auch probiert, aber dann findet man auf einmal ein Fragment, das in zwei verschiedene Gruppen paßt, und dann sind plötzlich die zwei großen Gruppen eine einzige. Die Beziehung des Mythos zum Wahnsinn. Das ist ein entscheidendes Fragment. Ich bezweifle, daß das schon einmal jemand gesagt hat. Wahnsinn ist die *terra incognita*, die den Mythos umgibt. Und er wußte es! Er wußte, daß die Qualität, von der er sprach, außerhalb des Mythos lag.

Jetzt kommt es! Weil die Qualität der *Urheber* des Mythos ist. Das ist es. Das hat er gemeint, als er sagte: »Qualität ist der beständig auf uns einwirkende Reiz, die Welt zu erschaffen, in der wir leben. Und zwar von A bis Z. Bis zum letzten Staubkörnchen.« Religion wird nicht vom Menschen erfunden. Die Menschen werden von der Religion erfunden. Die Menschen erfinden *Reaktionen* auf Qualität, und eine dieser Reaktionen ist auch die Vorstellung davon, was sie selber sind. Man weiß etwas, und dann beginnt der Qualitätsreiz zu wirken und man versucht, den Qualitätsreiz zu definieren, aber um ihn zu definieren, kann man nur mit dem arbeiten, was man schon weiß. Die Definition besteht deshalb aus dem, was man schon weiß. Sie ist eine Analogie zu dem, was man schon weiß. Zwangsläufig. Sie kann nichts anderes sein. Und auf diese Weise wächst der Mythos. Durch Analogien zu bereits Gewußtem. Der Mythos besteht aus Analogien, die auf Analogien aufbauen, die auf Analogien aufbauen. Sie füllen die Waggons des Bewußtseinszuges. Der Mythos ist der ganze Zug des kollektiven Bewußtseins der ganzen zur Kommunikation fähigen Menschheit. Bis zum letzten Staubkörnchen. Die Qualität ist das Gleis, das den Zug leitet. Alles, was außerhalb des Zuges liegt, auf beiden Seiten – das ist die *Terra incognita* des Wahnsinnigen. Er wußte, wenn er die Qualität begreifen wollte, mußte er den

Mythos verlassen. Deshalb gab der Boden unter ihm nach. Er wußte, daß etwas passieren würde.

Ich sehe Chris durch die Bäume zurückkommen. Er wirkt entspannt und zufrieden. Er zeigt mir ein Stück Rinde und fragt, ob er sie zum Andenken mitnehmen darf. Ich hatte bis jetzt wenig Lust, das Motorrad mit all dem Krimskrams zu beladen, den er unterwegs aufsammelt und zu Hause sowieso gleich wegwirft, aber diesmal erlaube ich es ihm trotzdem.

Nach ein paar Minuten erreicht die Straße den höchsten Punkt und führt dann steil in ein Tal hinab, das immer erlesener wird, je weiter wir hinunterkommen. Ich hätte mir nie gedacht, daß ich dieses Adjektiv – erlesen – einmal auf ein Tal anwenden würde, aber diese Küstenlandschaft ist so ganz anders als alle anderen gebirgigen Gegenden Amerikas, daß sich das Wort geradezu aufdrängt. Von hier aus noch etwas weiter südlich ist das Land, aus dem alle unseren guten Weine kommen. Die Berge sind irgendwie anders geformt und gefaltet – eben erlesen. Die Straße krümmt und windet und schlängelt sich immer weiter bergab, und wir rollen auf ihr mit dem Motorrad dahin, folgen ihren Biegungen und Windungen mit einer eigenen Grazie, wobei wir beinahe die wächsernen Blätter von Sträuchern und überhängende Äste von Bäumen streifen. Die Fichten und Felsen des Hochlandes liegen jetzt hinter uns, und ringsumher sind Hügel und Weinberge und purpurne und rote Blumen, ein mit Holzrauch vermischter Duft, der von dem fernen Dunst weiter unten im Tal heraufzieht, und von noch weiter her, unsichtbar – ein kaum merklicher Meeresgeruch ...

... Wie kann ich das alles so sehr lieben und trotzdem wahnsinnig sein? ...

... Ich *glaube* es nicht!

Der Mythos. Der Mythos ist wahnsinnig. Das war es, was er glaubte. Der Mythos, der besagt, daß die Formen dieser Welt real sind, daß aber die Qualität irreal ist, das ist der Wahnsinn!

Und in Aristoteles und den alten Griechen glaubte er die Schurken gefunden zu haben, die den Mythos so geformt hatten, daß er uns dazu verleitete, diesen Wahnsinn für Realität zu nehmen.

Das ist es. Endlich. Das faßt alles zusammen. Man ist erleichtert, wenn das geschieht. Es ist manchmal so schwer, sich das alles zu vergegenwärtigen, daß man hinterher sonderbar erschöpft ist. Manchmal denke ich, daß ich mir das alles nur selbst zusammenreime. Manchmal bin ich mir nicht sicher. Und manchmal weiß ich, daß es nicht von mir stammt. Aber der Mythos und der Wahnsinn und ihre zentrale Bedeutung – das ist mit Sicherheit von *ihm.*

Als wir die faltenreichen Hügel hinter uns haben, kommen wir nach Medford und auf eine Autostraße, die nach Grants Pass führt, und es ist fast schon Abend. Starker Gegenwind bremst uns so ab, daß wir bergauf mit Vollgas gerade noch mit dem übrigen Verkehr Schritt halten können. Als wir den Stadtrand von Grants Pass erreichen, hören wir plötzlich ein fürchterlich lautes, rasselndes Geräusch, halten an und stellen fest, daß sich der Kettenkasten irgendwie in der Kette verfangen hat und total verbogen und aufgerissen ist. Kein ernster Schaden, aber genug, um uns eine Weile aufzuhalten, wenn wir ihn erneuern lassen. Idiotisch, ihn zu erneuern, wo das Motorrad in ein paar Tagen sowieso verkauft wird.

Grants Pass scheint immerhin so groß zu sein, daß morgen früh eine Motorradwerkstatt offen haben könnte, und als wir in der Stadt sind, suchen wir uns ein Motel.

Seit Bozeman, Montana, haben wir in keinem Bett mehr geschlafen.

Wir finden eins, in dem es Farbfernseher, ein beheiztes Schwimmbecken, eine Kaffeemaschine für den nächsten Morgen, Seife, weiße Handtücher, eine ganz geflieste Dusche und saubere Betten gibt.

Wir legen uns auf die sauberen Betten, und Chris schaukelt auf seinem erst einmal eine Weile herum. Aus meiner Kindheit weiß ich, daß das Herumschaukeln auf einem Bett ein gutes Mittel gegen Niedergeschlagenheit ist.

Morgen kann ich das vielleicht alles entwirren. Aber nicht jetzt. Chris geht hinunter, um in dem geheizten Becken zu schwimmen, und ich liege still auf dem sauberen Bett und versuche, an nichts mehr zu denken.

29

Weil wir seit Bozeman ständig die Sachen aus den Satteltaschen und dem Packen auf dem Gepäckträger herausgeholt und wieder hineingestopft haben, ist vieles arg ramponiert. Im Morgenlicht auf dem Fußboden ausgebreitet sieht es so aus, als sei das meiste kaum noch zu gebrauchen. Der Plastikbeutel, in dem die fettigen Sachen waren, ist zerrissen, und eine Rolle Toilettenpapier ist ganz mit Öl durchtränkt. Die Kleider sind so zerknautscht, daß man meinen könnte, die Knitter seien hineingebügelt. Die Weichmetalltube mit der Sonnenschutzcreme ist aufgeplatzt, und die Creme ist auf der Scheide der Machete angetrocknet und verbreitet überall ihren Parfümduft. Die Tube mit dem Polfett hat auch einen Riß bekommen. Eine schöne Bescherung. In das Notizbuch, das ich in der Hemdtasche habe, schreibe ich: »Schachtel für zerdrücktes Zeug kaufen«, und dann noch »Wäsche waschen« und »Nagelschere, Sonnencreme, Polfett, Kettenkasten, Toilettenpapier kaufen«. Wir haben also allerhand zu erledigen, bevor wir das Zimmer räumen müssen, und ich wecke deshalb Chris und sage ihm, daß er aufstehen soll. Wir müssen vor allem die Wäsche waschen.

In der Münzwäscherei zeige ich Chris, wie man den Trockner bedient, setze die Waschmaschinen in Gang und fahre los, um die anderen Sachen zu kaufen.

Ich bekomme alles bis auf den Kettenkasten. Der Ersatzteil-Verkäufer sagt, sie hätten keinen da und bekämen auch keinen rein. Ich überlege, ob ich die kurze Zeit, die uns noch bleibt, ohne Kettenkasten fahren soll, aber dann würde uns der Dreck von der Kette um die Ohren fliegen, und es wäre nicht ungefährlich. Außerdem will ich nicht so tun, als sei es schon ausgemacht, daß uns nur noch wenig Zeit bleibt. Damit würde ich mich festlegen.

Ich fahre ein Stück weiter die Straße entlang, sehe das Schild eines Schweißers und gehe hinein.

Die sauberste Schweißerwerkstatt, die ich je gesehen habe. Riesige hohe Bäume und tiefes Gras unsäumen einen offenen Hinterhof, der dem Ganzen das Aussehen einer Dorfschmiede gibt. Alle Werkzeuge sind sorgfältig aufgehängt, alles ist sauber und ordentlich, aber es ist niemand da. Ich werde später noch einmal herkommen.

Ich fahre zurück, halte an der Münzwäscherei, sehe mir die Wäsche an, die Chris inzwischen in den Trockner getan hat, und als alles fertig ist, tuckern wir durch die belebten Straßen und suchen nach einem Restaurant. Überall dichter Verkehr, aufmerksame Fahrer, die Autos in gutem Zustand, jedenfalls die meisten. Westküste. Diesiges, helles Sonnenlicht in einer Stadt weit weg von den Kohlenhändlern.

Am Stadtrand finden wir ein Restaurant, setzen uns an einen Tisch mit einer rot-weiß gemusterten Decke und warten. Chris schlägt das Exemplar der *Motorcycle News* auf, das ich bei einem Motorradhändler gekauft habe, und liest vor, wer die letzten Rennen gewonnen hat; und einen Artikel über Querfeldeinrennen. Die Kellnerin sieht ihn an, ein bißchen neugierig, und dann mich, sieht meine Motorradstiefel und notiert dann die Bestellung. Sie geht in die Küche und kommt wieder und sieht zu uns her. Ich vermute, daß sie uns soviel Beachtung schenkt, weil wir die einzigen Gäste sind. Während wir warten, steckt sie ein paar Münzen in die Musikbox, und als sie uns das Frühstück bringt – Waffeln, Sirup und Würstchen, ah – bekommen wir auch noch Musik dazu. Chris und ich unterhalten uns über die Dinge, die er in den *Motorcycle News* sieht, und obwohl wir die Platte übertönen müssen, sprechen wir so entspannt miteinander, wie Leute miteinander reden, die tagelang gemeinsam auf Achse waren, und aus dem Augenwinkel sehe ich, daß wir dabei unausgesetzt beobachtet werden. Nach einer Weile muß Chris seine Fragen zweimal stellen, weil der Blick, den ich auf uns ruhen fühle, mich ablenkt, so daß es mir schwerfällt, mich auf das zu konzentrieren, was er sagt. Die Platte ist ein Country-Western über einen Lastwagenfahrer ... Ich beende die Unterhaltung mit Chris.

Als wir gezahlt haben und hinausgehen und auf das Motorrad steigen, steht sie in der Tür und beobachtet uns immer noch. Einsam. Wahrscheinlich weiß sie noch nicht, daß sie mit dem Blick nicht lange einsam bleiben wird. Ich trete den Kickstarter ein bißchen zu heftig und gebe ein bißchen zuviel Gas; ich bin aus irgendeinem Grunde frustriert, und während wir zu dem Schweißer zurückfahren, brauche ich eine Weile, um meine Fassung wiederzugewinnen.

Diesmal ist der Schweißer da, ein alter Mann zwischen sechzig und siebzig, und er sieht mich abschätzig an, genau das Gegenteil von der Kellnerin. Ich erkläre ihm, was mit dem Kettenkasten passiert ist, und nach einer Weile sagt er: »Abmachen müssen Sie ihn aber selber, das mache ich nicht.«

Ich mache ihn ab und zeige ihn ihm, und er sagt: »Der ist ja total mit Fett verschmiert.«

Unter der ausladenden Kastanie im Hof finde ich ein Stöckchen, mit dem ich das ganze Fett in eine Abfalltonne kratze. Ohne zu mir herzukommen, sagt er: »Da drüben in der Dose ist Waschbenzin.« Ich sehe, welche Dose er meint, und wische mit dem Waschbenzin und ein paar Blättern das restliche Fett ab.

Als ich ihm den gesäuberten Kettenkasten zeige, nickt er und geht hinüber und stellt den Gasdruck für seinen Schweißbrenner ein. Dann schaut er sich die Düse an und wechselt sie aus. Er läßt sich Zeit. Er nimmt einen Stahl-Schweißstab, und ich frage mich, ob er wirklich versuchen will, dieses dünne Blech zu *schweißen*. Ich habe Blech noch nie geschweißt, sondern immer nur mit Messing-Lötdraht hartgelötet. Wenn ich versuche, Blech zu schweißen, brenne ich Löcher hinein, die ich hinterher mit dicken Klumpen Schweißdraht wieder schließen muß. »Wollen Sie ihn denn nicht hartlöten?« fragte ich ihn.

»Nein«, sagt er. Gesprächiger Typ.

Er zündet den Schweißbrenner an, stellt ein winziges blaues Flämmchen ein und läßt dann, es ist schwer zu beschreiben, läßt den Schweißbrenner und den Stab buchstäblich über dem dünnen Blech tanzen, das an der Schweißstelle eine gleichmäßige, leuchtende, orangegelbe Färbung annimmt; abwechselnd tippt er genau im richtigen Moment mit dem Schweißbrenner und dem Schweißstab auf das Blech und zieht sie gleich wieder zurück. Keine Löcher. Die Schweißnaht ist kaum zu sehen. »Phantastisch«, sage ich.

»Einen Dollar«, sagt er, ohne zu lächeln. Dann sehe ich, daß in seinem Blick ein komischer, leicht verwirrter Ausdruck ist. Vielleicht fragt er sich, ob er zuviel verlangt hat? Nein, es muß was anderes sein ... er ist einsam, genau wie die Kellnerin. Wahrscheinlich denkt er, ich wollte ihn verscheißern. Wer weiß heute schon noch solche Arbeit zu schätzen.

Gerade noch rechtzeitig haben wir alles gepackt und verlassen das Motel. Bald darauf sind wir in dem Küstensequoienwald und fahren über die Grenze von Oregon nach Kalifornien. Es herrscht so dichter Verkehr, daß wir nicht dazu kommen, uns umzusehen. Es wird kalt und grau, und wir halten an, um Pullover und Jacken anzuziehen.

Uns ist auch so noch kalt, es muß so zwischen 10 und 15 Grad haben, und wir denken Wintergedanken.

Einsam die Leute da in der Stadt. Ich sah es im Supermarkt und in der Münzwäscherei, und auch als ich die Rechnung in dem Motel beglich. In den Campingbussen, die hier durch die Sequoienwälder fahren, fast lauter einsame, pensionierte Leute, die sich die Bäume anschauen, unterwegs, um das Meer zu sehen. Man merkt es im allerersten Moment, wenn man in ein neues Gesicht sieht – an dem forschenden Blick –, und dann ist es schon wieder weg.

Wir bekommen jetzt noch viel mehr von dieser Einsamkeit zu sehen. Es ist paradox, daß ausgerechnet dort, wo die Menschen am dichtesten aufeinander sitzen, in den großen Städten an der Ost- und der Westküste, die Einsamkeit am größten ist. In Oregon und Idaho und Montana und den Dakotas, wo die Menschen viel weiter verteilt leben, dort, so möchte man meinen, müßte die Einsamkeit größer sein, aber davon haben wir nichts gemerkt.

Die Erklärung ist wohl, daß die physische Distanz zwischen den Menschen nichts mit Einsamkeit zu tun hat. Auf die psychische Distanz kommt es an, und in Montana und Idaho sind die physischen Entfernungen groß, aber die psychischen Entfernungen zwischen den Menschen gering; hier ist es umgekehrt.

Wir sind hier im erstklassigen Amerika. Die ersten Anzeichen haben wir vorletzte Nacht in Prineville Junction bemerkt, und seither ist es dabei geblieben. Im erstklassigen Amerika der Autobahnen und Jetflüge, des Fernsehens und der Kinospektakel. Und die Menschen, die sich mit diesem erstklassigen Amerika einlassen, bringen offenbar den größten Teil ihres Lebens hinter sich, ohne richtig zu merken, was in ihrer unmittelbaren Umgebung vor sich geht. Die Medien haben ihnen eingeredet, daß alles, was um sie herum vorgeht, unwichtig ist. Und deshalb sind sie einsam. Man sieht es ihren Gesichtern an. Erst dieser kurz aufblitzende forschende Blick, und dann, wenn sie einen richtig ansehen, ist man nur noch so eine Art Objekt. Man zählt nicht. Man ist nicht das, wonach sie suchen. Man kommt nicht im Fernsehen.

In dem zweitklassigen Amerika jedoch, das hinter uns liegt, dem Amerika der Nebenstraßen und Chinesengräben und Appaloosa-Pferde, der langgestreckten Gebirgszüge, der Nachdenklichkeit, der

Kinder mit Kiefernzapfen und Hummeln und des offenen Himmels über uns Meile um Meile, auf der ganzen Fahrt durch dieses andere Amerika war für uns das wichtig, was real war, um uns herum. Und deshalb gab es nicht viel Raum für Einsamkeit. So muß es hier vor hundert oder zweihundert Jahren gewesen sein. Fast keine Menschen und fast keine Einsamkeit. Zweifellos verallgemeinere ich zu stark, aber mit den entsprechenden Einschränkungen wäre es die Wahrheit.

Der Technik wird viel Schuld an dieser Einsamkeit gegeben, weil diese Einsamkeit sicherlich mit einigen der neueren Segnungen der Technik zusammenhängt – Fernsehen, Jets, Autobahnen und so weiter –, aber ich hoffe, es ist mir gelungen klarzumachen, daß das eigentliche Übel nicht in den Objekten der Technik steckt, sondern in der Tendenz der Technik, die Menschen in einsamen, durch Objektivität gekennzeichneten Einstellungen zu isolieren. Die Objektivität, die dualistische Anschauungsweise, die der Technik zugrunde liegt, ist die Wurzel des Übels. Deshalb habe ich mir solche Mühe gegeben, zu zeigen, wie man die Technik dazu benutzen kann, das Übel aus der Welt zu schaffen. Ein Mensch, der weiß, wie man – mit Qualität – Motorräder richtet, läuft nicht so schnell Gefahr, bald kaum noch Freunde zu haben, wie einer, der es nicht weiß. Und man wird auch nicht nur ein *Objekt* in ihm sehen. Qualität macht Objektivität jederzeit zunichte.

Oder wenn er auch nur den langweiligen Job nimmt, an dem er hängengeblieben ist – und sie sind, früher oder später, alle langweilig – und bloß um sich bei Laune zu halten nach Möglichkeiten mit mehr Qualität Ausschau hält und diese Möglichkeiten insgeheim zu verwirklichen sucht, ganz um ihrer selbst willen, so daß er eine Kunst aus seinem Handwerk macht, wird er wahrscheinlich entdecken, daß er für seine Mitmenschen ein viel interessanterer Mensch wird und sie ihn viel weniger als Objekt ansehen, weil seine Entscheidung für die Qualität auch ihn selbst verändert. Und nicht nur seine Arbeit und ihn selbst, sondern auch andere, weil Qualität die Tendenz hat, sich wellenartig auszubreiten. Die Qualität seiner Arbeit, von der er geglaubt hat, daß niemand sie bemerken werde, *wird* bemerkt, und jeder, der sie bemerkt, fühlt sich deswegen ein bißchen besser und wird dieses Gefühl wahrscheinlich auf andere übertragen, und auf diese Weise ist dafür gesorgt, daß die Qualität erhalten bleibt.

Meine persönliche Ansicht ist, daß jede künftige Verbesserung der

Welt sich nur auf diese Weise vollziehen kann: dadurch, daß einzelne sich für Qualität entscheiden, und durch nichts anderes. Die Begeisterung für großangelegte Programme sozialer Planung für große Menschenmassen, die die individuelle Qualität unberücksichtigt lassen, könnte meinetwegen ruhig ein bißchen gedämpft werden. Die sollte man getrost eine Zeitlang auf Eis legen. Sie haben auch ihre Berechtigung, aber sie müssen auf einer Grundlage der Qualität bei den einzelnen Menschen aufbauen, denen sie gelten. Wir hatten in der Vergangenheit diese individuelle Qualität, beuteten sie, ohne es zu merken, als natürlichen Vorrat aus, und jetzt ist sie fast erschöpft. Es sieht so aus, als sei jedermann mit seinem Mut fast am Ende. Und ich glaube, es ist an der Zeit, daß wir uns vornehmen, *diese* amerikanischen Reserven wieder aufzufüllen – die persönlichen Werte. Es gibt politische Reaktionäre, die seit Jahren etwas ganz Ähnliches fordern. Ich gehöre nicht zu ihnen, aber sofern es ihnen wirklich um die persönlichen Werte zu tun ist und nicht nur um eine Ausrede dafür, daß die Reichen sich weiter bereichern können, haben sie recht. Wir *brauchen* die Rückbesinnung auf persönliche Integrität, Selbstvertrauen und den altmodischen »Mut«. Wir brauchen sie wirklich. Ich hoffe, in dieser Chautauqua wurden Wege dazu aufgezeigt.

Phaidros ging von dem Gedanken individueller, persönlicher Qualitätsentscheidungen in einer anderen Richtung weiter. Ich glaube, es war eine falsche Richtung, aber vielleicht würde ich denselben Weg gehen, wenn ich in seiner Lage wäre. Er glaubte, die Lösung beginne mit einer neuen Philosophie, oder, noch umfassender, mit einer neuen spirituellen *Rationalität* – in der die Häßlichkeit und die Einsamkeit und die spirituelle Leere der dualistischen technologischen Vernunft unlogisch werden würden. Die Vernunft sollte nicht mehr »wertfrei« sein. Die Vernunft sollte – logisch – der Qualität untergeordnet sein, und er war sicher, daß er herausfinden würde, warum sie es bei den alten Griechen nicht gewesen war, deren Mythos unsere Kultur jene Neigung verdankt, die allem Unheil unserer Technologie zugrunde liegt, die Neigung *zu tun, was »vernünftig« ist, auch wenn es keineswegs gut ist.* Das war die Wurzel allen Übels. Genau das. Ich habe vor langer Zeit gesagt, daß er dem Geist der Rationalität nachjagte. *Das* habe ich damit gemeint. Vernunft und Qualität waren getrennt worden und miteinander in Konflikt geraten, und irgendwann damals war die Qualität beiseite geschoben und die Vernunft in den Himmel gehoben worden.

Es hat zu regnen angefangen. Aber noch nicht so stark, daß wir nicht mehr weiterfahren könnten. Nur ein beginnender Nieselregen.

Die Straße führt jetzt aus dem Wald mit den hohen Bäumen heraus in einen weiten grauen Himmel. Am Straßenrand stehen viele Reklameschilder. Immer wieder Schenley's Whiskey in warmen Farben, aber bei Irma's Schönheitssalon bekommt man durch die abblätternde Farbe auf den Schildern den Eindruck, daß es auch mit den Dauerwellen nicht weit her sein kann.

Ich habe seither Aristoteles wiedergelesen und nach den unheilvollen Theorien gesucht, von denen in den Fragmenten von Phaidros die Rede ist, ohne sie jedoch zu finden. Was ich bei Aristoteles finde, ist vor allem eine recht fade Zusammenstellung von Verallgemeinerungen, von denen viele einer Überprüfung aufgrund des heutigen Stands unserer Erkenntnis nicht standhalten dürften, deren Aufbau sehr wenig durchdacht scheint und die einem genauso primitiv vorkommen, wie einem die alte griechische Töpferware in den Museen primitiv vorkommt. Ich bin sicher, ich würde in seinen Schriften sehr viel mehr sehen, wenn ich mehr darüber wüßte, und sie dann gar nicht mehr primitiv finden. Aber ohne diese Kenntnisse leuchtet mir nicht ein, wie die Great-Books-Gruppe einerseits und Phaidros andererseits so viel Aufhebens davon machen konnten. Jedenfalls sehe ich in den Werken des Aristoteles bestimmt keine Quelle positiver oder negativer Werte. Aber der Wirbel, den die Great-Books-Gruppe darum machte, ist weithin bekannt und veröffentlicht. Den Wirbel, den Phaidros machte, hat niemand zur Kenntnis genommen, und ich muß es deshalb als Teil meiner Verpflichtung gegen ihn ansehen, seinen Standpunkt zu erläutern.

Rhetorik ist eine Kunst, begann Aristoteles, *weil sie auf ein rationales Ordnungsprinzip zurückgeführt werden kann.*

Phaidros war wie vor den Kopf geschlagen, als er das las. Er hatte sich darauf gefaßt gemacht, Botschaften von großer Subtilität entziffern zu müssen, hochkomplexe Systeme, um den tiefsten, innersten Sinn der Lehren des Aristoteles zu begreifen, den doch viele für den größten Philosophen aller Zeiten hielten. Und da stieß er nun gleich zu Anfang auf eine derart blödsinnige Behauptung! Er war erschüttert.

Er las weiter:

Rhetorik läßt sich unterteilen in besondere Beweise und Themen einerseits und allgemeine Beweise andererseits. Die besonderen Beweise lassen sich unterteilen in Beweismittel und Beweisarten. Von den Beweismitteln sind die einen künstlich, die anderen nicht künstlich. Die künstlichen Beweismittel lassen sich unterteilen in sittliche Beweismittel, gefühlsmäßige Beweismittel und logische Beweismittel. An sittlichen Beweismitteln gibt es Einsicht, Tugend und Wohlwollen. Für die besonderen Methoden, die mit künstlichen Beweisen der sittlichen Art arbeiten, zu denen auch das Wohlwollen gehört, ist die Kenntnis der Gefühle notwendig, und für den, der vergessen hat, was Gefühle sind, stellt Aristoteles eine Liste zusammen. Es sind Zorn, Mißachtung (unterteilbar in Geringschätzung, Herabsetzung und Anmaßung), Milde, Liebe und Freundschaft, Furcht, Zuversicht, Schamgefühl, Schamlosigkeit, Gunst, Güte, Mitleid, gerechte Entrüstung, Neid, Eifer und Verachtung.

Erinnern Sie sich an die Beschreibung des Motorrads, die ich vor vielen Tagen gab, als wir noch in South Dakota waren? Die, in der alle Teile und Funktionen des Motorrads gewissenhaft aufgezählt wurden? Sehen Sie die Ähnlichkeit? Phaidros war überzeugt, daß er hier auf den Urheber dieser Art von Erörterung gestoßen war. Denn Seite um Seite machte Aristoteles so weiter. Wie ein drittklassiger technischer Ausbilder, der alles benennt, die Beziehungen zwischen den genannten Gegenständen aufzeigt, ab und zu geschickt neue Beziehungen zwischen den genannten Gegenständen erfindet und dann auf die Glocke wartet, damit er dieselbe Lektion vor der nächsten Klasse herunterbeten kann.

Zwischen den Zeilen entdeckte Phaidros keine Zweifel, kein Gefühl ehrfürchtiger Scheu, nur die sattsam bekannte Selbstgefälligkeit des professionellen Akademikers. Glaubte Aristoteles wirklich, die Studenten würden dadurch zu besseren Rhetorikern, daß sie sich diese zahllosen Namen und Beziehungen aneigneten? Und wenn nicht, glaubte er wirklich, daß er Rhetorik lehrte? Phaidros kam zu dem Schluß, daß er das tatsächlich geglaubt hatte. An seinem Stil wies nichts darauf hin, daß Aristoteles jemals an Aristoteles zweifeln würde. Phaidros glaubte zu erkennen, daß Aristoteles sich auf diesen kleinen Trick mit der Benennung und Klassifizierung aller Dinge ungeheuer viel eingebildet hatte. Seine Welt begann und endete mit diesem Kunstgriff. Der Grund dafür, daß er ihn, wäre er nicht seit über zwei Jahrtausenden tot gewesen, mit Freuden erledigt hätte, war, daß er in ihm den Prototyp für die vielen Millionen selbstzufriedener und dabei bornierter und unwissender Lehrer sah, die im Laufe der Geschichte mit gefühlloser Arroganz den Schöpfergeist ihrer Schüler mit diesem stumpfsinnigen Ritual der Analyse abgetötet hatten, dieser sinnlosen, mechanischen, sich ewig wiederholenden Benennung der Dinge. Gehen Sie nur mal in eins von hunderttausend Klassenzimmern und hören Sie zu, wie die Lehrer teilen und unterteilen und Wechselbeziehungen herstellen und »Grundsätze« aufstellen und »Methoden« untersuchen, und was Sie hören werden, ist der Geist des Aristoteles, der da spricht – die ausdörrende, leblose Stimme der dualistischen Vernunft.

Die Übungen zu Aristoteles wurden an einem riesigen runden Holztisch in einem öden Raum eines Hauses gegenüber einem Krankenhaus abgehalten, in dem die über das Krankenhausdach einfallende Sonne kaum den Dreck auf den Fensterscheiben und die verschmutzte Luft davor durchdringen konnte. Schwach und blaß und deprimierend. Mitten in der Stunde bemerkte er, daß die riesige Tischplatte einen langen Sprung hatte, der sich vom einem Rand und am Mittelpunkt vorbei bis zum anderen Rand hinzog. Es sah so aus, als sei er schon ein paar Jahre alt, als hätte es aber niemand für nötig befunden, den Schaden auszubessern. Zweifellos hatten sie alle Wichtigeres zu tun. Am Ende der Stunde fragte er schließlich: »Dürfen Fragen über Aristoteles' Rhetorik gestellt werden?«

»Wenn Sie die Texte gelesen haben«, bekam er zur Antwort. Er bemerkte, daß sich die Augen des Philosophieprofessors genauso verengten wie am Tag seiner Einschreibung. Er ließ sich das zur Warnung dienen, daß er gut daran täte, die Texte sehr gründlich zu lesen; und er tat es.

Der Regen ist stärker geworden, und wir halten an, um die Visiere an unseren Helmen zu befestigen. Dann fahren wir in gemäßigtem Tempo weiter. Ich achte auf Schlaglöcher, Sand und Ölflecken.

In der folgenden Woche hatte Phaidros die Texte gelesen und war entschlossen, die Behauptung auseinanderzunehmen, Rhetorik sei eine Kunst, weil sie auf ein rationales Ordnungssystem zurückgeführt werden könne. Nach diesem Kriterium hätte General Motors reine Kunst produziert, Picasso hingegen nicht. Falls in Aristoteles' Lehren ein tieferer Sinn steckte, der nicht auf Anhieb erkennbar war, dann eignete sich dieser Ort genausogut wie jeder andere, ihn sichtbar zu machen.

Aber er kam nicht dazu, die Frage zu stellen. Er hatte sich schon gemeldet, sah gerade, wie die Augen des Lehrers einen Sekundenbruchteil bösartig aufglommen, aber dann sagte ein anderer Student, indem er ihm fast ins Wort fiel: »Ich denke, wir haben es hier mit einigen recht fragwürdigen Aussagen zu tun.«

Weiter kam er nicht.

»Wir sind nicht hier, um zu erfahren, was *Sie* denken!« wies ihn der Philosophieprofessor zurecht. Mit ätzender Schärfe. »Wir sind hier, um zu erfahren, was *Aristoteles* denkt!« Mitten ins Gesicht. »Wenn wir erfahren wollen, was Sie denken, werden wir einen Kurs über dieses Thema einrichten!«

Stille. Der Student ist wie betäubt. Alle anderen ebenfalls.

Aber der Philosophieprofessor ist noch nicht fertig. Er zeigt mit dem Finger auf den Studenten und herrscht ihn an: »Was sind nach Aristoteles die drei Gattungen der Redekunst?«

Alles bleibt still. Der Student weiß es nicht. »Sie haben die Texte also nicht *gelesen*, stimmt's?«

Und dann, mit einem Aufglimmen seiner Augen, dem zu entnehmen ist, daß er dies von Anfang an beabsichtigte, läßt der Philosophieprofessor seinen Finger wandern und richtet ihn auf Phaidros.

»Sie bitte. Was sind bei Aristoteles die drei Gattungen der Redekunst?«

Aber Phaidros ist vorbereitet. »Die Gerichtsrede, die politische Rede, die Festrede«, antwortet er ruhig.

»Welches sind die Techniken der Festrede?«

»Aufzählung von Ähnlichkeiten, Lobpreis und Ausschmückung.«

»Jjja ...«, sagt der Philosophieprofessor zögernd. Dann ist alles still.

Die anderen Studenten sind betroffen. Sie fragen sich, was geschehen ist. Nur Phaidros weiß es, und vielleicht der Philosophieprofessor. Ein unschuldiger Student hat Schläge bezogen, die *ihm* zugedacht gewesen waren.

Jeder setzt nun eine unbewegte Miene auf, als Abwehr gegen diese Art des Ausfragens. Der Philosophieprofessor hat einen Fehler gemacht. Er hat seine strafende Autorität an einen Unschuldigen verschwendet, und Phaidros, der Schuldige, der Feindselige, ist ungeschoren davongekommen. Wodurch seine Stellung gestärkt wurde. Da er keine Frage gestellt hat, hat der Professor jetzt auch keine Handhabe, ihn zurechtzuweisen. Und da er jetzt gesehen hat, wie die Fragen beantwortet werden, wird er sich hüten, sie zu stellen.

Der unschuldige Student starrt vor sich auf den Tisch, mit rotem Kopf, die Hände vor die Augen haltend. Daß er so gedemütigt wurde, macht Phaidros wütend. Er hatte in seinen Stunden nie in diesem Ton mit einem Studenten geredet. Das also ist die Art, in der man an der Universität Chicago klassische Altertumswissenschaften unterrichtet. Phaidros kennt jetzt den Philosophieprofessor. Aber der Philosophieprofessor kennt Phaidros nicht.

Der graue, verregnete Himmel und die mit Reklameschildern gesäumte Straße senken sich herab auf Crescent City, Kalifornien, grau, kalt und naß, und Chris und ich schauen voraus und sehen es, das Wasser, den Ozean, fern hinter Piers und grauen Gebäuden. Ich denke daran, daß das in all den Tagen unser großes Ziel gewesen ist. Wir gehen in ein Restaurant mit einem extravaganten roten Teppich und extravaganten Menüs zu horrenden Preisen. Wir sind die einzigen Gäste. Wir essen schweigend, zahlen und fahren weiter, nach Süden jetzt, und es ist kalt und neblig.

In der nächsten Stunde fehlt der abgekanzelte Student. Kein Wunder. Die Klasse ist völlig erstarrt, wie es nach einem solchen Zwischenfall auch unvermeidlich ist. Von nun an redet in jeder Stunde immer nur einer, der Philosophieprofessor, und er redet und redet und redet zu Gesichtern, die sich in Masken der Neutralität verwandelt haben.

Dem Philosophieprofessor scheint durchaus bewußt zu sein, was geschehen ist. Wenn er jetzt für einen Sekundenbruchteil zu Phaidros hinsieht, glimmt nicht mehr Bosheit, sondern Angst in seinen Augen. Er scheint begriffen zu haben, daß er bei dieser Stimmung in der Klasse zu gegebener Zeit dieselbe Behandlung zu gewärtigen hat, wie er sie dem Studenten angedeihen ließ, und daß dann keines der Gesichter vor ihm das geringste Mitgefühl zeigen wird. Er hat sein Recht auf Nachsicht verspielt. Er kann sich der Vergeltung nur dadurch entziehen, daß er in Deckung bleibt.

Aber um in Deckung zu bleiben, muß er hart arbeiten und darf nie etwas Falsches behaupten. Phaidros weiß das auch. Indem er stillschweigt, kann er jetzt unter sehr günstigen Bedingungen lernen.

Phaidros studierte angestrengt in diesen Wochen und lernte schnell und hielt den Mund, aber es wäre falsch, wollte man auch nur andeutungsweise behaupten, er sei ein guter Student gewesen. Ein guter Student ist bestrebt, in fairer und unparteiischer Weise Wissen zu erwerben. Das war Phaidros nicht. Er hatte eine Rechnung zu begleichen, und ihm ging es ausschließlich um die Dinge, die ihm halfen, dieses Ziel zu erreichen, und um die Mittel dafür, jedes Hindernis aus dem Weg zu räumen, das sich ihm dabei in den Weg stellen konnte. Er hatte weder Zeit noch Interesse für die »Großen Bücher« anderer Leute. Er war nur hier, um selbst ein Großes Buch zu schreiben. Seine Einstellung zu Aristoteles war aus demselben Grunde grob unfair, aus dem Aristoteles unfair gegen *seine* Vorgänger gewesen war. Sie verdarben nur, was er sagen wollte.

Aristoteles verdarb das, was Phaidros sagen wollte, indem er der Rhetorik eine empörend niedrige Kategorie in seiner hierarchischen Ordnung der Dinge zuwies. Sie war bei ihm ein Zweig der Praktischen Wissenschaft, einer fernen Verwandten der *anderen* Kategorie, der Theoretischen Wissenschaft, mit der Aristoteles hauptsächlich befaßt war. Als Zweig der Praktischen Wissenschaft hatte sie nicht mit dem Guten oder Wahren oder Schönen zu tun, außer insofern, als man diese Begriffe bei passender Gelegenheit in die Debatte werfen konnte. Deshalb ist in Aristoteles' System die Qualität völlig von der Rhetorik getrennt. Diese Verachtung der Rhetorik im Verein mit der erbärmlichen Qualität von Aristoteles' *eigener* Rhetorik stieß Phaidros dermaßen ab, daß er nichts von Aristoteles lesen konnte, ohne sofort Mittel und Wege zu suchen, es zu schmähen und anzugreifen.

Das war keine Schwierigkeit. Aristoteles ist immer sehr angreifbar gewesen und auch die ganze Geschichte hindurch heftig angegriffen worden, und seine offenkundigen Absurditäten zu widerlegen, war nicht sehr befriedigend, weil es eben allzu leicht war. Wäre Phaidros nicht so voreingenommen gewesen, er hätte von Aristoteles eine

Reihe nützlicher Kunstgriffe lernen können, mit deren Hilfe man sich gleichsam am eigenen Schopf in neue Wissensgebiete hinaufziehen konnte; zu diesem Zweck war das Seminar in erster Linie gegründet worden. Aber wenn er nicht so voreingenommen gewesen wäre bei der Suche nach einer Stelle, wo er seine Arbeit über Qualität vorlegen konnte, wäre er ja überhaupt nicht an dieser Universität gewesen; so oder so, es konnte einfach nicht gutgehen.

Der Philosophieprofessor hielt Vorträge, und Phaidros achtete bei allem, was er vortrug, sowohl auf die klassische Form als auch auf die romantische Erscheinung. Am unbehaglichsten fühlte sich der Professor offenbar bei dem Thema »Dialektik«. Obgleich Phaidros nach den Gesichtspunkten der klassischen Form nicht herauszufinden vermochte, warum das so war, sagte ihm seine zunehmende romantische Empfindlichkeit, daß er etwas gewittert hatte – eine Beute.

Also die Dialektik.

Aristoteles' Buch hatte damit begonnen, und zwar auf höchst mystifizierende Art. Rhetorik sei ein Gegenstück der Dialektik, hatte es da geheißen, als ob das wer weiß wie wichtig wäre, und trotzdem wurde nirgends erklärt, warum es so wichtig war. Es folgte eine Anzahl anderer, genauso zusammenhangloser Aussagen, die den Eindruck erweckten, daß sehr viel weggelassen oder der Stoff falsch zusammengestellt worden sei oder daß der Drucker etwas vergessen habe, denn sooft er es auch las, es ergab keinen Sinn. Nur eines wurde klar, nämlich daß Aristoteles sich sehr viel Gedanken um das Verhältnis zwischen Rhetorik und Dialektik machte. Phaidros hörte da dasselbe Unbehagen heraus, das er an dem Philosophieprofessor bemerkt hatte.

Der Philosophieprofessor hatte Dialektik definiert, und Phaidros hatte aufmerksam zugehört, aber es ging bei einem Ohr rein und beim andern raus, was oft bei philosophischen Aussagen der Fall ist, die etwas Wichtiges auslassen. In einer der nächsten Stunden bat ein Student, der dasselbe Problem zu haben schien, den Philosophieprofessor, die Definition der Dialektik noch einmal zu wiederholen, und diesmal hatte der Professor Phaidros wieder einen raschen angstvollen Blick zugeworfen und dann *sehr* gereizt geantwortet. Phaidros begann sich zu fragen, ob »Dialektik« eine besondere Bedeutung habe, die es zu einem Schwerpunktwort mache – zu einem Wort, das je nachdem, wo es steht, das Gleichgewicht eines Arguments verschieben kann.

Dialektik handelt im allgemeinen »vom Wesen des Dialogs«, also eines Gesprächs zwischen zwei Menschen. Heutzutage ist sie gleichbedeutend mit logischer Argumentation. Sie schließt eine Art Kreuzverhör, eine Technik von Rede und Gegenrede ein, wodurch man zur Wahrheitsfindung gelangt. Das ist das Verfahren, das Sokrates in Platons *Dialogen* anwendet. Platon war überzeugt, daß die Dialektik die einzige Methode sei, mit der man die Wahrheit herausfinden könne.

Das ist der Grund, warum »Dialektik« ein Schwerpunktwort ist. Aristoteles wandte sich gegen diese Überzeugung und behauptete, daß die Dialektik sich nur für bestimmte Zwecke eigne – um die Glaubensvorstellungen der Menschen zu erforschen und um zu den Wahrheiten über die ewigen Formen der Dinge, die sogenannten *Ideen*, zu gelangen, die als feststehend und unveränderlich gedacht wurden und für Platon die Realität ausmachten. Aristoteles sagte, daß es auch die wissenschaftliche oder »physikalische« Methode gebe, die auf der Beobachtung physikalischer Fakten beruht und zu Erkenntnissen über die – wandelbaren – Substanzen führt. Diese Dualität von Form und Substanz und die wissenschaftliche Methode der Ermittlung von Tatsachen waren Kernstück der Philosophie des Aristoteles. Die Entthronung der Dialektik, ihre gegenüber den Auffassungen von Sokrates und Platon geringere Einschätzung, war deshalb für Aristoteles von größter Wichtigkeit, und »Dialektik« war und ist heute noch ein Schwerpunktwort.

Phaidros vermutete, daß Aristoteles' Herabsetzung der Dialektik – von Platons einziger Methode der Wahrheitsfindung zu einem bloßen »Gegenstück« der Rhetorik – einen modernen Platoniker wahrscheinlich genauso in Harnisch bringen würde wie sie Platon selbst empört hätte. Da der Philosophieprofessor nicht wußte, auf wessen Seite Phaidros stand, war dies der Grund seiner Gereiztheit. Wahrscheinlich fürchtete er, daß der Platoniker Phaidros sich mit ihm anlegen würde. Diese Befürchtung war unbegründet. Phaidros stieß sich nicht daran, daß die Dialektik auf die Ebene der Rhetorik herabgezogen worden war. Er war empört darüber, daß die Rhetorik auf die Ebene der Dialektik herabgezogen worden war. Derart war die Konfusion, die damals herrschte.

Der Mann, all diese Unklarheiten zu beseitigen, war natürlich Platon, und zum Glück war er der nächste, der an dem runden Tisch mit dem Sprung in der Mitte in dem dämmrigen kahlen Raum gegenüber dem Krankenhaus im Süden Chicagos durchgenommen werden sollte.

Wir fahren jetzt die Küste entlang, frierend, durchnäßt und deprimiert. Der Regen hat vorübergehend nachgelassen, aber der Himmel läßt nicht auf eine Besserung hoffen. Einmal sehe ich einen Strand und ein paar Leute, die über den feuchten Sand gehen. Da ich ohnehin müde bin, halte ich an.

Im Absteigen fragt mich Chris: »Warum halten wir?«

»Ich bin müde«, sage ich. Der Wind bläst kalt vom Meer her, und wo er den Sand zu Dünen geformt hat, die jetzt naß und dunkel sind von dem Regen, der hier eben erst aufgehört haben muß, finde ich einen Platz, wo ich mich hinlegen kann, und davon wird mir ein bißchen wärmer.

Aber ich schlafe nicht. Ein kleines Mädchen taucht über dem Rand der Düne auf und sieht mich an, als wollte sie, daß ich mit ihr spiele. Nach einer Weile geht sie wieder.

Chris hat sich ein bißchen umgesehen, und als er wiederkommt, will er, daß wir weiterfahren. Er sagt, daß er draußen auf den Felsen komische Pflanzen mit Fühlern gefunden hat, die sie einziehen, wenn man sie berührt. Ich gehe mit ihm hin und sehe, wenn die Wellen die Felsen freigeben, daß es Seeanemonen sind, also keine Pflanzen, sondern Tiere. Ich sage Chris, daß sie mit ihren Tentakeln kleine Fische lähmen können. Es muß gerade Ebbe sein, sonst wären sie nicht zu sehen, sage ich. Aus dem Augenwinkel sehe ich, daß das kleine Mädchen auf der anderen Seite der Felsen einen Seestern gefunden hat. Auch ihre Eltern haben ein paar Seesterne in der Hand.

Wir steigen auf das Motorrad und fahren nach Süden. Zeitweise regnet es so stark, daß ich das Visier herunterklappen muß, aber es stört mich, und ich schiebe es hoch, sobald der Regen wieder nachläßt. Wir müßten bis zum Einbruch der Dunkelheit noch bis Arcata kommen, aber ich will auf der nassen Straße lieber nicht zu schnell fahren.

Ich glaube, Coleridge hat einmal gesagt, jeder sei entweder Platoniker oder Aristoteliker. Wer Aristoteles' endlose Genauigkeit im Detail nicht ausstehen kann, ist verständlicherweise von Platons hochfliegenden Verallgemeinerungen angetan. Und wer den ewigen, über alles erhabenen Idealismus Platons nicht ausstehen kann, begrüßt die handfesten Tatsachen des Aristoteles. Platon ist der eigentliche Buddha-Sucher, der in jeder Generation wieder auftaucht und vorwärts und aufwärts dem »Einen« zustrebt. Aristoteles ist der ewige Motorradmechaniker, der das »Viele« vorzieht. Ich selbst bin nach dieser Definition eher ein Aristoteliker, denn ich ziehe es vor, den Buddha in der Qualität der Tatsachen meiner Umwelt zu suchen, aber Phaidros war vom Temperament her eindeutig Platoniker und deshalb sehr erleichtert, als nach Aristoteles Platon durchgenommen wurde. Seine Qualität und »das Gute« Platons waren sich so ähnlich, daß ich, wären da nicht ein paar Aufzeichnungen, die Phaidros hinterlassen hat, bestimmt angenommen hätte, daß sie identisch waren. Aber er verneinte das, und mit der Zeit wurde mir klar, wie wichtig diese Verneinung war.

In dem Kurs über Ideen- und Methodenanalyse ging es jedoch nicht um Platons Begriff des Guten; es ging um Platons Rhetorikbegriff. Rhetorik, so erklärt Platon unmißverständlich, hat keinerlei Verbindung zum Guten; Rhetorik ist »das Böse«. Die Menschen, die Platon nächst den Tyrannen am meisten haßt, sind die Rhetoriker.

Als erster platonischer Dialog wird der *Gorgias* durchgenommen, und Phaidros hat das Gefühl, angelangt zu sein. Jetzt endlich ist er dort, wo er hinwollte.

Die ganze Zeit hat er das Gefühl gehabt, von Kräften vorwärtsgetrieben zu werden, die er nicht versteht – messianischen Kräften. Der Oktober kam und ging vorüber. Die Tage sind trügerisch und inkohärent geworden, außer in bezug auf Qualität. Das einzige, was zählt, ist die Tatsache, daß er im Besitz einer neuen, tiefgreifenden, die Welt erschütternden Wahrheit ist, die nun bald aus der Taufe gehoben werden soll, und daß die Welt, ob sie will oder nicht, moralisch verpflichtet ist, diese Wahrheit anzuerkennen.

In dem nach ihm benannten Dialog ist Gorgias ein Sophist, den Sokrates einem Kreuzverhör unterzieht. Sokrates weiß sehr wohl, womit Gorgias seinen Lebensunterhalt verdient, aber er beginnt mit seiner Dialektik der Zwanzig Fragen, indem er Gorgias fragt, womit sich die Redekunst befasse. Gorgias antwortet, sie befasse sich mit der Rede. Als Antwort auf eine andere Frage sagt er, ihr Zweck sei Überredung. Und auf eine weitere Frage erwidert er, ihr Platz sei an der Gerichtsstätte und in anderen Volksversammlungen. Und wieder auf eine andere Frage sagt er, ihr Gegenstand sei das Rechte und das Unrechte. Das alles, wobei es sich nur um Gorgias' Beschreibung dessen handelt, was die Leute unter dem »Handwerk« der Sophisten verstanden, wird nun durch Sokrates' Dialektik unmerklich in etwas anderes verwandelt. Die Rhetorik ist zum Objekt geworden, und als Objekt besteht sie aus Teilen. Und zwischen den Teilen gibt es bestimmte Beziehungen, und diese Beziehungen sind unveränderlich. Man kann in diesem Dialog recht gut beobachten, wie das analytische Messer des Sokrates Gorgias' Kunst in Stücke schneidet. Eine noch wichtigere Beobachtung aber ist die, daß die Stücke die Grundlage von Aristoteles' Rhetorik sind.

Sokrates war einer von Phaidros' Kindheitshelden gewesen, und dieser Dialog schockierte und empörte ihn. Er schrieb an den Rand des Textes eigene Antworten. Diese müssen ihn sehr frustriert haben, weil er ja nicht wissen konnte, welchen Verlauf der Dialog genommen hätte, wenn *seine* Antworten gegeben worden wären. An einer Stelle fragt Sokrates, auf welche Art Dinge sich die Reden beziehen, deren die Redekunst sich bedient. Gorgias antwortet: »Auf das Größte und Beste.« Phaidros, der zweifelsohne Qualität in dieser Antwort erkannte, hat »Stimmt!« an den Rand geschrieben. Aber Sokrates erwidert, diese Antwort sei doppeldeutig. Er sei noch im unklaren. »Lügner!« schreibt Phaidros an den Rand und bringt einen Querverweis auf eine Stelle in einem anderen Dialog an, wo Sokrates klarmacht, daß er *nicht* »im dunkeln« sein könne.

Sokrates benutzt die Dialektik nicht, um die Rhetorik zu verstehen, sondern um sie zu zerstören oder sie zumindest in Mißkredit zu bringen, und deshalb sind seine Fragen überhaupt keine echten Fragen – es sind nur Wortfallen, in die Gorgias und seine Rhetorikerkollegen hineintappen. Phaidros regt das alles ungemein auf, und er wünscht sich, er wäre dabeigewesen.

Der Philosophieprofessor, dem Phaidros' offenkundiges Wohlverhalten und seine Strebsamkeit aufgefallen sind, ist mittlerweile zu dem Schluß gekommen, daß er vielleicht doch ein ganz brauchbarer Student sei. Das ist wieder ein Fehler. Er will mit Phaidros ein Spielchen spielen, indem er ihn fragt, was er von der Kochkunst halte. Sokrates hat Gorgias bewiesen, daß die Redekunst wie die Kochkunst schmeichlerische Scheinkünste sind, weil sie mehr auf Wohlgefallen aus seien als auf echte Erkenntnis.

Phaidros gibt dem Professor deshalb die Antwort des Sokrates, daß die Kochkunst eine schmeichlerische Scheinkunst sei.

Eine der Studentinnen fängt daraufhin zu kichern an, was Phaidros ärgert, weil er weiß, daß der Professor ihn mit denselben dialektischen Mitteln fertigmachen will, die Sokrates bei seinen Gegnern anwendet, und seine Antwort ist nicht witzig gemeint, sondern soll den Angriff des Professors abwehren. Phaidros ist bereit, die einzelnen Argumente aufzuzählen, mit denen Sokrates diese Ansicht stützt.

Aber darum geht es dem Professor nicht. Er will auf eine dialektische Diskussion hinaus, in der er, Phaidros, der Rhetoriker wäre, der kraft der Dialektik zu Fall gebracht wird. Der Professor zieht die Stirn in Falten und macht noch einen Versuch. »Nein, ich meine, sind Sie wirklich der Ansicht, daß ein hervorragend zubereitetes Essen in einem der besten Restaurants wirklich etwas ist, was wir verschmähen sollten?«

Phaidros fragt: »Wollen Sie meine *persönliche* Meinung hören?« Monatelang, seit der unschuldige Student hinausgeekelt wurde, hat keiner mehr versucht, seine persönliche Meinung zu äußern.

»Jjjaa«, sagt der Professor.

Phaidros ist still und versucht, sich eine Antwort zurechtzulegen. Alles wartet. Seine Gedanken jagen sich, er siebt die Dialektik durch, probiert eine logische Eröffnung nach der anderen aus, stellt bei jeder fest, daß sie zur Niederlage führen muß, geht zur nächsten über, schneller und immer schneller – aber alles, was die anderen mitbekommen, ist sein Schweigen. Schließlich wird es dem Professor peinlich, er läßt die Frage auf sich beruhen und beginnt mit seinem Vortrag.

Aber Phaidros hört den Vortrag nicht. Seine Gedanken rasen, durcheilen alle Verwandlungen der Dialektik, hasten immer weiter, stoßen sich hier und da an Hindernissen, finden neue Zweige und feinste Verästelungen, und hilfloser Zorn packt ihn jedesmal, wenn er wieder auf einen Beweis für die Bösartigkeit und Gemeinheit und Niedertracht dieser angeblichen »Kunst« der Dialektik stößt. Der Professor, der sein Mienenspiel beobachtet, bekommt es fast mit der Angst und setzt seinen Vortrag in panischer Hast fort. Phaidros' Gedanken aber überstürzen sich förmlich, stürmen immer weiter voran, und dann endlich taucht undeutlich etwas Böses auf, ein Übel, das tief in ihm selbst sitzt, eine Einstellung, die *vorgibt*, Liebe und Schönheit und Wahrheit und Weisheit verstehen zu wollen, in Wirklichkeit aber gar nicht um solches Verständnis bemüht ist, sondern stets nur versucht, sie zu usurpieren und sich selbst auf den Thron zu setzen.

Dialektik als Usurpator. Das ist es, was er jetzt sieht. Dialektik als Parvenü, der sich gewaltsam in alles Gute drängt und es an sich zu reißen und zu beherrschen sucht. Das Böse. Der Professor macht vorzeitig Schluß und verläßt überstürzt den Raum.

Nachdem die anderen Studenten schweigend hinausdefiliert sind, sitzt Phaidros alleine an dem riesigen runden Tisch, bis die Sonne nicht mehr durch die verrußte Luft draußen vor dem Fenster scheint und der Raum grau und dann dunkel wird.

Tags darauf geht er schon vor der Öffnungszeit zur Bibliothek, und als man ihn hineinläßt, beginnt er wie wild zu lesen, und zwar zum erstenmal über die Philosophie *vor* Platon, über die kaum bekannten Rhetoriker, die Platon so sehr verachtete. Und was er herausfindet, bestätigt ihn immer mehr in der Vermutung, die ihm am Abend zuvor gekommen ist.

Platons vernichtendes Urteil über die Sophisten hat bei den Gelehrten von jeher sehr gemischte Gefühle ausgelöst. Der Seminarleiter selbst hatte gesagt, daß Kritiker, die sich nicht sicher seien, was Platon gemeint habe, eigentlich auch nicht wissen könnten, was Sokrates' Gegner in den Dialogen meinten. Wenn man wisse, daß Platon dem Sokrates seine eigenen Worte in den Mund legte (das sagt Aristoteles), dann gebe es eigentlich keinen Grund zu bezweifeln, daß er auch anderen seine Ansichten in den Mund gelegt haben könnte.

Fragmente anderer antiker Schriftsteller schienen zu einer ganz anderen Einschätzung der Sophisten zu führen. Viele der älteren Sophisten waren zu »Botschaftern« ihrer Städte bestimmt worden, sicherlich kein geringgeachtetes Amt. Die Bezeichnung »Sophist« wurde sogar ohne Geringschätzung auf Sokrates und Platon selbst angewandt. Spätere Historiker äußerten sogar die Vermutung, Platon habe die Sophisten deshalb so sehr gehaßt, weil sie sich nicht mit seinem Lehrer Sokrates vergleichen konnten, der in Wirklichkeit der größte aller Sophisten gewesen sei. Phaidros findet diese Deutung interessant, aber nicht sehr überzeugend. Wer würde denn die Schule verabscheuen, der sein eigener Lehrmeister angehört? Aber was bezweckte dann Platon *wirklich* damit? Um das herauszufinden, liest sich Phaidros immer weiter in die vorsokratischen Philosophen ein, und allmählich kommt er zu dem Schluß, daß Platons Haß auf die Rhetoriker nur Teil eines viel umfassenderen Streites war, in dem die Realität des Guten, die von den Sophisten vertreten wurde, und die

Realität des Wahren, für die die Dialektiker eintraten, einen rücksichtslosen Kampf miteinander ausfochten. Die Wahrheit wurde Sieger, das Gute wurde geschlagen, und das ist der Grund, weshalb es uns heute so leichtfällt, die Realität des Wahren anzuerkennen, und so schwer, die Realität der Qualität anzuerkennen, obgleich auf dem einen Gebiet nicht mehr Übereinstimmung herrscht als auf dem andern.

Wie Phaidros zu diesem Schluß kam, bedarf der Erklärung:

Man muß sich zunächst einmal von dem Gedanken frei machen, die Zeitspanne vom letzten Höhlenmenschen bis zu den ersten griechischen Philosophen sei kurz gewesen. Dieser Eindruck kann bisweilen entstehen, weil es für diese Periode keinerlei geschichtliche Überlieferung gibt. Aber schon lange bevor die griechischen Philosophen die Szene betraten, während eines Zeitraums, der mindestens *fünfmal* so lang war wie die geschichtliche Zeit seit den griechischen Philosophen, gab es bereits hochentwickelte Kulturen. Sie hatten Dörfer und Städte, Fahrzeuge, Häuser, Märkte, umgrenzte Felder, Ackerbaugeräte und Haustiere und führten ein Leben, das genauso reich und vielgestaltig war wie das der meisten ländlichen Gebiete unserer heutigen Welt. Und wie die heutigen Bewohner dieser Gegenden sahen diese Menschen keinen Grund, alles aufzuschreiben, oder wenn sie es taten, dann auf Materialien, die nie gefunden wurden. Deshalb wissen wir nichts von ihnen. Das »finstere Mittelalter« war lediglich die Wiederaufnahme einer natürlichen Lebensweise, die vorübergehend von den Griechen unterbrochen worden war.

Die frühgriechische Philosophie stellte die erste bewußte Suche nach dem Unvergänglichen im Dasein des Menschen dar. Bis dahin hatte alles Unvergängliche dem Reich der Götter und der Mythen angehört. Nun aber erwuchs den Griechen aus ihrer zunehmenden Unvoreingenommenheit gegenüber ihrer Umwelt eine zunehmende Abstraktionsfähigkeit, die es ihnen erlaubte, den alten griechischen Mythos nicht als geoffenbarte Wahrheit, sondern als künstlerische Schöpfungen anzusehen. Dieses Bewußtsein, das es vorher noch nirgends auf der Welt gegeben hatte, bedeutete für die griechische Kultur eine ganz neue Stufe der Transzendenz.

Aber der Mythos wirkt weiter, und was den alten Mythos zerstört, wird selbst zum neuen Mythos, und der neue Mythos wurde von den ersten ionischen Philosophen in eine Philosophie umgebildet, die dem

Unvergänglichen eine neue Deutung gab. Unvergänglichkeit war nicht mehr das ausschließliche Privileg der unsterblichen Götter. Sie manifestierte sich auch in Prinzipien des Seienden, zu denen auch unser heutiges Gravitationsgesetz gehört.

Das unsterbliche Prinzip des Seienden wurde von Thales zuerst Wasser genannt. Für Anaximenes war es die Luft. Für die Pythagoreer war es die Zahl, womit sie als erste etwas Immaterielles zum Prinzip des Seienden erklärten. Heraklit nannte das Prinzip des Seienden Feuer und führte den Wandel als Teil des Prinzips ein. Er sagte, die Welt bestehe aus Konflikt und Spannung zwischen Gegensätzen. Er sagte, es gebe das Eine und das Viele, und das Eine sei das allen Dingen innewohnende universale Gesetz. Anaxagoras setzte als erster das Eine mit dem *Nus* (Geist, Vernunft) gleich.

Parmenides legte als erster dar, daß das Prinzip des Seienden, das Eine, das Wahre, Gott, von der Erscheinung und der Meinung getrennt, unabhängig sei, und die Bedeutung dieser Trennung und ihrer Auswirkung auf den Gang der Geschichte kann man kaum überschätzen. Hier machte sich der klassische Geist zum erstenmal von seinen romantischen Ursprüngen frei, erklärte: »Das Gute und das Wahre sind nicht notwendig ein und dasselbe«, und ging fortan seinen eigenen Weg. Anaxagoras und Parmenides hatten einen Schüler namens Sokrates, der ihre Gedanken zur vollen Reife brachte.

Man muß wissen, daß die Gegensatzpaare Geist und Materie, Subjekt und Objekt, Form und Substanz damals noch nicht existierten. Diese Unterscheidungen sind dialektische Erfindungen, die erst später kamen. Moderne Denker sträuben sich manchmal gegen die Vorstellung, diese Dichotomien könnten bloße Erfindungen sein, und wenden ein: »Nun, die Unterscheidungen waren natürlich schon vorher da, die Griechen haben sie nur entdeckt.« Dann muß man sagen: »*Wo* waren sie denn? Zeigen Sie darauf!« Und der moderne Denker gerät ein bißchen in Verwirrung und fragt sich, was das überhaupt alles soll und bleibt *trotzdem* bei seiner Ansicht, daß die Unterscheidungen schon vorher da waren.

Phaidros bestritt das. Es sind nur Geister, sagte er, unsterbliche Götter des modernen Mythos, die uns real scheinen, weil wir *in* diesem Mythos sind. Aber in Wirklichkeit sind es auch nur Gebilde künstlerischer Einbildungskraft, genau wie die anthropomorphen Götter, deren Stelle sie eingenommen haben.

Die Vorsokratiker, die bisher erwähnt wurden, waren alle bestrebt, ein universelles Prinzip des Seienden in der Außenwelt zu entdecken. Dieses gemeinsame Bestreben macht sie zu Angehörigen einer Gruppe, die man als »die Kosmologen« bezeichnen könnte. Sie waren sich alle darin einig, daß ein solches Prinzip existiere, nur ihre Auffassungen darüber, was dieses Prinzip sei, schienen unvereinbar. Die Anhänger des Heraklit beharrten darauf, Wandel und Bewegung seien das Prinzip des Seienden. Zeno jedoch, Schüler des Parmenides, bewies durch eine Reihe von Paradoxen, daß jede Wahrnehmung von Bewegung und Wandel Illusion sei. Die Realität müsse unbewegt sein.

Die Auflösung für diesen Widerspruch in den Argumenten der Kosmologen kam aus einer ganz neuen Richtung, von einer Gruppe, die Phaidros offenbar für Vorläufer der Humanisten hielt. Es waren Lehrer, aber was sie zu lehren suchten, waren nicht Prinzipien, sondern Glaubensvorstellungen des Menschen. Ihr Ziel war nicht irgendeine einzige absolute Wahrheit, sondern die Vervollkommnung des Menschen. Alle Prinzipien, alle Wahrheiten sind relativ, sagten sie. »Der Mensch ist das Maß aller Dinge.« Das waren die berühmten »Weisheitslehrer«, die Sophisten des antiken Griechenland.

Für Phaidros bekommen die platonischen *Dialoge* im Lichte dieses Konflikts zwischen den Sophisten und den Kosmologen eine ganz neue Dimension. Sokrates verkündet nicht bloß edle Gedanken in einem luftleeren Raum. Er steht mitten in einem Krieg zwischen denen, die glauben, Wahrheit sei etwas Absolutes, und jenen, die in der Wahrheit etwas Relatives sehen. Er kämpft in diesem Krieg mit allen Waffen, die ihm zur Verfügung stehen. Die Sophisten sind der Feind.

Nun wird auf einmal Platons Haß auf die Sophisten verständlich. Er und Sokrates verteidigen das Ewige Seinsprinzip der Kosmologen gegen die, wie sie meinen, »Dekadenz« der Sophisten. Wahrheit. Wissen. Das, was unabhängig davon ist, was irgend jemand darüber denkt. Das Ideal, für das Sokrates in den Tod ging. Das Ideal, das Griechenland allein besitzt, als erste Kultur der Weltgeschichte. Es ist noch ein recht zerbrechliches Ding. Es kann noch völlig verschwinden. Platon verabscheut die Sophisten und verdammt sie in Grund und Boden, aber nicht deshalb, weil sie gemein und unmoralisch wären – es gibt offenkundig viel gemeinere und unmoralischere Menschen in Griechenland, die er völlig ignoriert. Er verurteilt sie, weil sie die erste zögernde Ahnung der Menschheit von der Idee der Wahrheit im Keim zu ersticken drohen. *Darum* dreht es sich.

Das Ergebnis von Sokrates' Martyrium und Platons unübertroffener Prosa, die darauf folgte, ist nicht weniger als die ganze Welt des abendländischen Menschen, wie wir sie kennen. Wäre die Idee der Wahrheit zugrunde gegangen und nicht in der Renaissance wiederentdeckt worden, dann wären wir bis heute kaum wesentlich über den Stand des prähistorischen Menschen hinausgelangt. Die Ideen von Wissenschaft und Technik und anderen systematisch organisierten Gebieten menschlichen Strebens haben sie alle zum Mittelpunkt. Sie ist der Kern von allem.

Und dennoch, so glaubt Phaidros zu erkennen, ist alles, was er über Qualität sagt, dem allem irgendwie entgegengesetzt. Seine Ansichten scheinen viel eher mit denen der Sophisten zu harmonieren.

»Der Mensch ist das Maß aller Dinge.« Ja, das ist der Inhalt seiner Ausführungen über Qualität. Der Mensch ist nicht der *Ursprung* aller Dinge, wie der subjektive Idealist sagen würde. Noch ist er der passive Beobachter aller Dinge, wie die objektiven Idealisten und die Materialisten sagen würden. Die Qualität, die die Welt erschafft, erwächst aus einer *Beziehung* zwischen dem Menschen und seiner Erfahrung. Er ist *beteiligt* an der Erschaffung aller Dinge. Das *Maß* aller Dinge – das paßt. Und diese Leute lehrten Rhetorik – das paßt.

Das einzige, was nicht zu seinen Ansichten und zu Platons Urteil über die Sophisten passen will, ist die Tatsache, daß sie *Tugend* lehrten. Allen Berichten zufolge war dies unbezweifelbar das Kernstück ihrer Lehren, aber wie kann man Tugend lehren, wenn man die Relativität aller ethischen Vorstellungen predigt? Wenn Tugend überhaupt einen Sinn haben soll, so doch wohl den eines absoluten ethischen Werts. An einem Menschen, dessen Vorstellung vom moralisch Richtigen von Tag zu Tag wechselt, wird man vielleicht seine Großzügigkeit, aber wohl kaum seine *Tugend* bewundern. Jedenfalls nicht, wenn man das Wort so versteht wie Phaidros. Und wo ist der Zusammenhang zwischen *Tugend* und Rhetorik? Das wird nirgends erklärt. Irgend etwas fehlt.

Auf seiner Suche danach gerät er an mehrere Darstellungen der griechischen Geschichte, die er wie gewöhnlich in Detektivmanier liest, nur nach solchen Fakten ausschauend, die ihm weiterhelfen könnten, und alle anderen links liegenlassend. Und er liest H.D.F. Kittos *Die*

Griechen, ein blauweißes Taschenbuch, das er für fünfzig Cent gekauft hat, und ist an einer Stelle angelangt, die »einen tiefen Einblick in die Seele des homerischen Helden gibt«, jener Sagengestalt aus dem noch nicht dekadenten, vorsokratischen Griechenland. Die blitzartige Erleuchtung, die aus der Lektüre dieser Seiten folgt, ist so intensiv, daß die Helden nie mehr verblassen, und ich kann sie mir vergegenwärtigen, ohne groß mein Gedächtnis anzustrengen.

Die *Ilias* ist die Geschichte von der Belagerung Trojas, das in den Staub sinken wird, und seiner Verteidiger, die im Kampf fallen werden. Die Gemahlin Hektors, des Führers, sagt zu ihm: »Schrecklicher Mann, dich tötet dein Mut, und nimmer voll Mitleid / Denkst du des lallenden Kindes und meiner, die bald wohl / Du zur Witwe gemacht, wenn bald in stürmischer Menge / Dich die Danaer töten. Mir aber wäre es besser / Daß mich die Erde verschlänge, wenn du gestorben.«

Ihr Gemahl erwidert:

»Sorgend bedenke auch ich, o Weib, das alles, doch scheu ich
Arg die tadelnden Troer und Frau'n in den langen Gewändern,
Wenn ich so feig mich fern und abseits halte vom Kampfe;
Auch verbietet es mir mein Mut, denn ich lernte ja immer,
Tapfer zu sein und zu kämpfen im vordersten Treffen der Troer,
Trachtend, des Vaters leuchtenden Ruhm mir selber zu wahren.
Denn das weiß ich gar wohl in meinem innersten Herzen:
Kommen wird einst der Tag, wo die heilige Ilios hinsinkt,
Priamos und das Volk des lanzenkundigen Königs.
Aber nicht sorgt mich so der Troer künftiger Kummer,
Und auch der Hebakes nicht, noch des herrschenden Priamos
Jammer,
Noch der eigenen Brüder, die, ach, so tapfer in Menge
Liegen werden im Staub, gestürzt von den Händen der Feinde,
Als dein eigener Schmerz, wenn der eisernen Danaer einer
Weg die Weinende schleppt und raubt die Tage der Freiheit.
Sitzt du dann drüben in Argos nach fremden Geboten am
Webstuhl,
Schleppst du gar Wasser vom Quell Hypereia oder Messëis
Still in verschlossenem Groll, doch mächtigem Drucke
gehorchend,
Mancher riefe dann wohl, beim Anblick der strömenden Tränen:

›Siehe, Hektors Weib, der unter den reisigen Troern
Immer am tapfersten stritt, als man um Ilios kämpfte.‹
Mancher spräche wohl so, doch dich dann packte aufs neue
Sehnender Schmerz nach dem Gatten, der wehrte den Tagen der
Knechtschaft.
Mich aber möge erschlagen, zuvor der Hügel bedecken,
Eh ich dein Schreien vernehme und sehe, wie man dich fortreißt.«

Hektor, der leuchtende, schwieg und neigte zum Sohne sich nieder.
Jäh aber warf sich das Kind an der schmucken Wärterin Busen
Schreiend zurück, entsetzt vor des liebenden Vaters Erscheinung;
Denn es erschrak vor dem Erz und dem wehenden Helmbusch,
Wie es sein fürchterlich Flattern hoch oben am Helme erblickte.
Laut auflachte der Vater und auch die erhabene Mutter;
Schnell nahm der leuchtende Vater den Helm vom Haupte herunter,
Legte ihn, weil er so hell erglänzte, nieder zu Boden,
Und dann nahm er den Sohn und küßte und wiegte ihn zärtlich.
Flehte dann laut zu Zeus und zu den anderen Göttern:
»Zeus und ihr anderen Götter, gewährt, daß dieser, mein Knabe,
Einst mir selber gleiche, so glänzend unter den Troern.
So gewaltig an Kraft, in Ilios mächtig zu herrschen.
Mancher rufe dann laut: Der ragt weit über den Vater.«

»Was den griechischen Krieger zu Heldentaten antreibt«, merkt Kitto dazu an, »ist nicht ein Pflichtgefühl, wie wir es verstehen – eine Pflicht gegen andere: es ist vielmehr eine Pflicht gegen sich selbst. Er eifert nach dem, was wir mit ›Tugend‹ übersetzen und was auf griechisch *arete* heißt, ›Vortrefflichkeit‹ . . . Wir werden noch viel über *arete* zu sagen haben; sie durchzieht das gesamte griechische Leben.«

Dies, denkt Phaidros, ist eine Definition der Qualität, die schon existierte, tausend Jahre bevor die Dialektiker es sich einfallen ließen, ihre Wortfallen aufzustellen. Jeder, der nicht imstande ist, diesen Sinn ohne das *definiens*, das *definendum* und die *differentia* der Logiker zu erfassen, ist entweder ein Lügner oder dem gemeinsamen Los der Menschheit so weit entfremdet, daß er überhaupt keine Antwort verdient. Phaidros ist auch fasziniert von der Beschreibung des Motivs der »Pflicht gegen sich selbst«, bei der es sich fast um die wörtliche Übersetzung des Sanskritwortes *dharma* handelt, das manchmal auch mit dem »Eins« der Inder gleichgesetzt wird. Können der *dharma* der Inder und die »Tugend« der alten Griechen identisch sein?

Dann fühlt Phaidros sich gedrängt, die Passage noch einmal zu lesen, und er tut es, und dann ... siehe da! ... »*Was wir mit ›Tugend‹ übersetzen und was im Griechischen ›Vortrefflichkeit‹ bedeutet.*«

Blitzartige Erleuchtung!

Qualität! Tugend! Dharma! Das lehrten die Sophisten! *Nicht* den ethischen Relativismus! *Nicht* die archaische »Tugend«. Sondern *arete.* Vortrefflichkeit. *Dharma!* Vor der Kirche der Vernunft. Vor der Substanz. Vor der Form. Vor Geist und Materie. Jene ersten Lehrmeister des Abendlandes lehrten *Qualität,* und das Medium, für das sie sich entschieden hatten, war das der Rhetorik. Er hat es die ganze Zeit richtig gemacht.

Der Regen hat jetzt so weit nachgelassen, daß wir den Horizont sehen können, eine scharfe Linie, die das Hellgrau des Himmels vom dunkleren Grau des Wassers scheidet.

Kitto hatte noch mehr zu sagen über dieses *arete* der alten Griechen. »Wenn wir dem Wort *arete* bei Platon begegnen, dann übersetzen wir es mit ›Tugend‹, und dabei entgeht uns seine ganze Würze. ›Tugend‹ ist in unserem modernen Sprachgebrauch ein fast ausschließlich moralischer Begriff. *Arete* dagegen wird ohne Unterschied in allen Kategorien gebraucht und bedeutet einfach ›Vortrefflichkeit‹.«

»So ist der Held der Odyssee ein großer Kämpfer, ein schlauer Ränkeschmied, ein gewandter Redner, ein beherzter, ausdauernder und weiser Mann, der weiß, daß er, ohne viel zu klagen, erdulden muß, was die Gottheit ihm sendet. Er kann ein Schiff bauen und es steuern, eine Furche so gerade ziehen wie nur irgendeiner, einen jungen Prahler im Diskuswerfen übertreffen und andere Phäakenjünglinge im Boxen, Ringen und Laufen besiegen, er kann einen Ochsen schlachten, häuten und in seine Teile zerlegen und von einem Gesang zu Tränen gerührt werden. Er ist fürwahr ein vortrefflich ganzer Mensch. Er hat eine überragende *arete.*

Arete bedeutet Achtung vor der Ganzheit und Einheit des Lebens und daraus folgende Abneigung gegen jede Spezialisierung. Sie beinhaltet die Geringachtung von Tüchtigkeit – oder besser gesagt einen viel höheren Begriff von Tüchtigkeit, eine Tüchtigkeit, die sich nicht nur auf einem Teilgebiet des Lebens äußert, sondern im ganzen Leben.«

Phaidros entsann sich einer Zeile bei Thoreau: »Man gewinnt nie etwas, ohne dafür etwas zu verlieren.« Und jetzt bekam er zum erstenmal eine Vorstellung von der ungeheuren Größenordnung dessen, was der Mensch verloren hatte, als er die Fähigkeit erwarb, die Welt aufgrund dialektischer Wahrheiten zu verstehen und zu beherrschen. Er hatte ein riesiges Reich wissenschaftlicher Befähigung errichtet, um die Naturerscheinungen zu imposanten Manifestationen seiner eigenen Träume, seiner Macht und seines Reichtums umzuformen – aber dafür hatte er ein genauso großes Reich des Wissens hingegeben: das Wissen darum, was es heißt, ein Teil der Welt zu sein und nicht ihr Feind.

Man kann ein gewisses Maß an Seelenfrieden erlangen, indem man einfach nur diesen Horizont betrachtet. Es ist eine geometrische Linie . . . absolut gerade, beständig und bekannt. Vielleicht ist das die ursprüngliche Linie, der Euklid seine Einsicht in das Wesen der Geraden verdankte; eine Bezugslinie, von der aus die ersten Astronomen die Bahnen der Gestirne berechneten.

Phaidros wußte mit derselben mathematischen Gewißheit, die Poincaré empfunden hatte, als er die Fuchsschen Gleichungen löste, daß diese *arete* der Griechen das Teilstück war, das zur Vervollständigung des Musters gefehlt hatte, aber der Vollständigkeit halber las er weiter.

Der Glorienschein um Platons und Sokrates' Kopf ist jetzt verblaßt. Phaidros erkennt, daß sie beharrlich eben das tun, was sie den Sophisten vorwerfen – sie bedienen sich einer an die Gefühle appellierenden Überredungskunst, um das schwächere Argument, die Sache der Dialektik, als das stärkere erscheinen zu lassen. Wir verurteilen an anderen, dachte er, immer das am entschiedensten, was wir in uns selbst am meisten fürchten.

Aber warum? fragte sich Phaidros. Warum diese Zerstörung der *arete*? Aber noch bevor er die Frage zu Ende gedacht hatte, kam auch schon die Antwort. Platon hatte *nicht* versucht, die *arete* zu zerstören. Er hatte sie *verkapselt*, eine beständige, feststehende Idee aus ihr gemacht, hatte sie in eine starre, unbewegliche Unvergängliche Wahrheit *verwandelt*. Er machte die *arete* zum Guten, zur höchsten Form, zur allerhöchsten Idee. Sie war nur noch der Wahrheit selbst untergeordnet, in einer Synthese von allem, was vorausgegangen war.

Das war der Grund, warum die Qualität, zu der Phaidros im Unterricht gelangt war, Platons Gutem so nahe verwandt erschienen war. Platons Gutes war von den Rhetorikern *übernommen*. Phaidros suchte, fand aber unter den früheren Kosmologen keinen, der über das Gute gesprochen hatte. Das stammte von den Sophisten. Der Unterschied lag darin, daß für Platon das Gute eine feststehende, ewige, unveränderliche Idee war, während es für die Rhetoriker überhaupt keine Idee war. Das Gute war keine *Form* der Wirklichkeit. Es war die Wirklichkeit selbst, die sich fortlaufend wandelt und letztlich in keiner irgendwie fixierten, starren Form erkennbar ist.

Warum hatte Platon das getan? Phaidros sah in Platons Philosophie das Ergebnis *zweier* Synthesen.

Bei der ersten Synthese ging es darum, die Gegensätze zwischen den Heraklitanhängern und denen des Parmenides aufzuheben. Beide kosmologischen Schulen glaubten an die Unvergängliche Wahrheit. Um sich mit seiner Auffassung der Wahrheit, bei der die *arete* untergeordnet ist, gegen seine Widersacher zu behaupten, die eine *arete* lehrten, der die Wahrheit untergeordnet ist, muß Platon zunächst einmal den internen Konflikt unter den Anhängern des Wahrheitsgedankens beilegen. Deshalb sagt er, daß die Unvergängliche Wahrheit nicht nur Wandel ist, wie die Anhänger des Heraklit behaupteten. Aber sie ist auch nicht nur unwandelbares Sein, wie die Anhänger des Parmenides behaupteten. Diese beiden Unvergänglichen Wahrheiten koexistieren als Ideen, die unveränderlich sind, und als Erscheinungen, die sich verändern. Deshalb hält Platon es für notwendig, beispielsweise das ideale Pferd, »das« Pferd, die »Pferdeheit« vom speziellen Pferd zu unterscheiden und zu sagen, daß das ideale Pferd wirklich und unveränderlich und wahr und unbeweglich ist, während das spezielle Pferd bloß eine unbedeutende, vorübergehende Erscheinung ist. »Das« Pferd ist reine Idee. Das Pferd, das man sieht, ist eine bloße Ansammlung sich wandelnder Erscheinungen, ein Pferd, das sich verändern und bewegen und sogar auf der Stelle tot umfallen kann, ohne die Idee vom Pferd an sich zu beeinträchtigen, die das unvergängliche Prinzip ist und auf ewig den Weg der alten Götter weitergehen kann.

Platons zweite Synthese besteht in der Einbeziehung der *arete* der Sophisten in diese Dichotomie zwischen Ideen und Erscheinungen. Er weist ihr den höchsten Ehrenplatz zu, gleich unterhalb der Wahrheit selbst sowie der Methode, mit der man zur Wahrheit gelangt, der Dialektik. Aber mit seinem Versuch, das Gute und das Wahre zu vereinen, indem er das Gute zur höchsten Idee erklärt, usurpiert Platon dennoch den Platz der *arete* für die dialektisch bestimmte Wahrheit. Als das Gute erst einmal zu einer dialektischen Idee herabgemindert war, konnte es jederzeit geschehen, daß ein anderer Philosoph daherkam und mit dialektischen Methoden zeigte, daß es vorteilhafter sei, der *arete*, dem Guten, einen bescheideneren Rang in einer »wahren«, den inneren Gesetzen der Dialektik besser entsprechenden Ordnung der Dinge zuzuweisen. Ein solcher Philosoph ließ nicht lange auf sich warten. Er hieß Aristoteles.

Aristoteles fand, daß das sterbliche Pferd, das Pferd als Erscheinung, das Gras fraß und als Reittier diente und kleine Pferde zur Welt brachte, viel mehr Aufmerksamkeit verdiente, als Platon ihm widmete. Er sagte, daß das Pferd nicht bloß eine Erscheinung ist. Die Erscheinungen heften sich an etwas, das von ihnen unabhängig und, wie die Ideen, unveränderlich ist. Das »Etwas«, an das sich die Erscheinungen heften, nannte er »Substanz«. In diesem Augenblick und *erst* in diesem Augenblick wurde unser modernes wissenschaftliches Realitätsverständnis geboren.

Nach der Lehre des »Lesers« Aristoteles, dem die trojanische *arete* augenscheinlich kein Begriff war, beherrschen Formen und Substanzen alles. Das Gute ist Gegenstand eines vergleichsweise unwichtigen Wissenszweiges, der Ethik; Vernunft, Logik, Erkenntnis sind ihm am wichtigsten. Die *arete* ist tot, und Wissenschaft, Logik und Universität, wie wir sie heute kennen, hatten ihre Satzung und ihren Auftrag bekommen: eine endlose Vielfalt von Formen über die substantiellen Elemente der Welt zu finden und zu erfinden und diese Formen Erkenntnisse zu nennen und sie an künftige Generationen weiterzugeben. Als »das System«.

Und Rhetorik. Die bedauernswerte Rhetorik, einstmals gleichbedeutend mit »Gelehrsamkeit«, wird jetzt auf das Lehren von Manierismen und Formen, aristotelischen Formen für die Textgestaltung reduziert, als ob es darauf ankäme. Fünf Rechtschreibfehler, erinnerte sich Phaidros, *oder* ein unvollständiger Satz *oder* drei falsch placierte Adjektive oder Adverbien *oder* ... eine Liste ohne Ende. Jeder dieser Fehler für sich reichte aus, einem Studenten klarzumachen, daß er in der Rhetorik nicht Bescheid wußte. Darum geht es ja schließlich in der Rhetorik, nicht wahr? Natürlich gibt es auch »leere Rhetorik«, das heißt Rhetorik, die zwar das Gefühl anspricht, ohne jedoch in gebührender Weise der dialektischen Wahrheit zu dienen, aber *damit* wollen wir doch nichts zu tun haben, oder? Damit würden wir uns ja auf eine Stufe stellen mit diesen Lügnern und Betrügern und Fälschern im alten Griechenland, den Sophisten – erinnert ihr euch an die? Wir werden die Wahrheit in unseren anderen akademischen Kursen lernen und dann noch ein bißchen Rhetorik lernen, damit wir alles schön überzeugend formulieren und unsere Bosse beeindrucken können, die uns dann in höhere Positionen befördern werden.

Formen und Manierismen – bei den Besten verhaßt, bei den Schlechtesten beliebt. Jahr un Jahr, Jahrzehnt um Jahrzehnt immer dieselben Möchtegern-Rhetoriker in der ersten Reihe, freundlich lächelnde Nachahmer mit gezücktem Kugelschreiber, eifrig darauf bedacht, ihre aristotelischen A zu ergattern, während diejenigen, die wirklich *arete* haben, still in den hinteren Reihen sitzen und sich fragen, was wohl mit ihnen los ist, daß sie dieses Fach einfach nicht mögen.

Und heute kauen an den wenigen Universitäten, an denen überhaupt noch klassische Ethik gelehrt wird, die Studenten, dem Beispiel Platons und Aristoteles' folgend, ewig die Fragen durch, die im alten Griechenland nie gestellt zu werden brauchten: »Was ist das Gute? Und wie definieren wir es? Verschiedene Leute haben es unterschiedlich definiert; woher sollen *wir* also wissen, ob es das Gute überhaupt gibt? Manche sagen, das Gute liege im Glück, aber woher wissen wir, was Glück ist? Und wie kann man Glück definieren? Glück und das Gute sind keine objektiven Begriffe. Wir können nicht wissenschaftlich an sie herangehen. Und da sie nicht objektiv sind, existieren sie nur in der Vorstellung. Wenn man also glücklich sein will, braucht man sich das Glück nur vorzustellen. Ha-ha, ha-ha.«

Aristotelische Ethik, aristotelische Definitionen, aristotelische Logik, aristotelische Formen, aristotelische Substanzen, aristotelische Rhetorik, aristotelisches Gelächter ... ha-ha, ha-ha.

Und die Gebeine der Sophisten sind vor langer Zeit zu Staub zerfallen, und was sie gesagt haben, ist mit ihnen zu Staub zerfallen, und der Staub wurde unter den Trümmern Athens begraben, als es verfiel und unterging, und unter den Trümmern des makedonischen Reiches. Unter den Trümmern von Rom und Byzanz, des Osmanischen Reichs und der modernen Staaten – so tief und mit soviel Pomp und soviel Pathos und soviel Bosheit begraben, daß nur ein Wahnsinniger Jahrhunderte später die Spuren finden konnte, die zu ihrer Wiederentdekkung führten, und mit Entsetzen sah, was da angerichtet worden war ...

Die Straße ist so dunkel geworden, daß ich den Scheinwerfer einschalten muß, um ihr durch Nebel und Regen folgen zu können.

30

In Arcata gehen wir verfroren und durchnäßt in ein kleines Restaurant und essen Chili mit Bohnen und trinken Kaffee.

Dann fahren wir weiter, auf der Autobahn jetzt, die schnell und naß ist. Wir wollen so weit kommen, daß wir noch eine bequeme Tagesreise bis San Francisco haben.

Auf der nassen Fahrbahn rufen die Lichter der Autos, die uns auf der anderen Seite des Mittelstreifens entgegenkommen, seltsame Reflexe hervor. Der Regen trommelt wie Schrot auf das Visier, das die Lichter in eigenartig kreisförmigen und dann halbkreisförmigen Wellen bricht, während sie vorüberziehen. Zwanzigstes Jahrhundert. Es umgibt uns auf allen Seiten, das zwanzigste Jahrhundert. Es wird allmählich Zeit, den Bericht über Phaidros' Odyssee in diesem zwanzigsten Jahrhundert abzuschließen und die Geschichte dann auf sich beruhen zu lassen.

Als das Kolleg 251, Ideen und Methoden, das nächstemal an dem großen runden Tisch im Süden Chicagos stattfinden sollte, überbrachte eine Sekretärin die Nachricht, daß der Philosophieprofessor erkrankt sei. Eine Woche darauf war er immer noch krank. Das etwas verwirrte Häuflein derer, die bei der Stange geblieben waren – die Klasse war auf ein Drittel ihrer ursprünglichen Größe geschrumpft –, ging über die Straße einen Kaffee trinken.

Am Cafétisch sagte ein Student, den Phaidros als intelligenten Menschen, aber geistigen Snob eingestuft hatte: »Dieser Kurs ist für mich einer der unangenehmsten, in denen ich jemals war.« Anscheinend sah er, beleidigt wie eine Frau, auf Phaidros als eine Art Spielverderber herab.

»Ich bin ganz Ihrer Meinung«, sagte Phaidros. Er war auf einen Angriff gefaßt, aber der blieb aus.

Die anderen ahnten offenbar, daß Phaidros der Anlaß von alledem war, aber sie hatten keinerlei greifbare Anhaltspunkte. Dann fragte ihn eine ältere Studentin, die am anderen Ende des Tisches saß, warum er sich für diesen Kurs eingeschrieben habe.

»Ich bin gerade dabei, mir darüber klarzuwerden«, erwiderte ihr Phaidros.

»Sind Sie als ordentlicher Studierender immatrikuliert?« fragte sie.

»Nein, ich bin hauptberuflich Dozent drüben am Navy Pier.«

»Und was geben Sie da?«

»Rhetorik.«

Sie verstummte, und alle andern am Tisch sahen ihn an und schwiegen ebenfalls.

Die Novembertage vergingen. Das Laub, das sich im Oktober wunderschön orangegelb gefärbt hatte, fiel von den Bäumen, die nun mit kahlen Ästen dem kalten Wind aus dem Norden ausgesetzt waren. Der erste Schnee fiel und taute wieder, und eine öde Stadt richtete sich auf den Winter ein.

In Abwesenheit des Philosophieprofessors war ein anderer platonischer Dialog zur Vorbereitung aufgegeben worden. Sein Titel lautete *Phaidros*, was *unserem* Phaidros nichts bedeutete, weil er sich nicht so nannte. Der griechische Phaidros ist kein Sophist, sondern ein junger Redner, Sokrates' Gesprächspartner in diesem Dialog, der vom Wesen der Liebe und der Möglichkeit philosophischer Rhetorik handelt. Phaidros macht nicht den allergescheitesten Eindruck und hat keinerlei Gefühl für rhetorische Qualität, denn er zitiert aus dem Gedächtnis eine ausgesprochen schlechte Rede des Lysias. Aber man merkt bald, daß diese schlechte Rede nur als Hintergrund dient, vor dem Sokrates alsbald mit einer viel besseren eigenen Rede glänzen kann, der er dann eine noch bessere folgen läßt, eine der besten überhaupt in Platons *Dialogen*.

Darüber hinaus ist an Phaidros nur noch sein persönlicher Charakter interessant. Platon gibt Sokrates' Gesprächspartnern oft Namen, die Hinweise auf ihre persönlichen Eigenschaften enthalten. So trägt ein geschwätziger, unschuldiger und gutartiger junger Hitzkopf im *Gorgias* den Namen Polos, was im Griechischen »Fohlen« bedeutet. Phaidros ist ein anderer Typ. Er gehört keiner bestimmten Gruppe an. Er zieht die ländliche Einsamkeit der Stadt vor. Er ist aggressiv bis an die Grenze des Gefährlichen. An einer Stelle droht er Sokrates mit Handgreiflichkeiten. *Phaidros* bedeutet auf griechisch »Wolf«. In diesem Dialog läßt er sich von Sokrates' Redekunst fesseln und wird sozusagen gezähmt.

Unser Phaidros liest den Dialog und ist von der bildhaften dichterischen Sprache tief beeindruckt. Aber er läßt sich nicht davon zähmen, weil er aus dieser Sprache einen heuchlerischen Unterton herauszuhören meint. Die Rede ist sich nicht selbst genug, sondern wird dazu benutzt, denselben Bereich affektiver Wahrnehmung zu verurteilen, dem ihr rhetorischer Appell gilt. Die Leidenschaften werden als Hindernisse für die Erkenntnis dargestellt, und Phaidros fragt sich, ob hier der Beginn jener Verurteilung der Leidenschaften zu suchen sei, die so tief im abendländischen Denken verwurzelt ist. Wahrscheinlich nicht. Die Spannung zwischen dem rationalen Denken und dem Gefühl wird an anderer Stelle als wichtiges Element griechischen Wesens und griechischer Kultur bezeichnet. Immerhin interessant.

Auch in der Woche darauf erscheint der Philosophieprofessor nicht, und Phaidros nutzt die Zeit, um liegengebliebene Vorbereitungen für seine Arbeit an der Universität von Illinois zu erledigen.

Wieder eine Woche später sieht Phaidros in der Universitätsbuchhandlung gegenüber dem Gebäude, in dem nachher das Kolleg stattfinden soll, ein dunkles Augenpaar, das ihn unverwandt durch ein Bücherregal hindurch anstarrt. Als das ganze Gesicht auftaucht, erkennt er den unschuldigen Studenten, der zu Beginn des Quartals so rüde zurechtgewiesen worden und dann nicht mehr wiedergekommen war. Der Gesichtsausdruck des Studenten läßt darauf schließen, daß er etwas weiß, was Phaidros noch nicht weiß. Phaidros geht hinüber, um mit dem Studenten zu sprechen, doch der zieht sich zurück und geht aus dem Laden. Phaidros kann sich das nicht erklären und wird nervös. Aber vielleicht ist er auch nur müde und überreizt. Die aufreibende Lehrtätigkeit am Navy Pier und dazu noch der Versuch, an der anderen Universität das gesamte abendländische Wissen zu unterlaufen, zwingen ihn, zwanzig Stunden täglich zu arbeiten und zu lernen und Essen und körperlichen Ausgleich zu vernachlässigen. Vielleicht kommt ihm dieses Gesicht nur deshalb komisch vor, weil er völlig überarbeitet ist.

Aber als er über die Straße geht, folgt ihm der andere mit zwanzig Schritten Abstand. Irgend etwas ist im Verzug.

Phaidros betritt den Übungsraum und wartet. Bald darauf kommt der Student herein, zum erstenmal seit so vielen Wochen. Auf ein Testat kann er *jetzt* wirklich nicht mehr hoffen. Der Student sieht halb lächelnd zu Phaidros hin. Er wird einen Grund zum Lächeln haben. Na schön.

Auf dem Gang nähern sich Schritte, und da *weiß* Phaidros es auf einmal – und er bekommt weiche Knie, und seine Hände fangen zu zittern an. In der Tür steht, mit einem gütigen Lächeln im Gesicht, niemand anderer als der Leiter des Seminars über Ideenanalyse und Methodenuntersuchung an der Universität Chicago. Er hat das Kolleg übernommen.

Jetzt ist der Augenblick da. Jetzt werden sie Phaidros zur Vordertür hinauswerfen.

Vornehm, würdevoll, ein großmütiger Herrscher, bleibt der Seminarleiter einen Augenblick unter der Tür stehen und sagt dann etwas zu einem Studenten, der ihn offenbar kennt. Er lächelt und läßt dabei schon den Blick in die Runde schweifen, als suche er ein anderes bekanntes Gesicht, nickt dann und scheint in sich hineinzulachen und wartet auf das Klingelzeichen.

Deshalb ist dieser Knabe auf einmal wieder da. Sie haben ihm erklärt, daß sie ihn aus Versehen fertiggemacht haben, und damit er sieht, was für nette Menschen sie doch sind, darf er von einem Ringplatz aus zuschauen, wie sie Phaidros fertigmachen.

Wie werden sie es anstellen? Phaidros weiß es schon. Zunächst werden sie ihn vor der ganzen Klasse dialektisch aufs Kreuz legen, indem sie beweisen, wie wenig er über Platon und Aristoteles weiß. Das ist überhaupt kein Problem. Sie wissen natürlich hundertmal mehr über Platon und Aristoteles, als er jemals wissen wird. Schließlich haben sie ihr Leben lang nichts anderes getan.

Und dann, wenn sie ihn nach allen Regeln der dialektischen Kunst auseinandergenommen haben, werden sie ihm nahelegen, sich entweder besser vorzubereiten oder dem Seminar fernzubleiben. Dann werden sie ihm noch ein paar Fragen stellen, und die wird er auch nicht beantworten können. Dann werden sie ihm sagen, seine Leistungen seien so unter aller Kritik, daß er hier nur seine Zeit vergeude und am besten auf der Stelle nach Hause gehe. Es sind Abwandlungen möglich, aber das ist so ungefähr das Grundschema. Es ist ja so einfach.

Und wenn schon, er hat jedenfalls viel gelernt, deswegen war er ja hier. Seine Doktorarbeit wird er auch woanders schreiben können. Bei diesem Gedanken läßt das weiche Gefühl in den Knien nach, und er wird ruhiger.

Phaidros hat sich einen Bart wachsen lassen, seit ihn der Seminarleiter zum letztenmal sah, und ist deshalb immer noch unentdeckt. Aber dieser Aufschub kann nicht mehr lange währen. Der Seminarleiter wird ihn jeden Moment erkennen.

Der Seminarleiter legt sorgfältig seinen Mantel ab, geht zu einem Stuhl auf der gegenüberliegenden Seite des großen runden Tisches, setzt sich, holt eine alte Pfeife hervor und stopft sie wohl eine halbe Minute lang. Man sieht, daß er das schon oft gemacht hat.

Einen Moment lang wendet er seine Aufmerksamkeit der Klasse zu, mustert mit lächelndem, hypnotischem Blick die Gesichter, taxiert die Stimmung, spürt, daß sie nicht ganz so ist, wie sie sein sollte. Er stopft noch ein bißchen Tabak in die Pfeife, aber ohne Hast.

Dann ist der Augenblick gekommen, er zündet die Pfeife an, und der Geruch breitet sich rasch im Raum aus.

Endlich sagt er etwas:

»Wenn ich recht unterrichtet bin«, sagt er, »beginnen wir heute mit der Diskussion über den unsterblichen *Phaidros.*« Er sieht jeden Studenten einzeln an. »Ist das richtig?«

Ein paar bestätigen es zaghaft. Seine Ausstrahlung ist überwältigend.

Er entschuldigt sich für die Abwesenheit des bisherigen Professors und umreißt mit ein paar Worten, wie er vorgehen will. Da er den Dialog bereits kenne, werde er der Klasse Fragen stellen, um sich ein Bild davon zu machen, wie gut man ihn studiert habe.

Das ist die beste Art, denkt Phaidros. Auf diese Weise lernt er die einzelnen Studenten kennen. Zum Glück hat Phaidros den Dialog so gründlich studiert, daß er ihn fast auswendig kann.

Der Seminarleiter hat recht. Es ist ein unsterblicher Dialog, der einen zunächst fremd und rätselhaft anmutet, dann aber immer mehr gefangennimmt, wie die Wahrheit selbst. Was Phaidros mit Qualität gemeint hat, scheint Sokrates als die Seele zu bezeichnen, die sich selbst bewegt, der Ursprung aller Dinge. Es gab da keinen Widerspruch. Wie es ja überhaupt zwischen den Schlüsselbegriffen monistischer Philosophien keine Widersprüche geben kann. Das Eine in Indien muß dasselbe sein wie das Eine in Griechenland. Ist das nicht der Fall, dann sind es zwei. Die einzigen Meinungsverschiedenheiten unter den Monisten betreffen die Attribute des Einen, nicht das Eine selbst. Da das Eine der Ursprung aller Dinge ist und alle Dinge in sich schließt, kann es nicht anhand dieser Dinge definiert werden, denn welches Ding man auch zu dieser Definition heranzöge, es wird immer etwas weniger sein als das Eine selbst. Das Eine läßt sich nur allegorisch beschreiben, mit Hilfe von Gleichnissen, Vorstellungen und Redefiguren. Sokrates spricht allegorisch von Himmel und Erde, um zu zeigen, wie die Menschen von einem Gespann zweier geflügelter Rosse zum Einen hinaufgezogen werden ...

Aber der Seminarleiter richtet jetzt eine Frage an den Studenten, der neben Phaidros sitzt. Er ködert ihn ein bißchen, reizt ihn zum Angreifen.

Der Student, der fälschlich für Phaidros gehalten wird, greift aber nicht an, und der Seminarleiter läßt schließlich zutiefst angewidert und enttäuscht von ihm ab, nicht ohne ihm einen Tadel wegen schlechter Vorbereitung verpaßt zu haben.

Nun ist Phaidros dran. Er ist unheimlich ruhig geworden. Er soll jetzt den Dialog erklären.

»Wenn ich darf, würde ich gerne noch einmal von vorne anfangen«, sagt er, auch um zu verbergen, daß er nicht gehört hat, was der andere sagte.

Der Seminarleiter, der das als Seitenhieb auf Phaidros' Nebenmann auffaßt, lächelt und sagt verächtlich, das sei gewiß eine gute Idee.

Phaidros beginnt: »Ich glaube, daß in diesem Dialog Phaidros als *Wolf* geschildert wird.«

Er hat das ziemlich laut gesagt, beinahe wütend, und den Seminarleiter reißt es fast vom Stuhl. Das hat gesessen!

»Ja«, sagt der Seminarleiter, und ein Glimmen in seinen Augen verrät, daß er jetzt seinen bärtigen Angreifer erkannt hat. »*Phaidros* bedeutet im Griechischen tatsächlich ›Wolf‹. Das ist sehr scharfsinnig beobachtet.« Er faßt sich wieder. »Weiter, bitte.«

»Phaidros trifft Sokrates, *der sich nur in der Stadt auskennt*, und führt ihn vor die Stadt hinaus, worauf er eine Rede des Lysias vorzutragen beginnt, den er bewundert. Sokrates bittet ihn, die ganze Rede vorzulesen, und Phaidros tut es.«

»Halt!« unterbricht ihn der Seminarleiter, der sich jetzt wieder ganz in der Gewalt hat. »Sie erzählen die Handlung, anstatt über den Inhalt des Dialogs zu sprechen.« Er ruft den nächsten Studenten auf.

Zur Genugtuung des Seminarleiters scheint keiner der Studenten zu wissen, worum es in dem Dialog geht. Mit geheuchelter Besorgnis meint er deshalb, sie müßten ihn alle noch einmal durchlesen, für diesmal aber wolle er sich der Mühe unterziehen, den Dialog selbst zu erläutern. Auf einen Schlag löst sich damit die Spannung, die er so sorgsam aufgebaut hat, und die ganze Klasse frißt ihm aus der Hand.

Der Seminarleiter erklärt nun den Inhalt des Dialogs, und die Aufmerksamkeit der Klasse ist ungeteilt. Phaidros hört mit tiefer Anteilnahme zu.

Nach einer Weile jedoch ist da etwas, das ihn wieder mehr auf Distanz gehen läßt. Ein falscher Ton hat sich eingeschlichen. Zuerst weiß er noch nicht, was es ist, aber dann wird ihm bewußt, daß der Seminarleiter Sokrates' Beschreibung des Einen übersprungen hat, um gleich zu dem Vergleich mit dem geflügelten Gespann zu kommen.

In diesem Vergleich wird der Suchende, der zum Einen hinanstrebt, von zwei Rossen gezogen, von denen das eine weiß, edel und besonnen, das andere widerspenstig, starrsinnig, leidenschaftlich und schwarz ist. Das eine unterstützt ihn stets in seiner Fahrt aufwärts zu den Pforten des Himmels, das andere zieht ebenso beharrlich in die falsche Richtung. Der Seminarleiter hat es noch nicht ausgesprochen, aber er ist an dem Punkt angelangt, wo er erklären muß, daß das weiße Pferd die besonnene Vernunft ist, das schwarze aber die dunkle Leidenschaft, Emotion. Er ist an dem Punkt, wo er das sagen muß, aber der falsche Ton schwillt auf einmal zu einem Chor an.

Er wiederholt noch einmal: »Sokrates hat also bei den Göttern geschworen, daß er die Wahrheit sagt. Er hat sich durch einen Eid verpflichtet, die Wahrheit zu sagen, und erklärt, daß er seine Seele verlieren soll, wenn seine folgenden Ausführungen nicht die reine Wahrheit sind.«

Jetzt sitzt er in der Falle! Er *benutzt* den Dialog, um die Heiligkeit der Vernunft zu beweisen! Wenn er damit erst einmal durchkommt, kann er dazu übergehen, das Wesen der Vernunft zu untersuchen, und siehe da, schon sind wir wieder in Aristoteles' Reich!

Phaidros hebt die Hand, Handteller flach nach außen, Ellbogen auf dem Tisch. Während sie vorhin zitterte, ist sie jetzt tödlich ruhig. Phaidros ahnt, daß er in diesem Augenblick sein Todesurteil unterschreibt, aber er weiß, daß er eine andere Art von Todesurteil unterschreiben würde, wenn er die Hand jetzt wieder senkte.

Der Seminarleiter sieht die Hand, ist überrascht und empfindet das als Störung, erteilt ihm aber trotzdem das Wort. Und Phaidros verkündet seine Botschaft.

Er sagt: »Das alles ist nur ein Gleichnis.«

Schweigen. Und dann breitet sich auf dem Gesicht des Seminarleiters Verwirrung aus. »Wie bitte?« sagt er. Der Bann seines Vortrags ist gebrochen.

»Die ganze Beschreibung des geflügelten Wagengespanns ist nur ein Gleichnis.«

»Wie bitte«, sagt er noch einmal, und dann lauter: »Es ist die *Wahrheit!* Sokrates hat bei den Göttern geschworen, daß es die Wahrheit ist!«

Phaidros erwidert: »Sokrates sagt selbst, daß es ein Gleichnis ist.«

»Wenn Sie den Dialog nachlesen, werden Sie feststellen, daß Sokrates ausdrücklich erklärt, es sei die Wahrheit!«

»Ja, aber *davor* . . . ich glaube zwei Absätze vorher . . . hat er erklärt, daß es ein *Gleichnis* ist.«

Der Text liegt auf dem Tisch, aber der Seminarleiter ist klug genug, ihn nicht zu konsultieren. Tut er es, und Phaidros hat recht, dann ist sein Ansehen bei der Klasse ruiniert. Schließlich hat er behauptet, keiner habe den Dialog aufmerksam gelesen.

Rhetorik: 1; Dialektik: 0.

Phantastisch, denkt Phaidros, daß er das behalten hat. Es untergräbt die ganze dialektische Position. Vielleicht hat damit der ganze Schwindel überhaupt angefangen. Natürlich ist es ein Gleichnis. Alles ist ein Gleichnis. Aber die Dialektiker wissen das nicht. *Deshalb* hat der Seminarleiter diese Äußerung des Sokrates übersehen. Phaidros ist sie aufgefallen und im Gedächtnis geblieben, denn wenn Sokrates sie nicht getan hätte, dann hätte er eben nicht die »Wahrheit« gesagt.

Bis jetzt begreift noch keiner, aber sie werden es bald begreifen. Der Leiter des Seminars über Ideenanalyse und Methodenuntersuchung ist eben in seinem eigenen Kolleg abgeschossen worden.

Jetzt ist er sprachlos. Kein Wort bringt er hervor. Die Stille, die zu Beginn der Stunde seinem Image so förderlich war, zerstört es jetzt. Er begreift nicht, woher der Schuß kam. Er hat es noch nie mit einem lebenden Sophisten zu tun gehabt. Immer nur mit toten.

Er versucht, sich an irgend etwas zu klammern, aber es ist nichts da, woran er sich klammern könnte. Sein eigener Schwung reißt ihn in den Abgrund, und als er endlich die Sprache wiederfindet, ist es die Sprache eines anderen Menschen, eines Schuljungen, der seine Aufgabe nicht gemacht hat, der alles durcheinanderbringt, trotzdem aber auf unsere Nachsicht hofft.

Er versucht die Klasse zu bluffen, indem er noch einmal behauptet, keiner habe den Dialog gründlich durchgearbeitet, aber Phaidros' rechter Nebenmann schüttelt den Kopf. Offenbar hat ihn doch einer gelesen.

Der Seminarleiter macht stotternd und zögernd weiter, läßt sich anmerken, daß er Angst vor der Klasse hat, und kann ihre Aufmerksamkeit nicht zurückgewinnen. Phaidros fragt sich, was das für Folgen haben wird.

Dann geschieht etwas Widerwärtiges. Der unschuldig gemaßregelte Student, der ihn vor der Stunde beobachtet hatte, ist jetzt gar nicht mehr so unschuldig. Er verhöhnt den Seminarleiter und stellt ihm sarkastische und bohrende Fragen. Der schon schwer angeschlagene Seminarleiter soll jetzt den Todesstoß bekommen ... aber dann wird Phaidros klar, daß genau dies ihm zugedacht gewesen war.

Er bringt kein Mitleid auf, ist nur angewidert. Wenn der Hirte hinausgeht, einen Wolf zu töten, und seinen Hund mitnimmt, damit der sich an dem Schauspiel weide, muß er achtgeben, daß er keinen Fehler macht. Den Hund verbinden mit dem Wolf gewisse verwandtschaftliche Beziehungen, die der Hirte vielleicht vergessen hat.

Ein Mädchen rettet den Seminarleiter, indem es ihm einfache Fragen stellt. Er nimmt sie dankbar entgegen, beantwortet sie alle sehr umständlich und erholt sich langsam.

Dann wird ihm die Frage gestellt: »Was ist Dialektik?«

Er überlegt eine Weile und wendet sich doch tatsächlich an Phaidros und fragt ihn, ob er antworten möchte.

»Nach *meiner* Meinung?« erkundigt sich Phaidros.

»Nein ... sagen wir, nach Aristoteles' Meinung.«

Jetzt nur keine Spitzfindigkeiten. Er will Phaidros bloß auf sein eigenes Gebiet hinüberziehen und ihm dann eins verpassen.

»Soviel ich weiß ...« setzt Phaidros an und verstummt wieder.

»Ja?« Der Seminarleiter setzt sein schönstes Lächeln auf. Alles ist vergeben und vergessen.

»Soviel ich weiß, meint Aristoteles, daß die Dialektik *vor* allem andern kommt.«

Der Gesichtsausdruck des Seminarleiters wechselt im Bruchteil einer Sekunde von Leutseligkeit über Schreck zu Wut. *Stimmt*! verrät unübersehbar sein Gesicht. Aber er spricht es nicht aus. Zum zweitenmal ist der Fallensteller in die Falle gegangen. Er kann Phaidros unmöglich wegen einer Behauptung fertigmachen, die aus seinem eigenen Artikel in der *Encyclopaedia Britannica* stammt.

Rhetorik: 2; Dialektik: 0.

»Und aus der Dialektik kommen die Formen«, fährt Phaidros fort, »und aus ...« Aber der Seminarleiter winkt ab. Er sieht ein, daß er seinen Willen nicht bekommt, und läßt die Sache fallen.

Das sollte er nicht tun, denkt Phaidros bei sich. Wäre er ein echter Wahrheitssucher und nicht bloß Propagandist eines bestimmten Standpunktes, dann würde er es nicht tun. Er könnte ja etwas dazulernen. Sobald jemand behauptet hat, daß »die Dialektik vor allem andern kommt«, wird diese Aussage selbst zu einem dialektischen Gegenstand, der einer dialektischen Fragestellung zugänglich sein muß.

Phaidros hätte gefragt: Welche Beweise haben wir dafür, daß die dialektische, auf Frage und Antwort aufbauende Methode der Wahrheitsfindung vor allem andern kommt? Wir haben keinerlei Beweise dafür. Und wenn man diese Aussage isoliert und selbst zum Gegenstand der Untersuchung macht, wird sie geradezu lächerlich. Die Dialektik müßte demnach wie Newtons Gravitationsgesetz irgendwo mutterseelenallein im Nichts schweben und das Universum erschaffen. Einfach absurd.

Die Dialektik, die Mutter der Logik, stammt ihrerseits von der Rhetorik ab. Die Rhetorik wiederum ist das Kind der Mythen und der Dichtkunst der alten Griechen. Das ist historisch richtig und erscheint jedem richtig, der seinen gesunden Menschenverstand gebraucht. Die

Poesie und die Mythen sind die auf der Grundlage von Qualität entstandene Reaktion eines vorgeschichtlichen Volkes auf das es umgebende Universum. Qualität und nicht Dialektik ist der Urheber aller Dinge.

Die Stunde ist zu Ende, der Seminarleiter steht an der Tür und beantwortet Fragen, und Phaidros will schon hinübergehen und etwas zu ihm sagen, tut es dann aber doch nicht. Wer sein Leben lang Schläge einstecken mußte, meidet im allgemeinen jede unnötige Begegnung, die neue Schläge zur Folge haben könnte. Nichts Freundliches wurde gesagt oder auch nur angedeutet, aber viel Feindseligkeit trat zutage.

Phaidros der Wolf. Es paßt. Als er leichten Schrittes in seine Wohnung zurückgeht, wird ihm immer klarer, wie gut es paßt. Es wäre ihm gar nicht recht, wenn sie über seine Doktorarbeit vor Freude außer sich gerieten. Feindseligkeit ist sein eigentliches Element. Sie ist es wirklich. Phaidros der Wolf, ja, er kam aus den Bergen, um über die armen unschuldigen Bürger dieser intellektuellen Stadt herzufallen. Es paßt wirklich.

Die Kirche der Vernunft gründet sich wie alle Institutionen des Systems nicht auf die Stärke, sondern auf die Schwäche des einzelnen. Wirklich gefragt ist nicht Können, sondern Unfähigkeit. Wer diese Bedingung erfüllt, gilt als belehrbar. Ein wirklich Begabter hingegen ist immer eine Bedrohung. Phaidros erkennt, daß er eine Chance verpaßt hat, sich in die Organisation einzugliedern, indem er sich brav allen aristotelischen Anschauungen unterworfen hätte, wie man es von ihm erwartete. Doch eine solche Chance scheint kaum die Verbeugungen und Kratzfüße und die geistige Selbstverleugnung zu rechtfertigen, die nötig wären, um sie nutzen zu können. Das ist eine Lebensform von niedriger Qualität.

Für ihn tritt Qualität droben an der Baumgrenze klarer zutage als hier, wo sie hinter verrußten Fenstern und endlosem Gerede verborgen ist, und er begreift, daß man hier nie wirklich akzeptieren kann, was er sagt, denn um es zu verstehen, muß man frei sein von sozialer Autorität, und dies hier ist eine Institution sozialer Autorität. Qualität ist für die Schafe, was der Schäfer sagt. Und nimmt man ein Schaf und trägt es hinauf an die Baumgrenze, bei Nacht, wenn der Wind heult, dann wird dieses Schaf sich halb zu Tode ängstigen und blöken und blöken, bis der Hirte kommt – oder der Wolf.

In der nächsten Stunde unternimmt er einen letzten Versuch, sich mit dem Seminarleiter zu vertragen, doch der will nichts davon wissen. Phaidros bittet ihn, eine bestimmte Stelle zu erklären, die er nicht verstanden habe. Er hat sie verstanden, aber er fände es schön, wenn der Krach sich noch ein bißchen hinausschieben ließe.

Die Antwort ist: »Vielleicht waren Sie bloß zu müde!« Der Ton ist denkbar verletzend, aber Phaidros ist nicht verletzt. Der Seminarleiter verurteilt an Phaidros nur das, was er an sich selbst am meisten fürchtet. Während das Kolleg seinen Fortgang nimmt, sitzt Phaidros da und starrt aus dem Fenster und empfindet Mitleid für diesen alten Schafhirten und die Schafe und Hunde in seiner Klasse und bemitleidet sich selbst dafür, daß er nie einer von ihnen sein wird. Als dann die Glocke schrillt, steht er auf und geht für immer.

Im Gegensatz dazu läuft sein Unterricht am Navy Pier glänzend, die Studenten hören gebannt dieser sonderbar fremden, bärtigen Gestalt aus den Bergen zu, die ihnen sagt, daß es einmal »Qualität« in diesem Universum gegeben habe und daß sie wüßten, was das ist. Sie wissen nicht, was sie davon halten sollen, sind unsicher, manche haben auch Angst vor ihm. Sie spüren, daß er irgendwie gefährlich ist, aber sie sind alle fasziniert und wollen noch mehr hören.

Aber Phaidros ist auch kein Hirte, und daß er so tun muß, als wäre er einer, strengt ihn so an, daß es ihn fast umbringt. Es ergeht ihm auch hier wieder, wie es ihm immer ergangen ist: Die unruhigen, aufsässigen Studenten in den hinteren Reihen fühlen sich ihm immer verbunden und sind auch ihm immer die liebsten, während die braven und sittsamen in den vordersten Reihen stets eine Heidenangst vor ihm haben und er sie deswegen verachtet, obwohl am Schluß immer die Sittsamen das Ziel erreichen und seine Freunde in den hinteren Reihen durchfallen. Und Phaidros weiß, obgleich er es sich auch jetzt noch nicht eingestehen will, er weiß intuitiv, daß seine Tage als Hirte ebenfalls gezählt sind. Und immer öfter fragt er sich, was wohl als nächstes passieren wird.

Er hat von jeher die Stille im Klassenzimmer gefürchtet, jene Stille, die den Seminarleiter kaputtgemacht hat. Es ist nicht seine Art, stundenlang immer nur zu reden und zu reden und zu reden, und es zehrt an seinen Kräften, treibt ihn bis zur Erschöpfung. Und da ihm nichts mehr geblieben ist, worauf er sich konzentrieren könnte, konzentriert er sich auf diese Angst.

Er kommt in den Übungsraum, die Klingel ertönt, aber er sitzt nur da und sagt kein Wort. Die ganze Stunde sagt er kein Wort. Einige der Studenten fordern ihn ein bißchen heraus, um ihn aufzurütteln, aber dann geben sie es auf. Andere drehen aus schierer innerer Panik regelrecht durch. Am Schluß der Stunde springen alle wie auf Kommando auf und rennen zur Tür. Er geht in die nächste Klasse, und dort ist es genau dasselbe. Und auch in der dritten und in der vierten Stunde. Und Phaidros geht nach Hause. Und er fragt sich immer eindringlicher, was als nächstes passieren wird.

Thanksgiving rückt heran.

Seine vier Stunden Schlaf sind auf zwei zusammengeschrumpft und dann auf gar keine mehr. Es ist alles aus. Er wird nicht mehr zum Studium der aristotelischen Rhetorik zurückkehren. Er wird dieses Fach auch nie mehr unterrichten. Es ist vorbei. Er fängt an, in den Straßen herumzulaufen, und im Kopf dreht sich ihm alles.

Die Stadt rückt ihm immer näher auf den Leib, und von seinem sonderbaren Standpunkt aus wird sie zur Antithese dessen, woran er glaubt. Die Hochburg nicht der Qualität, die Hochburg von Form und Substanz. Substanz in Form von Stahlplatten und -trägern, Substanz in Form von Betonpiers und -straßen, in Form von Backstein, von Asphalt, Autoteilen, alten Radios und Schienen, von Kadavern von Tieren, die einst auf den Prärien weideten. Form und Substanz ohne Qualität. Das ist die Seele dieser Stadt. Blind, riesig, düster und unmenschlich: im Licht des Feuers, das in der Nacht aus den Hochöfen im Süden auflodert, durch den dicken Kohlenrauch tiefer und dichter ins Neon von BEER und PIZZA und LAUNDROMAT und anderen unbekannten und sinnlosen Leuchtreklamen an sinnlosen schnurgeraden Straßen, die immer wieder in andere schnurgerade Straßen münden.

Wenn es nur Ziegelsteine und Beton wären, reine Formen von Substanz, klar und offen, könnte er vielleicht überleben. Es sind diese hilflosen, armseligen Versuche, Qualität hineinzubringen, die einen umbringen. Die Kamin-Attrappe aus Gips im Wohnzimmer, geformt und darauf wartend, ein Feuer zu beherbergen, das es nie geben wird. Oder die Hecke vor dem Wohnblock mit den paar Quadratmetern Gras dahinter. Ein paar Quadratmeter Gras, wenn man aus Montana kommt. Wenn sie die Hecke und das Gras einfach weggelassen hätten, wäre alles in Ordnung. So aber wird man nur an das erinnert, was verlorengegangen ist.

Auf den Straßen, die von der Wohnung wegführen, kann er nie etwas durch den Beton und den Backstein und das Neon sehen, aber er weiß, daß dahinter groteske, deformierte Seelen begraben sind, die immer wieder die Rollen üben, mit denen sie sich selbst überzeugen wollen, daß sie Qualität besitzen, immer wieder diese seltsamen stilisierten, gleisnerischen Posen einnehmen, die ihnen die Traumweltmagazine und andere Massenmedien verkaufen und die bezahlt werden von den Veräußerern der Substanz. Er denkt an sie in der Nacht, wenn sie allein sind und die modischen Schuhe und Strümpfe und Unterwäsche aus den Anzeigen abgelegt haben und durch die verrußten Fenster auf die grotesken leeren Schalen hinausstarren, wenn die Posen abfallen und die Wahrheit sich einschleicht, die einzige Wahrheit, die es hier gibt, und sie zum Himmel aufschreien, mein Gott, hier gibt es nichts als totes Neon und tote Blöcke aus Zement und Stein.

Sein Zeitgefühl kommt ihm abhanden. Manchmal jagen sich seine Gedanken unablässig mit furchterregender Geschwindigkeit. Aber wenn er versucht, einen Entschluß zu fassen, der seine Umwelt betrifft, scheint es, als dauerte es Minuten, bis auch nur ein einziger Gedanke sich einstellt. *Ein* Gedanke jedoch beginnt in ihm zu wachsen, den er von einer Stelle im *Phaidros* abgeleitet hat.

»Was aber gut geschrieben ist und was schlecht – sollen wir darüber den Lysias befragen oder wer sonst jemals etwas geschrieben hat oder schreiben wird, sei es eine öffentliche, sei es eine private Schrift, in einem Versmaß oder ohne Versmaß?«

Was aber gut ist, Phaidros, und was nicht – müssen wir danach erst andere fragen?

Das war es, was er Monate zuvor seinen Studenten in Montana gesagt hatte, eine Erkenntnis, die Platon und jedem Dialektiker nach ihm entgangen war, weil sie alle das Gute in seiner intellektuellen Beziehung zu den Dingen zu definieren suchten. Aber jetzt wird ihm klar, wie weit er sich mittlerweile davon entfernt hat. Er macht jetzt denselben Fehler wie sie. Sein ursprüngliches Ziel war es gewesen, Qualität undefiniert zu lassen, aber in der Auseinandersetzung mit den Dialektikern hat er bestimmte Aussagen gemacht, und jede Aussage war ein Stein in einer Mauer der Definition, die er selbst um die Qualität errichtet hat. Jeder Versuch, um eine undefinierte Qualität herum organisierte Vernunft aufzubauen, läuft seinem eigenen

Zweck zuwider. Die Organisation der Vernunft selbst macht die Qualität zunichte. Alles, was er getan hatte, war von Anfang an vergeblich.

Am dritten Tag geht er an einer unbekannten Kreuzung um die Ecke, und kann auf einmal nichts mehr sehen. Als es wieder hell um ihn wird, liegt er auf dem Bürgersteig, und die Leute gehen an ihm vorbei, als sei er gar nicht da. Er rafft sich mühsam auf und zermartert sich das Gehirn nach dem Weg zu seiner Wohnung. Seine Gedanken werden langsam. Immer langsamer. Das ist ungefähr zu der Zeit, als er und Chris losfahren, um ein Stockwerkbett für die Kinder zu kaufen, das Geschäft aber nicht finden können. Von da an verläßt er die Wohnung nicht mehr.

Er sitzt mit untergeschlagenen Beinen auf einer Steppdecke auf dem Fußboden eines Zimmers ohne Bett und starrt die Wand an. Alle Brücken sind abgebrochen. Es gibt kein Zurück mehr. Und jetzt gibt es auch keinen Weg nach vorn mehr.

Drei Tage und drei Nächte lang starrt Phaidros die Schlafzimmerwand an, und seine Gedanken bewegen sich weder vorwärts noch rückwärts, erfassen nur noch den gegenwärtigen Augenblick. Seine Frau fragt ihn, ob ihm etwas fehlt, und er antwortet nicht. Seine Frau wird wütend, aber Phaidros hört zu, ohne zu reagieren. Er registriert, was sie sagt, aber er ist nicht mehr in der Lage, die Dringlichkeit ihrer Worte zu begreifen. Nicht nur seine Gedanken verlangsamen sich, sondern auch seine Wünsche. Sie werden langsamer und immer langsamer, als bekämen sie mit der Zeit ein ungeheures Gewicht. Er fühlt sich so schwer, so müde, aber der Schlaf flieht ihn. Er fühlt sich wie ein Riese, ein Millionen Meilen großer Gigant. Er spürt, wie er grenzenlos ins Universum hinausreicht.

Er beginnt, sich alles vom Halse zu schaffen, was ihm lästig fällt, Lasten abzuwerfen, die er sein Leben lang mit sich herumgeschleppt hat. Er sagt seiner Frau, sie solle mit den Kindern fortgehen und sich als von ihm getrennt betrachten. Angst, Ekel zu erregen, und Schamgefühl schwinden, als sein Urin nicht bewußt, sondern unwillkürlich auf den Fußboden fließt. Die Angst vor dem Schmerz, dem Schmerz der Märtyrer, ist überwunden, als ihm Zigaretten nicht bewußt, sondern unwillkürlich auf die Fingerspitzen herunterbrennen, bis sie von den Brandblasen ausgelöscht werden, die sie selbst hervorgerufen haben. Seine Frau sieht seine verletzten Hände und den Urin auf dem Boden und ruft um Hilfe.

Aber bis die Hilfe kommt, zerfällt, langsam zunächst, fast unmerklich, Phaidros' gesamtes Bewußtsein ... löst sich auf und verflüchtigt sich. Und dann allmählich fragt er sich nicht mehr, was als nächstes passieren wird. Er weiß, was als nächstes passieren wird, und er vergießt Tränen um seine Angehörigen und sich selbst und um diese Welt. Eine Zeile aus einem alten Kirchenlied kommt ihm in den Sinn. »Du mußt dies triste Tal durchschreiten.« Es trägt ihn weiter. »Allein und einsam mußt du gehn.« Wohl ein Lied aus dem Westen, das draußen in Montana gesungen wurde.

»Kein anderer wird dich begleiten«, heißt es weiter. Offenbar weist es auf etwas Jenseitiges hin. »Allein und einsam mußt du gehn.«

Er durchschreitet einsam das triste Tal, den Mythos hinter sich lassend, findet heraus wie aus einem Traum und sieht, daß dieses ganze Bewußtsein, der Mythos, ein Traum gewesen ist, niemand anderes Traum als sein eigener, ein Traum, den er jetzt aus eigener Kraft ertragen muß. Und dann verschwindet sogar »er«, und nur der Traum bleibt übrig, mit ihm darinnen.

Und die Qualität, die *arete*, für die er so tapfer gekämpft, der er Opfer gebracht hat, die er *nie* verraten, aber die ganze Zeit hindurch nicht verstanden hat, offenbart sich ihm jetzt, und seine Seele findet ihre Ruhe.

Die Autos sind weniger geworden und schließlich fast ganz verschwunden, und die Straße ist so schwarz, daß es scheint, als ob das Scheinwerferlicht durch den Regen hindurch kaum bis auf die Fahrbahn reicht. Mörderisch. Wenn man denkt, was alles passieren kann – eine nicht angekündigte Rinne, ein Ölfleck, ein totes Tier ...

Aber wenn man zu langsam fährt, bringen sie einen von hinten um. Ich weiß nicht, warum wir immer noch weiterfahren. Wir hätten längst haltmachen sollen. Ich weiß überhaupt nicht mehr, was ich tue. Wahrscheinlich habe ich auf ein Schild von einem Motel gewartet, dann aber nicht mehr daran gedacht und sie alle übersehen. Wenn wir noch lange weiterfahren, werden sie alle zumachen.

Wir nehmen die nächste Ausfahrt von der Autobahn, ohne zu wissen, wohin sie führt, und sind bald auf einer holprigen Teerstraße mit Rinnen und losem Splitt. Ich fahre langsam. Straßenlampen über uns schicken in auf und ab schwingenden Bögen Natriumlicht durch die Regenschleier. Wir fahren durch Licht und Schatten, Licht und

Schatten, und nirgends ein Schild, das uns willkommen heißt. Auf der linken Seite ein Schild mit der Aufschrift »STOP«, aber es ist nicht zu erkennen, in welcher Richtung man abbiegen muß. Auf der einen Seite sieht es so finster aus wie auf der andern. Wir könnten ewig durch diese Straßen fahren, ohne etwas zu finden, und dann nicht einmal mehr auf die Autobahn zurückfinden.

»Wo sind wir denn?« ruft Chris.

»Weiß nicht.« Ich bin müde und kann kaum noch denken. Zu müde, um auf die richtige Antwort zu kommen ... oder darauf, was wir als nächstes tun sollen.

Jetzt sehe ich weit vor uns einen hellen Schein und das erleuchtete Schild einer Tankstelle.

Sie hat offen. Wir halten und gehen hinein. Der Tankwart, der kaum älter wirkt als Chris, sieht uns komisch an. Er kennt kein Motel. Ich sehe ins Telefonbuch, finde ein paar und nenne ihm die Adressen, aber er kann uns zu keinem den Weg richtig beschreiben. Ich rufe das Motel an, das angeblich am nächsten ist, bestelle ein Zimmer und erkundige mich noch einmal nach dem Weg.

Bei dem Regen und den dunklen Straßen fahren wir trotzdem beinahe daran vorbei. Sie haben das Licht ausgemacht, und als ich uns eintrage, fällt kein Wort.

Das Zimmer ist ein Relikt aus den öden dreißiger Jahren, verdreckt und von einem zusammengezimmert, der nichts vom Schreinerhandwerk verstand. Aber es ist trocken und hat eine Heizung und Betten, und mehr verlangen wir gar nicht. Ich stelle den Heizkörper an, wir setzen uns davor, und schon bald vertreibt die Wärme das Frösteln und Zittern und die Feuchtigkeit aus unseren Knochen.

Chris schaut nicht auf und starrt nur den Heizkörper an. Nach einer Weile fragt er: »Wann fahren wir wieder heim?«

Niederlage.

»Wenn wir in San Francisco sind«, sage ich. »Warum?«

»Ich hab' genug davon, immer nur sitzen und ...« Seine Stimme verliert sich.

»Und was?«

»Und ... ach, ich weiß nicht. Immer bloß sitzen ... als ob wir eigentlich gar nirgends hinfahren.«

»Wohin sollten wir denn fahren?«

»Ich weiß nicht. Wie soll ich das wissen?«

»Ich weiß es auch nicht«, sage ich.

»Aber du mußt es doch wissen!« sagt er. Er fängt zu weinen an.

»Was hast du denn, Chris?« frage ich.

Er antwortet nicht. Dann nimmt er den Kopf zwischen die Hände und schaukelt immerzu vor und zurück. Mich überläuft es kalt, als ich das sehe. Nach einer Weile hört er auf und sagt: »Als ich klein war, war es anders.«

»Wie denn?«

»Ich weiß nicht. Wir haben immer was *gemacht.* Was ich gern mochte. Jetzt mag ich überhaupt nichts mehr.«

Er schaukelt wieder auf diese unheimliche Art hin und her, das Gesicht in den Händen, und ich weiß nicht, was ich tun soll. Es ist ein ganz seltsames, unwirkliches Schaukeln, ein embryonales Sichabkapseln, das mich auszuschließen scheint, ja überhaupt alles auszuschließen scheint. Eine Rückkehr an einen Ort, von dem ich nichts weiß ... auf den Meeresgrund vielleicht.

Jetzt weiß ich wieder, wo ich es schon einmal gesehen habe, auf dem Fußboden des Krankenhauses.

Ich weiß beim besten Willen nicht, was ich tun soll.

Nach einer Weile gehen wir zu Bett, und ich versuche zu schlafen.

Dann frage ich Chris: »War es besser, bevor wir aus Chicago weggingen?«

»Ja.«

»Wie war es da? Erinnerst du dich noch?«

»Da hat es Spaß gemacht.«

»*Spaß*?«

»Ja«, sagt er, und ist still. Dann sagt er: »Weißt du noch, wie wir nach den Stockwerkbetten gesucht haben?«

»Das hat dir Spaß gemacht?«

»Klar«, sagt er, und dann ist er lange still. Dann sagt er: »Weißt du das nicht mehr? Du hast mich nach dem Heimweg fragen lassen ... Du hast immer mit uns gespielt. Und alle möglichen Geschichten hast du uns erzählt, und wir haben Ausflüge gemacht und allerhand unternommen, und jetzt unternimmst du überhaupt nichts mehr.«

»Doch.«

»Nein, gar nicht wahr! Du sitzt bloß immer da und starrst vor dich hin und tust *überhaupt* nichts.« Ich höre, daß er wieder weint.

Der Regen schlägt stoßweise ans Fenster, und ich spüre, daß ein schwerer Druck auf mir lastet. Er weint um *ihn. Er* fehlt ihm. Darum geht es in dem Traum. In dem Traum ...

Lange Zeit liege ich noch wach und lausche dem zirpenden Geräusch des Heizkörpers und dem Wind und dem Regen auf dem Dach und am Fenster. Dann hört der Regen allmählich auf, und man hört nur noch ein paar Wassertropfen von den Bäumen, die ab und zu ein Windstoß schüttelt.

31

Am Morgen trete ich draußen beinahe auf eine grüne Nacktschnecke. Sie ist ungefähr sechs Zoll lang und einen dreiviertel Zoll breit und weich und fast gummiartig und mit Schleim überzogen wie ein inneres Organ von einem Tier.

Um mich herum ist alles feucht und naß und neblig und kalt, aber immerhin so klar, daß man sieht, daß das Motel, in dem wir übernachtet haben, auf einem Hang steht und daß weiter unten Apfelbäume sind, unter denen das Gras naß ist vom Tau oder vielleicht auch noch von dem Regen. Ich sehe noch eine Schnecke und dann noch eine – mein Gott, es wimmelt hier von diesen Viechern.

Als Chris herauskommt, zeige ich ihm eine. Sie kriecht langsam über ein Blatt. Er äußert sich nicht dazu.

Wir fahren los und frühstücken abseits der Straße in Weott, wo ich feststelle, daß er immer noch in seiner abweisenden Stimmung ist. Es ist so eine Stimmung, die sich in Wegschauen und Nicht-reden-Wollen äußert, und ich lasse ihn in Ruhe.

Ein Stück weiter, in Leggett, kommen wir an einem Ententeich vorbei, der für die Touristen angelegt wurde, und wir kaufen Kekse und werfen sie den Enten hin, und er tut das so lustlos und traurig, wie ich es noch nie gesehen habe. Dann kommen wir auf einen Abschnitt der kurvenreichen Straße durch das Küstengebirge und sind auf einmal in dichtem Nebel. Dann fällt die Temperatur, und ich weiß, daß wir wieder am Ozean sind.

Als der Nebel sich lichtet, sehen wir von einer hohen Klippe aus den Ozean, weit draußen, so blau und fern. Mir wird kalt beim Fahren, eine bis ans Mark greifende Kälte.

Wir halten an, ich packe die Jacke aus und ziehe sie an. Ich sehe, wie Chris bis dicht an den Rand der Klippe geht. Es sind mindestens hundert Fuß bis zu den Felsen unten. Er geht viel zu weit vor!

»CHRIS!« schreie ich. Er gibt keine Antwort.

Ich laufe hin, packe ihn am Hemd und ziehe ihn zurück. »Das darfst du nicht tun«, sage ich.

Er sieht mich seltsam verkniffen an.

Ich packe sein warmes Zeug aus und gebe es ihm. Er nimmt es, trödelt dann aber herum und zieht es nicht an.

Es hat keinen Zweck, ihn anzutreiben. Wenn er sich in dieser Stimmung Zeit lassen will, dann läßt er sich Zeit.

Er trödelt und trödelt. Zehn Minuten vergehen, eine Viertelstunde. Es läuft auf einen Wettkampf hinaus, wer von uns beiden länger warten kann.

Nach einer halben Stunde in dem kalten Wind vom Ozean her fragt er mich: »In welche Richtung fahren wir?«

»Nach Süden, die Küste entlang.«

»Kehren wir doch um.«

»Wohin?«

»Wo es wärmer ist.«

Das wären noch mal hundert Meilen. »Wir müssen jetzt nach Süden fahren«, sage ich.

»Warum?«

»Weil es ein zu großer Umweg wäre, wenn wir jetzt umkehrten.«

»Kehren wir doch um.«

»Nein. Zieh dir die warmen Sachen an.«

Er tut es nicht, bleibt einfach auf der Erde sitzen.

Nach einer weiteren Viertelstunde sagt er: »Kehren wir doch um.«

»Chris, du fährst das Motorrad nicht. Ich fahre es. Wir fahren nach Süden.«

»Warum?«

»Weil es zu weit wäre, und weil ich es gesagt habe.«

»Aber warum fahren wir denn nicht zurück?«

Mich packt der Ärger. »Du willst es im Grunde gar nicht wissen, oder?«

»Ich will umkehren. Sag mir doch endlich, warum wir nicht umkehren können.«

Ich gebe mir keine Mühe mehr, meinen Ärger zu unterdrücken.

»Im Grunde geht es dir gar nicht darum, daß wir umkehren. Im Grunde willst du mich nur wütend machen, Chris. Wenn du nicht aufhörst, wirst du es auch soweit bringen!«

Aufflackernde Angst. Das wollte er. Er will mich hassen. Weil ich nicht *er* bin.

Er blickt verstockt auf den Boden und zieht sich die warmen Sachen an. Dann sitzen wir wieder auf der Maschine und fahren weiter die Küste hinunter.

Ich kann den Vater spielen, den er eigentlich haben sollte, aber unbewußt, auf der Stufe der Qualität, durchschaut er es und weiß, daß sein richtiger Vater nicht mehr da ist. Die ganze Chautauuqa durchzieht mehr als nur eine Spur Heuchelei. Immer wieder wird der Ratschlag erteilt, die Subjekt-Objekt-Dualität abzuschaffen, und dabei bleibt die schärfste Dualität, die Dualität zwischen mir und ihm, unreflektiert und ungelöst. Ein in sich selbst entzweiter Geist.

Aber wer hat es getan? *Ich* war es nicht. Und es gibt auch keine Möglichkeit, es rückgängig zu machen ... Ich frage mich andauernd, wie weit es dort draußen bis auf den Grund des Ozeans ist ...

Ich bin ein Ketzer, der widerrufen und damit in aller Augen seine Seele gerettet hat. Nur einer sieht es nicht so, einer weiß tief drinnen, daß er lediglich seine Haut gerettet hat.

Ich bin vor allem deshalb noch am Leben, weil ich tue, was andere von mir erwarten. Man tut das, um rauszukommen. Um rauszukommen, versucht man herauszukriegen, was sie möchten, daß man sagt, und sagt es dann unter Aufbietung jeder List und allen Einfallsreichtums, und dann, wenn man sie überzeugt hat, kommt man raus. Hätte ich mich nicht von *ihm* losgesagt, wäre ich immer noch drin, aber *er* hat bis zum Schluß zu seiner Überzeugung gestanden. Das ist der Unterschied zwischen uns, und Chris weiß es. Und das ist der Grund, warum ich manchmal das Gefühl habe, daß *er* die Wirklichkeit ist und ich das Gespenst bin.

Wir sind jetzt an der Küste der County Mendocino, und hier ist alles wild und schön und weit. Die Berge sind fast nur mit Gras bewachsen, aber im Windschatten von Felsblöcken und in Spalten und Rinnen wachsen eigenartige Blütensträucher, die der vom Ozean heraufkommende Wind geformt hat. Wir kommen an ein paar alten Holzzäunen vorbei, die grau verwittert sind. In der Ferne steht ein altes, verwittertes, graues Bauernhaus. Wie kann man hier Landwirtschaft betreiben? Der Zaun ist an vielen Stellen zerbrochen. Armut.

Wo die Straße sich von den hohen Klippen zum Strand hinabschwingt, halten wir an, um Rast zu machen. Als ich den Motor abstelle, fragt Chris: »Warum halten wir hier?«

»Ich bin müde.«

»Aber ich nicht. Fahren wir weiter.« Er ist immer noch verärgert. Ich auch.

»Geh halt da an den Strand und lauf im Kreis herum, bis ich mich ausgeruht habe«, sage ich.

»Fahren wir doch weiter«, sagt er, aber ich lasse ihn stehen. Er setzt sich neben das Motorrad an den Straßenrand.

Der Meeresgeruch nach verrotteten organischen Stoffen ist penetrant, und in dem kalten Wind kann ich mich kaum länger hinlegen. Aber ich finde eine große Gruppe grauer Felsen, wo es windstill ist und ich die Wärme der Sonne noch spüren und genießen kann. Ich konzentriere mich auf die Sonnenstrahlen und bin dankbar, auch wenn sie noch so schwach sind.

Wir fahren wieder, und auf einmal kommt mir der Gedanke, daß er ein zweiter Phaidros ist, der wie er denkt und handelt, der ständig aus eigener Schuld Scherereien bekommt, Kräften gehorchend, deren Vorhandensein er nur ahnt und die er nicht versteht. Die Fragen . . . dieselben Fragen . . . er muß alles erfahren.

Und wenn er die Antwort nicht bekommt, bohrt und bohrt er so lange, bis er eine bekommt, und die führt zu einer neuen Frage, und er bohrt und bohrt und bohrt, bis er auch darauf eine Antwort bekommt . . . nach immer neuen Fragen suchend, ohne je zu begreifen, daß die Fragen nie ein Ende nehmen werden. Irgend etwas fehlt, und er weiß es und wird noch sein Leben drangeben, es herauszukriegen.

Wir fahren durch eine scharfe Kurve eine überhängende Klippe hinauf. Der Ozean erstreckt sich da draußen auf ewig ins Weite, kalt und blau, und ruft ein sonderbares Gefühl der Verzweiflung hervor. Menschen, die an der Küste leben, können nie verstehen, was der Ozean denen bedeutet, die im Inland leben, rings von Land umgeben – was für ein wunderbarer, ferner Traum er ist, gegenwärtig, doch unsichtbar in den tiefsten Schichten des Unterbewußtseins, und wenn sie dann am Ozean sind und die bewußten Bilder mit dem unbewußten Traum vergleichen, überkommt sie ein Gefühl der Sinnlosigkeit und der Niederlage, weil sie so weit gefahren sind, um vor einem Geheimnis zu stehen, das für immer unergründlich bleiben wird. Der Ursprung von allem.

Lange danach kommen wir in eine Stadt, wo der helle Dunst, der über dem Ozean so natürlich schien, in den Straßen hängt und ihnen eine gewisse Aura verleiht, ein diesiges, sonniges Strahlen, in dem alles nostalgisch erscheint, wie eine Erinnerung aus vergangenen Jahren.

Wir gehen in ein gesteckt volles Restaurant und setzen uns an den einzigen freien Tisch an einem Fenster, das auf die helle Straße hinausgeht. Chris hält den Blick niedergeschlagen und sagt nichts. Vielleicht spürt er irgendwie, daß wir es nicht mehr weit haben.

»Ich hab' keinen Hunger«, sagt er.

»Es macht dir aber wohl nichts aus zu warten, bis ich gegessen habe?«

»Fahren wir doch lieber weiter. Ich hab' keinen Hunger.«

»Ich aber.«

»Ich aber nicht. Mir tut der Magen weh.« Das alte Symptom.

Ich esse inmitten des Stimmengewirrs und des Geklappers von Tellern und Löffeln von den anderen Tischen und sehe einem Radfahrer zu, der draußen vor dem Fenster vorbeifährt. Es kommt mir irgendwie vor, als seien wir am Ende der Welt angelangt.

Ich schaue auf und sehe, daß Chris weint.

»Was ist denn nun schon wieder?« frage ich.

»Mein Magen. Er tut weh.«

»Und sonst nichts?«

»Doch. Ich finde das alles *scheußlich* ... es tut mir leid, daß ich mitgekommen bin ... die ganze Fahrt ist scheußlich ... ich dachte, es würde lustig werden, aber es ist überhaupt nicht lustig ... ich hätte nicht mitkommen sollen.« Er ist ein Wahrheitssager, wie Phaidros. Und wie Phaidros sieht er mich jetzt immer haßerfüllter an. Der Zeitpunkt ist gekommen.

»Chris, ich habe mir gedacht, daß es das beste sein wird, wenn ich dich hier mit einer Fahrkarte nach Hause in den Bus setze.«

Sein Gesicht zeigt erst gar keinen Ausdruck, dann eine Mischung aus Überraschung und Kummer.

Ich fahre fort: »Ich selber fahre mit dem Motorrad weiter, und in ein oder zwei Wochen sehen wir uns wieder. Es hat doch keinen Sinn, dich zu zwingen, eine Fahrt fortzusetzen, die dir überhaupt nichts bringt.«

Jetzt bin ich es, der überrascht ist. Er wirkt kein bißchen erleichtert. Sein Ausdruck ist noch kummervoller als zuvor, und er senkt den Blick und sagt nichts.

Es scheint, daß er aus dem Gleichgewicht geraten ist und Angst hat.

Er schaut auf. »Und wo soll ich hin?«

»Na ja, in unser Haus kannst du jetzt nicht, da sind jetzt andere Leute. Aber du könntest bei den Großeltern bleiben.«

»Zu denen will ich aber nicht.«

»Dann bei deiner Tante.«

»Die kann mich nicht leiden. Und ich kann sie nicht leiden.«

»Dann gehst du eben zu den anderen Großeltern.«

»Da mag ich auch nicht hin.«

Ich mache ihm noch einen Vorschlag, aber er schüttelt den Kopf.

»Also zu wem willst du denn dann?«

»Ich weiß nicht.«

»Chris, ich glaube, du siehst selber ein, wo die Schwierigkeit liegt. Du willst nicht mehr mitfahren. Diese Fahrt hängt dir zum Halse raus. Aber du willst auch zu keinen von unseren Verwandten oder sonstwohin. Alle Leute, die ich dir genannt habe, kannst du nicht leiden, oder sie können angeblich dich nicht leiden.«

Er sagt nichts, aber seine Augen füllen sich mit Tränen.

Eine Frau an einem Nebentisch sieht strafend zu mir herüber. Sie macht den Mund auf, als wollte sie etwas sagen. Ich starre sie so lange finster an, bis sie den Mund wieder zumacht und weiterißt.

Chris weint jetzt heftig, und noch mehr Leute an anderen Tischen werden aufmerksam.

»Komm, wir wollen ein Stück gehen«, sage ich und stehe auf, ohne auf die Rechnung zu warten.

An der Registrierkasse sagt die Kellnerin: »Tut mir leid, daß Ihr Junge sich nicht wohl fühlt.« Ich nicke, zahle, und wir sind draußen.

Ich schaue mich nach einer Bank irgendwo in dem hellen Dunst um, aber es gibt keine. Wir setzen uns aufs Motorrad, fahren langsam nach Süden und halten Ausschau nach einem ruhigen Platz.

Die Straße führt wieder an den Ozean und klettert zu einem Aussichtspunkt hinauf, der anscheinend in den Ozean vorspringt, jetzt aber von Nebelbänken eingehüllt ist. Für einen Augenblick sehe ich in der Ferne einen Riß im Nebel und ein paar Leute, die im Sand sitzen, aber es zieht gleich wieder zu, und die Leute verschwinden.

Ich schaue Chris an und sehe, daß er einen ratlosen leeren Ausdruck in den Augen hat. Aber als ich ihn bitte, sich hinzusetzen, ist gleich wieder etwas von dem Ärger und dem Haß von heute früh da.

»Wozu?« fragt er.

»Ich finde, es ist an der Zeit, daß wir einmal miteinander reden.«

»Na schön, ich höre«, sagt er. Die ganze Feindseligkeit ist wieder da. Was er nicht ausstehen kann, ist der »nette Vater«. Er weiß, daß die Freundlichkeit nicht echt ist.

»Wie denkst du über die Zukunft?« frage ich ihn. Blöde Frage.

»Wie meinst du das?«

»Ich wollte sagen, was du für deine Zukunft tun willst.«

»Ich lasse sie auf mich zukommen.« Jetzt schwingt Verachtung mit.

Der Nebel lichtet sich einen Moment, gibt die Klippe frei, auf der wir sitzen, und schließt sich dann wieder. Mich überkommt ein Gefühl der Unausweichlichkeit dessen, was hier geschieht. Ich werde auf etwas zugestoßen, und die Gegenstände an der Peripherie und die im Mittelpunkt meines Gesichtskreises sind jetzt alle gleich deutlich und intensiv, alles in einem, und ich sage: »Chris, ich finde, es ist an der Zeit, über ein paar Dinge zu reden, von denen du nichts weißt.«

Er hört ein bißchen zu. Er spürt, daß etwas kommt.

»Chris, du siehst einen Vater vor dir, der lange Zeit geistesgestört war und nun wieder dem Wahnsinn nahe ist.«

Und »dem Wahnsinn nahe« stimmt schon nicht mehr. Er ist da. Der Meeresgrund.

»Ich schicke dich nicht deshalb heim, weil ich mit dir böse bin, sondern weil ich mich davor fürchte, was passieren kann, wenn ich weiter die Verantwortung für dich trage.«

Sein Gesichtsausdruck zeigt keine Veränderung. Er hat mich noch nicht verstanden.

»Wir müssen also jetzt Abschied nehmen, Chris, und ich weiß nicht, ob wir uns überhaupt noch einmal wiedersehen.«

Das hätten wir. Es ist geschafft. Alles übrige ergibt sich jetzt ganz von selbst.

Er sieht mich so sonderbar an. Ich glaube, er begreift immer noch nicht. Dieser Blick . . . ich hab' ihn schon einmal irgendwo gesehen . . . irgendwo . . . irgendwo . . .

Im Nebel eines frühen Morgens in den Sümpfen war eine kleine Ente, eine Krickente, die hatte auch diesen Blick . . . ich hatte sie in den Flügel geschossen, und sie konnte nicht mehr fliegen, und ich war hingelaufen und hatte sie am Hals gepackt, und bevor ich ihr den Rest gab, hatte ich innegehalten und ihr aus irgendeinem Gefühl für das Mysterium des Universums in die Augen gesehen, und die hatten genauso geblickt . . . so ruhig und verständnislos . . . und doch so wissend. Dann hatte ich ihr die Hand über die Augen gelegt und ihr den Hals umgedreht, bis er brach und ich das Knacksen unter meinen Fingern spürte.

Dann öffnete ich meine Hand. Die Augen sahen mich immer noch an, aber sie starrten jetzt ins Leere und folgten meinen Bewegungen nicht mehr.

»Chris, sie sagen es auch von dir.«

Er sieht mich groß an.

»Daß all diese Schwierigkeiten nur in dir selbst sind.«

Er schüttelt den Kopf: nein.

»Du hältst sie für wirklich und empfindest sie als wirklich, aber sie sind es nicht.«

Seine Augen werden größer. Er schüttelt immer noch den Kopf, aber allmählich beginnt er zu begreifen.

»Es ist immer schlimmer geworden. Schwierigkeiten in der Schule, Schwierigkeiten mit den Nachbarn, Schwierigkeiten mit deinen Angehörigen, Schwierigkeiten mit deinen Freunden . . . Schwierigkeiten, wohin man auch schaut. Chris, ich war der einzige, der dich in Schutz genommen hat, der gesagt hat ›Laßt ihn, er ist ganz in Ordnung‹, und von jetzt an wird es keiner mehr sagen. Verstehst du das?«

Er starrt wie betäubt vor sich hin. Seine Augen reagieren noch, aber sie lassen schon nach. Ich kann ihm keine Kraft geben. Habe es nie gekonnt. Ich bringe ihn um.

»Es ist nicht deine Schuld, Chris, es ist nie deine Schuld gewesen. Bitte versteh' das.«

Sein Blick bricht unter einem jähen, nach innen gerichteten Strahl. Dann schließen sich seine Augen, und ein seltsamer Schrei kommt aus seinem Mund, ein Klagen wie aus weiter Ferne. Er wendet sich ab, taumelt und fällt zu Boden, krümmt sich zusammen und kniet und schaukelt vor und zurück, den Kopf auf der Erde. Ein schwacher nebliger Wind streicht über das Gras. Nicht weit entfernt landet eine Möwe.

Durch den Nebel höre ich das Getriebe eines Lastwagens heulen, und das Geräusch jagt mir Angst ein.

»Du mußt aufstehen, Chris.«

Es ist ein schrilles, unmenschliches Jammern, wie eine ferne Sirene.

»Du sollst aufstehen!«

Er schaukelt weiter hin und her und jammert.

Ich weiß nicht, was ich tun soll. Ich weiß mir keinen Rat. Es ist alles aus. Ich möchte aufspringen und an den Rand der Klippe rennen, kämpfe aber dagegen an. Ich muß ihn erst in den Bus setzen, und dann meinetwegen die Klippe.

Es ist alles gut jetzt, Chris.

Das ist nicht meine Stimme.

Ich habe dich nicht vergessen.

Chris hört auf zu schaukeln.

Wie könnte ich dich vergessen?

Chris hebt den Kopf und sieht mich an. Der Dunstfilm, durch den er mich immer angesehen hat, verschwindet für einen Moment und ist dann wieder da.

Wir werden von nun an zusammen sein.

Das Heulen des Lasters ist ganz nahe.

Also steh jetzt auf!

Chris setzt sich langsam auf und starrt mich an. Der Lastwagen kommt, hält an, und der Fahrer schaut heraus, um zu sehen, ob er uns mitnehmen soll. Ich schüttle den Kopf und winke, er soll weiterfahren. Er nickt, legt den Gang ein, und der Laster fährt aufheulend davon in den Nebel, und es gibt wieder nur Chris und mich.

Ich lege ihm meine Jacke um die Schultern. Er hat den Kopf wieder zwischen den Knien und weint jetzt, aber es ist ein leises, menschliches Wimmern, nicht mehr das schrille Schreien von vorhin. Meine Hände sind naß, und ich spüre, daß auch meine Stirn naß ist.

Nach einer Weile jammert er: »Warum hast du uns verlassen?«

Wann?

»Damals im Krankenhaus!«

Ich konnte nicht anders. Die Polizei ließ mich nicht.

»Wollten sie dich nicht rauslassen?«

Nein.

»Aber warum hast du die Tür nicht aufgemacht?«

Welche Tür?

»Die Glastür!«

Mich durchzuckt es wie ein elektrischer Schlag. Was für eine Glastür meint er?

»Weißt du nicht mehr?« sagt er. »Wir haben auf der einen Seite gestanden und du warst auf der anderen Seite und Mama hat geweint.«

Ich habe ihm nie von dem Traum erzählt. Woher weiß er? Oh, nein.

Das hier ist auch ein Traum. Deshalb klingt meine Stimme so fremd.

Ich konnte diese Tür nicht aufmachen. Sie haben mir eingeschärft, daß ich sie nicht öffnen dürfe. Ich mußte tun, was sie sagten.

»Und ich hab' gedacht, du wolltest nicht zu uns kommen«, sagt Chris. Er sieht zu Boden.

Die Angst in seinen Augen all diese Jahre.

Jetzt sehe ich die Tür. Sie ist in einem Krankenhaus.

Es ist das letzte Mal, daß ich sie sehe, Chris und die andern. Ich bin Phaidros und kein anderer, und sie werden mich zerstören, weil ich die Wahrheit gesagt habe.

Es ist alles auf einmal wieder da.

Chris weint jetzt leise vor sich hin. Weint und weint. Der Wind vom Ozean bläst durch die hohen Gräser rings um uns, und der Nebel beginnt sich zu lichten.

»Nicht weinen, Chris. Weinen ist nur was für Kinder.«

Nach einer langen Zeit gebe ich ihm ein Taschentuch, damit er sich das Gesicht abwischt. Wir sammeln unsere Sachen auf und packen sie auf das Motorrad. Jetzt reißt der Nebel plötzlich auf, und ich sehe, daß die Sonne auf seinem Gesicht seinen Ausdruck offen macht, wie ich es noch nie gesehen habe. Er setzt seinen Helm auf und zieht den Riemen fest, und dann schaut er auf.

»Warst du wirklich verrückt?«

Wieso fragt er das?

Nein!

Grenzenloses Erstaunen. Aber seine Augen strahlen.

»Ich hab's ja gewußt«, sagt er.

Dann steigt er auf das Motorrad, und ab geht's.

32

Während wir jetzt die mit Bärentrauben und wachsblättrigen Büschen bewachsene Küste entlangfahren, fällt mir Chris' Ausdruck wieder ein. »Ich hab's ja gewußt«, hat er gesagt.

Das Motorrad nimmt mühelos alle Kurven, legt sich schräg, so daß sich unser Gewicht immer senkrecht durch die Maschine auf den Boden überträgt, gleich, welchen Winkel sie zur Straße bildet. Die Route ist voller Blumen und überraschender Ausblicke, lauter enge Kurven, eine an der anderen, so daß die ganze Welt sich dreht und herumwirbelt und steigt und fällt.

»Ich hab's ja gewußt«, hat er gesagt. Es kommt jetzt wieder als eine dieser kleinen Tatsachen, die am Ende einer Leine zupfen und einem sagen wollen, daß sie gar nicht so klein sind, wie man denkt. Er hat es lange mit sich herumgetragen. Jahrelang. All die Schwierigkeiten, die er gemacht hat, werden verständlicher. »Ich hab's ja *gewußt*«, hat er gesagt.

Er muß vor langer Zeit etwas gehört und aufgrund seines kindlichen Mißverstehens alles durcheinander gebracht haben. Vor Jahren hat Phaidros das immer gesagt – habe *ich* das immer gesagt –, und Chris muß daran geglaubt und es seither immer in seinem Innern bewahrt haben.

Wir stehen zueinander in Beziehungen, die wir nie ganz verstehen, vielleicht so gut wie gar nicht verstehen. Er war immer der *wahre* Grund, warum ich aus dem Krankenhaus herauswollte. Ihn allein aufwachsen zu lassen, wäre wirklich nicht recht gewesen. Auch in dem Traum war er immer derjenige, der die Tür aufmachen wollte.

Ich habe ihn gar nicht getragen. *Er* hat *mich* getragen!

»Ich hab's ja *gewußt*«, hat er gesagt. Es zieht immer wieder an der Leine und sagt mir, daß mein großes Problem vielleicht gar nicht so groß ist, wie ich denke, weil die Lösung direkt vor mir liegt. Nimm um Gottes willen diese Last von ihm! Sei wieder *einer!*

Köstliche Luft und fremdartige Düfte von den blühenden Bäumen und Sträuchern umströmen uns. Hier im Inland spürt man nichts mehr von dem kalten Wind, und es wird wieder heiß. Durch meine Jacke und die anderen Sachen saugt die Wärme die Feuchtigkeit heraus. Die Handschuhe, die von der Nässe ganz dunkel waren, werden schon wieder heller. Mir kommt es so vor, als hätte die kühle Feuchte des Ozeans so lange in mir gesteckt, daß ich nicht mehr wußte, was Wärme ist. Ich werde schläfrig, und dann sehe ich vor uns in einer kleinen Schlucht einen Parkplatz und einen Picknicktisch. Als wir dort sind, stelle ich den Motor ab und halte.

»Ich bin müde«, sage ich zu Chris. »Ich glaube, ich werde ein Nikkerchen machen.«

»Ich auch«, sagt er.

Wir schlafen, und als wir aufwachen, fühle ich mich wunderbar ausgeruht, wie schon lange nicht mehr. Ich nehme Chris' Jacke und meine eigene und klemme sie unter die elastischen Schnüre, mit denen der Packen auf dem Motorrad festgemacht ist.

Es ist so heiß, daß ich am liebsten den Helm nicht aufsetzen würde. Mir fällt ein, daß sie in diesem Staat nicht Vorschrift sind. Ich mache ihn an einer der Schnüre fest.

»Tu meinen auch da hin«, sagt Chris.

»Es ist sicherer, wenn du ihn aufbehältst.«

»Du setzt ja deinen auch nicht auf.«

»Na gut«, sage ich und mache seinen Helm auch fest.

Die Straße windet und schlängelt sich weiter durch bewaldetes Land. Sie schwingt sich in Haarnadelkurven auf und führt durch eine ständig wechselnde Szenerie, eine Zeitlang durch Buschwerk und dann in offene weite Räume hinaus, wo wir unter uns langgestreckte Canyons sehen.

»Herrlich!« rufe ich nach hinten zu Chris.

»Du brauchst nicht schreien«, sagt er.

»Ach so«, sage ich und lache. Wenn man keinen Helm aufhat, kann man sich in normaler Lautstärke unterhalten. Und das merke ich jetzt erst!

»Jedenfalls ist es herrlich hier«, sage ich.

Wieder Bäume und Sträucher und Wäldchen. Es wird immer wärmer. Chris hält sich jetzt an meinen Schultern fest, und ich drehe mich halb zu ihm um und sehe, daß er auf den Fußrasten steht.

»Das ist aber gefährlich«, sage ich.

»Nein, ist es nicht; das kann ich schon beurteilen.«

Ja, wahrscheinlich kann er das. »Aber paß bitte auf«, sage ich.

Als wir nach einer Weile in eine steile Haarnadelkurve gehen und unter Bäumen mit überhängenden Ästen hindurchfahren, sagt er »oh« und dann »ah« und dann »Mann«. Manche dieser Äste hängen so tief, daß sie ihm ins Gesicht schlagen werden, wenn er nicht aufpaßt.

»Was ist?« frage ich ihn.

»Es ist so anders.«

»Was?«

»Alles. Ich hab' noch nie über deine Schultern gesehen.«

Die Sonne malt durch die Äste der Bäume schöne und eigenwillige Muster auf die Straße. Ein Flirren von Hell und Dunkel. Wir fahren durch eine Kurve und dann hinaus in die Sonne.

Das stimmt. Aber es ist mir nie zum Bewußtsein gekommen. Die ganze Zeit hat er auf meinen Rücken gestarrt. »Was siehst du?« frage ich ihn.

»Es ist alles ganz anders.«

Wir kommen wieder in ein Wäldchen, und er fragt mich: »Hast du keine Angst?«

»Nein, man gewöhnt sich daran.«

Nach einer Weile sagt er: »Darf ich auch ein Motorrad haben, wenn ich alt genug bin?«

»Wenn du es gut pflegst.«

»Was muß man da alles machen?«

»Alles mögliche. Du hast mir doch oft genug zugeschaut.«

»Wirst du mir alles beibringen?«

»Sicher.«

»Ist es schwer?«

»Nein, man muß nur die richtige Einstellung haben. Das ist das Schwierige, die richtige Einstellung.«

»Aha.«

Nach einer Weile setzt er sich wieder hin. Dann sagt er: »Dad?«

»Ja?«

»Meinst du, ich werde die richtige Einstellung haben?«

»Ich glaube schon«, sage ich. »Ich glaube, das wird dir überhaupt nicht schwerfallen.«

Und so fahren wir immer weiter, durch Ukiah, und Hopland, und Cloverdale, hinunter in die Weingegend. Die Zeit vergeht wie im Fluge. Die Maschine, die uns durch den halben Kontinent getragen hat, brummt munter weiter, wie eh und je nichts anderes achtend als ihre eigenen inneren Kräfte. Wir kommen an Asti und Santa Rosa vorbei, dann an Petaluma und Novato, auf der Autobahn, die jetzt breiter und voller wird, sich mit Autos und Lastern und Bussen voller Menschen bevölkert, und schon bald tauchen am Rand Häuser und Boote auf und das Wasser der San-Francisco-Bai.

Sorgen hat man natürlich immer. Kummer und Unglück wird es geben, solange es Menschen gibt, aber jetzt ist ein Gefühl da, das vorher nicht da war, und es ist auch nicht nur an der Oberfläche der Dinge, sondern dringt bis auf den Grund: Wir sind über den Berg. Von nun an wird alles besser. So etwas spürt man irgendwie.

Nachwort des Autors

Zehn Jahre nach Erscheinen der ersten amerikanischen Ausgabe

In diesem Buch ist viel von den Perspektiven der alten Griechen und ihrer Bedeutung die Rede, aber *eine* Perspektive bleibt unberücksichtigt – ihr Zeitbegriff. Sie sahen die Zukunft als etwas, das von hinten über sie kam, während die Vergangenheit vor ihren Augen in die Ferne entschwand.

Wenn man es sich überlegt, ist das eine genauere Metapher als unsere jetzige. Denn wer kann wirklich in die Zukunft sehen? Man kann nichts weiter tun, als die Vergangenheit in die Zukunft zu projizieren, wenngleich die Vergangenheit zeigt, daß solche Projektionen oft falsch sind. Und wer kann wirklich die Vergangenheit vergessen? Was kennen wir sonst?

Zehn Jahre nach dem Erscheinen von *Zen and the Art of Motorcycle Maintenance* ist es sicherlich angebracht, die Perspektive der alten Griechen zu übernehmen. Was für eine Zukunft von hinten kommt, weiß ich nicht. Aber die vor mir ausgebreitete Vergangenheit beherrscht das ganze Blickfeld.

Nachdem seinerzeit 121 Verlage dieses Buch abgelehnt hatten, bot mir ein einziger Lektor den üblichen Vorschuß von 3000 Dollar an. Er meinte, das Buch zwinge ihn, sich Rechenschaft darüber zu geben, warum und wozu er eigentlich im Verlagsgeschäft sei; obwohl dies, fuhr er fort, fast mit Sicherheit die letzte Honorarzahlung sei, die ich je bekommen würde, sollte ich mich nicht entmutigen lassen. Geld sei bei einem solchen Buch nicht der springende Punkt.

Das stimmte. Aber dann kamen der Erscheinungstag, erstaunliche Besprechungen, der Aufstieg zum Bestseller, Zeitschriften-Interviews, Interviews in Funk und Fernsehen, Angebote für Verfilmungen, Übersetzungen in andere Sprachen, zahllose Angebote für Vorträge und Leserbriefe – Woche für Woche, Monat für Monat. Die Briefe waren voller Fragen: Warum? Wie konnte das geschehen? Was fehlt hier? Was waren eigentlich Ihre Beweggründe? Es schwang so etwas wie Frustration mit. Die Leute wissen, daß mehr hinter diesem Buch steckt, als das Auge wahrnimmt. Sie wollen alles wissen.

Aber ein solches »alles« hat es tatsächlich nicht gegeben. Es gab keine tiefen, letzten, zwingenden Beweggründe. Es schien nur einfach mehr Qualität darin zu liegen, das Buch zu schreiben, als darin, es nicht zu schreiben. Aber mit der voraus enteilenden Zeit und der sich weitenden Perspektive, in der das Buch jetzt steht, wird eine etwas detailliertere Antwort möglich.

Im Schwedischen gibt es das Wort »Kulturbärer«, das man mit »Kulturträger« übersetzen kann. Dieser Begriff wird in Amerika leider viel zu wenig verwendet.

Ein kulturtragendes Buch trägt, wie ein Maultier, die Kultur auf seinem Rücken. Niemand sollte sich bewußt vornehmen, ein solches Buch zu schreiben. Kulturtragende Bücher ereignen sich fast zufällig, wie ein plötzlicher Umschwung an der Börse. Es gibt Bücher von hoher Qualität, die ein wichtiger *Teil* der Kultur sind, aber das ist etwas anderes. Sie *gehören* zur Kultur, bringen sie aber nicht weiter. Sie können beispielsweise verständnisvoll über Geisteskrankheit sprechen, weil das der kulturellen Norm entspricht, ohne jedoch auch nur anzudeuten, daß Geisteskrankheit etwas anderes als Krankheit oder Degeneriertheit sein könnte.

Kulturtragende Bücher stellen kulturelle Wertvorstellungen in Frage, und dies oft zu einer Zeit, da sich in der Kultur ein Wandel im gleichen Sinne vollzieht. Diese Bücher müssen nicht unbedingt von hoher Qualität sein. *Onkel Toms Hütte* war kein literarisches Meisterwerk, aber es war ein kulturtragendes Buch. Es erschien zu einer Zeit, als sich in der ganzen Kultur die Ablehnung der Sklaverei durchzusetzen begann. Die Menschen fanden in dem Buch ihre eigenen geänderten Wertvorstellungen wieder, und es wurde ein überwältigender Erfolg.

Der Erfolg von *Zen und die Kunst, ein Motorrad zu warten* ist auf dieses Phänomen der Kulturträgerschaft zurückzuführen. Die hier geschilderte Schocktherapie ohne Zustimmung des Patienten ist heute gesetzlich untersagt. Sie stellt einen Eingriff in die Freiheit des Menschen dar. Die Kultur hat sich gewandelt.

Das Buch erschien auch zu einer Zeit kultureller Umwälzungen in der Frage materiellen Erfolgs. Die Hippies wollten nichts davon wissen. Die Konservativen verstanden die Welt nicht mehr. Materieller Erfolg war der amerikanische Traum. Millionen europäischer Tagelöhner hatten sich ihr Leben lang danach gesehnt und waren nach Amerika gekommen, weil sie ihn hier zu finden hofften – in einer Welt, in der sie und ihre

Nachkommen endlich genug zum Leben haben würden. Und nun warfen ihre verwöhnten Nachkommen ihnen diesen ganzen Traum vor die Füße, ließen kein gutes Haar daran. Was wollten sie?

Die Hippies glaubten zu wissen, was sie wollten, und nannten es »Freiheit«, aber in letzter Konsequenz ist »Freiheit« ein rein negatives Ziel. Es besagt nur, daß irgend etwas schlecht ist. Die Hippies hatten im Grunde genommen keine anderen Alternativen als schillernde Eintagsfliegen anzubieten, und einige davon muteten mehr und mehr als pure Dekadenz an. Dekadenz kann Spaß machen, läßt sich aber nur schwer als lebenslange Beschäftigung aufrechterhalten.

Dieses Buch bietet eine andere, ernsthaftere Alternative zum materiellen Erfolg an. Das heißt, es ist eigentlich weniger eine Alternative als vielmehr eine Ausweitung der Bedeutung von »Erfolg« auf etwas Größeres als das bloße Bemühen, eine gute Stellung zu finden und sich nichts zuschulden kommen zu lassen. Und auch etwas Größeres als bloße Freiheit. Es setzt ein positives Ziel, auf das man hinarbeiten kann, das einen aber nicht einengt. Das, so scheint mir, ist der Hauptgrund für den Erfolg des Buches. Es traf sich, daß die ganze Kultur genau nach dem auf der Suche war, was dieses Buch anzubieten hat. In diesem Sinne ist es ein Kulturträger.

Die altgriechische Perspektive der letzten zehn Jahre hat auch eine sehr dunkle Seite: Chris ist tot.

Er wurde ermordet. Am 17. November 1979 verließ er abends gegen acht das Zen Center in San Francisco, an dem er studierte, um einen Freund zu besuchen, der einen Block weiter an der Haight Street wohnte.

Nach Zeugenaussagen hielt neben ihm auf der Straße ein Auto, und zwei Männer, Schwarze, sprangen heraus. Einer näherte sich ihm von hinten, so daß er nicht weglaufen konnte, und hielt ihm die Arme fest. Der andere, der von vorn kam, durchsuchte ihn, fand nichts und wurde wütend. Er bedrohte Chris mit einem großen Küchenmesser. Chris sagte etwas, was die Zeugen nicht verstanden. Sein Angreifer wurde noch wütender. Dann sagte Chris etwas, was die Wut des Mannes noch mehr steigerte. Er stieß Chris das Messer in die Brust. Dann sprangen die beiden in ihren Wagen und rasten davon.

Chris lehnte sich eine Zeitlang an ein geparktes Auto, um nicht zusammenzubrechen. Nach einer Weile schleppte er sich über die Straße bis zu einer Lampe an der Ecke Haight/Octavia. Dann stürzte er auf den Bürgersteig und starb; sein rechter Lungenflügel war mit Blut aus einer durchtrennten Arterie gefüllt.

Ich lebe weiter, mehr aus Gewohnheit als auch irgendwelchen anderen Gründen. Bei seiner Beerdigung erfuhren wir, daß er am Morgen seines Todestages ein Ticket nach England gekauft hatte, wo meine zweite Frau und ich mit einem Segelboot unterwegs waren. Dann traf ein Brief von ihm ein, in dem er seltsamerweise geschrieben hatte: »Ich habe nie geglaubt, daß ich meinen 23. Geburtstag erleben würde.« Zwei Wochen später wäre er dreiundzwanzig geworden.

Nach seiner Beerdigung packten wir alle Sachen, einschließlich eines gebrauchten Motorrads, das er sich gerade gekauft hatte, in einen alten Lieferwagen, und fuhren zurück über einige Berg- und Wüstenstraßen, die in diesem Buch beschrieben werden. In dieser Jahreszeit waren die Bergwälder und Prärien verschneit und einsam und schön. Als wir bei seinem Großvater in Minnesota ankamen, waren wir ruhiger geworden. Dort, auf dem Dachboden im Haus seines Großvaters, sind seine Sachen immer noch verwahrt.

Ich neige dazu, mich in philosophische Fragen zu verbeißen, die ich immer wieder und wieder und wieder durchdenke, immer noch mal und noch mal und noch mal im Kreis herum, bis sie entweder zu einer Antwort führen oder sich so festsetzen, daß sie im psychiatrischen Sinne gefährlich werden. Und nun beschäftigte mich zwanghaft die Frage: »Wo ist er hingekommen?«

Wo war Chris hingekommen? Er hatte sich am selben Morgen ein Flugticket gekauft. Er hatte ein Bankkonto, Schubladen voller Kleidungsstücke und Regale voller Bücher. Er war ein realer, lebendiger Mensch, der auf diesem Planeten Zeit und Raum beanspruchte, und wo war er jetzt plötzlich hingekommen? War er durch den Kamin des Krematoriums geweht worden? War er in dem Kistchen mit Knochen, das man uns aushändigte? Saß er irgendwo über uns auf einer Wolke und spielte auf einer goldenen Harfe? Keine dieser Antworten ergab den geringsten Sinn.

Ich mußte mich einfach fragen: Was war es, woran ich so sehr hing? Ist es etwas, das nur in der Einbildung existiert? Wenn man schon einmal in einer psychiatrischen Klinik gelegen hat, ist das nie eine triviale Frage. Wenn aber Chris nicht nur imaginär war, wohin war er dann gekommen? Ist es möglich, daß reale Dinge so mir nichts, dir nichts verschwinden? Wenn ja, dann steht es schlecht um die Erhaltungsgesetze der Physik. Doch wenn wir die Gesetze der Physik als gegeben annehmen, dann war der Chris, der verschwand, nicht real. Immer noch mal und noch mal und noch mal im Kreise herum. Er war immer wieder einmal ausgerissen, bloß um mich zu ärgern. Früher oder später tauchte er dann immer wieder auf, aber wo würde er jetzt auftauchen? Wo war er überhaupt hingekommen?

Das ewige Kreisen der Gedanken hörte schließlich auf, als ich erkannte: Bevor man fragt »Wo ist er hingekommen?«, muß man fragen »Was war dieser ›er‹, der verschwunden ist?« Aus alter Gewohnheit sehen wir in unserer Kultur den Menschen vorwiegend als etwas Materielles, ein Wesen aus Fleisch und Blut. Solange diese Vorstellung sich hielt, gab es keine Lösung. Die Oxide von Chris' Fleisch und Blut waren natürlich tatsächlich durch den Kamin des Krematoriums entwichen. Aber sie waren nicht Chris.

Ich mußte einsehen, daß der Chris, der mir so sehr fehlte, kein Objekt war, sondern ein Muster, und daß dieses Muster zwar auch Chris' Fleisch und Blut einschloß, sich aber keineswegs darin erschöpfte. Das Muster war größer als Chris, und ich und stellte Beziehungen zwischen uns her, die keiner von uns beiden ganz durchschaute und keiner von uns vollständig unter Kontrolle hatte.

Nun war Chris' Körper, der ein Teil dieses größeren Musters gewesen war, nicht mehr da. Aber das größere Muster war erhalten geblieben. In seine Mitte war ein riesiges Loch gerissen worden, und das war die Ursache all dieses Kummers. Das Muster suchte etwas, woran es sich heften konnte, und fand nichts. Das ist wahrscheinlich der Grund, weshalb Trauernde so großen Wert auf Grabsteine legen und so sehr an allen materiellen Dingen hängen, die dem Verstorbenen gehörten oder ihn repräsentieren. Das Muster möchte seinen eigenen Fortbestand sichern, indem es sich ein neues materielles Objekt sucht, um das herum es sich aufbauen kann.

Mit der Zeit wurde mir immer klarer, daß diese Gedanken sehr eng mit Aussagen zusammenhingen, die man in vielen »primitiven« Kulturen findet. Wenn man den Teil des Musters nimmt, bei dem es sich nicht um Chris' Fleisch und Knochen handelt, und ihn Chris' »Seele« oder Chris' »Geist« nennt, dann kann man ohne weitere Übertragung sagen, Chris' Seele oder Geist sei auf der Suche nach einem neuen Körper. Wenn wir Berichte von »Primitiven« hören, die so sprechen, tun wir das als Aberglauben ab, weil wir *Geist* oder *Seele* als eine Art materielles Ektoplasma interpretieren, während diese Menschen möglicherweise nichts dergleichen darunter verstehen.

Aber wie auch immer, einige Monate danach wurde meine Frau unerwartet schwanger. Nachdem wir uns gründlich ausgesprochen hatten, kamen wir zu dem Schluß, daß es sich dabei nicht um etwas handelte, was weitergehen sollte. Ich stehe in den Fünfzigern. Ich wollte kein Kind mehr großziehen. Mein Bedarf war gedeckt. So trafen wir also unsere Entscheidung und bereiteten die notwendigen Schritte vor.

Dann geschah etwas sehr Merkwürdiges. Ich werde es nie vergessen. Als wir die ganze Entscheidung noch ein letztes Mal in allen Einzelheiten besprachen, trat plötzlich eine Art Dissoziation ein, so als entfernte sich meine Frau allmählich von mir, während ich dasaß und redete. Wir sahen einander an, sprachen normal miteinander, aber es war wie eines dieser Fotos von einer Rakete kurz nach dem Start, auf denen man sieht, wie die beiden Stufen sich in der Luft voneinander zu lösen beginnen. Man meint, man ist zusammen, und dann merkt man plötzlich, daß man gar nicht mehr zusammen ist.

Ich sagte: »Halt, warte. Irgendwas stimmt hier nicht.« Was es war, blieb unklar, aber es war intensiv, und ich wollte nicht, daß es andauerte. Es war etwas wirklich Beängstigendes, das jedoch seither klarer geworden ist. Es war das größere Muster von Chris, das sich nun endlich bemerkbar machte. Wir machten unsere Entscheidung rückgängig, und jetzt ist uns bewußt, was für eine Katastrophe es für uns geworden wäre, hätten wir es nicht getan.

So kann man nun – in dieser primitiven Betrachtungsweise – vielleicht sagen, daß Chris doch noch sein Flugticket bekommen hat. Diesmal ist es ein kleines Mädchen namens Nell, und unser Leben hat wieder Perspektive. Das Loch in dem Muster wird nach und nach geflickt. Tausend Erinnerungen an Chris werden natürlich immer bleiben, nicht jedoch ein destruktives Sichklammern an ein materielles Wesen, das nie wieder unter uns sein wird. Wir sind jetzt in Schweden, der Heimat der Vorfahren meiner Mutter, und ich arbeite an einem zweiten Buch, das eine Art Folgeband zu dem vorliegenden ist.

Von Nell lerne ich Dinge über Elternschaft, die mir vorher nie bewußt wurden. Wenn sie weint oder etwas anstellt oder bockig ist (und das kommt nur selten vor), stört das nicht. Wir haben ja immer Chris' Stille zum Vergleich. Eines ist jetzt viel, viel klarer geworden: Während die

Namen sich ständig ändern und die Körper sich ständig ändern, bleibt das größere Muster, das uns alle zusammenhält, auf ewig bestehen. Im Hinblick auf dieses größere Muster haben die Zeilen am Ende dieses Buches noch immer Bestand. Wir *sind* über den Berg. Von nun an *wird* alles besser. So etwas spürt man irgendwie.
ooolo99ikl;i.,pyknulmmmmmmmmmm III

(Diese letzte Zeile ist von Nell. Sie langte über den Rand der Schreibmaschine hinauf, hämmerte auf die Tasten ein und strahlte dann genauso, wie Chris es immer getan hat. Wenn der Verlag es stehenläßt, wird es ihr erstes veröffentlichtes Werk sein.)

Robert M. Pirsing
Göteborg, Schweden
1983

Amerikanische Erzähler

Truman Capote
Die Grasharfe
Roman. Band 1086

E. E. Cummings
Der ungeheure Raum
Roman. Band 5978

Ernest Hemingway
Wem die Stunde schlägt
Roman. Band 408

Sylvia Plath
Die Bibel der Träume
Erzählungen, Prosa aus den Tagebüchern
Band 9515

Thornton Wilder
Dem Himmel bin ich auserkoren
Roman. Band 5316
Theophilus North
oder Ein Heiliger wider Willen
Roman. Band 10811

Tennessee Williams
Moise und die Welt der Vernunft
Roman. Band 5079

Dino Buzatti (1906–1972), einer der großen italienischen Schriftsteller des 20. Jahrhunderts, wurde nicht immer zu Recht von der Literaturkritik als der ›italienische Kafka‹ bezeichnet. Seine Romane und seine meisterhaften Erzählungen changieren zwischen dem Märchenhaften, dem Phantastisch-Surrealen und der Alltagswirklichkeit.

Dino Buzzati
Das Geheimnis des Alten Waldes

Roman. Fischer Taschenbuch Band 9268

Die Geschichte dieses kleinen Romans spielt in einem abgelegenen Tal in Norditalien, und sie spielt zugleich auf der Grenze zwischen Realität und Phantasie, Wirklichkeit und Märchenwelt. Der unnachgiebige Oberst Procolo hat, gemeinsam mit seinem kleinen Neffen, ein Waldstück geerbt, den sogenannten Alten Wald. Der Alte Wald ist ein seit Jahrhunderten unberührtes Stück Natur, in dem die Baumgeister wohnen und in dem man – nicht jeder, meist nur die Kinder, aber auch der Oberst – die Vögel, Waldtiere und Winde sprechen hören kann.

›Der Alte Wald‹ ist ein märchenhafter, geheimnisvoller Roman, mit dessen, wie man heute sagen würde, ökologischer Grundhaltung Buzzati seiner Zeit weit voraus war (der Roman erschien erstmals 1935). Erst heute, so scheint es, können wir dieses poetische Plädoyer für die Bewahrung und den Respekt vor der Natur richtig verstehen.

Fischer Taschenbuch Verlag

fi 1018/1